COLLECTION

DE

DOCUMENTS INÉDITS

SUR L'HISTOIRE DE FRANCE

PUBLIÉS PAR LES SOINS

DU MINISTRE DE L'INSTRUCTION PUBLIQUE.

———

PREMIÈRE SÉRIE.

HISTOIRE POLITIQUE.

LETTRES,

INSTRUCTIONS DIPLOMATIQUES

ET PAPIERS D'ÉTAT

DU CARDINAL DE RICHELIEU,

RECUEILLIS

ET PUBLIÉS PAR M. AVENEL.

TOME HUITIÈME.

ADDITIONS, CORRECTIONS, ERRATA GÉNÉRAUX
ET TABLE GÉNÉRALE DES MATIÈRES.

PARIS.

IMPRIMERIE NATIONALE.

M DCCC LXXVII.

AVIS AU LECTEUR.

L'ordre chronologique, seul convenable pour un recueil tel que celui-ci, présentait cependant un inévitable inconvénient. Il devait arriver que des pièces tardivement connues ne trouveraient plus la place que leur date leur assignait; il a fallu leur consacrer un supplément, et, durant plus de six années [1] qui se sont écoulées pendant l'impression de notre VIIe volume, de nouveaux documents, des renseignements nécessaires ont été recueillis dans les recherches persévérantes de l'éditeur; on a pensé que laisser de côté ces documents causerait un préjudice réel au recueil, et qu'il convenait d'en faire une *addition au supplément*, en les joignant à l'errata général, sous le titre : *Additions et corrections* [2]. De plus, à partir de l'année 1629, arrivé à la page 975 de notre VIIe volume, qui devait être le dernier, pressé par le manque d'espace, nous nous sommes vu réduit à modifier le système d'analyse que nous avions suivi jusque-là [3], et à donner, en une ou deux lignes, une simple notation des pièces, au lieu des extraits que nous avions préparés, d'une étendue restreinte, mais suffisante pour faire connaître les documents que nous ne pouvions pas produire *in extenso*. Ces extraits, pour lesquels la place manque dans le VIIe volume, le lecteur les trouvera dans le travail définitif d'*Additions et corrections*, ou errata général, lequel travail composera, avec la table, le VIIIe volume des *Lettres et papiers d'État du cardinal de Richelieu*.

[1] La fermeture de toutes les archives et d'autres circonstances, suite du malheur des temps, ont interrompu mes recherches pendant deux années.

[2] Nous avons fondu dans cet errata général les *errata* déjà imprimés dans chacun des volumes précédents, lesquels se trouvent ainsi annulés, afin qu'il n'y en eût qu'un seul. Nous avons cru que c'était un moyen de simplification nécessaire, qui évitera une perte de temps au lecteur dans l'usage qu'il en pourra faire.

[3] Il résulte de cette modification que, dans certaines notes où nous renvoyons aux *Analyses du VIIe volume*, l'indication ne sera plus exacte, et c'est aux *Additions et corrections du VIIIe volume* qu'il faut aller chercher les renseignements qui devaient se trouver aux analyses remplacées, dans ce VIIe volume, comme nous avons dit, par de simples notations. S'il fallait citer un exemple, nous renverrions à la page 819 du VIIe volume, ligne 6 d'en bas, où l'extrait d'une très-curieuse lettre de Richelieu que nous promettons pour les analyses dudit VIIe volume se trouvera aux *additions et corrections* se rapportant à ladite page 819.

Quelques années après l'époque où mes travaux à la Bibliothèque royale, nationale depuis, impériale ensuite, et de nouveau nationale, étaient achevés, et lorsque plusieurs volumes du recueil des *Lettres de Richelieu* étaient déjà publiés, les manuscrits ont été soumis à un nouveau classement. La plupart des fonds dont se composait alors, sous différentes rubriques, cette immense et admirable collection, ont été réunis dans un fonds unique, sous la dénomination générale de Fonds français [1]. Il en résulte que la dénomination des fonds spéciaux et les numéros des volumes de chacun de ces fonds que nous avions indiqués en tête des pièces imprimées ne sont plus aujourd'hui les mêmes qu'ils étaient au moment où nous écrivions, et que pour les fonds compris dans ce fonds général, il ne faut plus s'en rapporter à nos indications. Mais, au moyen de la concordance qui a été faite à notre grande Bibliothèque, on pourra toujours retrouver facilement le manuscrit dont la désignation a été changée. Ajoutons qu'un certain nombre de manuscrits, ou n'étaient point paginés, ou bien ont maintenant des cotes différentes de celles qu'ils portaient à l'époque où nous avons recueilli les documents que nous avons publiés.

De même, à nos grandes Archives nationales, pour quelques-uns des cartons ou des volumes que nous avons dépouillés, il y a aujourd'hui des désignations nouvelles.

Aux Archives des Affaires étrangères, les précieuses collections concernant les divers États sont restées intactes dans leurs vieilles reliures et leur ancien classement [2]. Seulement, plusieurs ont été paginées, qui ne l'étaient pas lorsque je les ai eues entre les mains.

Quant à la collection intitulée *France*, si importante pour l'histoire de Richelieu, elle a été complétement remaniée. Il est donc nécessaire de donner ici une explication sur ce que j'ai écrit pages xi et xxix de la préface.

Lorsque j'ai eu cette collection pour la première fois, les volumes, au nombre de vingt-neuf, extrèmement gros, étaient simplement cartonnés, quelques-uns presque décousus et couverts d'un carton usé.

Dans le travail de remaniement des pièces et de renouvellement des reliures, on a multiplié les volumes amincis, et l'on a distrait de la collection primitive un assez grand nombre de documents, lesquels ont été réunis sous cette même rubrique : *France;* de sorte qu'il y a aujourd'hui, avec ce titre, deux collections : l'une, reliée en veau brun, représente la masse générale de l'ancienne collection; l'autre, reliée en vert chagriné, est formée des pièces provenant du triage dont

---

[1] Il y a un fonds latin dont nous ne nous occupons pas ici.

[2] Bien entendu que je parle seulement de l'époque de Richelieu.

je viens de parler. Toutes deux ont reçu l'adjonction de pièces nouvelles que je n'avais pas vues dans l'ancien recueil.

La première de ces collections (la collection brune) se compose (pour l'époque qui se rapporte à nos travaux) de 81 volumes, cotés : 23-103 (années 1604-1643).

La seconde (collection verte), de 1589 à 1643, compte, pour l'époque, 45 volumes cotés de 4 à 49.

Nous prions donc ceux qui auraient besoin de recourir au texte des pièces indiquées dans notre recueil de ne pas imputer à l'éditeur des lettres de Richelieu l'embarras qu'ils pourraient éprouver; cet éditeur ne prévoyait pas les modifications survenues, et bien convaincu de l'importance de l'exactitude en pareille matière, il s'était assuré que ses indications, au moment où il les donnait, étaient aussi fidèles que possible.

Quant aux erreurs que nous avons pu commettre, elles sont assurément très-nombreuses; j'ajouterai qu'elles étaient, en certains cas, presque inévitables, tant à cause de l'absence de date des documents qu'il nous fallait classer chronologiquement, que par le pêle-mêle de pièces éparpillées dans divers dépôts et dans diverses collections; parfois le même document se trouvera en original ici, là en minute, ailleurs encore en copie. N'oublions pas qu'il s'agit de sept à huit mille pièces, recueillies à des époques séparées par d'assez longs intervalles, et sans qu'aucun indice vienne avertir de la relation qui pouvait exister entre elles, lors même qu'elles se rapportaient à une même affaire [1]. Nous espérons que, dans de telles conditions de travail, on excusera nos fautes; non-seulement nous n'éprouvons aucun embarras à les confesser, mais nous mettons tout notre soin à les découvrir et à les signaler toutes les fois que nous le pouvons.

Il ne faudrait pas prendre pour des distractions ou des négligences certaines répétitions que l'on pourra rencontrer çà et là dans les notes; ces répétitions, nous les avons faites le plus souvent à dessein; ainsi il nous est arrivé de reproduire

---

[1] Un seul exemple : Nous avons donné (t. II, p. 544) un *Mémoire pour le Roy,* sans date, conservé dans les archives des Affaires étrangères; ce mémoire fait mention de diverses pièces que nous avons inutilement cherchées dans ces archives : lettres à Toiras, missives de Richelieu à Monsieur, mémoire pour un sieur de Montorgueil. De celui-ci nous n'avons rien trouvé; mais nous avons eu plus tard une des lettres à Toiras, à la Bibliothèque nationale, dans les manuscrits de Béthune; c'est dans le fonds de Baluze que nous avons trouvé, longtemps encore après, la missive du cardinal à Monsieur. Nous ne nous sommes pas aperçu tout d'abord de la relation que ces deux dernières pièces avaient avec le mémoire précité; ce n'est que dans les *Additions et corrections* qu'a pu être rectifiée la date inexacte que nous avions essayé de substituer. Il a dû résulter des difficultés que nous venons d'exposer, soit des répétitions, soit d'autres erreurs, que l'errata général indiquera.

une date déjà donnée, un nom de lieu déjà indiqué, au lieu de renvoyer le lecteur à la page où il aurait à chercher cette date ou ce nom; il nous a semblé
que c'était un expédient nécessaire, pour épargner les recherches, dans un recueil de pièces destinées à être lues séparément, et le plus souvent sans ordre;
l'éditeur aurait certainement évité ces répétitions dans un livre de lecture suivie.
Nous demandons aussi l'indulgence pour certains détails minutieux dans la repro-
duction des textes; ceux-là voudront bien nous l'accorder, qui se souviendront
de cette phrase de la préface : « Nous avons voulu que le lecteur puisse se figurer
« qu'il a le manuscrit sous les yeux. » (P. XLIV.) Peut-être aurions-nous aussi bien
fait de ne pas rester fidèle à cette promesse.

Si quelque lecteur cherchait dans les notes certains renseignements qu'il n'y
trouverait pas, il pourrait s'en prendre à notre insuffisance; cependant nous le
prierions de considérer que, renfermé dans des limites définies, nous avons dû
apporter beaucoup de circonspection dans le choix de documents qui s'offraient
en abondance, et nous nous sommes attaché à citer, de préférence aux choses
imprimées, quel que fût leur intérêt, les documents inédits, et surtout ceux que
renferment les archives des Affaires étrangères, lesquels ne sont pas sous la main
de tout le monde.

Un mot encore :

Malgré le grand nombre de documents que nous avons recueillis dans les dépôts
publics, ou qui nous ont été communiqués de quelques cabinets particuliers, il
en est beaucoup d'autres que nous n'avons pu connaître, soit qu'ils se trouvent
dans des archives de pays étrangers, soit qu'on les ait gardés dans celles des familles, où, selon l'usage du temps de Richelieu, restaient les papiers concernant
les emplois remplis par quelques-uns de leurs membres les plus distingués.
Enfin, nombre de pièces isolées doivent se trouver disséminées dans mille endroits où les plus curieuses investigations ne sauraient pénétrer. Avec le temps,
il apparaîtra donc certainement des pièces omises dans ce recueil; mais nous
espérons qu'on nous rendra cette justice de reconnaître que nous n'avons épargné
aucun soin, négligé aucune recherche, pour donner, ou noter du moins, tout
ce qu'il est possible de recueillir aujourd'hui des pièces émanées du célèbre
ministre.

LETTRES,

INSTRUCTIONS DIPLOMATIQUES

ET

PAPIERS D'ÉTAT

DU CARDINAL DE RICHELIEU.

LETTRES,

INSTRUCTIONS DIPLOMAITQUES

ET

PAPIERS D'ÉTAT

DU CARDINAL DE RICHELIEU.

ADDITIONS,

CORRECTIONS ET ERRATA GÉNÉRAUX.

TOME PREMIER.

Page XVI. — « Les secrétaires de Richelieu. » Dans une lettre de réprimande adressée à son neveu Du Pont de Courlay, général des galères, le cardinal, mécontent de ses folles dépenses, lui disait : « Vous avés, comme j'apprends, cinq gentilshommes à vostre ordinaire et six secrétaires; je confesse, s'ils vous sont nécessaires, qu'il faut que vous ayés plus d'affaires que moy, car je n'en ay que deux. » Et, dans son testament, Richelieu n'a encore désigné que deux secrétaires, Charpentier et Cherré; c'est que ceux-là, constamment attachés à ces fonctions, ne sortaient pas de son cabinet, tandis que Le Masle, prieur des Roches, Céberet et d'autres encore, que lui-même, dans plusieurs lettres, nomme *ses secrétaires*, le servaient en même temps dans d'autres emplois. Ainsi s'explique cette apparente contradiction.

Page XXII. — *Ajoutez à la note :* Il est probable que ce secrétaire de nuit était quelque domestique subalterne, valet de chambre ou autre, qui couchait près du cardinal; ce qui confirme cette conjecture, c'est que Richelieu ayant adressé, une seule fois, au roi une lettre de cette écriture, mit en *P. S.* « Vostre Majesté me pardonnera bien, s'il vous plaît, si j'use d'un tel secrétaire, parce que cette lettre est escrite à trois heures après minuict. »

Page XXV. — Il y avait deux Céberet, qu'il faut distinguer; l'un fut secrétaire de Richelieu, au moins jusqu'en 1630, puisque j'ai une lettre de M. du Fargis, ambassadeur en Espagne, datée du 2 août 1630, dans laquelle il dit à Richelieu : « Le sieur Céberet, vostre secrétaire. »

1.

C'est sans doute le même que nous trouvons ensuite attaché au chancelier, au moins depuis 1636; une lettre que le maître des requêtes Lasnier lui écrit, le 4 mars de ladite année, portait pour suscription : « A M. Séberet, secrétaire du chancelier. » Nous le voyons ainsi auprès du chef de la magistrature dans diverses circonstances, notamment en 1642, contre-signant certaines pièces de la négociation de P. Séguier avec le duc de Bouillon, pour la cession de Sedan. (Ms. Dupuy, 625, fol. 133.)

L'autre Céberet suivait la carrière diplomatique. Il faisait, en 1624, à Venise, l'*interim* de la légation avant l'arrivée de M. d'Haligre, dit Vittorio Siri (*Mem. recond.* V. p. 668). Richelieu lui donne le titre de résident pour S. M. à Vienne, dans une instruction dressée pour M. de Sabran, ambassadeur à Gênes, en juin 1629. (Portefeuilles de Fontette, XI. 51.) La collection des Cinq-Cents Colbert contient (n° 405) des lettres de lui adressées au comte de Béthune, et datées de Prague et de Vienne, 1627-1629; et le P. Le Long, dans sa Bibliothèque (t. III, p. 86), indique un recueil manuscrit : « Lettres de Céberet, envoyé à Vienne et à Ratisbonne, écrites à M. Bouthillier (1629-1631). »

Il y a donc évidemment deux Céberet, dont nos documents font mention, sans songer à distinguer l'un de l'autre. Sont-ce deux frères ?

Page xxxi, ligne 5. — *Ajoutez* : Depuis que cela est écrit, M. L. Lalanne a fait de la collection Godefroy un soigneux examen, et il a bien voulu me donner d'utiles renseignements.

Page xxxi. — Il faut ajouter aux sources indiquées dans la préface de précieux documents que je dois à la libéralité de Mgr le duc d'Aumale, et que je n'avais pas encore quand cette préface a été écrite. S. A. R. a eu l'extrême bonté de faire copier pour ce recueil un très-curieux manuscrit provenant de la bibliothèque Leber, et qui est maintenant une des richesses du magnifique cabinet du duc. C'est ce même manuscrit dont j'ai fait mention à la page xli de cette préface, et dont l'ancien possesseur n'avait pas voulu me permettre de prendre copie. De plus, je dois encore à S. A. R. celles des lettres de Richelieu conservées dans les archives de la maison de Condé, dont je n'avais trouvé ni minutes, ni copies dans les dépôts publics.

Page xliv, ligne 21. — « Sept ou huit années... » Au moment où j'écrivais cela, je n'avais pas le tiers des documents que j'ai pu recueillir depuis.

Page xlvii, ligne 12. — Nous avons donné çà et là quelques parties de chiffres; mais le manque d'espace nous empêche d'imprimer les chiffres entiers que nous avions recueillis.

Page xlix, ligne 23. — Nous n'avons parlé que très-brièvement des Mémoires de Richelieu; on pourra voir, dans le *Journal des Savants*, mars et avril 1858, février et mai 1859, notre travail sur ces mémoires manuscrits et imprimés.

Page xlix, ligne 24. — Cette disposition a été changée; plus tard, M. J. Bonnet, resté maître de sa publication, a donné lui-même une édition des *Lettres de Calvin*, qui a obtenu un succès mérité.

Page lxii, ligne 4. — Après 1616, *mettez cette note :* On trouve bien dans un acte privé du 14 juin 1608, sorte de bail de terres dépendant du prieuré de Coussay (pièce citée par M. Martineau), que l'évêque de Luçon prenait déjà la qualité de « conseiller et aumosnier du roy, » mais ce n'étaient là que des titres sans fonctions, tandis qu'à ce moment Richelieu entre réellement au conseil.

lxxxii, ligne 5. — Telle qu'elle était, etc. *effacer toute cette 5e ligne.*

Page 3, notes, 1re colonne, ligne 4. — Avertissement, *lisez :* Préface, p. xxxiii.

Page 4, notes, 1re colonne, ligne 7. — Avant 1605, *mettez :* août.

Page 7, note 1. — Nous voyons, dans les lettres de Henri IV, que ce prince décorait, en juin 1597, un sieur de Moucy, gentilhomme de la Chambre, du collier de Saint-Michel; est-ce le même que M. de Moussy ?

Page 9, notes, 1re colonne, ligne 6. — Brienne dit fautivement : en 1631 (*Mém.* II, 28).

Page 15. — *Ajoutez à la note :* On peut voir les pièces concernant cette contestation dans le livre de Me de Beauregard et La Fontenelle de Vaudoré, ainsi que dans le *Richelieu* de M. Martineau.

Page 20, note, ligne 7. — Vers ce temps-là, probablement en mars, Richelieu écrivait à Sully une lettre où il se plaignait des inconvénients de la construction d'un temple protestant édifié trop près de sa cathédrale. Cette lettre, que nous n'avons pas, est citée dans une missive du pasteur Bonaud, datée du 5 avril 1609, et adressée aux délégués des églises réformées de France à Paris. Ce pasteur expose, au nom du consistoire de Luçon, toutes les raisons qui combattent celles de l'évêque : « Nous vous supplions, dit-il, d'en informer mond. seigneur de Sully, et tenir roide, si l'on poursuit à nous incommoder, comme nous y sommes résolus. » *Mémoires de du Plessis-Mornay,* édition Auguis, pièce reproduite par Me de Vaudoré et Martineau.

Page 23. — Aux sources, *ajoutez :* Imprimée. *Voyage aux environs de Paris,* par Delort, 1821. — *Histoire du monastère et des évêques de Luçon,* par La Fontenelle de Vaudoré, 1847. Delort a mal lu parfois les originaux, et La Fontenelle de Vaudoré reproduit presque toutes les fautes de Delort. Cette note s'applique aux lettres adressées à Mme de Bourges, excepté les lettres numérotées LXXVI et CVII que ni l'un ni l'autre n'a données.

Page 24, ligne 23. — Au lieu du signe ʉ, mettez : ʉ, qui signifie : écus.

Page 25. — *Rectification pour la note 3 :* Nous avons un état des gages des domestiques de Monseigneur pour l'année 1626, nous n'y trouvons plus le s^r de La Brosse. (*Revue historique nobiliaire,* etc. n° 10, octobre 1870-1871, p. 459.) Il était mort sans doute alors. (Voy. notre tome II, p. 657, ligne 11.)

Page 31, note 1, ligne 12. — Blangy, *lisez :* Blandy.

Page 34, ligne 23. — *Note à ajouter :* On voit, par les termes mêmes de ce serment de fidélité, qu'il s'adresse moins à ce roi de neuf ans qu'à la reine régente. Aussitôt la mort de Henri IV, Richelieu songe à se ménager les faveurs de la nouvelle cour. En attendant son voyage de Paris qu'il prépare déjà, il se hâte d'écrire à divers personnages considérables qui peuvent lui être utiles, et qui sont en ce moment auprès de Marie de Médicis ; au cardinal de Sourdis, son métropolitain ; à l'évêque de Maillezais, frère de ce cardinal ; au P. Coton, que la reine ne veut pas laisser quitter la cour et dont elle demande les avis ; à d'autres encore. Il avait, dès l'abord, envoyé à Paris Sébastien Bouthillier, pour y ménager ses intérêts, et c'est lui qu'il charge de remettre les lettres que nous venons de rappeler, mais dont nous n'avons pas les textes. (Arch. des Aff. étr. France, t. 24, pièces 67 et 72.)

Page 53, note, 2e colonne, ligne 8. — Le manuscrit de Sorbonne n° 361 dit 20 mai ; le manuscrit n° 209, 21, *lisez :* le manuscrit de Sorbonne, fol. 361, dit 20 mai, et au fol. 209, 21 mai.

Page 55. — *Ajoutez à la note 2 :* Lettre à Mme de Chevreuse, t. IV, p. 238.

Page 58. — *Ajoutez à la note :* Nous savons cependant par les Mémoires de Lancelot sur Port-Royal, que ce prélat était un des amis les mieux accueillis dans cette société. (Notre *Essai sur la jeunesse de Richelieu. Revue des questions historiques,* t. VI, p. 199.) Nous nous étions borné à indiquer dans cette même étude, page 162, la date véritable et le lieu certain de la naissance de Richelieu, attestés par son acte de baptême ; cette pièce authentique ayant été détruite depuis par les incendiaires de la Commune, nous en reproduisons la copie que nous avons transcrite, en 1861, dans les combles de la maison dépendante de la préfecture de la Seine, sise en face de l'Hôtel de Ville, au coin de la place et de l'avenue Victoria :

« 1586, le Ve jour de may, fut baptize Armand Jehan, filz de Mesire Françoys du Pleicis, signeur de Richelieu, chevalier des ordres du roy, conseillier en son Consel d'Estat, prevost de son hostel et grand prevost de France, et de dame Suzene de la Porte, sa femme, demeurant en la rue du

Bouloy, et le dict enfant fust né le neuvieme jour de septembre 1585, et eut parcins mesire Armand de Gontauld de Biron, chevalier des ordres du roy, conseillier en son conseille d'Etast, capitaigne de cent homme d'arme de ces ordonanse et marechal de Franche; et mesire Jehan Daumon, aussy marechal de Franche, chevalier desd. ordres du roy, côseillier en son conseille d'Etast, capitaine de sët home d'arme desdit ordonanse; la mareine, dame Fransoise de Rochechouart, dame de Richelieu, mère dudict Richelieu.

« St Eustache, de 1585 à 1586, n° 26. »

M. Jal a imprimé cet acte dans le très-intéressant dictionnaire qu'il a publié en 1867; son texte offre quelques légères différences avec le nôtre; nous ne les lui imputons pas, car nous connaissions sa rigoureuse exactitude. Sans doute, il aura fait transcrire la pièce. Nous pouvons garantir la fidélité de notre copie, faite par nous-même et que nous avons collationnée avec soin. Nous n'avons pas besoin de dire que, pour la facilité de la lecture, nous avons ponctué les i et que nous n'avons pas conservé aux v la forme u; du reste, nous avons minutieusement imité l'orthographe de l'original.

Page 59, aux sources. — Après le mot « Luçon », *effacez* 1.

Page 64, notes, 1re colonne, ligne 6. — Après « Espagne », *ajoutez :* à Bordeaux, en octobre 1615.

Page 69, note 4, ligne 18. — *Ajoutez :* Diverses pièces relatives à cette affaire ont été imprimées dans le livre de M. La Fontenelle de Vaudoré et dans celui de M. Martineau.

Page 71, note. — Rectifier ce qui concerne Coussay, conformément à la note de la page 541 de notre premier volume, où nous avons dit que ce prieuré est situé près de Mirebeau.

Page 79, note 2. — *Substituez au dernier paragraphe :* Le plus important des ouvrages de Daniel Chamier ne parut qu'après sa mort ; il fut publié par les soins de son fils, en 1626, sous ce titre : *Panstratie catholique, ou guerre de l'Éternel.* 4 vol. in-fol. Genève.

Page 82. — Au lieu de la date de mars, que nous avons proposée approximativement, *il faut peut-être mettre :* la fin d'avril, ou le commencement de mai. C'est alors seulement que M. de Thémines fut envoyé à Saint-Jean-d'Angely, d'où il ne revint que le 9 ou le 10 mai (Mém. de Pontchartrain), et l'on voit par la lettre même, que, lorsqu'il l'écrivait, Richelieu n'était pas encore informé de ce retour.

Page 84, aux sources *ajoutez :* de la main de Charpentier.

Page 85, note, 1re colonne, ligne 22. — Sully, *lisez* Selles.

Page 88, note concernant Citoys. — *Ajoutez :* Il figure sur l'état des gages des domestiques du cardinal pour 1626. (*Revue historique, nobiliaire,* etc. 1870-1871, p. 459.)

Page 92, ligne 10, au mot trésorier de France. — *Mettez en note :* à Poitiers. Nous voyons que cette année 1610, et la suivante, on adressait fréquemment chez ce trésorier les lettres écrites à l'évêque de Luçon.

Page 96, note 1. — Après le mot La Marfée, *remplacer les quatre lignes qui suivent par ceci :* et trois filles, dont l'aînée, Louise de Bourbon, épousa en 1617 Henri d'Orléans, duc de Longueville, et mourut en 1637. Il sera question de la seconde, Marie de Bourbon, p. 97, note 1 ; enfin la troisième, Charlotte-Anne de Bourbon, qui mourut à l'âge de quinze ans, en 1623. Une quatrième fille, Élisabeth de Bourbon, née en octobre 1610, était morte avant son père et encore au berceau. Le comte de Soissons avait eu, etc.

Page 97, ligne 15. — Vostre pitié ayant; *lisez :* [vous] ayant. Ce mot manque dans le manuscrit.

Page 98 à la date [Déc. 1612] *mettez :* [vers le milieu de 1612].

Page 99, note 1. — *Mettez au commencement :* Nous trouvons une lettre de la reine mère, adressée à Richelieu pendant le siége de la Rochelle, avril 1628, où nous voyons qu'elle lui faisait un pareil cadeau : « Je vous envoie du Bezouar que ma fille d'Espagne m'a envoyé. » (Arch. des Aff. étr. France, t. VIII, fol. 62, collection verte.)

Page 99. — *Au lieu de la note 2, mettez :* Le mal dont Richelieu souffrait depuis plus d'un an l'avait atteint dans les premiers mois de 1611, circonstance qui donne à cette lettre pour date approximative : vers le milieu de 1612.

Page 100, notes, 2ᵉ colonne, ligne 4. — Était, *lisez :* fut en 1614.

Page 102, note 1. — Depuis cette note écrite, nous avons lu plusieurs lettres quelques-unes entre autres du marquis de Richelieu, où nous trouvons que la famille des Adumaux était attachée à la famille de Richelieu; mais on ne voit pas nettement à quel titre. Il semble que ce n'était pas tout à fait en domesticité.

Page 126. — *Ajoutez à la note 1 :* Était-ce le père d'Anne de Neubourg, mariée à François Poussart de Fors, baron du Vigean, laquelle devint amie de la duchesse d'Aiguillon et fut fort remarquée dans les sociétés de Ruel et de Chantilly, surtout à cause de ses deux filles, dont l'une fut la seule passion du jeune duc d'Enghien? (Mém. de Mᵐᵉ de Motteville, t. I, p. 301, de l'édit. d'Amsterdam, 1728, et presque tous les mémoires du temps.)

Page 126, ligne 9 de la lettre CXI, Saulnes, — *Lisez :* Jaulnay. (C'est un village du canton de Richelieu.)

Page 129, à la fin de la note 1. — *Ajoutez :* Il mourut quelques mois après, le 29 octobre 1616. — Quel était ce bienfait répandu sur tout le diocèse de Luçon? S'agissait-il de l'établissement d'une maison de l'Oratoire, dont la fondation fut homologuée au parlement de Paris, dans le ressort duquel était la province de Poitou? Si cette conjecture, que nous faisons tardivement et sans insister, se trouvait juste, il faudrait reporter vers l'année 1612 la lettre adressée au premier président. (Voy. p. 85 de notre Iᵉʳ vol.)

Page 132. — *Ajoutez à la note 1 :* Nous avons trouvé à la bibliothèque de l'Institut, dans la collection Godefroy, portefeuille 269, trois lettres de Bouthillier, abbé de la Cochère, à du Vergier de Hauranne, lesquelles confirment notre conjecture.

Page 138, ligne 12. — Après le nom de Guron, *mettez :* l'*Entretien aux Champs Élysées* est donné par les biographes à Paul Hay du Chastelet, et ils lui attribuent la *seconde savoisienne*. On a mis aussi, dans le recueil de pièces imprimées sous son nom, en 1635, le *Discours au roy touchant les libelles*, etc. que Mathieu de Morgues cite comme étant de l'homme qu'il désigne dans son pamphlet du *Caton chrestien;* il est bien évident pourtant que rien de ce qu'il y dit ne peut se rapporter à Du Chastelet.

Page 140. Harangue. — *Mettez en note :* l'évêque de Luçon avait été élu aux états généraux par le clergé des sénéchaussées de Fontenay-le-Comte et de Niort. — M. Cousin a écrit (*Revue des deux mondes*, 15 mars 1859, p. 271) : « Richelieu aimait ces grands conseils nationaux, etc. » C'est là une étrange erreur de la part d'un homme qui avait si bien étudié cette époque de notre histoire. Richelieu a pu aimer les états généraux lorsqu'il y figurait au premier rang; mais depuis il a bien prouvé lui-même que ces assemblées étaient peu de son goût, et qu'il n'avait nulle envie de soumettre à leur examen les principes et les actes de sa politique. Le cardinal ministre de 1624 n'était plus l'évêque de 1614. Sans doute, aux premiers temps où il prit possession du gouvernement, sans avoir encore cette puissance suprême dont il jouira bientôt, en 1626, il convoqua une assemblée de notables; mais quoiqu'il l'eût éprouvée fort docile, il n'en a plus appelé d'autre[1].

---

[1] Je ne compte pas une espèce de grand conseil, nommé par quelques historiens *Assemblée des notables*, que Richelieu réunit en 1625, à Fontainebleau, au sujet de l'envoi d'une armée au pays des Grisons, dans l'affaire de la Valteline. Ce n'était qu'une réunion de conseillers désignés par Richelieu lui-même.

Quant aux états généraux, il n'y a jamais pensé. C'est à grand peine qu'il subissait, dans les pays d'états, ces assemblées créées par les anciennes lois de la monarchie, et nous l'avons vu user à leur égard de tous les moyens d'influence que lui donnait son grand pouvoir. Les assemblées du clergé elles-mêmes lui étaient également antipathiques, mais il fallait bien les souffrir puisque c'était dans ces réunions quinquennales que le clergé fixait la quotité du *don gratuit* que l'Église consentait à s'imposer. L'on a vu particulièrement en 1641, que pour forcer le vote de ces libres assemblées, Richelieu usait de tous les moyens de séduction, la violence même ne leur a pas toujours été épargnée. (Voy. notre tome VI, p. 801-807 et 817.) Au reste, sans apporter mainte preuve que nous avons sous la main, n'est-ce pas l'évidence même que le génie de Richelieu et les procédés de son gouvernement n'auraient jamais pu s'arranger d'une assemblée délibérante quelle qu'elle fût?

Page 142, troisième ligne de la lettre 124. — Aussac, *lisez :* Ansac.

Page 143, note, 2ᵉ colonne, ligne 2. — 1622, *lisez* 1617, *et ajoutez : à la fin de la note :* Voyez p. 558.

Page 146, note 3. — *Ajoutez :* Cette maison est sans doute celle dont il est fait mention dans un acte du 19 mai 1623, où il est dit : « le seigneur cardinal élit domicile en son hostel, à Paris, rue des Mauvaises paroles. » (T. XIV, p. 793 de la collection de dom Fonteneau.)

Page 148, note 2. — En cherchant la date de cette lettre nous avions pensé qu'elle avait dû être écrite dans la première quinzaine d'août au plus tard. Nous rectifions cette indication. Si la lettre est de cette époque, il faut au contraire la dater au plus tôt de la fin de septembre, peut-être du commencement d'octobre. La cour partit de Paris le 17 août pour les mariages d'Espagne. Arrivées à Tours le 30, LL. MM. y passèrent quelques jours et prirent la route de Poitiers; il fallut s'arrêter plusieurs semaines dans cette ville, la princesse Élisabeth ayant été atteinte de la petite vérole. La cour ne se remit en route que le 28 septembre. — Quant au titre de *Madame* que Richelieu donne à Christine, il serait possible que sa sœur aînée le lui eût laissé en partant pour épouser un fils de roi. Ajoutons que s'il est ici question de la maladie de la princesse Élisabeth, il est évident que Richelieu n'était pas du voyage d'Espagne. Nous avons relu attentivement le récit très-détaillé du *Mercure*, ainsi que d'autres récits; nous y trouvons le nom de beaucoup de personnages, parmi lesquels plusieurs évêques; l'évêque de Luçon n'est nommé nulle part. De plus nous avons une lettre de lui au duc de Nevers, datée de *Richelieu, le 10 février 1616*, date certaine. Nous croyons devoir insister sur le doute que nous avons laissé pressentir, page 152 de notre premier volume. — Les rapports de M. le comte de Laferrière sur les manuscrits de la Bibliothèque impériale de Saint-Pétersbourg, publiés en 1866, donnent sur l'itinéraire du voyage de la cour à Bordeaux des dates qui confirment celles du *Mercure*. (*Arch. des Missions scient. et litt.* t. III, p. 23.)

Page 150, note 1, ligne 2. — De Crenay; M. de Monmerqué dit Crencey, *Mém. de Montglat*, t. I, p. 15, et nous avons vu ce nom écrit encore autrement.

Même note, ligne 23. — Après gouvernante, *ajoutez :* Anne d'Autriche elle-même se mit bientôt, sur ce point, à l'unisson de la jeune famille dans laquelle elle entrait; nous avons vu une lettre d'elle à Mᵐᵉ de Montglat, écrite de Tonneins, le 28 juillet, laquelle commence : « Maman Ga, j'ay esté bien aysé, etc. » lettre autographe vendue en 1854; n° 17 d'un catalogue de Laverdet.

Page 153. — Avant la pièce CXXXII. Nous plaçons ici une lettre de Richelieu à la reine mère, trouvée tardivement, et que nous donnons *in extenso*. Outre qu'elle offre un intérêt sérieux pour l'histoire du soulèvement des princes, elle montre dans quels rapports l'évêque de Luçon était avec la reine mère à une époque de sa vie pour laquelle nous avons peu d'informations.

A LA REYNE.

Bibl. nat. CLAIRAMBAULT. MÉLANGES, 366, p. 3195.

Orig. écriture de Le Masle.

«Madame, la hardiesse que je prends de vous escrire ne recevroit point d'excuse si je prenois la plume pour autres considérations que celles de vostre service, et si je n'estois obligé de parolle au sieur de Boisguerin [1], que Vostre Majesté cognoist, de faire tomber en vos propres mains un advis cy-encloz qu'il me vient d'envoyer; ensuitte duquel, Madame, Vostre Majesté trouvera bon, s'il luy plaist, que je l'advertisse que M. le Prince a envoyé, par trois fois consécutives, vers M. de Rouannais [2]; la première, un nommé Grivelle, la seconde, Charzay de Criçay, la troisième, le baron de Courtenay, pour luy offrir la charge de mareschal de camp en toute son armée après M. de Bouillon, et de chef de toutes les troupes catholiques qui se feront pour luy en ce pais, argent pour mettre aux champs et promesse de ne traitter jamais sans le faire employer, en quelque accord qu'il fasse, plus honorablement qu'il ne sçauroit désirer. Ledit s' de Rouannais ne s'est point engagé, mais sans doubte il recevra ces offres si Vostre Majesté n'y met ordre. Il va mettre sur pied, sans commission, un régiment de huict cents hommes et quelque cavalerie, avec intention, à ce que je sçay certainement, par intelligence de personnes qui le gouvernent, de voir le contentement qu'il pourra avoir de Vostre Majesté, servir le Roy s'il en reçoit, sinon suivre les passions de M. le Prince. Le contentement qu'il désire est d'avoir commission pour gens de cheval et de pied, argent pour les mettre en campagne, ou une promesse de mareschal de France; le payement actuel du prix de son gouvernement de Poictiers, auquel cas il se propose de servir le Roy avec ceux dont il s'est asseuré à ses despends. Vostre Majesté pourvoira, s'il luy plaist, par sa prudence, à cet advis, que je la supplie de croire estre très-véritable; comme aussy qu'il importe grandement à son service d'empescher que ledit sieur de Rouannais ne fortifie avec ses troupes en ce pays M. le Prince, qui tasche de gagner tout le monde par divers artifices. Il a fait ce qu'il a peu encore depuis peu, vers le sieur Boisguérin. M. de Sully s'y est employé à bon escient, n'oublyant aucunes persuasions n'y aucuns offres pour venir à ses fins; mais véritablement il n'a rien gagné, et celuy qu'il vouloit perdre m'a escrit des lettres sur ce subject, que je garde comme contracts qui le lient par sa parolle à son debvoir, dans les bornes duquel, je croy Madame, qu'il demeurera indubitablement sans qu'on l'en puisse esbranler. S'il plaist à Vostre Majesté, pour l'affermir davantage, luy envoyer augmentation de garnison ou commission, ayant recogneu de luy qu'il porte envie à beaucoup d'autres qui en ont eu, et appréhende que ce qu'il n'en a point receu procède de peu de confiance que Vostre Majesté ait en sa fidélité; je l'ay assuré du contraire, et le feray toujours en attendant qu'il plaise à Vostre Majesté luy faire sçavoir de ses [nouvelles [3]].

«S'il se passe quelque chose, Madame, important à vostre service, je ne manqueray pas de vous en advertir.

«Cependant je supplieray Vostre Majesté de me permettre de luy faire voir en trois lignes que n'ayant point de parolles assez dignes pour luy rendre graces de l'honneur non mérité, qu'il luy a pleu encore depuis peu me faire en mon propre absence, résistant de son propre mouvement à ceux qui me vouloyent priver du fruict de ses promesses, je dédie toutes les actions de ma vie à celle

---

[1] Plus tard il était au pont de Cé, où il commandait un régiment dans l'armée de la reine mère. (*Mém.* de Richelieu, t. II, p. 90.)

[2] Il était gouverneur de la ville de Poitiers, et

«affidé à M. le Prince» dit Richelieu, *Mém.* t. I. p. 204.

[3] Mot déchiré sauf la première lettre et la dernière syllabe.

fin, suppliant Dieu qu'il accourcisse mes années pour alonger les vostres, et que sans me priver de sa grace il me comble de misère pour combler Vostre Majesté de toutes sortes de prospéritez, que je luy souhaitte comme estant, de Vostre Majesté, le très-humble, très-obéissant, très-fidèle et très-obligé subject et serviteur, Armand, évesque de Luçon.

« Ce 6ᵉ novembre 1615. »

Le nom de lieu manque à la date, mais on voit que Richelieu n'était pas alors avec la reine mère revenant du voyage des mariages d'Espagne. Nous devons dire que cela ne confirme pas la supposition que nous avons hasardée à ce sujet, p. 152, 2ᵉ col. des notes.

Page 153, note 3. — *Ajoutez :* Les biographies donnent pour père au cardinal du Perron un habile médecin, dont la famille s'était réfugiée en Suisse, pour cause de religion, et nomment ce père Julien Davy. Tallemant, dans sa courte et malveillante historiette, dit que le père du cardinal, nommé David, était ministre protestant... Il ajoute qu'au temps de sa grande fortune le cardinal se mît à signer d'Avit, pour faire croire qu'il était d'une maison qui s'appelait Avit. Nous n'avons point rencontré cette signature.

Page 155, notes, 1ʳᵉ colonne, ligne 20. — Vers cette époque, *mettez :* le 17 décembre.

Page 159, notes, 1ʳᵉ colonne, ligne 23. — *Effacez ce qui concerne le prince de Condé, circonstance empruntée à tort au P. Anselme, qui s'est trompé.* (T. V, p. 611.) — En 1631, le duc de Roannois fut condamné, avec le comte de Moret, les ducs d'Elbeuf et de Bellegarde, les sieurs le Coigneux, de Puylaurens, Montsigot et le P. Chanteloube, pour être sortis du royaume avec Monsieur. Ce sont les termes de la déclaration du roi, enregistrée, au parlement de Bourgogne, le 30 mars 1631. (Le P. Griffet, t. II, p. 137.) C'est aussi ce que rapportent les *Mémoires de Richelieu*, qui donnent la date du 31 mars. (T. VI, p. 480.) Le cardinal ajoute dans le volume suivant, p. 181, que le duc de Roannois fut, en outre, condamné «pour crime de fausse monnoie, et exposition d'icelle.» Les mémoires citent une déclaration du roi du 31 août 1631. — Quant à la peinture du château d'Oiron, Tallemant la raconte dans l'historiette de La Meilleraye (t. II, p. 218) avec des différences de détail; ainsi on n'y trouve pas l'allusion à l'apothicaire.

Page 163, note 1. — Nous nous sommes demandé dans cette note si la lettre 139 n'était pas adressée au fils de Potier de Gesvre; nous croyons qu'il faut répondre par l'affirmative. C'est aussi l'opinion de M. Martineau.

Page 170, note 2. — *Ajoutez :* La marquise de Richelieu est morte par suite de couches, le 15 octobre 1618. Cette date a été relevée par M. Martineau sur les registres de l'état civil de Braye, paroisse de Richelieu. (*Le Card. de Richelieu*, p. 61.)

Page 175. — *Ajoutez à la note 1 :* On le nommait en France Saint-Orens. Il y avait dans le midi de la France un prieuré célèbre dont M. l'abbé Caneto a écrit une savante histoire : *Prieuré de Saint-Orens d'Auch, étude historique et monumentale, depuis les premiers siècles de l'ère chrétienne jusqu'à nos jours.* Auch, 1873.

Page 178, note 1, ligne 2. — Après La Rochefoucauld, *lisez :* père de celui. — Est-il nécessaire d'avertir que ces trois mots ont été oubliés dans l'impression ? — Sur La Rochefoucauld, voy. notre t. II, p. 489.

Page 183. — A la suscription, *mettez :* 1.

Page 183, ligne 11 (la date). — Du 15 au 20, *lisez* du 15 au 25.

Page 185, notes, 1ʳᵉ colonne, ligne 12. — *Mettez :* 1594 ou 1595. La date précise de la naissance de Balzac est restée inconnue, on a longtemps donné l'une ou l'autre des deux années que nous indiquons; M. Eusèbe Castaigne, dans ses intéressantes *Recherches sur la maison où naquit J. H. Guez de Balzac*, etc. publiées en 1846, a trouvé qu'il avait été baptisé le 1ᵉʳ juin 1597, il en a conclu la date de la naissance, et cette date a été adoptée depuis par les écrivains les plus autorisés, tels que Sainte-Beuve. Dans son *Histoire de Port-Royal*, l'illustre critique avait donné la date de 1694 (t. II, p. 48). Plus tard, sur la foi de l'acte de baptême, il a écrit une longue note pour faire son *mea culpa* (t. II, p. 524), mais c'est à la malencontreuse rectification que le *mea culpa* doit s'appliquer. Disons d'abord que Balzac lui-même a donné la date de 1594 ; cependant comme, dans ses lettres, il a plusieurs fois varié sur son âge, il faut montrer qu'il en est une où la vérité est manifeste. Le 3 avril 1645 il écrivait à Chapelain : « Sçachez, Monsieur, que j'ay pu estre en la première place d'un homme que je traicte aujourd'hui de monseigneur; et il n'a tenu qu'à moy que je n'aye esté secrétaire de la feue reyne-mère, et cela devant que j'eusse vingt-cinq ans » (p. 251 des lettres publiées par M. Tamizey de Larroque dans la *Collection des documents inédits sur l'histoire de France*). Et puis dans ses *Dissertations chrestiennes et morales* (t. II, p. 402), parlant de lui-même à la troisième personne, il dit encore : « Feu M. le duc d'Espernon avec lequel il (Balzac) fit le voyage de Blois, qui tient plus du roman que de l'histoire, le proposa à la reyne-mère pour estre secrétaire de ses commandements. » Or le voyage de Blois a une date certaine, la nuit du 21 ou 22 février 1619. Balzac approchait de vingt-cinq ans, il était donc né à la fin de 1594 ou au commencement de 1595. Une autre date certaine, c'est celle du *Discours* imprimé en 1612, date qui rend tout à fait impossible celle de 1597 pour la naissance. Quelle apparence que Balzac ait publié à quatorze ans et quelques mois un *Discours sur l'état politique des provinces unies des Pays-Bas*? Je sais bien que l'auteur lui-même traite son discours d'*œuvre d'écolier*, mais on comprend l'intérêt qu'il avait à se servir, dans la circonstance, de cette expression; et d'ailleurs n'est-on pas écolier encore à dix-sept ans? A cette impossibilité joignez cette invraisemblance qu'on ait proposé à Marie de Médicis, en 1619, un secrétaire des commandements n'ayant pas encore vingt-deux ans, et pour remplacer l'évêque de Luçon, qui avait été secrétaire d'État. On va me dire : « Mais enfin l'acte de baptême? » L'acte de baptême est un indice de l'époque de la naissance, il n'en est pas une preuve. On sait qu'il n'est pas bien rare de voir le baptême séparé de la naissance par un intervalle plus ou moins long. Richelieu lui-même en fournit un exemple; ce fut sans doute aussi le cas de Balzac. Conclusion : Balzac étant né certainement un peu avant février 1595, on a pu dire dans le temps, ignorant le jour précis, dernier mois de 1594 ou premier de 1595; de là l'incertitude des contemporains entre ces deux années. Ajoutons que le témoignage de Chapelain invite à pencher pour 1594.

Page 185, note, 2ᵉ colonne, ligne 2. — Balzac aurait dû songer, pour tempérer sa mauvaise humeur, que l'*Epistola qua dissertationi D. Balsacii ad Herodem infanticidam respondetur* (1636) n'était qu'une petite revanche de Daniel Heinsius contre la critique que Balzac avait faite de sa tragédie. Mais la blessure qu'avait reçue l'amour-propre de Balzac était profonde et semble se rouvrir quand le jeune fils de Daniel, Nicolas Heinsius, dans son voyage à Paris, en 1645, lui adresse de malencontreux compliments. Balzac ne laissa pas d'y répondre par des louanges exagérées; mais la pensée que couvraient ces paroles, Balzac lui-même la révèle dans une lettre écrite à Chapelain, à peu près au même temps : « Je vous diray que les injures de Daniel m'eussent beaucoup moins fasché que la cajollerie de Nicolas, et que je suis incommodé de tous les compliments qui demandent d'autres compliments » (p. 335 de l'éd. de M. Tamizey de Larroque).

Page 185, notes, colonne 2, ligne 21. — Après *histoire*, *mettez* : nous lisons dans une lettre qu'il écrit à Boisrobert, le 25 février 1624 : « Il y a longtemps que j'ay appris de luy (Richelieu) que j'avois passé les autres. » (P. 77 de l'éd. de 1663.)

Page 191, ligne 5. — *Mettez en note :* Le nonce Bentivoglio, qui venait remplacer Ubaldini près de la cour de France, parle ainsi de Richelieu, en annonçant au cardinal neveu le changement de ministère : « ...Il vescovo di Lusson, prelato che, seben giovane, è de' più eminenti di Francia, per lettere, eloquenza, bontà e zelo di religione, come V. S. illᵐᵃ sa. Questa mutazione si può sperare che sia per essere in favore nostro, perchè il guarda sigilli (du Vair), benchè uomo dottissimo

2.

e di grandissima integrità, non era molto ben affetto verso le cose ecclesiastiche, e, per segretario di stato, non si potea desiderare meglio di Lusson [1]. » Cette missive est datée du jour de l'arrivée du Nonce à Paris, 15 décembre 1616. Dans une lettre suivante, du 17 janvier, Bentivoglio mandait : « Il marescial d'Ancre parlò meco ancora di questi nuovi tre ministri come di sue creature, e mostrò gusto grande delle lodi ch' io dava a Mangot e Lusson, che aveva di già visitati; dicendomi che avrei occasione anche di stimar più Barbin, perchè egli in abilità di maneggi grandi poteva esser maestro degli altri due,» t. 1, p. 166.

Page 192, note, 2ᵉ colonne, ligne dernière. — Après classement, mettez une virgule.

Page 194, note, 2ᵉ colonne, ligne 13. — *Ajoutez :* Le Grain, dans sa *Décade contenant l'histoire de Louis XIII,* cite quelques phrases de cette lettre et reproche à Richelieu ces témoignages de soumission envers le maréchal d'Ancre. Sorel (*Bibliothèque française,* p. 254, 2ᵉ édit.) défend Richelieu contre cette attaque de Le Grain.

Page 206. — *Ajoutez à la note :* Amelot de la Houssaye a résumé, dans une espèce de traduction, les histoires italiennes des Uscoques, par l'archevêque de Zara et par Fra Paolo Sarpi; mais, quoique sou livre ait été publié en 1682, et qu'il annonce, à la fin, qu'il a «ajouté et suppléé à l'histoire de l'archevêque de Zara,» on n'y trouve rien des faits dont il s'agit dans la lettre du roi au comte de Béthune; A. de la Houssaye s'arrête avant cette époque.

Page 208, aux sources, en tête. — *Ajoutez :* Arch. des Aff. étr. Allemagne, t. 5, fol. 253. Mise au net, avec quelques mots de correction interlinéaire, lesquels semblent de la main de Richelieu. — Dans le même manuscrit, deux copies aux folios 275 et 302. Ces trois pièces, sans date, sont classées dans le manuscrit en janvier 1617.

Page 216, note 2. — 28 octobre, *lisez :* 18. Et *ajoutez à la note :* Une lettre du roi, écrite à M. Molé ce même jour 18 (Cinq-Cents Colbert, t. I, fol. 347), dit que l'échange est fixé au 1ᵉʳ novembre; mais il y eut un retard que Louis XIII ne prévoyait pas. Le *Mercure français,* t. IV, p. 306-308, indique l'itinéraire que suivit la princesse, de Bayonne à la Bidassoa, du 1ᵉʳ au 9 novembre, jour de l'échange. Il convient de le remarquer, parce que la lettre de Louis XIII pourrait induire en erreur ceux qui s'y fieraient, comme elle a trompé l'éditeur des *Mémoires de Molé,* t. I, p. 103. — Les pouvoirs donnés par Marie de Médicis pour négocier le mariage de Louis XIII, le contrat et la ratification de ce contrat par le roi se trouvent, en copie, aux Archives nationales, carton des rois, K. 109, n° 21.

Page 219, note 1. — *Ajoutez :* Voyez notre tome VII, à la date du 27 décembre 1616. (Analyses.)

Page 223, note, 1ʳᵉ colonne, ligne 7. — 224, *lisez* 225.

Page 225, ligne 1ʳᵉ. — Le justiffie. Enfin, *lisez* le justiffic; enfin.

Page 235, notes, 1ʳᵉ colonne, ligne 8. — *Ajoutez :* Aussitôt que Richelieu entre au ministère, son premier soin est d'écrire aux cantons. Nos rois ont de tout temps entretenu avec la Suisse de bonnes et utiles relations. Dans une notice sur les archives de Lucerne, M. Cocheris nous apprend avec quelle attention y sont conservées leurs lettres depuis Louis XI; on en compte trente-cinq de Louis XIII (de 1611 à 1641); plusieurs sont de simples notifications, mais il en est de plus importantes auxquelles Richelieu ne doit pas être resté étranger.

Page 238, notes, 2ᵉ colonne, ligne 4. — Après Nevers, *effacez* il, et *mettez :* et contre le duc de Bouillon, le dernier.

Page 240, note, 2ᵉ colonne, ligne 2. — 1828, *lisez* 1628.

Page 241. — *Ajoutez à la note sur* du Maurier : Notre premier volume était publié lorsque

---

[1] Lettere diplomatiche, édit. Scarabelli.

M. Ouvré, ancien élève de l'École normale, fit paraître une étude fort détaillée sur ce diplomate : *Aubry du Maurier . . . thèse pour le doctorat ès lettres*, 1853. L'auteur de la thèse ne fait qu'indiquer le court ministère de Richelieu, mais il donne, dans un appendice, quelques pièces relatives à l'ambassade de La Noue, p. 33o et suiv.

Page 245, notes, 1ʳᵉ colonne, ligne 4.—Voyez sur la correspondance de M. de Léon, conservée à la Bibliothèque impériale de Saint-Pétersbourg, les rapports de M. le comte de la Ferrière, *Arch. des Missions scientifiques et littéraires*, 2ᵉ série, t. III, p. 26.

Page 246, aux sources. — *Mettez en tête* : Arch. des Aff. étr. Angleterre, t. 26, fol. 87. Minute. Voy. notre t. VII*.

Page 246, 7ᵉ ligne du texte. — *Ajoutez cette note* : Desmarets avertit dans sa lettre du 12 janvier que le sʳ de la Roche des Aubiés, ci-devant escuyer de M. le prince de Condé, est arrivé depuis quelques jours, sous un prétexte de promenade; mais, ajoute-t-il, «on m'a assuré que c'est pour prier le roy d'insister sur la délivrance de M. le Prince.»

Page 247, note 2. — 244, *lisez* 246.

Page 247, à la note 3. — *Ajoutez* : Voy. Tallemant des Réaux, t. I, p. 377.

Page 247, note 4. — Après le mot «datée» effacez le reste de la note et *mettez* : la date est du 26 janvier.

Page 249, aux sources. — *Ajoutez* : Arch. des Aff. étr. Allemagne, t. V, fol. 342. Minute classée fautivement au 5 juin, date mise après coup en tête de la pièce non datée.

Page 249, 1ʳᵉ ligne du texte. — *Mettez en note* : Nous ne voyons pas dans ce volume d'Allemagne la lettre du 10 décembre; elle avait été adressée à Mangot, avant que Richelieu lui eût succédé comme secrétaire d'État des Affaires étrangères. Plusieurs de ces lettres se trouvent dans la correspondance de Pontchartrain, dont une partie est conservée à la Bibliothèque nationale. Clairambault. Mélanges.

Page 249, note 2, ligne 10. — Après ambassadeur, *mettez* : à Bruxelles auprès de l'infante et ensuite.

Page 249, note 2. — *Ajoutez* : Une partie de la correspondance de cet ambassadeur se trouve à la bibliothèque de Saint-Pétersbourg, documents français, vol. CVII. Elle touche, dit M. de la Ferrière, à toutes les grandes questions qui passionnaient et agitaient alors l'Allemagne.

Page 250, ligne 10. — Les desseins qui, *lisez* : les desseins de ceux qui.

Page 255, aux sources. — *Après* de l'année 1617, *ajoutez* : Dans Malingre, continuation de P. Matthieu : *Histoire générale des troubles arrivez en France*, etc. 1622, in-4°, p. 597.

Page 255, note, 1ʳᵉ colonne, ligne 4.— *Après* (tom. II, pag. 687), *ajoutez* : Malingre la donne comme une lettre du roi, et ne dit pas qu'elle est de Richelieu.

Page 259, aux sources. — *Ajoutez* : Arch. des Aff. étr. France, t. XXVIII, fol. 3. Mise au net.

Page 266, note 1, ligne 8. — 1681, *lisez* : 1651.

Page 268, aux sources. — *Mettez en tête* : Arch. des Aff. étr. Allemagne, fol. 354. Mise au net. devenue minute, ayant été corrigée de la main d'un secrétaire de Richelieu, avec la fausse date de juin, et classée par erreur à la fin du volume.

Page 270, aux sources. — *Mettez* : Arch. des Aff. étr. Hollande, t. VIII, fol. 17. Minute. — Voy. aux Analyses, supplément, à la date du 22 janvier 1617.

Page 271, ligne 6. — Moy, *lisez* : nous.

Page 271, note 1, ligne 1. — 4, *lisez* : 2.

Page 272, ligne 3. — Pour vous dire, *lisez* : vous assurant (leçon de la minute).

Page 277, note, 1ʳᵉ colonne, ligne 10. — Recomposa, *lisez* récompensa. — Récompenser une charge signifie, dans le langage de ce temps-là, en payer le prix à celui qui la possède, le dédommager de la perte qu'il fait en la cédant. Ce mot, qui ne tarda pas à devenir hors d'usage, était alors très-fréquemment employé.

Page 290, ligne 2 du texte. — Supplièrent, *lisez :* supplioient.

Page 291, aux sources. — *Mettez en tête :* Arch. des Aff. étr. Hollande, t. VIII, fol. 33. Minute. Cette minute commence ainsi : « Encore que j'escrive au s^r de La Noue le désir que j'ay de faire revenir mes troupes qui sont en Hollande, et ce printemps pour m'en servir contre ceux qui voudront esmouvoir quelques troubles en mon royaume, je n'ay pas voulu... (Le reste comme à la page 291 du 1er volume.)

Page 291, ligne 2 de la lettre ccvi. — Avec, *lisez :* envers.

Page 292. — Nous avions classé l'extrait sans date de la lettre à M. du Maurier d'après son classement dans le ms.; nous avons trouvé depuis la minute de la lettre à laquelle appartient ce fragment; la véritable date est le 12 avril, il faut donc placer cet extrait page 512 de notre premier volume. Quant à la minute, nous la donnons dans le supplément. (VIIe vol. p. 375.)

Page 301, aux sources. — *Mettez en tête :* Bibl. nat. fonds Brienne, 200, p. 135. *Après l'indication du* Mercure françois, *ajoutez* Histoire de Louis XIII (de Le Cointe), tom. II des pièces, p. 37.

Page 316, aux sources. — *Ajoutez :* portefeuille 268.

Page 325, aux sources. — *Mettez en tête :* Arch. des Aff. étr. Allemagne, t. V, fol. 320. Minute.

Page 325, ligne 11 de la lettre 220. — Procuration, *lisez :* la procuration.

Page 326, aux sources. — *Mettez :* Arch. des Aff. étr. Hollande, t. VIII, fol. 51. Minute. Cette minute confirme la conjecture de la note 2.

Page 327, dernière ligne du texte. — En envoyer, *lisez :* m'envoyer.

Page 334, note, 2e colonne, ligne 17. — L'Europe, *lisez* l'Espagne.

Page 341. — *Ajoutez à la note :* Il est représenté, dans la très-courte historiette de Tallemant, comme un homme d'une cruauté et d'une rapacité révoltantes, t. I, p. 381.

Page 350, note 4. — Le Richecourt dont il s'agit dans la lettre du roi au duc de Guise n'est pas celui que nous avons indiqué; ce n'était qu'un château, lequel, ayant été rasé dans le temps, a été oublié par les livres de géographie les plus complets. Nous le trouvons sur la carte de Cassini, n° 79. Il était situé à une demi-lieue à l'ouest de Vouziers en Champagne (Ardennes). M. Pate-Bollot, de Beauvais, a fait sur les lieux une étude spéciale de ce fait géographique. et il en a donné le résultat dans deux écrits publiés à Vouziers en 1837 et 1843, écrits dont nous regrettons de n'avoir pas eu connaissance.

Page 360, aux sources. — *Mettez :* Arch. des Aff. étr. Constantinople, t. III, fol. 68. Minute. (Voy. notre VIIe vol. p. 361, ligne 1.)

Page 369, à la suscription. — *Mettez :* Lettre du roi.

Page 374, ligne 7 de la lettre CCLXXI. — Le maréchal d'Ancre ne se pressait pas d'obéir à cet ordre du roi, car dix jours après nous le trouvons encore à Bresle, non loin de Beauvais; c'est la date d'une lettre qu'il écrivait le 20 mai à l'évêque de Luçon. (*Revue des autographes*, n° 37, août 1873.)

Page 376, à la suscription de la lettre 273. — Villeserin, *mettez :* Villeserein.

Page 385, notes, 1re colonne, ligne 7. — Serait-ce celui; *lisez :* serait-ce le fils de celui.

Page 411. — *Mettez à la suscription :* A M. de La Noue, *et supprimez la note 2, qu'il faut remplacer par celle-ci :* Cette lettre est comme le P. S. d'une dépêche que je n'avais pu trouver dans mes premières recherches. et que j'ai eue depuis aux Archives des Affaires étrangères. (Voy. t. VII, p. 361, note 3.)

Page 411, ligne 7 de la lettre 312. — De, *lisez :* que.

Page 423, note 3. — Les suivantes, *lisez :* les sept suivantes.

Page 427, note 2. — A Descures, *lisez :* au même Du Belley.

Page 429, aux sources de la lettre 324. — Du, *lisez :* d'un, et partout où la même faute se reproduit.

Page 451, à la fin de la note 1. - *Mettez :* page 699.

Page 464, ligne 5. — Les seconder. Les..., *lisez :* la seconder des...

Page 469, ligne 9 de la lettre 372. — A, *lisez :* ont.

Page 478, note 1. — *Au lieu de :* nous n'avons, etc. *mettez :* C'est la lettre du 1er avril.

Page 490, note 1, ligne 7. — Nous n'avons, etc., *au lieu de cette fin de note, mettez :* Ce doit être la lettre sans date que nous avons mise au 2 avril.

Page 490, note 2. — *Ajoutez :* Cette lettre à M. Le Grand se trouve dans un autre paquet de Baluze; elle a dû être expédiée quelques jours plus tard; nous la classons au 15 avril. (Voy. ci-après, p. 516.)

Page 499, ligne 14. — Aux sources, *mettez :* original.

Page 507, aux sources. — *Ajoutez :* Arch. des Aff. étr. Allemagne, t. V, fol. 343. (Voy. notre VIIe vol. p. 374.)

Page 514, aux sources. — *Ajoutez :* Bibl. imp. Leydet et Prunis; Périgord, 8. Copie.

Page 515, note 1. — *Après* voyez, *mettez :* ci-dessus, p. 457 *et, à la fin de la note, mettez :* 527.

Page 519, à la fin de la note. — *Ajoutez :* Pour bien établir la situation du duc de Rohan à cette date et un peu plus tard, nous devons remarquer que le gouverneur de Luynes ne contribuait guère à ramener le duc dans le bon chemin. Nous lisons dans une lettre qu'il écrivait de Niort, le 20 mars 1619 : « Tant plus je m'accommode à bien servir le roy et plus, par mauvais traitement, on m'en veut oster la volonté. » Richelieu n'était pas encore de retour de l'exil d'Avignon d'où on le rappelait en ce moment même; ce n'est pas à lui qu'on peut imputer le mécontentement et les plaintes de l'illustre huguenot.

Page 523, notes, colonne 2, ligne 3. — *Ajoutez :* Ces deux pièces ont été recueillies par Fontanieu, 471.

Page 529, notes, colonne 2, ligne dernière. — *Après le mot* note, *mettez :* précédente.

Page 530, ligne 2. — La, *lisez :* le.

Page 533. — *Ajoutez à la note 1 :* Cette sécurité de Richelieu doit s'entendre du moment actuel; il ne croyait pas sans doute que la perte du favori fût si prochaine, mais il ne pouvait avoir confiance en la durée d'une puissance aussi insensée que prodigieuse; nous en avons d'ailleurs la preuve dans le témoignage du nonce Bentivoglio, dont nous parlerons tout à l'heure.

Page 534, ligne 13. — Déagent; *ôtez l'accent partout où il se rencontrera sur ce nom.*

Page 535, ligne 12. — Richelieu ne paraît pas avoir tenu compte de cette invitation; nous voyons du moins que, dans deux lettres de lui au comte d'Auvergne, des 14 et 21 avril (notre premier volume), il n'en est nullement question. Il semble même avoir tenté de faire comprendre à Concini que le comte n'avait peut-être pas trop tort. (Lettre écrite au duc de Luynes peu avant le 24 avril 1617; notre tome VII, aux Analyses.)

Page 536. — *Après la ligne 14, mettez en note :* Il faut lire ce que Bentivoglio écrivait au cardinal Borghèse, neveu du pape, au sujet des confidences que lui avait faites Richelieu avant la chute de Luynes, et ce qu'il écrivait encore le lendemain de la catastrophe : « Io mi confermo sempre più in quello che ho scritto, che questa violenza non può durare. » Lettre du 28 mars, et le 25 avril : « Il favore e l'autorità in che la regina madre aveva collocato il maresciallo d'Ancre, aveva passato ogni termine. Onde il re finalmente si è risoluto di farlo ammazzare..... Oltre a molti indizii grandissimi della rovina imminente di Ancre, me ne aveva assicurato in particolare il vescovo di Lusson, con circostanze tali che mi pareva di nonne poter dubitare. Dopo l'ultimo spaccio mi communicò il medesimo Lusson, chegli e Barbino avevano dimandata licenza alla regina madre, e ch'egli specialmente era tornato a dimandar la più volte con granda istanza, e con dichiarazione aperta, che egli con buona coscienza, non poteva essere ministro della violenza d'Ancre. » (Lettere diplomatiche di Guido Bentivoglio, arcivescovo di Rodi, e nuncio in Francia, etc., 2 vol. in-12; opera per la prima volta publicata per cura di Luciano Scarabelli. Torino, 1852, t. I, p. 97 et 103.)

Page 536, ligne 32. — *Mettez en note :* Il convient de noter ici une lettre que nous avons inutilement cherchée, mais dont Richelieu n'a pas manqué de se souvenir. (*Mém.* I, 496.) Le maréchal d'Ancre, effrayé de la ligue des princes à Soissons, voulait appeler les Espagnols pour maintenir l'autorité du roi; « avec quelle franchise ne lui ai je pas dit (écrit l'évêque de Luçon, non sans un certain mouvement d'orgueil) qu'un tel expédient le rendroit odieux... et que les bons François étoient en assez bon nombre pour résister à ceux qui s'étoient éloignés de leur devoir. » Richelieu ne donne point la date de cette lettre; mais, si elle fut écrite à l'époque de la réunion de Soissons (septembre 1616), il est juste d'en tenir compte à Richelieu, car, quoique désirant ardemment une place de secrétaire d'État, il combattait le sentiment de celui dont dépendait sa fortune.

Page 538. — Après la ligne 16, *mettez ce paragraphe :* Voilà ce que dit à ce sujet Bentivoglio, l'une des meilleures autorités que nous ayons à cette époque : « L'évêque de Luçon, plus que d'autres, a eu la permission de voir la reine mère; per la parte di S. M. a trattato coi ministri delre tutto quello che bisogna per stabilire il luogo nel quale doveva la M. S. ritirarsi, e la forma con che doveva uscir di Parigi... il vescovo di Lusson è andato a servirla e sarà come capo del suo consiglio. La regina a desiderato d'averli appresso, e senza dubbio ne sarà ben servita. » (Lett. du 9 mai.)

Page 541, notes, 2ᵉ colonne, ligne 12. — *Ajoutez :* L'original est aux Aff. Étr. France, t. V, collection verte.

Page 546, ligne 17, note. — Richelieu ne dit pas de quelles fautes on l'accusait près du roi; ses Mémoires ne nous apprennent non plus rien de précis; nous en trouvons quelque chose dans une lettre de Bentivoglio, où nous voyons qu'il en fut question jusqu'en cour de parlement, et aussi qu'il s'agissait de bien futiles accusations : « Lusson vien nominato in quelle conclusioni del procuratore generale del re, nel parlamento, per rispetto d'alcune lettere, grandemente abiette a scriversi, scritte da lui ad Ancre, mentre egli era in officii, e con termini che non si usano ne coi re stesso. Lusson diceva : il vostro esercito, i vostri officiali, e cose simili. Ma forse tali termini si riferivano alla gente leggiera d'Ancre. Pericart vien nominato, perchè s'è trovato, nelle sue lettere, ch' egli era mezzano della corrispondenza che passava fra Spinola ed Ancre. Intendo però che non si sono trovate lettere di Spinola. » (Lett. du 5 juillet, p. 146.)

Page 550. — La lettre CDXLVI, que nous avons datée d'août 1617, pourrait avoir été écrite vers la fin de mars ou au commencement d'avril 1618. M. Sainte-Beuve nous indique cette correction dans la pensée que « l'accident du palais » dont parle Richelieu se rapporte à l'incendie qui éclata dans la nuit du 6 au 7 mars 1618. Il ne nous avait pas semblé qu'on pût appliquer à cet accident fortuit les graves considérations exprimées ici par l'évêque de Luçon. Cependant nous dirons, à l'appui de la supposition de M. Sainte-Beuve, que des rumeurs évanouies aujourd'hui, et parvenues alors jusqu'au prélat exilé, ont pu motiver les paroles dont il se sert dans ce passage. L'incendie du palais a été raconté dans le *Mercure françois*, t. V, p. 18, de l'année 1618, et, dans le temps, on a publié *L'accident merveilleux et espouvantable du désastre arrivé le 6ᵉ jour de mars 1618, d'un feu irremédiable, lequel a brûlé et consommé tout le palais de Paris.* Opuscule réimprimé dans les *Variétés historiques*, etc. par M. Éd. Fournier, 1855, Jannet.

Page 551, aux sources. — *Ajoutez :* Et dans l'Histoire du monastère et des évêques de Luçon, I, 387.

Page 554, notes, 1ʳᵉ colonne, ligne 8. — Cette édition de 1617 est citée par Joly, *Éloges*, etc.

et par la Fontenelle de Vaudoré, *Hist. du monastère et des évêques de Luçon*, etc. Mais ces deux auteurs ne donnent nuls renseignements sur cette édition que nous n'avons pu trouver. Après l'approbation datée d'octobre, le privilége du roi a été donné le 1er novembre; de ce moment l'imprimeur a pu se mettre à l'œuvre, et nous lisons au frontispice de l'édition de Paris (Moreau, 1818) : *jouxte la copie imprimée à Poitiers par Anthoine Mesnier*. L'existence de cette première édition est donc certaine, la date seule reste douteuse; est-ce 1617 ou 1618? Un ministre protestant, Pierre de La Vallad, répondant au livre de Richelieu (La Rochelle, 1619), dit, dans un avertissement au lecteur : « cet écrit ne parut en lumière qu'en 1618, sur la fin du quaresme. » Ainsi, quelle que soit la date précise de l'édition de Mesnier à Poitiers, c'est évidemment la première.

Page 555, note, ligne 2. — *Lisez :* Vers la mi-juin, 12 ou 13.

Page 557, à la fin de la note 2. — *Ajoutez :* II, 155.

Page 557. — *Effacez* la note 3; nous avons mal indiqué la date de la lettre au P. Suffren; cette lettre doit être placée en 1618, et conformément à ce que nous disons ci-dessus (Addition à la page 554).

Page 559, notes, 1re colonne, ligne 5. — *Ajoutez :* Depuis cette note écrite, le savant académicien M. Haureau a complété l'Œuvre des Bénédictins.

Page 564, aux sources. — *Mettez :* Arch. des Aff. étr. France, t. XXVIII, pièce 99. Minute. (Voy. notre VIIe vol. p. 415.)

Page 568, aux sources. — *Ajoutez :* Bibl. de Carpentras, Peiresc, registre LVIII, 1er volume. (Copie sans date.)

Page 569, note, 2e colonne, ligne 13. — Depuis cette note écrite, j'ai trouvé aux Archives des Affaires étrangères une mise au net de la lettre citée ici; elle est tout à fait conforme au texte que donnent les Mémoires de Richelieu. (France, t. 28, pièce 111.)

Page 570. — Nous avons à intercaler ici, après la lettre au roi CDXL, une lettre à M. de Pontchartrain. Richelieu disait au roi que, dans son empressement à lui obéir, il n'avait pas eu le loisir de donner ordre à ses officiers; c'est à quoi il songe maintenant :

A MONSIEUR MONSIEUR DE PONTCHARTRAIN.

« Monsieur, ayant pleu au roy m'asseurer de l'honneur de sa bienveillance pourveu que je satisfice promptement au commandement qu'il me fesoit de m'en aller en Avignon, j'ay voulu que mon obéissance précédast toute sorte de supplication. Maintenant que je suis en chemin et que j'ay sceu que quelques gens avec lesquels j'ay procès vouloient se prévaloir de mon esloignement.... »
(Richelieu demande des lettres de surséance.)

« Vostre affectionné serviteur,

« RICHELIEU.

« Dublanc en Berry, ce 19 avril 1618. »

Clairambault, 374 (ancien 86) original, p. 8559.

Page 571. — Sur la même feuille se trouve aussi la copie du commandement du roi.

Page 571, notes, 2e colonne, ligne 9. — *Ajoutez :* et notre supplément, p. 428 et suivantes.

Page 577, lettre 468. — Supprimer ce fragment de lettre, mis là par erreur, la lettre entière est plus loin, p. 633. Ainsi isolé, ce fragment ne suffisait pas pour indiquer sûrement une date. Il n'y a à conserver dans cette page 577 que la note sur Michel de Marillac, en faisant remarquer que les termes mêmes de la lettre ne désignent pas avec certitude celui des deux frères à qui elle est adressée; tous deux étaient serviteurs de la reine mère,

Page 578, aux sources. — *Ajoutez :* Imprimée, *Voyage aux environs de Paris*, p. 102, et *Histoire du monastère et des évêques de Luçon*, 1, 391. *L'auteur met en note :* « Il s'agit probablement d'un membre de la famille Collot. »

Page 578, ligne 4 de la lettre CDLXIX. — Depuis l'impression, j'ai appris, par un homme lettré du pays d'Avignon, qu'en 1619 il existait, dans la capitale du comtat, une famille de Rhodes d'Auriac, prenant ce nom d'un petit fief situé sur la rive gauche du Rhône, entre Caderousse et Châteauneuf-Calcernier ou du pape. Le d'Auriac dont parle ici Richelieu était sans doute de cette famille, qui ne semble pas avoir eu de parenté avec celle du maréchal de camp Bonne d'Auriac auquel le cardinal écrivait en 1630. Le nom d'Auriac appartient en France à divers lieux, et est ainsi devenu le surnom de plusieurs familles qui n'ont rien de commun entre elles.

Page 579, notes, 1re colonne, ligne 4. — Voyez aux additions et corrections de la page 423 de notre VIIe volume.

Page 579, note 1, ligne 5 de la 2e colonne. — La famille de Mantin, établie dans le Comtat Venaissin, y possédait la meilleure partie de la fortune des Cavaillon. Celui auquel écrivait le marquis de Richelieu était Gaspard de Mantin. (Voir la page 596 de ce 1er volume, et une note rectificative, page 738 du IVe, sur cette famille dont le nom véritable était : *de* Mantin.

Page 580, notes, 2e colonne, ligne 14. — *Ajoutez :* Richelieu le voyant arrêté à Vienne, un peu étonné de ce nouvel incident, écrivit aussitôt au roi (10 mars) une lettre que nous avons trouvée tardivement et qu'on peut lire au supplément, p. 426 de notre VIIe volume.

Page 581, lignes 13-19. — Il faut remarquer ces conseils donnés indirectement à la reine mère par Richelieu dès les premiers moments de son retour auprès d'elle. Mais, avant d'avoir ses avis, le lendemain même de son évasion, elle s'était hâtée d'envoyer au roi des paroles de paix : « Je me suis mise en lieu seur pour faire entendre au roy ce qui m'estoit impossible dans la puissance de ceulx qui le nous cachent. » Elle supplie Sa Majesté « de lui faire dire sous quelle forme» il veut qu'elle lui fasse « sçavoir sans ambition et sans souvenir du passé, » ce qui peut rendre son royaume heureux et en repos. Elle ne demande aucune autorité et ne veut que donner des conseils de fidélité et d'affection. Toutefois, l'œil soupçonneux et pénétrant de Luynes, sous ces apparences désintéressées et ces paroles d'abnégation, put apercevoir encore certaines aspirations ambitieuses, des désirs d'influence, un contact dangereux pour sa faveur. Mais Richelieu a dû les croire sincères, et c'est sans doute à ces sentiments exprimés par Marie de Médicis qu'il fait allusion dans les passages que nous citons. On ne peut mettre trop de soin à recueillir tout ce qui tend à prouver, à ce moment de la vie de Richelieu, cette vérité méconnue par la plupart des historiens, que l'évêque de Luçon n'a cessé de conseiller d'éviter la guerre civile, et de réunir dans un accord intime le roi Louis et sa mère. Notons ici que les lettres échangées aussitôt après la fuite de Blois entre Louis XIII et Marie de Médicis, ou écrites par cette princesse, au chancelier, au garde des sceaux, au président Jannin, imprimées sur feuilles volantes petit in-12, du 23 février, lendemain de l'évasion, difficiles à trouver, ont été recueillies par Clairambault dans le volume des Mélanges 375, p. 9391-9533. Il faut aussi indiquer dans le fonds français 20435 (ancien Gaiguières n° 311) d'autres lettres de la reine mère, dont plusieurs de cette même époque, pour laquelle les documents sont assez rares.

Page 581, notes, 1re colonne, ligne 4. — Nous avons trouvé, dans les papiers de Pontchartrain, la lettre que M. d'Alincourt écrivit au roi à cette occasion, de Lyon le 11 mars 1619 : «M. l'évesque de Luçon est arrivé aujourd'huy en ceste ville... croyant qu'il fust sans la permission de Vostre Majesté. J'ay envoyé sur son chemin... je l'ay faict arrester à douze lieues d'icy... je l'ay faict amener en ceste ville, sans qu'il ayt receu aucune incommodité... mais il m'a faict voir qu'il marchoit avec la permission de Vostre Majesté... je l'ay laissé aller en luy offrant toute assistance... » M. d'Alincourt fait de sa méprise un sujet de louanges qu'il s'adresse avec effusion, dans deux grandes pages où il vante la ferveur de son zèle, et le soin extrême qu'il met à servir fidèlement Sa Majesté. (Bibl. nat. Clairambault, Mélanges, 375, p. 9387.)

Page 584. — M. de Vedenne. Il se nommait Georges de Galiens (ou de Galéan), seigneur de Védines-Saint-Savornin et Éguilles; c'était l'un des principaux gentilshommes d'Avignon en 1619. Son fils cadet, le comte de Gadagne, fut lieutenant général; madame de Sévigné dit pourquoi il ne devint pas maréchal de France. (Lettre du 2 août 1675.)

Page 592, à la note. — *Ajoutez* : Tallemant des Réaux confirme ce brevet d'imbécillité, dans son historiette de M. d'Assigny (t. I) : «Son aisné, le feu duc de Brissac, estoit une grosse beste. On appeloit sa femme *Le Duc Guyon*; elle se nommoit *Guyonne*; c'estoit elle qui faisoit tout.»

Page 594, note, 2e colonne, ligne 12. — *Ajoutez* : C'est sans doute à l'occasion du mécontentement qu'éprouva alors la reine mère qu'elle écrivit au roi une lettre (10 mars 1619), dont nous n'avons trouvé ni minute, ni copie, mais qui existe dans les archives de Bruxelles, où M. Boutaric l'a vue; il en cite cette seule phrase : «Mon fils, je croy que personne n'approuvera les conseils que l'on vous donne.» *Archives des missions scientifiques et littéraires*, p. 22 du VIIe volume.

Page 594, notes, 2e colonne, ligne 13. — Les biographies font mourir le P. Arnoux, à Lyon, en 1636, âgé de quatre-vingts et quelques années, ce qui mettrait sa naissance avant 1556. *La Bibliothèque des écrivains de la compagnie de Jésus*, dont le 1er volume (seconde édition, in-fol.) a paru en 1869, dit que ce religieux entra dans l'ordre en 1592, à dix-sept ans; il serait donc né en 1575. La même Bibliothèque donne Toulouse pour le lieu de la mort du P. Arnoux. Nous rectifions la note de notre Ier volume d'après cet ouvrage des Pères de Backer et Sommervogel, source féconde de bonnes informations.

Page 601, note, 1re colonne, ligne 3. — Nous trouvons à la Bibliothèque, dans le fonds dit des Cinq-Cents Colbert, n° 98, une lettre du roi à la reine sa mère, où il lui fait un compliment de condoléance à l'occasion de la mort de Henri de Richelieu; cette lettre, datée du 22 juin, a dû être écrite peu après le duel; on peut donc assigner à cette fatale rencontre la date approximative de la mi-juin. — Je lis dans le P. S. d'une lettre du P. Coton, écrite de Lyon le 18 juillet : «Est-il vray ce qu'on dit de Richelieu?» (collection Godefroy, portefeuille 15.) Cela se rapporte évidemment à la mort du frère aîné de l'évêque de Luçon; mais il n'y a rien d'étonnant, vu la lenteur des communications, que la nouvelle d'un événement arrivé à Angers ne soit parvenue à Lyon, par voie indirecte, qu'au mois de juillet. — M. Martineau a trouvé sur les registres de l'état civil de Bray, paroisse de Richelieu, que «l'obsèque de Henri de Richelieu a été fait le 22 juillet.»

Pages 603, notes, 2e colonne, ligne 15. — Richelieu fut-il informé de ce que Balzac a raconté plus tard, qu'il fut proposé par le duc d'Épernon à la reine mère pour remplir la place qu'avait occupée l'évêque de Luçon (ci-dessus, additions à la page 185)? Balzac prétend que «s'il eust voulu s'ayder, il est certain qu'il l'auroit obtenue.» Rien ne nous paraît moins certain. Richelieu, à la vérité, était alors en exil, mais il n'en avait pas moins conservé toute la faveur de la reine mère, qui l'avait vu éloigner d'elle avec un vif mécontentement. Le prompt retour de Richelieu eût d'ailleurs coupé court à toutes les prétentions qu'aurait pu avoir le jeune Balzac.

Page 604, aux sources. — 1136, *lisez* 1135.

Page 608. — *Effacer la note 2 et mettre à la place* : Il s'agit sans doute du livre écrit contre les ministres de Charenton, auquel il fut fait des réponses. (Voy. notre VIIe volume, p. 424.)

Page 609, note 1, ligne 14. — Le prince du Piémont avait déjà visité la reine mère. (Voy. une lettre du 13 juin. T. VII, p. 746, note 2.)

Page 611, ligne 4. — *Mettez en note* : *Histoire de Marie de Médicis*, II, 567.

Pages 618-619. — Les deux lettres adressées au pape et au cardinal Borghèse, que j'ai classées en 1619, doivent appartenir à l'année 1620. La paix du pont de Cé (ou d'Angers) ayant été signée le 10 août, la demande du cardinalat pour l'évêque de Luçon, qui était une condition de cette paix, n'a pu être faite qu'après le 10, et il nous avait semblé que le roi ne pouvait pas adresser une seconde demande au pape lorsque la première ne lui avait peut-être pas encore été présentée. Nous avions donc supposé que c'était après la paix d'Angoulême que la première demande avait été envoyée à Rome. Cependant nous aurions dû considérer que la nouvelle lettre du roi devant être confiée à une personne envoyée exprès pour solliciter la promotion, cette si prompte récidive n'était pas invraisemblable. En priant le lecteur d'excuser, outre cette erreur, quelques autres méprises que nous avons sans doute commises dans cette longue publication, nous demanderons la permission d'ajouter, qu'ayant eu à trouver quatre ou cinq cents dates, omises dans les manuscrits et les imprimés, il ne nous a pas été possible de mettre dans la recherche de chacune tout le temps que nous aurions pu y consacrer, si nous eussions écrit un livre au lieu de rassembler un recueil de quelques mille pièces. (Voyez, au sujet de la demande du cardinalat par Richelieu, les pages 444 et 445 ci-dessus.) Nous profiterons aussi de cette occasion pour ajouter un mot à la note 1, jointe à la lettre précitée du 29 août 1620 (p. 655) : Cette même considération de l'envoi de l'abbé de la Cochère (Sébastien Bouthillier), aumônier de la reine mère et ami particulier de Richelieu, change pour nous en certitude le doute que nous avons exprimé dans ladite note : la lettre du 29 août est bien de Richelieu lui-même; ni lui, ni la reine mère n'auraient laissé à un autre, surtout à un secrétaire d'État qui devait leur être suspect, le soin de faire cette lettre qu'elle confiait à son aumônier; la minute n'a pu en être écrite que dans son cabinet ou dans celui de Richelieu, et c'est elle-même qui a dû la présenter au roi, dont elle était alors en position d'obtenir, au moins en apparence, l'exécution des conditions du traité.

Page 621, note, 2ᵉ colonne, ligne 4. — 627, *lisez* 630.

Page 627, note 2, ligne 4, — 369, *lisez* 339, et *ajoutez :* La mention de cette dépêche du 24 septembre se trouve répétée dans les Mémoires de Richelieu.

Page 635. — *Après l'indication de la source, il faut mettre* LA REINE MÈRE.

Page 639. — *Ajouter à la note* 1 : Esechieli était un des nombreux sobriquets dont le P. Joseph se plaisait à se servir; nous en avons acquis la certitude lorsque nous avons eu, aux Archives des Affaires étrangères, la communication du 7ᵉ volume, Allemagne. La date de 1619, mise en tête dans la collection Godefroy, est fautive; la pièce doit être classée en janvier 1621, comme l'indique la lettre de M. de Saint-Caliste, que Richelieu rappelle et que nous avons trouvée aux Affaires étrangères, *Rome*, t. XXIII, non coté.

Page 649, note, 2° colonne, ligne 3. — 549, *lisez* 550.

Page 65g, note, 1ʳᵉ colonne, ligne 17. — Et vous feré, *lisez :* à vous fere.

Page 660. — *Ajoutez à la note* 1 : Sans doute ce fils pour lequel le père demande une place de page chez la reine est le futur lieutenant général Aimar, marquis de Chouppes. Nous le trouvons page du roi en 1625; il était aide de camp des armées royales en 1637. Le cardinal fait mention de lui dans une lettre du 24 mai 1639 (t. VI, p. 365); il était alors au siége de Hesdin, sous les ordres de la Meilleraie, qu'il suivit au siége de Perpignan. Il fut fait lieutenant général après la mort de Richelieu, en 1643. C'est lui dont on a publié des mémoires longtemps après sa mort. On y raconte, à l'occasion de l'affaire de Cinq-Mars, des choses tout à fait contraires à la vérité [1].

---

[1] Peu de temps après avoir donné la mise en page de cette troisième feuille (au mois de mars 1873), j'ai été atteint d'une maladie d'estomac qui m'a ôté la force nécessaire pour achever cette révision d'épreuves. Dans cette circonstance, mon ami, M. Ta-mizey de Larroque, m'a généreusement offert de me suppléer pour cette surveillance du travail de l'imprimerie jusqu'à la fin de ce dernier volume. Malgré tout mon regret de distraire M. de Larroque de son important travail sur la correspondance de Cha-

Page 670, ligne 6. — Quoique les lettres de Marie de Médicis au roi ne soient guère, à ce moment, que des lettres de politesse, il convient de les noter parce qu'elles servent à établir les rapports dans lesquels étaient alors Louis XIII et sa mère : Du 13 avril, elle remercie le roi des assurances d'affection qu'elle a reçues de lui. Le 6 mai (date de plusieurs missives), la reine mère, en route pour aller rejoindre Sa Majesté, rencontre le sieur de La Forest lui annonçant les bonnes nouvelles des succès du roi dont elle le félicite. Arrivée à Blois, le 9 mai, elle dépêche M. de Marillac, qui dira au roi le désir qu'elle a de se rapprocher de son fils. Le 22 mai, nouveaux compliments sur de nouveaux succès dont Louis XIII la fait informer par un de ses gentilshommes. Elle était alors à Bourgueil, et elle rejoignit bientôt le roi, près duquel elle demeura quelque temps. Enfin nous avons une lettre datée de Matha le 7 juillet, dont était porteur M. de Marillac, envoyé à son fils «pour lui dire un second adieu au moment où elle s'éloigne de lui.» Ces missives sont conservées, autographes ou copies, dans l'ancienne collection Gaignières, aujourd'hui n° 20435 du fonds français.

Page 672. — Après la lettre DLI *mettez* celle que nous donnons ici, dans laquelle Richelieu saisit l'occasion de faire remarquer son zèle pour le service du roi, en un temps où la défiance troublait les relations entre la cour de Saint-Germain et la petite cour de Marie de Médicis.

«A MONSIEUR MONSIEUR DE PONTCHARTRAIN,

«Conseiller du roy en ses conseils, secrétaire de ses commandements.

«Monsieur, les mariniers m'estant venu trouver pour me dire qu'on avait voulu leur faire embarquer cinq ou six cents hommes pour aller contre le service du roy, celuy que je doy à Sa Majesté faict que je n'ay pas voulu manquer de vous les envoyer aussytost pour vous donner cet advis, me servant de cette occasion pour vous assurer du désir que j'ay de vous servir et vous faire voir par effets que je suis véritablement, Monsieur, vostre très-humble et très-affectionné serviteur,

«ARMAND, éves. de Lusson.

«De Matta, ce 21 juin 1621.»

(Clairambault, Mélanges, 377, f. 783. Original.)

Page 673, ligne 2 du texte. — Cette maçonnerie que la reine mère veut voir achever pour l'été de 1621, est-ce la seconde galerie du palais qu'on ne songea à peindre qu'en 1623? ou ne s'agit-il pas plutôt du petit Luxembourg? Ceci est l'opinion de M. de Boislisle, auteur d'un travail très-soigneusement préparé sur le Palais-Royal. M. de Boislisle nous a aussi donné la date de la donation faite par la reine mère au cardinal, de ce palais du petit Luxembourg : 28 juin 1627.

Page 675, ligne 9. — Lasse, *lisez* : Lassé.

Page 689, note, 2ᵉ colonne, ligne 8. — Ni suscription ni date, *lisez* : ni suscription, ni signature, ni date.

Page 692. — *Après l'indication de la source, il faut mettre* : LA REINE MÈRE.

Page 699, note 1. — *Ajoutez* : Arnauld d'Andilly, qui tout jeune entra dans les emplois et eut

pelain, impatiemment attendu par la collection des *documents inédits*, j'ai accepté avec une profonde reconnaissance l'offre inspirée par un sentiment si amical, j'oserais dire si fraternel de cet ingénieux et savant érudit, connu par tant de remarquables travaux.

Certainement M. Tamizey de Larroque aura à rectifier quelques erreurs, et aussi sans doute il trouvera l'occasion d'observations utiles; je serais heureux de voir ce nom honorable écrit çà et là auprès du mien dans ce huitième volume des Lettres de Richelieu.

alors avec Barbin quelques rapports d'infériorité, en parle avec grande estime : « Sur la fin de 1616,
dit A. d'Andilly, il n'exerçoit pas seulement la charge de surintendant des finances, sous le nom
de contrôleur général, mais étoit plus puissant que nul autre dans les affaires; il n'avoit point
d'acquis, mais c'étoit un homme d'un très-grand sens, et très-judicieux, qui avoit les mains très-
nettes. » (*Mém.* t. I, p. 371, édit. Petitot.) Quant à l'opinion de Richelieu, si d'abord il le traite
avec une certaine froideur : « La reine avoit en Barbin quelque confiance » (*Mém.* I, 188), deux
ans plus tard, en 1616, il le qualifie de « mon ami particulier. » (P. 365.) On verra dans le supplément quelques lettres qui font connaître les dernières relations de Richelieu avec un homme
qui avait été l'un des premiers instruments de sa fortune. (P. 472, 521; et aux Analyses, p. 747,
748, 752.)

Même page, notes, 1re colonne, ligne 4. — *Ajoutez :* Il était au service de Richelieu, qui le
nomme dans son testament.

Même page, notes, 2e colonne, ligne 4. — *Au lieu de :* livre V, *mettez :* t. I.

Page 700, notes, 1re colonne, ligne 5. — Morgues prend sur le frontispice de ce pamphlet le
titre « d'Aumosnier du roy catholique et Prevost d'Harlebeck, en Flandres. (Bibl. nat., fonds français, n° 23350.) Cet homme partageait toutes les passions de la reine mère, et, aussi incapable
qu'elle de comprendre la politique de Richelieu, il s'était fait tout espagnol.

Page 710, ligne 5. — Évesq., *lisez :* Éves. Richelieu ne mettait jamais de q; il faut le supprimer
ici et aux pages 712, 713, 719 et 720.

Page 716, aux sources. — *Ajoutez :* Imprimée par fragments, *Musée des Archives*, où la source
est indiquée : KK 1355 (maison du roi).

Page 724, note 1, ligne 8. — Gost de Roilhac, *lisez :* Goth de Rouilhac.

Page 728, notes, 1re colonne, ligne 8. — Après les mots : Ajoutons que, *mettez :* Si Richelieu
ignorait encore que Puisieux joua un des principaux rôles dans l'intrigue ourdie contre sa promotion, il l'avait trouvé lui... *et supprimez les quatre lignes et demie depuis « sans »* jusqu'à « Puisieux »
inclusivement.

Page 729, notes, 2e colonne, ligne 5. — Depuis le mot « On » jusqu'aux mots « sa mère » inclusivement, *supprimez ces quatorze lignes*, et voyez, pages 744 et suiv. de notre VIIe volume, le récit
des intrigues dont fut traversée la promotion de Richelieu.

Page 730, aux sources. — La lettre autographe a été annoncée comme existant dans la bibliothèque
de M. de La Jariette, dont la vente a été faite en novembre 1860. Une copie de la main de M. Cousin
est conservée dans la rare et précieuse bibliothèque qu'il a donnée à l'Université.

Page 743, note 3, ligne 7. — 1697, *lisez :* 1597.

Page 744. — *Effacez :* la note 4.

Page 745, aux sources. — *Ajoutez :* Cinq-Cents Colbert, t. 156, fol. 326. Copie. Cette copie
porte la date du 12 décembre.

Page 745, note, 1re colonne, lignes 2 et 3. — Querelle entre les dames. — 5435 ͪͪ 14ᵇ. —
51175 ͪͪ 14ᵇ.

Page 749, note, 2e colonne, ligne dernière. — 618, *lisez :* 678.

Page 753, à la fin de la lettre, il faut ajouter cette espèce de P. S. qui se trouve à la marge de
la minute :

J'ay receu une lettre de donna Joanna de Velasco, sur le mesme subjet que la vostre. Je vous
prie de me mander, à la première occasion, sa qualité, afin que je luy fasse response.

Page 754, notes, 1re colonne, ligne 13. — juillet, *lisez :* juin.

Page 758, à la fin de la note, après Mercure français. — *Mettez :* Tome V, p. 225 (de 1619) et,

Page 759, notes, 2e colonne, ligne 1. — Après des, *mettez :* 12 et.

Page 763, dernière ligne. — *Effacez :* la.

Page 764, date de la lettre 614. — Sur les documents que je possédais quand ce premier volume a été publié, j'avais proposé, pour la copie non datée que je prenais dans le recueil manuscrit de Le Masle, la date approximative de *la fin de mai*. Mais depuis, j'ai appris que l'original qui se trouvait autrefois dans les archives épiscopales de Luçon avait été imprimé. (*Le monastère et les évêques de Luçon*, par La Fontenelle de Vaudoré, t. Ier, p. 417.) L'histoire écrite par M. de Beauregard, évêque d'Orléans, laquelle a fourni cette lettre à M. de la Fontenelle, l'a datée du *5 janvier*, date impossible, puisque la transaction dont il est question, que j'ai trouvée en original aux Affaires étrangères (France, t. VI, collection verte, fol. 4-7) et dont je donne un extrait p. 531 de mon VIIe volume, est datée du 19 mai. Je suppose que la véritable date est le 5 juin, que le copiste de M. de Beauregard aura pris pour janvier écrit en abrégé.

Page 767, notes, 2e colonne, ligne 1. — De, *mettez :* du grand duc.

Page 769, note. — *Mettez :* Voyez la lettre suivante.

Page 778, 779. — Entre ces deux pages aurait dû prendre place une lettre de Richelieu adressée à M. Picardet, le 14 novembre 1623. Cette missive, enlevée à la collection Dupuy (n° 573), était probablement celle où le cardinal recommandait à ce magistrat un procès intenté contre lui et qu'il gagna. Le *Dictionnaire des pièces autographes volées* de MM. Lalanne et Bordier (p. 12) a signalé l'absence de cette pièce dans le manuscrit de la Bibliothèque nationale. Nous avons donné dans notre second volume, à la date du 2 juin 1624, une autre lettre de Richelieu à M. Picardet, où le cardinal rappelle avec reconnaissance le service qui lui avait été rendu. Hugues Picardet, conseiller du roi et son procureur général au parlement de Dijon, était environné d'une considération méritée. Ami de Jacques-Aug. de Thou, il donna sa fille en mariage à l'un des fils du célèbre historien. Il mourut en 1641, après plus de cinquante années de magistrature.

Page 779, notes, 2e colonne, ligne 6. — *Mettez : Recueil des pièces les plus curieuses qui ont esté faites pendant le règne du connestable M. de Luyne...* 4e édit. augmentée des pièces les plus rares de ce temps, 1628, petit in-8° de 599 pages, plus 19 feuillets non paginés, en tête du volume, où se trouve un *Advertissement à M. de Luynes*, à son avénement en faveur auprès du roy, après la mort du mareschal d'Ancre. Sans nom d'auteur ni d'imprimeur. Notons, pour les bibliographes, que nous avons vu une édition de 1632, laquelle est bien réellement une édition nouvelle, et qui est encore marquée : *Quatrième*.

Page 781. — *Ajoutez cette note aux sources :* Joly, qui cite cette lettre sous le n° 6, dans l'imparfait catalogue qu'il donne des ouvrages imprimés du cardinal, n'a pas connu d'autre source que le recueil des lettres de Balzac.

TOME II.

Page 3, note 1, ligne 1. — Nous avons une lettre de M. d'Herbault (Phelypeaux) adressée à M. de Marquemont, ambassadeur de France à Rome, où nous lisons : « Depuis ma lettre escrite et fermée, le roy a establly, en son conseil, M. le cardinal de Richelieu ; son mérite et sa grande expérience dans les affaires sont si cogneues que je ne doute point que tout le monde ne loue et approuve l'eslection de S. M. » On ne peut pas avoir une preuve plus exacte du jour de cette nomination ; et la preuve n'est pas inutile, car la plupart des historiens donnent la fausse date du 26 : Sismondi, XXII, p. 534 ; Bazin, II, 282 ; Henri Martin, XI, 201 ; les plus anciens des historiens de Richelieu, Aubery et d'autres après lui, se tirent d'embarras en citant le mois sans quantième ; d'autres, enfin, suppriment toute date. Richelieu lui-même qui, dans ses *Mémoires* (II, 286), s'étend longuement sur les difficultés qu'il opposa à son entrée au ministère, qu'on le força d'accepter, dit-il, ne nous apprend rien à cet égard. Nous ne voyons que le P. Griffet qui ait donné la date véritable (I, 415).

Page 4, notes, 1re colonne, ligne 5. — *Ajoutez :* Le P. Griffet fait mention de cette lettre sur la même autorité, t. II, p. 9.

Page 4. — *Ajoutez à la fin de la note 1 :* Il faut remarquer pourtant que Richelieu distinguait le commandeur de Sillery de son frère le chancelier, et de son neveu Puysieux, secrétaire d'État des affaires étrangères. Il n'oubliait pas que ces deux derniers l'avaient joué longtemps dans l'affaire de sa promotion au cardinalat. (Voy. notre étude : *Le connétable de Luynes et l'évêque de Luçon* dans la *Revue des questions historiques* (juillet 1870), et notre VIIe vol., p. 444 et suivantes.) A ce moment où la disgrâce du commandeur était imminente, un gentilhomme, parent des Sillery, Le Boullay (celui qui fut depuis l'un des favoris de Monsieur), surveillait à la cour les intérêts du commandeur ; il lui mandait le 14 mai : « Je suis demeuré à Compiègne, pour voir ce qui nous y reste d'amys. » Et le 28 juillet il écrivait : « J'ay voulu donner deux pistoles d'un petit livre que l'on appelle *la Voix publique...*; il desehire fort M. le chancelier et son fils. L'auteur en a creu un certain évesque de Mende, créature de M. le cardinal de Richelieu, qui, blasmant l'ancien et le nouveau gouvernement, veut faire cognoistre que, si les bonnes intentions du cardinal n'estoient empêchées par l'extraordinaire authorité et crédit du follastre, le service du roy s'en porteroit mieux. » Le follastre doit être La Vieuville, à la chute duquel travaillait ardemment alors Richelieu [1]. Cet évêque de Mende était Daniel Duplessis, parent du cardinal. Plusieurs ont écrit que Richelieu ne fut pas étranger à la composition de ce pamphlet ; nous en avons déjà parlé tome I, p. 779. Il a été fort répandu, maintes fois réimprimé, et encore de notre temps [2]. C'est un opuscule où le cardinal, arrivant au ministère, est comblé d'éloges tels qu'ils eussent semblé exagérés même à la fin de sa glorieuse carrière. Un mot de blâme bien innocent a été mis, non sans

---

[1] Bibl. nat., fonds français, 15620, nouveau numéro du manuscrit compris auparavant dans le fonds Saint-Germain-Harlay, n° 366. Nous l'avons cité t. II, p. 4, où le numéro est indiqué fautivement : 266.

[2] Dans les *Archives curieuses* de M. Danjou, deuxième série, t. II, p. 137, où on a donné à la pièce la fausse date de 1621.

intention, dans les premières pages [1]; précaution inutile pour tromper un lecteur qui s'aperçoit trop aisément de cette ruse de l'enthousiaste panégyrique, fût-ce Richelieu lui-même [2].

Page 13, notes, 2ᵉ colonne, ligne 19. — *Ajoutez :* Dans mes nouvelles recherches aux Affaires étrangères, j'ai trouvé une copie de la lettre de Des Juteaux, avec la date du 24 mai 1624; j'y remarque cette phrase à la suite des louanges adressées à Richelieu : «Je parle de vous comme cela dans mon jardin, avec les honnestes gens.» Ce qui confirme, en même temps que la date proposée, l'attribution que je fais de cette lettre à l'ancien précepteur du roi. (Angleterre, t. 26, fol. 234.)

Page 17, notes, 1ʳᵉ colonne, ligne 7. — *Ajoutez :* Il ne prit possession en personne qu'en 1618, le 9 mars; il avait pris possession par procureur le 1ᵉʳ février 1613.

Page 18, aux sources. — *Mettez en tête :* Arch. des Aff. étr. Rome, t. 35, fol. 70. — Minute de la main de Charpentier. Cette minute est sans date, elle est mal classée dans le manuscrit, entre le 23 et le 24 septembre. — Nous avons examiné aux Archives de l'Empire (M 232, Oratoire, carton contenant plusieurs liasses) la mise au net d'une lettre du roi au P. de Bérulle, datée du 3 août 1624, laquelle est sur le même sujet que celle qui est imprimée page 18 de notre deuxième volume. Celle-ci est beaucoup mieux faite; l'autre est sans doute faite par un secrétaire et n'aura pas été envoyée.

Page 18, note 3, ligne 7. — Après le mot «berceau», *mettez :* Et il paraît, ce qui est plus vraisemblable, que c'est sa fille Élisabeth qu'il avait eu vue pour cette union; on voit aussi que dès ce temps-là Marie de Médicis était contraire à ce projet. L'ambassadeur du gouvernement espagnol des Pays-Bas près la cour de France, Peckius, écrivait, le 31 octobre 1607 : «Plusieurs parlent icy de l'alliance du prince de Galles avecque Madame, la fille aysnée du roy très chrestien, filleule de la sérénissime infante, et que la jeune princesse parle souvent de ce prince qu'elle nomme son serviteur, et fait quelquefois coucher son pourtraict avec soy; de quoy l'ambassadeur d'Angleterre et sa femme font ici grande levée; et, à leur dire, ceste alliance se fera, bien que ledit ambassadeur n'ayt encore eu aucune charge d'en parler. Et je sçay de bonne part que la royne en a depuis naguères parlé fort froidement et comme si elle n'y avoit point d'inclination.» M. Boutaric a cité ce passage de la lettre de Peckius dans son rapport sur les archives de Belgique. (*Archives des missions scientifiques*, t. VII, p. 9.)

Page 21, à la fin des notes. — *Ajoutez :* Les volumes XXXV, XXXVI et XXXVII de la collection France, aux Affaires étrangères, sont remplis de pièces relatives à cette révolution de cabinet; beaucoup concernent Richelieu et plusieurs lui appartiennent en propre; celles-ci sont ordinairement conservées dans ses *Mémoires* et marquées par des guillemets. Il arrive que certains passages s'y trouvent modifiés, ou même supprimés, et, par exemple, cette fin d'une pièce sur la *recherche des financiers :* «mais il faut, sur toutes choses, suivre en cela l'inclination et les mouvements du roy, afin de n'estre point chargé du bla-me de trop grande lascheté, ou de trop grande violence.» (T. XXXVI, pièce 9ᵉ.) Ces lignes de la pièce originale que nous citons ont disparu dans le manuscrit des *Mémoires* (t. II, p. 264), et par conséquent dans les éditions imprimées. L'habile ministre, en faisant ainsi figurer le roi, se déchargeait, du moins en partie, de la responsabilité de mesures acerbes, et flattait en même temps le sentiment secret de Louis XIII qui, laissant toujours faire

---

[1] Au sujet de Luynes, qui avait dilapidé le trésor amassé à la Bastille par Henry IV, «a quoy, dit l'auteur du pamphlet, Mangot, Barbin et l'évêque de Luçon ne résistèrent pas comme ils devoient.»

[2] Sous prétexte de répondre, un autre livret fut publié presque en même temps : *Réponse à la voix publique envoyée à la cour,* 1624 (30 pages). C'est un nouvel et pompeux panégyrique de Richelieu. Celui-là, nous ne l'avons trouvé qu'une seule fois dans un recueil de la Bibliothèque Sainte-Geneviève, Q. 10.

CORRECTIONS ET ADDITIONS.

ses affaires aux autres, avait parfois la fantaisie de paraître les faire lui-même, surtout dans les premiers temps qui ont suivi son émancipation de la tutelle de Luynes.

Page 23. — *Ajoutez à la note :* Nous trouvons, pour la continuation de ces relations, dans le ms. Dupuy, 145, une lettre des catholiques d'Angleterre à M. de La Ville-aux-Clercs, datée de Londres, « le 11 mai 1625 (stilo nostro). »

Page 27, lettre XI. — Aubery, sans donner de suscription à cette lettre, l'a classée parmi les dépêches adressées à d'Herbault ; l'éditeur de 1696, qui copie toujours Aubery, a commis la même erreur, que nous avons eu le tort de répéter, et que n'a pas évitée M. Guizot dans son *Projet de mariage royal*, p. 288. La lettre est adressée à l'archevêque de Lyon, Denis de Marquemont, qui était alors en mission extraordinaire auprès du Saint-Père. Nous l'avons trouvée aux Archives des Affaires étrangères, dans le tome 34 de Rome, lequel ne nous avait pas encore été communiqué quand ce second volume a paru. C'est une mise au net, sans signature ni suscription, mais l'écriture est celle de Le Masle, qui était alors secrétaire intime de Richelieu (voy. t. I, p. xix), et les deux dépêches auxquelles celle-ci répond sont de Marquemont, elles sont conservées en original, à leur date, dans le manuscrit que nous venons de citer. Cette lettre ne se trouve point dans le recueil de la correspondance de Marquemont où nous l'avions cherchée. Le P. Griffet, qui en cite quelques lignes, n'indique point la source.

Même page. — *Au lieu des deux lignes et demie de la note 2 mettez :* Raby était chargé depuis longtemps, à Rome, de l'expédition des dépêches de France. On le désigne quelquefois dans la correspondance du temps par le titre de *maître des courriers*.

Page 28, note 1. — Supprimez cette note, sauf les deux premières lignes.

Page 30, ligne 2 de la lettre XIII. — *Mettez en note :* Nous n'avons pas à ce moment de lettre de M. de Marquemont adressée à Richelieu, mais lès manuscrits de Brienne conservent celle que cet ambassadeur écrivait au secrétaire d'État d'Hérbault en réponse à la nouvelle de la disgrâce de La Vieuville; elle contient un blâme très-vif du ministre déchu, et de grands compliments sur le discernement du roi. Quant aux affaires : « il est nécessaire que les généreuses résolutions de S. M. soient suivies d'effet, » etc. La lettre est du 27 août, elle doit contenir à peu près la même chose que celle de M. de Marquemont, écrite en même temps, à Richelieu sur le même sujet. (Bibl. nat. Brienne, 355, fol. 227, copie.) Brienne conserve aussi la réponse de M. d'Herbault, lequel, comme Richelieu, donne une pleine approbation aux réflexions de M. de Marquemont : « J'ay veu la continuation de vos bons et judicieux advis, etc. » (Lettre du 13 septembre, fol. 219 du ms. de Brienne précité.) Tout le monde frappait sur le ministre tombé.

Page 30, note 3. — *Ajoutez :* Nous avons eu depuis, dans le 35ᵉ volume de Rome, aux Aff. étrang. cette dépêche du roi; elle est, en analyse, à la date du 14 septembre dans notre supplément, t. VII.

Page 31, notes, 2ᵉ colonne, ligne 1. — 247 v°, *lisez :* 247.

Page 32, aux sources. — *Ajoutez :* Arch. des Aff. étr. Angleterre, t. 26, fol. 335 verso. Copie.

Page 32. — A la suscription, *ajoutez :* d'Angleterre.

Page 34, aux sources. — *Ajoutez :* Arch. des Aff. étr. Angleterre, t. 26, fol. 335. Copie.

Même page, note 3, ligne 8. — Leusington, *lisez :* Kinsington.

Page 37. — *Ajoutez à la note :* Voyez sur la lettre à M. de Marquemont, dans notre supplément, le *nota* p. 551.

Page 39, aux sources, ligne 4. — M. Capefigue, dans son livre : *Richelieu et Mazarin*, t. III, p. 343, indique ces deux sources : « Béthune, 9366, p. 31; Colbert, 93, p. 81; Instruction écrite tout entière de la main de Richelieu, » p. 340. — L'indication est inexacte pour le ms. de Béthune, où la pièce ne se trouve qu'en copie; elle est tout à fait erronée pour le ms. de Colbert, le volume 93 de ce fonds ne contient que la copie d'états de dépenses de Marie de Médicis, 1609-1616. — Nous nous abstiendrons de relever les erreurs de cet historien dont les citations méritent peu de confiance.

Page 39, note 2, ligne 9. — *Effacez* : le duc de Chevreuse.

Page 50, aux sources. — *Ajoutez* : Arch. des Aff. étr. Angleterre, t. 32, fol. 159. Copie.

Page 50. — *Ajoutez à la note 2* : Voy. dans notre supplément, t. VII, p. 556, une pièce qui se rapporte à celle-ci.

Page 58, aux sources. — *Ajoutez* : Arch. des Aff. étr. Angleterre, t. 32, fol. 255 v°, sans date, classée vers la fin de l'année.

Page 61, aux sources. — *Ajoutez* : Aff. étr. Angleterre, t. 32, fol. 294 v°. Copie.

Page 63, aux sources. — *Ajoutez* : Aff. étr. Angleterre, t. 33, fol. 305 verso. Copie.

Page 66, lettre XXXI. — *Suscription, au lieu de* CHANCELIER, *lisez* : CHEVALIER.

Page 73, aux sources. — *Ajoutez* : Arch. des Aff. étr. Angleterre. Copie. T. 35, fol. 22-30. Ce volume contient l'ambassade de M. de Tresmes.

Page 77, aux sources. — *Ajoutez* : Depuis le remaniement de la collection *France*, la pièce se trouve dans la collection verte, t. VII, pièce 3. — Nous avons attribué au cardinal l'écriture de cette pièce, toutefois avec l'expression du doute; mais, après un nouvel examen, nous rectifions cette indication. Nous trouvons une différence assez notable dans les majuscules; nous remarquons de temps en temps l'emploi du tréma, et presque toujours des points sur les y; les mots « cett' affaire, cett' occasion; » toutes choses qui ne sont point dans les habitudes de l'orthographe du cardinal.

Page 85, note 1. — Sous le nom d'*Esechieli*, Richelieu désignait le P. Joseph.

Page 90, aux sources. — *Ajoutez* : Arch. des Aff. étr. Minute. Angleterre, t. 33, fol. 155. — Copie, mêmes archives, t. 35, fol. 175. — Ce volume contient, en copie, les pièces de l'ambassade de M. de La Ville-aux-Clercs.

Page 90, note 1, ligne 3. — Une copie est aux Aff. étr. Angleterre, t. 33, fol. 144-154.

Page 94, aux sources. — *Ajoutez* : Arch. des Aff. étr. Copie. Angleterre, t. 35, fol. 240. Tout ce volume est rempli de pièces de l'ambassade de M. de Chevreuse, mais en copie seulement.

Page 94. — Nous devons faire ici mention d'une pièce que nous n'avons point placée parmi les écrits de Richelieu, quoiqu'on la lui ait quelquefois attribuée : *Instruction de la reyne mère Marie de Médicis à sa fille la reyne d'Angleterre* (Arch. des Aff. étr. Angleterre, t. XXXIX, fol. 324). Il n'est pas douteux que cette touchante instruction ne soit du P. de Bérulle, et l'onction dont elle est pénétrée y révèle le pieux fondateur de l'Oratoire bien plutôt que l'illustre ministre. Toutefois la pièce tient trop intimement à la politique, elle était d'une telle importance au moment où la sœur de Louis XIII devenait reine d'Angleterre, qu'il est impossible que le ministre qui gouvernait la France n'en ait pas inspiré la pensée et n'en ait pas déterminé les points principaux, tout en laissant à l'homme de Dieu le soin de donner à ces conseils l'autorité d'une parole paternelle et de l'esprit évangélique. Si l'on s'en rapportait aux Mémoires de Richelieu, on pourrait croire que cet écrit est son ouvrage : « Le cardinal, qui jugea que cette princesse, qui alloit en un pays estranger et de religion différente à la sienne, avoit besoin de bons et sages conseils pour se sçavoir conduire parmi les périls dont elle seroit environnée, et qu'il estoit bien besoin que ces salutaires advis luy feussent donnez par une personne le respect de laquelle les luy fist graver dans le cœur et les observer religieusement, *dressa* une instruction ample, pleine de piété et de prudence, qu'il mist entre les mains de la reyne sa mère pour la luy donner comme le plus précieux et le dernier gage de son amour. » (T. II, p. 343 des *Mémoires manuscrits*. — T. II, p. 469 de Petitot.) Malgré ces paroles ambiguës, nous ne saurions attribuer à Richelieu, dans ces instructions, d'autre part que celle que

4.

nous venons de lui faire. Et puis il en parle en termes si louangeurs qu'il n'est pas possible que la louange et l'écrit soient de la même plume. Le manuscrit des Mémoires annonce que cette pièce sera mise à la fin du volume, et nous la trouvons en effet dans le manuscrit in-folio que nous avons désigné A (t. 1, fol 88 de 1625); le manuscrit petit in-folio (t. II, fol. 343) la promet aussi, mais sans la donner. Petitot ainsi que Michaud auraient pu compléter cette lacune s'ils eussent connu le premier manuscrit. (Voy. notre t. II, p. 187, note 1.) — Nous avons vu, aux Archives nationales, une copie au dos de laquelle on a mis : « Composé par le P. de Bérule, à son départ de France. » (Oratoire, M, 232.) Ce carton, où les documents ne sont point classés, renferme plusieurs pièces concernant le mariage d'Angleterre, avec beaucoup d'autres relatives à des affaires où le P. de Bérulle s'est trouvé mêlé lorsqu'il fut cardinal. — La Bibliothèque de l'Institut possède aussi un texte de cette pièce, copie du temps, avec ce titre : *Instructions de la royne Marie de Médicis, à sa fille la royne d'Angleterre, faictes par le cardinal de Richelieu.* Elles sont signées : « Vostre bien et très-affectionnée mère Marie, » et datées à la fin : « Amiens, le 15 juin 1625. » On sait que la princesse Marie, partie de Paris le 2 juin, s'embarqua pour l'Angleterre le 22. Dans ce manuscrit de l'Institut, au dos duquel est écrit : *Pièces diverses*, l'instruction occupe les feuillets 730-742. La Bibliothèque nationale en conserve aussi plusieurs copies : Cinq-Cents Colbert, II, p. 82. Dupuy, 631, fol. 59. Ajoutons que, dans cette dernière collection, les volumes 143, 144, 145 sont remplis de « lettres, actes, mémoires, instructions et contracts faits au traitté de mariage d'entre madame Henriette-Marye, sœur du roy, et Charles Ier, roy de la Grande-Bretagne, ès années 1624, 1625. »

Page 97, aux sources. — Sur l'écriture de Richelieu, voy. ci-dessus l'addition à la p. 77.

Page 104, ligne 21. Sur Saint-Géry, voy. la note 2 de la page 353 de ce IIe volume.

Page 107. — Entre les pièces XLVIII et XLIX, à la date du 16 août 1625, se place une lettre de Richelieu à la reine mère, que je trouve indiquée dans le catalogue d'une vente d'autographes (Amsterdam, novembre 1867), avec la date de Limoins (*lisez* Limours). Nous ne pouvons que la noter ici.

Page 110, aux sources. — *Ajoutez* : Arch. des Aff. étr. Copie. Angleterre, t. 36, fol. 16 verso. Ce volume se compose des dépêches de l'ambassade de Blainville en Angleterre, 1625, 1626.

Page 111, aux sources. — *Ajoutez* : Arch. des Aff. étr. Copie. Angleterre, t. 36, fol. 20.

Page 111, note. — *Ajoutez* : Encore embellie par le dernier duc, savant distingué et protecteur si libéral des lettres et des arts.

Page 112, aux sources. — *Ajoutez* : Arch. des Aff. étr. Copie. Angleterre, t. 36, fol. 25 verso.

Page 114, aux sources. — *Ajoutez* : Arch. des Aff. étr. Copie. Angleterre, t. 36, fol. 22.

Page 115, aux sources. — *Ajoutez* : Arch. des Aff. étr. Copie. Angleterre, t. 36, fol. 24 verso.

Page 116, aux sources. — *Ajoutez* : Arch. des Aff. étr. Copie. Angleterre, t. 36, fol. 32 verso.

Page 119. — Note, 2e colonne, ligne 4; 460, *mettez* : 470, et *ajoutez à cette note* : Richelieu fit écrire par le roi une lettre au pape, laquelle fut remise à Barberini, au moment de son départ; on y exposait les raisons qui avaient empêché de s'entendre avec le légat. L'analyse se trouve dans les *Mémoires de Richelieu*, II, 481.

Page 121. — *Ajoutez à la note* : Le cardinal y fit un discours dont on lit des fragments dans ses *Mémoires*, II, 482.

Page 124, aux sources. — *Ajoutez* : Arch. des Aff. étr. Angleterre, t. 36, fol. 40 v°, et tomes 37 et 38, lesquels sont la répétition du tome 36. (Pièces de l'ambassade extraordinaire de Blainville.)

Page 128, lignes 1 et 2. — *Effacez* prévenu et au.

Page 137, aux sources. — *Ajoutez* : Arch. des Aff. étr. Angleterre, t. 36, fol. 71, copie. Au fol. 74 v° de ce ms. est la copie d'une dépêche du roi à Buckingham annonçant la mission de Blainville.

Page 141, note 2, ligne 2. — Clost, *lisez* : Clausse, *et ajoutez à la note* : Le cardinal y allait souvent et y faisait parfois d'assez longs séjours. Il y fut malade au mois de juin 1634, et alors il écrivait : «La solitude de Ruel m'est meilleure que l'accablement de Fleury.» (*Notice*, VI° vol.) Nous apprenons de la *Gazette* (p. 235) que Richelieu y reçut la visite du roi le 1er du mois de juin.

Page 142, aux sources. — Fontanieu dans son portefeuille, 477-478, a fait mention de cette pièce, en renvoyant pour le texte au manuscrit de Dupuy. Le copiste de Fontanieu a écrit dans le titre : M. de Lignac pour M. le Légat.

Page 142. — Sur la pièce LXII : Le roi et le cardinal avaient voulu, pour une affaire de cette importance, prendre l'avis de personnages considérables. Convoqués à Fontainebleau, ils s'y étaient réunis le lundi 29 septembre[1]. Le premier président de la cour des comptes, M. de Nicolaï, adressa à sa compagnie, le 1er octobre, un mémoire de ce qui s'était passé dans cette séance solennelle : « S. M. s'estant assise, la reine sa mère à son costé, assistée de MM. de Longueville, Grand-prieur, ducs de Chevreuse et d'Elbeuf, et MM. les cardinaux de Sourdis, de la Rochefoucauld, de Richelieu et de la Valette, de MM. le chancelier, de Schomberg, de Champigny, de Marillac, des quatre secrétaires d'Estat, plusieurs conseillers de son conseil, des intendants de ses finances et d'un grand nombre de prélats, noblesse et autres officiers, leur dit qu'il avoit fait faire cette assemblée pour luy faire représenter ce qui s'estoit passé en la légation de M. le légat, pour, avec les bons avis d'icelle, faire responses à ses propositions et moyens pour la paix de la Valteline : qu'iceluy sr légat n'avoit voulu attendre cette délibération et s'estoit retiré inopinément de sa cour et néanmoins il continuoit en cette résolution, et désiroit avoir, sur les dites propositions, les bons avis de ladite assemblée. » — Ce n'est pas ici le lieu de reproduire ce mémoire[2], mais nous devons en extraire les paroles que prononça le cardinal de Richelieu : « Sire, dit-il, MM. le chancelier et de Schomberg ont représenté à V. M. ce qui estoit du mérite de cette affaire dès son origine. Depuis trois ans qu'il a plu à V. M. me faire cette faveur de m'appeler à ses conseils, je puis asseurer à cette grande assemblée que V. M. s'est toujours portée à rechercher la paix en la Valteline, par toutes les conditions les plus honorables pour l'une et l'autre couronne, en voulant conserver ce qui appartient à vos alliés et confédérés. Nous n'avons vu de la part du roy d'Espagne que des connivences et délays pour oster la mémoire de cette affaire à V. M., qui est si importante au bien de vostre Estat, que, la Valteline demeurant ès mains du roy d'Espagne, il auroit le passage libre jusque dans vostre royaume sans résistance. Un chacun sait que la guerre est la ruine des Estats et des personnes; que la paix, au contraire, est une tranquillité publique, qui apporte accroissement à toutes choses. Il faut aussy, pour conserver cette tranquillité, faire plutost la guerre pour un temps, que de permettre qu'une puissance contraire s'élève en telle sorte que nous ne la puissions trouver, estant perdue. Cette affaire se juge plutost par le passé et par l'avenir que par le présent. Nous avons vu les ennemis de cette couronne s'accroistre par les delays, et les courages des François se refroidir par les entremetteurs de la paix, en sorte que les plus puissants se retirant, les soldats se débandent, nos armées ont esté défaites, nos alliés et voisins et nous opprimés. L'avenir est plus considérable. Si nous laissons nos alliés et confédérés

---

[1] L'éditeur des *Mémoires de Richelieu* (édit. Petitot, t. II, p. 482) nomme ce conseil extraordinaire « une assemblée des notables. » mot qui pourrait tromper le lecteur s'il n'était averti.

[2] On peut le lire dans une intéressante publication sur les *Archives de la famille Nicolaï* (n° 445) faite par M. de Boislisle, à l'obligeance duquel nous devons cette communication.

dans l'oppression, nous ne trouverons plus de supports ni d'alliances; nos voisins nous quitteront pour suivre le party d'Espagne comme trop foibles, ou pour manquer de valeur et de courage. Je sais bien que l'on peut dire que pour faire la guerre il faut des hommes et de l'argent, et qu'il y a de la nécessité en vos affaires; cette nécessité n'est point telle, Sire, que Messieurs, qui ont le maniement de vos finances, cy présents, m'assurent que V. M. a des fonds pour faire quatre monstres sans toucher à vos moyens extraordinaires et à vostre revenu de l'année prochaine. Bref, Sire, l'honneur et les Majestés Royales sont inséparables. C'est pourquoy j'estime que V. M. doit escrire à Sa Sainteté et à M. le Légat que, par l'avis de son Conseil et de ses Cours, elle ne peut recevoir les propositions qui luy ont esté faites de sa part, bien qu'elle est toujours preste d'entendre aux conditions de la paix nouvelle pour les deux couronnes. » — Le roy congédia le conseil en annonçant sa résolution : « Je récriray à Sa Sainteté que, par l'avis de cette assemblée, je ne puis entendre à ses propositions; que néanmoins je ne refuseray point les conditions de la paix, pourvu qu'elles soient honorables aux deux couronnes et à leurs alliés. »

Page 142. — *Ajoutez à la note:* Les manuscrits concernant la Suisse conservés aux Affaires étrangères nous donnent à ce moment diverses pièces dont nous faisons mention ci-après, addition à la page 184.

Page 145. — *Note à mettre à la fin de la ligne 5 :* Ces négociations avaient été précédées et préparées (outre les dépêches officielles que nous avons indiquées) par la publication d'écrits faits certainement sur la demande de Richelieu. Un livret italien qui, s'il s'agissait en croire l'avis de l'imprimeur, aurait été composé du vivant de Philippe III (mort en 1621), auquel il est adressé, ne fut publié que plus tard. On en fit aussitôt une traduction française, qui parut en cette année 1625, *avec permission,* dit le frontispice; il eût sans doute été plus exact de mettre : *par ordre.* Cette espèce de mémoire intitulé : *Discours sur l'affaire de la Valteline et des Grisons,* dédié au très-puissant et catholique roy d'Espagne, « expose, en remontant assez haut, toute l'iniquité des procédés dont on a usé à l'égard de la Valteline. » « Cette publication, dit le traducteur français, sera un moyen de désabuser plusieurs qui ont, jusques icy, mal ou peu favorablement jugé des affaires du roy et de la droite intention de ses ministres. »

Page 150, lignes 1 et 2. — Racine a fait parler Mithridate comme parlait Richelieu :

> Et pour être approuvés
> De semblables projets veulent être achevés.

Page 155, aux sources. — *Mettez :* Copie, Bibl. nat. Fonds français, 10423, *et ajoutez en note :* Dans cet exemplaire, à partir de la phrase : « Ne vous meslez donc point, etc. » chaque paragraphe est marqué d'un 1°, 2°, etc. comme s'il s'agissait d'un règlement ou d'une ordonnance; la copie offre, d'un bout à l'autre, de continuelles variantes, dont quelques-unes sont évidemment fautives, ainsi cette phrase : « Faites que désormais vos pères ne poursuivent plus d'unions de bénéfices à leurs collèges, » devient dans la copie : « Ne poursuivent plus d'aucun des bénéfices à leurs collèges, » ce qui n'a pas de sens. La plupart de ces variantes sont de peu d'importance ou tout à fait insignifiantes; des mots sont changés, ajoutés, omis, ou transposés, sans que le sens en soit aucunement modifié. La copie qu'a suivie La Place est meilleure, ce qui ne nous empêche pas de désirer la minute ou l'original; mais nous n'avons pu trouver ni l'une ni l'autre. Les archives de la famille de Nicolaï en possèdent aussi une copie.

Page 164, ligne 16. — Pourtant, *lisez :* partant.

Page 171, lignes 28 et 30. — *Mettez des guillemets avant le mot sans, et après le mot gallicane.*

Page 178, ligne 5. — Il faut noter cet article d'un règlement fait vers les premiers temps du gouvernement de Richelieu, lequel était destiné à réprimer l'avidité des favoris et de leurs créatures, accoutumés depuis la mort de Henri IV à s'enrichir des dépouilles de l'État. Personne plus que lui n'était opposé à cette lâche politique qui récompensait pour ainsi dire la révolte des grands en achetant à prix d'or leur soumission. Mais s'il a souvent employé judicieusement les fonds du trésor royal à payer d'honorables services, souvent aussi il ne s'est pas fait faute d'user de ces procédés de gouvernement qui, sous les diverses dénominations de domaines, dons et gratifications, pensions, servent à échauffer des dévouements trop froids, à assouplir des caractères trop fermes et à rassurer des consciences trop timorées.

Page 180, lignes 13 et 18. — *Otez les guillemets.*

Page 180, ligne 28. — *Mettez un guillemet au commencement du paragraphe.*

Page 184. — Ajoutons ici l'indication de plusieurs de ces dépêches que faisait le secrétaire d'État d'Herbault, dont la pensée principale appartenait à Richelieu, et que d'ailleurs celui-ci revoyait avant l'expédition : le 20 août 1625, le roi, sur le point d'envoyer en Suisse le maréchal de Bassompierre, pour engager sérieusement enfin la grande affaire de la Valteline, adressait aux cantons une lettre datée de Fontainebleau, toute remplie de sentiments de bienveillance, et leur demandait la faculté de faire « une levée de 4,000 hommes de vostre fidèle et belliqueuse nation... sans contrevenir à vos alliances. » (Arch. des Aff. étr. Suisse, t. XIX.) Notre manuscrit nous donne une pièce sans date, classée au hasard, après le 5 octobre, mais qui semble se rapporter au sujet de la pièce du 20 août; elle est intitulée : *Mémoire pour dresser l'instruction de M. de Bassompierre.* « Le principal sujet du voyage de M. de B. est pour réunir, par l'autorité du roy et son crédit, tous les cantons en un mesme dessein, de faire sortir les troupes de l'Empereur des Grisons... recognoistre les forts et quartiers des impériaux dans les Grisons... si les Suisses ne veulent servir envers et contre tous, il est inutile de faire une levée... » Suit l'instruction, d'une écriture de bureau. Cependant Bouthillier a écrit au-dessous : « La résolution d'envoyer M. le mareschal de Bassompierre a esté changée; il faut faire une dépesche à M. de Léon, de la teneur de cet article touchant lesdits Suisses. » Mais on revint bientôt au premier dessein, et, le 28 octobre, le roi écrit de nouveau aux treize cantons; sa résolution est prise : « Très chers grands amis... pendant ces agitations que nous voyons continuer dans les estats des Grisons, nous avons embrassé la justice de leur cause, et nous restablirons vostre fédération dans son ancienne splendeur et prospérité. » Et puis, à la même date, des lettres signées du roi sont envoyées séparément aux cantons catholiques et aux cantons protestants, où les intérêts de chacun sont également ménagés. Ces diverses pièces sont reproduites plusieurs fois dans ce même volume XIX de Suisse. Un extrait de la grande instruction de Bassompierre est inséré dans le manuscrit des *Mémoires* de Richelieu, t. II, vers le milieu de l'année 1625, et dans l'édition Petitot, t. II, p. 484, 488. Les volumes XXI et XXII de Suisse, aux Affaires étrangères, contiennent, en copie, l'ambassade de Bassompierre, du 22 octobre 1625 jusqu'en avril 1626.

Page 189, ligne 12. — M. Armand Baschet, dont les curieuses recherches dans les archives de Venise fournissent à l'histoire de si utiles informations, donne, dans son *Histoire de la chancellerie secrète* (p. 324), l'extrait d'une conversation de Richelieu avec l'ambassadeur de la République, au sujet de cette négociation de Du Fargis. La conversation devient d'autant plus piquante qu'on la rapproche de ce que dit ici le roi; on recommande à Madrid « qu'aucun ministre et prince puisse rien pénétrer en cette affaire. » A Paris « on n'a rien découvert aux ambassadeurs étrangers de ce qui s'y passe ; » il est expressément ordonné de ne laisser à Olivarès aucun écrit, original ou copie par quoi « les confédérés apprennent que notre ambassadeur a eu charge de traiter sans leur consentement. » La conversation est d'ailleurs intéressante; mais quant à la grande affaire, le traité d'Espagne, on voit que Richelieu n'a rien confié à l'envoyé de la République; la bonhomie du langage couvre une sincérité tout à fait diplomatique, et qui se manifeste gaiement par ces mots, que répète deux ou trois fois le cardinal en congédiant l'ambassadeur : *surtout taisez-vous.* Nous avons déjà eu occasion de remarquer, au sujet de l'habile négociateur Bentivoglio, avec quelle précaution il faut lire les confidences de Richelieu aux ministres étrangers, toujours si empressés de transmettre à leur cour ce qu'ils prennent pour des secrets échappés au cardinal.

Page 189. — *Ajoutez aux sources :* Arch. nationales, M. 232, n° 4 de la liasse 3. — Au moment où Richelieu écrivait cette instruction paraissait un opuscule intitulé : *Expeditio Valtelinæa auspiciis Ludovici justi regis invictissimi et christianissimi suscepta.* Cette pièce, qui sortait de l'imprimerie de Robert, et dont le privilége est daté du 6 février 1626, est précédée d'une épître au roi, écrite en français, sans signature comme la pièce; mais le privilége nomme l'auteur; c'est l'aîné des frères Sainte-Marthe, qui travaillait évidemment sur l'ordre de Richelieu.

Page 189, note, 1re colonne, ligne dernière. — Surgis, *lisez :* Fargis.

Page 194, note, 1re colonne, ligne 17. — *Ajoutez :* Les pièces de la procédure faite contre l'*admonitio* et les *mysteria* ont été recueillies dans le livre de l'évêque de Tulle : *Collectio judiciorum de novis erroribus,* etc., t. II, p. 191 et suiv. Voy. aussi t. III, année 1626.

Page 202, ligne 19. — Une explication est nécessaire pour la pleine intelligence de la pensée de Richelieu. L'année précédente, un livre avait paru à Rome, où le jésuite Santarelli proclamait la puissance absolue du pape sur les rois, au temporel comme au spirituel [1]. Il avait paru avec l'assentiment du général de l'ordre des Jésuites et l'approbation de la censure romaine. Dès qu'il fut connu à Paris, il produisit, dans le monde politique et religieux, une sensation très-diverse. Le Jésuites aussi en furent troublés; suspects déjà, ils craignirent qu'on ne les traitât en complices du moine italien, et, dans son effroi, le P. Coton de retirer tous les exemplaires [2] qu'il put trouver à Paris. Cela n'empêcha pas le parlement de s'emparer de l'affaire dès le mois de mars et de faire brûler par la main du bourreau le livre de Santarelli. Richelieu ne le cite pas dans cette pièce, mais sa préoccupation se trahit dans ses *Mémoires,* où il le nomme le plus méchant de tous les livres de cette sorte, et où il traduit une page de ce qu'il appelle *les fausses manœuvres* de Santarelli. La Sorbonne prononça la censure le 4 avril, et l'Université rendit son décret le 20 du même mois. Certains docteurs, d'un sentiment opposé malgré ces grandes autorités, essayèrent de faire révoquer la censure. Voy. « *liaisons pour les condamnations icy devant faictes du libelle* Admonitio, *du livre de Santarelli et autres semblables contre les Santarélistes de ce temps et leurs fauteurs,* par un François catholique, 1626, in-12. » Opuscule de 198 pages sans nom de lieu. A l'exemplaire de la Bibliothèque Sainte-Geneviève sont joints divers écrits sur le même sujet, E 3417.

Page 203, ligne 2 du texte. — *Après le mot :* « Valteline, » *il faut cette note :* Voyez la lettre de Marquemont au cardinal, du 28 janvier 1626, fonds de Brienne, t. 356, fol. 235, et lettre du même jour à d'Herbault, fol. 236 verso.

Page 206, aux sources. — *Ajoutez :* Imprimée, *Mémoires de Molé,* t. Ier, p. 357.

Page 207. — Première ligne de la note 1. Depuis nous en avons eu plusieurs; voy. notre VIIe volume, p. 579-585.

Page 209. — *Dans la pièce intitulée :* « État des affaires du roy au 1er juin 1626, » Richelieu rappelle le profond désordre des finances avant qu'il eût la direction des affaires du royaume, les dilapidations des comptables et des fermiers de l'impôt, et il oppose à ce tableau les grands résultats de son administration. Il insiste sur le scandale de fortunes faites au détriment de l'État par certains

[1] A. Santarelli *Tractatus de hæresi, schismate,* etc., dédié au cardinal de Savoie. Rome, 1625, in-4°. Chap. xxx, p. 290.

[2] *Vie du P. Coton* par le P. d'Orléans, 1688, in-4°, où l'auteur, Jésuite lui-même, raconte fidèlement la vive inquiétude de la Société.

financiers, dont plusieurs étaient déjà nommés dans un pamphlet publié contre la Vieuville, peu de temps avant sa chute. Rapprochons de ce qu'on lit ici un passage du pamphlet : « Que V. M. sache qu'il n'y a aujourd'huy financier qui ne vive en seigneur et qui ne soit meublé en prince, la pluspart d'entre eux, pour s'exempter du gibet, s'estant alliez aux plus illustres maisons de vostre royaume. N'est-ce pas chose horrible de veoir un Jacquet avoir espousé la niepce du duc de Mayenne? La fille de Feydeau, le comte du Lude ? Celle de Beaumarchais, le maréchal de Vitry ? Celle de Montmor, le fils du maréchal de Thémines? Celles de Herbaut, les comtes de Palluau, de Bury et marquis du Sel? Celle de Fabry, le s^r de Pompadour ? Quoy. plus? un commis de l'espargne a donné sa fille au marquis de Montravel avec cent mil escus. Villautrais, qu'on croyoit devoir estre pendu, après avoir desrobé un million au siége de Montpellier, a marié sa fille au neveu du cardinal de la Rochefoucaut, pour s'appuyer de l'escarlate. Et ainsy d'infinis autres, les enfans desquels, bravant l'ancienne noblesse, de manière que la science de bien desrober est unique chemin de s'annoblir aujourd'huy en France. »

Page 214. — Entre les pièces LXXXV et LXXXVI, *Mettre :* Nous notons ici deux lettres de Richelieu que nous n'avons pas trouvées, mais qu'il faut pourtant mentionner. On lit dans Aubery, qui n'indique point de source : « Le cardinal supplie S. M. de luy permettre de vivre doresnavant en personne privée... Il écrivit le même à la reyne mère, la suppliant aussi de luy obtenir cette grâce du roy. » (T. II, p. 85 et 86 de l'éd. in-18.) Ces lettres auraient dû être écrites un peu avant le 9 juin. Richelieu alléguait sa mauvaise santé, les conspirations contre sa vie, les cabales qui partageaient la cour, les troubles dont le royaume était menacé par le mécontentement de Monsieur, irrité de l'emprisonnement du maréchal d'Ornano. Le Vassor (V, 510) donne de ces lettres un extrait qu'il traduit de V. Siri, et que copie Leclerc. Le P. Griffet a imprimé seulement la réponse autographe que le roi fit au cardinal, le 9 juin, où le refus de congé est accompagné de la plus éclatante approbation des actions de son ministre. Et, le même jour 9 juin, Schomberg, qui était auprès du roi, à Blois, écrivait à Richelieu : « Je vous conjure de nous venir revoir le plustost que vous pourrés, parce qu'en cent choses vous estes utile au roy, à l'Estat et à vos serviteurs. » (Aff. étr. France, XXXIX, fol. 184.) Le P. Griffet a soin de noter que l'original de la dépêche du roi est dans les mss. du maréchal de Richelieu; ainsi l'existence de ces deux missives n'est pas douteuse. Cependant Richelieu n'en parle pas dans ses *Mémoires*, où l'on ne trouve, sur le projet de retraite, que ce seul mot, jeté dans un entretien avec Condé : « Le cardinal dit à M. le Prince qu'il vouloit se retirer. » (III, 77, édit. Petitot.) A quoy M. le prince répondit naturellement « que l'état seroit perdu s'il se retiroit. » Et S. A. s'étend sur un éloge passionné du cardinal, que celui-ci a conservé dans ses papiers (Arch. des Aff. étr. France, t. XXV, fol. 170) et qu'on n'a pas manqué d'insérer d'un bout à l'autre dans ses *Mémoires*. Il n'y avait sans doute rien de sérieux dans cette résolution de quitter les affaires, et Richelieu ne voulait qu'une récente et plus solennelle assurance de la protection du roi, au milieu des périls qu'il bravait, et au moment de soulever de nouvelles haines par l'arrestation des princes de Vendôme et autres mesures de rigueur.

Page 218, ligne 4. — Compromise, *lisez :* compromis.

Page 219, aux sources : 1835, *lisez :* 1385.

Page 232, note 1, ligne 5 : 9, *lisez :* 19.

Page 235, aux sources. — *Ajoutez :* Imprimée, *Mémoires de Molé,* 1, 245.

Page 239. — *Ajoutez à la note 1 :* Il convient de citer quelques passages de la lettre que je m'étais borné à noter, soit à cause du pamphlet dont il s'agit, soit surtout pour peindre l'homme qui va bientôt devenir le plus injurieux des pamphlétaires qui ont écrit contre le cardinal : « Je rends compte de mes actions à celuy qui en est le maistre, et auquel, après Dieu, je les rapporte toutes... Je vous supplie très-humblement de me donner le ton qu'il vous plaist que je chante à l'advenir...

Morgues a fait avertir le secrétaire de l'ambassade de Flandres, et l'agent du duc de Bavière, du juste soupçon qu'on avait qu'eux seuls ont distribué les deux livres venus depuis peu de Bruxelles et d'Augsbourg... infâmes livrets dans lesquels j'ay eu l'honneur d'avoir quelque part, tousjours en qualité de vostre très-humble serviteur. Pour l'escrit françois intitulé : *Le Roy du Roy*, duquel je donnay advis à M. de Fancan... la précaution que nous y avons apportée à étouffé cet avorton devant qu'il vist le jour... si vous eussiez voulu permettre une réfutation, je vous eusse supplié d'avoir agréable que ma plume, qui s'est souvent présentée à vous... servist le roy en cette occasion. » — L'abbé de Saint-Germain avait encore une autre manière de servir le cardinal : « Pendant l'absence de la cour, j'ay presché le plus souvent que j'ay pu à Paris, dans les grandes assemblées... surtout pour tenir la place d'un homme qui se serviroit peut-estre de ces occasions pour donner de mauvaises impressions du gouvernement... » Morgues a aussi fait beaucoup de visites chez des personnes considérables, « pour donner de bonnes impressions, et effacer les mauvaises que d'autres donnent... M. de Longueville a désiré de me voir chez luy; j'ay esquivé, craignant que cette visite ne vous fust point agréable. » — « Vous avez l'âme si généreuse, et ressemblez en cela à Dieu, que vous prenez mes efforts pour des effects... Je vous supplie, monseigneur, de croire que toutes mes pensées ne tendent qu'à vous complaire, mes paroles qu'à vous estimer, mes escrits qu'à vous louer et deffendre contre les ennemis de vostre vertu » (Affaires étr. France, t. 39, fol. 298). Jusqu'au temps où la reine mère se déclara l'ennemie du cardinal, Morgues continua d'être dans la dépendance absolue de Richelieu. Cependant, malgré la demande de l'évêché de Toulon faite par la reine mère en 1626, ce fut M. Gilles Septre qui fut nommé; et ce siège devenu de nouveau vacant en 1628 fut occupé par M. Auguste de Forbin. Lorsqu'une troisième vacance se produisit, en 1641, il ne pouvait plus être question d'un évêché pour l'aumônier de la reine exilée. Moréri a écrit que Richelieu « a empêché que l'abbé de Saint-Germain n'obtint ses bulles à Rome. » Nous n'en avons trouvé aucun indice.

Page 241, aux sources. — *Ajoutez* : Aff. étr. Angleterre, t. 41, deux copies, p. 185 et 196.

Page 257, aux sources. — *Ajoutez* : Imprimée, *Mém. de Molé*, I, 383.

Page 272, notes, 2ᵉ colonne, ligne 7. — Adressait à lui-même, *lisez* : adressait au P. de Bérulle lui-même.

Page 273, notes, 1ʳᵉ colonne, ligne dernière. — 22, *lisez* : 18.

Page 274, après la pièce CXI. — *Mettez* :

SUSCRIPTION :

A MONSIEUR BAUTRU, L'AISNÉ[1].

« Paris, 11 octobre 1626.

« Monsieur, j'envoye sçavoir de vos nouvelles, à condition que vous n'en dirés rien à vos confrères qui se sont trouvés à la sépulture de Théophile, de peur qu'ils pensent que je soye de mesme farine. Vostre cadet dit que vostre âme a plus besoin de purgation que vostre corps; mais mon petit médecin nous asseure que les pleureurs de Paris ne gaigneront rien à vostre occasion. Je veus croire que c'est qu'il tient la maladie non périlleuse, et non pas ce que dit le Père Gurin, que les gens de bien trouveront plus à rire qu'à pleurer, si ce monde se deschargeoit de vostre personne, comme la mer

---

[1] Nous avons dit, note 5 de la page 274, que Richelieu a passé le mois d'octobre à Pontoise : mais la proximité est telle que ce ne seroit pas une raison suffisante pour contester une date de Paris.

fait de toutes choses impures. Guérissés vostre corps, convertissés vostre âme, et vous asseurés qu'en l'espérance de vostre amandement.

« Je suis, monsieur,

Vostre très humble serviteur,

« Le cardinal DE RICHELIEU. »

Cette lettre, que je n'ai pas vue, et qui me semblerait mériter une vérification sérieuse, est conservée en minute dans la collection d'autographes de MM. Benjamin Fillon et Dugast-Matifeux, conseiller municipal de Nantes. Ce dernier a bien voulu nous communiquer une copie de ce document dans lequel il a cru reconnaître une pièce de la main de Charpentier. Nous avons déjà rencontré, sous la plume de Richelieu, quelques lettres telles que celle-ci, où, conviant ses plus familiers amis, Chavigni, Bullion et d'autres à réformer des mœurs irrégulières, il évite à dessein le ton doctoral; Bautru qui passait un peu pour son bouffon, était un de ceux qui étaient souvent en butte à ses plaisanteries. Mais ce serait une grave erreur si l'on concluait de ces éclairs de gaieté de Richelieu qu'il parlait légèrement de la religion. Il s'est trouvé plus d'une fois en opposition avec le pape et avec le clergé, mais il s'est toujours tenu dans la gravité que la matière exige, et qui convenait au caractère dont il était revêtu. On peut démentir hardiment les plaisanteries que lui ont prêtées sur ce sujet Guy Patin et autres faiseurs d'anecdotes aussi peu autorisés. C'est une remarque qui, dans le cours de nos travaux, s'est plusieurs fois offerte à notre pensée et que nous saisissons l'occasion de consigner ici.

Quant à Théophile, si connu pour appartenir à ce groupe d'esprits qu'on nommait, dans le langage du temps, les libertins, il n'est pas douteux qu'il n'ait été cruellement persécuté et que ses ennemis ne l'aient fait condamner pour un fait dont il était innocent; on a sur ce point le témoignage irrécusable de Malherbe, qui n'était guère des amis de Théophile.

Nous n'avons pu trouver, dans toutes nos recherches, aucune espèce de relation entre ce poëte et Richelieu. Théophile n'en dit pas un mot dans ses œuvres, où le nom du précédent favori, le duc de Luynes, se rencontre deux fois. Dans la plus grande partie du temps où il fut persécuté, le cardinal n'était pas au pouvoir, et, plus tard, il trouva un protecteur et un asile auprès du duc de Montmorency; ce n'était pas une raison pour que Richelieu s'occupât beaucoup de lui. Richelieu ne s'intéressait guère, en poésie, qu'aux œuvres de théâtre, et ce n'est point par le théâtre qu'a brillé Théophile.

Page 276, aux sources. — Ajoutez : Histoire de Louis XIII par le P. Griffet, t. I, p. 538, édit. in-4°.

Page 279, ligne 3. — Mettre cette note à la fin de la ligne : « Je t'en prie de tout mon cœur, » de la main de Richelieu.

Page 279, aux sources. — Ajoutez : Imprimée, Histoire de Louis XIII, par le P. Griffet, in-4°. t. I, p. 538.

Page 280, aux sources de la pièce CXVII. — Ajoutez : Copie. Arch. des Aff. étr. Angleterre, t. XXXIX, fol. 181.

Page 281. — Ajoutez à la note 4 : La cession du gouvernement du Havre avait fort bien disposé Richelieu; plus tard nous le verrons parler assez cavalièrement du duc de Brancas et de sa femme. Tallemant peint celle-ci comme une folle qui avait perdu toute retenue dans ses désordres. Quant au mari, « il n'y a jamais eu (disent les Historiettes) un si pauvre homme. Luy et sa femme ont mangé 800,000 escus d'argent comptant et 60,000 de rente en fonds de terre. » (T. I, p. 213, édit. 1854.)

Page 284, ligne 4. — Nous avons inutilement cherché ce mémoire.

Page 284. — *Ajoutez à la note* 1 : Nous trouvons dans le livre déjà cité de M. Arm. Baschet le fragment d'une conversation de Richelieu avec Sim. Contarini, dont cet ambassadeur rend compte à sa république le 22 octobre 1628. Il s'agissait toujours des négociations de Du Fargis à Madrid. « Tout cela n'est rien (avait dit le cardinal à Contarini), Fargis est un fou. Que V. Ex. aille chez le roi, qu'elle le lui dise, qu'elle lui dise même que c'est moi qui le lui ai dit. Rien n'a été établi ; ce fut une simple manière de voir de Fargis. Nous ne donnerons les forteresses ni aux gens de la Valteline ni aux Espagnols ; nous ne sommes pas des aveugles, nous savons que l'Italie nous tiendrait tous pour des fous. Quatre jours après que cet avis sera parvenu à Rome, un de nos courriers y sera aussi, par lequel on saura que nous ne sommes pas contents, et que nous ne voulons pas faire perdre à la France sa réputation. Écrivez aussi cela à la République ; dites-lui que c'est de moi que vous tenez ce propos. Fargis a fait des siennes ; nous le rappellerons à l'ordre, je vous en assure » (p. 326). On reconnaît le langage de l'homme.

Page 284, note 4, ligne 6. — *Après* au reste, *ajoutez* : Ce n'est ici qu'un canevas, un projet d'instruction.

Page 290, pièce CXXII. — *Voy.* Mémoires manuscrits de Richelieu, t. I, p. 172, grand in-fol.

Page 294, notes, colonne 1re, ligne 6, d'en bas.— *Après le mot* « grossesse » *mettez :* mais il paraît certain qu'on en eut l'espérance dès cette année 1619. Le nonce Bentivoglio écrivait au cardinal neveu, le 4 décembre : « Da parte molto sicura ho inteso che si sia con ferma speranza che la regina sia gravida... Ella si governa bene, ed il re l' ama, ed è amata anche generalmente da ogn' uno por la sua buona e dolce natura. » P. 249 de l'éd. Nous ne trouvons à ce moment rien de plus au sujet de la nouvelle donnée par Bentivoglio.

Page 294, notes, 2e colonne, ligne dernière. — Après la parenthèse, *ajoutez :* N'oublions pas que nous avons vu, dans une lettre du 20 septembre de cette année 1626, que la jeune reine était allée aux eaux, que Séguin, son médecin, avait reconnu que ces eaux ne lui convenaient pas dans la situation où elle se trouvait. Remarquons surtout que Richelieu fait représenter à la reine mère combien il importe qu'en ce moment « elle face grandes caresses à sa belle fille. » N'y a-t-il pas là l'indice d'une grossesse reconnue depuis peu ?

Page 306, ligne 5 du texte. — Cette lettre est en copie aux Arch. des Aff. étr. Suisse, t. 24, date du 24 décembre 1626.

Entre les pages 306 et 307 plaçons l'extrait d'une pièce où Richelieu parle à la première personne, et qu'il a dictée sans doute aux deux secrétaires qui ont alternativement tenu la plume. Cette pièce doit être du mois de décembre 1626 ; c'est une plainte contre Baradat dont la disgrâce avait été déclarée le 2 dudit mois. — CONFESSION DE L'ÉCUYER CONTRE CALORI (le cardinal). « — Le Chesne (le roi) m'a dit plusieurs fois que l'escuyer n'aimoit point Calori ; et particulièrement à Nantes, il m'a faict l'honneur de me dire devant Hébert (la reine mère) plusieurs tesmoignages indubitables, entre autres qu'il estoit insatiable et croyoit que c'estoit Calori qui empeschoit qu'il ne s'agrandist... Il a dit en colère à Jehan Petit (le duc de Bellegarde) que le cardinal l'empeschoit d'entrer au conseil, et que s'il y estoit, il serviroit aussy bien que luy... Que le roy devoit prendre garde au cardinal, veu qu'outre le Havre, il vouloit avoir Brest, Brouage et autres places maritimes ; et qu'il vouloit, par le moyen de la charge qu'il avoit au commerce, et ces places, brider la France... Il faut pour un temps se laisser calomnier passant outre. De la puissance de la mer deppend l'abaissement d'Angleterre, d'Hollande, la ruine des Huguenots. Cependant on n'oseroit y travailler fortement à cause des calomnies. Demetrius m'a rapporté que le Rouge avait sceu de M. de Bellegarde que le Premier (Baradat) avoit dit dernièrement à Chesnelie (la reine) : maintenant que vous estes grosse, souffrirés vous que le cardinal vous fasse maltraitter comme vous estes?... Il en vouloit à la reyne depuis que, pour l'honneur de sa maison, elle avoit défendu de le laisser entrer en la chambre de ses filles...[1] » Baradat sembla enfin redoutable au cardinal : « Il faut pourtant se défendre des artifices de ceux qui, dans le cabinet, ne seroient pas contents. » Et il le fit chasser. (Arch. des Aff. étr. France, t. XL, fol. 22-26[2]. Minute où plusieurs passages sont de la main de Charpentier, de celle de Le Masle et de Bouthillier.)

Page 317, notes, 1 colonne, ligne 4. — N'en, *lisez* : ne la.

Page 344, note 1. — Nous trouvons qu'un fils du commandeur de Valençay se nommait d'Applincourt ; c'est probablement celui dont il s'agit ici.

Page 352, notes, 1 colonne, ligne 2. — 1617, *lisez* : 1627.

Page 353. — *Ajoutez* à la note concernant M. de Saint-Géry : Joseph de Saint-Géry était en effet le fils du baron de Magnas, nom qu'il porte lui-même. C'est lui dont il est question page 546 de ce deuxième volume et page 72 du cinquième. Le duc d'Épernon, dont il était parent, l'envoyait à la cour quand il avait quelque affaire à démêler ou quelque réclamation à présenter. On ne s'explique pas facilement la confiance que témoigne Richelieu à un personnage entièrement dévoué au duc d'Épernon.

Page 354, à la note 3. — *Ajoutez* : En 1628, à l'époque du siége de la Rochelle, et lorsque l'on pensait avoir besoin de l'alliance de l'Espagne, pour l'opposer à l'Angleterre prête à venir au secours de la capitale des Huguenots, l'Espagne, dans les négociations, rappela l'affaire des caraques. C'était alors l'intérêt de la France de lui donner satisfaction. Richelieu n'y manqua pas : « Le roy, dit une pièce écrite de la main de Charpentier, voulant donner tous les tesmoignages d'amitié au roi d'Espagne, son bon-frère, renonce à tout ce qui lui appartient des débris des caraques portugaises eschouées sur les costes, le mois de février 1627. » Et, à l'occasion de cette affaire particulière, on résolut de conclure une convention générale. « Un traitté sera fait (dit l'écrit que nous citons) pour en user ainsy réciproquement entre les deux couronnes. » Et Richelieu, de son côté, mentionné dans le même écrit, y fait acte de prince : « M. le cardinal remet aussy purement et simplement ce qui luy appartient dud. débris, en vertu de sa charge de grand maistre de la navigation. » (Arch. des Aff. étr. Espagne, t. 15, fol. 136.)

Page 366, ligne 16. — Le payer, *lisez* : les payer.

Page 368, à la note 2. — *Ajoutez* : M. de Monthenault, qui était alors sur le point de retourner en Suisse, en était arrivé au commencement de février, avec des dépêches des ambassadeurs. (Aff. étr. Suisse, t. 25, 8 février 1627.)

Page 381, notes, 2 colonne, ligne 9. — N° 42, *lisez* : n° 42, fol. 40.

Page 385, notes, 1 colonne, ligne 7. — *Après* La Varenne, *mettez cette sous-note* : Cela est d'autant plus vraisemblable, que, dans la pièce donnée p. 589 de notre premier volume, le nom de La Varenne est écrit : La Varane.

Page 385, notes, 1 colonne, ligne 7. — *Après* serait-ce, *mettez* : le fils de.

Page 386, note 1. — *Ajoutez* : Le personnage dont parle ici Richelieu n'appartenait pas sans doute à la famille où nous le cherchons ; ce devait être un officier de marine. Nous voyons plus tard (en 1635) que Richelieu nomme un « Arnaud de La Rochelle » parmi les *capitaines de mer* qu'il juge les

---

[1] Il était amoureux de Mlle de Cressias, l'une des filles de la reine. Il l'épousa en 1631.

[2] Au folio 19 du même volume est conservée une autre pièce contre le même favori, ou plutôt il n'y a qu'une seule et même pièce, séparée en deux par le classement. Une partie de ce second fragment est de la main de Charpentier. Douze pages des Mémoires de Richelieu sont consacrées a cette *Ménippée* contre Baradat ; on y remarque beaucoup de phrases de la pièce dont nous donnons ici un extrait, en conservant de préférence ce que les *Mémoires* modifient dans l'expression ou omettent entièrement. (T. III, p. 217-230, édit. Petitot.)

meilleurs; il est vraisemblable que c'était celui-là. Il signait Arnault, Richelieu écrit Arnaud, mais on sait ce qu'était alors l'orthographe des noms.

Page 394, aux sources. — *Ajoutez :* Quelques lignes de cette lettre ont été imprimées dans l'*Abrégé de l'Histoire du Poitou* (t. 6, p. 109), par Thibaudeau, à Poitiers, 6 volumes in-12. Thibaudeau, qui a cité plusieurs autres lettres de Richelieu en entier, ou par fragments, annonce qu'il les a copiées sur les originaux, p. 105.

Page 396, notes, 2ᵉ colonne, ligne 7. — Rostinclair, *lisez :* Restinclair.

Page 428, aux sources. — *Ajoutez :* Original, arch. de Condé, communication de Mᵍʳ le duc d'Aumale.

Page 430, ligne 12. — La Perroquine. Cette petite rivière, nommée la Perrotine sur la carte du pays d'Aunis, a son embouchure vers le milieu de la côte orientale de l'île d'Oléron, et l'on commençait le port dont parle Richelieu à l'extrémité sud, vis-à-vis la pointe de Chapres, sur le continent, dont l'île d'Oléron n'est séparée en cet endroit que par le pertuis de Maumusson.

Page 431, aux sources. — *Ajoutez :* Des fragments de cette lettre ont été imprimés par Thibaudeau, *Histoire du Poitou,* t. 6, p. 108.

Page 431, ligne 3 d'en bas. — *Après* «faire» *mettez :* [le choix] mots omis dans d'Hozier.

Page 433, ligne 1. — Treillebois, orthographe fautive quoique presque toujours employée. Il signait Treslebois, ainsi que nous l'avons dit p. 493 de notre 2ᵉ vol. Le P. Arcère, dans son *Histoire de la Rochelle,* écrit : Treuille-bois. C'était un capitaine de marine, que nous trouvons employé par Richelieu au temps du siége.

Page 435. — *La suscription de la lettre 237 doit être mise entre crochets.*

Page 437, aux sources. — *Ajoutez :* La dernière moitié de cette lettre a été imprimée dans l'*Histoire du Poitou*, t. 6, p. 207.

Page 438, ligne 14. — A tout; c'est la leçon de d'Hozier; *ne faut-il pas :* en tout.

Page 447, après la lettre CCXLIX, lettre du 29 avril 1627 à M. de La Rivière, lieutenant au gouvernement de Calais, originale. — En sa qualité de grand maître de la navigation, Richelieu fait acheter un vaisseau au prix de 8,000ᴴ. Catalogue de Gabriel Charavay (*Revue des autographes,* nᵒ 23, janvier 1875).

Page 454, note pour la lettre CCLIX. — Nous aurions voulu savoir quel est ce Villeneuve protégé du Cardinal, quel était le lieutenant criminel de Saumur, si gravement outragé, et enfin quel est cet outrage où il n'allait pas moins que de la vie pour celui qui l'avait commis. Après d'inutiles recherches, nous nous sommes adressé, dans le temps, à M. C. Port, archiviste de Maine-et-Loire. M. Port a eu la complaisance de faire, à notre intention, dans les archives une soigneuse investigation; il n'y a pas trouvé trace de l'affaire que Richelieu (lui-même nous le dit) a tâché d'étouffer de son mieux. M. Port n'a pu savoir le nom du lieutenant criminel toujours désigné dans les actes officiels par le titre seulement de son office. Quant à ce Villeneuve dont le nom est commun, en France, à beaucoup de familles, M. C. Port nous a signalé un certain Charles de Villeneuve, écuyer, sieur du Cazeau, marié en 1625, en la paroisse Saint-Denis d'Angers, à une demoiselle Catherine de Goubis, fille de noble homme Simon de Goubis, sieur de la Rivière, conseiller au siége présidial d'Angers. Dans l'acte de mariage est nommé parmi les témoins : René de Villeneuve, écuyer, sieur de Coué, frère de l'époux. «Cette famille, qui a ses propriétés en Anjou et dans le Saumurois, est la seule qui soit dans les armoriaux d'Anjou.» C'est donc très-probablement à l'un de ces deux gentilshommes que la lettre de Richelieu est adressée. Ce renseignement, dû à l'obligeance de M. C. Port, nous est parvenu trop tard pour que cette note ait pu prendre la place au bas de la page 454 de notre deuxième volume.

Page 460. — Note pour la lettre CCLXVI : Richelieu avait été élu coadjuteur de Cluny le

17 avril ; il devint abbé le 3 août 1630. Dans un opuscule sur Cluny, intitulé : *Reformationis causa peroratur*, et adressé à Maurice Le Tellier, nous lisons : « Ab anno 1616 ad 1621, sub Guisio abbate, priori majori d'Arbosio, viro religioso, nasci cœpit reformatio; puerescere sub ipso de Arbosio abbate; adolevit autem sub D. Cardinali Richaelio... » (Bibl. Sainte-Geneviève, E. 2036, in-4°.) Malgré son zèle, Richelieu n'amena point jusqu'à l'âge mûr cette réforme de si lente croissance.

Page 465, lettre 272. — *Ajoutez en note :* La fin de cette lettre a été copiée dans l'*Histoire du Poitou*, t. 6, p. 107.

Page 466, lettre 273. — *Ajoutez en note :* La fin de cette lettre a été copiée dans l'*Histoire du Poitou*, t. 6, p. 106.

Page 469, note 6. — *Ajoutez :* Un état des gages des domestiques de Mgr le cardinal de Richelieu, pour l'année 1626, se trouve dans la *Revue historique, nobiliaire*, etc. octobre 1870-1871, p. 459. Sur cet état le nom est écrit : du Chesnoy.

Page 472, note 3, colonne 2. — Il y a une inexactitude à rectifier; Victor Bouthillier ne fut premier aumônier de Monsieur qu'en mai 1636; il était coadjuteur de Tours depuis plus de cinq ans.

Page 479, notes, 2ᵉ colonne, ligne 11, en remontant. — *Après le mot « verso » ajoutez :* elle a été imprimée dans le *Journal du cardinal de Richelieu qu'il a faict durant le grand orage*, etc. p. 158 de la seconde partie.

Page 479, à la fin de la note 1. — *Ajoutez :* et l'on en a imprimé plusieurs de Des Chapelle lui-même, écrites la veille de sa mort, toutes remplies de sentiments tendres et d'une pieuse résignation.

Page 482, ligne 9 de la lettre 294. — Nous trouvons M. de La Courneufve sur l'état des domestiques de Richelieu, cité ci-dessus.

Page 484, ligne 8. — « Qu'on en auroit fait que l'advis. » Le secrétaire doit avoir mal entendu : Richelieu a sans doute dicté : qu'on en auroit fait l'advis.

Page 484, *effacez la note 1*, et renvoyez aux additions pour la page 433 de ce deuxième volume.

Page 491, note 2, ligne 10. — 378, *lisez :* 478.

Page 498, aux sources. — *Mettez :* L'original, daté d'Escharcon, est conservé dans les archives de Condé. (Mgr le duc d'Aumale.)

Page 504, ligne 13 de la lettre CCCXIX ; de la Gresne. — *Mettez :* (Le fort de Rongaine, plan joint à l'*Histoire de la Rochelle* du P. Arcère, II, 266).

Page 511, ligne 1ʳᵉ. — Tout passe, *lisez :* tout [se] passe.

Page 530, aux sources. — *Ajoutez :* Original daté de Villeroy. Archives de Condé. Communication de Mgr le duc d'Aumale.

— *A la fin de cette ligne, mettre cette note :* L'instruction donnée à la Saludie avait été dressée à l'avance; « ce mois » signifie donc juillet.

Page 534, ligne 9 de la lettre CCCXLV. — Richelieu note, dans ses *Mémoires* (III, 326), sans indication de date, une lettre où il mandait à M. de Grammont « qu'il le supplioit de faire trouver argent, pour faire équiper quinze pinasses, conduites de Bayonne et de Saint-Jean-de-Lux aux sables d'Olonne. » Malgré la différence du nombre des bâtiments, il est probable qu'il ne s'agit que d'une seule et même lettre. — Le cardinal fait aussi mention, à ce moment, dans ses *Mémoires* de diverses sommes d'argent avancées par lui pour les besoins de la marine.

Page 535, ligne 10. — *Fermez les guillemets à la fin de la ligne.*

Page 535, notes, 1ʳᵉ colonne, ligne 7. — Le, *lisez :* la.

Page 542, ligne 3. — Chargé, *lisez* : charge.

Page 544. — Cette pièce, sans date, est mal classée au 4 août. Nous l'avions laissée à cette date où elle se trouve placée dans le volume des Affaires étrangères, n'ayant d'autre indication pour la classer que les affaires de Ré auxquelles elle se rapporte. Depuis nous avons eu la date certaine, 28 septembre, lorsque nous avons trouvé à la Bibliothèque nationale la lettre écrite à Toiras, dont il est fait mention dans ce mémoire, et que nous avons donnée p. 636 de ce deuxième volume.

Page 544, note 3. — *Effacez* nous ne les avons pas trouvées, *et lisez* : Des lettres à Toiras, annoncées dans les premières lignes de ce mémoire, nous n'avons trouvé que celle du 28 septembre précitée.

Page 544. — *Mettre la date entre crochets.*

Page 545, note 2 ; voy. notre t. IV, p. 205, note 2.

Page 546, après la lettre CCCL. — Ici se placerait un mémoire adressé par Richelieu à son beau-frère M. de Brézé. Nous le trouvons dans le *Cabinet historique*, t. XV, p. 35. L'original existe dans une collection du *British Museum*. M. Martial Delpit, qui était en mission à Londres lorsque je fus chargé de la publication des papiers de Richelieu, envoya au Ministre de l'instruction publique un très-petit nombre de pièces que nous avons imprimées; il n'a pas envoyé celle-ci. Il suffit d'en donner un extrait :

POUR MONSIEUR DE BRÉZÉ.

« En matière d'affaires, il faut répondre à tous les mémoires qu'on envoye article par article, ainsy qu'il sensuict :

« On a pourveu à cela.

« On travaille à telle chose.

« On ne peut faire telle chose pour telle raison.

« Autrement on prendroit beaucoup de peine à donner des ordres qui seroient inutiles, et, qui plus est, on demeure en extrême peine de sçavoir ce qui est faict ou non faict.

« Il faudroit aussy mander en quoy on employe l'argent.....

« Emploi d'argent..... Pour quel objet..... Amasser tous les bleds qu'on pourra à Brouage..... Divers travaux à faire, remuements de terre, construction de murailles..... Procédés à suivre pour l'exécution de ces travaux.....

« Il me semble que si vous avés des huguenots en Brouage, il faut les desavouer si vous n'en estes bien asseuré. En Oleron il seroit plus seur d'en faire autant.....

« Cependant consulter M. de Marillac et M. d'Aguelogue.....

« Je vous ay escrit tout ce que je me puis imaginer estre utile et necessaire. J'attends exécution et response par mémoire.

« Faict à Villeroy ce 5ᵉ jour d'aost 1627.

« Le cardinal DE RICHELIEU.

« Par mond. Seigneur :

« CHARPENTIER. »

Page 546, dernière ligne du texte. — Voyez la note 2 de la page 353, et l'addition à cette note.

Page 562, ligne 26. — Trouver, *lisez* : trouvera.

Page 572. — Pour l'exactitude de l'ordre chronologique, il convient d'indiquer avant la CCCLXXᵉ pièce une lettre du 24 août, signée du roi et adressée à Toiras; comme elle se trouve imprimée dans *le Mercure François*, nous n'en avons donné qu'une citation, note 2, p. 620, de ce deuxième volume.

Page 577, ligne 3. — Que je n'ai bien goutte de sang..., *lisez :* que je n'ai bien, goutte...

Page 579, note 2. — *Ajoutez :* En 1626, il était attaché au cardinal, maître de chambre ou aumônier. Des documents publiés dans la *Revue historique, nobiliaire,* etc. (1871, p. 461) nous fournissent cette indication : « La dépense des aumôniers de la présente année, suivant les rôles signés de M. de Marsillac, se montent à la somme de 8,373 ᴸ 6ᵗ. »

Page 585, ligne 23. — En, *lisez :* ne.

Page 613, ligne 23. — Secours d'hommes, qu'ils demandent que.... *lisez :* secours d'hommes qu'ils demandent, que...

Pages 619, 620, rétablir l'ordre interverti des lettres 404 et 405.

Page 627. — Aux sources, *ajoutez :* Mêmes archives, Mémoires manuscrits de Richelieu, gr. in-fol. A, p. 604.

Page 627, note 2, ligne 4 ; 369, *lisez :* 367.

Page 632, aux sources. — *Ajoutez :* Imprimée, *Mémoires de Molé,* I, 469. — M. Molé se hâta de répondre à la politesse de Richelieu. Il lui adressait le 29 septembre une lettre de félicitations sur le courage et la prudence avec lesquels il avait su apaiser les derniers orages. On essaye en vain de fomenter de nouveaux troubles, ajoute le procureur général, ils seront étouffés dès leur naissance, si les gouverneurs des provinces font leur devoir, en courant sus aux séditieux, suivant les lois du royaume. Cette lettre, citée comme autographe par la *Revue des autographes* (août 1873), ne se trouve point dans les *Mémoires de Molé.*

Page 639, aux sources. — *Ajoutez :* Original arch. de Condé, communication de Mᵍʳ le duc d'Aumale.

Page 645, ligne 15 du texte. — Jean de Bruc, sieur de La Grée, prenait le titre d'écuyer. Il fut procureur-syndic des États de Bretagne depuis le 9 octobre 1618 jusqu'au 4 septembre 1634, où il fut destitué. On voit par divers passages qu'on était peu satisfait de ses services.

Page 652, note 4. — *Ajoutez :* En rapportant cette indigne calomnie contre Du Vair, Richelieu n'eût-il pas dû exprimer au moins un doute ? Quelle que soit son opinion sur la capacité du Garde des sceaux pour les affaires d'État, il ne pouvait se dissimuler que Du Vair était connu de tous pour homme d'honneur, d'une probité sévère, et qu'il était impossible de le croire capable d'un crime. Au reste, Richelieu, dans ses *Mémoires,* a jugé ce personnage avec un dédain que l'on ne peut s'expliquer qu'en se représentant la politique timide, hésitante et excessivement scrupuleuse du Garde des sceaux ; ce n'étaient pas là des titres à l'estime de Richelieu. On peut se souvenir aussi que Du Vair reçut de nouveau les sceaux le jour où le cardinal, tombé du ministère, partait pour l'exil.

Page 658, aux sources. — *Ajoutez :* Bibl. imp. collection Gaignières, n° 355. *Lettres originales,* t. 54, p. 117. Original. Cette lettre est datée de Niort.

Page 663, note 2, ligne 6. — Au lieu de la Jarrie ne faut-il pas lire la Jarne, deux noms qu'il est fort aisé de confondre dans une écriture peu soignée ? La carte des environs de La Rochelle nous montre la Jarne à un peu plus de 8 kilomètres d'Aytré, et la Jarne, entre ces deux localités, se trouve à 3 kilomètres environ de la dernière ; c'est sans doute dans cet espace de 3 kilomètres que se déploya l'armée que Louis XIII passa en revue.

Page 672, aux sources. — *Mettez :* Minute de la main de Citoys et de celle de Charpentier.

Page 673, aux sources... *Ajoutez :* Bibl. imp. collection Gaignières, n° 355. *Lettres originales,* t. 54, p. 143. Second original daté du 22 octobre.

Page 673, note 3. — *Ajoutez* ; Il exerçait par commission cette charge dont son père était toujours titulaire. Richelieu qui, en toute occasion, se montre fort mal disposé à son égard, lui ôta cette commission pour la donner à son cousin, La Meilleraie, auquel il en fit délivrer les provisions en septembre 1634, sur la démission qu'il obtint du vieux duc de Sully, après la mort de son fils.

Page 677, aux sources. — *Ajoutez* : Original, daté de Nétray. Arch. de Condé; communication de M^er le duc d'Aumale.

Page 678, aux sources. — *Ajoutez* : Bibl. imp. collection Gaignières, n° 355. *Lettres originales*, t. 54, p. 147.

Page 695, lettre 460, aux sources. — *Ajoutez* : Imprimé dans l'*Histoire du Poitou*, t. 6, p. 109.

Page 698. — Lumagne, *lisez* : Lumagne. C'était un banquier d'origine italienne, et dont on francisait le nom : Lumaga. Corriger cette faute partout où elle se reproduit, dans ce volume et le suivant.

Page 699, note 1. — *Ajoutez* : On voit dans une lettre qu'il adressait aux états de Hollande, pendant une de ses missions, qu'il prenait le titre de conseiller maistre d'hostel ordinaire du roi. (Arch. des Aff. étr. Hollande, t. 21, fol. 167.)

Page 702. — Note pour la pièce 465. Nous n'avons pas d'autres lettres de Richelieu au cardinal de Bérulle, jusqu'en mai 1629; plus d'une se sera sans doute égarée. Nous trouvons seulement l'indication de deux, pour cette année 1627, l'une du 23 novembre et l'autre du 1er décembre. Nous n'en avons connaissance que par les réponses du fondateur de l'Oratoire. Ces réponses datées des 3 et 11 décembre sont conservées aux Affaires étrangères de France, t. 43, fol. 280, 282.

Page 714, ligne 4. — *Après le mot* reine, *mettez cette note* : Nous n'avons pas trouvé la lettre écrite à Contenant, et nous ignorons de quelle violence il s'agit. Notons ici (et nous avons en plus d'une occasion de le remarquer) que, dans son gouvernement despotique, Richelieu, qui se permettait tout à lui-même, ne souffrait pas le despotisme des subalternes et les tenait rigoureusement soumis à la loi et aux règles de la justice.

Page 717, aux sources. — *Ajoutez* : Imprimée, *Mém. de Molé*, I, 478. L'éditeur dit par erreur : « Cette lettre est entièrement de la main du roi. »

Page 721, 3e ligne du texte de la lettre CDLXXIX du 16 novembre. — *Ajoutez cette note* : Les lettres de déclaration du roi portant interdiction à tous les sujets de S. M. « de faire aucun commerce par mer en quelque port et havre que ce soit, sans distinction d'amis ou ennemis, » étaient du 9 septembre; le parlement de Bordeaux ne se pressa pas d'exécuter les ordres du roi. Nous trouvons à la Bibliothèque nationale une nouvelle déclaration du 8 décembre 1627, qui nous apprend que le parlement, par arrêt du 27 novembre, avait fait un nouveau refus, malgré la jussion envoyée le 16. Sur quoi cette déclaration du 8 décembre exprime le plus vif mécontentement du roi, et réitère l'ordre le plus exprès d'enregistrement, sans aucune remise. La signature du roi est contre-signée Phelypeaux. (Copie, fonds Le Tellier Louvois, 9334², fol. 65.)

Page 722, note 2. — Voy. pour une rectification, t. VII, supplément, la note d'une lettre à M. d'Espesses, du . . . décembre 1627.

Page 740, aux sources. — *Ajoutez* : Fontanieu. Portefeuille 83, copie.

Page 740, note 1, ligne 12. — Le roi renvoyait à la reine sa sœur le milord Montjoye, le colonel Gray et autres officiers : « Rien ne m'y a convié (lui disait-il)'que l'amitié que je vous porte. » Avant d'être imprimée dans le *Mercure*, dont le privilége ne fut donné qu'en 1629, la lettre du roi avait déjà été publiée dans une *Relation de la descente des Anglois en l'isle de Ré, du siège mis par eux au fort ou citadelle de Saint-Martin, et de ce qui s'est passé jour par jour, tant dedans que dehors,* etc. Paris, chez Edme Martin, 1628. La lettre précitée du roi se trouve à la page 246. Cet écrit est un véritable journal dont l'auteur reprend les événements à partir de 1624 ; il donne dans le cours de son récit une lettre du roi de la Grande-Bretagne au roi de France, deux lettres de Buckingham à M. de Toiras, qui commandait dans l'île de Ré, et enfin une lettre du roi à ce même Toiras, toute remplie de témoignages de satisfaction, à la date du 16 septembre. Ces pièces originales, qui ne pouvaient être connues d'un particulier, donnent à cet écrit un caractère parfaitement officiel et un intérêt tout à fait historique.

Page 747, aux sources. — *Ajoutez :* Imprimée, *Mém. de Molé,* I, 470, où l'on met fautivement la date du 7 octobre.

Page 750, aux sources. — *Ajoutez :* Fontanieu, P. 83, copie.

Page 760, suscription. — BOISLOIRÉ, *lisez :* BOISLOUET.

Page 760. — Note 1, ligne 4; 773, *lisez :* 780.

Page 770. — Note 1, ci-après, *mettez :* Tome III, p. 108.

TOME III.

Page 12, aux sources. — *Ajoutez ;* Arch. des Aff. étr. Espagne, t. 15, fol. 133. Minute de la main de Charpentier.

Page 23. — Ligne 22; *le chiffre 3 doit être placé après* Votre Majesté.

Page 23, note 1. — C'est une conjecture de M. de Monmerqué. Ce serait donc Gilbert Gaspard de Montmorin, seigneur de Saint-Hérem, père de celui qui fut plus tard capitaine des chasses de Fontainebleau et grand louvetier de France.

Page 23, note 3, à la fin. — On pourrait ajouter à ce souvenir qu'aux Ponts-de-Cé Toiras était avec le roi, tandis que Richelieu était avec la reine mère, contre le roi.

Page 36, lett. XXV, aux sources. — *Mettez :* Original, du camp devant la Rochelle. — Arch. de Condé. Communication de Mgr le duc d'Aumale.

Page 45. — Mettre ici l'instruction donnée à Guron, mal classée en avril, fol. 70.

Page 54. — *Ajoutez à la note 2 :* Ambleville était le nom de Saint-Preuil, mais cet officier avait quitté la Rochelle dès le commencement de 1628. Était-ce un frère?

Page 61. — *Ajoutez à la note 1 :* Malherbe envoya copie de l'épître du cardinal à plusieurs de ses amis. Dans une lettre du 3 avril, le poëte raconte à Peiresc les compliments que le roi lui avait adressés le soir du 2, au cercle de la reine mère, à la veille de partir pour la Rochelle. (IIIe vol. p. 578 de l'édition de M. L. Lalanne.)

Page 61, ligne 12 du texte. — Que demandait le poëte? Aucun de ses biographes ne parle de cette affaire. Il s'agissait sans doute d'une augmentation de pension, ou de quelque autre faveur pécuniaire. M. d'Effiat était alors surintendant des finances.

Page 62, aux sources. — *Mettez :* Original daté : devant la Rochelle. Arch. de Condé, communication de Mgr le duc d'Aumale.

Page 62, ligne 6. — Tome 6, *lisez :* t. 7.

Page 70. — Au sujet de la pièce XLVI, voy. supplément, p. 604.

Même page, note, 1re colonne, ligne 4. — Lettre du roi : il y a une mise au net de la main de Charpentier, dans le manuscrit de Turin, t. VIII, pièce 166, aux Arch. des Aff. étr.

Page 73, suscription. — DE FARGIS, *lisez :* DU FARGIS.

Page 90, notes, 2e colonne, à la dernière ligne. — *Mettez :* Cette lettre est notée au Supplément, p. 1023 du VIIe volume. Quand les Senneterre furent chassés par M. le Comte, la famille se mit franchement au service de Richelieu, qui envoya M. de Senneterre en ambassade extraordinaire en Angleterre; il y demeura trois ans. Tallemant l'aurait-il ignoré? ou, lorsqu'il a écrit : « Le cardinal de Richelieu se servait plus de Senneterre pour espion que pour toute autre chose » (I, p. 229), serait-ce son ambassade qu'il a entendu caractériser ainsi? L'auteur des *Historiettes*, qui ne laisse jamais échapper l'occasion d'une médisance, tout en déclarant que « Madame la Comtesse n'a jamais fait parler d'elle en aucune sorte, » ajoute, comme un on dit, que M. de Senneterre pourroit bien avoir été fort avant dans ses bonnes grâces, et que même elle l'aurait épousé lorsqu'il devint veuf.

Page 96, aux sources. — *Ajoutez :* Original daté : 24 avril devant la Rochelle. Arch. de Condé; communication de Mgr le duc d'Aumale.

Page 105, note 2, ligne 6, ci-après, etc. — *Lisez :* T. IV, p. 187, une lettre du 23 août 1631.

Page 113, note 2, ligne 1, le 19. — *Ajoutez :* L'*Histoire de la Rochelle* dit le 18, p. 290.

Page 126, notes, 2ᵉ col., ligne 3. — 122, *lisez :* 121.

Page 126. — A la suscription *mettez :* Lettre du roi. En note, *mettez :* L'*Histoire de Marie de Médicis* (III, 533) indique qu'une lettre du roi a sa mère, minute de la main de Richelieu, et datée aussi du 27 juillet, est dans le ms. de Godefroy; nous ne l'y avons plus trouvée. Le sujet était sans doute le même.

Page 131, aux sources, ligne 1. — Ms. A. *ajoutez :* T. IV. Ce manuscrit donne la date du 22 au lieu du 23.

Page 144, aux sources. — *Ajoutez :* Imprimée *Musée des Archives*, p. 468, avec cette indication : K. 1436, A, 46, n° 125. (Négociations France-Espagne.)

Page 149, à la suscription. — Nous avons rectifié l'orthographe de ce nom, p. 460 de ce troisième volume, où Richelieu l'écrit encore d'une autre manière, également fautive : Nissidel.

Page 155, notes, colonne 2, ligne 3, allocation: *lisez :* allocution. — A la fin de la note, *ajoutez :* A cette époque le gouvernement de Brouage, à cause de la proximité de la Rochelle et de l'attitude des protestants, avait une grande importance. C'est aussi pourquoi Richelieu s'en fit donner la capitainerie et lieutenance générale pour y représenter la reine mère. Les lettres patentes se trouvent à la Bibliothèque nationale, fonds Dupuy 380, fol. 32.

Page 169, note 1. *Remplacez cette note incomplète par celle-ci :* Nous avons dit que ce recueil de petites harangues les donne sans en conserver la date. Ces dates se trouvent quelquefois indiquées par certaines circonstances. Ici nous ne trouvons point d'indication précise. Les présidiaux établis en Provence furent supprimés en 1632, moyennant de grandes sommes d'argent que le pays donna au roi. Ils furent rétablis par un édit de mars 1638, vérifié au grand conseil à Paris en décembre. Cet édit souleva un grand mécontentement en Provence, et le parlement d'Aix envoya M. du Bernet, son premier président, et quelques conseillers pour en demander la suppression. L'édit fut retiré par lettres patentes données à Réthel en juillet 1639. Le même jour, un autre édit créa des «auditeurs tutelaires et des experts jurez,» institution fiscale qu'il fallut encore supprimer quelques années après ; mais en 1639 le parlement de Provence enregistra sans nulle difficulté l'édit de cette création nouvelle. Est-ce à cette circonstance que fait allusion le discours de Richelieu, et serait-ce à la députation d'Aix que cette petite harangue fut adressée? (Voyez le tome II de l'*Histoire de Provence* par Bouche, in-fol.)

Page 196, notes, 2ᵉ colonne, ligne dernière. — 207, *lisez :* 206.

Page 213, ligne 13.

Pour bien comprendre ce long et curieux discours, il faut se représenter l'état des affaires et la position de Richelieu au moment où il fut écrit. Ministre depuis près de cinq ans, le cardinal touchait à sa quarante-quatrième année, il était alors dans la gloire récente du triomphe de La Rochelle, avec la double autorité de l'expérience et du succès. En même temps, il se voyait environné d'ennemis, flatteurs d'un prince que sa jeunesse et les défauts de son caractère livraient à leur influence. Le péril était imminent, Richelieu se place résolûment en face. Il ose représenter à son jeune maître les dangers que certaines imperfections de son caractère pouvaient faire courir au roi ainsi qu'au ministre qu'il avait choisi; et, sous l'apparence de conseils librement donnés, il pose en effet ses conditions. Si elles ne sont acceptées, il quitte immédiatement le pouvoir. La sévérité de ces conseils, quoique tempérée par d'adroits ménagements, n'était pas exempte d'une certaine roideur magistrale. Le ministre avait beau dire : «Sa Majesté se représentera qu'il y a peu de personnes qui n'ayent autant de vices qu'il se remarque de légers défauts en la sienne ....,» et : «La franchise dont une conscience et la passion que j'ay pour le service du roy me font user, en l'advertissant fidèlement de ce qui est à souhaitter en sa conduitte, pour le rendre le plus grand prince du monde,» ces adoucissements ne suffisaient pas peut-être à dépouiller les paroles du cardinal de cette austérité un peu blessante, de cet air d'admonition pédantesque et hautaine qui, du sujet au maître, nous semblent si étranges. C'est ce qui a fait dire, il n'y a pas longtemps encore, à M. Cousin, que «les façons altières du cardinal ne plaisaient pas au roi» (Mme de Hautefort, p. 16). Cela a été si souvent écrit, et par tant de bons historiens, que nous étonnerons sans doute plus d'un lecteur en disant que rien n'est moins exact. Altier, certainement Richelieu savait l'être, mais il savait aussi avec qui et quand il convenait de prendre des façons altières. Excepté la pièce que nous venons de citer, et peut-être un ou deux autres incidents, jusqu'à la découverte de la conspiration de Cinq-Mars[1], tout ce que nous avons pu recueillir des relations de tous les jours entre le sujet et le maître, offre l'expression de l'obéissance la plus entière, de la tendresse la plus dévouée, du plus religieux respect. Dans les paroles, dans les façons, il n'y avait rien qui ne fût profondément humble et soumis. Comme Richelieu l'a dit lui-même[2], il prenait un extrême soin de se conformer aux humeurs du roi. Il lui écrivait un jour : «D'une chose puis-je assurer Votre Majesté, qui est que je n'oublierai rien qui despendra de moy pour ne luy estre pas du tout inutile, et jamais désagréable[3].» Richelieu faisait d'incroyables efforts sur lui-même pour maîtriser, dans ses rapports avec le roi, son humeur impérieuse. Si parfois, ce qui était rare, Louis XIII basarde quelque reproche, il s'excuse avec dignité, mais sans la moindre impatience; s'il est obligé de soutenir un avis opposé à celui du roi, il ne cède jamais sur ce qu'il croit périlleux pour l'État, mais il met dans la discussion une adresse admirable, évitant toute apparence de contrariété et présentant la question de manière à persuader à Louis XIII que lui-même a voulu ce que le cardinal désire qu'il fasse, enfin il laisse toujours au roi la décision finale. Il disait un jour au roi : «Tout est soumis au jugement de Sa Majesté, qui trouvera peut-être quelque meilleur expédient;» et son opinion écrite est ordinairement terminée par ces mots : «Le roi est le maître.»

Et puis une des meilleures adresses de Richelieu c'était de toujours s'effacer devant le roi; jamais vanité ne fut plus habilement dissimulée. Toutes les grandes choses que le cardinal a à accomplir, il ne manque jamais de les attribuer au roi, lui n'a été que l'exécuteur fidèle des volontés de son maître, c'est le roi qui en a la gloire comme il en a eu la pensée. Il n'y a presque pas de lettres de Richelieu à Louis XIII ou à Chavigni, lorsque celui-ci, auprès du roi, leur servait d'intermédiaire, qui ne contienne, avec de sages avis, l'éloge de quelque qualité ou de quelque vertu du roi, louange au fond de laquelle il y avait souvent, il faut le reconnaître, un fond de vérité. Le génie du ministre avait été secondé par le bon sens du roi; Richelieu lui en tenait compte, et l'on peut dire que jamais prince n'eut un flatteur plus assidu et plus utile.

Maintenant allons-nous conclure que Richelieu plaisait beaucoup à Louis XIII? Loin de là; ce que nous avons voulu dire, c'est que ce ne sont point l'humeur impérieuse de Richelieu, ni ses façons altières, comme on l'a prétendu jusqu'à présent, qui ont pu causer l'antipathie du roi pour son ministre; ce qui lui déplaisait, ce qui le blessait intérieurement sans qu'il voulût peut-être se l'avouer à lui-même, c'est cette éclatante supériorité du ministre qui, malgré le soin extrême qu'il prenait de ne s'en pas prévaloir, irritait secrètement le maître; Louis XIII sentait sa volonté enchaînée par

[1] C'est-à-dire pendant dix-huit ans; à ce moment Richelieu exigea le renvoi de ses ennemis avec une insistance dont quelques ménagements dissimulaient mal l'impérieuse obstination.

[2] P. 157 du Ve volume.

[3] Les trois derniers mots sont ajoutés de la main de Richelieu sur la pièce écrite par le secrétaire de nuit.

un génie puissant auquel sa raison lui disait qu'il fallait se soumettre, et auquel il s'est soumis toute sa vie non sans des révoltes intérieures sans cesse renaissantes; et puis, quelle que fût l'humble attitude de Richelieu auprès du roi, celui-ci ne pouvait se dissimuler qu'aux yeux du peuple et aussi de l'Europe entière, le véritable roi c'était Richelieu, et avec le sentiment profond qu'avait Louis XIII de sa dignité personnelle, il y avait là pour lui le sujet d'une cruelle humiliation.

Page 217, note 2, voy. t. VII, p. 963, 1er décembre.

Page 218, notes, 1re colonne, ligne 6. — XXIII, *lisez* : XVIII.

Page 223, ligne 8 de la lettre CX. — Céberet, chargé des affaires de France à Vienne, écrivait à M. d'Avaux, ambassadeur à Venise, le 20 janvier: « L'empereur a aussi trouvé extraordinairement mauvaise la proposition faite par M. Bautru, en Espagne, de mettre en dépost Casal et le reste ès mains du pape, ou du grand duc, ou de Bavières; et que personne n'avoit que faire de ce qui despendoit purement de luy. De sorte qu'on ne corne plus que guerre, feu et sang. » (Arch. des Aff. étr. Venise, t. XLVII.)

Page 228, note pour la lettre CXV. Outre la paix qui se fit en mai 1629 avec l'Angleterre, M. de Tillières se mêlait d'autre chose, et c'est, selon nous, ce que signifient les mots de cette lettre : « L'affaire que vous scavés. » Nous lisons dans les Mémoires de Richelieu : « Le comte de Nichsdel, seigneur catholique et de considération près du roy d'Angleterre, pour faciliter la paix, envoya en France Watson qui avait déjà, dès le siége de la Rochelle, fait quelques voyages à ce sujet, et lui donna les articles que le roi d'Angleterre désiroit; il arriva le 19 janvier à Paris. » (IV, 420.) Mais que faisait ce Watson durant ce siége où l'on était en guerre avec les Anglais? Des papiers conservés dans la famille de Tillières, et imprimés par M. Hippeau en 1862 [1], seront moins discrets que les Mémoires du cardinal. Nous y remarquons cinq pièces relatives à des négociations secrètes de Richelieu avec les catholiques d'Écosse, en 1628. Dans une de ces pièces, intitulée : *Instructions données par le comte de Tillières à M. Watson, partant de Paris pour se rendre en Écosse*, il lui est enjoint d'aller trouver le marquis de Houtelay et le comte de Gordon, son fils : « Il dira qu'en ce peu de temps qu'il a séjourné à Paris, il a reconnu une très bonne intention de la part de la France pour demeurer en intelligence avec l'Écosse... remettre en ce pays la religion catholique... demander quelles personnes de qualité s'embarqueront en cette affaire, quels hommes, soit de pied ou de cheval, ils pourront mettre en campagne, quelles places fortes ou lieux aisés à fortifier ils ont à leur dévotion pour se retirer, ou les gens de guerre que l'on leur enverroit, quels ports ils ont à leur commandement... en combien de temps ils pourront estre attaquez de l'Angleterre, soit par mer, soit par terre... Par ce moyen on attirera à soy si grand nombre d'Écossois catholiques que, quand on voudra attaquer l'Angleterre, on sera asseuré d'avoir tel pouvoir et crédit en Écosse [2]. » — Watson revint en décembre rendre compte de sa mission; le roi en écrivit le 27 à M. Gordon, lui annonçant que « les propositions apportées par M. Watson, remises à Richelieu, ont été prises en bonne part. » Et le 28 janvier suivant M. de Tillières mandait au cardinal : « Obéissant à vos commandements, aussitost que le s' Watson fut de retour d'Angleterre, je le menai au logis du marquis d'Efliat; celui-ci a très bien compris toute sa négociation, sur le sujet de laquelle il vous dépesche le s' Du Moulin, avec des instructions fort amples. » Si ces négociations ont eu une suite, nous ne la trouvons point. Ce qui n'est pas douteux, c'est qu'il s'agissait d'exciter une guerre civile dans la Grande-Bretagne et d'appuyer la révolte à main armée. Nous donnons seulement une idée des cinq pièces de la négociation dont Watson était l'agent, et que nous révèlent les mémoires de Tillières. Nous ne considérons pas ces documents comme l'œuvre per-

---

[1] *Mémoires inédits du comte Le Veneur de Tillières*, etc. vol. in-12.

[2] *Ibid.* pages 207-229.

sonnelle de Richelieu, mais c'était sa politique, dont le comte de Tillières n'était que l'instrument. Ajoutons, et il ne faut pas l'oublier, qu'en ce moment les Anglais étaient alliés des rebelles de la Rochelle. Une série de questions adressées à un agent secret d'Angleterre, sur les affaires de France, en 1628, avec les réponses, pièce interceptée et remise à Richelieu, montre avec quel soin minutieux le gouvernement anglais s'enquérait alors de tous les moyens de nuire à la France.

Page 230, aux sources. — *Ajoutez :* Supplément français, n° 297, fol. 143, copie. Et voy. sur le sujet de cette lettre une autre missive de Richelieu, au supplément et à la date du 16 février 1629, p. 629.

Page 233, aux sources. — *Mettez :* Arch. des Aff. étr. Turin, t. 9, pièce 33. Minute de la main de Richelieu.

Même page, à la date. — *Mettez :* Charpentier a écrit au dos : 16 février 1629.

Page 233, note 1. — Note de, *lisez :* note 2 de.

Page 236, note 1. — *Ajoutez :* et t. VII, lettre du 26 février (analyses).

Page 249, lettre CXXV, 1re ligne du texte. — *Au nom de Villequier, mettez cette note :* Antoine d'Aumont, marquis de Villequier, second fils de Jacques d'Aumont et de Catherine de Villequier, fut élevé auprès de Louis XIII comme enfant d'honneur. Né en 1601, il commença de bonne heure sa carrière militaire. Il était à l'attaque du Pas-de-Suze, et fut, comme on voit, envoyé vers la reine mère à la fin de la campagne d'Italie en 1629. Il fut fait capitaine des gardes du roi en 1632, et parvint, en 1651, à la dignité de maréchal de France. Devenu chef de sa maison après la mort de son frère, César d'Aumont, baron de Chappes, il obtint le gouvernement de Paris (1662), et fut ensuite créé pair et duc (1665). Il mourut en 1669.

Page 252, lettre CXXVII. — On peut lire le texte entier dans l'intéressant rapport de M. le comte de La Ferrière (*Arch. des missions*, 2e série, t. III, p. 28). Richelieu recommande à l'ambassadeur «le progrès de la mission établie sous la protection du roy.» Du reste, nous n'avons rien à ajouter à la courte analyse que nous avons donnée.

Page 252, aux sources de la lettre CXXVIII. — *Ajoutez :* Minute. Arch. des Aff. étr. Mantoue, t. 2, pièce 234.

Page 256, notes, 1re colonne, ligne 3. — *Après* Chaumont, *mettez :* une copie se trouve aux Archives nationales, M. 232.

Page 260, aux sources. — 52 n° 8; *lisez :* LII-A fol. 43. Et *ajoutez :* Arch. nationales, M. 232, copie.

Page 264. — Après la lettre CXXXVI, il en faudrait placer une du 24 mars, adressée par Richelieu à la reine mère, au sujet de l'emprisonnement à Vincennes de la duchesse de Longueville et de la princesse Marie. Cette lettre se rapporte à celles que nous avons données page 265 et suiv. datées du 25-31 mars. Nous en notons ici l'indication d'après le catalogue d'une vente d'autographes du cabinet de M. Reignary, dont la vente a eu lieu avec l'assistance de l'expert Étienne Charavay, le 18 février 1875.

Page 268, aux sources. — P. 23, *lisez :* pièce 23°, fol. 47.

Page 271, à la date. — 1626, *lisez :* 1629.

Page 271, notes, 1re colonne, ligne 3. — *Après le mot* Coigneux, *mettez :* Serait-ce plutôt la lettre que cite le P. Griffet, où le cardinal écrit à la reine mère : «Le roy a dit plusieurs fois sur ce sujet qu'il approuvoit tout ce que V. M. feroit.» (T. 1, p. 666.) L'historien de Louis XIII ne donne point de date, et il indique pour la source le volume 9322 de Béthune, où la lettre ne se trouve point. L'auteur de la *Vie de Marie de Médicis* (III, 189) copie le P. Griffet sans vérifier cette fausse indication.

Page 273. — A la note 1, *ajoutez :* Non-seulement le roi et la princesse avaient quitté Suze depuis un mois, mais le cardinal lui-même était alors en Languedoc, et il écrivait à la reine mère du camp devant Privas le 23 mai. Il se peut qu'au lieu de mai la date indiquée dans le catalogue doive être avril; alors la lettre en question aurait été écrite par Richelieu deux jours après celle que nous donnons page 280 du troisième volume.

Page 282, note 2, ligne 8. — 181, *lisez :* 165 verso.

Page 307, note 1. — *Ajoutez :* Il était dans le premier ms. (A. gr. in-fol.); on l'a barré, et il n'a pas reparu dans le-ms. B, petit in-fol.

Page 309, à la note 2, *ajoutez :* On s'explique ainsi l'exemple que Richelieu donne à suivre à Rancé, frère cadet de Bouthillier, ce qui eût été inconvenant adressé au P. de Bérulle.

Page 329, ligne 2. — Une relation manuscrite de la prise de Privas est conservée dans les papiers de Richelieu aux Aff. étr. Rome, t. L, fol. 230.

Page 333, ligne 2 du texte. — Au huitième jour, *lisez :* en huict jours. Et même correction à la page 4.

Page 340, notes, 2ᵉ colonne, troisième ligne d'en bas. — *Après « Bouthillier, » mettez :* Notons encore un mémoire dont le sujet est le même que celui de cette dernière pièce : *Déclaration du roy pour convier les villes rebelles à se remettre en son obéissance.* C'est une minute de la main de Charpentier, fol. 289 du même volume.

Page 342, ligne 8. — *Disant,* etc. *Ce passage est fort embrouillé par les surcharges et les renvois ; on distingue mal ce qui est du texte corrigé de la lettre, ou de ce même texte arrangé pour être mis dans les Mémoires de Richelieu. On pourrait lire ainsi ce passage :* « Disant que, puisque Monsieur s'estoit esloigné de lui lorsque les affaires de Sa Majesté requéroyent sa présence, et qu'il luy avoit donné, auprès de sa personne, un employ correspondant à sa qualité, et qu'au lieu d'en avoir la recognoissance qu'il devoit, il contrevenoit volontairement à ce qu'il estoit obligé, par sa naissance, envers la reyne sa mère, etc. »

Page 359, ligne 3 de la lettre CXCI. — Nous sommes arrivés à une époque de la vie du cardinal où il convient de s'arrêter un instant. Dans cette lettre à la reine mère, Richelieu marque en deux mots les conséquences futures du grand fait qui vient de s'accomplir : « Le roy n'a point fait de paix avec ses subjects comme il avoit été fait par le passé, mais il leur a donné grâce. » Tout est là pour le grand ministre. Dès le jour où il prit le gouvernement de la France, deux grands desseins étaient arrêtés dans sa pensée : à l'intérieur, l'établissement d'un pouvoir sans contrôle et affranchi de toute opposition; au dehors, la création d'un système de pondération entre les puissances de l'Europe, qui fit descendre du grand fait qui vient de s'accomplir la maison d'Autriche de cette hauteur d'où elle prétendait dominer toutes les autres souverainetés, et placerait la France, accompagnée de ses alliés, dans un rang où elle n'aurait à craindre aucune rivalité. A l'accomplissement d'une telle tâche, une condition était absolument nécessaire : la réunion de toutes les forces vives du pays. L'unité religieuse était impossible; Richelieu parvint à l'unité politique, en alliant la tolérance pour le culte nouveau au respect dû à la religion de la grande majorité de la nation. La réforme avait malheureusement séparé le royaume en deux peuples; Richelieu les réunit dans la communauté d'un sentiment patriotique, tel que, pendant les douze dernières années de son gouvernement, on ne distingue plus le protestant du catholique parmi cette population animée d'un même amour du pays, d'une même fidélité au roi. Ainsi s'achevait glorieusement la première moitié de l'œuvre de Richelieu; il commence la seconde plein d'un noble espoir dans l'avenir.

Page 362, note 3, ligne 2. — 1607, *lisez :* 1608.

Page 369, ligne 7. — Le nom des otages de Nismes a été conservé par Ménard, *Histoire ecclésiastique et littéraire de la ville de Nismes.* T. V, p. 588. M. Jules Bonnet, dans sa très-intéressante étude, *La Réforme au château de Saint-Privat* (in-8°, 1873), ajoute au récit de Ménard un incident que nous devons rappeler ici : « Le 7 juillet le roi reçut à Saint-Privat, dans la chambre qui porte encore le nom de Louis XIII, la soumission des habitants de Nismes, ainsi que les otages livrés en garantie de la foi jurée. Ils étaient au nombre de douze, et leurs noms se lisent encore au bas de la proclamation de Bezouce, suivis de ces mots de l'impérieux cardinal :

LES NOMMÉS CI-DESSUS SONT LES OSTAGES DE LA VILLE DE NISMES QUE LE ROY VEULT AVOIR. FAICT A SAINT-PRIVAT LE 7 JUILLET 1629. LE CARDINAL DE RICHELIEU (p. 45). »

Page 384. — *Ajoutez à la note* 2 : S'il en faut croire Ménard, l'historien de Nimes (V. p. 598), on doit attribuer la soumission des habitants de Montauban à l'impression que fit sur eux le discours du sieur La Grange, l'un des députés de Nimes qui accompagnèrent Guron. Ce discours a été conservé par *le Mercure François*, p. 545.

Page 395, note 2, ligne 3. — Le ms. met la date du 19; c'est une erreur évidente, puisque Richelieu, qui écrivait le 30, n'avait pas encore reçu cette lettre de Bérulle.

Page 397. — *Remplacez la note* 1 *par celle-ci :* Charles de Beauclerc, secrétaire des commandements de la reine, fut nommé secrétaire d'État de la guerre presque en même temps que Richelieu rentrait aux affaires, le 1ᵉʳ mai 1624 ; emploi qu'il conserva jusqu'à sa mort, arrivée le 5 février 1630. Aux fonctions spéciales de cette charge, il joignait, selon l'usage du temps, diverses attributions administratives, ainsi que les affaires de plusieurs provinces de France. Nous avons à la Bibliothèque nationale, fonds Saint-Germain, n° 239, une pièce où nous lisons, au nom de Beauclerc, à la date de 1626 : « La guerre, suivant le règlement de 1619, pour le dedans du royaume, mais toute entière pour le dehors. — Le taillon, l'artillerie, le Poitou, Limousin, La Marche, Angoumois, Lyonnois, Saintonge, Dauphiné, la Provence et la marine du Levant. »

Page 399, notes, 2ᵉ colonne, ligne 11. — Grilles, *lisez :* Grillet.

Page 410, notes, 2ᵉ colonne, ligne 13. — *Après le mot* « ville » *ajoutez* : Il faut lire, à la page 562, un extrait de la réponse que fit le cardinal au discours du ministre L'Huillier, parlant au nom des pasteurs et du consistoire de Montauban.

Page 421, ligne 18. — *Après le mot* « empescher » *mettre* une virgule.

Page 422, note 1, ligne 7. — Après « France » *mettez* : 1626, 6 août et 23 octobre.

Page 426, aux sources. — *Ajoutez* : Minute. Arch. des Aff. étr. Mantoue, t. 2, pièce 277.

Page 435. — *Effacez la note et mettez* : Nous trouvons aux Aff. étr. Angleterre, t. 43, fol. 337, une pièce au dos de laquelle Richelieu a écrit : « Relation donnée par le sieur Fostel de ce dont le sieur Oueston (Weston) l'a chargé pour dire au cardinal de Richelieu. » Ce Fostel ne serait-il pas le Foster, nommé ici et dans la lettre de Châteauneuf ci-après, p. 444, où ce nom est encore écrit Fauster, et où l'on voit ce personnage était un Père de l'Oratoire (1629)? Huit ans plus tard, dans une instruction envoyée à l'ambassadeur en Angleterre, M. de Bellegarde (notre tome V, 855), il est fait mention d'un sieur Foster, écrit ailleurs Forster (VI, 677 et 756), envoyé au roi par la reine d'Angleterre, et qui recevait une pension de la France. Serait-ce le même que le Père de l'Oratoire ?

Page 436, notes, 1ʳᵉ colonne, ligne 5. — Copiste Le Masle, *lisez :* copiste de Le Masle.

Page 436. — *Ajoutez aux notes* ce passage d'une lettre de M. de Roissy au comte d'Avaux, son fils, alors à Venise : « Pour les affaires du monde, autant que la basse cour en peut sçavoir, il y a eu rumeur à l'arrivée de M. le cardinal, qui s'est persuadé que la reyne mère luy avoit faict froid ; sur quoy ils ont tous deux passé la nuit avec quelques inquiétudes, et le lendemain, le roy y a sy puissamment travaillé, et se sont sy bien esclaircis que l'intelligence est raffermie plus que jamais... Le roy se porte fort bien et vit fort gayement avec la reyne *et dat operam liberis...* L'affaire de Monsieur est celle qui touche aujourd'huy plus au cœur. Il parle bien de sa mère et son frère. »

mais il charge rudement sur le grand ministre.» (Arch. des Aff. étr. Venise, t. XLVII. Lettre du 20 septembre, de Fontainebleau. Original.)

Page 438, aux sources. — *Ajoutez :* Mise au net. Arch. des Aff. étr. Mantoue, t. 2, pièce 290.

Page 453. — Au sujet de la date que nous proposons, il y a quelque embarras : M. de Marillac alla en Champagne après avoir remis à Monsieur les dépêches dont il est question dans la lettre 250 ci-après. Il y était sans doute avant ce voyage. Au cas contraire, il faudrait mettre en novembre la lettre 248.

Page 465. Note pour la lettre CCLV. — Sur l'affaire de Mantoue et toute cette campagne de 1629, en Italie, la Bibliothèque impériale de Saint-Pétersbourg possède une suite de lettres écrites par Bouthillier à M. de Césy, ambassadeur à Constantinople. (*Documents franç.* vol. 81.) — (Voy. un rapport de M. de La Ferrière, *Archives des missions,* 2ᵉ série, t. III, p. 35.)

Page 469, notes, 2ᵉ colonne, ligne 2. — Note 1, *lisez :* note 2.

Page 481, aux sources. — *Ajoutez :* Bibl. imp. Leydet et Prunis ; Périgord, VIII. — Copie. — Presque toutes les lettres adressées au duc de La Force, que j'ai données d'après les originaux ou les minutes, se trouvent en copie dans cette collection ; j'en avertis ici une fois pour toutes, n'ayant pu les indiquer aux sources de chaque pièce, parce que les mss. de Leydet et Prunis n'étaient pas encore communiqués au public lorsque j'ai fait mes recherches à la bibliothèque. J'ajoute que ces copies méritent confiance ; M. de Prunis les a transcrites lui-même d'après les minutes originales, conservées dans les archives du château de La Force.

Page 486. — On lit au dos de cette pièce : «Receue le 24 décembre.» Mais nous ne savons quelle peut être l'autorité de cette annotation écrite, ce nous semble, de la main de celui qui préparait les pièces pour les Mémoires de Richelieu.

Page 487, aux sources. — *Ajoutez :* Mise au net. Arch. de la famille Bouthillier. — Nous n'avons connu cette pièce qu'après l'impression du troisième volume, nous y trouvons, avec ce *post-scriptum,* la confidence d'un de ces accès de mauvaise humeur du roi, lesquels, de temps en temps, risquaient de compromettre la fortune de l'illustre ministre et les destinées de la France :

P. S. «Depuis ma lettre escrite, j'ay receu vostre seconde sur laquelle le roy n'a jamais voulu changer aucune chose. La reyne vous dira, quand vous serés de retour, comme il ne s'en est rien fallu que les secondes instances qui ont esté faites sur icelles, n'ayent esté suivies du mesme accident qui arriva à Nantes. Il s'est laissé aller jusques là que de dire avec quelque émotion pour mon particulier, qu'il voudroit que je fusse desjà party, et que vous aviés vos facilités ordinaires. En un mot, il ne se peut rien davantage. Je pars vendredy sans faillir, et ne m'attends plus à recevoir de vos lettres que je ne sois bien près de Lyon. J'eusse bien désiré vous voir, mais aux choses impossibles il n'y a point de remède.» — A Paris, ce 26 décembre 1629[1].

Page 490, notes, 2ᵉ colonne. — *Après le mot manuscrite, mettez :* à nos Archives nationales, carton des rois K, 113, n° 52.

Page 491, notes, 2ᵉ colonne, ligne 1. — *Ajoutez :* Dans le recueil de Le Cointe, t. II, 432.

Page 494, ligne 12. — Déportements. Du temps de Richelieu, ce mot n'avait point un mauvais sens, il signifiait seulement : conduite, mœurs, comportements. Nous le rencontrons fréquemment dans nos manuscrits ; nous citerons deux exemples des plus significatifs : Louis, voulant approuver la conduite du duc de Nevers lui mandait : «Vos généreux déportements estant recogneus d'un chacun...» (19 mars 1622). Et Silhon, qui fut un des premiers membres de la future académie, écrivait au cardinal, en 1626 : «Les esprits seront esclaircis de la justice de vos déportements.»

---

[1] Cette date certaine du *P. S.* confirme celle que nous avons proposée pour la lettre, écrite un peu auparavant.

Quarante ans plus tard Molière donnait encore la même signification à ce mot dans la scène entre la coquette et la prude du *Misanthrope*; les vers qui le suivent ne laissent pas le moindre doute à cet égard, bien que les acteurs et le parterre le prennent toujours dans le sens d'aujourd'hui. On voit par la première édition du *Dictionnaire de l'Académie*, publiée en 1694, qu'alors on commençait à ne le prendre qu'en mauvaise part.

Page 496, à la date. — *Mettez*: Fromont, *et remplacez la note* 1 *par celle-ci :* Frémont, imprimé par l'historien de Toiras, est une faute; ce doit être Fromont; mais quel Fromont? est-ce celui du département de Seine-et-Oise, arrondissement de Corbeil, où était un château qui avait appartenu aux Templiers? est-ce le Fromont de Seine-et-Marne, canton de la Chapelle-la-Reine? ou serait-ce Fromonville, du même département et qui se trouve plus directement sur la route de Nemours, où Richelieu était le 2 janvier?

Page 497. notes, 2ᵉ colonne. — *Mettez :* Sans répéter le récit de Morisot, Antoine Arnauld a écrit que Richer n'a cédé qu'aux menaces du cardinal. «On peut juger par ses livres posthumes (ajoute Arnauld) ce qu'on obtient par là.» Lettre à M. du Vaucel, 9 octobre 1686. (Lettre 341ᵉ, t. IX des Œuvres du savant théologien, édit. de Nancy, 1727.)

Page 500, à la note. — *Ajoutez :* La baronne d'Alais était Mᵐᵉ de Cambis, née Thézan de Pujol.

Page 503, notes, 2ᵉ colonne. — *Après* «Lorraine» *ajoutez :* et surtout, que Charpentier avait mis au dos la véritable date.

Page 504, notes, 2ᵉ colonne. — *Ajoutez :* L'instruction qui fut donnée au marquis de Fontenay-Mareuil, datée du 27 janvier, se trouve en double copie aux Affaires étrangères, manuscrit cité aux sources, fol. 14 et 23. La première de ces copies est la meilleure; elle donne dans son contexte les corrections interlinéaires de l'autre. Après avoir exposé dans cette instruction l'objet de la mission de Châteauneuf, le prédécesseur de Fontenay-Mareuil, on informe celui-ci de ce qui reste à faire.

Page 508, aux sources. — *Ajoutez :* Bibl. imp. Prunis et Leydet, C, 3, fol. 325 (Périgord). Copie. — Cette pièce est datée, comme l'original, 2 février. Nous avons montré que c'est une fausse date.

Page 510, à la note. — *Ajoutez :* Il y a en France une soixantaine de villages de la Bussière, ou Bussières; celui que nous indiquons, où il y a un ancien et remarquable château, n'est pas loin de Nemours, que le cardinal venait de quitter; et nous ne supposons pas qu'il s'agisse d'un Bussières, voisin de Decize, ville où nous ne trouvons Richelieu que quelques jours plus tard.

Page 511. — Lettre au duc de Savoie. — La minute, écrite de la main de Richelieu, est conservée aux Aff. étr. dans le volume XI de Turin, fol. 41; elle est datée de Charlieu, le 16 janvier. Cette minute laisse en blanc le nom du sᵣ d'Inchamps, qui nous semble douteux.

Page 515, notes, col. 2, ligne 1. — Nous en avons rencontré depuis une analyse dans les mss. de Turin, t. XIV, fol. 500. Aux extraits que nous avons donnés dans la note précitée, ajoutons certaines particularités se rapportant à Richelieu lui-même, lesquelles ne se trouvent pas dans ses Mémoires. Ainsi : «Le vray remède seroit que S. M. passast en Italie comme elle fit il y a six mois (mars 1629). Mais beaucoup de raisons l'en devant empescher, et M. son frère n'ayant pas voulu accepter cet employ, il faut par nécessité que S. M. m'y envoie» (p. 242); et cet autre passage : «L'armée de S. M. est telle qu'il faut en papier, mais elle ne l'est pas en effet. Pour suppléer à ce deffaut et soulager la finance du roy pour un temps, j'offre d'avancer toute la dépense qui sera nécessaire pour la levée et entretien de six mil hommes de pied et quatre cents chevaux pour quatre mois» (p. 248). Rappelons qu'une offre pareille avait été faite à Louis XIII par le maréchal d'Ancre au temps du premier ministère de Richelieu : «Il avoit écrit au roi dès le 13 mars (1617) une lettre qui fut rendue publique, dans laquelle il faisoit souvenir S. M. qu'il s'étoit engagé, en prenant congé d'elle dans la galerie du Louvre, à la servir pendant quatre mois à ses dépends avec six mille hommes d'infanterie et huit cents chevaux. » (Le P. Griffet, I, 171.) On avait su peu de gré au favori de cette *fastueuse promesse*, où beaucoup ne voulaient voir qu'un témoignage de son orgueil et une sorte d'insulte faite à la dignité royale.

Page 525. — *Supprimer la note* 1.

Page 527, à la suscription : Assez longtemps après le mariage d'Anne d'Autriche, on continua à dire tout court : « La Reyne, » en parlant de la reine mère; c'était plus rare à la date de cette lettre. Cependant nous devons avertir qu'on peut l'avoir mis quelquefois, dans nos volumes, pour plus de clarté, sans trop prendre garde s'il se trouvait ou non dans le manuscrit.

Page 528, aux sources. — *Ajoutez* : Minute. Arch. des Aff. étr. Rome, t. 43, fol. 8, avec la date du 29.

Page 528, note 1. — Au sujet de cette note, *mettez* : Mazarin. avait été présenté au roi et au cardinal en 1628, par le nonce Bagni; mais ce fut seulement en janvier 1630 que, pour la première fois, Richelieu put, dans un entretien sérieux, apprécier ce jeune homme moitié militaire et moitié diplomate. On a écrit qu'à première vue Richelieu était resté émerveillé du génie politique de Mazarin, et avait deviné les services qu'il en pouvait attendre. C'est là une erreur que nous allons rendre évidente en réunissant ici quelques traits épars dans les documents qui vont suivre. Un homme qui fut dans la haute domesticité de Mazarin, l'abbé Benedetti, a écrit : «Fu questa la prima volta che il cardinal Richelieu conobbe di presenza il Mazzarini, e ne restò talmente rapito, che fece quel grand croce publiche esagerazioni di stima delle qualità peregrine che aveva ravvisute in questo sogetto, che nel poco tempo del suo soggiorno in Lione s'introdusse considerabilmente nella buona grazia del cardinale. » (*Raccolta di diverse memorie per scriver la vita del cardinale Giulio Mazarini*, in-4°. Lion, sans date.) Un autre compatriote, contemporain de ce personnage, Girolamo Bruzoni, dit à peu près la même chose dans son *Supplemento all' istoria d'Italia*. Chez nous les historiens de Mazarin ne sont pas demeurés en reste de cet enthousiasme : peut-être, avant de leur prêter une foi docile, il serait bon de demander ce qu'il en faut croire à Richelieu lui-même. J'ouvre ses *Mémoires*, j'y vois Mazarin nommé quarante ou cinquante fois dans l'année 1630, et je n'y trouve pas un seul mot qui laisse soupçonner cette haute idée des qualités éminentes de l'envoyé du nonce Pansirole. Je lis ces lettres où le cardinal lui-même tient la plume, et où la pensée sera plus nette et plus intime que dans les *Mémoires*, car là il écrit sans souci de l'histoire; voici une dépêche adressée au comte de Béthune le 28 janvier, au moment où Richelieu sortait de ce mémorable entretien; il parle à notre ambassadeur à Rome des «instances que font pour la paix les ministres du pape, et c'est tout. (P. 528 de notre troisième volume.) Un peu plus tard, au cardinal Barberini, il recommande Mazarin, il loue «son adresse et sa dextérité à négocier, » surtout «sa passion à la paix, » et «la façon dont il s'est comporté en cette cour.» (27 mai, p. 667.) Mais à ces éloges, du reste assez froids, succède bientôt un autre langage; il mande à Bouthillier que les discours qu'il a eus «avec le Mazariny, font cognoistre qu'il est plustost venu icy pour espionner que pour traitter;» à la reine mère : «Je croy qu'il est du tout affectionné aux ennemis.» Pensée qu'il répète et affirme mieux encore deux jours après, dans une seconde lettre à Marie de Médicis, où, se plaignant d'une supercherie de Mazarin, il ajoute : «il est si espagnol et si savoyard que ce qu'il dit de deça ne doit pas passer pour évangile» (8 juillet, p. 747). Enfin pourtant, Mazarin, pris du vif désir de chercher fortune en France, se dévoua plus tard sincèrement à Richelieu. Mais on voit l'erreur où sont tombés les historiens, qui, faute de connaître les particularités que nous révèlent les lettres du cardinal, nous le montrent saisi à *première vue* d'une espèce d'engouement pour Mazarin, et le considérant déjà comme le futur auxiliaire de sa politique. Sans doute la sagacité de Richelieu lui fit entrevoir dès l'abord certaines qualités du novice diplomate.

mais il était, trop prudent pour livrer ainsi sa confiance. La vérité est qu'il commença par se défier de cet Italien rusé, dans lequel il soupçonnait même un ennemi de la France. M. Cousin, qui, dans sa *Jeunesse de Mazarin*, est très-disposé à admettre l'impression que produisit sur Richelieu celui qui devait être son successeur, ajoute, après avoir rappelé les paroles des historiens, que «tout cela ressemble bien à des propos inventés après coup.» (*Revue des Deux Mondes*, t. XXVII, p. 106.) M. Cousin avait à demi deviné ce que révèlent des manuscrits qu'il ne connaissait pas.

Page 529, note 1, ligne 10. — 437, *lisez :* 438.

Page 530, à la note. — *Ajoutez :* A cette demande d'un supplément de dispense, Béthune répondit le 10 mars : « L'indult pour les trois abbayes vous est desjà accordé par un bref expédié avec les bules, et lequel le s^r Eschinard, vostre expéditionnaire et solliciteur en cette cour, vous a envoyé. »

Page 533. — *Ajoutez au mot* Grenoble *de la note* 1 : Le cardinal y était encore le lendemain 4. Cedit jour 4 février, il écrivait au maréchal de La Force une lettre par laquelle il lui demande le contrôle des troupes qui sont en Savoie, et lui annonce que Mazarin et le prince de Piémont sont allés à Turin. Richelieu lui demande aussi son avis sur ce qu'il faudrait faire en Savoie, « au cas qu'on nous contraignist de venir à une rupture.» La lettre de Richelieu a été imprimée dans les *Mémoires de La Force*, t. III, p. 313.

Page 540. — Note pour la lettre CCC. La princesse de Piémont écrivait à ce moment au cardinal des lettres où elle l'invoquait comme un sauveur, espérant uniquement en sa protection contre les persécutions dont elle était victime. Plusieurs de ces missives sont conservées dans les manuscrits de Turin des premiers mois de 1630.

Page 541, à la date 15 *lisez* 14 *et mettez en note :* La pièce qui suit cette lettre, dans le manuscrit de Turin, fol. 122, est le texte italien des propositions faites par la France. *Proposizioni di capli per far la pace, date dal sig. card. di Richelieu 18 febbrajo 1630.* Ces propositions sont divisées en quatorze articles dont le premier nous apprend qu'une pension de 15,000 ducats était promise au duc de Savoie : « Il sig. duca di Savoia havra de $\frac{1}{12}$ di rendita come già prima egli è rimastó d'accordo per tutte le pretenzioni che poteva avere sopra il ducato di Monferrato.» La fol. 124 nous donne la réponse, également en italien et de la même écriture que le texte italien des propositions : « Risposte fatte alle proposizioni del card. di Richelieu in Alessandra 26 febbrajo 1630.» Mazarin était alors à Alexandrie. — Voyez notre IIIe volume, pages 528, 529, et aux analyses du VIIe volume à la date du 31 janvier et 18 février 1630.

Page 544, aux sources. — *Mettez :* Arch. des Aff. étr. Turin, tome XI, fol. 138, minute. — A la date, *supprimez le* ? — *Ajoutez à la note* 4 : Notre manuscrit de Turin donne les lettres écrites au cardinal par le duc de Savoie, le prince de Piémont et le cardinal Maurice de Savoie, fol. 125, 126 et 185.

Page 546. — En note pour le 4e paragraphe : Nous trouvons dans le manuscrit de Turin, tome XI, fol. 134 v°, ces lignes écrites de la main de Richelieu : « Le 23 février 1630, Clausel m'est venu trouver, m'a donné divers advis d'importance que j'ay escrits au roy. Huict jours auparavant, La Blaquière, qui est à M. de Rohan, m'estoit venu trouver et m'avoit dict, de la part de Du Puy, beaucoup de choses semblables déclarées par Du Cros à la mort.» *Mémoires de Richelieu*, t. V, p. 249, où on écrit ce nom : La Blatière.

Page 546, notes, 2e colonne, avant-dernière ligne. — Quatriesme, *lisez :* cinquiesme.

Page 548, notes, 2e colonne, ligne 15. — Des Affaires étrangères, *lisez :* du Supplément français.

Page 552, note 1. — *Ajoutez :* Dans ses Mémoires, Richelieu laisse brusquement le discours de la proposition de mariage pour Mme de Combalet, faite par le P. Monot, et passe à la mission du nonce Pausirole : « Le 1er mars, le cardinal eut avis, etc.» (t. V, p. 453). Mais il y a là un incident que les *Mémoires* oublient et que nous trouvons dans notre manuscrit de Turin (t. XI, pièce 135) noté de la main de Charpentier. Dans cette pièce, continuant sur la mission du P. Monot : «Nous verrons, dit Richelieu, ce que cela produira. Cependant il plaira à S. M., si elle l'a agréable, afin que quelques gens que S. M. scayt qui ne m'ayment pas, ne vinssent pas un jour m'imputer que j'aurois voulu parler d'un mariage estranger, quoyque chimérique, sans en advertir S. M.; il luy plaira m'escrire la lettre suivante : Mon Cousin...» Le reste de la page est en blanc et je n'ai trouvé le texte ni ici, ni ailleurs. Ce projet de lettre a-t-il été abandonné, et le cardinal a-t-il renoncé à se faire écrire par le roi le certificat qu'il avait désiré? Quoi qu'il en soit, c'est là un incident à noter dans son histoire. — Dans la page qui précède (134 v°), parmi d'autres notes, Richelieu a écrit : «Monot. Ce dernier février le P. Monot m'est venu trouver et m'a faict diverses propositions, les unes de sa part, les autres de la part de M. de Savoye, M. le Prince (de Piémont) et le cardinal Maurice de Savoie; entre lesquelles il y en avoit de non imaginables; lesquelles toutes j'ay mandées au roy et à la reine sa mère par M. Bouthillier. »

Page 553, aux sources. — *Mettez en première ligne :* Arch. des Aff. étr. Mantoue, t. 3, pièce 19. Mise au net de la main d'un secrétaire du cardinal. — Copie, fol. 9 et 10. — Mêmes archives, Turin XIII, 339, minute de la main de Charpentier. Voyez page 814 de ce III° volume, à la fin de la note 2. — On lit en tête de la pièce des archives de Mantoue : «Articles proposés par M. le cardinal de Richelieu pour la paix d'Italie, avec les responses en marge. » Bouthillier a noté, au dos, que «ces responses ont esté envoyées par M. le cardinal, avec ses despesches du 5 mars. » Lesdites notes marginales sont en effet des espèces de sommaires des réponses appréciées par Richelieu. — Quant à la pièce du ms. de Turin, on lit au dos : *Projet de traité de paix dressé par M. le cardinal de Richelieu.* Les observations sont de la main de Cherré. Nous allons indiquer les notes que nous fournit la pièce conservée dans le XIII° volume de Turin, en renvoyant au texte que nous avons donné.

Page 554, ligne 10. — Après Montferrat Richelieu a ajouté : «et contre M. le duc de Mantoue. »

Même page, ligne 12, après la somme de... le cardinal a mis «150,000 livres. » (Le chiffre est-il exact?)

Même page, ligne 14, «en la succession du duché,» le cardinal a mis : «Contre le duc. »

Page 555, ligne 5. — Richelieu ajoute : «Aussy tost qu'il l'aura faict demander par son ambassadeur. »

Page 556. — «Accordé. » Au lieu de ce mot, le secrétaire a mis : «Il faudra ensuite de cet article envoyer vers tous les princes pour les faire obliger particulièrement au contenu du présent article. »

Page 556, au dernier paragraphe du texte, les cinq lignes qui suivent le mot troupes ont été remplacées ainsi par Richelieu : «Que le sieur de Toiras, mareschal de camp, y a conduites pour le roy très chrestien feront de mesme. »

Page 558, dernier paragraphe de la colonne de gauche, ce qui suit «calendes grecques» n'est point dans le ms. de Turin ; le cardinal indique un renvoi et met : « Les susdits droits souverains appartiennent clairement aux Grisons par le traité de Monçou, en tant que par iceluy ils demeurent au mesme estat qu'ils estoyent auparavant l'an 1617, aux quels temps ils jouyssoient sans contredicts de tous les dicts droicts. »

Page 560. — Dans le ms. de Turin, la pièce finit avec les mots : «qui en est l'autheur. » (3° ligne de la colonne de gauche.) — Ce projet de traité a été publié plusieurs fois; un texte a été donné par le P. Griffet, dans une *Relation des affaires de Mantoue,* par Guron, imprimée, avec d'autres pièces, à la fin du III° volume de l'*Histoire de Louis XIII,* p. 671. — Quant au projet de traité dont il s'agit, le texte donné dans les diverses publications est moins complet que celui de

notre manuscrit, et il ne s'y trouve accompagné d'aucune de ces particularités que nous avons recueillies dans le travail même de Richelieu. — Voyez, pour la suite de la négociation, page 814,
note 2 de ce troisième volume.

Page 582. — *Ajoutez à la note 4* : Aiderons-nous à deviner l'énigme, du reste fort peu importante, en faisant remarquer qu'on pourrait, dans ces chiffres, trouver le nom un peu estropié de
Lesdiguières? mais le personnage qui avait hérité de ce nom s'appelait alors Créqui.

Page 583. — *Ajoutez à la note 1* : Aiguebonne était de la maison du Puits-Saint-Martin de Dauphiné, et frère aîné de Chaudebonne, disent les *Mémoires de La Force* (III, p. 48). C'était un habile ingénieur. Nous trouvons aux Affaires étrangères (France, t. LIII, fol. 128) une lettre de lui,
adressée de Suze au cardinal, le 25 mars 1630, où il annonce qu'il fait travailler aux fortifications
de cette place. Il trouva le moyen de conserver le château que le cardinal lui avait ordonné de
faire sauter, ce que nous apprenons de Richelieu lui-même (*Mémoires*, VI, 28). Nous voyons que
le cardinal l'employa encore à diverses affaires concernant l'administration de l'armée. Richelieu
comptait sur sa fidélité et s'en servait volontiers, quoique son frère eût été compromis avec Monsieur,
à la personne duquel il était attaché. Toutefois, Chaudebonne n'était pas de ceux que redoutait le
cardinal ; aussi était-ce ordinairement lui que Gaston envoyait quand il avait des pardons à demander à la cour.

Page 587, note 2, ligne 7 : «la relation n'y est pas.» Nous avons dit ailleurs que, dans la rédaction des *Mémoires* de Richelieu, on avait annoncé l'intention de donner à la suite certaines
pièces dont l'insertion dans le texte aurait embarrassé le récit. Cette intention avait reçu un commencement d'exécution dans le premier des deux manuscrits des Mémoires conservés aux Affaires
étrangères, grand in-fol., mais quelques pièces seulement ont été jointes au premier volume, et on a
bientôt renoncé à ce dessein. Dans le second manuscrit, petit in-fol., les copistes ont reproduit les
renvois aux documents qui devaient être joints en appendice à chaque volume, mais il ne s'y en
trouve pas un seul. La pièce annoncée ici par Richelieu lui-même est-elle le *Discours sur le juste
procédé du roy très chrestien Louis XIII en la défense du duc de Mantoue, 1630, par le cardinal de Richelieu* reproduit par le P. Griffet parmi les documents joints à son III° volume (p. 747)? Quoi
qu'il en soit, nous remarquons que notre pièce 319, qui n'est qu'un fragment du récit tracé de la
propre main de Richelieu, ne se trouve pas dans le *Discours* précité. Si on veut comparer les
deux textes, on verra que le fond seul est le même, mais que les termes diffèrent complétement [1].

Page 590, ligne 15. — *Ajoutez cette note :* Les deux historiens italiens de la jeunesse de Mazarin,
que nous avons déjà cités, Benedetti et Brusoni, ont écrit que Richelieu, conduisant l'armée sur
la route de Suze à Turin, l'exposait à un danger où elle allait périr, si un avis secret de Mazarin
ne l'eût sauvée. Ainsi averti, le cardinal, au lieu de continuer sa route en avant, se porta sur Pignerol. Mais la vérité est que Richelieu n'ignorait nullement que le duc de Savoie avait réuni à
Veillane des moyens de défense formidables; plusieurs passages de ses lettres en font foi. Il s'avan-
çait avec une audace prudente, il négociait pour s'ouvrir le passage de Veillane qu'il ne voulait pas
forcer; et, dès qu'il vit ses négociations sans succès, de l'avis de ses généraux, il marcha sur Pignerol.
Il fait lui-même ce récit dans sa longue lettre à Béthune; et l'on voit qu'il n'avait aucunement besoin des avertissements de Mazarin. Les biographes, d'ailleurs, n'apportent aucune autorité à l'appui de leur assertion. Si Mazarin eût rendu un tel service, s'il eût, en effet, sauvé Richelieu et l'armée, n'eût-il pas été, dès ce moment, engagé irrévocablement avec la France? Le cardinal n'aurait-il
pas eu en lui une entière confiance, et l'aurait-il accusé «de s'entendre avec nos ennemis?» l'aurait-il

---

[1] La comparaison s'établit, dans le texte donné par le P. Griffet, depuis ces mots : «Le cardinal de Richelieu résolut de s'avancer à Cazelette» (p. 749) jusqu'à : «la place fut investie le 20 mars.» P. 451, éd. in-4°.

traité « d'Espagnol et de Savoyard, » comme il va bientôt le faire? Nous devons repousser le reproche d'imprudence que Richelieu aurait mérité si l'on s'en rapportait au témoignage des biographes italiens trop facilement adopté ici par M. Cousin, au profit de Mazarin. (*Revue des deux mondes*, t. XXVI, p. 258.) Nous avons déjà touché, en passant, ce point, mais nous avons pensé qu'il n'était pas hors de propos de résumer ici ce qui se trouve épars dans nos précédents volumes.

Page 592, ligne 3. — Nous avons un mémoire envoyé au maréchal de Schomberg, le 1ᵉʳ mai : « De ce qu'il y a à faire à La Pérouse, » Aff. étr. Turin t. XII, fol. 3.

Page 597, notes, 1ʳᵉ colonne, ligne 4. — Nous avons adopté à tort la date du 29 mars donnée par le P. Griffet; le jour de Pâques, où la citadelle de Pignerol fut prise comme l'a écrit Richelieu, tomba, en 1630, au 31 mars. Cette erreur nous a fait mal classer au 30 mars la lettre 330, laquelle doit être datée du 1ᵉʳ avril, et reportée à la page 614. — Balzac célébra la prise de Pignerol dans une épigramme latine qu'il adressa au roi et au cardinal, mais qui ne fut imprimée qu'après leur mort : « Je vous renvoye, écrivait-il à Chapelain le 26 octobre 1643, l'épigramme que j'ay réformée pour le feu roy, et qui a esté changée en plusieurs endroits; il la faudra dater de la prise de Pignerol [1]. » Quels changements avait faits Balzac? effaça-t-il les louanges de Richelieu qu'il n'avait certainement pas manqué d'y mettre à côté de celles du roi? cela ne nous intéresse guère aujourd'hui; mais ce qu'il importe de remarquer, c'est cette affectation que met Balzac à attaquer la mémoire de Richelieu, aussitôt qu'il est mort, et à propos d'un des plus beaux faits d'armes de ce règne. Il lui reproche de s'être arrêté à Pignerol « lorsque toutes choses en Italie sembloient favoriser l'entreprise du voyage de Naples, si le roy eust eu ce dessein, et qu'apparemment la nymphe Parthenope luy tendoit les bras [2]. » Cette conquête du royaume de Naples était le rêve d'un cerveau malade; la France n'était pas préparée pour déclarer la guerre à l'Espagne. Richelieu explique très-bien, dans les lettres de cette époque, qu'il avait alors assez à faire en Savoie (notre t. III, 603 et *passim*). Mais à peine eut-il fermé les yeux que Balzac, avec tous les esprits les plus incapables de politique, se mit à décrier l'œuvre du grand ministre.

Page 610, ligne 4. — *Mettez cette note :* Trainel, bourg de France (Aube), à trois lieues environ de Nogent-sur-Seine.

Page 610, ligne 8. — Paris. Le, *lisez :* Paris, le.

Page 611, note 2. — Sur Fancan, *ajoutez :* L'auteur du *Dictionnaire des anonymes* dit que Fancan, chanoine de Saint-Honoré, a composé la *Chronique des favoris*, contre Luynes, et il donne à entendre que cette publication le fit mettre à la Bastille. Ce n'est là qu'une distraction dans ce livre si curieux et si riche en renseignements exacts.

Page 623, aux sources; fol. 319, *lisez :* 379. — De la main de Charpentier. — La sommation faite par le cardinal à Pignerol est au tome XI des manuscrits de Turin, fol. 541.

Page 625, ligne 13. — Sur vos ordres; *lisez :* faites le faire sur vos ordres.

Page 631, note 1, dernière ligne. — Sans elle; *lisez :* si nous ne l'avions pas.

Page 632, aux sources. — *Ajoutez :* Arch. des Aff. étr. Turin, tome XI, fol. 478 : « Relation du dernier voyage de M. le légat à Pignerol, où il fut huit jours. » Ce titre a été mis par le cardinal en tête de la pièce écrite de la main de Cherré et arrangée pour les *Mémoires de Richelieu*. Dans ce tome XI, fol. 37, la pièce est reproduite aussi de la main de Cherré, avec la date du 18 avril. Le texte donné par les *Mémoires* diffère en plusieurs endroits du manuscrit de la Bibliothèque impériale et de celui de la collection de Turin; il y a des additions et des transpositions de paragraphes.

[1] Nous la trouvons imprimée pour la première fois dans le recueil des poésies latines de Balzac, 1650, p. 13, in-4°. Chez Courbé.

[2] *Lettres de Balzac* publiées par M. Tamizey de Larroque, p. 41. Collection des *documents inédits*, in-4°.

58 CORRECTIONS ET ADDITIONS.

Dans les deux exemplaires du manuscrit de Turin, comme dans les *Mémoires* de Richelieu, après les mots «en doubter,» qui finissent ici la dépêche, sont placés trois paragraphes dont le premier commence ainsi : «Que pendant ce temps, etc.,» lesquels se trouvent au milieu de la pièce (p. 634) dans le texte que nous avons donné.

Page 632, notes, 2ᵉ colonne, ligne 10. — 26, *lisez :* 29.

Page 636, notes, 2ᵉ colonne, *ajoutez :* Depuis, la famille de Bouthillier a envoyé au Ministère de l'instruction publique la copie de 131 lettres dont nous avons fait usage; celle-ci ne s'y trouve point.

Page 639, notes, 2ᵉ colonne, ligne 4. Il faut remarquer que Spinola n'emporta point Casal et qu'il ne l'eut que par une trève, après laquelle il devait rendre cette place, si l'armée française pouvait la secourir. Elle fut en effet secourue ; mais dans l'intervalle Spinola était mort.

Page 643, aux sources. — Autre copie avec la date d'avril sans quantième. Mêmes archives, XI, 474.

Page 645. — La lettre à M. du Hallier est, en minute, dans le tome XI de Turin, fol. 461, à la date du 25 avril.

Page 651. — Le cardinal répond à une lettre que la duchesse lui écrivait le 19 avril : «... O nom du ciel, disait Christine, souvenez-vous que, en faisant la paix, que gi aye la part que vous me avez tousjours promise... que ce doit estre à moy seule, après le roy et vous, à qui ils en doivent avoir l'obligation.» (Tome XI de Turin, fol. 452, lettre du 29 avril.) — Louis XIII, de son côté, rassurait la princesse sa sœur sur les inquiétudes qui tourmentaient cette famille : «Le roy n'a jamais pensé à priver M. de Savoie d'une partie de ses estats.» Seulement on veut obliger M. de Savoie à remplir des engagements qu'il méconnaît... — Cette lettre était écrite le 8 mai, deux jours avant l'arrivée du roi à Grenoble. (T. XII, fol. 29.) Cependant il ne serait pas impossible que Richelieu en eût fourni la matière. Voyez, à ce sujet, une note à la page 660 de notre IIIᵉ volume.

Page 653. Aux sources. — *Mettez :* Arch. des Aff. étr. Turin, XII, 32, minute de la main de Cherré et de celle de Richelieu. — Mantoue, III, 35, mise au net signée Bouthillier. Et dans les mémoires manuscrits de Richelieu, A, gr. in-fol., t. II de 1630, p. 603, et B, petit in-fol., t. V, p. 246. — La pièce du ms. de Turin porte ce titre, écrit presque en entier de la main du cardinal : Rapport faict au roy à Grenoble, en présence des [mareschaux de Créquy, Chastillon, Bassompierre, Vignolles, Contenan, Hallier, secrétaires d'Estat et Chastelet.] Et depuis fait à la reyne sa mère, en présence de M. le garde des sceaux [et duc de Monmorancy], en la négociation qui s'est faite pour la paix. [Le dixiesme may 1630.] — Dans le manuscrit de Mantoue, ce titre commence ainsi : «11 may 1630, à Grenoble, le roy estant en son conseil, où estoient MM. le cardinal de Richelieu, les mareschaux de Créquy, de Chastillon, de Bassompierre.» La signature de Bouthillier donne à ce document un caractère tout à fait authentique. — Les volumes de Turin contiennent les traités conclus à ce moment. L'écriture de Richelieu se remarque partout dans ces actes diplomatiques. Nous trouvons une sorte d'original écrit de la main de Cherré, et au bas de la dernière page, d'une écriture italienne: «L'articoli soprascritti sono quelli ch' ho riportati da Annessi esplicanti l'intentione di S. M. christianissima sopra il trattato della pace d'Italia, che venni a sollicitare, a nome di S. Sᵗᵉ; GIULIO MAZARINI.» — Deux passages sont de l'écriture très-soignée de Richelieu, t. XII de Turin, fol. 385. La première ébauche du projet est dans le XIᵉ volume, fol. 519. Notons au fol. 528 du même volume un projet de convention avec dom Gonçalez, où la marge est couverte des observations du cardinal.

Page 655, ligne 21. — «Dont jouit maintenant,» c'était le premier texte dans le ms. A, p. 607. On a mis en interligne : «dont jouissoit lors ;» le ms. B, p. 249 et les imprimés ont adopté ce nouveau texte. Il y a quelques autres variantes peu importantes.

Page 664, aux sources. — *Mettez :* Arch. des Aff. étr. Turin, t. XII, fol. 118. De la main de Cherré. Deux paragraphes écrits à la marge sont de la main du cardinal. — *Mémoires de Richelieu*, ms. A, deuxième volume de 1635, pages 639-643. B, tome V, pages 261-264. Impr. t. VI, p. 90. — *Ajoutez en note :* Nous trouvons dans ce tome XII de Turin, fol. 111, le texte du discours de Michel de Marillac, fort proprement écrit de sa main, intitulé : *Advis sur la paix d'Italie, may 1630.* A ce titre Richelieu a ajouté : « Faict par M. le garde des sceaux qui le lut luy-mesme devant la reyne. » Le cardinal a donné dans ses *Mémoires* (t. VI, p. 86) deux pages de l'écrit de Marillac qui en a sept. Le garde des sceaux blâme le but de la guerre, ainsi que la manière dont elle est conduite; il fait la plus triste peinture des misères présentes et ne voit dans l'avenir que les plus sinistres présages. Il s'efforce en même temps, par les éloges qu'il donne au génie de Richelieu, de tempérer le mécontentement que le grand ministre devait éprouver d'une telle argumentation. — Il paraît que Michel de Marillac avait déjà préparé quelque mesure officielle au cas où son opinion aurait prévalu au conseil. Notre manuscrit nous donne, à cette place, une pièce sans date, cotée 119, au dos de laquelle Richelieu a écrit : « Substance de lettre dressée par M. le garde des sceaux pour estre envoyée aux provinces, pour rendre compte de la négociation de la paix faicte par le cardinal de Richelieu. » En tête de la même pièce, le cardinal a mis cette annotation désapprobative : « Project de déclaration dressé par M. le garde des sceaux avant l'entrée du roy en Savoye, qui est trop rude pour pouvoir enfin venir à une bonne paix, et qui n'a pas été envoyé pour cet effect. » Dans ces contrariétés qui lui venaient de la part du garde des sceaux, Richelieu voyait, avec raison, l'influence de la reine mère, dont Michel de Marillac était alors l'intime confident. Peut-être même y voyait-il déjà sa disgrâce future. La famille de Marillac paya cruellement quelques mois plus tard, à la journée des dupes, les inquiétudes qu'elle lui avait causées. — Voyez la page 772 de notre IIIe volume au sujet d'un nouvel avis demandé au garde des sceaux en juillet.

Page 669, première ligne du texte. — Mon cousin, le cardinal, *supprimez* la virgule.

Page 677, note 1. — *Effacez* « à Mazarin, du 10 août. »

Page 678. — *Ajoutez à la fin de la note :* Au reste le projet de traité fut donné à Mazarin, le 6 juin à Annecy, comme Richelieu le rappelle dans l'instruction envoyée à M. de Léon, pour la négociation de Ratisbonne, page 880 de notre troisième volume.

Page 690, à la suscription. — *Otez le mot* mère.

Page 695, notes, 2e colonne, ligne 21. — Et par les imprimés, *lisez :* et les deux éditeurs ont imprimé : Mascarany.

Page 698, lettre à Toiras. — *Ajoutez aux sources :* Copie de la main de Céberet. Arch. des Aff. étr. Turin, tome XIV, fol. 587.

Page 698, note 2, ligne 5. — *Ajoutez :* en copie, à la Bibliothèque nationale, Prunis C, 3.

Page 700, aux sources. — *Ajoutez :* Arch. des Aff. étr. Turin, t. XII, pièce 220, minutes de la main de Cherré. La lettre est adressée au duc de Montmorency et au maréchal de La Force. Cette minute nous permet de rectifier le texte fautif de la 4e ligne de la lettre 389; il faut lire cette ligne ainsi : « Veillane, la ville et le chasteau, comme M. de La Force le faict espérer. »

Page 701, lignes 19 et 20. — *Mettez* des virgules *après les mots* marcher *et* passeront.

Page 703, à la note 2. — *Ajoutez :* Richelieu avait écrit le 10 juin au maréchal de La Force, lui annonçant que le s^r Desodeilles lui porte la nouvelle du passage de l'armée du roi en Italie, pour secourir Casal. Le cardinal désire avoir l'avis du duc de La Force, « sur ce qu'il juge nécessaire en cette occasion. » La lettre, datée de Moutiers le 10 juin, n'a que six lignes. Elle est imprimée dans le tome III des *Mémoires de La Force*, p. 318.

Page 703, ligne dernière. — 697, *lisez :* 698.

8.

Page 712, aux sources, ligne 1. — *Mettez* Turin et *effacez* 287 ; ligne 2, *ajoutez :* mise au net de la main de Cherré, fol. 287.

Page 722, note 2, ligne 3. — De l'affaire, *lisez :* et l'affaire.

Page 735, à la suscription, la mettre entre crochets; elle manque dans le ms.

Page 738, première ligne du texte. — Richelieu a écrit en marge : « fut finie le 20 juin. »

Page 743, note 1, ligne 6; 43, *mettez :* tome 43.

Page 746, notes, 1re colonne, ligne 15. — 270, *lisez :* 370.

Page 750, ligne première du texte. — Le combat de Vegliano qui ouvrait la campagne d'une manière si brillante, transportait de joie Richelieu; on en voit le témoignage dans cette lettre à la reine mère et surtout dans celles qu'il écrivit le lendemain 13 juillet à l'archevêque de Bordeaux, au duc de Montmorency, à M. d'Effiat, au comte de Cramail et au comte de Charost. Nous avons eu plus tard celle qu'il fit écrire le même jour par le roi au duc de Guise, gouverneur de Provence : « Mon cousin, Les premiers succez de mes armes en Italie, soubz la conduite de mon cousin le duc de Montmorency, lieutenant général en mon armée, assisté du Sr marquis d'Effiat, aussy mon lieutenant dans ladite armée, est trop glorieux à la France et à la chrestienté pour n'en donner part à mes officiers et bons serviteurs; vous sçaurez donc... (suit le récit du combat). » Le roi insiste avec intention sur la protection de Dieu, qui a béni dès le premier jour la justice de ses armes; son zèle pour la juste cause du duc de Mantoue. Le roi veut aussi faire paraître sa dévotion envers le saint-siége, à la defense duquel « ayant desjà donné ma personne dès les saisons les plus rudes ne peut qu'attendre de moy l'assistance et la déférence d'un fils très-dévot. Dont j'ay bien voulu vous en informer particulièrement à ce que, dans l'estendue de vostre gouvernement vous ayez à en faire part à mes officiers et serviteurs, afin qu'ils participent à mon contentement, priant Dieu... — Au camp de Saint-Jean-de-Maurienne le 13 juillet 1630. (Clairambault. Mélanges, 380, p. 3497.) — Cette lettre était peut-être une circulaire, toutefois cette fin trouvait une piquante application s'adressant au duc de Guise. Ce gouverneur de Provence mécontent de Richelieu exhalait son mécontentement en paroles méchamment chagrines et en menaces de revers, répandant dans toute sa province des bruits mensongers sur les opérations de notre armée en Italie. — Voyez dans ce IIIe volume les notes se rapportant aux pages 800-804.

Page 750. — Nous voulons noter, à l'occasion du combat de Vegliano, un récit fort circonstancié conservé dans le tome XI des manuscrit de Turin, fol. 499-508. C'est une mise au net de la main de Céberet. Nous ne le donnons pas pour l'œuvre du cardinal, mais nous remarquons que plusieurs passages ont été empruntés à ce récit par les Mémoires de Richelieu.

Page 753, notes, colonne 2, ligne 7. — Dans ses Mémoires, Richelieu fait la belle part à son protégé, le marquis d'Effiat, et met le duc de Montmorency un peu à la suite de l'autre.

Page 757. — Note sur Cramail. — Voir la rectification que nous donnons à la date du 15 octobre 1635 (lettre de Richelieu à Chavigni).

Page 758, notes, 2e colonne, ligne 11. — *Effacez* par une autre.

Page 767. — Richelieu avait fort bien prévu quelles seraient les nécessités de l'armée durant la guerre de 1630 en Italie; on l'en voit sans cesse préoccupé dans les lettres qui se rapportent à ladite année. Rappelons seulement ce qu'il écrit au maréchal de La Force le 30 juin (t. III, p. 721). Malgré sa prévoyance, l'administration lui faisait constamment défaut, et l'on peut voir à la page 767 du même volume à quelle extrémité on se trouvait réduit. C'est à ce moment, vers le 15 juillet, qu'il faut mettre une note sans date, adressée par Richelieu au surintendant (alors le marquis d'Effiat), lequel écrivait le 9 pour qu'on pressât l'arrivée de toutes les choses dont on manquait : « A cela je respondis que j'estois bien aise qu'il cogneust, par expérience, comme j'avois grande raison de presser, il y a plus de trois semaines, qu'on fist avancer toutes ces choses, mais que mon desplaisir

CORRECTIONS ET ADDITIONS.

estoit que maintenant il n'estoit permis que de le désirer, sans y pouvoir apporter remède; que je craignois et prévoyois tout ensemble que, pour avoir perdu quinze jours à avancer ces préparatifs, il en perdroit bien d'autres. » Minute dictée à Cherré (t. XIV, fol. 566 des manuscrits de Turin). De tels documents sont instructifs pour l'histoire de l'administration du temps du cardinal.

Page 772, aux sources. — France (collection verte), t. XI, fol. 29. — Au fol. 26 dudit t. XI, les trois derniers paragraphes seulement.

Page 788, ligne 9. — *Effacez le mot* confrère.

Page 789, au titre de la pièce 445; 17 juillet, *lisez :* 19 juillet.

Page 800, note 1. — Les méfiances que témoigne ici le maréchal d'Effiat nous avaient fait admettre cette supposition de l'autre Vignolles, ne pensant pas que cela pût s'appliquer à cet honnête maréchal de camp. Mais c'est bien en effet de lui qu'il s'agit. Nous avons reconnu depuis qu'il ne fallait pas beaucoup s'arrêter aux soupçons de M. d'Effiat, fort enclin à mal juger des généraux qui servaient avec lui dans l'armée d'Italie.

Page 801, notes, colonne 2, 2ᵉ ligne d'en bas; *mettez :* 2.

Page 802, à la note 3. — *Ajoutez :* Nous avons vu dans les manuscrits de Conrart, sur le différend du duc de Guise et du cardinal, un mémoire écrit avec calme et judicieusement raisonné; il est signé : de La Martellière. (Bibl. de l'Arsenal, collection de Conrart, in-4°, t. VIII, p. 1472-1476.) — Il existe aux Archives nationales une convention entre le cardinal de Richelieu et le duc de Guise à l'effet de dédommager celui-ci des sommes qu'il a payées pour l'armement de navires. (Pièce originale, carton des rois K, 113, n° 66.)

Page 803. — La minute éclaircit un peu le texte incorrect du 3ᵉ paragraphe. — Ligne 11, n'en font point mention; *lisez :* ne font point mention de luy. — Ligne 12, ne pouvant céder, *lisez :* ledit cardinal ne peut céder. — Ligne 14, pour lesquels ils estoient en procès, *lisez :* qui estoit en procès pour les dicts droicts, lequel.

Page 812, ligne 15. — *Effacez* ce paragraphe de 6 lignes, *qui est la répétition d'un paragraphe de la page précédente.*

Page 826, notes, 2ᵉ colonne, ligne 3. — T. XII, *lisez :* T. XIII.

Page 827. — Aux documents indiqués, nous devons ajouter une pièce au dos de laquelle nous lisons: *Relation qui ne doibt estre veue que par le roy et la reyne.* Et en tête : « Envoyée par M. le cardinal, » datée de Pancalier, le 31 juillet, et écrite de la main du secrétaire de M. d'Effiat. Cette relation contient tout ce qui s'est passé depuis la dernière dépêche qu'a portée M. de Cheny, et expose les entreprises projetées par les généraux. (Turin, t. XII, fol. 576.)

Page 828, 5ᵉ ligne du texte. *Mettez en note :* Nous avons trouvé dans d'autres lettres ce titre « Vostre Grandeur, » donné à M. de Montmorency. (Lettre à M. Du Gua, 6 août 1630, Affaires étrangères; lettres de différents particuliers. — France, t. XLIII, résumé des dépêches d'août.)

Page 831, note 3. — 816, *lisez :* 814.

Page 836. — Après le petit filet, *mettez :* [A M. BOUTHILLIER.]

Page 836, à la note 4. — *Ajoutez :* L'original, daté du 7 août 1630, est conservé dans les archives de la famille Bouthillier. La pièce est en partie chiffrée.

Page 838. — Après le filet, *mettez :* Turin, t. XIII, 119 et 145, copie de la main de Cherré, et original écrit par Bouthillier et signé du roi.

Page 839, notes, 1ʳᵉ colonne, ligne 47; envoyée, *lisez :* adressée.

Page 846, notes, 2ᵉ colonne, 9ᵉ ligne. — Euskerhem, *lisez :* Euskercke. Il était secrétaire de légation à Paris. — Voyez, pour l'orthographe de son nom, le Vᵉ volume, page 1044, note 2.

Page 847, aux sources. — *Mettez :* Turin, t. XXI, fol. 201. Original. — *En note :* Cette pièce manquant de date a été classée au hasard, 11 juillet 1632.

Page 85o, à la note, ligne 3. — 84o, *lisez :* 83g; et à la fin de cette note, *ajoutez :* Une lettre particulière fut aussi adressée au maréchal de La Force, par le cardinal, le 12 août. On la trouve également dans les *Mémoires de La Force*, t. III, p. 325. C'est un simple compliment de huit lignes.

Page 863, aux sources. — T. XLIV, *ajoutez :* Maintenant 53.

Page 863, note 2. — *Ajoutez :* On trouve dans ce tome LIII six lettres de Bouthillier à Richelieu, du 1er au 15 août, fol. 356, 35g, 361, 367, 377, 38g. Plusieurs de ces lettres sont curieuses pour l'histoire du cardinal, et aussi pour l'histoire du temps; quelques passages sont chiffrés.

Page 873, notes, 2ᵉ colonne, ligne 5, venir, *lisez :* veoir.

Page 879, note 1. — *Ajoutez :* Classée dans ce volume à la fin de l'année, parmi les pièces sans date. Une première instruction avait été donnée à M. de Léon; nous la trouvons dans ce même volume d'Allemagne, fol. 37. «Instruction secrète que le roy faict bailler au Sʳ de Léon... l'envoyant son ambassadeur à la Diète électorale, assignée à Ratisbonne au mois prochain.»...«Faict à Grenoble le 28ᵉ jour de juing 163o.» Mise au net, d'une écriture de bureau, corrigée d'une main que je ne connais pas, et devenue minute. Je n'y trouve point de signe de la participation directe de Richelieu, c'est peut-être l'œuvre du Père Joseph. Ce Père partit de Grenoble le 2 juillet pour aller joindre M. de Léon à Soleure, et tous deux arrivèrent à Ratisbonne le 26 du même mois.

Page 886. — Un fragment de cette lettre, depuis le premier alinéa jusqu'à la deuxième ligne de la page 887, se trouve en copie, de la main d'un secrétaire de M. d'Effiat, dans le manuscrit de Turin, fol. 266 recto. Au bas de la page sont les lignes suivantes écrites de la même main, portant la même date : «Je ne vois que piperie en toute cette affaire. Le marquis de Spinola dit maintenant qu'il n'a plus de pouvoir de faire la paix. Je vous envoyay hier un pouvoir bien scellé de la traicter, par le secrétaire de M. de Marillac.» Une note marginale dit : «extrait d'autre lettre.» Cette autre lettre ne pouvait être adressée qu'à M. d'Effiat, ainsi que l'indique l'écriture du fragment. Nous trouvons d'ailleurs dans ce même manuscrit la pièce qui y est annoncée : «Volontez du roy touchant la paix d'Italie, envoyées à M. d'Effiat le 25 aoust.» C'est une copie de Cherré, au bas de laquelle le cardinal a écrit : «Faict à Lyon le 24 aoust 163o. Au dessoubs du datte le roy a mis de sa main propre : ce qui est cy dessus est ma volonté. Signé Louis, et plus bas Bouthillier,» fol. 248 vᵒ. — Notre manuscrit nous donne, à la date du 2 septembre, des propositions apportées par Mazarin avec les réponses, fol. 349.

Page 888, après la dernière ligne. — *Ajoutez :* Dans les mss. de Mantoue, aux Aff. étr. t. III. Ces deux pièces reproduites, et de cette même écriture qui ressemble à celle de Cherré; mais on n'y retrouve pas les lignes écrites de la main de Richelieu que nous signalons dans les pièces du manuscrit de Turin.

Page 891, notes, 1ʳᵉ colonne, ligne 3. — *Mettez :* Une copie est à la Bibl. nat. Prunis C. 3, datée de Lyon.

Page 892, note 1, ligne première. — Alexandre, *lisez :* Étienne.

Page 895, note 2. — *Ajoutez :* Et dans Dumont, *Corps diplomatique*, t. V, partie 2, p. 615.

Page 903, ligne 5 du texte et page 904, ligne 11. — Il semble qu'il y ait là une contradiction; le même mot «trève» répété plus loin montre assez clairement que Richelieu lui donne un double sens. Au reste, il y a eu, dans cette négociation équivoque et dans toute cette affaire de trève, ainsi que nous l'avons remarqué (notes des pages 908, 911), des incidents et des intrigues qui y répandent une certaine obscurité.

Page 911, note 2. — *Ajoutez :* Cette lettre a été imprimée séparément sous ce titre : *Véritable récit de ce qui s'est passé en la maladie du roy, à la ville de Lyon; avec les paroles très-chrestiennes de S. M. escrittes par le P. Souffrant, son confesseur ordinaire*, 163o, le 1er octobre, à Lyon. Cette plaquette de 14 pages in-12, sans nom de lieu ni d'imprimeur, est conservée dans les mélanges manuscrits de Clairambault, volume 380, p. 3755.

Page 912, à la ligne 13 du texte. — *Mettez en note :* Dans la correspondance citée ci-dessus (addition à la page 465) Bouthillier donne, à la date du 7 octobre, un bulletin presque jour par jour : « Cette maladie commença le 22 du mois passé; il (le roi) fut saigné le 26, et, le 27, il reçut le corps de Nostre Seigneur. Cette action ne fut pas plustost achevée que S. M. a paru fort soulagée, si bien qu'on le crut en acheminement à une prompte guérison; et, de fait, ayant pris médecine peu de temps après la communion, il fit une opération de dix-sept fois dans la nuit du 28, qui fut suivie d'un repos de cinq heures... Mais le 30, entrant dans la nuit, ce bénéfice se changea en un flux de sang qui travailla grandement le roy toute la nuict... Le lendemain S. M. jeta par le bas une matière d'apostume qui s'estoit formée dans le ventre... La convalescence du roi marcha bien, etc. » (P. 36 du rapport de M. de La Ferrière.) — La reine mère, qui, durant cette maladie, était auprès de son fils, profita de l'occasion pour obtenir le renvoi du cardinal. Nous avons donné, page 53 de notre 4ᵉ volume, le mémoire de Richelieu sur ce mécontentement de la reine mère; ajoutons ici qu'Aubery se trompe en le datant « de Lyon au mois de septembre. » Il fut certainement composé plus tard.

Page 914, note pour la pièce DII. — Nous trouvons, dans les volumes de Mantoue (t. II, pièce 222), un feuillet de la main de Bouthillier, contenant la matière succincte donnée par le cardinal pour faire plusieurs dépêches. La première est une instruction pour le maréchal de La Force, conforme à l'opinion exprimée dans ce mémoire DII par Richelieu. Mazarin, qu'on attendait pour traiter de diverses choses « qui ne peuvent s'ajuster qu'avec luy, n'arrive pas comme on l'espéroit; il faut donc prolonger la trêve, mais pour un court délay seulement, car elle est plus favorable aux Espagnols qu'à nous; et prendre un soin particulier de ne point faire paroistre que nous le désirions. » Il n'y a point de date, mais cela a été écrit un peu après la pièce DII, et évidemment quelques jours avant le 15 octobre, terme de la trêve. — Les autres sujets de lettres, écrits en deux ou trois lignes sur le même feuillet, se rapportent aussi aux affaires d'Italie, et allaient à Mᵐˢ Servien, d'Avaux, de Léon, enfin aux ducs de Parme et de Savoie; au premier : « luy faire cognoistre qu'il doit regarder à mesnager l'intérest de M. de Mantoue... Couler dans la lettre du roy que si cette affaire ne passoit comme il fault, S. M. seroit contrainte de s'en mesler. » Au duc de Savoie, on rappelle les obligations que les traités lui imposent, dans le cas où le Montferrat et le Mantouare seraient attaqués. Une nouvelle convention sera négociée; « le traicté se fera entre le roy et M. de Savoye. »

Page 917, note 3, ligne 2. — Les, *lisez :* le.

Page 917, colonne à droite, ligne 2. — Autant, *lisez :* en tant.

Page 918, notes, 1ʳᵉ colonne, ligne pénultième. — 40, *lisez :* 49.

Page 919, après la lettre DIII. — *Mettez cette analyse :* A M. de Brézé. Le beau-frère du cardinal ayant témoigné le désir de se trouver au secours de Casal, R. a obtenu du roi que M. de Brézé y serait employé comme maréchal de camp. En lui envoyant le brevet R. lui dit qu'il en écrit particulièrement au maréchal de Schomberg[1]; et il ajoute : « Je vous prie de n'oublier rien de ce que vous pourrez pour monstrer que vous estes capable de cet employ, où la vigilance, la courtoisie et le cœur, que je sçay que vous avez, sont du tout requis... » — Vostre très-affectionné frère à vous rendre service. — Le cardinal de Richelieu. — De Lyon, ce 2 octobre 1630. — L'original est conservé au British Museum. Il a été imprimé dans le *Cabinet historique*, t. XV, p. 36.

---

[1] Nous avons donné une lettre de Richelieu au maréchal de Schomberg qui ne fait aucune mention de M. de Brézé, nous n'avons pu trouver celle qui est annoncée ici.

Page 928. — S'agit-il de la vallée de Lucerne, en Piémont, voisine de Pignerol et de Brique-ras, dont on s'empara en 1630, et dont Richelieu fit fortifier l'entrée? (Mémoires du duc de La Force, t. III, p. 12.)

Page 936, notes, 1re colonne, ligne 2. — Chargé, *lisez :* Charge. — Ligne 5, les guillemets mis avant « depuis » doivent être mis après.

Page 940, ligne 2 du NOTA. — Nous en avons eu depuis une du 20 octobre 1630, dont nous avons fait mention p. 649 de notre VII° volume et qui sera notée à sa date dans le Supplément (Analyses).

Page 949, notes, 2° colonne, ligne 2. Pièce précédente. — *Ajoutez :* Une partie de ce mémoire a été employée par le cardinal dans l'écrit qu'il a rédigé plus tard sur les affaires d'Italie arrivées en 1630. Nous n'avons pas trouvé cette pièce manuscrite; elle a été imprimée plusieurs fois. Il est probable qu'elle a paru dans le temps, mais nous n'en connaissons que des éditions faites depuis; elle a été comprise dans des recueils dont il sera fait mention aux additions à la page 988 de notre septième volume.

Page 950, note 3; 957, *lisez :* 958.

Page 952, aux sources. — *Ajoutez :* Arch. des Aff. étr. Mantoue, t. III, pièce 112. Mise au net de la main d'un commis des affaires étrangères.

Page 953, ligne 3. — Mais que leurs lettres vous servent; *lisez :* mais bien que la lettre qu'il vous escrit vous serve.

Même page, aux sources. — *Après :* Aff. étr. *mettez :* Mantoue, t. III, pièce 112. Mise au net; et Turin. — Dans le manuscrit précité de Mantoue, où nous retrouvons les deux lettres des pages 952 et 953 de notre 3° volume; elles sont accompagnées de considérations écrites de la main de Charpentier. Le cardinal y explique l'intention de ces lettres, par rapport au désaveu du traité de Ratisbonne, et raisonne dans la supposition (qui s'est trouvée vraie) que les généraux de l'armée d'Italie prendraient sur eux de ne pas tenir compte du traité.

Page 957, 2° paragraphe de la colonne de gauche. — Observation longue, *lisez :* longue observation.

Page 964. — Rapprochons de la lettre écrite à Schomberg ces passages intéressants d'une conversation de Richelieu avec l'ambassadeur de Venise, où nous trouvons le même sentiment de douleur profonde: « Veuillez m'excuser, dit le cardinal à A. Contarini, si je ne vous ai point vu plus tôt, car je suis plus mort que vivant... De Léon et le Capucin ne pouvoient faire pis qu'ils n'ont fait. Plût à Dieu que la France eût fait couper la tête à Fargis, et à beaucoup d'autres qui ont excédé leurs pouvoirs, en des traités de ce genre, et où il va de l'honneur du royaume. Il y a vingt articles, et il n'en est pas un qui n'ait trois ou quatre erreurs des plus graves. Il n'est plus possible de songer à traiter en France, il n'y a plus d'homme pour cet ouvrage. De Léon et le Capucin se sont laissé tromper par ces princes électeurs... Ils ne devoient traiter que des choses d'Italie, et ils y ont inclus les affaires de Champagne... En outre d'un traité ils ont fait une alliance entre nous et l'Empereur, alliance honteuse, préjudiciable et fâcheuse pour tous nos amis... Je veux assurément me retirer dans un cloître, et me libérer de ces continuels soucis, qui, pour moi, sont autant de peines de mort. » — Dépêche du 25 octobre 1630; a été tirée des archives de Venise par M. Baschet (p. 328 de son *Histoire de la chancellerie secrète*). Cette pensée de retraite, plusieurs fois exprimée par Richelieu, sans qu'il ait jamais eu la moindre intention de l'exécuter, était pourtant chez lui l'expression vraie d'un de ces découragements passagers dont, heureusement pour les intérêts de la France, il ne tardait pas à triompher.

TOME IV.

Page 8, notes, 2ᵉ colonne, ligne 28. — A messieurs, *lisez* : à mes cousins les sieurs.

Page 11, note 1, ligne 8. — 423, *lisez* : 428.

Page 12, notes, 1ʳᵉ colonne, ligne 14. — Michel de Marillac fut d'abord conduit à Caen, de là on le mena à Lisieux, et enfin à Châteaudun. Après le premier étourdissement de sa chute, il montra une parfaite résignation. On a conservé de lui un écrit composé dans sa prison de Lisieux; ces quelques pages sont empreintes d'une dévotion monastique et d'un mysticisme exalté. On y remarque cette phrase : « Au commencement que je vins en cette ville, estant à la messe, et me préparant à la communion, j'eus une pensée que Dieu vouloit espouser mon âme. » — La pièce, datée du 26 décembre 1630, a été imprimée dans le *Cabinet historique* de M. Louis Paris, t. XV, p. 12. Marillac était complice de l'intrigue de la reine mère, il est probable qu'il n'eût pas été fâché de devenir premier ministre à la place de Richelieu, si l'intrigue eût réussi; c'était beaucoup de présomption sans doute, mais ce n'était pas un crime pour lequel on pût le mettre en jugement; on le laissa mourir dans sa prison.

Page 15, aux sources. — Autre copie, même collection, Turin, t. X, pièce 144. *On lit au bas* : « Escrit à Versailles, le 14ᵉ jour de novembre 1630. » — *Note se rapportant à la dernière ligne du texte* : Dans sa lettre autographe adressée à Richelieu, Schomberg disait : « Nous sommes contraints maintenant de faire tourner teste à l'armée vers le Piémont, ne jugeant pas à propos, sans un ordre du roy, de manquer formellement à ce qui a esté concerté le 26 octobre, entre les généraux des ennemis et nous. Nous ferons néantmoins marcher les troupes sy doucement, que les nouvelles que nous atandons ne nous trouveront pas loing d'icy... » Dans cette lettre de cinq pages, Schomberg donne des détails concernant l'exécution des ordres qu'il a précédemment reçus; elle a été arrangée pour les *Mémoires de Richelieu*.

Page 17, aux sources. — *Mettez* : imprimée, Mémoires du duc de La Force, III, 330.

Page 19, aux sources. — *Ajoutez* : Venise, tome 49. Recueil de dépêches de l'ambassade de M. d'Avaux, copié par le secrétaire de cet ambassadeur.

Page 28, ligne 1. — Qui, *lisez* : que.

Page 33, 1ʳᵉ ligne du texte. — Le, *lisez* : ce.

Page 39, notes, 1ʳᵉ colonne, ligne 3. — *Ajoutez* : Depuis cette note écrite nous avons trouvé la minute de cette lettre et des deux lettres suivantes, dè l'écriture la plus expédiée de Cherré. Les minutes, datées du 8 décembre, sans année, sont sur un même feuillet, classé par erreur en 1632, dans le volume 63 de la collection France aux Archives des Affaires étrangères.

Page 42. — Le tome XII de Turin (fol. 146) donne cette missive du roi : « M. le comte de Schomberg, je vous fais ces trois lignes, afin qu'incontinent que vous les aurez receues, vous ne manquiez de me venir trouver pour recevoir de moy les tesmoignages de la confiance que j'ay de l'affection que vous m'avez tesmoigné avoir à mon service. » La minute, de la main de Charpentier, a été classée dans ce volume, entre le 14 et le 15 août; il est évident qu'elle n'est pas à sa place. Richelieu écrit au maréchal le 7 décembre : « Il ne se peut rien adjouster à ce que vous faites. » Dès le mois d'octobre précédent, Schomberg avait pris sur lui de poursuivre le secours de Casal, malgré la conclusion du traité de Ratisbonne, et avant de savoir que Richelieu le désavouait. Plus récemment, il avait arrêté Marillac au milieu de l'armée que commandait ce maréchal, et, pour plus de sûreté, il l'avait fait conduire par ses gardes jusqu'à Lyon ; c'est à tout cela que fait allusion Richelieu dans sa lettre du 7 décembre, ainsi que le roi dans le présent billet. Nous proposons de le mettre vers la fin de l'année. Voyez les notes qui accompagnent la lettre précitée du 7, dans notre 4ᵉ volume, p. 42-44.

Page 45. — Lettre à M. de Barrault. La réponse de cet ambassadeur est conservée aux Aff. étr. Espagne, XX, 9 janvier 1631.

Page 51, note 3. — Nous avons à ajouter quelques mots sur ce Nicolas. Nous trouvons dans le premier volume de Suède, fol. 405, une copie des propositions qu'il était venu apporter à Saint-Jean-de-Maurienne ; les deux points principaux étaient les subsides à fournir par la France et la promesse de traiter en ennemis tous ceux qui attaqueraient le roi de Suède. Le sieur Nicolas se qualifie de « secrétaire-commissaire envoyé au roy très chrestien... »

Page 52, note 1, à la fin. — *Ajoutez* : Depuis cette note écrite, j'ai trouvé la pièce, en copie, aux Affaires étrangères, Mantoue, t. 3, non chiffrée ; je l'ai cotée au crayon, pièce 163. La pièce suivante, 164, dans ce manuscrit, est une *addition d'instruction au maréchal de La Force*, de la même écriture que la pièce 163, et datée aussi du 30 décembre. Elle est signée du roi, et contre-signée Bouthillier.

Page 61, ligne dernière. — Eù, *lisez* : en.

Page 85, ligne 9. — Cette condition du rappel de ses parents auprès de la reine mère était déterminante pour Richelieu. Nous avons à ce sujet une lettre de M. de La Barde, neveu de Bouthillier, et l'un de ses premiers commis : La Barde écrivait, le 13 janvier 1631, à son cousin Léon Bouthillier, alors absent : « on n'a pu encore venir à bout du raccommodement de la reine mère et du cardinal ; le petit Des Roches en avoit traité avec Chapuzeau... qui recevoit les ordres de Vau-premier (le médecin Vautier), maintenant premier ministre près de la reyne mère. Il avoit pris les meilleures résolutions du monde de le mettre bien auprès d'elle par les persuasions de Chapuzeau, qui luy disoit que le cardinal auroit soin de sa fortune... mais le cardinal ayent sceu la grande espérance que cet Esculape avoit en luy, et croyant que la reyne mère en mouroit d'envie pour voir sa puissance de beaucoup diminuée depuis la rupture, fit proposer par le petit enseigne que la reyne mère remît tous les siens dans les charges qu'ils avoient auprès d'elle, sans quoy le traité fut rompu, et la reyne mère se mit plus en cholère que jamais. M. le maréchal de Schomberg s'en est depuis meslé, qui est demeuré court aussy sur cette condition. Depuis cette affaire est entre les mains du secrétaire d'Estat nouveau (Servien) et de la connestable de Lesdiguières. Pour la dernière, je crois que l'on commettra la princesse de Conty pour traitter avec elle ; l'autre est bien nouveau dans les intrigues de la cour pour desmesler tous ceux qu'il y a en cette affaire... » (Aff. étr. France, t. LVI, fol. 21.) Il y a dans ce manuscrit neuf lettres écrites par La Barde à Léon Bouthillier, du 3 janvier au 8 mars, curieuses à lire sur ce qui se passa à la cour pendant les trois premiers mois de l'année 1631.

Page 94, sur la pièce LI, cette note. — Avant de prendre la résolution concernant la reine mère, le cardinal mit l'affaire en délibération dans le conseil, en présence du roi. Il refusa de prendre la parole dans une question où il pouvait paraître intéressé ; cependant, sur l'ordre de Louis XIII, il donna son avis, après tous les autres ; et cet avis, comme il ne pouvait manquer d'arriver, fut adopté par le roi. Le manuscrit des *Mémoires de Richelieu* a conservé son curieux discours, qu'on peut lire dans l'édition de Petitot, t. VI, p. 451-464. Les historiens du cardinal, Aubery, Vialart, le P. Griffet, n'en rapportent rien ; Vittorio Siri (*Mem. rec.* VII, 301), qui n'avait peut-être qu'une copie défectueuse, en traduit une partie à sa manière ; Le Vassor et Leclerc se

CORRECTIONS ET ADDITIONS. 67

sont contentés de retraduire et d'abréger Siri. Les plus récents historiens du cardinal sont ici fort laconiques, malgré l'importance du sujet, ils ne citent même point le texte imprimé dans les *Mémoires* : Jay, Bazin, Capefigue, Michelet.

Page 94, note, 2ᵉ colonne, ligne 21. — Après nᵉ 59, *ajoutez* : Beaucoup de pièces relatives à l'affaire de Compiègne se trouvent réunies, en copie, dans deux manuscrits de la Bibliothèque nationale, fonds dit Supplément français, 1738; et Sérilly, deux volumes 119 et 231. Ce dernier recueil est plus complet que l'autre.

Page 95, 3ᵉ ligne de la note 1. — *Remplacez la dernière phrase de cette note par ce qui suit* : Mais c'est sans doute Raray, village entre Compiègne et Senlis; Bouthillier aura imité le son en négligeant de mettre un accent. Le copiste du manuscrit de Béthune ne l'a pas oublié; il a écrit Raré; celui du manuscrit de Dupuy a mis Rare, comme la minute.

Page 96. — Après la pièce LI *mettez* : Nous avons remarqué (p. 161 et 163 de ce IVᵉ volume) le silence de Richelieu à ce moment; nous avons présenté cette conjecture que, dans les délicates circonstances où c'était, en réalité, de lui-même qu'il s'agissait, il lui convenait de sembler se tenir à l'écart. Nous trouvons plusieurs pièces qui nous permettent d'affirmer aujourd'hui ce que nous avions alors conjecturé. Voici toute la correspondance échangée entre la reine mère et le roi après le départ de celui-ci de Compiègne, conservée dans la collection de Clairambault en un cahier très-soigneusement composé, d'une même écriture. Nous n'y trouvons point celle du cardinal; mais personne ne croira que Richelieu ait laissé au roi la peine d'écrire les douze lettres signées Louis, que nous donnons ici, sans hésitation, comme l'œuvre même de Richelieu. Ajoutons que nous avons trouvé aux Affaires étrangères une des pièces de ce cahier, de la main d'un secrétaire du cardinal et, corrigée par lui-même, la lettre du roi imprimée p. 150 de notre IVᵉ volume. Nous avons pu nous convaincre que la copie de Clairambault reproduit fidèlement la pièce du cabinet de Richelieu; n'est-ce pas là, pour tout le cahier, une preuve suffisante d'authenticité?

Bibl. nat. Clairambault. Mélanges. 380, p. 3803. Copie.

LE ROI À LA REINE MÈRE.

Madame, C'est avec beaucoup de déplaisir que la nécessité de mes affaires m'a contraint de prendre la résolution de partir de Compiègne. J'ay faict ce qui m'a esté possible pour vous porter à trouver bon de continuer à prandre avec moy la mesme cognoissance de mes affaires que vous avez toujours eue. Mais voyant que vous ne le désirez pas, et ne pouvant esviter de pourvoir aux desordres de mon estat par des remèdes capables de destourner l'orage dont il est menacé, j'ay esté contraint de vous prier, comme je faicts, d'aller pour quelque temps en vostre maison de Moulins, et d'autant qu'elle est dans le gouvernement de Bourbonnais dont mon cousin, le prince de Condé, est pourveu, ce qui pourroit peut-estre vous faire quelque peine, j'ay prins résolution de retirer de mondit cousin la démission dudit gouvernement duquel je fais estat de vous envoyer au plus tost les provisions. Vous priant de croire qu'encore que nous soyons séparés pour quelque temps, je ne le seray jamais de volonté de vous rendre tous les tesmoignages d'affection que vous debvez attendre, Madame, de vostre très-humble et très-obéissant filz.

De Senlis, ce xxiiiᵉ février 1631.

La reine répond, le 24 février, par une lettre (dont nous avons donné l'analyse p. 94, note 2), qu'elle ne peut en ce moment demeurer à Moulins, et elle demande à aller à Nevers.

Page 96, note 1, ligne 10. — *Ajoutez* : Elle parut imprimée, dans le temps, chez Cramoisy (13 pages in-12). Un exemplaire est conservé dans les mélanges de Clairambault (380, p. 3833); mais on n'y voit ni original, ni minute, ni copie.

9.

Page 96, note 2, 3° ligne.— *Effacez* : En quelques lignes; *et après* p. *mettez* : 468.

Page 97, à la fin de la note 1. — *Ajoutez* : Le prince était parti pour Orléans le 30 janvier. Nous trouvons aux archives des Affaires étrangères, à la date du 1er février, une pièce intitulée : *Copie de la lettre générale sur la retraite de Monsieur à Orléans*. Le roi rappelle « les bons et favorables traitements qu'il a toujours faits à son frère, » auxquels celui-ci n'a répondu que par de mauvais procédés et des essais de révolte. (France, t. LVI, fol. 29.) Nous n'avons pas l'original de cette lettre, et nous ne voyons pas qu'il en soit parlé dans les *Mémoires de Richelieu*, ni dans l'*Histoire de Louis XIII* du P. Griffet. Le Vassor, qui raconte cet incident de la retraite du duc d'Orléans avec beaucoup de détails, dont quelques-uns diffèrent du récit de Richelieu, n'en fait non plus aucune mention (t. VI, p. 612 et suiv. de l'éd. in-12), et nous ne la trouvons point dans le *Mercure*. Le roi disait à la fin : « Je veux croire néantmoins que cette retraite de mon frère à Orléans ne l'esloignera point de l'obéissance qu'il me doibt, et n'aura aucune suite préjudiciable au bien et repos de cet estat, auquel il est trop obligé pour son propre intérest, pour y vouloir apporter aucun trouble, ny altération. » Cet espoir ne se réalisa point; malgré la mission du cardinal de la Valette, Monsieur persista dans sa révolte. Alors le roi s'avança lui-même avec des troupes sur Orléans. Avant son départ, qui eut lieu le 2 mars, S. M. adressa une *lettre aux provinces*. Nous l'avons, en copie, de la main de Cherré, dans le tome LIX de la collection France, pièce 31, et imprimée dans le *Mercure*, p. 136. Au début, le roi rappelle sa lettre du 1er février, et annonce la ferme volonté de réprimer, dès leur naissance, les mauvais desseins de son frère.

Page 105. — Après la pièce LVI, *mettez* : Bibl. nat. Clairambault. Mélanges. 380, p. 3806. Copie.

LE ROI À LA REINE MÈRE.

Madame,   la continuelle remise dont il vous a pleu user jusques icy à ne satisfaire pas à la prière que je vous ay faicte de vous en aller à vostre maison de Moulins pour quelque temps, sans que j'en puisse sçavoir la cause, faict que j'ay estimé à propos de vous tesmoigner encore comme il importe au bien de mes affaires que vous ne différiez plus d'accomplir la supplication que je vous ay faicte et fais encore de nouveau. Vous serez en ce lieu là plus décemment et plus à vostre contentement [et] au mien, en ce que vous n'y aurez point ce qui vous peut desplaire au séjour de Compiègne. Il n'y a point de peste comme on vous a faict entendre et vostre maison n'y est point au mauvais estat qu'on vous a représenté. Cependant, s'il vous reste encore la pensée de l'un et de l'autre, vous pourrés faire quelque séjour à Nevers, comme vous me l'avez proposé. J'escrips sur ce subject plus amplement à mon cousin le mareschal d'Estrées; vous y adjousterez foy, s'il vous plaict, et croirez que je suis et veux tousjours estre, etc.

A Sens, ce xx mars 1631.

La reine répond, le 25 mars, par deux pages de lamentations et de récriminations : « Monsieur mon fils, j'attendois de vous la consolation, pour ayder à soulager les desplaisirs que j'ay receus en ce lieu et l'indisposition qu'ils m'ont causée, qui ne m'a pas peu et ne peut encores permettre de me mettre en estat d'obéir au commandement que vous m'avez faict cy devant de m'acheminer à Moulins... mais vous n'avez pas esté adverti de mon indisposition, puisque, sans y avoir esgard, vous trouvez mauvais que je ne sois partie et me pressez de le faire. Mon intention avoit tousjours esté de vous obéir et par ma patience et silence adoucir vostre cœur en mon endroit... N'ayant aucun repos ny jour ny nuit, je ne puis plus espérer que la mort de laquelle seule j'attends la fin de la misérable condition où je me trouve réduite par les conseils de ceux qui ne peuvent trouver leur satisfaction qu'en ma ruyne... » La reine finit en conjurant le roi de la laisser à Compiègne, dont on ne l'ôterait que par violence...

CORRECTIONS ET ADDITIONS. 69

Page 105. — *Ajoutez à la note* 1 : La lettre du roi aux provinces, celle de Monsieur au roi, reçue par S. M. entre Linas et Étampes, sans doute le jour même de son départ (11 mars), et la réponse du roi, forment un livret de 15 pages in-12, 1631 ; chez Jean Martin. Réimprimé à Sens, chez Georges Nivert, *sur la copie de Paris.* Il y a, dans le vol. des Aff. étr., un exemplaire de l'édition de Paris, deux de l'édition de Sens. (Du fol. 97 au fol. 105.) La lettre du roi aux provinces commence : « Chers et bien amez, nous avons bien voulu vous faire sçavoir que nostre très cher et très amé frère, etc. » Celle du roi à Monsieur : « Mon frère, j'ay receu la lettre que vous m'avés écrite par le sr de Chaudebonne... » Monsieur se plaint d'être traité en ennemi : « Je n'entends parler de toutes parts que de troupes qui s'approchent d'Orléans... » Il demande au roi de ne voir en lui qu'un frère... — Les deux imprimés sont conformes, sauf que l'édition de Sens supprime les cinq dernières lignes de l'édition de Paris : « Chacun préjuge aisément que l'heur et la conduite qui paroissent en toutes les entreprises de S. M. ne permettront pas que ce mécontentement soit de longue durée. » — Le pronostic n'a pas été vérifié ; est-ce la crainte qu'on avait de ce résultat qui a fait supprimer ces lignes dans la seconde édition de cette lettre?

Page 111, aux sources, 3ᵉ ligne. — *Ajoutez :* En marge du ms. de Béthune, on lit cette annotation, dont quelques mots ont disparu par la rognure du relieur : Ce cahier est deme... d'un mémoire fait... Mᵣ le cardinal... les suivans... leque... est en forme de jou...

Page 117. — Après la pièce LX, *mettez :* Bibl. nat. Clairambault. Mélanges. 380, p. 3808. Copie.

LE ROI À LA REINE MERE.

Madame, je n'ay point besoing de vous faire entendre, puisque vous le sçavez aussy bien que personne, les justes raisons qui m'ont obligé à me séparer de vous pour quelque temps, et combien j'ay prins de soing pour empescher que ce desplaisir ne vous arrivast aussy bien qu'à moy.

Estant dans ma cour mescontente, je ne pouvois apporter remède aux brouilleries qui s'y préparoient, et vous sçavez bien que le mal y estoit à tel point que je n'eusse peu, sans ce que j'ay faict, guarentir mon estat des troubles dont il estoit menacé. Tout cela n'empesche point qu'en rendant ce que je doibts au repos de mes subjects par préférence à toutes choses, je ne conserve pour vous l'amitié et le respect que vous pouvez attendre d'un bon filz ; de quoy ayant receu tant de preuves en diverses occasions, je m'estonne de ce que vous me croyez capable de prendre des résolutions violentes contre vous ; elles n'ont jamais entré en ma pensée, ny en celle de ceux de qui je me sers, et ne sçaurois imaginer à quelle fin vous voulez persuader au monde que l'on travaille à vostre ruine, puisque vous n'avez eu et ne recevrez aucun mal que celluy de nostre séparation, laquelle vous avez procurée en vous esloignant de ce qui nous pouvoit faire vivre ensemble heureusement à l'advantage de cette couronne.

J'aprends au reste avec beaucoup de desplaisir que vous retardez de jour en jour vostre partement, quoy que vous m'ayez ci-devant assuré y estre disposée. Si vostre indisposition en a esté la cause, j'en suis doublement fasché, mais je n'ay point apris que vous ayez eu aucune incommodité capable de vous empescher de faire voiage. Je loue Dieu de tout mon cœur que vous en soyez délivrée et vous prie de partir maintenant sans remise, pour des considérations importantes à mon estat, et pour faire cesser des bruicts que des meschans esprits vont semant que vous n'estes pas dans Compiègne en entière liberté ; et qui ne se pourra plus dire lors qu'estant en vostre maison de Moulins il n'y aura personne auprès de vous qui vous puisse donner ombrage. Je vous supplie encore une fois me donner ce contentement, sur quoy ayant chargé mon cousin le maréchal d'Estrées et particulièrement le sᵣ marquis de Saint-Chaumont de vous entretenir, je ne vous en diray pas davantage que pour vous asseurer que je ne suis point capable d'atirer l'ire de Dieu sur moy à vostre occasion, mais bien toute bénédiction, comme je feray toujours, en prenant le soing que je doibtz de mon estat. Je ne doubte point que vous ne satisfaciez promptement à ce que je désire; aussy recevrez vous toujours de véritables témoignages de l'honneur et du respect que vous veut rendre, madame, vostre très-humble et très-obéissant filz,

Dijon, le 1ᵉʳ avril 1631. LOUIS.

Page 124, ligne 4. — L'enregistrement se fit le 31 mars, dit Richelieu (*Mém.* IV, 480). Le P. Griffet met : le 30. Recueillons un fait étranger à cette affaire, mais que Brienne note à ce moment : « Le roy revint ensuite à Sens, où la reine étoit restée dans la pensée d'être grosse; mais ayant appris par le chemin qu'elle ne l'avoit point été... il en fut très affligé. » (*Mém.* II, 30.)

Page 124, ligne 14. — Cogneux, *lisez* : Coigneux.

Page 125, aux sources; *au lieu de* 59, *lisez* : 58, fol. 68-70; copie de la main de Cherré.

Page 136, ligne 19. — *Ajoutez aux sources* : Notre-Dame, 91 par 26. — Gaignère, 311, fol. 1. Après la ligne 20, *mettez* : Bibl. de Carpentras, Peiresc, registre LVIII, 2ᵉ vol. Copie. Il y a plusieurs variantes, nous indiquons seulement celles qui doivent être préférées : Page 138, ligne 3, « escrasez » au lieu de « escusez; » page 139, ligne 1, « coup » au lieu de « cours; » ligne 7, « je ne veux » au lieu de « je n'ay; » ligne 10, « recouvrées » au lieu de « recouvertes. » Aux sources imprimées, après 488, *ajoutez* : Le Cointe, *Hist. de Louis XIII*, 3ᵉ vol. des pièces, p. 119.

Page 137, notes, 1ʳᵉ colonne, ligne 28. — *Ajoutez* : L'auteur de la *Vie de Marie de Médicis* suit Le Vassor : « Le cardinal, en quittant Louis, soit pour obéir à ce prince, qui lui avoit peut-être ordonné de faire de nouveaux efforts auprès de Marie pour regagner ses bonnes grâces... écrivit à la reine mère la lettre la plus soumise, etc. » (III, p. 253.) Récemment encore dans *Richelieu, Mazarin*, etc. par M. Capefigue, une note dit : « Cette lettre est tout entière de la main du cardinal. » (T. V, p. 16-19.) C'est la copie du manuscrit de Colbert, fol. 150, qu'on a prise pour un autographe, quoiqu'il n'y ait pas la moindre ressemblance dans le caractère de l'écriture.

Page 138, notes, colonne 1, ligne 7. — Après « 72, » *ajoutez* : C'est une lettre signée : *Le pieux historien*, envoyée à un tiers et dans laquelle on fait le commentaire critique, presque phrase par phrase, de la lettre attribuée à Richelieu. Au folio 80 du même manuscrit de Saint-Victor, se trouve une réponse directe du P. Chanteloube à Richelieu. Une autre copie est conservée dans le fonds Notre-Dame, n° 91, pièce 29ᵉ, et aussi, toujours en copie, dans le volume 119 de Sérilly, folio 29; dans ce dernier ms. elle est datée de Nancy, 28 avril, et on y a joint toutes les pièces relatives à l'affaire de Compiègne.

Page 143. — *Supprimez la note* 1. Depuis qu'elle a été écrite, nous avons trouvé une lettre de ce personnage, signée Lauzon. Dans cette lettre, datée du 16 février, il entretient le cardinal des intérêts de la compagnie de la Nouvelle-France, il expose les projets d'expéditions maritimes de cette compagnie, et demande qu'on la mette en possession de Québec. Aff. étr. France, tome 58, folio 27.

Page 144. — *Après la pièce* LXIX, *mettez* : Bibl. nat. Clairambault. Mélanges. 380, p. 3812. Copie.

LE ROI À LA REINE MÈRE.

Madame, je vous renvoye le sʳ de Saint-Chaumont pour vous faire voir la malice et la faulceté des advis qu'on vous a donnés, et comme je ne puis penser en façon quelconque à ce dont on vous veult donner apréhension; vous le cognoistrez plus particulièrement par ce qu'il vous dira de nos parlements; je ne responds point à beaucoup de choses que l'humeur en laquelle vous estes vous fait dire, il me suffit de m'estre tesmoing à moy-mesme de la véritable affection que je vous porte...

Du XIXᵉ avril 1631.

La reine mère répond le 22 que, malgré l'affection de son fils, elle a tout à craindre de ceux qui la persécutent et qui se sont emparés de la volonté royale, elle demande à rester à Compiègne tout le temps qu'il lui conviendra. Par une nouvelle lettre du 4 mai, la reine mère, inquiète de n'avoir point de nouvelles, s'informe affectueusement de la santé de son fils; cette lettre de quatre lignes ne contient aucune plainte; le roi en prend occasion de feindre de trouver là une disposition à l'obéissance, comme on le voit par la réponse qu'il fit le 6 mai ci-après.

Page 145, ligne 11. — Copie dans le tome XIXᵉ de Turin, non coté, à la date du 21 avril. Archives des Affaires étrangères.

Page 145. — *Ajoutez à la note*, au sujet des traités: Le manuscrit de Turin, t. XVI, fol. 142, conserve un *Mémoire sur la conquête de Gênes et pays de Vaud à faire par le roy et le duc de Savoye*, lequel mémoire, adressé à Mazarin, traitait de la ligue d'Italie, de l'échange de Pignerol et autres dispositions des traités de Cherasco. Il y était dit: « On peut ajouter un article posant le cas où, si les Espagnols vouloient troubler cette ligue, on en viendroit aux armes. » A la marge, le cardinal a écrit: « Cet article laisse à M. de Savoye l'espérance de la guerre en Italie contre les Espagnols, et cependant n'y oblige point le roy, qui est ce à quoy il faut bien prendre garde en concluant le traicté. »

Page 148. — Après la pièce LXXII, *mettez*: Bibl. nat. Clairambault. Mélanges. 380, p. 3816. Copie.

LE ROI À LA REINE MÈRE.

Madame, je vous remercie du soing que vous avez d'aprendre des nouvelles de ma santé, qui continue grâce à Dieu à être fort bonne, à une petite défluxion près que vous m'avez vue quelquefois sur le pied; c'est si peu de chose qu'elle ne m'empeschera pas de sortir demain. Je suis très-ayse de vostre bonne disposition et prie Dieu de tout mon cœur qu'il la vous conserve et qu'il vous inspire la résolution nécessaire pour nostre contentement commun et pour me descharger de l'opinion que vostre conduite pourroit donner à beaucoup de gens que je vous tiens arrêtée dans Compiègne.

Fontainebleau, le VIᵉ may 1631.

La reine mère répond le 15 qu'elle s'étonne grandement de ce qu'on dise qu'elle est libre lorsque « le nombre des gens de guerre que le roy a laissés à Compiègne pour l'y garder augmente tous les jours, et que, par un nouvel ordre, personne ne peut y entrer ni en sortir sans la permission de celui qui commande cette garde. »

Page 149, ligne 4. — « Dépesche escrite par le roi. » Il s'agit sans doute de dépêches qui se trouvent dans le 4ᵉ volume de Mantoue, aux Affaires étrangères. Voyez notre supplément à la date du 9 mai 1631 (Analyses).

Page 149, aux sources. — *Ajoutez*: Archives des Affaires étrangères, France, tome LVII, fol. 10, de la main de Charpentier, sans date, classée par erreur au 4 juillet. Bibliothèque de Carpentras; en tête le scribe a mis: « Copie du billet escript de la main de M. le cardinal et envoyé au roy par le sᵣ de Nogent-Beautru, le 13 may 1631. »

Page 149, à la fin des notes, *mettez*: Ce même jour, 23 mai, M. de Mesmes (Roissi) mandait à son fils d'Avaux: « Aujourd'huy, à trois heures, le Parlement viendra au Louvre ouïr sa condamnation... Je suis bien marry qu'il m'a fallu porter la parole, mais il m'a esté commendé sans ma donner lieu de délibérer.» Archives des Affaires étrangères. Venise, t. 51. — Est-ce ici qu'il faut rapporter une pièce que nous trouvons sans date, mais classée en 1631 dans la collection France, t. LVII, à la fin du volume non coté? C'est un projet d'allocution du roi au parlement : «... Il cherche tous les jours, dit Louis XIII, à entreprendre sur l'autorité royale, mais je luy rongneray les ongles de sy près que je l'en empescheray bien. Vous estes establis pour rendre la justice entre M. Pierre et M. Jacques, et non pour vous mesler des affaires d'Estat et du soulagement de mon peuple; je le vous deffends, car j'en prends un plus grand soin que vous...» — Cette allocution a-t-elle été prononcée? La copie, dont l'écriture nous est inconnue, est corrigée de la main du garde des sceaux Chasteauneuf; il se peut qu'elle soit de son style. Richelieu aussi a fait adresser parfois au parlement d'assez rudes paroles, mais on ne peut pas lui attribuer celles-ci à ce moment où nous le voyons porter le roi à la conciliation. Au reste, il est également intéressant de conserver ce projet de mercuriale soit que Richelieu l'ait dicté, soit qu'il ait jugé à propos de ne le pas adopter. — Notons une autre pièce aussi sans date, et qui précède immédiatement dans le manuscrit le fragment d'allocution. Écrite de la main d'un secrétaire, on y voit, en interligne, quelques mots de Richelieu, et, au dos, cette annotation : *Points de ce que le cardinal a dit, à bâtons rompus, sur le sujet de la vérification des édits au parlement.* Nous en extrayons quelques passages : «Lorsque les secours extraordinaires sont du tout nécessaires, il ne les faut pas rendre difficiles... S. M. vous tesmoigne manifestement sa bonté, en ce qu'elle ayme mieux vous donner lieu de luy rendre des preuves de vostre affection en vérifiant cet édit en son absence, que d'en faire voir de son autorité, en le faisant passer par sa présence. Et véritablement il vous importe beaucoup de faire cognoistre à tout le monde, en vous portant de vous mesme à la vérification qu'on désire, que le bien des affaires du royaume est un motif aussy puissant en vous, pour vous porter à une chose du tout nécessaire, comme son autorité pour la faire réussir est absolue...[1] Il est des compagnies souveraines comme de l'Église qui autorise certaines choses et tolère les autres. Vous autorisez les aliénations du fonds des rentes au denier seize, mais la nécessité contraint d'en tolérer le débit à beaucoup moins.»

Page 150. — Après la pièce LXXIV, *mettez :* Bibl. nat. Clairambault. Mélanges. 380, p. 3816. Copie.

LE ROI À LA REINE MÈRE.

Madame,   j'ay esté bien ayse d'aprendre par le sieur Jacquelot, que vous m'avez envoyé, la continuation de vostre santé; mais je ne vous puis cacher que je trouve bien estrange que vous persistiez à vous dire prisonnière dans Compiègne. La meilleure preuve que je sçaurois donner au public que je n'ay jamais eu cette pensée est que vous n'en avez point voulu partir jusques à cette heure pour aller en vostre maison de Moulins où vous ne verriez que ceux qui vous seroient agréables. Je vous en prie encore de nouveau, avec asseurance que, si vous me contentez en cela, vous le serez de moy en autres choses qui vous donneront sujet de croire ce conseil aussy avantageux pour vous qu'il est nécessaire pour moy, qui prie Dieu, etc.

Ce xviie may 1631.

Page 150. — Bibl. nat. Clairambault. Mélanges. 380, p. 3818. Copie.

LE ROI À LA REINE MÈRE.

Madame,   le désir que j'ay de vous voir en estat et en lieu où vous soyez plus contente que vous n'avez tesmoigné l'estre en celuy où vous estes, et la confiance que j'ay en mon

---

[1] Les mots «est absolue» sont écrits de la main de Richelieu.

cousin le maréchal de Schomberg et au s' de Roissy, font que j'ay estimé à propos de les envoyer vous trouver pour vous dire particulièrement avec mon cousin le maréchal d'Estrées ce qui est de mes intentions sur ce sujet. Vous adjousterez foy, s'il vous plaict, à ce qu'ils vous représenteront de ma part en cette occasion, puisqu'elle n'a pour fin que vostre repos et le contentement de vostre esprit, que je désireray et procureray tousjours à l'exemple du mien propre; veu que je suis, madame, vostre, etc.

De Fontaynebleau, ce xx° may 1631.

Marie de Médicis répond le 24 mai, qu'elle espérait que le roi abandonnerait le dessein de l'envoyer à Moulins, mais elle voit par ces lettres du 17 et du 20 mai que le roy persiste. Elle ne veut ni aller à Moulins, ni accepter le gouvernement de la ville d'Angers que le roi lui offre; ne voulant, dans sa position actuelle, avoir aucune forteresse en sa puissance, elle demande à rester à Compiègne et de ne point recevoir «cette honte et ce desplaisir, qui me seroit esgal à la mort, et promenée parmi vostre royaume pour aller aux provinces esloignées...»

Autre lettre le lendemain. Nous en avons donné un extrait note de la page 151; la reine mère insiste sur ce que, dans les trois audiences qu'elle a données aux envoyés du roi, elle a trouvé des ennemis. «Ils n'auront pas manqué, dit-elle, de me faire parler selon l'intention de celuy qui les employe, le cardinal travaille à ma ruine, estant du tout en sa puissance.» Ces plaintes et ces accusations contre lui continuent pendant près de trois pages.

Page 150. — Bibl. nat. Clairambault. Mélanges. 380, p. 3823. Copie.

LE ROI À LA REINE MÈRE.

Madame,   je ne vous puis assez tesmoigner le desplaisir que j'ay d'avoir appris par vos lettres, et par ce qui m'a esté rapporté par mon cousin le maréchal de Schomberg et le s' de Roissy, le refus que vous faictes de toutes les conditions que je vous ay envoyé offrir, pour changer le séjour de Compiègne en un autre plus agréable pour vous et moins suspect pour moy; si ce n'estoit chose du tout nécessaire pour le bien de nos affaires, je ne vous en aurois pas tant faict presser. Et parce que je me réserve à vous faire entendre au premier jour la dernière résolution que j'auray prise sur un sujet qui m'est sy important, je ne vous en diray pas pour cette heure davantage, et respondray seulement à ce que vous dites dans vostre dernière lettre de mondit cousin le maréchal de Schomberg et dudit sieur de Roissy. Il m'eust esté difficile de vous envoyer des personnes d'une probité plus recogneue, et le rapport qu'ils m'ont faict de vos intentions à leur retour d'auprès de vous, est si conforme au sens des lettres que vous m'avez escrittes par mondit cousin le maréchal de Schomberg et ledit sieur de Roissy, que vous n'avez aucun sujet de vous en plaindre, mais bien moy, de ce que mes instantes et réitérées prières ont jusques icy eu si peu de pouvoir en vostre endroit. Dieu m'inspirera, s'il lui plaist, ce que je doibts faire pour le bien et repos de mon estat, après quoy j'auray toujours la considération pour vous que vous pouvez attendre, madame, etc. (Le copiste a mis ici par erreur la formule finale des lettres de la reine mère.)

De Fontaynebleau, ce xxviii° may 1631.

Cette dernière résolution que le roi se réserve à faire connaître, est une menace dont Marie de Médicis ne semble pas s'être aperçue. Sa longue réponse datée du «dernier may» est remplie des plaintes et des récriminations qu'elle répète sans cesse : son innocence, les persécutions qu'elle subit, les calomnies dont on la charge, les mauvais conseils que le roi écoute, la contagion qui désole Moulins et Angers : «soubs le prétexte de ce que vous debvez à vostre estat l'on vous cache le venin que l'on me veut faire avaler pour se défaire de moy contre vostre intention...» Il est à remarquer dans cette lettre qu'elle s'indigne du bruit que ses ennemis font malicieusement courir qu'elle s'est « sauvée en Flandres... je n'ay et n'auray jamais la volonté de me retirer en lieu où vous n'ayez la puissance absolue. » Six semaines après la reine mère était à Bruxelles.

Page 150. — Lettre LXXVI, aux sources, *ajoutez* : Bibl. nat. Clairambault. Mélanges. 380, p. 3826. Copie. Et pour la date qui manque à la minute du cabinet de Richelieu, notons que la copie est datée : « Courances, le 1er juing. »

Page 151, ligne 6. — *Après* « tesmoigne, » la copie de Clairambault, prise sans doute sur l'original, met : « par le sr marquis de Saint-Chaumont que je vous envoie exprès, que je ne sçaurois, » etc.

Page 152. — Après la lettre LXXVI, *mettez* : Bibl. nat. Clairambault. Mélanges. 380, p. 3828. Copie.

LE ROI À LA REINE MÈRE.

Madame, je suis très-fasché des mauvais bruicts qu'on a faict courre à vostre préjudice et au mien; ils ne sont venus jusques à moy que par madame de Guise, qui despescha un nommé Poisson à son mary pour leur en donner advis. Je ne sçay qui a esté l'auteur d'une si mauvaise nouvelle, mais vous auriez grand tort d'en accuser les miens, qui en estoient aussy faschez que moy. Le vray moyen de faire cesser pareille invention est de vous conformer à ce que je désire de vous. Je ne responds point à beaucoup de choses que la colère vous faict dire, parce que je sçay bien que vous ne les croyez pas. Rien ne vous empesche de prendre l'air que vous mesme. Au reste, je n'ay point sceu que la peste fust à Angers; mais quand il y en auroit, comme en beaucoup d'autres villes du royaume, il y a divers lieux, dans l'estendue du gouvernement, dont la demeure est belle, auxquels vous ne vous estes pas despleue autrefois. Je finiray donc cette lettre en vous asseurant que je suis, Madame, vostre très-humble et très-obéissant filz, LOUIS.

De Versailles, ce III juin 1631.

La reine mère répond le 4 juin qu'elle est depuis longtemps résolue de mourir plutôt que de laisser à ses ennemis l'avantage « qu'ils m'ayent faict faire aucun voyage en l'estat que je suis... » Quant au départ des troupes, elle n'en est nullement touchée, d'autant qu'il y en a encore très-proches; d'ailleurs elle ne veut pas sortir dehors, et ne veut pas d'autre promenoir que celui de la terrasse.

Le 12 juin, autre lettre de trois lignes; elle envoie le porteur pour avoir des nouvelles du roi; elle ne peut rester plus longtemps sans en avoir.

Page 152. — Bibl. nat. Clairambault. Mélanges. 380, p. 3830. Copie.

LE ROI À LA REINE MÈRE.

Madame, j'ai permis à mon cousin le maréchal d'Estrées de s'en retourner chez luy, et luy ay commandé de passer à Compiègne vous visiter de ma part et vous rendre la lettre que je vous escris pour vous dire le regret que j'ay d'avoir entendu par luy comme l'esloignement des troupes qui estoient à Compiègne ne vous a pas disposée d'user du pouvoir et de la liberté que j'ay toujours entendu que vous eussiez, mesmes vous promenant prendre l'air, afin que vostre santé ne peust recevoir aucune incommodité, m'estant chère comme elle est; je luy ay donné charge de vous y convier de ma part, mesmes d'esloigner les troupes qui sont dans la province, si les lieux où elles sont logées vous donnent le moindre ombrage, désirant rechercher, comme j'ay toujours faict, de vous complaire et contenter en tout ce qui me sera possible. Espérant que le soing que je prends et la démonstration continuelle de mon affection envers vous auront le pouvoir sur vostre esprit de vous résoudre à me donner contentement sur ce que je désire de vous, sçachant bien que je ne vous demanderay jamais que choses raisonnables. Sur ce, je vous supplie de me croire...

A Saint-Germain-en-Laye, ce XIIe juing 1631.

Marie de Médicis remercie le roi pour sa lettre et pour la visite du maréchal. Quant à sa santé, « le meilleur moyen de me la conserver est de me donner la part en vos bonnes grâces que désire et rechercherai toujours.

« M^r mon filz.

« Vostre très-humble et très-affectionnée mère et subjecte,

« Compiègne, ce 17ᵉ juing. »   P. 3830 *bis.*

Page 152. — Bibl. nat. Clairambault. Mélanges. 380, p. 3830. Copie.

LE ROI À LA REINE MÈRE.

Madame,   je vous remercie du soin que vous avez de sçavoir de mes nouvelles, qui sont, graces à Dieu, fort bonnes, puisque je me porte fort bien, et que je n'ay incommodité quelconque. Je prie Dieu qu'il vous conserve la vostre, et qu'il vous inspire la résolution de vous conformer à ce que je désire pour nostre bien commun.

Cependant je vous prie de croire que je suis, Madame, vostre très-humble et très-obéissant filz.

A Saint-Germain-en-Laye, ce XIIIᵉ juing 1631.

LOUIS.

Page 152. — Bibl. nat. Clairambault. Mélanges. 380, p. 3830 *ter.* Copie.

LE ROI À LA REINE MÈRE.

Madame,   je renvoye le s^r de Mesmin trouver mon cousin le maréchal d'Estrées qui vous fera entendre la résolution que j'ay prise sur les lettres que vous m'avez ci-devant escrites et ce que m'a mandé mondit cousin s'estre passé aux diverses fois qu'il vous a veue de ma part. Je veux espérer que vous me donnerez la satisfaction et contentement que je me suis tousjours promis; comme, de ma part, j'essaye de rechercher la vostre et vous tesmoigner que je suis...

De Versailles, ce XXVᵉ juing 1631.

La reine mère répond, le 1ᵉʳ juillet, à peu près dans les mêmes termes qu'elle renvoie le s^r de Mesmin, lequel « fera aussy sçavoir au roy ce qui s'est passé entre nous depuis la venue dudit s^r de Mesmin. »

Le 3 juillet, autre lettre de trois lignes. N'ayant pas reçu depuis quelque temps de nouvelles de la santé du roi, elle envoye le visiter.

La réponse du roi ne se fit pas attendre; le cardinal était poussé à bout, et le 4 juillet le roi mandait à sa mère qu'il était temps qu'elle fit de sérieuses réflexions sur sa situation.

Page 161. — Après le filet *mettez :* NOTA.

Page 161, ligne 1 du nota. — *Mettez :* sur cette absence de lettres de Richelieu voy. addition à la page 96 de ce IVᵉ volume.

Page 165, ligne 26. — Quelques esprits, *lisez :* que vous permettiez que quelques esprits.

Page 167, ligne 8. — *Ajoutez :* Richelieu avait d'abord chargé Schomberg de faire un projet de cette déclaration. La pièce, rédigée par ce maréchal, se trouve, écrite de la main de son secrétaire, dans le volume LXIX de la collection France. On lit au dos de cette note, d'une écriture qui ressemble à celle de Richelieu : « Dressée par M. le maréchal de Schomberg; » puis la pièce, refaite et mise au net de la main de Cherré, a été encore modifiée dans un grand nombre de passages par Richelieu lui-même, qui n'y a presque rien laissé du travail de Schomberg et qui en a fait ainsi son œuvre personnelle.

Page 168, voy. ligne 9. — *Voy.* addition à la page 96 de ce IVᵉ volume.

Page 171, ligne 4. — Un exposé de l'affaire du duc de Guise, écrit de la main de Cherré, se

10

trouve dans le volume France, 55, coté pièce 45°. Ce même volume contient plusieurs autres pièces relatives au même personnage.

Page 175. — Après la lettre LXXXII *mettez* : Bibl. nat. Clairambault. Mélanges. 380, p. 3831. Copie.

LE ROI À LA REINE MÈRE.

Madame,   ma santé est graces à Dieu aussy bonne qu'elle fut jamais. J'espère que Dieu me la continuera pour me donner plus de moyens de remédier à beaucoup de désordres qui se trament à mon préjudice. Je ne sçaurois au reste vous tesmoigner assez le desplaisir que j'ay de ce que vous n'avez point encore voulu vous résoudre à ce que je désire de vous pour nostre bien commun. Je vous prie de bien penser si vous me le devez davantage desnier, et croire, qu'en faisant ce qui est nécessaire pour le bien de mon estat, je seray toujours, Madame, vostre très-humble et très-obéissant filz,

                       Louis.

Saint-Germain-en-Laye, ce IIII° de juillet.

La reine mère continuant de faire la sourde oreille, une dernière lettre arriva le 10, à laquelle il n'y avait d'autre réponse que l'obéissance ou la fuite.

Page 175. — Bibl. nat. Clairambault. Mélanges. 380, p. 3831. Copie.

LE ROI À LA REINE MÈRE.

Madame,   j'ay entendu par mon cousin le maréchal d'Estrées ce que vous luy aviez dit sur ce qu'il vous a cy-devant représenté de ma part. Il est chargé de vous faire sçavoir l'estat présent de mes affaires et la nécessité qu'il y a de vous y accommoder. Je le renvoye donc vers vous affin que preniez une dernière résolution qui m'apporte le contentement que j'en ay toujours espéré et qui me donne le moyen de vous tesmoigner, ainsy que je l'ay toujours désiré, comme je suis, Madame, vostre très-humble et très-obéissant filz,

                       Louis.

A Saint-Germain-en-Laye, ce X° juillet.

La reine mère répond à la lettre du 10 apportée par le maréchal d'Estrées... « Ayant accordé très-volontiers tout ce que vous avez demandé de moy pour la seureté de ceux dont vous vous servez dans vos conseils, je vous supplie très-humblement de ne trouver pas mauvais que je ne me sois accommodée à la proposition que l'on m'a faicte de sortir d'icy pour souffrir une nouvelle séparation et un esloignement plus grand, qui me seroit presque la perte de la vye que je ne désire prolonger que pour la sacriffier à la conservation de la vostre, comme doibt,

«Mr mon filz,

         « Vostre très-humble et très-affectionnée mère et subjecte,

              «Marie.»   P. 3832.

«Compiègne, ce XIIII° juillet 1631.

Cette étrange correspondance, qui dura près de cinq mois, témoigne d'une opiniâtreté égale des deux côtés; mais des deux côtés la force n'était pas égale, et Richelieu était homme à le prouver; toutefois nous avons ici un curieux exemple de ses procédés; les lettres qu'il faisait écrire au roi, toujours respectueuses dans la forme, étaient au fond très-impératives, et les personnages ordinairement considérables qui étaient chargés de les porter avaient évidemment mission de faire comprendre par leurs paroles ce qu'on évitait d'exprimer nettement dans les lettres. Il faut rapprocher cette correspondance de celle qu'on échangeait en même temps avec le maréchal d'Estrées et dont nous avons donné l'indication dans notre tome IV, p. 168.

Page 175, aux sources. — *Ajoutez* : Arch. des Aff. étr. Turin, tome XVIII, fol. 15, orig.

Page 177. — Aux sources, après la 1re ligne, *mettez* : Gaignères, t. II, fol. 77-79. Copie. — 2e ligne, 131, *lisez* : 132, pièce classée, au hasard, en juin. Nous notons quelques-unes des différences qui se trouvent entre les deux minutes. — A la page 178, ligne 9, la pièce 58 met : M'ayant rendu, comme ils devoient, le respect de me les envoyer tout fermez. — A la page 179, ligne 15, *après* : eulx, la pièce 59 efface les mots : «Je suis seul juge de leurs comportements,» conservés dans la pièce 58. — Ligne 21, après «Dieu,» deux mots ajoutés de la main de Richelieu. — Ligne 29, après «que,» la pièce 59 met : «Vous ayez souffert que.» — Page 180, ligne 5, après le mot «entreprise,» deux lignes ajoutées par Richelieu, pièce 59. — Même page, ligne 17, après le mot «courage,» on a ajouté dans la pièce 59 : «Et d'abandonnement de ses propres intérêts.» — Page 181, ligne 12, une ligne et demie du second alinéa, jusqu'au mot «n'y» inclusivement, ajoutée par Richelieu, pièce 59.

Page 182. — A la lettre adressée au duc de Chaunes, *mettez en note* : Le roi à MM. Servien et Toiras, 19 juillet, sur le même sujet, original (Turin, t. XVIII, fol. 53 et 58); autre missive du roi aux mêmes, avec des détails sur la fuite de la reine mère.

Page 182. — Lettre LXXXVI. Une lettre conçue dans les mêmes termes que cette missive au commandeur fut adressée par Richelieu à son beau-frère le marquis de Brézé, capitaine des gardes. Elle est imprimée dans les *Mémoires de la Société académique de Maine-et-Loire*[1], sur un fac-simile communiqué à la société par M. le docteur Champneuf, qui l'avait trouvé dans des papiers de famille. Ce fac-simile est daté du 29 juillet; ce doit être une erreur de copiste, puisque la lettre elle-même dit qu'elle fut écrite quatre jours après la sortie de Compiègne. — Nous avons su depuis que cette lettre à M. de Brézé, signée de Richelieu et datée du 23 juillet, est conservée dans la collection de MM. Benjamin Fillon et Dugast-Matifeux.

Page 183. — Après la lettre LXXXVI, *mettez* : Nous trouvons dans le vol. 380 des Mélanges de Clairambault deux lettres de quelques lignes adressées par le roi au duc de Guise, l'une du 23 juillet, jour de la fuite de la reine mère (p. 4015), l'autre du 23 août contenant la permission demandée par le duc de Guise d'aller à Notre-Dame-de-Lorette (p. 4017). Il faut donc mettre à ce moment la lettre, sans date, adressée par le roi à M. de Bullion, que nous avons classée approximativement vers le milieu de 1631, p. 168 de ce IVe volume.

Page 183. — Après la lettre LXXXVI, *mettez* : Non-seulement nous venons de reproduire la correspondance entre Louis XIII et sa mère, dont Clairambault nous a conservé la copie, mais les papiers de Richelieu aux Affaires étrangères, où nous n'avons pas trouvé les lettres précitées, donnent en revanche, dans les lettres des envoyés de Richelieu à Compiègne, surtout dans celles du maréchal d'Estrées, des détails qui ont aussi leur intérêt; l'indomptable ténacité de Marie de Médicis, ses capricieuses fantaisies, sa haine aveugle contre Richelieu s'y peignent au vif; on y voit, en même temps que ses plaintes éternelles, plusieurs éclairs de gaieté qui sillonnent parfois ses tristesses désespérées; tout est noté dans un minutieux détail depuis le fol. 49 du tome LVI jusqu'au fol. 43 du LVIIe de la collection *France*. Nous remarquons entre autres une conférence du 24 mai, entre la reine et le maréchal de Schomberg, le duc d'Estrées, M. de Mesmes, envoyés par le cardinal au nom du roi, pour engager Marie de Médicis à quitter Compiègne, dont il a été question dans ses lettres… Elle prétend qu'on ne la veut à Moulins que pour l'envoyer en Italie, comme s'il eût été plus difficile de l'y envoyer de Compiègne, si réellement on eût eu ce dessein. Tous les incidents qu'on vient de lire se reproduisent dans les dépêches des messagers du roi à Compiègne, nouvelle preuve de l'incontestable authenticité des copies de Clairambault. Nous avons ici un rapport très-circonstancié des envoyés. Après trois jours passés auprès de Marie de Médicis, ils s'en reviennent ayant pour dernières paroles de la reine

[1] Tome XXVII, p. 321. Angers, 1872.

mère « qu'il en arriveroit ce qu'il plairoit à Dieu.» Ce rapport, qui n'a pas moins de onze pages, est important pour l'histoire de Richelieu; il montre que l'exil de la reine mère c'est elle-même qui s'y condamne. Richelieu ne fut certainement pas fâché, c'est cette princesse qui l'écrit, de lui voir prendre ce parti extrême, et l'on peut croire qu'il y contribua un peu par de secrètes incitations. C'est là ce qu'on lui peut imputer, et surtout des rigueurs mal justifiées qui ont aggravé la douleur de l'exil. A ce moment les manuscrits des Affaires étrangères sont remplis de pièces concernant les mesures prises ensuite de l'évasion de la reine mère, et ceux qui l'avaient favorisée, auxquels on imputa à crime d'État l'assistance qu'ils avaient prêtée à la fugitive. Notons, pour finir, une lettre écrite d'Avesnes au roi par Marie de Médicis le lendemain de sa fuite, où elle développe en six longues pages ses griefs et ses lamentations. (T. LXII, p. 54.)

Page 190, note 1. — *Ajoutez :* Le cardinal avait pris soin de dicter lui-même l'engagement que l'abbé Du Dorat devait demander au duc de Lorraine. Nous avons dit que la minute est conservée aux Affaires étrangères, dans le tome IX de Lorraine. La pièce originale, signée par le duc, se trouve dans le tome X, fol. 63, de la même collection. — M. d'Haussonville a donné l'engagement pris par le duc (t. 1, p. 281); il convient de rapporter l'engagement réciproque du roi, écrit sur le même feuillet, de la main de Charpentier, et dicté aussi par Richelieu : « Nous Louis'... Nous avons bien voulu luy (au duc) faire cognoistre que tant s'en faut que nous ayons aucun dessein d'entreprendre quelque chose contre luy ou ses estats, qu'au contraire nous nous obligeons de le deffendre envers tous et contre tous, et l'assister, s'il est attaqué par qui que ce puisse estre, de 12,000 hommes de pied et de 12,000 chevaux à nos despends et de plus grand nombre s'il en a besoin.» — Après «tome LIX, pièce 14°,» *mettez en note :* La pièce 13° de ce même volume est un premier projet de la main de Bullion, dont Richelieu n'a presque rien conservé.

Page 190, ligne 22. — Au, *lisez :* un.

Page 192, ligne 6. — Qu'en, *lisez :* qu'on.

Page 196, ligne 4 — Honorés, *supprimez* l's.

Page 199, note 2. — Il est nécessaire d'atténuer le sens que cette note présente au premier abord ; elle généralise à tort une observation qui ne s'applique en réalité qu'à quelques faits particuliers, et à un côté spécial de l'administration : la vigoureuse attention que Richelieu a toujours apportée aux réclamations d'argent faites à l'État ; le cardinal avait pour habitude d'y regarder de fort près, et à cet égard il en usait dans l'intérêt des affaires publiques, ainsi qu'il a toujours fait pour ses affaires privées.

Page 203. — Après la pièce XCVII. Au mois de septembre 1631, les protestants eurent la permission de tenir un synode à Charenton. Cet événement occupa sérieusement l'attention publique, et le *Mercure françois* (la *Gazette* n'existait pas encore) en fit l'histoire avec détail. (T. XVII, p. 723-782.) Nous n'avons rien trouvé qui s'y rapporte dans les papiers de Richelieu ; mais nous devons noter une allocution du cardinal, que le *Mercure* a conservée. — Il s'agissait alors de mettre en pratique les promesses que le roi avait faites de maintenir la liberté des cultes, après l'éclatante victoire qu'il avait remportée sur la rébellion armée et le parti politique de la réforme. — A la clôture du synode, deux députés, les pasteurs Amiraut et de Villars[1], avaient été envoyés vers le roi; S. M. leur renouvela l'assurance de ses bienveillantes intentions, et leur promit d'examiner leurs cahiers en conseil. Après le roi, le cardinal prit la parole et leur dit «que S. M. estoit satisfaite de cette assemblée, que sa volonté estoit d'entretenir ses subjects de la religion prétendue réformée en la liberté à eux accordée par ses édicts, et les faire jouyr de sa grace et des effets de sa bienveillance royale...» Après

---

[1] La *Revue critique*, n° 44, p. 277, 31 oct. 1874, ne nomme point Villars et parle d'un jeune ministre Cappel, qui fut consulté par Richelieu.

avoir énuméré «en témoignage» diverses grâces octroyées par S. M., Richelieu ajoute «que S. M.
voulant traitter avec ses subjects convenablement à sa dignité souveraine et à l'authorité sacrée de
sa parole royalle feroit donner à leurs cahiers des réponses très-favorablement.» — Le roi écrivit, à
ce sujet, au conseiller d'état Gallard, commissaire de S. M. près le synode, une lettre que le *Mercure*
a conservée p. 768.

Page 204, à la date, *au lieu de* Vers la fin de septembre, *lisez* : Vers le commencement d'octobre.
Depuis l'impression de cette lettre, nous en avons trouvé une de Molé, adressée à Richelieu, le
1ᵉʳ octobre, dont celle-ci est évidemment la réponse. Notre conjecture ne s'éloignait de la vérité
que de très-peu de jours. Molé écrivait : «J'ay appris le mescontentement que S. M. a conceu
contre moy, sur ce qui s'est passé il y a quelque temps en son parlement.».... Il n'a jamais eu
d'autre passion que de fidèlement servir; il supplie donc le cardinal de lui donner une nouvelle
preuve de sa bienveillance.... «prenant en vostre protection l'honneur d'un officier qui a tousjours
eu les intentions très-droictes, et qui est et sera aultant qui soit en France, Monseigneur, etc.» Cette
lettre autographe est aux archives des Aff. étr. France, 1631, tom. 58, fol. 525.

Page 206, aux sources. — *Ajoutez* : Arch. des Aff. étr. Turin, t. XXI, pièce 228, minute de la
main de Charpentier. Cette minute, se trouvant sans date, a été classée au hasard entre août et
septembre 1632. — Richelieu écrivit à Servien, en même temps qu'à Toiras, une lettre à peu près
pareille; nous la trouvons en original, t. XVIII de Turin, pièce 163. — Notons, dans ce même
volume, une pièce cotée 302, avec la date du 16 octobre : *Partis à prendre avec M. de Savoye touchant Pignerol.* «Comme la fin de M. de Savoie (dit Richelieu dans ce mémoire) est de laisser tousjours quelque embarras en l'affaire de Pignerol pour se ménager un prétexte de la ravoir quelque
jour, s'il se peut, celle du roy doit estre d'asseurer Pignerol en sorte qu'on ne puisse jamais le retirer de la France.» Et la question ainsi posée est traitée en quatre pages. C'est une mise au net de
la main de Céberet. — Il parut vers ce temps-là un opuscule sans nom d'auteur et sans indication
de libraire, intitulé : *Relation de ce qui s'est passé depuis quelques temps en Italie pour le fuict de Pignerol*, 1631. Cet écrit de 77 pages, où la louange n'est pas épargnée à Richelieu, présente tous
les caractères d'une publication secrètement officielle.

Page 207, notes, col. 1, lig. 1. — Alier, *lisez* : aller.

Page 208, ligne 26. — Une copie est conservée aux mêmes archives. — Suède, tom. 2,
fol. 98.

Page 211, aux sources. — *Mettez* : Arch. des Aff. étr. France, t. LVIII, fol. 407. Minute de la
main de Charpentier. — Le dernier paragraphe de cette lettre n'est point dans la minute; on a mis
au dos : «en novembre,» et on l'a classée à la fin dudit mois. — La réponse de Toiras, datée du
23 décembre, est au fol. 425 du manuscrit précité, t. LVIII. — La susceptibilité de Toiras s'était
éveillée sur ce que la commission donnée au sieur Lefebure ne faisait aucune mention de lui : «Il
n'y a point de commissaire qui puisse y travailler (aux fortifications), où se trouve un mareschal
de France, sans en recevoir les ordres de luy,» écrivait-il au cardinal. Turin, t. XVIII, fol. 418, à
la date de novembre. C'est à cette lettre que répond Richelieu.

Page 212, à la 8ᵉ ligne. — *Mettez en note* : Le dernier paragraphe n'est point dans la minute.

Page 212. — Après la pièce CIII, *mettez* : CIII bis. Arch. des Aff. étr. Trèves, t. I, fol. 32, minute.
— Mémoire et instruction de M. le comte de Bruslon allant à Trèves. 2 déc. 1631, «le comte de
Bruslon fera sçavoir à l'Électeur de Trèves que le dessein du roy est d'arrester le cours des malheurs
qui ruinent l'Allemagne par une paix générale. Que S. M. l'a envoyé pour sçavoir... quel expédient
il juge propre pour une si bonne fin. Tascher que l'Électeur vienne aux ouvertures de ce que l'on
désire, qui est que les forces du roy s'advancent pour défendre les estats de Trèves, car faire
advancer le roy sans que sa présence puisse produire aucun effect, ce seroit chose inutile et dont

on se pourroit mocquer. Il faut au roy l'asseurance d'un passage sur le Rhin, parce que le roy de Suède ne considérera pas ces forces qu'en tant qu'elles puissent aller à luy. Sur le discours du passage, M. de Bruslon trouvera des difficultez pour tout autre que Coblents. Il se souviendra d'avoir tousjours en la bouche le dessein de la paix générale en Allemagne, tesmoignant que le roy, pour y parvenir, veut commencer par négociations qui ne blessent ny Suède, ny les Électeurs. Mais comme il sçait bien que nulles raisons ne seront considérées de Suède si elles ne sont appuyées de force et de puissance, S. M. ne craint point de faire un armement qui luy coustera quatre ou cinq millions d'or pour le bien de la religion et le repos de la Germanie.

Si l'Électeur de Trèves veut envoyer traitter avec l'Électeur de Mayence et de Cologne, le comte de Bruslon doit respondre que cela ne serviroit à rien qu'à éventer l'affaire qu'il ne peut mieux traitter que par nous, car au reste le roy n'a autre intérest en cette ouverture que le leur...[1].

L'envoyé du roi de France fut reçu comme un sauveur et le prince-archevêque répondait à la lettre de Louis XIII : « Majestatis Vestræ regiæ ablegatus Dominus comes de Bruslon, tanquam angelus de cœlo mihi missus gratus et acceptus venit... » L'Électeur conjurait le roi de se faire médiateur dans ses intérêts. Sa lettre était datée : Confluentiæ, 21 dec. (fol. 42 du vol. de Trèves), et le même jour paraissait une déclaration portant qu'il se mettait sous la protection du roi. Richelieu la fit insérer dans le *Mercure françois*, t. XVIII, p. 12. Elle est conservée manuscrite dans le volume précité de Trèves, fol. 37. La mission de M. de Bruslon avait eu un plein succès; l'Électeur appelait les troupes françaises dans ses États et ordonnait à ses sujets de les recevoir (fol. 68).

Nota. — Les premières relations que je trouve entre Richelieu et l'Électeur de Trèves sont de 1627. Le 1er volume de Trèves aux Aff. étr. nous donne une lettre de l'Électeur à Louis XIII auquel il demande assistance contre les Hollandais qui dévastent ses frontières : « Excursiones facere et depredationes exercere incipiunt. La lettre, signée : Philippus Christophorus archi-Eps Trevirensis elector, est datée : 26 aprilis 1627 Civitate confluentinæ. (Fol. 22.) A cette époque, M. de Marcheville avait une mission en Allemagne, et dans une longue lettre chiffrée, adressée au roi, dont il a reçu les commandements le 1er avril, il donne les informations qu'il a déjà pu recueillir sur l'état de l'Allemagne. (La lettre est datée de Trèves, le 26 avril.) Richelieu se hâta de mettre l'Électeur de Trèves au nombre des petits souverains d'Allemagne qui demandaient la protection et l'argent de la France; une pension lui fut donnée, et notre manuscrit conserve la quittance du dernier terme de l'année 1629 : « Accepi ab illustri Dno comite de Marcheville duodecim millia coronatorum quæ conficiunt summam triginta sex millium librarum francicarum pro solutione pentionis anni proxime præteriti 1629... » La pièce, revêtue du sceau en cire rouge, est datée : 26 mars 1630, Confluentiæ (fol. 29). Au mois de mai suivant, c'est l'évêque de Scithie, suffragant de l'évêché de Toul, que le roi envoie vers les princes et les Électeurs d'Allemagne; Richelieu lui confie une mission toute particulière près de l'Électeur de Trèves, auquel il doit expliquer en détail « les bonnes intentions du roy sur l'Allemagne et la chrestienté. » La dépêche est datée de Grenoble, le 14 mai. Tous les ambassadeurs qu'on envoyait vers le nord étaient chargés de s'arrêter en passant à Trèves et d'entretenir les bonnes relations de l'Électeur avec la France. Nous, voyons, vers la fin de 1631, le baron de Charnacé porteur d'une lettre du roi, disant : « Il vous informera de l'estat auquel je me trouve à présent. » C'est un original de quelques lignes, daté du

---

[1] Cette instruction est précédée, dans le manuscrit (fol. 31), d'une minute commençant ainsi : « Lettre de Mgr. le cardinal à Mr l'Électeur de Trèves. » C'est une simple lettre de politesse à l'occasion de la mission du comte de Bruslon; et, à la suite de cette

même instruction (fol. 33,) se trouve la minute d'une lettre du roi à l'Électeur, accréditant et recommandant ledit comte. Ces deux minutes sont attribuées au P. Joseph.

27 octobre, et qui nous semble être de Bouthillier (fol. 34). Enfin, une mission spéciale est confiée à M. de Bruslon.

Page 213, notes, 1re colonne, ligne 10. — *Ajouter à la note :* Nous trouvons, aux Arch. des Aff. étr. Mantoue, t. IV, pièces 81, 82, 83, trois lettres du roi, en minutes écrites de la main de Bouthillier, adressées au maréchal de La Force, les 9, 10 et 11 décembre 1631, au sujet de Moyenvic : prendre les forts, ôter toute communication avec Marsal, se garder du côté de Luxembourg. Ces lettres, où il ne s'agit que de dispositions militaires, sont plutôt du roi que de Richelieu.

Page 219, ligne 3. — « Pour ce qui, etc. » nous recueillons dans Aubery une courte lettre de Richelieu à la duchesse de Savoie, non datée, et dont rien, dans le texte, ne nous aide à trouver la place chronologique. Richelieu répond à une missive de la princesse, « qu'on n'a point rendu à S. A. de mauvais office auprès de luy... quelque chose que l'on puisse dire ne peut estre qu'à son avantage; elle mettra donc, s'il luy plaist, son esprit en repos de ce côté-là... » La pensée est absolument la même que celle de la fin de la lettre du fonds Baluze. La date est ici sans importance, le cardinal a dû plusieurs fois répéter à la duchesse ce qu'il écrit dans ces deux lettres. (Aubery, V, 399.) Le Recueil de 1695, I, 325, met la suscription « à la princesse de Piémont, » et si l'on s'en rapportait à cette suscription la lettre aurait été écrite avant le mois d'août 1630; mais on sait que l'édition de 1659 mérite peu de confiance.

Page 225. — A l'occasion du mémoire à M. de Bruslon, notons une lettre de Bouthillier, du 9 décembre 1631, à M. d'Avaux, toute remplie « des grandes actions que le roy a faictes en Italie, etc. » Or, il était convenu que ce que faisait le roi était l'œuvre du cardinal. — Quant à Balzac, il n'en sera plus question dans la correspondance de Richelieu. Il est probable qu'il jugea mal récompensées les louanges excessives qu'il avait données au cardinal. Nous trouvons une lettre de 1635 (1er avril) où l'évêque de Lisieux (l'abbé de Beauvau) écrivait au grand ministre : « le pauvre M. de Balzac vous supplie de faire demander au roy pour luy le prieuré de Saint-Paul de Xaintes, diocèse de Xaintes où ledit Balzac ne respire que vostre service. » (Aff. étr. France, t. LXXI, pièce non cotée, avant le fol. 309.) Nous ne savons quelle fut la réponse à cette supplique; mais ce que tout le monde sait, c'est que Balzac, après avoir été l'un des plus chauds panégyristes de Richelieu, est devenu, après la mort du cardinal, l'un de ses censeurs les plus sévères. Au reste le prieuré sollicité par Balzac devait être un très-mince bénéfice; le bénédictin dom Beaunier, qui le nomme *Saint-Pierre et Saint-Paul de Bouteville*, dit seulement qu'il était de l'ordre de Saint-Benoit (p. 166 du 1er vol. de son *Recueil historique et chronologique des abbayes et prieurez de France*), et l'abbé Hugues du Temps ne le nomme même pas (*Le clergé de France*, t. II).

Page 226, lettre à la République de Venise. — Cette lettre doit être datée de la seconde quinzaine de novembre, et reportée à la page 211. (Voy. le Supplément, page 671.)

Page 226, à la fin de la note 1, *ajoutez :* Cette missive fut sans doute écrite vers la fin de novembre, elle dut suivre de près la réception des lettres dont la Gazette de Renaudot fait mention sous la date de *Venise, 4 novembre.* La même gazette met au 25 novembre le présent fait par Richelieu à l'envoyé de la République.

Page 232, 1re ligne du texte. — Il y a plusieurs Chilly; c'est sans doute le Chilly qu'on nomme aussi Mazarin, village de l'ancienne province de l'Isle-de-France (Seine-et-Oise), près de Corbeil.

Page 237, aux sources. — *Effacez :* De la main de Richelieu.

Page 241, notes, 2e colonne, ligne 29. — J'ai rapporté, à l'occasion de la condamnation de Deshayes de Cormenin, un passage du *Journal de Richelieu qu'il a fait durant le grand orage;* j'ai cité de confiance, et j'aurais dû me méfier de cette compilation indigeste [1]. Il y a dans ces six lignes plus d'erreurs que de lignes. On y attribue à ce Deshayes un voyage à la Terre Sainte, voyage que fit son père lorsque lui sortait à peine de l'enfance. On y dit qu'en allant en Terre Sainte Deshayes conclut une alliance entre le roi de France et le grand-duc de Moscovie; tandis que, pour arriver à Jérusalem, Deshayes passa par Vienne, la Hongrie et Constantinople, sans avoir aucun dessein de passer en Russie. Le *Journal* précité ajoute que cette alliance fut conclue en novembre 1629, tandis que le voyage en Terre Sainte fut accompli en 1621 et publié en 1624 [2]. Dans une deuxième édition imprimée en 1629, il est question d'un troisième voyage à Constantinople fait en 1627 (deux ans avant cette publication) [3], et nullement d'un voyage en Moscovie, où Deshayes, le gouverneur de Montargis, n'a jamais été. — C'est son fils, lequel avait la survivance du gouvernement de son père, qui fut envoyé, dans l'année 1629, en Danemark [4] et en Russie, et qui eut la tête tranchée, le 12 octobre 1632, pour crime de haute trahison. La confusion n'est pas douteuse ; elle se reproduit dans l'article de la *Biographie universelle* dont l'auteur, M. Eyriès, aurait dû être mieux informé, et qui pourtant des deux Deshayes n'en fait qu'un. Il convient donc d'insister pour rétablir la vérité.

Deshayes de Cormenin le père avait reçu l'ordre du roi pour le voyage de la Terre Sainte le 15 avril 1621 [5], et il en revint au commencement de 1622. C'était un homme déjà âgé. « Je n'ay que trop vescu parmi ceux qui se meslent d'escrire pour... etc.,» dit-il dans son avertissement. Ce vieux Deshayes était lui-même un écrivain de quelque mérite; il est certainement l'auteur de sa relation, quoique Eyriès dise que c'est l'œuvre d'un secrétaire dont on ignore le nom.

Mais la mission en Danemark et en Moscovie, qui n'a rien de commun avec le voyage en Terre Sainte, ce fut Deshayes de Cormenin le fils qui en fut chargé en 1629. Il s'agissait de l'établissement de relations commerciales entre la France et la Perse; le traité fut conclu en novembre 1629, et la relation du voyage fut rédigée sans doute par le sieur Brisacier, secrétaire du jeune diplomate; elle parut sous le titre de : *Voyage en Danemark enrichi d'annotations*, par P. M. L., imprimé en 1664, trente-deux ans après l'exécution de Deshayes de Cormenin.

Richelieu, dans ses *Mémoires*, sous la date de 1629 (t. V, p. 131, 342), parle de cette mission en Moscovie, et l'année suivante il se plaint de propos indiscrets et « des faux rapports que Deshayes avait faits par une ambition d'un jeune homme inexpérimenté qui a jalousie de tout emploi qui est donné à autre qu'à luy » (t. VI, p. 412). Ce fut, en effet, à l'occasion d'une mission confiée au baron de Charnacé que la jalousie de Deshayes le jeta dans le parti de Monsieur, et c'est pendant sa mission en Allemagne que Charnacé trouva le moyen d'arrêter Deshayes, qu'il surprit sur une grande route et qu'il fit transférer en France.

Les *Mémoires* du cardinal ne nomment plus Deshayes qu'en 1632, pour dire qu'il était alors près de l'Empereur de la part de Monsieur (t. VII, p. 46, 63, 88), et qu'il fut arrêté dans un second voyage entrepris pour le même objet en Allemagne (p. 200, 219).

Henri de Loménie, comte de Brienne, qui était ami de Deshayes père, raconte dans ses Mémoires une anecdote sur le vieux Deshayes venant trouver le roi au pont Saint-Esprit pour demander à

---

[1] Quelques pages se sont en effet trouvées dans les papiers du cardinal, mais le libraire qui les a imprimées, voulant en faire une spéculation, a grossi la mince plaquette par des relations de procès et d'autres documents qui n'ont aucun rapport au Journal.

[2] Le privilége est daté du 5 juin de ladite année.

[3] Le libraire au lecteur.

[4] Deshayes Courmesnin (Le baron de). — Les *Voyages en Danemark*, enrichis d'annotations par le sieur P. M. L. (Jean Promé). Paris, Jean Promé, 1664, petit in-12. (Bibl. nat. dépôt général des cartes et plans, 4605.)

[5] Avertissement et p. 3.

S. M. la grâce de son fils. Ce passage des Mémoires de Brienne suffirait à indiquer la distinction que nous venons d'établir d'après des documents authentiques.

Page 244, 1re ligne du texte — *mettez en note :* L'instruction donnée à M. de Brézé, datée du 5 janvier, un «Mémoire de quelques points importants outre ceux qui sont contenus dans l'instruction,» pièce également datée du 5 janvier, enfin deux additions à l'instruction en date du 5 janvier, se trouvent aux archives des Aff. étr. Suède, tom. 2, fol. 183, 189, 202, 208. Ce sont des mises au net, où nous n'avons point vu d'indice du travail personnel de Richelieu.

Page 251. — A l'occasion de la pièce *Pour M. de Brézé,* il convient de noter deux autres pièces conservées dans le même manuscrit, lesquelles sont de l'écriture attribuée au Père Joseph. La première : «Remarques sur le traitté de neutralité donné par le roy de Suède à MM. le marquis de Brézé et de Charnacé,» minute fol. 225. La seconde (fol. 221) : «Sur les affaires d'Allemagne en février,» où l'on trouve le développement de cette pensée : «Il est évident à tout homme de bon sens que la chrestienté est travaillée par deux puissantes factions; l'une est celle des protestants, qui combattent la religion, l'autre est celle de la maison d'Autriche, qui opprime la liberté.» — Notons encore, sur les difficultés de la neutralité, deux dépêches, l'une du 14 avril, l'autre sans date, mais de la même époque, toutes deux en minute, de la main de Bouthillier, et écrites pour MM. de Brézé et de Charnacé, fol. 272 et 274. — Nous trouvons, notée dans le catalogue de la bibliothèque Lajarriette, dont la vente a eu lieu en novembre 1860, l'indication d'une lettre du cardinal à M. de Brézé, datée du 18 avril 1632. Nous n'avons pu l'examiner, mais nous voyons qu'à ce moment M. de Brézé était encore adjoint à l'ambassade du baron de Charnacé, en Hollande.

Page 251, aux sources. — *Mettez :* Original, papiers de la famille de Brézé.

Page 256, notes, colonne 1re, ligne 5, après les guillemets. — *Ajoutez :* La pièce diplomatique donnée à Charnacé, et dont ce mémoire écrit par Richelieu est la matière, se trouve aux Aff. étr. Allemagne, tom. 8, fol. 157. C'est une mise au net devenue minute, à cause des corrections et additions que Bouthillier y a faites de sa main, et qui doivent avoir été concertées avec le cardinal. On remarque surtout, en comparant les deux pièces, la suppression de quelques lignes qui auraient pu être blessantes pour le roi de Suède, et que Richelieu n'avait sans doute mises dans son projet que pour fournir des arguments à l'ambassadeur, mais qui ne pouvaient guère être écrites dans la pièce officielle.

Même page, notes, 2e colonne, ligne 16. — *Ajoutez :* Une copie manuscrite du traité de Bernwald est conservée dans le second volume de la collection Suède, fol. 14. Le nombre 10,000 est écrit en toutes lettres.

Page 257. — *Mettez en note :* De la ligne 20 à la ligne 30 inclusivement, ce passage de la pièce préparatoire n'a pas été conservé dans la pièce officielle.

Page 259, addition à la note. — On a vu que la pensée principale de ce mémoire, ainsi que de l'instruction donnée à M. de Brézé le 19 février (voy. page 251), était la conclusion de la neutralité entre la ligue catholique et le roi de Suède; mais la négociation était difficile, et M. de Brézé était un assez médiocre négociateur. Outre qu'il manquait de cette haute habileté que demandent les grandes affaires, il avait dans le caractère une brusquerie fort peu diplomatique; aussi Richelieu lui avait donné, dans cette mission auprès du roi de Suède, un collègue, le baron de Charnacé, dans les talents et l'expérience duquel on avait plus de confiance. Nous avons vu aux arch. des Aff. étr. dans le volume déjà cité de la collection d'Allemagne, fol. 161, une lettre du 14 février, écrite de Francfort par M. de Brézé à Bouthillier, laquelle montre assez bien que Brézé lui-même sentait le besoin qu'il avait du concours de Charnacé. Cette lettre nous semble un appendice nécessaire à la présente instruction, et puis elle présente la personne de Gustave-Adolphe au milieu de sa cour militaire sous un aspect assez piquant pour qu'il convienne d'en donner ici un extrait :

11.

«Je n'espère pas, dit M. de Brézé, qu'on puisse conduire à bonne fin l'affaire de la neutralité... pour ce qui est du gros des affaires on ne peut rien conclure avant le retour de M. de
Charnacé.... Le roy de Suède porte fort impatiemment qu'on luy parle de ce qui regarde la religion... Dans un entretien de trois heures il m'a parlé des affaires d'Italie, des particularités de la
vie du roy... On est venu l'avertir que sa viande étoit portée... Il me commanda de souper avec
luy et la reyne et quelques six ou sept autres princesses et trois ou quatre autres princes, non
comme ambassadeur, car nous ne vous sçaurions pas assez bien traiter comme tel, mais bien comme
marquis de Brézé, qui est de mes bons amis. » Le roy de Suède fit tourner la conversation sur les
erreurs de la religion catholique, sur quoi Brézé contestant : « Ne croyez pas pour ce que je vous
ay dit que je sois ennemi de vostre pape; et, redoublant son rire, continua : *car sans moy il ne
seroit que le chapelain des Espagnols*... et puis on joua jusqu'à une heure après minuit à des
jeux qui sont comme en France, vostre place me plaist au gage touché... »

Page 265, ligne 22. — *Le plus âgé, et tous... Nous avons suivi le manuscrit, mais il semble
qu'il faudrait lire : le plus âgé de tous...*

Page 270, ligne 16. — *Mettez en note :* Le maréchal de Marillac avait été arrêté, en suite de la
Journée des Dupes, en novembre 1630. Une chambre de justice constituée à Sainte-Menehould
commença le procès en mai 1631. Mais après quelques séances, au milieu de la procédure, cette
chambre fut subitement révoquée, et on transféra la prison à Verdun, d'où il date ses lettres : « de
l'abbaye de Saint-Vannes en la citadelle de Verdun; » après quelques mois l'affaire ne marchait pas
mieux à Verdun qu'à Sainte-Menehould; le maître des requêtes Du Chastelet se plaint au cardinal
d'un esprit de prolongation et de lenteur qu'il ne sait comment expliquer (15 octob.); les commissaires de Verdun, à leur tour, ayant paru douteux, on résolut de faire juger la cause à Paris, et
Bullion, l'un des commissaires, mandait au cardinal, le 27 novembre : « Nous commençons aujour-
d'huy de voir le procès de M. de Marillac. » (T. LVII, fol. 238.) Et trois jours après : « Il fault jetter
les ordonnances dans le feu et abolir les loix du royaume si l'accusé ne mérite la mort... Il ne fault
que prendre garde à la composition des juges. Ceulx qui travaillent icy sont très-bien disposez, mais
il y en a d'autres qui ne sont pas dans leur intention, dont je vous entretiendray Dieu aydant »
(fol. 248), et le 8 décembre il expédie un courrier « pour sçavoir ce qu'il plaist au cardinal d'ordonner sur l'affaire de Marillac. » (T. LVII, fol. 257.) L'accusé est amené à Paris vers le commencement de janvier; c'est le prisonnier du cardinal, et on lui donne le château de Ruel pour prison;
une nouvelle chambre est créée par commission du 11 mars, c'est alors qu'il faut « dépescher le
procès. » Marillac comparaît devant la Commission le 28 avril, et le 10 mai il était exécuté. Marillac
avait inutilement récusé ses juges, et, malgré la composition soigneusement étudiée de cet étrange
tribunal, la condamnation ne fut prononcée qu'à une voix de majorité. L'intervalle de dix-huit mois
qui s'était écoulé entre l'arrestation du maréchal et son supplice fut une longue torture pour le prisonnier; la captivité du garde des sceaux son frère, l'exil de la reine mère sa protectrice, la haine
du cardinal remplissaient son esprit des plus sinistres pressentiments. Ses lettres conservées dans les
papiers de Richelieu, et dont plusieurs, écrites à sa femme, ne peuvent se trouver là que parce
qu'elles avaient été interceptées, témoignent de ses angoisses. Elles sont datées de Sainte-Menehould
jusqu'à la fin de juin 1631, ensuite de Verdun. Dans ces lettres le maréchal se jette aux pieds du
roi en invoquant son innocence; il s'efforce de toucher le cardinal par des protestations d'attachement et de reconnaissance pour ses bienfaits; il célèbre ses vertus et le supplie de le protéger contre
ses ennemis (6 janv. 1632), comme si Richelieu n'était pas son ennemi le plus redoutable. Il appelle dans sa détresse le secours du ciel, fait des aumônes aux pauvres, des dons aux églises. Parmi
les curieux documents que nous offrent sur cette affaire nos manuscrits, notons un rapport de Schomberg au cardinal, où il annonce la réunion de la commission à Sainte-Menehould, dans les termes

de la plus violente animosité contre Marillac (15 juin 1631, t. LVI, fol. 366); une «instruction pour celuy qui ira à Verdun touchant le procès du mareschal.» Nous remarquons que Richelieu a remplacé les quatre dernières lignes de cette pièce, éclairée encore de quelques lueurs d'espérance, par cette conclusion à la fois plus brève et plus sinistrement significative... «Cette affaire en laquelle S. M. s'assure que les juges rendront exactement prompte justice» (t. LVII, pièce sans date, mais qui est du commencement de juillet, fol. 19.); une note sur «les difficultés qu'éprouvent les officiers du parlement de Dijon appelés à Verdun pour le procès de M. de Marillac (t. LVI, fol. 174.); des lettres à Richelieu du maître des requêtes Du Chastelet, autre ennemi des Marillac, que le cardinal avait envoyé à Verdun; le 3 octobre il explique l'état du procès en six grandes pages, où l'on voit la difficulté et aussi la ferme volonté d'obtenir sa condamnation capitale, «l'un de ses juges les plus prononcés contre lui, dit Du Chastelet, M. Bretagne, m'a demandé, c'est après disnée, si le roy ne seroit point satisfait d'une moindre peine que la plus grande.» (T. LVII, fol. 189.) Le 25 janvier, Marillac avait présenté une requête à la chambre. Dans la commission de Ruel se découvrait le même inconvénient que dans celle de Verdun; il y avait des commissaires qui se prenaient pour de véritables juges; l'un d'eux a dit (écrivait Du Chastelet au cardinal) «qu'il n'y a nulle preuve du crime maintenant en notre procès;» et c'était le 9 avril, à la veille de la condamnation, qu'on disait cela. Du Chastelet parvint à découvrir le nom de ce juge scrupuleux; il s'appelait Barillon. (T. LXII, fol. 99.) Il paraît qu'on n'avait pas encore assez exactement suivi le conseil qu'avait donné Bullion : «Bien prendre garde à la composition des juges.» — Le cours de l'instance avait été un moment suspendu; Marillac avait présenté une requête à la chambre le 25 janvier; le magistrat, «avant de prendre ses conclusions, avait attendu que S. M. luy fit connaître les volontés du roi.» Les manuscrits contiennent de nombreuses pièces relatives à ce curieux procès, qui fut une des grandes affaires du cardinal à cette époque. L'indication de ces sources pourra être utile aux travailleurs et agréable aux curieux : France, t. LVI, fol. 12, 22, 31, 33, 34, 39, 50, 52, 146, 174, 237, 343, 345, 364, 366. T. LVII, fol. 1, 3, 4, 11, 13, 17-22, 30, 34, 35, 37, 58, 59, 165, 167, 189, 238, 244, 247. Une pièce déplacée, sans date, fol. 248, 257, 325. T. LVIII, fol. 340. T. LIX, fol. 76. T. LX, fol. 12, 39, 79, 202, 214. Pièce de procès. T. LXII, fol. 99. T. LXIV, les douze premières pièces.

Page 275, aux sources. — *Mettez* : Archives des Affaires étrangères. — Notes, 2ᵉ colonne, ligne 8, au sujet de cette lacune, M. le comte d'Haussonville dit, dans son *Histoire de la réunion de la Lorraine* : «Nous sommes assez tenté de penser que cette lacune devait être comblée par le récit des faits racontés dans la lettre de Guron. On ne trouve aux archives du ministère des Affaires étrangères, ni la minute, ni la copie.» (T. I, p. 505.) Nous avons montré que cette conjecture, déjà présentée par Michaud, n'est pas fondée. Notons que le manuscrit de Lorraine conserve la correspondance de Guron avec le cardinal et Bouthillier, pendant sa mission à Nancy, une douzaine de lettres datées d'avril et mai (fol. 175 à 200).

Page 283, première ligne de la lettre 141. — Sa Majesté, *lisez* : Sa Sainteté.

Page 286, aux sources. — *Ajoutez* : Original, Arch. de Condé. Communication de Mᵍʳ le duc d'Aumale. — Cet original, daté du 25 avril, contient un *P. S.* qui ne se trouve pas dans la minute: «Je vous supplie de vous mocquer de toutes sortes de mauvais offices que d'autres pourroient craindre, parce qu'en effet la passion que vous avés au service du roy et de vos amis m'est tellement cogneue que rien ne sçauroit m'empescher de vous honorer et de vous servir.»

Page 290, notes, 2ᵉ colonne, 2ᵉ ligne. — François, *lisez* : Antoine.

Page 292, notes, 1ʳᵉ colonne, ligne 17. — De l'essentiel, *lisez* : et l'essentiel.

2ᵉ colonne, ligne 4. — Après 296, *fermez la parenthèse.*

2ᵉ colonne, ligne 17. — Après 1637, *fermez les guillemets.*

Page 294, ligne 13. — L'anguille sous roche que le cardinal ne pouvait découvrir, c'était la révolte de Monsieur, secondée par le duc de Montmorency, laquelle éclata vers la fin de juillet. Et ce qui est à noter ici, c'est que le duc de Montmorency est précisément l'homme qu'il charge de certaines précautions jugées nécessaires en ce moment. On voit que, confiant dans les mesures qu'il prenait, Richelieu était rassuré du côté du Midi, et que c'est surtout la Picardie et la Champagne qui l'inquiétaient.

Page 296, notes, 1ʳᵉ colonne, ligne 17. — Après «informé» ajoutez : par une lettre de M. de Saint-Chamond, du 12 novembre. (Autographe, Aff. étr. France, t. LVIII, fol. 386.)

Page 296, notes, 1ʳᵉ colonne, ligne 20. — Après le point, mettez : Nous avons vu, page 214 ci-dessus, qu'Élisabeth de Nassau, sa mère, promettait formellement qu'il irait trouver le roi «le plustost que faire se pourra.»

Page 296, notes, 1ʳᵉ colonne, ligne 31. — Mettez en note : Dans la collection Grimoard, cette lettre est datée «de Lahaye.» Turenne devait être alors à Paris. Nous avons une lettre écrite par le duc de Bouillon à Richelieu, de Lahaye le 9 mars; il lui dit : «Mon frère s'en allant trouver le roy.» (Aff. étr. France, t. LXII, fol. 62.)

Page 296, notes, 2ᵉ colonne, ligne 6. — Après le point, mettez : Nous trouvons aux Arch. nationales une lettre de Puylaurent à Monsieur, sur le même sujet. (M. 347, papiers de Bouillon.)

Page 297, notes, 2ᵉ colonne, ligne 3. — Il est plus probable que «le C» veut dire «le Certain,» nom par lequel on désigne un personnage qui donnait des informations à Richelieu. (Voy. p. 270 de notre 4ᵉ vol.)

Page 300, aux sources. — Mettez en tête : Arch. des Aff. étr. Angleterre, t. XLV, fol. 214. Minute de la main de Bouthillier. La pièce de la Bibliothèque nationale, sur laquelle nous avons imprimé cette lettre, doit être une mise au net. — Dans le manuscrit des Affaires étrangères, cette minute est classée par erreur en 1633, ainsi que plusieurs autres qui la suivent, sur le même sujet, et également de la main du surintendant : folio 214 verso, minute de la lettre à la reine d'Angleterre (c'est celle que nous avons donnée, t. IV, p. 301). — Folio 215, à M. de Fontenay-Mareuil, ambassadeur de France à Londres. — Folio 215 verso, à l'archevêque de Sens, grand aumônier de la reine. — Fol. 216-218, instruction à M. de Saint-Chamont, envoyé extraordinaire pour la ratification d'un traité de commerce, et chargé de faire connaître à S. M. Britannique que le roi est disposé à repousser les attaques dont les Espagnols menacent le Palatinat. — M. de Saint-Chamont se souviendra surtout que «le point est qu'il rapporte quelque sorte d'union entre les deux couronnes contre l'Espagne, quand mesme les Anglois ne tiendroient pas ce qu'ils promettront sur ce sujet.»

Page 303. — Note pour la lettre 153ᵉ. Le duc d'Orléans était arrivé à Nancy le 8 juin; Richelieu, toujours si bien informé, ne fut pas surpris par cette nouvelle, et l'on a vu son peu de confiance dans les dispositions du duc par les conseils qu'il donne et fait donner, sans beaucoup d'espoir de les voir écouter. Le duc d'Orléans, qui déclarait en ce moment sa révolte, l'avait préparée par des levées de troupes et des négociations avec l'Espagne. Nous avons noté dans ce IVᵉ volume, p. 299, le manifeste de Monsieur, daté d'Andelot le 13 juin; c'est sans doute vers cette époque qu'il faut mettre une pièce saisie parmi les papiers d'un agent du duc d'Orléans, le sieur de Saint-Roman, et dont nous avons vu une copie à la Bibliothèque nationale, dans les manuscrits de Fontette (portefeuille XI, n° 174). Ce document intitulé : Termes du serment que devoient prester les gens de guerre levés par M. le duc d'Orléans, commence ainsi : «Vous jurez et promettez à Dieu de bien et fidèlement servir le roy, sous l'autorité de Mᵍʳ fils de France, duc d'Orléans, son frère unique et lieutenant général de ses armées, contre le cardinal de Richelieu, ennemi de sadite Majesté, perturbateur du repos public et usurpateur de l'Estat...» On a conservé aux archives de Simancas les pièces constatant les négociations de Monsieur : «Les ordres donnés par Mᵍʳ le duc d'Orléans au sieur de Lingendes, envoyé par S. A. vers le roy catholique, sont, etc.,» en 9 articles. A la suite de ces instructions se trouvent des extraits de lettres écrites aux sieurs de Lingendes; la date manque; les extraits de lettres doivent être de 1633, mais les instructions qui sont antérieures peuvent appartenir à l'année 1632. Remarquons toutefois qu'on indique des négociations précédentes, puisque le duc fait remercier le roi d'Espagne de l'assistance qu'il a déjà reçue de S. M. Ces pièces sont accompagnées d'une traduction espagnole, également non datée. (Arch. de l'Empire, K 1363. A 35. pièces 2ᵉ et 7ᵉ.) Voyez notre IVᵉ volume, p. 409, notes. — A l'occasion du projet d'irruption de Monsieur en France, notons une pièce que nous avons eue tardivement (Arch. des Aff. étr. Lorraine. t. X, p. 380). Elle contient quelques réflexions sur cet événement et sans doute était destinée à être mise sous les yeux du roi. Le duc de Lorraine, essayant d'écarter les légitimes soupçons de sa participation à la révolte de Monsieur, avertit de l'entrée de S. A. en Lorraine les généraux qui commandaient l'armée de Champagne.

Page 303. — Note 3. M. d'Haussonville, qui a pris cette lettre dans Aubery, où elle n'est point datée, lui donne, je ne sais sur quelle autorité, la date du 15 mars. (*Histoire de la réunion*, etc. I, 312.)

Page 312, notes, 2ᵉ colonne, ligne 4. — *Ajoutez* : Voyez aussi le tome X de Lorraine, qui contient un supplément de pièces relatives à l'année 1632, et, sous la date de juin, une suite de dépêches et de papiers concernant la préparation et la conclusion du traité de Liverdun.

Page 319, ligne 6 du texte. — *Mettez en note* : Léon Bouthillier transmit avec force compliments. à Charnacé, ce passage de la lettre du cardinal. La minute est aux Aff. étr. Allemagne, VIII, 276.

Page 321, dernière ligne du texte. — «L'électeur,» nous substituons ce mot à «le mareschal» qu'a écrit Cherré dans la précipitation de la dictée.

Page 324, note 1, ligne 2. — Agen, *lisez* : Ayen.

Page 328, ligne 17. — Iers, c'est Hiers, petite commune voisine de Marennes.

Page 328, notes, 1ʳᵉ colonne, ligne 4. — Neveu, *lisez* : cousin.

Page 330, notes, 2ᵉ colonne, ligne 11. — «Ne nomme pas» c'était M. de La Borde, employé supérieur des Affaires étrangères et neveu de Bouthillier.

Page 332, ligne 2 de la lettre 173. — Cet avis venait à Richelieu de divers côtés; Léon Bouthillier lui écrivait, en juillet, que M. de Fontenay avait averti de cette inquiétude du grand trésorier. (Aff. étr. France, LX, 124.)

Page 333. — Il faut rectifier le millésime de 1632, que nous avions adopté à tort d'après l'historien de Toiras. Cette lettre doit être mise en 1633, à la page 473 de ce IVᵉ vol. après la lettre CCXLV.

Page 333, notes, 1ʳᵉ colonne, ligne dernière. — Prince, *lisez* : pape.

Page 335, notes, ligne 23. — Nous avons indiqué dans cette note une lettre écrite par Richelieu au premier président de Toulouse, et de laquelle nous n'avions pu faire qu'une simple mention; cette lettre nous a été communiquée depuis, elle mérite de prendre place dans ce recueil : «A M. de Montrave¹, conseiller du roy en ses conseils d'estat et privé et premier président en sa cour de Parlement, à Toulouse. — Monsieur, j'ay receu vostre lettre du 28ᵉ juillet, pour response à laquelle je vous diray que vous en aurez maintenant eu de M. le mareschal Schomberg, pour vous advertir comme il s'advance vers vous, avec une partie des trouppes du roy. Vous aurez aussy sceu

---

¹ Ou Montrabe (on écrivait alors ce nom des deux manières). Après avoir été président de la Chambre de l'édit, il avait remplacé dans la première présidence M. le Mazuyer, mort en octobre 1631. Richelieu avait eu autrefois quelques relations avec ce magistrat, au sujet des biens de la feue reine Marguerite, dont Marie de Médicis avait la jouissance viagère. Deux lettres de M. de Montrave à Richelieu. des 23 et 27 février 1621, sont conservées aux Aff. étr. France, t. XXX.

comme M. le mareschal de La Force est dans le Bas Languedoc afin d'agir de son costé avec celles qu'il commande. Le roy fait estat de partir d'icy dans huit jours pour s'en aller par le Limousin droit à Tolose, avec les forces qu'il a auprès de luy. Outre la plus grande partie de l'armée qui est en Allemagne, à qui il a donné ordre de s'y rendre le plus promptement qu'il sera possible. Cependant je me promets que les maréchaux de La Force et de Schomberg feront tout ce qu'on peut attendre d'eux pour s'opposer aux desseins de Monsieur et empescher ses levées et ses progrez. Je ne doute point que vous et Messieurs du Parlement ne contribuent (sic) en cette occasion tout ce qui deppendra de vous pour maintenir et la ville où vous estes et toutes les autres à son exemple en l'obéissance qu'elles doivent à S. M. comme vous avez eu soin de pourvoir à la conservation de Narbonne en faisant jetter dedans celuy dont vous m'escrivez. Le roy y a aussy envoyé de sa part à la mesme fin. On ne sçauroit assez s'estonner de l'infidélité de M. de Montmorency, veu le bon traitement qu'il avoit receu de S. M. et qu'en mon particulier j'avois tousjours vescu avec luy comme frère [1]. J'espère avec l'aide de Dieu qu'il recueillira (sic) enfin le fruit de ce qu'il a semé. Je tesmoigneray au députté de vostre ville qui est à la cour le gré que le roy leur sçoit du zelle qu'ils ont fait paroistre au service de S. M. et favoriseray leurs affaires auprès d'elle, en tout ce qu'il me sera possible. Il me reste à vous asseurer, comme je fais, qu'il n'y a personne qui vous estime et affectionne plus que moy, qui vous donneray des preuves de cette vérité en tout ce en quoy j'auray lieu de vous faire voir que je suis, Monsieur, vostre très-affectionné à vous rendre service.

«De Saint Germain-en-Laye ce 3ᵉ jour d'aoust 1632.» «Le card. de RICHELIEU.»

L'original de cette lettre est conservé dans les archives du château de Pinsaguel, situé au confluent de l'Ariége et de la Garonne, domaine patrimonial depuis quatre siècles de la famille de Bertier. Le chef de cette famille était seigneur de Montrabe, petit village à deux lieues et demie environ de Toulouse. — M. Roschach, correspondant à Toulouse du ministère de l'instruction publique pour les travaux historiques, a obtenu du descendant actuel de la famille de Bertier la permission de copier cette lettre, ainsi que deux autres qui sont dans les mêmes archives, et il a adressé à cette occasion au ministre un intéressant mémoire, d'où nous tirons ces renseignements. La première de ces deux lettres ne contient que trois lignes. Le cardinal écrivait de Metz le 29 décembre 1631 : «Le roy trouve bon que vous faciez un tour icy, où j'auray à contentement de vous tesmoigner, comme partout ailleurs où j'en auray le moien, qu'il n'y a personne qui vous estime et soit plus que moy, vostre, etc.» C'est toute la lettre. On a vu, t. IV, p. 222, que le roy était à Metz pour les affaires de Lorraine; mais le laconique billet de Richelieu ne dit pas pourquoi M. de Montrabe, venu à Paris, sollicitait une audience du roi; M. Roschach suppose, avec beaucoup de vraisemblance, qu'il s'agissait des craintes que faisait concevoir la question des élus agitée dans les états de Languedoc, récemment assemblés. (Le 12 décembre.)

Voici la 3ᵉ lettre de Richelieu conservée au château de Pinsaguel : «Monsieur, il ne se peut rien adjouster à la diligence que vous avez apportée pour descouvrir la vérité ou la fourbe du prestre estranger que vous avez entre les mains [2]. — Vous aurez receu par nostre courrier ce que vous avez peu désirer pour la satisfaction de Messieurs de Narbonne, de la fidélité desquels le roy se tient très-asseuré. Vous verrez encore dans la déclaration faicte contre M. de Montmorency, que S. M. vous envoie, qu'on y a mis trois lignes pour les obliger. — Il n'est point besoin de vous prier de pour-

---

[1] On peut voir dans notre IVᵉ vol. diverses lettres du cardinal à M. de Montmorency et notamment la pièce de la page 355.

[2] M. Roschach n'a rien trouvé dans les archives de Toulouse touchant le nom ou le dessein de ce prêtre. Nous n'avons pas eu meilleure chance aux archives des Affaires étrangères; mais nous y avons vu la déclaration du 23 août (France, t. LX, fol. 522) que M. Roschach indique aussi dans les archives de la Haute-Garonne, fonds du parlement de Toulouse (édits et déclarations, t. XVII, p. 179).

suivre le plus chaudement et le plus promptement qu'il vous sera possible, ensuitte de ladite déclaration, ceux qui se sont déclarez contre le service du roy, parce que je sçay que vous n'y espargnerez aucune diligence. S. M. s'en va, sans s'arrester, en Languedoc. J'espère que ce ne sera pas s'en aller' jusqu'à Toulouse, où ce ne me sera pas peu de contentement de vous voir et vous asseurer, etc.

«Quand la déclaration aura esté enregistrée en vostre Parlement[1] vous m'en envoyerez, s'il vous plaist, plusieurs coppies imprimées.

«De la Charité, ce 25 aoust 1632.»

Page 335, notes, 2e colonne, ligne 19. — *Après le mot* populations, *mettez* : Notons un brevet de mestre de camp dans l'armée du duc d'Orléans, donné à ce moment (7 août 1632) au baron d'Espondillan. Ce brevet était délivré «pour le service du roy et le soulagement du pauvre peuple.» C'était le style ordinaire des rébellions de ce temps-là, qui prétendaient se légitimer en faisant semblant de combattre pour la liberté du roi et le bien-être des populations. La pièce est conservée, en original, aux Archives de l'État, carton des rois, K. 113, n° 60.

Page 336, notes, 2e colonne, ligne 1. — 61, *lisez* : 60.

Page 338, aux sources. — *Ajoutez* : Original, Aff. étr. Turin, XX, fol. 78, datée de Saint-Germain-en-Laye.

Page 340, ligne 6. — *Après* Villeroy, *mettez* : ;

Page 341. — Cette protestation de confiance est à remarquer, écrite deux jours après la lettre à Servien, où perce une méfiance bien inquiète.

Page 341, note 1. — *Après* évêques, *mettez* : D'Albi, de Lodève, de Nismes, d'Usez. (*Merc. franc.* XVIII, 767.)

Page 344, dernière ligne du texte, 6,000[H]; ce pourrait être 5,000, dans l'écriture courante le chiffre romain V ressemblant beaucoup à un 6. — Note, 2e colonne. — Ayant pourveu à toutes, *lisez* : à toutes les despenses, suivant le mémoire escrit de vostre main. (Arch. des Aff. étr. France, t. 60, fol. 500.)

Page 345, ligne 1. — Berdoin, *on pourrait lire* : Bordoin.

Page 345. — *Après la pièce* CLXXXI, *mettez* CLXXXI *bis.* Arch. des Aff. étr. Trèves, t. 1, fol. 192, mise au net de la main de Cherré, devenue minute. — Mémoire envoyé au maréchal d'Estrées, 18 août 1632. — ... «Il faut faire l'impossible pour prendre Trèves. Si l'entreprise manquait, il en résulteroit des accidents qui seroient trop longs à escrire... Ayant veu le plan qu'a apporté le sieur de Combiat, on estime que le siége commencé réussira; ce que S. M. désire avec passion. — [Et en effet, on ne voit pas que rien puisse empescher la prise de cette place si une armée ne la venoit secourir, ce qui semble ne pouvoir estre que de Papeneim, qu'on croit ne le pouvoir pour deux raisons : la première qu'il est embarqué avec les Espagnols au siége de Mastric; la seconde, que la ligue catholique ne se peut déclarer contre le roy. Cependant, s'il y avoit sujet d'en douter, M. le mareschal d'Estrées envoyera vers M. de Coulongne pour luy dire que le roy seroit contrainct de s'en ressentir, quelque desguisement qu'ils peussent alléguer.] — Si M. le mareschal avoit besoin de secours, et qu'il y eust vers Mayence des troupes du roy de Suède, il pourroit demander leur assistance puisqu'il s'agit d'un dessein commun. — L'action de ceux de Thionville qui ont retenu le pain de munition mérite de n'estre pas oublié, mais il la fault dissimuler jusques à ce qu'on ayt quelqu'autre occasion de le leur rendre sans rupture.»

---

[1] Elle fut enregistrée le 1er septembre, et ensuite imprimée; elle a été réimprimée plusieurs fois depuis, notamment dans le *Mercure françois;* on y remarque en effet le bon témoignage rendu aux habitants de Narbonne pour leur fidélité «à leur devoir, duquel ils ont d'eux-mesmes esté si jaloux que rien ne sera jamais capable de les en destourner.»

Cette dépêche se terminait par l'indication de plusieurs dispositions militaires où étaient désignés sept régiments qui y devaient prendre part. Cette fin se trouve barrée sur la mise au net, et le reste de la dépêche a été tout à fait modifié par une intercalation marginale, de la main de Richelieu, laquelle nous marquons ici par des crochets. La mise au net est datée du 17 août; après la correction, on a mis «faict à Fontainebleau, le 18° jour d'aoust.» Une copie cotée 191 note que la dépêche a été expédiée «par M. de Comblat,» mais avant qu'elle fût arrivée, la ville était prise, et le maréchal d'Estrées mandait au cardinal : «Enfin ceux de Trèves se sont rendus...» (Lettre du 19 août, fol. 196.) Notre manuscrit conserve un double texte de la capitulation, en français et en latin, tous deux mal classés, l'un au 11 août, fol. 181, l'autre en septembre, fol. 223.

— Nous indiquerons à cette occasion plusieurs pièces concernant les affaires de Trèves à ce moment. Le maréchal d'Effiat qui commandait l'armée venait de mourir; de Noyers, le futur secrétaire d'État, qui avait alors un emploi auprès du maréchal, dans une lettre adressée à Richelieu, «le 6 aoust du camp de Consarbrik,» lui mandait : «Nous avons perdu la tramontane par la mort de nostre général...» (fol. 158). C'est alors que le maréchal d'Estrées fut envoyé pour le remplacer, et nous avons ici la lettre où il annonce au roi son arrivée «au camp devant Trèves, le 10 août» (fol. 173). Le 7 septembre suivant, le maréchal d'Estrées et M. de Charnacé prennent au nom du roi l'engagement en vertu duquel la garnison des trois places de l'électorat occupées par les troupes françaises seront payées par la France (fol. 214). A peine cet arrangement était conclu que l'électeur, dans une protestation publique du 20 septembre, refuse d'accomplir les promesses qu'il a faites (fol. 218). Malgré *ces inégalités et extravagances* de l'électeur, ainsi que les nomme le maréchal d'Estrées, le roi envoie vers ce prince M. de Bussy-Lamet (janvier 1633), et bientôt après, le 14 février, un commissaire pour régler l'affaire des garnisons françaises des places «où le roy veut d'ailleurs que M. l'archevesque conserve toutes les prérogatives de la souveraineté» (fol. 318). Le 12 mars, des articles sont convenus, et le 13 M. de La Saludie écrit au cardinal : L'électeur, malgré l'obligation qu'il vous a «de l'avoir fait soulager de la despense pour la garde de son Estat, n'est pas encore content. Il ne veut rien payer du tout» (fol. 258). Et le 16 juin il écrit encore que «s'il n'eût fait de grandes avances la garnison fust périe» (fol. 321); cependant le roi mandait de nouveau au maréchal d'Estrées, le 14 mars, en l'avertissant «de se tenir sur ses gardes» contre une entreprise des Espagnols qui pouvoient menacer Coblence et Hermestein : «Je fais partir en même temps que cette dépesche, qui vous sera remise par le chevalier de Fruges, un courrier avec argent; je feray pourvoir à tout.» (Minute, fol. 260.) Enfin Richelieu, perdant patience, fait écrire par Bouthillier à Saint-Chamond le 27 juin 1633 : «Le roy veut qu'on paye de ses deniers la garnison d'Emstein (on nommait toujours ainsi Ehrenbreitstein),» afin qu'il ne soit pas au pouvoir de l'électeur de la faire périr, mais en même temps «faire de bonnes poursuites, à l'effet de lui faire contribuer ce qu'il doit» (fol. 334).

Page 351, notes, 1re colonne, ligne 15. — Demandait, *lisez :* demanderait.

Page 353, note, 1re colonne, ligne 13. — Il se nommait Claude de Hautefort vicomte de Lestrange, et il était gouverneur du Puy en Velay; au crédit qu'il avait par sa grande fortune, il joignait l'influence que lui donnait son emploi, circonstance qui rendait sa révolte encore plus criminelle.

Page 362, note, 2e colonne, ligne 12. — Nous avons trouvé depuis la minute aux Affaires étrangères. Elle est de la main de Bouthillier et datée de Lyon, le 9 septembre. — Numérotée 148, elle se trouve placée entre les feuillets cotés 40 et 42 du soixantième volume : France. Il faut rectifier la date du 9 août, donnée par la pièce de la collection Fontette.

Page 363, aux sources. — *Ajoutez :* Communication de M. de Girardot, à Bourges. Original, de la main de Charpentier, sauf la première phrase écrite par Cherré. — Cet original nous donne le moyen de corriger les fautes de la copie. Ainsi que nous l'avions conjecturé (voy. note 3 de la page 363, le texte porte, à la 3ᵉ ligne : « S. M est bien aise qu'Allez... » — Ligne 4, au lieu de : « desiroit, » il faut lire : désireroit. — Enfin, la date (p. 364) doit être mise ainsi : « De Sᵗ-Valier, ce 10ᵉ septembre au soir » (sans année).

Page 363. — Ajoutez à la note 3 : Nous trouvons au dos d'une lettre de Schomberg à Richelieu ces notes de souvenir, de la main de S. Ém. : « Escrire à Gordes. — Augmenter la garnison de Saint-Esprit. — Trois compagnies dans la ville. — Équipage de canon. — Asseurer Péraut de la bonne volonté du roy. — Munitions de guerre. — M. de Schomberg va en haut Languedoc. »

Pages 370 et 371. — Ajoutez aux notes des lettres adressées par le roi, le 16 septembre, au prince et à la princesse de Condé : Le lendemain 17, une délibération eut lieu en conseil sur cette question : Convient-il que le roi fasse grâce au coupable ou le livre à la justice ? On conserve aux Affaires étran gères le discours que prononça Richelieu. Le cardinal commence par exposer les puissantes raison qui conseillaient le pardon, et ensuite, combattant lui-même ces raisons par des raisons plus puis santes encore, il conclut que « faire grâce, c'étoit grandement hasarder les affaires du roy ainsy qu celles de l'état... et qu'il y avoit plus à craindre à la faire qu'à ne la faire pas. » Richelieu connais sait assez bien Louis XIII pour être convaincu que ces dernières paroles étaient un arrêt de mort Il pouvait donc, sans craindre la clémence du roi, présenter une idée d'indulgence qui laissât Louis XIII une part de l'odieux d'une condamnation qu'il savait être extrêmement impopulaire Bazin est dupe ici de cette adresse du cardinal : « Le roi, dit-il, trouva trop d'embarras pour l dans ce projet et décida, de son propre mouvement, que justice serait entièrement faite. » (III, 227 Le discours de Richelieu, composé avec beaucoup d'art, a été inséré dans ses Mémoires manu crits. On peut le lire dans l'édition Petitot, pages 206-216, il suffit de l'indiquer ici. Aubery n'e dit rien; Le Vassor, Leclerc et Jay, qui ne l'ont pas connu, se contentent de remettre en frança quelques phrases, d'après l'extrait, très-imparfait, donné en italien par Vittorio Siri (Mem. rec. VI 561). Le père Griffet dit seulement que « le cardinal avoit mis dans l'esprit du roi d'autres maxime que celles de la clémence; » et il cite un passage du Testament politique sur ce sujet (2ᵉ parti chap. v). M. Capefigue n'en parle pas dans le récit qu'il fait, d'ailleurs avec d'intéressants détails, de toute l'affaire du duc de Montmorency. — Le texte du discours de Richelieu, conservé aux Affaires étrangères, est d'une incontestable authenticité; outre qu'il est de la main de Charpen tier, avec ce titre, écrit en tête, par Cherré : Advis de Monseigneur, le cardinal lui-même le certifie par cette annotation : « Faict à Beaucaire, le 17 septembre 1632. » (France, t. LV, fol. 90. Mainte nant dans la collection verte, t. XIII.)

Page 372. — La pièce CXCVI et les pièces que nous avons données sur le même sujet montrent combien Richelieu avait à cœur de ramener Monsieur à l'obéissance du roi. Indiquons à cette occasion un mémoire intitulé : Remonstrance à Monsieur sur son absence de la Cour au pays de Lorraine. Cette pièce dont nous ne connaissons pas l'auteur, mais qui est fort habilement faite, avait sans doute été écrite par l'ordre et sous l'inspiration du cardinal. Elle est conservée dans la collection Dupuy, 407, fol. 67-77. On trouvera dans le même volume, fol. 145-240. Relation véritable de tout ce qui s'est fait et passé de mémorable en l'année 1641, laquelle relation a été plu sieurs fois imprimée sous le titre de Mémoires de Montrésor.

Page 372, notes, 2ᵉ colonne, ligne 16. — 362, lisez : 368.

Page 383. — La lettre CC est mal classée en 1632. Depuis l'impression de notre IVᵉ volume, nous avons eu le tome IVᵉ des manuscrits de Mantoue conservés aux Affaires étrangères; nous y avons trouvé trois exemplaires de cette même lettre, tous datés de 1633, l'un daté de janvier, sans quantième, écrit à Saint-Germain-en-Laye (fol. 181), original, signé Louis, devenu minute à cause de corrections faites après la signature; l'autre daté du 4 février, signé aussi, et puis corrigé (fol. 189); le troisième (fol. 191), daté de Chantilly, 8 février, signé comme les deux premiers et corrigé à son tour. Ces hésitations, cette espèce d'embarras pour faire une lettre durant plus d'un mois, c'est là un incident assez curieux. Parmi ces trois originaux faits à diverses dates, signés et abandonnés, quelle est la date véritable? Cette dépêche du roi répond à une lettre de Toiras du 14 janvier, datée de Turin, où il annonce que les ordres de S. M. ont été exécutés, et il s'excuse sur ce qu'il n'a pas tenu à lui qu'ils le fussent plus tôt. En même temps qu'au roi, Toiras avait écrit à Léon Bouthillier (fol. 180); or nous avons la réponse de Léon Bouthillier, datée du 14 février (fol. 192); nous supposons que celle du roi portait la même date. Maintenant nous remarquons que, dans les dépêches du roi des 4 et 8 février, non envoyées, la fin du premier alinéa, depuis les mots : « J'ay tousjours bien creu... » a été barrée; cette rature significative n'existe ni sur l'un des originaux du manuscrit de Mantoue, ni sur la minute de la Bibliothèque nationale d'après laquelle nous avons imprimé cette lettre. Si, comme il est vraisemblable, la suppression de ces lignes a été maintenue dans l'original envoyé à Toiras, il en résulterait que Richelieu conservait l'arrière-pensée que le maréchal pouvait bien avoir trempé dans la trahison de ses frères; et ainsi les inquiétudes de Toiras sur les dispositions de Richelieu à son égard, ses soupçons qui l'empêchaient de venir à la cour et que le cardinal traitait de chimères d'un esprit malade, auraient en un réel fondement. Ajoutons que l'insistance qu'on mettait à l'attirer à Paris et la méfiance qu'on témoignait à son neveu Saint-Aunais, dont on voulut absolument faire sortir le régiment de Casal, ne devaient pas contribuer à le rassurer.

Quant à l'errata dont il s'agit ici, en proposant de mettre la lettre adressée par le roi à Toiras au 14 février 1633, ajoutons qu'il faut effacer la note 2 de la page 383 et changer également la date indiquée pour les lettres adressées à Servien et à La Vrillière, pages 384 et 385, dont les minutes sont écrites sur la même feuille que la minute de la lettre à Toiras.

Page 386, ligne 1. — L'abbaye nommée par erreur Nonvilliers était l'abbaye de Longvilliers (*Longum villare*) dans le diocèse de Boulogne (*Gall. Christ.* X, 1617). Le brevet fut envoyé le 14 février 1633.

Page 392. — *La note 2 doit commencer par ces mots :* Cette lettre, signée Louis, est contre-signée Bouthillier.

Page 400, note 2, ligne 2. — 11, *lisez :* 111. — La date du 10 novembre fut donnée à Mortarolles où le roi était, en effet, ce jour-là (itinéraire dans Aubais), mais la minute a dû être écrite le 6 et envoyée avec la lettre adressée à Bouthillier. Ce volume 9337 de Béthune contient un certain nombre de lettres du roi; il est probable que Richelieu a eu quelque part à plusieurs, lors même que, comme dans ce cas-ci, il se trouvait loin du roi.

Page 409, note 1, ligne 10. — *Après le mot* étrangers, *ajoutez :* Voyant que le duc de Lorraine n'osait le recevoir, de peur d'attirer sur ses États la colère de Louis XIII, il imagina de réclamer l'appui de l'empereur et de Wallenstein. Il envoya d'abord un message à Guillaume, margrave de Bade, pour obtenir dans son gouvernement un asile qui lui fut refusé. La lettre de refus, adressée au duc Guillaume, portait : « Nous comptons sur vous pour que le duc rebelle ne trouve point d'asile dans nos pays, ni dans ceux de l'empereur, ni dans les villes impériales... Quant au passage qu'il solliciterait pour se rendre auprès du duc de Friedland, ou de S. M. I. on pourra le permettre, toutefois avec peu de monde... » Cette dépêche, datée du 16 novembre 1632, est signée : « Claudia, par la grâce de Dieu, archiduchesse d'Autriche, duchesse de Bourgogne, comtesse de Tyrol et d'Alsace, née princesse de Toscane. Donné à Juprugy. » L'original allemand est conservé dans la bibliothèque de Colmar. Une traduction française a été publiée par M. Champollion-Figeac dans le IIIᵉ volume, p. 635, du Recueil de pièces en quatre volumes qui fait partie de la *Collection des documents inédits sur l'Histoire de France.* Ainsi repoussé par l'empire, le duc d'Orléans s'adressa à l'Espagne. Nous avons vu, etc.

Page 409, notes, 2ᵉ colonne. — Au bas, *mettez :* Archives nationales, K, 1363, A, 35, pièce 27.

Page 411, notes, 1re colonne, ligne 4. — *Ajoutez* : La *Gazette* nomme cet acte de réconciliation : « La principale pièce de notre histoire. » Le *Mercure françois* insère l'ordre que reçurent les officiers de Monsieur de quitter Paris dans cinq jours et de vider le royaume (t. XVIII, 878).

Pages 413 et 414. — La date du 10 ou 12 décembre que j'ai proposée pour ces deux lettres doit être plutôt : après le 15 décembre. (Voir le supplément, p. 690.)

Page 414, note 2, ligne 4. — Ne tardera pas à lui devenir, *lisez* : lui était déjà. — Ligne 14. — *Ajoutez* : Dans une nouvelle lettre du 16 décembre, le P. Joseph écrivait encore : « Le s^r Linct (Léon Bouthillier) a heureusement commencé ce qui regarde Sévérin (Châteauneuf). Il faut différer comme il mande. Ce qu'on avoit cru qu'il falloit haster avoit ses raisons, mais les autres sont meilleures. Il faut tousjours continuer avec adresse jusqu'à l'effet, pour le bien de La Fontaine » (le roi). — Deux lignes plus bas, après 400, *mettez* : 507.

Page 414. — Note pour la lettre CCXXI. Le maréchal de Toiras, qui se sentait en butte aux méfiances de Richelieu, qui voyait auprès de lui Servien placé là tout exprès pour le surveiller et rapporter au cardinal ses moindres actions, ses paroles et jusqu'aux pensées qu'on lui supposait, s'irritait de cet espionnage, et le mécontentement qu'il en éprouvait donnait à sa susceptibilité naturelle une exagération qui, à son tour, augmentait encore les méfiances du ministre. Toiras envoie par M. de Castellane un mémoire rempli de plaintes contre Servien (pièce 156° du tome XX de Turin). Pour être en mesure de se justifier au besoin contre des imputations dont il se croit menacé, il demande des copies de toute la négociation que lui et Servien ont faite en Piémont (pièce 148). Le 11 décembre, le roi signait une dépêche dictée par Richelieu, adressée à Servien, au sujet des rapports envoyés par ce collègue de Toiras dans l'ambassade extraordinaire de Turin. On lit dans cette lettre chiffrée : « Il faut faire obéir Toiras conformément aux ordres que Gagnol a portés. On se servira, à cet effet, s'il est besoin, du régiment de Nérestan » (pièce 155, un autre exemplaire chiffré est, avec la copie en clair, t. XXI de Turin, cotés 310, 311). On a vu que ce régiment de Nérestan avait été mis dans Casal à la place de celui que commandait Saint-Aunais, le neveu de Toiras. Richelieu semblait ainsi prévoir une révolte qui n'avait jamais été dans la pensée de Toiras et qui n'était pas possible de la part d'un homme de son caractère. Mais aux yeux de Richelieu l'obéissance qui n'était pas aveugle, absolue, était bien près de la révolte. De son côté, Toiras, dans ses défiances, donnait parfois de réels sujets de mécontentement; il y avait entre lui et le cardinal des malentendus aussi bien que des griefs. Enfin Richelieu, dans ses relations directes avec le maréchal, semblait plein de bonne volonté, et ses lettres étaient presque paternelles. Mais Toiras n'ignorait pas que, sous ces apparences bienveillantes, il y avait une antipathie naturelle qu'aigrissaient incessamment les rapports de l'habile et haineux Servien. Le cardinal, très-porté à croire à la vérité des délations de son confident, les encourageait, et la malice instinctive de celui-ci, aiguisée par le désir de plaire au maître qu'il servait, lui faisait envenimer tout ce qu'il racontait.

Page 415, ligne 3 de la lettre CCXXII. — Nous n'avons point trouvé aux Affaires étrangères, dans les volumes de nos relations avec l'Allemagne et avec la Suède en 1632, le travail que Richelieu dit, le 15 décembre, avoir envoyé à M. Bouthillier. Nous voyons seulement que, dès le 4 décembre, le roi avait fait demander au cardinal son avis sur les affaires d'Allemagne. On venait d'apprendre la mort du roi de Suède. Louis XIII envoya, à minuit, donner ordre à Mrs Bouthillier et Bullion de venir le trouver à Versailles le lendemain de grand matin. On se souvient que Richelieu était retenu malade à Brouage. Dans ce conseil, « S. M. commanda d'envoyer promptement la dépesche de M. de la Grange aux Ormes à Mgr le cardinal, pour avoir son advis sur les points qui sont à résoudre.... » Et puis on expédia d'urgence quelques instructions en Allemagne, en attendant des ordres plus précis et plus amples, « suivant les advis que Mgr envoiera au roy.... Sa Majesté attendra la response avec grande impatience, surtout pour avoir nouvelles de la santé de M' le cardinal.' » Ce sont les termes d'une espèce de procès-verbal écrit de la main de Bouthillier, et qui, sans doute, fut envoyé à Richelieu. (Allemagne, t. VIII, 337.) La réponse de Richelieu, nous avons dit que nous ne l'avons pu trouver; mais le IIe volume de Suède nous fournit (fol. 355), sous la date de Saint-Germain-en-Laye, le 23 décembre, les instructions données au s^r Duhamel « s'en allant de la part du roy vers la reyne de Suède. » Cet instrument diplomatique n'a pas été rédigé par Richelieu; mais il contient sa pensée, qu'il dut transmettre en réponse au message qui lui avait été envoyé. Il convient d'en indiquer ici la substance : Le roy veut continuer avec la reine de Suède l'alliance qu'il avait avec son père. S. M. veut embrasser ses intérêts; soit pour ce qui regarde l'Allemagne et pour ce qui est de la Suède et de la Poulongne. Un ambassadeur extraordinaire va être incessamment accrédité auprès d'elle. — Témoigner à Oxenstiern l'estime particulière que le roi fait de son mérite. — Chemin faisant le s^r Duhamel doit voir le maréchal Horn, le Rhingrave Otto, à Mayence. — Il assurera l'électeur de Saxe du soin que le roi veut prendre des affaires d'Allemagne. La liberté, ou la servitude de tous les ordres de l'empire, dépend absolument des bonnes résolutions qu'il prendra. Pour les princes de Weymar, M. du Hamel leur donnera les mêmes assurances de l'estime et bonne volonté du roi, particulièrement au duc Bernard. Il donnera communication de tout ce que dessus au sieur de la Grange aux Ormes.

Page 419, avant-dernière ligne du texte. — Le chiffre de renvoi 3 doit être placé à la réponse du roi, après les mots « deux diamans. »

Page 421, aux sources. — Minute de la main de Charpentier et de celle de Richelieu, sans date, classée entre une pièce du 27 janvier et une du 28.

Page 421, à la fin de la note. — Une autre copie, fonds Saint-Magloire, II, 1549; classée fautivement au 12 janvier 1634.

Page 426, aux sources; en note : — Je ne trouve, dans le IIIe volume de Suède, aux Affaires étrangères, ni minute, ni copie de la lettre de Richelieu à Oxenstiern, non plus que de l'instruction donnée par Louis XIII à Feuquières, laquelle est imprimée avec la date du 3 février, dans le Ier volume des négociations de Feuquières. — Voyez Supplément, page 704 de notre VIIe volume.

Page 432, à la note 2, ajoutez : Madame de Verderonne était tante de Puylaurens, et parente par alliance de Châteauneuf. Son mari, Charles de l'Aubépine, seigneur de Verderonne et de Stors, conseiller au parlement (7 mars 1618) et maître des requêtes (9 mars 1624), avait été ambassadeur en Suisse. Il était chancelier de Monsieur.

Page 444, ligne 1. — On voit, lisez : on voie.

Page 454, note 1. — Je l'ai trouvée depuis dans le IVe volume de Mantoue. — Voy. le Supplément, t. VII, 20 avril (aux analyses), p. 459, ligne 22 : Confessant, lisez : confessent.

Page 460, ligne 6 du texte. — C'est une lettre signée du roi et contre-signée Bouthillier, écrite le même jour 22, au baron de Charnacé. L'original et une mise au net sont conservés aux archives des Affaires étrangères, dans les volumes 14 et 15 de Hollande. — Voyez le Supplément, à la date du 20 avril (Analyses).

Page 463, aux sources. — Mettez : Arch. des Aff. étr. France, t. XIII, p^{ce} 23 (coll. verte), original signé Louis. Classée fautivement dans ce volume qui se rapporte à l'année 1631. — Mêmes arch. Pays-Bas, t. IX, copie.

Page 469, notes, 1re colonne, ligne 3. — Desroches, lisez : Des Roches, et ligne 9, VIII, lisez : VII.

Page 471. — Après la pièce CCXLIV, il faut un long filet.

Page 473. — Après la pièce CCXLV il faut placer la lettre de Richelieu à Toiras du 27 juillet, classée par erreur en 1632, p. 333 de ce IV° volume. Cette missive du cardinal est la réponse à une lettre de Toiras datée de Gênes, le 8 juillet 1633. Nous ne l'avions pas rencontrée dans nos recherches; mais nous la trouvons indiquée comme original dans un catalogue de Gabriel Charavay (*Revue des autographes*, août 1873). Toiras, en exposant la situation des armées espagnoles en Italie, demande au cardinal de faire cesser l'oisiveté où on le laisse, et de l'employer contre les ennemis de la France.

Page 476, notes, 1re colonne, ligne dernière. — Mantes, *lisez : Nantes.*

2° colonne, ligne 3. — Lette, *lisez :* lettre.

Page 476, notes, 2° colonne, ligne dernière. — *Ajoutez :* et dont elle mourut bientôt.

Page 478, à la suscription. — Les manuscrits écrivent ce nom tantôt Lamont, tantôt L'amont, mais il se pourrait que la manière de former la tête de L figurât une apostrophe.

Page 479. — Mémoire pour la dépesche de Tresves, envoyée à M. le maréchal d'Estrées. — Fortifier Trèves et les places de l'Électorat. — Le mareschal fera entendre en grand secret au général Horn le dessein pour lequel le roy faict revenir son armée en Picardie, pour donner aux Espagnols apréhension que le roy les veuille attaquer de ce costé-là, et les obliger à séparer l'armée avec laquelle ils prétendent empescher la retraite du prince d'Orange. — Pendant que le roy fera cette diversion en Normandie, il seroit très-important que le dit Horn en fist une sur la Moselle, faisant mine d'entrer en Luxembourg. — Il est question de mettre entre les mains du roy les places de Revein, Fumey et Phebe sur la Meuse. Dire à M. de la Saludie en quelle sorte se peut achever ce traité, par achapt ou par eschange... Il semble que cette aliénation ne se peut faire sans consentement du chapitre.

Minute de la main de Cherré, 18 août 1633, et de celle de Léon Bouthillier (archives des Affaires étrangères, Trèves, t. I, fol. 356).

Quelques jours après l'envoi de cette dépesche, le 3 septembre, le roi écrivait à l'électeur, du camp devant Nancy : «Mon intention est d'entretenir, pour vostre seureté, 1,800 hommes de pied et 100 chevaux, et que vous vous chargiés de tenir sur pied 1,200 fantassins et 50 carabines. C'est à peu près ce que le sieur de Saint-Chamond a accordé avec vous....» La pièce, d'une écriture de bureau, signée Louis, est au folio 361 du manuscrit précité.

Page 480, 3e ligne de la lettre 250. — Des premières, *lisez :* des premiers.

Page 480. — Le garde des sceaux Séguier, écrivant aussi à Molé, disait de Nancy : « Une des plus importantes villes de l'Europe entière, la capitale de l'estat de Lorraine, la porte de l'Allemagne... Il faut advouer qu'il n'y a rien d'esgal à l'esprit de M. le cardinal en ces grandes affaires. Il a des prévoyances qui ne se peuvent concevoir, des adresses à traiter les affaires que tout luy succède.» (Bibliothèque nationale, Cinq-Cents Colbert, t. VI, p. 214.)

Page 481, après la lettre CCL. — *Mettez cette analyse:* A M. de Brézé. — Richelieu s'informe de la prise de Nancy dans les mêmes termes à peu près qu'il l'annonçait le même jour à Molé. Il ajoute : « Vous ferez part de cette bonne nouvelle à tous nos amis des lieux où vous estes. — Au camp devant Nancy, 12 septembre 1633.» — L'original, conservé au *British museum*, a été imprimé dans le tome XV du *Cabinet historique*, p. 39.

Page 481. — Ajoutez à la note 2 : (*Gazette*, p. 379, 380.) Cependant, nous trouvons une lettre du duc de Lorraine à son frère, auquel il écrit pour nier qu'il ait donné un tel ordre. (Archives des Affaires étrangères, Lorraine, t. XI; ce volume n'est pas coté, la pièce est au folio 335.)

Page 488, note, 1re colonne, à la fin, *ajoutez dans la parenthèse :* Indiquons encore, dans ce même manuscrit : Promesses du roi et de Monsieur, signées d'eux. Sauf-conduit pour Monsieur, en minute et en original, fol. 112-120.

Page 488, *note* 1. — *Ajoutez* : Nous avons remarqué, aux Affaires étrangères, dans le XIIIe et le XIVe vol. de Hollande (années 1632 et 1633), le journal que M. de Charnacé a fait sur cette invitation. Ce volume n'est pas numéroté et les cahiers du journal de Charnacé ont été séparés et classés parmi les pièces de l'année 1632 à huit endroits, selon les dates. Charnacé se défendit d'abord, par un sentiment de modestie, d'entreprendre le travail que lui demandait Richelieu, comme il paraît par une nouvelle lettre du cardinal, page 503 de ce IVe volume.

Page 493 du IVe volume, après la pièce CCLVII. — Nous ne trouvons dans les volumes d'Alsace, aux Affaires étrangères, se rapportant aux premières années du gouvernement de Richelieu, aucune pièce où l'on puisse reconnaître son propre travail; mais peu de temps après qu'il eut pris la direction souveraine des affaires, dès 1625, il nous semble apercevoir, en ce qui concerne l'Alsace, un indice de sa présence dans les conseils de la couronne, lorsque nous lisons ce passage d'un *Extrait de l'assemblée des Estats de la Basse-Alsace, tenue le 24 avril* : « L'empereur invite l'archiduc Léopold , évesque de Strasbourg, à prendre les mesures à l'occasion des armements et préparatifs de guerre des nations étrangères [1]. » N'est-il pas vraisemblable que l'attitude du gouvernement de la France, à ce moment, était une des causes de cette préoccupation de l'empereur d'Allemagne? — Les documents fort incomplets de la collection d'Alsace à cette époque nous montrent cependant qu'on songeait à s'acquérir des partisans dans cette contrée. Ainsi, nous trouvons, en 1629, le brevet d'une pension de 2,000 livres accordée par le roi au s[r] Josias Glaserus, en récompense de son zèle au service de S. M. (Pièce 14e du volume précité.)

La première pièce marquée visiblement du cachet de Richelieu est du mois d'octobre 1634 [2]. Nous avons donné, p. 490 de notre IVe volume, un mémoire du cardinal au roi, où il s'occupe spécialement de la Lorraine, mais dont on peut conjecturer que déjà ses regards se portaient au delà de cette frontière. Toutefois, obéissant aux inspirations d'une prudente politique, il évitait surtout de laisser percer aucune prétention ambitieuse de la part de la France, et s'efforçait de persuader que l'intérêt des alliés passait avant tout autre. En ce temps-là, un agent français, le s[r] de Lisle, qui résidait à Strasbourg, avait conclu un traité dont Richelieu se montra fort mécontent, et il saisit cette occasion de faire éclater la modération de la France, en publiant cette déclaration du roi :

DÉCLARATION.

« Le Roy ayant sceu le traitté qui a esté fait par les s[rs] de Lisle, estant pour le service de S. M. à Strasbourg, et Mukel [3], résident pour la couronne de Suède, et de Messieurs de l'assemblée de Francfort, par lequel les places de Colmar, Slechtat et autres dans Leisace, sont mises entre les mains de s. M. à certaines conditions... déclare aux s[rs] Seffler et Streff, qu'il n'entendoit point tenir led. traitté, comme ayant esté faict sans ordre et sans pouvoir de S. M. et qu'il désiroit remettre les susd. places entre les mains de ses confédérés, pour les garder à l'avenir comme ils ont faict par le passé [4]. »

Ensuite une lettre fort sévère fut écrite à M. de Lisle ·

« Monsieur, je vous fais cette lettre par commandement du roy, pour vous dire que S. M. a trouvé

---

[1] Archives du ministère des affaires étrangères, Alsace, t. VI, pièce 10e, copie.

[2] Le manuscrit met en tête de la pièce : «octobre 1633,» mais cette annotation écrite après coup et d'une main étrangère, pour le classement peut-être, est fautive, et la pièce se rapporte évidemment

à une lettre du 9 novembre 1634, dont la date est certaine on va tout à l'heure en lire le texte.

[3] Il signe : S. R Mockhel, et aussi : Nockel.

[4] Arch. des Aff. étr. Alsace, t. VI, pièce 24, minute de la main de Léon Bouthillier.

très mauvais que vous vous soyez ingéré de vous-mesme, et sans aucun ordre de sa part, de passer un traitté pour les places de Colmar et de Schlestat et autres, où les conditions sont si désavantageuses et ridicules qu'il n'est pas possible de croire qu'elles eussent été acceptées par ceux mesmes qui n'auroient point d'affection pour la France.

« S. M. n'est pas moins estonnée de la hardiesse que vous avez eue de prendre la qualité de son ambassadeur, laquelle ne se donne qu'à peine à des personnes de grande condition et d'un mérite très recogneu. S. M. vous deffend de rien faire à l'advenir des choses qui regardent son service. Vous debvez vous contenter de donner advis de ce que vous apprendrez de considérable... sans vous mesler d'entrer dans des négociations qui ne sont point du tout de votre profession... [1] »

Cette minute ne laisse pas de deviner si la lettre fut signée de Richelieu ou du secrétaire d'État. Nous l'avons remarqué ailleurs, Richelieu, qui n'épargnait à personne un reproche mérité, en adoucissait volontiers l'expression, et nous inclinons à croire qu'il a laissé cette dure réprimande sur le compte de Léon Bouthillier, mais nous ne doutons pas qu'il n'en ait donné la matière et prescrit le ton, s'il ne l'a entièrement dictée.

Au reste, ce mécontentement, dont quelque raison politique faisait peut-être exagérer l'expression, ne fut que passager; du moins voyons-nous, en 1637, M. de Lisle occuper officiellement à Strasbourg un poste diplomatique. Le roi écrivait, le 3 septembre, aux magistrats de cette ville, au sujet de quelques plaintes, qu'il chargeait le sieur de Lisle de leur faire entendre. Une autre missive du roi, du 28 décembre 1637, aux mêmes magistrats, leur annonce qu'on n'oubliera pas leur ville dans le futur traité de paix : « Ainsi que le sr de Lisle, résident de nostre part dans vostre ville, vous le fera entendre. » Ces deux lettres, contre-signées Bouthillier, conservées en original dans les archives de Strasbourg, ont été imprimées avec les documents publiés par M. Kinsinger.

A cette époque, les villes d'Alsace, sans se livrer tout à fait à la France, se mettaient l'une après l'autre sous sa protection. Dès le 28 janvier 1634, Haguenau et Saverne concluaient un traité à cet effet avec M. de la Bloquerie, plénipotentiaire de S. M. (ms. précité, pièce 28); et le cardinal avait soin d'entretenir, auprès de ces petites républiques, des agents qui faisaient assez bien les affaires de la France. Un personnage considérable qui lui était dévoué, le Rheingrave, écrivant, le 20, au maréchal de La Force, faisait mention « des ministres du roy très chrestien, qui sont *ordinairement en nos quartiers*. » (20 janvier.) Nous avons une lettre de Servien informant le cardinal qu'il a traité avec des marchands de Strasbourg, à l'effet de munir les places d'Alsace; « il faut, ajoute le secrétaire d'État de la guerre, que les surintendants pourvoyent à la monstre des garnisons, etc. » (19 novembre 1635, Arch. des Aff. étr. France, t. LXXIV, fol. 467.)

Les documents incomplets que nous offre cette collection d'Alsace ne laissent pas de nous informer des vues de Richelieu sur cette contrée. Entre autres pièces conservées dans ces papiers du cardinal, nous avons remarqué un mémoire du duc de Rohan[2]. (11 décembre 1634, pièce 109.) Nous devons noter aussi un fait que nous apprend une lettre du roi au baron d'Erlach[3] : « J'ai donné ordre au sr Stella de Morimont, écrivait le roi, de rechercher dans les archives de Brisach tous les titres et enseignements concernant les usurpations de la maison d'Autriche en Alsace et en Brisgau,

---

[1] Arch. des Aff. étr. Alsace, t. VI, pièce xci°, minute de la main d'un secrétaire de Léon Bouthillier.

[2] Il assiégeait en ce moment Belfort; après la prise de cette place, il devait aller commander l'armée en Valteline : son instruction, dont la minute est de la main de Servien, lui était envoyée par ce secrétaire d'État le 30 janvier 1635 (pièce 124), et Servien

lui disait : «Maintenant que l'Alsace est entièrement délivrée de troupes *ennemies*...» Une lettre signée du roi, du dernier février, et qui était sans doute aussi l'œuvre de Servien, confirmait les ordres donnés. (Pièce 143.)

[3] Il commandait alors, à Brisach, les troupes du feu duc de Weymar.

Sundgau et la Forest noire, et de m'en apporter les originaux... » (5 décembre 1641, pièce 108 du IXe vol. d'Alsace.) Ajoutons que les deux volumes VI et IX renferment beaucoup de lettres de personnages considérables, parmi lesquelles plusieurs missives de Turenne.

Page 496. — A la fin de la lettre 259, *mettez en note :* Bouthillier rendant compte à Richelieu, le 8 novembre, de divers incidents d'une conversation qu'il avait eue la veille avec le roi, mandait : « Tout se passa fort bien... La lettre de V. Em., joincte à tout cela, mit S. M. en la meilleure humeur du monde. » (Affaires étrangères, France, t. LIX, p. 228). Cette lettre, du 5 novembre, est sans doute celle qui produisit sur Louis XIII cette favorable impression.

Page 499. — Après la pièce 260, *mettez :* Ce mémoire, envoyé le 8 novembre, se croisa avec une lettre de Bouthillier portant la même date. Ce vieil ami, ce serviteur zélé de Richelieu, se hasarde à insinuer au cardinal des idées de mansuétude, qui étaient loin de sa pensée, comme on en peut juger par le langage qu'il conseille au roi de tenir, ou plutôt qu'il lui dicte. Le cardinal savait bien, d'ailleurs, qu'il serait écouté, et qu'il lui fallait peu d'efforts pour obtenir de Louis XIII qu'il laissât sa mère dans l'exil. Il faut avouer aussi que l'habile ministre connaissait un peu mieux que cet honnête Bouthillier la princesse contre laquelle il exerçait une implacable sévérité. Il ne nous semble pas sans intérêt de rapprocher du mémoire qu'on vient de lire la lettre de Bouthillier; et, sans partager beaucoup son illusion, on se sent pris à lui savoir gré de ces bonnes paroles, qui offrent un si parfait contraste avec celles des courtisans du cardinal, appliqués sans relâche à servir ses haines et à l'irriter contre ceux dont il pouvait avoir à se plaindre. — Après quelques détails sur la mission de Villiers, Bouthillier écrivait : « Je suis obligé, Mgr, de vous dire que si le bon Dieu permettoit que ces deux accommodements (celuy de Monsieur) se peussent faire seurement un jour; car il faut du temps pour ne s'y pas mesprendre; ce seroit couronner toutes les prospérités et les affermir, en sorte qu'elles ne pourroient jamais estre ébranlées par ceux qui voudroient nous empescher de jouir du fruict qu'elles nous doibvent apporter par vostre conduite. Je crois que la reyne recognoist enfin sa faute. Elle s'est souvenue, sans doute, de ce que je luy ay ouï dire plusieurs fois, qu'il est humain de faillir et diabolique de persévérer. La mémoire de ses félicités passées, les mauvais traictements de Monsieur et de Puylaurent et sa propre conscience la pressent, et il me semble voir, par ce qu'a dict Mlle Catherine à ma femme, et par quelques parosles mesme du s^r de Villiers Saint-Genest, que vos signalés services, je dis en son particulier, l'accusent et la font juger par elle-mesme coupable dans le procédé qu'elle a tenu par mauvais conseil. J'estime qu'elle voudroit se remettre bien avec vous aussi bien qu'avec le roy, et que si son courage luy permettoit, elle vous feroit parler. Toute la difficulté sera du *quo modo*. Le roy a bien parlé sur les atteintes qu'a données le s^r de Villiers, qu'il ne se peut mieux; je dis les atteintes; car ce qu'il a dict à l'égard du roy mesme n'est point encore demandé, ni recherché ouvertement. Elle prendra, à mon jugement, cette voie, selon ce que luy rapportera le s^r de Villiers des dispositions de deçà. Je trouve considérable qu'elle a envoyé ce vieillard qui est homme de bien, et qu'elle n'avoit pas voulu encore envoier. Il a dict au roy mille louanges de V. Em. sur toutes les choses passées, et que tous les vieux serviteurs de la reyne pleuroient tous les jours de ce qu'elle vous avoit quitté. Ce qui est le plus précis là-dessus est ce qui est dans le mémoire que je vous ai envoié; que si la reyne estoit icy, le s^r de Villiers croit qu'elle feroit là-dessus tout ce que le roy voudroit; mais qu'il disoit cela de luy-mesme, ainsy que l'article de Chanteloube, pour le laisser là, ce que je tiens une ouverture de la reyne. Il est vray qu'il en fault bien d'autres pour venir à un bon accommodement, soit pour la demeure au dedans, soit au dehors; ces matières-là sont très-espineuses, et se peuvent dire *de apicibus.* » On ne voit pas que le cardinal ait répondu à Bouthillier; la réponse n'était-elle pas, d'ailleurs, donnée à l'avance par le mémoire venu de Fontenay? Et puis l'avocat de la reine mère prenait bien mal son temps de parler de réconciliation au moment où l'on venait de mettre à mort un assassin suborné par les protégés de cette princesse, pour attenter à la vie du cardinal. Cette lettre de Bouthillier peint l'homme et sa situation auprès de Richelieu, qui lui laissait tout dire et l'écoutait fort peu.

Page 501, notes, 2ᵉ colonne, ligne 11. — *Ajoutez :* La lettre est du 18 novembre. Imprimée dans la *Vie du duc d'Épernon*, IV, 132. L'auteur cite plusieurs lettres de Richelieu, dont il ne donne qu'une simple indication.

Page 501, notes, 2ᵉ colonne, ligne 4. — Du scandale, *lisez :* du nouveau scandale.

Page 504, ligne 12. — 59, *lisez :* 59 ².

Page 505. — Il faut un long filet.

Page 507, lettre CCLXIV. — *Mettez en note :* Voy. ci-après, p. 709, et au Supplément, p. 713, deux lettres au sujet de ce mariage.

Page 512, aux sources. — *Mettez :* Arch. des Aff. étr. Lorraine, t. XIV, fol. 3; mise au net avec la date du 1ᵉʳ janvier, écrite au dos. Il y a, dans ce volume de Lorraine, une addition de deux pages, écrite de la main du secrétaire de Chavigni, addition qui manque à la pièce du dépôt de la guerre. On y recommande à M. de Brassac de s'y prendre de façon à avoir des preuves de la réalité du mariage clandestin de Monsieur. — L'instruction du 1ᵉʳ janvier, donnée au comte de Brassac, est précédée, dans le manuscrit de Lorraine, fol. 1, d'une lettre sans signature, mais écrite par un secrétaire de Chavigni. Je vous envoie, lui mande Léon Bouthillier, deux mémoires : « Le premier a esté dressé en mon absence par M. Servien, *soubz Mᵍʳ le cardinal*. J'y ay adjousté le second comme ayant esté jugé très nécessaire pour les choses qui ont à se faire. . . » Cette lettre de Chavigni prouve ce que nous avons dit (note 2, p. 512), que ce premier mémoire a été à peu près dicté par Richelieu. Le second est l'addition que donne le ms. de Lorraine et qui ne devait pas, en effet, se trouver au dépôt de la guerre, puisque c'est l'œuvre de Chavigni et non de Servien. — Notons une pièce intitulée : *Ramas et Mémoire de plusieurs contraventions que M. de Lorraine a faictes aux traittés qu'il a faicts avec le Roy.* Cette pièce, de la main d'un secrétaire de Servien, n'est point datée, mais elle est de cette époque où l'on travaillait si ardemment à la perte du duc de Lorraine. Elle se trouve dans le XIIIᵉ volume, classée en 1633. En même temps, le 2 janvier, une instruction était dressée pour M. de Noailles, ambassadeur à Rome. Parmi d'autres affaires, on lui disait comment il devait expliquer au Pape les raisons qui avaient déterminé le roi à s'adresser d'abord au parlement de Paris plutôt qu'à S. Sᵗᵉ pour faire casser le mariage de Monsieur (Arch. des Aff. étr. Rome. t. L, fol. 1). La pièce, signée Louis, est contre-signée Bouthillier.

Page 513, notes, 2ᵉ colonne, ligne 5. — *Ajoutez :* Depuis que ceci a été imprimé nous avons eu communication, au ministère des Affaires étrangères, des manuscrits de Lorraine, et nous y avons trouvé, dans les volumes 14 et 15, lesquels se rapportent à l'année 1634, beaucoup de lettres du comte de Brassac et de M. Gobelin, ainsi que celles qui leur furent adressées. On y voit en détail toute la part qu'ils ont prise aux événements qui se passèrent alors en Lorraine. M. le comte d'Haussonville a mis ces documents à profit dans son *Histoire de la réunion de la Lorraine à la France.* Richelieu, dans ses Mémoires, ne dit presque rien de la correspondance de M. de Brassac, et ne nomme pas même Gobelin.

Dans notre manuscrit de Lorraine la pièce est datée du 1ᵉʳ janvier 1634, et elle est suivie d'une addition, de la main d'un secrétaire de Chavigny, où se trouvent de nouvelles recommandations à M. de Brassac pour se procurer les preuves dont on avait besoin.

Page 519. — A la fin de l'instruction de M. de Brassac, *mettez cette note :* Nous trouvons, dans les manuscrits de Baluze, une feuille au dos de laquelle on lit : « Lettres interceptées de Lorraine. » Ce sont des extraits de la main de Charpentier ; il y a des mots de jargon non expliqués et aussi des noms véritables : les princesses de Salm et de Phalsbourg, la princesse Marguerite, femme de

Monsieur. Cela doit se rapporter à l'année 1634 (Bibl. imp. Baluze, pap. des armoires, lettres, paq. n° 1, 3 et 4, fol. 87, 88).

Page 519. — Notes, dernière ligne, *effacez :* à une simple mention, *et mettez :* à faire l'éloge.

Page 520, note, 2° colonne. — Aux sources manuscrites où j'ai trouvé la harangue de Richelieu, *ajoutez :* Bibl. du Louvre, F, 300, in-fol.

Page 521, note qui se rapporte à la harangue de Richelieu. — Nous trouvons aux archives des Affaires étrangères, dans le tome 69° de la collection France, une lettre de Chavigni, sans date, mais qui doit être du commencement de janvier 1634 ; il dit au cardinal : « J'ay parlé à S. M. suivant le commandement que vous m'aviés fait, en la forme que vous m'aviés prescrite, touchant la harangue du parlement ; il meurt d'envie que vous y parliés, et m'a donné charge de vous en escrire comme de moy-mesme, sans vous faire cognoistre la passion qu'il en avoit. » (Vers la fin du volume non coté.) Nous avons cru qu'il ne serait pas sans intérêt de rapprocher de la harangue de Richelieu le souvenir que nous fournit la lettre de Chavigni, mais nous n'avons connu cette lettre qu'après l'impression du présent volume.

Page 522, ligne 15. — Ne puissent, *effacez* ne. — « Ne puissent » est le texte du manuscrit, mais nous aurions dû le corriger.

Page 522, addition à la note. — Nous devions dire que la pièce, dont nous ne trouvions qu'un fragment manuscrit, avait été imprimée. En voici le commencement :

« Monsieur, ayant sceu par le sieur de Boisrobert comme vous avez parlé publiquement de ce qui se passa dernièrement au palais, sur la relation qu'il en a eue d'un religieux de ses parens, je ne puis que vous en remercier, et vous asseurer que je ne perdray pas l'occasion de faire sçavoir au roy comme vous vous estes conduit en cette occasion, qui luy fera cognoistre ce que vous estes capable de faire en toute autre. Je n'oublieray pas aussy de luy parler du dernier livre que vous avés mis en lumière, parce que j'ay appris qu'il y a quelque chapitre qui est interprété, à mon advis, autrement que vostre piété et vostre zèle ne donnent lieu de le faire à ceux qui vous cognoissent ; prenant intérest à ce qui vous touche, j'envoie, etc. » Cette lettre est comprise dans un recueil in-4° de pièces détachées, imprimées par les soins de l'archevêque de Rouen, qui a fait mettre en tête du recueil cette feuille de titre : *Le Mercure de Gaillon*, ou *Recueil des pièces curieuses, tant hiératiques que politiques ;* à Gaillon, de l'imprimerie du chasteau archi-épiscopal, 1644. (Quelques-unes des pièces portent une date antérieure.) On a vu que la date de la lettre, indiquée par le manuscrit, est le 28 janvier 1634, tandis que l'imprimé donne le « dernier janvier. » L'abbé Joly, qui range cette lettre sous le n° 7 dans son catalogue défectueux des ouvrages de Richelieu, met la fausse date de « Paris, 1624, » et Moréri a copié Joly. On lit sur le feuillet qui précède la lettre dans le *Mercure de Gaillon* : « Lettre de l'éminentissime cardinal duc de Richelieu, au religiosissime archevesque de Rouen, primat de Normandie, sur les premières contestations des religieux devant qu'ils se fussent soumis, avec la response dudit archevesque qui ouvre l'unique expédient de terminer ces différens pour le bien de l'Église, ensuite de la consultation secrète que le dit cardinal luy en avoit faite en luy envoyant sa lettre. » L'archevêque a mis sa réponse à la suite de la lettre de Richelieu. « Souffrez, écrit-il au cardinal, que je vous dise que, quand vous ne voudriez pas, nous devons avoir assez de zèle pour nos rois, et d'amour pour le peuple, pour vous résister, etc. » — Voici l'expédient que l'archevêque nomme *unique :* « Députer des commissaires, tant du clergé que du conseil, pour faire dresser un fidèle inventaire de tous les privilèges, et qu'il soit permis aux privilégiés de jouir de tout ce qui y sera contenu, et à nous qu'il soit loisible de nous faire rendre compte de tout ce qui n'y est point. » La querelle des évêques avec les religieux, qu'avait soulevée l'évêque du Belley, ne s'arrête pas là, nous la retrouverons plus tard non encore pacifiée.

Page 525. — Ligne 3 ; mettez cette note à la fin de la pièce : — On voit dans quels embarras financiers se trouvait la France au commencement de l'année 1634. Il y avait à peine deux mois, Boutbillier écrivait, en finissant cette lettre déjà citée : « Après cela, si vous pouvés contribuer au soulagement du pauvre peuple, vous achevorés un siècle de bénédictions, et que l'on appellera d'or. Nous sommes après, M. de Bullyon et moy, pour faire voir, par démonstration certaine, que nous le deschargerons l'année prochaine, 1634, de plus de cinq millions sous le réglement, pour payer tousjours les gens de guerre par avance, dont il ne se fault jamais départir, ce qui soulagera encore plus qu'il ne se peut dire. Je suis après à faire cet esclaircissement net. Je dis au soulagement effectif de cinq millions, affin que nous en mettions une clause entière dans les commissions des tailles que nous allons envoier. Il y a du bien qu'il fault publier le plustost et le plus que l'on peut, comme celuy-ci, qui donnera vigueur au peuple ; mais il n'en fault pas parler s'il n'est bien certain, et si nous ne voions clairement que les charges de l'estat puissent avec cela estre portées. Sur quoy, baizant très humblement les mains de V. Em., je demeureray toute ma vie, etc. » Mais bien loin de payer les gens de guerre à l'avance, le cardinal cherchait tous les moyens de retarder et de diminuer les montres, sans que le soldat pût trop s'en apercevoir. Loin d'annoncer le soulagement du peuple, Richelieu lui-même, dans une harangue solennelle prononcée en plein parlement, n'en fait mention que comme d'une pensée du roi, et ne le promet que pour un avenir incertain. Loin de diminuer les impôts, on est obligé d'augmenter les charges publiques, pour se préparer à une guerre depuis longtemps méditée, et qui fut déclarée au mois de mai de l'année suivante. Ainsi le *siècle d'or* se changea en siècle de fer, et le soulagement de cinq millions pour le pauvre peuple demeura un rêve du bon surintendant. Cette longue missive de Bouthillier est vraiment curieuse, même par les petits côtés. Parmi les chagrins de la reine expatriée, était le souvenir de ce palais, sa création, dont elle avait été bannie avant d'avoir pu l'habiter ; elle avait chargé M. de Villiers de le voir et de lui en donner des nouvelles ; sans beaucoup d'espoir de le revoir jamais, elle songeait encore à l'embellir : « Lorsque le roy a permis à M. de Villiers Saint-Genest d'aller à Luxembourg, dit Bouthillier, voir s'il n'y avait rien de dépéri et si tout estoit bien entretenu, ce qu'il dist que la reyne luy avoit particulièrement recommandé, le roy me remarqua hier, sur ce sujet, une chose qu'il avoit oubliée, qui est que le sieur de Villiers lui dist que la reyne désiroit mettre, en la galerie nouvelle, les portraits de S. M. et de la reyne, et elle au milieu des deux, comme les personnes du monde qu'elle aimoit le mieux, aiant un grand desplaisir de n'y pouvoir mettre des portraits de leurs enfans ; qu'on lui debvoit aussi envoyer les portraits de ses autres enfans, gendres et petits enfans, qu'elle se proposoit de faire mettre ensuite dans la mesme galerie (c'est celle qui est cinctrée et qui n'est pas encore achevée). Que la reyne luy avoit dit qu'elle attendoit tous ces portraits-là d'Espagne, d'Angleterre et de Piedmont. » Se voir en peinture, au Luxembourg, entre son fils et sa belle-fille, n'est-ce pas là une pensée d'exilée qui aurait dû aller au cœur du roy ?

Page 516, aux sources. — *Ajoutez* : Arch. des aff. étr. Hollande, t. XV, orig. chiffré, daté de Chantilly. — Mise au net de la main de Charpentier, pièce 44 du XVI⁰ vol. de la même collection. — Cette dépêche, dont la minute, imprimée dans notre IVᵉ volume, était faite au nom du cardinal, se trouve, dans le manuscrit de Hollande, écrite au nom du roi, signée Louis et contre-signée Bouthillier. La lacune indiquée page 527 de ce IVᵉ volume n'existe pas dans l'original, où on lit : « Pour ce qui regarde l'article que Charnacé a adjousté à la fin de sa première response, le roy ne juge pas à propos, etc. » Cet original est écrit ainsi à la 3ᵉ personne d'un bout à l'autre. La mise au net du tome XVI de Hollande présentait la lacune que l'on voit dans notre IVᵉ volume, mais l'espace laissé en blanc s'y trouve rempli d'une autre main par ces mots : « La trefve estant faicte, si les Espagnols ou l'Autriche viennent à attaquer les alliez ou les Hollandois, le roy les assistera. » Une barre a été passée sur cette addition.

Page 528, dernière ligne. — Chauteloube, *lisez :* Chanteloube.

Page 530, note 4, ligne 2, 109, *lisez :* 103.

Page 534. — Note relative à la lettre CCLXXVI. Chavigni donnait à ce moment des nouvelles de la cour au baron de Charnacé, ambassadeur en Hollande ; il lui écrivait, au sujet de la mission de l'envoyé de la reine mère au roi : « L'on remarque dans ces commencements une grande et ferme disposition de lad. dame reyne à un bon accommodement ; si elle continue, il y a tout sujet d'espérer que les suites en seront aussy bonnes et telles que nous les souhaitons tous par deça. » Mais ce n'était pas l'avis de Richelieu ; il fit barrer ce passage de la minute, et on y substitua celui-ci : « Cet envoy (de Laleu) ayant esté faict avec la participation de Chanteloube, de qui les actions sont désagréables à S. M., l'on ne sçayt encore ce que l'on doit s'en promettre. Je vous donneray advis du cours de cette affaire à mesure qu'elle s'avancera. » La minute de la lettre de Chavigni, conservée aux Affaires étrangères, pièce 58ᵉ du t. XV de Hollande, est datée du 24 février.

Page 538, ligne 4. — S'adressoient, *lisez :* l'adressoient.

Page 540, note 2. — *Ajoutez :* Qu'il avait fallu attendre la réponse du pape. Ce même jour, 9 janvier, le roi écrivait à M. le comte de Noailles, notre ambassadeur à Rome : « L'âge valétudinaire de M. Anne de Murviel, évesque de Montauban, luy aiant osté le pouvoir de vacquer à la visite de son diocèse, lequel estant infecté d'hérésie, a besoin d'une plus grande sollicitude, plaise à S. S. d'admettre la résignation en forme de coadjutorerie et future succession au dit évesché, au profit de maistre Pierre de Berthier, prestre du diocèse de Montauban. . . » (Archives des Affaires étrangères, Rome, t. 48, fol. 34.)

Page 543, ligne 9. — Volx, *lisez :* voix.

Page 549, entre les lettres CCLXXXIII et CCLXXXIV. — *Mettez :* Affaires du pays de Liége. — Richelieu non encore ministre, mais bien près de le devenir, exposant à grands traits l'état général des affaires, à l'époque du ministère de La Vieuville (1623), et prêtant ses vues à la reine mère, lui fait dire : « qu'il ne fallait pas négliger l'offre du pays de Liége, qui, ennuyé des trames d'Espagne, voulait se donner maintenant à la France. » (Mém. t. II, 276.) Nous n'avons rien trouvé, à ce moment, dans les documents conservés aux Affaires étrangères touchant le pays de Liége, qui confirme cette assertion ; mais ce qui est certain, c'est que ce petit peuple, soumis au gouvernement de l'électeur de Cologne, avait constamment recours à la France, dès qu'il avait à craindre pour le maintien de ses franchises et de sa liberté. — Richelieu, arrivé aux affaires, eut toujours soin d'établir de bonnes relations avec ce pays et d'y entretenir des intelligences afin de conserver et d'accroître le parti qui tournait vers la France ses sympathies et son espoir. — L'abbé de Mouzon (René-Louis de Fiquelmont), personnage influent à Liége, y servait les intérêts de la France. Nous trouvons, en février 1631, un mémoire dressé pour l'instruction du sⁱ de La Chapelle. On y lit : « Il est important que le sⁱ de La Chapelle aille au Liége, en la compagnie de M. l'abbé de Mouzon, qui a beaucoup d'amis et grande cognoissance en ladite ville, et spécialement de ceux qui affectionnent la France. » Ces deux agents avaient mission de « déclarer les intentions du roy qui ne sont pas de distraire ces peuples de l'obéissance de leur prince, » ce qu'il ne faut pas faire parce que les Espagnols profiteraient du désordre. Une lettre à l'abbé de Mouzon, écrite pour qu'il pût la montrer à ses amis, portait en substance le conseil de rester en bons termes avec l'électeur de Cologne. Le roi offrait même son intervention à l'effet de réconcilier ce prince avec ses sujets de ce pays. — Aux députés des trois États de Liége, venus vers le roi avec le bourgmestre La Ruelle, on donnait de bonnes paroles et on leur témoignait, de la part du roi, « le gré que leur savait S. M. de la reconnaissance perpétuelle qu'ils conservaient des bienfaits des rois ses prédécesseurs. » — L'intérêt de la France dans ses liaisons avec les Liégeois consistait surtout aux levées que le cardinal faisait faire dans ce pays, car on ne comptait nullement sur l'électeur de Cologne dont on connaissait les inclinations pour l'Espagne. — Les relations se continuent ainsi, et nous voyons qu'en 1634 le roi faisait féliciter l'abbé de Mouzon du soin qu'il prenait des levées pour la France. En même temps, on l'avertissait que « les chefs nommez pour commander aux troupes que ces Messieurs de Liége ont levées pour maintenir leur liberté contre les Espagnols sont gens du tout affectionnez à ceux-cy; Messieurs de Liége feront bien d'y prendre garde. Vous les pouvés asseurer de la bonne volonté du roy envers eux, et qu'il contribuera tout ce qui dependra de lui pour conserver la seureté de leurs privillèges, et leur feréz cognoistre comme de vous mesmes le tort qu'ils se font de ne se point rendre utille l'amitié que S. M. leur porte. » — Ainsi, en toute occasion, on leur offrait, on leur promettait l'appui de la France, et on leur insinuait qu'ils avaient grand intérêt à le demander. — Toutes ces affaires étaient traitées en grande partie par le P. Joseph, qui, comme on sait, avait plus spécialement l'Allemagne dans son département. — A cette époque Richelieu, voulant donner à l'abbé de Mouzon un caractère plus officiel, fit signer par le roi une instruction datée du 5 mai 1634, dont nous donnons aux analyses une indication sommaire. — C'est au même moment sans doute que le roi adressa à l'archevêque de Cologne une lettre dont la minute sans date, écrite par un secrétaire des affaires étrangères, est conservée dans notre manuscrit, fol. 106. S. M. exprime à l'électeur Ferdinand l'espérance de pouvoir porter les levées « jusqu'au nombre que je m'estois proposé, ainsy que le s' abbé de Mouzon vous le fera entendre. » La réponse de l'archevêque apporta au roi un refus assez sec : « Il a besoin, dit-il, de toutes ses ressources pour la conservation de ses pays deçà et delà le Rhin, où prédominent les ennemis de l'Église catholique... malgré sa déclaration, le colonel Miche, son vassal et sujet, continuant de faire des levées, il a ordonné de procéder contre luy. » — Une telle réponse ne laissait à Richelieu nul espoir de rien obtenir des Liégeois avec l'autorisation de leur souverain; mais il ne renonça pas pour cela à profiter des bonnes dispositions de ce peuple ami de la France; et notre manuscrit nous donne, à ce sujet, un mémoire autographe où, comme il lui arrive assez souvent, le cardinal s'occupe des plus menus détails. — « Faut escrire à l'abbé de Mouson qu'il fasse faire secrettement des farines et du biscuit depuis le 25° jour d'apvril, et qu'il fasse en sorte que le tout se fasse soubs le nom du résident de Hollande ou autres qui fasse croire que c'est pour la Holande (sic), ou pour des marchands particuliers. — Qu'il fasse savoir la responce et se souvienne que cela est fort important au service et contentement du roy. — Qu'il sera payé de ses appointements, etc. — Qu'un nommé Roland a promis de faire acheter des bleds pour le roy. — Que si les siens s'addressent à luy pour acheter des bleds pour le roy secrettement, il les favorise autant qu'il pourra, le tout avec secret [1]. » — Exp. 6 apvril 1635 (ceci d'une autre main).

Page 552. — Voici le titre dans le manuscrit : « Mémoire pour MM. les ducs de Créqui, ambassadeur extraordinaire du roy, et comte de Noailles, ambassadeur ordinaire à Rome. » Aux sources. — *Mettez* : Arch. des Aff. étr. Rome, 54 (non coté). Mise au net, de la main de Cherré, devenue minute à cause de quelques corrections faites par Richelieu. — Cette minute nous donne la véritable date, 26 mai; elle contient un paragraphe qui manque dans la pièce que nous avons empruntée à Aubery et qu'il faut placer page 553, avant la 5° ligne d'en bas : S. M. luy envoie un présent sur le sujet que Messieurs les ambassadeurs verront par la lettre que M⁇ le cardinal de Richelieu escrit audit sieur cardinal Antoine (nous l'avons notée aux analyses, p. 785) par son ordre, laquelle lesdits sieurs ambassadeurs luy présenteront avec les civilités requises, et sçauront de luy à qui il veut que, dans Paris, on donne les douze mil escus de sa pension de cette année, qui seront délivrés à lettre veue. » — Deux copies de la minute des Affaires étrangères écrites de la main d'un commis de Chavigni, portant la date de Fontainebleau et le contre-seing Bouthillier, sont aux fol. 161 et 165.

[1] Arch. des Aff. étr. Liége, t. I, fol. 134. Minute de la main de Richelieu.

Elles nous donnent ce paragraphe final, qui manque dans la minute aussi bien que dans le texte que nous avons emprunté à Aubery : « Lesdits sieurs ambassadeurs sçauront que le résident du roy à Bruxelles luy a donné advis que, sur le refus que la princesse Marguerite avoit faict de recevoir les lettres du Pape et du cardinal Barberini, parce qu'ils ne luy donnoient pas le tiltre de duchesse d'Orléans, on luy en a renvoyé d'autres avec ce tiltre, dont ils se plaindront fortement à S. S. et audit sieur cardinal Barberini, et leur feront cognoistre que c'est, en quelque façon, donner approbation au mariage qui est invalidé, ou qu'on prétend estre tel, et qui n'a pas encore esté jugé. Ils verront la response qu'on leur fera sur ce sujet et le manderont exactement à S. M. » — La minute des Affaires étrangères offre, en outre, quelques différences avec la pièce imprimée; nous n'indiquerons que les suivantes : Page 552, ligne 3 du texte : dans l'imprimé, « l'inconsidération ; » dans le manuscrit : « le peu de considération. » Ligne 4. Impr. « par son authorité et par violence. » Ms. « par son anthorité absolue. » — Ajoutons que la copie manuscrite met la double suscription : à M. de Créquy et à l'ambassadeur ordinaire comte de Noailles. — Il faut noter la réponse des ambassadeurs et les curieux détails de leur audience du pape, fol. 205-210 du manuscrit précité. — Voyez aux analyses, à la date du 26 mai, les lettres adressées sur ce sujet au cardinal Barberini et à son frère le cardinal Antoine.

Page 552, notes, 2ᵉ colonne, ligne 5. — 549, *lisez :* 550.

Page 553, ligne 3. — Après le mot « improuver, il y a : « Ains au contraire » ajouté de la main du cardinal.

Page 555, note 1 ; *ajoutez :* Mémoires de La Porte, p. 329.

Page 556, à la note 1. — *Ajoutez :* Quant au gouverneur du Béarn, c'était alors M. de Grammont.

Page 557, ligne 3. — Où, *lisez :* ou.

Page 558. — Il faut placer ici, avant la lettre 291, la pièce mise à la page 552, laquelle doit être datée du 26 mai.

Page 559, note additionnelle pour l'*instruction au sieur de Poigny.* — La feuille 70 de ce 4ᵉ volume était imprimée lorsque nous avons eu communication, aux archives des Affaires étrangères, du tome XLV, Angleterre. Nous avons trouvé, au fol. 316, une espèce de minute de cette pièce. Les trois premières pages sont de la main d'un des secrétaires de Chavigni; le reste est d'une écriture que je ne connais pas. Les deux premières pages présentent des réflexions générales sur les devoirs d'un ambassadeur. Ce sont des considérations qui trahissent le politique un peu novice; on les a barrées, il n'en est resté que de courts passages sur les avantages, pour les deux royaumes, de la bonne intelligence entre la France et l'Angleterre; nous les retrouvons à peu près dans les deux premiers paragraphes de la copie que nous avons imprimée; ajoutons que deux pages environ (les sept derniers paragraphes de la pièce imprimée dans notre quatrième volume) ne sont point de cette minute du tome XLV, Angleterre. Nous n'y trouvons pas non plus d'autre date que le mot « juillet, » mis à la marge après coup. C'est, en effet, vers le commencement dudit mois que l'instruction a dû être donnée à l'ambassadeur, qui partit de Paris dans la première quinzaine de ce mois; car il annonce au cardinal son arrivée à Londres et sa première audience de la reine dans une lettre du 19 juillet (fol. 324 du tome XLV). Il faut donc rectifier dans ce sens la date du commencement de juin, que nous avions donnée, par conjecture, à cette pièce diplomatique. Nous ajouterons que le nom de *Poigny,* donné ici à cet ambassadeur, et qu'on trouve fréquemment ainsi orthographié dans les correspondances de l'époque, doit être changé en celui de *Pougny,* car c'est ainsi que signait ce personnage dont nous avons vu plusieurs lettres dans le susdit volume XLV, Angleterre. Le P. Anselme, qui le nomme « Jean ou Jacques d'Augennes marquis de Poigny et de Boisoreau, » écrit le nom des deux manières dans l'article qu'il consacre à cette famille.

CORRECTIONS ET ADDITIONS.

Page 566, 567, lettres CCXCIII et CCXCIV. — A ces redoublements d'expressions de tendresse de Richelieu pour le roi, on peut croire qu'il avait passé récemment, entre S. M. et S. Ém., un de ces nuages que dissipait d'ordinaire un prompt raccommodement. Cette conjecture nous semble confirmée par une lettre de Bouthillier au cardinal, écrite de Fontainebleau le 3 juin 1634. Il s'agit d'une affaire qui aurait été discutée entre Louis XIII et Richelieu, au sujet du *Nason masculin* : « Le roi m'a protesté, » mande Bouthillier, « qu'il aimeroit mieux mourir que d'avoir dit au cardinal quelque chose qui luy pust deplaire. » (*Revue des autographes*, août 1873.)

Page 570. — Au commencement de la note 2, *mettez* : Dans un mémoire adressé au roi par le cardinal, nous lisons : « Je fus hier à Paris, où nous résolûmes, entre MM. le garde des sceaux, de Bullion, procureur général (Molé) et moy, ce qui se peut et faut faire sur le mariage de Monsieur. », (Arch. des Aff. étr. Lorraine, t. 27, pièce 250.) Ce mémoire est sans date: il doit être du 17 ou 18 juin.

Page 570, notes, 1re colonne, ligne 11. — *Fermez les guillemets après* de jour en jour.

Page 582, note 1, ligne 5. — Une lettre du maréchal de La Force à Richelieu, du 10 juin, exprime l'espoir « qu'avec l'ayde de Dieu la place sera en la main de S. M. avant qu'il ne soyt six semaines. » Le maréchal ne se trompe que de bien peu de jours. Cette lettre autographe manque au recueil qui accompagne les *Mémoires de La Force*, t. III. Nous en avons trouvé l'indication dans la *Revue des autographes* (août 1873).

Page 588, ligne 10. — *Ajoutez cette note* : On trouve dans la collection de Lorraine (aux Affaires étrangères), tome XV, fol. 154, une pièce datée du 26 août 1634, où Cherré et aussi le cardinal ont écrit une longue liste de places, divisée en plusieurs colonnes, avec ces titres : « A garder. » — « A rayer. » — « Où il ne faut pas toucher. »

Page 589, aux sources, t. IX, *mettez* : t. X.

Page 593, ligne 3, *mettez* : voy. p. 787, seconde analyse.

Page 594, note 3, *ajoutez* : seraient-ce les initiales des deux prénoms Jean-Armand ?

Page 597, note 2. — Nous avons dit avec quelle sage perspicacité Richelieu recommande à son gazetier d'annoncer « modestement » un succès qui ne lui semble pas considérable et qui pourrait être suivi d'un revers; le désastre arrivé, c'est avec une prudence non moins habile qu'il en prépare la nouvelle, afin d'en ménager l'effet sur l'opinion publique. La bataille de Nordlingen avait été perdue le 6 septembre; les Suédois et les Weimariens avaient été mis en pleine déroute. Richelieu en est informé le 11, la *Gazette* paraît le 14; elle commence par noter quelques avantages antérieurs, puis, annonçant les renforts d'Italiens et de Bavarois venus à l'armée impériale, la *Gazette* ajoute : « Maintenant on ne pourra guère plus longtemps demeurer sans jouer des couteaux. » (Remarquons en passant que c'est là une expression familière à Richelieu.) Le surlendemain la *Gazette* annonce la perte de la bataille : « l'onzième arrivèrent en cour la nouvelle que les Impériaux avoient entièrement défait près de Nortlingen les ducs de Weymar et mareschal Hovin joints ensemble; mais on a depuis appris par plusieurs courriers que lesdits Hovin et Weymar ont desja rallié 12 à 13,000 hommes, et en attendant d'autres (p. 392). » Enfin paraît un *Extraordinaire* du 22 où le malheur qui a frappé nos alliés est raconté dans sa triste vérité (p. 396). Ce n'est pas le dernier mot du journaliste. Dans un numéro suivant il revient sur son premier récit, en remarquant qu'il n'est pas étrange que « dans une telle confusion on n'ait pas tout su, » il donne des nouvelles récentes de l'armée reconstituée, et finit par des réflexions pleines d'espoir : « car, comme tout ce qui s'est passé depuis l'entrée des Suédois en Allemagne a esté plein de merveilles, cette nation n'a rien rabattu de sa résolution même par la perte de son roy; celle d'une journée qui en ruineroit d'autres ne sert qu'à la réunir avec son allié, que ses heureux succès leur eust possible rendus moins considérables, dans la sécurité qui suit les prospérités continuelles, etc. » (p. 412). Cette page de la *Gazette* ne me semble pas venir de la boutique de Renaudot.

Page 603, l. 1. — « Il est fascheux de lever tant de huguenots. » Cette parole de Richelieu doit être considérée comme une concession faite aux répugnances de Louis XIII, car, en mainte occasion, il se loue de la fidélité des protestants, notamment à l'époque de la révolte de Monsieur, p. 341-349 de notre IV⁰ volume, et dans ce mémoire même, il vient de nommer les soldats des Cévennes parmi les meilleurs.

Page 622, au titre : Sabron, *lisez* : Sabran.

Page 622, notes, 1ʳᵉ colonne, ligne 3. — Des, *lisez* : de.

Page 623, ligne 5. — Le duc de Chaulnes écrivait à Richelieu le 9 octobre « qu'il se rendait en diligence à la Capelle, en attendant les ordres du cardinal. » (*Revue des autographes*, août 1873.)

Page 633, note, 1ʳᵉ colonne, ligne 27. — M. de Nantes : c'était alors Philippe de Cospéan, évêque de Nantes, l'un des prélats qui honoraient le plus l'épiscopat de France. Richelieu avait été son écolier en théologie, a dit M. Cousin (*Journal des Savants*, 1855, janvier). Le cardinal avait conservé pour lui beaucoup d'estime malgré l'attachement que M. de Cospéan avait pour la reine mère; cet attachement explique le doute qu'exprime ici Richelieu. Une Vie de cet évêque a été publiée en 1854 par M. Ch. Livet.

Page 634, note pour la lettre CCCXXXI. — Nous trouvons, aux Affaires étrangères, dans le tome XVI de Hollande, pièce 222, un écrit de la main de Cherré, signé du cardinal et adressé aux ambassadeurs de Hollande; la date manque, mais cette pièce doit appartenir à l'époque des négociations dont la lettre du 26 fait mention. Il s'agit, dans l'écrit sans date, de « la sortie de 300 milliers de cuivre, et de 300 pièces de canon de fer pour le service de la marine, » que le cardinal a fait acheter en Hollande.

Page 638, ligne 1. — Quel est ce Talon? L'avocat général (Omer) tenait alors, avec d'autres magistrats, les grands jours de Poitiers, d'où il revint à Paris le 7 décembre. Omer lui-même note, dans ses *Mémoires*, les dépêches qu'il reçut du roi au mois de novembre; elles sont relatives aux grands jours, et il n'y est nullement question ni de la Provence, ni du Dauphiné. — Serait-ce Jacques Talon, que nous trouverons bientôt (août 1637) secrétaire du cardinal de La Valette?

Page 642. — Notons ici une instruction donnée à M. d'Hémery, le 16 juin 1635, laquelle, signée Louis, contre-signée Bouthillier, est toute inspirée des préoccupations dont Richelieu entretenait le roi dans les exposés faits à S. M., les 2 et 16 novembre 1634 (p. 636 et 642 de notre 4⁰ vol.) : « l'armée navale assemblée l'année dernière pour faire une descente en Provence, » dit cette instruction, « est à présent dans les ports de Naples et de Sicile. M. d'Hémery partira sans perdre de temps, pour se concerter avec le sⁱ Du Plessis Besançon, à l'effet de faire commencer à Toulon et aux isles d'Hyères les travaux dont le devis a esté donné par le sⁱ d'Argencourt. Le roi ajoute certains détails et ordonne la plus grande diligence » (Arch. des Aff. étr., Turin, t. XXIII, pièce 3⁰, original). M. d'Hémery était alors pour le service du roi en Piémont.

Page 643, ligne 2. — Ce mariage du duc de La Valette, si gaiement célébré, eut de bien tristes suites pour la demoiselle de Pontchâteau. — La jeune duchesse de La Valette, peu de temps après la mort du cardinal, vit une impudente maîtresse prendre sa place dans sa propre maison. La demoiselle Anne de Maurès (Nanon de Lartigue) n'en fut éloignée qu'aux approches de la mort du duc de La Valette (second duc d'Épernon). A ce moment solennel on voulut faire cesser ce scandale et ménager, en apparence du moins, un rapprochement entre le duc et sa femme. Irritée de son expulsion, la concubine ose écrire au confesseur du moribond une audacieuse légitimation de l'adultère. M. Tamizey de Larroque a publié, dans le *Cabinet historique*, une très-piquante notice sur cette étrange demoiselle au sujet de laquelle Lenet donne d'insuffisants détails et que ne nomme même pas Mᵐᵉ de Motteville.

Page 645, à la note. — *Ajoutez* : Quelques années après on lisait encore, dans la *Gazette*, un petit article favorable au théâtre, et qui a bien l'air d'une réponse que Richelieu aurait fait faire, que peut-être il avait faite lui-même, à quelque censeur dont la morale chagrine lui avait déplu. « La demoiselle du Plous ayant, par son opiniastreté, rendu inutiles tous les soins que son mari avoit employez à la ranger à la foi catholique, s'estant trouvée à une comédie où estoit représentée la conversion de saint Augustin, en fut tellement touchée qu'elle fondit en larmes devant toute l'assemblée, et fit ensuite son abjuration ce mesme jour de la nativité de la Vierge, dans l'abbaye de la Victoire. (C'était une des maisons de Richelieu, il y allait fréquemment passer quelques jours.) Et que les critiques de ce temps nous viennent encore blasmer la comédie, puisqu'elle a de si puissans charmes pour émouvoir les passions, qu'elle vient heureusement à bout de ce qui s'estoit trouvé impossible à tous les autres moyens humains. » (*Gazette*, nᵒ 122, de Senlis, le 20 septembre 1641, p. 706.)

Page 650, notes, 1ʳᵉ colonne, ligne 5. — *Ajoutez* : Les Mémoires de Richelieu font mention de l'envoi de M. d'Émery en Italie, sans indiquer aucune date; mais il ne se rendit à ce poste qu'en août, sa mission de Provence l'y ayant retenu plusieurs mois. (Voyez notre IVᵉ volume, p. 706. 724.)

Page 652, ligne 13. — Les difficultés dont se plaint Richelieu dans cette lettre ne tardèrent pas sans doute à s'accommoder; un traité fut signé le 8 février; nous en avons trouvé l'original aux Aff. étr. Les signatures sont accompagnées des cachets dans le t. XVII de Hollande, pièce 4. Cet instrument diplomatique a été distrait du volume pour être mis dans les boîtes. On mentionne (article 5) les partages à faire après la conquête entre la France et la Hollande. — Les pièces cotées 4 et 9, avec les mêmes signatures et les mêmes cachets, sont les articles secrets. Plusieurs copies sont conservées dans ce volume XVII, l'une a été, par erreur de classement, séparée en deux parties dont la première est cotée 3 et la seconde 32. — Ce traité se trouve encore dans les mêmes archives, France, t. LXXVI, vers le milieu du volume non coté. — Avertissons le lecteur, à propos de notre note 2 de cette page 652, qu'il pourrait bien y avoir une erreur dans l'indication du manuscrit de la Bibliothèque nationale. Nous ne voyons rien, dans les volumes de Hollande, qui se rapporte à des pouvoirs donnés le 30 juin.

Page 657, ligne 12. — Pour ceux qui pourraient être curieux de connaître le langage de ce jeune prince, nous transcrivons cette lettre autographe, écrite vers le temps où le cardinal lui donnait ce conseil; on verra comme il en profitait. — Arch. des Aff. étr. France, tome XVᵉ, pièce 49ᵉ de la collection verte : « A Monsieur Bouthillier mon chancelier [1]. — Monsieur Chavigny, je crois que m'aimant comme vous faites vous aurés esté en grande peine de ma maladie, et avec rayson, car à cette heure je trouve que j'estois plus malade que je ne pençois, car j'ay tousjour joué et juré selon mon usage, et cela me faisoit croire que j'estois fort peu hors de mon naturel, et crois que le petit bougre eut esté de mon advis. Mais depuis que l'on m'a tiré du sang aussi villain que l'on eut peu tirer à M. de Rostain, cela m'a fait cognoistre que j'avois esté bien mal. Mais, Dieu merci, à l'heure que je vous escris je n'ay de fièvre que celle que me donne larab (?) qui joue contre un home pour qui je parie. J'espère partir vendredi. Samedi j'iray souper et coucher chez vous, où vous ferez trouver monsieur mon oncle le viedase, Messieurs les bogres de campagne et de ville pour jouer une prime, et le seigneur Julio [2], si faire ce peut. Envoyés nous un carose vendredi au matin à chatres (*sic*). J'aurois encore d'autres choses à vous mander, mais

---

[1] Cette lettre sans date a été classée en 1635, elle pourrait être du commencement de ladite année. Nous en citons une autre du même style, laquelle est

du 16 mai 1635, page 755 de notre quatrième volume.

[2] Mazarin.

une partie de tout (?) dont j'ai parlé m'oblige d'achever. — Gaston.» Voici un petit spécimen des occupations du jeune prince, tracé par lui-même dans une lettre à Chavigni, sans date, mais qui pourrait bien être du même temps : «M. de Chavigny, depuis huit heures du matin jusques à midi je danse, puis change de chemise, dîne, puis après je me fais relever la moustache, et vais voir les dames; delà je vais souper, puis redanse tout de nouveau jusques à unse heures; pour ces raisons je ne vous ay pas escrit jusques aujourd'huy que je suis moins occupé....» Le prince préparait alors un ballet dans lequel il devait figurer. — Lorsque la danse laissait quelque loisir au prince, il faisait des vers dont il envoie à Chavigni ce petit échantillon :

> Je voudrois qu'il n'y eut dans Tours
> De garsses ni princesse
> Et que l'objet de mes amours
> Mit fin à ma tristesse ;
> De plus je voudrois qu'un démon
> Eut emporté Lobardemon
> Chez Jean de Vent,

ou de la prose dont tout l'esprit consistait dans une transposition de syllabes; ainsi l'adresse : «A Son mieur de Vachingui,» et où le prince écrivait : «vajois» pour «j'avois,» «nonder de colupation» pour «donner de l'occupation,» etc. Heureusement que cet insipide badinage n'a que 13 lignes. — (France, t. LXXXV, fol. 366, et collect. verte, t. XVIII, fol. 38, 39.)

Page 658, à la fin de la note 1, ajoutez : Ce ballet avait déjà été dansé par le roi, au Louvre, le dimanche et le mardi gras; mais ce que ne dit pas la *Gazette*, et que nous lisons dans une lettre de M. de Fourilles, qui écrivait au maréchal de Brézé les nouvelles de la cour, c'est que «le roy y fit fort le galant; car sitost qu'il avoit dansé un personnage, il s'alloit asseoir ou se mettoit à genoux auprès de mademoiselle de Lafayette, sur le théâtre, où estoient les ceize dames du ballet, que l'on voyoit assises et vestues, prestes à danser.» Cette lettre, que M. Huillard-Bréholles a bien voulu nous communiquer, est datée du 25 février 1635.

Page 660, aux sources, ajoutez : Minute de la main de Cherré, Archives des Affaires étrangères, Lorraine, t. XXVIII, fol. 198.

Page 660, à la date du 8 février, mettez cette note : Un mémoire avait déjà été adressé aux deux maréchaux de La Force et de Brézé, le 31 janvier, mémoire dont était porteur M. de Feuquières, «bien instruit des intentions du roy» (dit le mémoire). On explique aux maréchaux les mesures que nécessite la surprise de Philisbourg. C'est une minute de cinq pages, de la main d'un secrétaire de Chavigni, avec une correction interlinéaire de la main de Richelieu. Un nouveau mémoire est adressé aux maréchaux, le 9 février, en réponse à une dépêche envoyée par eux. Le roi s'en remet à ses généraux de choisir un lieu commode pour faire hiverner l'armée, «soit avancer plus avant, ou bien demeurer où ils sont, ou enfin repasser le Rhin.» La minute est de la main de Chavigni et de celle d'un secrétaire (fol. 49).

Page 660, note 1. — Ajoutez : M. de Charnacé, qui était en ce moment à Paris, écrivait au marquis de Brézé, le 5 février : « La nouvelle de Philisbourg a icy resjony les uns et fort touché les autres. J'estois auprès de S. Em. lorsque les courriers de la Grange et de Gournay arrivèrent en mesme temps; il la receut comme si la chose fust arrivée en Perse, et, selon mon opinion, en fist un jugement sans pareil.» L'original est conservé au *British museum*; M. L. Paris l'a imprimé dans le *Cabinet historique*, p. 44 du 15e volume.

Page 664, note, 1re colonne, ligne 12. — Pouguy, *lisez* : Pouguy.

Page 664, à la note. — *Ajoutez* : Nous trouvons dans ce même volume d'Angleterre, XLV, mais classée en 1633, p. 239, une pièce sans date, évidemment déplacée, et qui semble être du temps où M. de Senneterre était à Londres; c'est un mémoire sur les intentions de l'Angleterre à cette époque, et sur l'affaire du prince palatin.

Page 665 et pages suivantes. — Plusieurs des pièces mentionnées dans le 4ᵉ volume, au sujet de la ligue d'Italie, se trouvent aussi aux Archives des Affaires étrangères de Turin, t. XXIII.

Page 667, ligne 4 du nota. — Une copie des instructions données à M. de Bellièvre est aux Archives des Affaires étrangères, Rome, tome LVI, folio 45. Mais c'est dans le tome XXIII de Turin qu'il faut chercher les diverses pièces relatives à ces négociations, dont nous notons plusieurs à la date du traité, 11 juillet 1635, page 103 et suiv. de notre 5ᵉ volume.

Page 676, notes, 2ᵉ colonne, ligne 1. — Le grade, *lisez* : la grâce.

Page 678, aux sources. — Cette mise au net ne se trouve plus dans ce volume nouvellement relié, et coté 71 dans la collection France; mais on a joint audit volume la minute, également de la main de Charpentier, classée fautivement en avril, et placée, sans cote, entre les fol. 341 et 342. On voit, en comparant, que l'ordre des articles a été un peu modifié dans la mise au net.

Page 682, ajoutez cette note à la lettre 356 : Cette lettre est obscure. Quelle est l'affaire à laquelle Richelieu se résout? La *fille* dont il est question serait-elle Mˡˡᵉ de Lafayette? C'est sur ce ton que parlait Richelieu avec ses confidents. Mᵐᵉ de Lansac avait toute la confiance du cardinal; on le verra un peu plus tard. Nous avons inutilement cherché la missive de Bouthillier, mentionnée dans cette lettre, et qui nous l'aurait éclaircie.

Page 686, ligne 18. — Errer; à ce mot, *mettez la note* : Donner des arrhes.

Page 690, ligne 16. — Cirque, Sierck, que le dictionnaire de Thomas Corneille écrit Sirques, petite ville de Lorraine, bâtie sur la Moselle, vers la frontière de Luxembourg, et qui était alors fortifiée.

Page 691, aux sources, *ajoutez* : Aux Archives des Affaires étrangères, dans la collection de Lorraine, tome XXV, fol. 78, on trouve la mise au net de la dépêche faite sur cette matière. Il n'y a presque aucune différence; seulement, à la dernière ligne, au lieu de « on le remet à son jugement, » nous lisons : « Sa Majesté remet au jugement de MM. les mareschaux de prendre le meilleur expédient, » et à la date : « à Chantilly, 25ᵉ mars. »

Page 695, à la place de la première phrase de la sous-note ⁽*⁾, *mettez* : Il y avait dans la première rédaction : « cujus sum cultor et admirator addictissimus. » Richelieu a ajouté *verus*, il a effacé *admirator addictissimus*.

Page 699. — *Ajoutez à la note* 1 : A moins que Richelieu ne rappelle ici une lettre écrite sept mois auparavant, page 604 de notre IV volume.

Page 700, première ligne du texte. — « L'homme que vous avez demandé. » Il est nommé page 702, note : Bonnefoy.

Page 705, ligne 18. — Ceci répond à une lettre de Servien que nous n'avons pas. (Voyez à ce propos la page 759 du IVᵉ volume.)

Page 708, note, 2ᵉ colonne. — *Ajoutez* : Une instruction pour M. le Prince, datée du 7 avril 1635, se trouve en minute, de la main de Servien, dans le t. XXV, fol. 92, des manuscrits de Lorraine, aux Aff. étr.

Page 716, note 3. — *Ajoutez* : L'original de la lettre dictée à Bouthillier pour être écrite au nom du roi est conservé dans les archives de la famille de Bouthillier. Il est de la main de Cherré, et signé par le cardinal. Daté de Nanteuil.

Page 727, note pour la première ligne de la lettre 390. — Mont Olympe, forteresse de Champagne sur la frontière du duché de Luxembourg, détruite vers la fin du XVIIᵉ siècle, et dont le nom a disparu de nos géographies. Il ne se voit même déjà plus dans le dictionnaire de Thomas Corneille. Mais nous trouvons dans Baudrand, édition in-folio de 1682 : « *Mons Olympus*, arx munita Galliæ in Campania provincia, juxta Carolopolim et in colle ad Mosam fluvium recens excitata fuit. »

Page 728, notes, 2ᵉ colonne, ligne 10. — Aisé, *lisez :* aise.

Page 730, notes, 2ᵉ colonne, ligne 3. — Ci-après, *lisez :* cy-dessus.

Page 733, note 1, ligne 3. — « Il allait etc. » *depuis ce mot effacez la fin de la note et mettez :* Il venait de commander une armée en Allemagne avec le maréchal de La Force, et il en allait commander une autre dans les Pays-Bas avec le maréchal de Châtillon. — Voyez au supplément, où l'instruction qui leur fut donnée est notée vers la mi-avril 1635.

Page 739, notes, 1ʳᵉ colonne, ligne 7. — 740, *lisez :* 741.

Page 740, notes, ligne 2. — En, *lisez :* ces.

Page 742, ligne 2. — Nous trouvons aux Aff. étr. dans les manuscrits de Hollande, t. XVII, pièce 40ᵉ, une addition à l'article 8 du traité concernant le salut des pavillons. Cette pièce, datée de Compiègne 29 avril, est signée Richelieu et contre-signée Martin.

Page 743, notes, 2ᵉ colonne, ligne 12. — 392, *lisez :* 372. — Nous avons à rectifier, deux lignes plus bas, une faute plus grave; il y est dit que Montpellier força l'armée royale à lever le siége; c'est Montauban dont le duc de Vendôme ne put s'emparer. Montpellier capitula après une défense opiniâtre. Ajoutons toutefois, à l'honneur de d'Argencourt et des vaillants défenseurs de cette ville, que, dans les faits de cette campagne, la défense de Montpellier, habilement assiégée, reste plus célèbre que la résistance de Montauban, fort mal attaquée, au jugement de Bassompierre. Malgré ses talents, ses services et le cas que faisait de lui Richelieu, il ne fut promu qu'assez tard au grade de maréchal de camp (1637). Il fut employé en cette qualité dans la Catalogne. La Bibliothèque nationale conserve de lui un *Mémoire sur le dessein de Roussillon,* et une lettre sur les difficultés de cette campagne (500 Colb. t. XLV, fol. 51 et 280).

Page 754, ajoutez à la fin de la note 1 : Nous trouvons qu'une fois le cardinal l'a nommé Heburn dans une lettre à Servien, page 714.

Page 757, dernière ligne du texte. — Devons, *lisez :* de vous.

Page 759, notes, 2ᵉ colonne, ligne 6. — *Ajoutez :* Ce Deschapelles, qui avait eu le commandement de Sirck, au mois d'octobre de l'année précédente, écrivait le 7 mars à Chavigni : « Il y a près de cinq mois que je suis icy, je n'ay reçu que deux monstres pour 1634. » Il représentait que depuis le commencement de la nouvelle année il entretenait la garnison à ses dépens, et il protestait d'un grand zèle pour le service du roi. « Sy n'est-il pas raisonnable que je m'y ruine, ajoutait-il... si je ne donne tous les jours de l'argent aux soldats je n'en saurois retenir aucun. » Au reste, dès en arrivant dans cette place, il envoyait à Richelieu une description de l'état des fortifications, qui étaient fort délabrées, et donnait à entendre que la défense était impossible si la place venait à être attaquée (Archives des Affaires étrangères, Lorraine, tome XXV, fol. 74, 281, 285).

Page 762, ligne 21. — Depuis que cela a été écrit, nous avons trouvé, aux Affaires étrangères, dans le tome XI (pièce 16) des Pays-Bas, une minute ou copie, datée du 21 avril. L'écriture ne nous est pas connue, mais la pièce vient du cabinet de Richelieu, car c'est Cherré qui a mis au dos cette réponse du cardinal-infant, laquelle a ensuite été arrangée pour les *Mémoires.*

Page 763, ligne 15. — Au mot « manifeste, » *mettez cette note :* Nous remarquons dans ce même volume des Pays-Bas, pièce 60ᵉ, la lettre suivante : « Sérénissime seigneur, le héraut d'armes de France qui a esté trouver V. A. S. est repassé ce jourd'huy matin par ceste ville; et estant au dernier village de ce pays y at attaché le billet qui vat cy-joinct, que l'officier dud. village m'at envoyé. En suytte de quoy j'ay trouvé à propos de me saisir d'aucuns Françoys qui estoient en ce

CORRECTIONS ET ADDITIONS. 111

lieu... Le baron de Crévecœur. Avesnes, ce 21 may. » — C'est l'original qui, pour se trouver là,
doit avoir été intercepté. La déclaration, signée ALENSON, est jointe; elle est conforme au texte que
nous avons donné, p. 761.

Page 768, 3ᵉ analyse. — *Ajoutez :* La minute de cette lettre, de la main de Charpentier, se
trouve à la Bibliothèque nationale, fonds Baluze, armoires, t. 337, folio 55. Baluze y a joint une
copie, sans date, faite par Charpentier, d'une réponse de l'évêque de Bellay (2 pages), folio 57,
et aussi la brochure imprimée, in-8°, de Cramoisy. Dans cette publication, la lettre de Richelieu
est conforme à la minute, mais celle de l'évêque, datée du 15 avril, qui a 10 pages, est toute
différente de la pièce copiée par Charpentier. — Cette querelle entre le clergé séculier et les
moines durait depuis des siècles, elle était née presque en même temps que les ordres mendiants;
et en 1633 le conseil privé rendait encore un arrêt qui défendait, sous peine de mort, d'imprimer ou vendre les *Périls des derniers temps,* livre de Guillaume de Saint-Amour, écrit au milieu
du XIIIᵉ siècle, et dont une édition avait été donnée tout récemment (1632). (Voir *Hist. litt. de la
France,* t. XVI, p. 50, in-4°.)

Page 768, 5ᵉ analyse. — *Mettez en note :* Louis de Briançon, seigneur de La Saludie, l'un des
gentilshommes de la chambre du roi, était employé en 1631 dans les affaires concernant l'électeur de Trèves [1]. Six mois après, on l'adjoignit à M. de Brézé, envoyé vers le roi de Suède; et nous
trouvons, touchant cette mission, un acte diplomatique, daté du 7 janvier 1632, écrit de la main
de Bouthillier, chargé de ratures, comme sont ordinairement les minutes de ce secrétaire d'État :
« Instruction pour le sʳ de La Saludie, mestre de camp entretenu pour le service de S. M., envoyé
avec M. de Brézé vers le roy de Suède en Allemagne [2]. » À son retour, M. de La Saludie appor-
tait un traité, signé le 9 avril, au nom du roi, avec l'électeur de Trèves [3]; original en latin avec
plusieurs copies. Une traduction française, munie de la ratification du roi, datée du 30 avril, est au
fol. 118 du même manuscrit. Porteur de cette ratification, M. de La Saludie retournait en Allemagne
avec des instructions de même date, 30 avril, où nous lisons : « Le roy est très-satisfait de ce que
le sʳ de La Saludie a négocié en Allemagne, pour M. l'électeur de Trèves, et l'y renvoie pour continuer ce qu'il a sy bien commencé.... [4] » Ce diplomate était en même temps envoyé vers Oxenstiern auprès duquel cette lettre du 1ᵉʳ mai l'accrédite. Il alla ensuite reprendre le commandement
de la forteresse d'Ehrenbreitstein et des troupes françaises envoyées pour protéger l'électeur [5].
Dans l'exercice de ce commandement, il éleva des prétentions dont le cardinal témoigna quelque
mécontentement (lettre du 14 juillet, p. 320 de notre IVᵉ vol.). — Nous avons encore à noter ici
la mission d'un autre diplomate, le baron de Charnacé, employé aussi en Allemagne et envoyé au
chancelier de Suède. Bouthillier lui écrivait, le 30 juin, par ordre de Richelieu : « Ce que vous
avés traitté avec le chancelier Oxenstiern a esté fort approuvé... dans son humeur irrésolue, il ne
se pouvoit mieux faire. Le roy de Suède n'aura plus de traverse du costé de la Lorraine, ce qui
l'oblige bien aussy à approuver les desseins du roy sur l'Allemagne, qui ne vont qu'à y restablir le
repos et la liberté, en y conservant la religion... » Bouthillier explique au baron de Charnacé l'objet de la mission d'un autre diplomate, M. de l'Isle, envoyé vers plusieurs princes de l'empire.
Cette lettre, datée de Pont-à-Mousson, est précédée du manuscrit d'une note, du 29 juin,
aussi de la main de Bouthillier, lequel a mis au dos : « Sur ce mémoire ajouté, faictes dépesches
à Mʳˢ de Charnacé et de La Saludie. » (Allemagne, t. VIII, fol. 261-263.)

---

[1] Mon tome IVᵉ, 321, note.
[2] Aff. étr. Suède, II, 204.
[3] Mêmes arch. Trèves, I, 83.
[4] Mise au net. Quelques corrections de la main

de Richelieu et de celle de Bouthillier. Mêmes arch.
Allemagne, VIII, 203.
[5] Trèves, I, 136.

Page 773, 8ᵉ analyse, aux sources. — *Ajoutez :* fol. 124, et *mettez en note :* La reine se rendant de Toulouse à Bordeaux fit au duc d'Épernon là faveur de le visiter dans sa magnifique demeure de Cadillac, qui se trouvait sur la route de Sa Majesté. Le cardinal accompagnait la reine; il fut blessé d'un accident qu'il prit pour un manque d'égards, dont le duc semble au fond fort innocent. On peut lire dans l'*Histoire du duc d'Épernon* les incidents de cette malencontreuse visite, tome VI, p. 80, édit. de 1730.

Page 774, 1ʳᵉ analyse, aux sources. — *Ajoutez :* Arch. des Aff. étr. Turin, t. XX, pièce 153. Original.

Page 774, 4ᵉ analyse, après t. X. — *Ajoutez :* fol. 361, et *mettez cette note :* L'absence de date a fait classer cette lettre à la fin du Xᵉ vol. de Lorraine, mais la lettre a été écrite quinze jours avant le départ du roi pour la frontière de Lorraine, et nous proposons le 27 mai, date d'une autre lettre où Richelieu annonce en mêmes termes ce prochain départ. Quant à la suscription, nous croyons que cette missive allait au comte de Soissons, que ses dispositions à se ranger du parti des mécontents et ses liaisons avec Monsieur faisaient tenir en grande suspicion. Les derniers mots de la lettre confirment d'ailleurs cette conjecture; on sait que M. le comte avait le gouvernement de Champagne.

Page 776, 2ᵉ analyse, ligne 8. — Cette allusion au miracle de saint Pierre peut sembler la réponse à une lettre de M. de Saint-Chamond, du 31 mai, où il disait au cardinal : « Nous avons taillé en pièces six compagnies des impériaux... Nous avons contraint Mérode de lascher pied avec son armée, m'ayant laissé approcher jusques à deux lieues de luy avant de s'en aller (fol. 216). » Mais si nous rencontrons juste, il y aurait quelque erreur dans les dates.

Page 776, ligne 10 de la même analyse. — Après le nom de Ville, *ajoutez cette phrase qui a été oubliée :* Outre qu'asseurément il n'aura rien, le roy ne voudroit pas que, venant d'icy, on troublast la seureté de son passage...

Page 777, 4ᵉ analyse, aux sources. — *Ajoutez :* La lettre du roi au duc est, en minute, dans ce tome XIII de Lorraine, fol. 192. Le roi lui annonce l'envoi de M. de Guron... « pour vous faire entendre quelques particularités concernant le bien public et le vostre. »

Page 777, 5ᵉ analyse. — Supprimez cette lettre prise dans l'*Histoire de la réunion de la Lorraine à la France,* où elle est donnée, parmi les pièces justificatives (I, 309), pour une lettre de Richelieu, ce que le texte même dément. Lorsque j'ai examiné les mss. de Lorraine, j'ai vu que cette pièce, conservée dans le tome XIII, fol. 112, est la copie d'une missive de Léon Bouthillier, écrivant à Guron que la cardinal arrivera bientôt à Forges, où le roi était déjà.

Page 778. — *Ajoutez à la note* 1 : La lettre dont le chevalier de l'Escale était porteur se trouve dans le ms. fol. 276; elle se borne à recommander l'envoyé du duc de Lorraine. Le cardinal fut blessé de ce laconisme, ainsi qu'on le voit par cette annotation de Cherré sur la lettre même : « Cette lettre n'estoit accompagnée d'aucune créance qui peust donner satisfaction au roy. »

Page 779, 1ʳᵉ analyse, aux sources. — Fol. 312, *lisez :* 310.

Page 779, 2ᵉ analyse. — Après ces mots : « l'accomplissement du traité, » *mettez en note :* Un projet dudit traité est conservé dans le tome XIII de Lorraine, fol. 355, à la date du 5 septembre, de la main de Cherré, avec des corrections du cardinal. Ce traité fut signé le lendemain, à Charmes; il y en a plusieurs copies dans ce volume.

Page 779, 2ᵉ analyse, aux sources, t. X. — *Mettez :* t. XI, fol. 342.

Page 779, 4ᵉ analyse, aux sources. — *Ajoutez :* Bibl. nat. Prunis et Leydet. C. 3 (Périgord 8), datée du 15.

Page 779, 5ᵉ analyse, aux sources. — Tome X, *lisez :* XI.

Page 780, 2ᵉ analyse, ligne 1. — *Mettez en note :* Nous trouvons aux Aff. étr. Lorraine, XIII,

475, à la date du 13 octobre, un *Mémoire baillé au s' de La Garde s'en allant trouver M. de Lorraine, de la part du roy* : Représentations à faire au duc sur les hostilités qu'il a commises contre les Suédois. C'est une minute de l'écriture qu'on donne ordinairement pour celle du P. Joseph, p. 780. 3ᵉ analyse, aux sources. — XII, *lisez* : XIII.

Page 782, note 2. — *Ajoutez* : Ce fils à qui, dans cette lettre, Richelieu promettait sa protection, avait célébré le cardinal dans un poëme imprimé en 1630, intitulé : *Tableau des victoires de Louis XIII* ; peut-être même Richelieu connaissait-il déjà l'*Ode sur le vaisseau le Grand-Armand* qui parut l'année suivante (1635) dans *Le sacrifice des Muses au cardinal de Richelieu*, recueil publié par Boisrobert. Un troisième poëme, *Description du château de Richelieu*, ne parut qu'après la mort du cardinal, en 1643.

Page 783, 5ᵉ analyse, aux sources. — *Après* étr. *mettez* : France.

Page 785, 1ʳᵉ analyse, aux sources. — *Mettez en tête* : Arch. des Aff. étr. Rome, tome 54, fol. 186. Original avec signature, cachets et soie, devenu minute à cause d'un changement ; date du 17 juin. Cette date est en surcharge ; on avait mis d'abord : « 25 may, de Fleury. » — Bibliothèque de Carpentras. Collection Peiresc, registre LVIII, 3ᵉ volume. Copie. — M. Lambert, qui a eu l'obligeance de nous donner cette indication, nous a écrit que dans les manuscrits de Peiresc la lettre du cardinal est précédée d'une autre lettre de M. de Thou, abbé de Bonneval, à M. Du Puy, prieur de Saint-Sauveur, et que dans ladite lettre relative à la comprotection, M. de Thou fait mention du présent envoyé au cardinal Antoine Barberin, lequel consistait en une croix formée de cinq diamants d'un grand prix, et en une boîte d'or avec le portrait du roy, entouré de diamants, le tout estimé cent mille livres.

Page 786, 5ᵉ analyse, aux sources. — *Ajoutez* : Bibl. nat. Prunis C. 3 (Périgord 8), datée du 9 août.

Page 788, 1ʳᵉ analyse, note 1. — L'abbé de Coursan avait dit à Richelieu que l'archevêque s'était emporté jusqu'à se plaindre que le cardinal lui avait manqué de parole, que l'on avait changé le bref du pape et l'arrêt rendu dans le conseil du roi. M. de Bordeaux, très-alarmé de ce rapport, s'excusa de son mieux et prit pour son avocat, auprès du cardinal, un prêtre qu'estimait Richelieu, le P. Gault de l'Oratoire, qui fut plus tard évêque de Marseille. La lettre que ce père écrivit à Richelieu, datée du 12 octobre 1634, est autographe et se trouve à la Bibliothèque nationale, supplément, 4067, fol. 73. M. Ph. Tamizey de Larroque, qui l'a publiée dans la *Revue de Marseille*, numéro du 2 février 1874, indique pour la source le n° 9354 des fonds français du nouveau classement.

Page 792, 2ᵉ analyse, suscription inexacte. — Il s'agit dans cette pièce de deux affaires différentes, la première seule concerne M. de Rohan ; c'est le comte de Hanau dont il s'agit dans la seconde. C'est sans doute à Chavigni que cette matière était adressée par le cardinal.

Page 793, 5ᵉ analyse, ligne 1. — *Mettez en note* : La lettre de Gaston, datée de Blois, 10 mars, est dans ce ms. fol. 512. Ce prince annonce une lettre qu'il écrit à S. S.; nous ne la trouvons pas.

TOME V.

Page 14, notes, 2ᵉ colonne, ligne 9. — *Ajoutez :* Arch. des Aff. étr. Rome, tome 43, fol. 233.

Page 25, ligne 9 du texte: — Orélio, *lisez* Orelio, *et supprimez la note* 5.

Page 28, notes, 1ʳᵉ colonne, dernière ligne. — 1645, *lisez :* 1635.

Page 28, notes, 2ᵉ colonne, ligne 1. — «Le Condé, etc.» *Remplacez comme il suit la fin de la note :* Le Condé où Richelieu passa les fêtes de la Pentecôte est Condé en Brie, à trois lieues de Château-Thierry. *La Gazette* de 1635, p. 290, ne laisse aucun doute à cet égard.

Page 30, note 3. — Avein, petit endroit du pays de Liége dont le nom est omis sur beaucoup de cartes et qui se trouve entre Saint-Hubert, Rochefort et Marche-en-Famine.

Page 34, ligne 5. — Après le mot «résolution» il faut mettre : «voyez,» et ajouter cette note, qui devrait porter le n° 2 : Ici Cherré a oublié un mot; nous substituons un équivalent, si ce n'est le mot même que le secrétaire a omis.

Page 35, *ajoutez aux sources de la lettre XX :* — Imprimée. Aubery, *Mém.* t. V, p. 531, et Recueil de 1696, t. II, p. 141. — Ces imprimés ne sont point conformes au manuscrit original; non-seulement il y a plusieurs mots changés, mais deux passages sont supprimés et la date manque.

Page 37, note 1. — *Ajoutez :* Puységur raconte que le grand maître de l'artillerie, La Meilleraie, lui dit : «Eh! Puységur, à quoy songe M. de Brézé de vouloir faire marcher l'armée? Il hazarde de se faire battre, et s'il attend les troupes de M. de Chastillon, nous sommes asseurés de gagner le combat.» (T. I, p. 164.) Mais M. de Brézé s'obstina à engager seul l'action, voulant sans doute en avoir seul la gloire; heureusement le maréchal de Châtillon arriva à temps pour réparer cette imprudence. Folard, en paraphrasant Puységur (*Commentaires sur Polybe*, t. II, 252), cite cet exemple et accuse nettement M. de Brézé d'avoir failli faire perdre la bataille. Nous ne sommes pas éloigné de croire qu'au fond c'était aussi la pensée de Richelieu; en même temps qu'il adresse de vives félicitations à son beau-frère, il lui fait recommander par Servien d'être modeste en cette occasion; et dans une lettre particulière il le conjure «de vivre en grande union» avec son collègue. (Aux analyses, p. 919.)

Page 41, ligne 3 de la lettre 23. — Cette opération ne se fit pas très-promptement; Bouthillier écrivait de Saint-Dizier, au maréchal de La Force, le 22 septembre seulement : «Nos douze mille Suisses de la nouvelle levée sont à quatre ou cinq journées d'ici.» (*Mém. de La Force*, III, 432.) Et Chavigni, qui était auprès du roi, mandait au cardinal le 9 octobre : «Les Suisses sont partis pour aller joindre le cardinal de La Valette.» Ces secours étrangers arrivaient à propos; Chavigni écrivait dans la même dépêche : «C'est une chose pitoyable que de l'arrière ban et des nouveaux régiments d'infanterie... le desbandement des nouveaux régiments et de la noblesse met le roi en cervelle.» Arch. des Aff. étr. France, t. LXXIII, fol. 257, 260.

Page 43, aux sources. — *Ajoutez :* avec quelques mots de Richelieu.

Page 52, ligne 3 d'en bas. — Desche, c'était sans doute le père de cette fille d'honneur de la reine, amie de Mˡˡᵉ de Hautefort et dont le nom s'écrivait d'Esche et aussi d'Aiche.

CORRECTIONS ET ADDITIONS.

Page 56, sous note. — Depuis le remaniement de la collection *France*, ces deux lettres se trouvent séparées; l'une, celle de Chavigni, dans le volume coté LXXI, l'autre dans le volume LXXII.

Page 62, ligne 8. — Princes?; l'écriture de Servien est très-mauvaise; *on peut lire :* Prin, mais il n'y a que ces quatre lettres.

Page 64, lignes 24 et 25. — Quelques-uns des 4 villages, *lisez :* quelques-unes des 4 villes.

Page 71, ligne 12 du texte. — Une relation du temps : *Esmotion populaire en la ville d'Agen pour le faict de la gabelle, en l'année 1635,* nomme ces magistrats : « Ce mesme jour (17 juin) fust tué ce vénérable homme, M. M⁰ Guillaume de Maurès, advocat au siége présidial de la ville, âgé de 75 ans, et M. Jehan Vincent de Maurès, son fils, conseiller en l'eslection. » Cette relation, tirée de la *chronique* inédite de Malebaysse, a été publiée en 1854 par M. Magen. Nous en trouvons un extrait dans la *Note sur Mlle de Maurès,* donnée au *Cabinet historique* par M. Tamizey de Larroque (1874).

Page 73, lettre XXXVIII⁰. — Nous avons vu, depuis l'impression, dans le manuscrit des Pays-Bas, t. XI, pièce 86, une minute de la main de Cherré, sur trois feuillets qui ne semblent pas avoir été écrits de suite; au moins ils ne sont qu'à moitié remplis. Cette pièce diffère, en plusieurs endroits, de celle que nous avons donnée d'après le manuscrit de Hollande. Des fragments sont imprimés dans les *Mémoires de Richelieu,* VIII, p. 318.

Page 74, note 1, ligne 3. — *Histoire universelle* du célèbre historien Jean de Muller, t. IV, p. 37. 42 de la traduction française.

Page 75, lignes 1 et 2. — Voici l'explication des chiffres $\overline{33}$ et 23; l'un signifie le maréchal de La Force; l'autre la ville de Brisach.

Page 75, note 3. — *Ajoutez :* Il se pourrait aussi que ce fussent deux lettres mal à propos réunies par celui qui a classé les pièces de ce volume; plusieurs choses s'y trouvent répétées, et de plus le manuscrit précité des Pays-Bas semble confirmer cette conjecture.

Page 85, ligne 21. — En relisant ceci nous nous apercevons qu'il faut effacer la fin de la note 2 depuis le mot « non plus; » le *mémoire* dont parle Bouthillier doit être la pièce XLI, page 80, datée du 30 juin.

Page 86, lignes 9 et 10. — Cette partie de l'énigme peut s'expliquer ainsi : la passion du roi pour Mlle de La Fayette ne lui fait pas oublier son ancien attachement pour Mlle de Hautefort, quoique, à vrai dire, cette dernière parût alors bien oubliée.

Page 86, ligne 12. — « Celuy qui trahit Biron » est bien connu, Beauvais de la Nocle, s^r de La Fin; tous les historiens du temps, de Thou, L'Estoile, Agrippa d'Aubigné, Pierre Mathieu, etc. l'ont nommé. Mais quel rapport peut-il exister entre un attachement du roi et l'auteur de cette trahison, qui d'ailleurs datait déjà de trente-trois ans? Nous ne trouvons rien, à ce moment, dans nos manuscrits dont nous puissions tirer quelque lumière. Nous en prendrons du moins occasion de citer une pièce qui, dans le cours de nos recherches, a fixé notre attention, à cause de ce nom de La Fin, et surtout par son intérêt pour l'histoire de Richelieu et même pour l'histoire du temps. C'est un ordre du roi dont nous nous bornons à donner un extrait : « Le roy ayant apris le bon désir que Prégent, Guy, Charlotte et Isidore de La Fin de Salins, enfants des s^r et dame de La Nocle, ont d'abjurer la religion prétendue refformée, et d'embrasser la religion catholique, et qu'ils sont empeschez d'effectuer ce bon dessein par le s^r de La Nocle leur père, a ordonné au capitaine de Romainville, l'un des gardes du corps de S. M... de prendre et enlever et s'asseurer desdits Prégent, Guy, Charlotte et Isidore de La Fin, et une femme avec eux, pour les accompagner et conduire en la ville de Paris... et les remettre entre les mains de Mme de Combalet, qui les rendra au mesme temps à ladite dame de La Nocle, leur mère, à condition qu'elle ne pourra disposer de leurs personnes sinon par les ordres qui luy seront donnés par ladite dame de Combalet, de la part de Sa dite Majesté, laquelle fait tres expresses inhibitions et deffenses audit s^r de La Nocle... d'attenter à la personne de ladite dame et de ceux qui seront par elle employez de s'asseurer de ces dits enfans, et les faire conduire en un lieu où ils puissent librement faire ladite abjuration et l'exercice de la religion catholique, apostolique et romaine... Le 28 aoust 1636. » Ces enfants étaient-ils ceux du dénonciateur de Biron? Au moins ils lui tenaient par une parenté fort étroite. Cet homme était oncle du vidame de Chartres, Prégent de La Fin, dont nous avons parlé page 498 de notre V^e volume, peut-être celui-ci était-il le père des quatre enfants. Quoi qu'il en soit, cette pièce, où figure la nièce du cardinal devait trouver ici une mention; elle a été rédigée sur les indications de Richelieu, sinon par Richelieu lui-même. Nous en avons trouvé la minute au dépôt de la Guerre, fol. 89 du tome IX des volumes de l'époque de Louis XIII.

Page 92, note 3, ligne 5. — 7 juillet, lisez : 5.

Page 108. — Le manuscrit de Turin, cité aux sources, conserve divers projets de cet article en brouillons écrits de la main de Bouthillier, de celle de Charpentier et de celle du secrétaire de nuit; nous y remarquons çà et là l'écriture du cardinal. S. Ém. a mis en tête d'un de ces brouillons : « Article secret; » en tête d'un autre : « Substance d'article secret, » et Bouthillier a pris soin de noter que ces titres étaient « de la main de Monseg^r. » Pièces 20, 21, 22 et 23. Ces particularités indiquent un travail fait sous les yeux de Richelieu.

Même page, aux sources. — N° 364^26, lisez : n° 364^25, l'exposant ayant été changé depuis que nous avons fait nos recherches.

Page 112, avant-dernière ligne du texte. — Après le mot enfermées, indiquer une note 3, et mettre : même manuscrit, fol. 82.

Page 113, notes, 1re colonne. — Après la Ghiaradade, ajoutez : (la grève de l'Adda).

Page 115, en tête de la lettre LV. — A M. SERVIEN, lisez [A M. SERVIEN] et mettez en note : Le sujet de la lettre indique cette suscription, que le manuscrit ne donne pas.

Page 122. — Avant la lettre LXI, mettez : Au duc de Rohan. — 26 juillet 1635. — Richelieu le félicite des avantages qu'il a remportés sur les ennemis... il sera toujours caution auprès du roi « m'asseurant que je ne seray point en peine de payer pour vous. » — Imprimée, Mémoires et lettres du duc de Rohan publiés par M. de Zur-Lauben, t. II, p. 53.

Page 124, aux sources. — Mettez en note : Richelieu a bien pu se servir un jour pour secrétaire de son amiral, l'archevêque de Bordeaux, et lui dicter, comme il dictait aux secrétaires d'État et autres personnages, quand ses secrétaires ordinaires n'étaient pas sous sa main.

Page 127, aux sources. — Le chiffre 74 a été donné dans une reliure récente à ce volume, lequel est composé d'une partie du tome qui, à l'époque de mon premier examen, avait pour indication : « Quatre derniers mois de 1635. » Lorsqu'on a fait ce 74e volume de la collection France, on y a ajouté un certain nombre de pièces sans date, qu'on a marquées 1635 pour le classement.

Page 133, aux sources de la lettre 68e. — Au lieu de K, 135, mettez : K. K. 1069, un changement de marque ayant eu lieu depuis l'époque où la pièce avait été copiée pour nous. Ce volume est relié en basane, aux armes de Colbert sur le plat.

Page 136, notes, 2e colonne, ligne 11. Au folio, supprimez au.

Page 139, ligne 8, supprimez la virgule après Weimar.

Même page, ligne 10. — Qu'il a veu, lisez : qui l'a veu.

Page 144, notes, 1re colonne. — De Turin, lisez : France.

Page 144. — A la fin de la note, ajoutez : Il y a dans le ms. encore un paragraphe, mais il a été barré : « S. M. sçaura mieux que personne si elle approuve l'advis mandé à toutes ses armées. »

Page 146. — Avant la lettre LXXVI mettez : A M. le duc de Rohan. — 13 août 1635. — Richelieu lui renvoie M. de La Blaguière, gentilhomme que le duc avait chargé de porter ses dépêches à la cour.

Aux réponses faites par les secrétaires d'État, R. joint une lettre de compliments pour M. de Rohan. — Imprimée, Recueil de M. de Zur-Lauben, t. II, p. 71.

Page 147, ligne 22, *mettez en note*. — Le tome XXVIII de Lorraine, aux Aff. étr., est rempli de pièces qui attestent la profonde misère de la Lorraine à ce moment. Quant à l'approvisionnement de Nancy, nous trouvons, à la date du 14 août, une pièce qu'il faut noter : « Ruel. — Mémoire p' M' Lefebure, sur lequel il nous fera response bien particulière. » — « Mander l'estat au vray des bleds deubs de l'année passée et les faire charrier. Il sera facile parce que, le duc Charles se retirant, on pourroit envoyer ordre pour enjoindre aux communautés, à peine de la vie, de faire battre et apporter les bleds dans Nancy... Je prie M' Lefebure de faire l'impossible pour tout ce que dessus, et de nous mander au premier jour ce que nous en pouvons espérer. » La pièce, sans signature, est cotée 12.

Page 150, aux sources, 1'' ligne. — *Au mot copie, mettez en note :* Cette pièce est la première d'un cahier de douze feuillets qui reproduisent divers documents relatifs aux affaires du temps. Le copiste a noté qu'il les a pris à la Bibliothèque nationale, dans le fonds Brienne, t. 260, fol. 141 et suivants.

Page 152, ligne 7. — Nous convièrent, *lisez :* nous convioient.

Page 157, ligne 26. — *Supprimez quatre lignes, depuis* la réponse, *jusqu'aux mots* la seconde fois inclusivement, *et mettez à la place :*

La lettre de Bouthillier, écrite à trois heures après midi, ne put être remise au cardinal que tard dans la soirée, et peut-être au milieu de la nuit. Cette nuit même il fit ce qu'il appelle un mémoire au roi, pour se justifier, et il l'envoya à Chavigni, le 2 septembre au matin, en le chargeant de le présenter à Louis XIII, auprès duquel il était en ce moment, ainsi que son père. Nous n'avons pas en manuscrit la lettre du cardinal à son jeune confident; mais elle a été imprimée; en voici l'extrait : « Ayant veu par une lettre de M. Bouthillier, vostre père, que le roy lui a tesmoigné que je le veux empescher d'aller à l'armée, je vous prie de faire cognoistre à S. M. que je suis sy esloigné de cela, que je vous ay prié de partir pour le porter à tout le contraire... Je vous avoue que j'ay le cœur outré des imaginations de S. M. au salut et à la prospérité de laquelle je pense continuellement, sans oublier le soin que je prends de me conformer à ses humeurs. Vous montrerés, s'il vous plaist, cette lettre au roy, et un mémoire que j'ay dressé cette nuit avant que d'avoir receu la dépesche de M. vostre père. » C'était la seconde lettre de M. Bouthillier, où celui-ci conjurait le cardinal d'être calme, et proposait même de supprimer une réponse qui aurait été trop vive. Mais Richelieu n'avait pas besoin de ce conseil de prudence ; quoiqu'il eût été profondément sensible au reproche qui lui était infligé, malgré sa douleur et sa colère, sa lettre au roi était pleine de mesure et d'adresse. Aussi, ce même jour 2 septembre, écrivait-il à Bouthillier, auquel il avait envoyé copie de sa lettre au roi [1], une seconde missive, où nous lisons : « Je n'ay point, etc. »

Page 158, ligne 14. — Le renvoi à la note doit être placé après le mot « qu'ils » et non après « elles. »

Page 158, dernière ligne du texte. — *Après le mot* remarquable, *ajoutez :* et nous nous bornons à en faire mention aux analyses.

Page 161, ligne 16. — *Après le mot* maitre, *ajoutez :* c'est le cardinal que je veux dire.

Page 162, note 2. — Cachac : nous trouvons ce nom écrit de diverses manières. Besse, dans son *Histoire des Comtes de Carcassonne*, p. 221, dit : « Gabriel de Cachac, seigneur dud. lieu, et capitaine de la porte du roy. Il a esté du règne de quatre rois, décéda l'an 1638, d'une chute de cheval, âgé d'environ cent ans. » L'historien entend dire sans doute que M. de Cachac avait été employé sous quatre rois, car il avait vécu sous le règne de six. Le curieux livre de M. Mahul, *Cartulaire et archives des communes de Carcassonne*, véritable travail de bénédictin, si riche en indications soi-

gneusement recueillies, nous donne en 1621 : « Noble Gabriel de Cachac gouverneur de la cité »
(Page 498); et à la page 698, dans le « catalogue des prévots connétables, capitaines ou gouverneurs
de la cité de Carcassonne : « Gabriel de Caissac ou Cachac en 1599-1614 et 1623, mort... en 1632. »
Ce dernier chiffre est une faute d'impression, puisque dans cette liste des gouverneurs, après Cachac,
il y a immédiatement : « Hector Gélas de Voisins, marquis d'Ambres, depuis 1638 jusqu'en 1645. »
De plus notre lettre de Richelieu montre Gabriel de Cachac vivant encore en 1635.

Page 167, aux sources : 22, *lisez* : 23 ; et, à la date, au lieu d'*août*, il faut *octobre*, ce qui reporte
cette lettre à la page 337.

Page 171. — *Ajoutez à la note* 1 : Nous devons faire encore mention d'une instruction envoyée
à M. de Noailles, laquelle se trouve en copie dans le manuscrit précité des Aff. étr. fol. 286, sur le
même sujet ; la date manque, mais la pièce a dû être écrite vers le mois d'août ; nous y remarquons
cette phrase que l'ambassadeur avait ordre de faire connaître au pape : « Le roy perdroit plus tost
son royaume que de manquer à faire rompre ledit mariage de Monsieur. »

Page 175, note 1, ligne 2. — *Ajoutez* : Aux Analyses, p. 935.

Page 177, aux sources. — *Ajoutez* : De la main du secrétaire de nuit.

Page 183, note 1. — *Ajoutez* : Mais il faut remarquer aussi qu'il se hâte de corriger ce qu'il pouvait y avoir là de désagréable au roi par ce compliment flatteur du pouvoir même de *l'ombre de S. M.*

Page 196, après la ligne 30, nous trouvons, dans la minute, un paragraphe biffé, et qui a disparu : « En ce cas, je croy que le roy peut aller jusque sur le bord de la frontière, et faire exécuter
par ses ordres tout ce qu'il voudra, sans sortir du royaume. » La suite de la pièce fait voir que le
cardinal changea d'avis.

Page 198, note 3. — Cain (deux fois), *lisez* : Caen.

Page 208, aux sources. — *Mettez* : De la main du secrétaire de nuit.

Page 218, ligne 10. — « Alertes, » le manuscrit met « a lerte, » écrit en deux mots. Les dictionnaires
du temps ne donnent ce mot ni sous l'une ni sous l'autre forme ; il n'était pas encore passé en usage.

Page 220, aux sources, ligne 3. — Et 1637, *lisez* : et 1636.

Page 221. — *Ajoutez à la note* 2 : M. Groen van Prinstener dit qu'il fut pris par les Espagnols
le 27 juin (III, 82). Le P. Griffet met cette prise au 3 août (II, 593). Selon notre lettre, les Espagnols n'auraient eu qu'un poste auprès dudit fort.

Page 222, ligne 18. — Depuis cette ligne toute la fin de cette dépêche se trouve dans les manuscrits d'Espagne, tome 18, folio 189, en minute, de la main de Charpentier ; Richelieu l'envoyait au secrétaire d'État de la guerre, pour faire une dépêche conforme, ce que nous apprend
cette annotation : « Mgr le cardinal, » écrite au dos de la pièce par le secrétaire de Servien.

Page 223, ligne 5. — Xstienté, *lisez* : Xptienté.

Page 224, aux sources, ligne 3. — Et 1637, *lisez* : et 1636.

Page 239, ligne 11 du texte. — Le mot *justice* employé par Richelieu dans le sens de *punition*
(faire justice).

Page 242, 3e ligne de la lettre CXIV, *mettez en note* : Ce reproche ne fut pas oublié ; « le duc de
Chaulnes, en janvier 1636, partit de Péronne, et alla brûler les faubourgs de Bapaume, où il défit
400 hommes, irlandais, en revanche de ce que les ennemis, au mépris de l'accord qu'ils avoient
fait avec lui, avoient brûlé deux villages à trois lieues de Péronne. » (*Mémoires de Richelieu*, t. IX,
p. 203.)

Page 247, note. — A la fin, *ajoutez* : « Si M. d'Angoulesme eust pu se desfaire de l'humeur d'es-
croc que Dieu lui avoit donné, c'eust esté un des plus grands hommes de son siècle. » C'est le début de l'historiette assez plaisante de Tallemant des Réaux (I, 241). Il y raconte que le duc entretenait dans son château de Grosbois un certain Martin, qui lui faisait de la fausse monnaie. Le

mémoire que nous citons ici, et que Richelieu s'approprie, en y faisant une addition de sa main, s'accorde assez bien avec le reproche de n'avoir fait « toute sa vie que *grivelées.* » Quant aux grandes qualités, Richelieu dit précisément le contraire dans ses *Mémoires,* déjà cités.p. 318 de notre premier volume.

Page 249, ligne 14. — Richelieu n'a cessé de répéter dans plusieurs lettres précédentes qu'il fallait absolument en finir avec le duc de Lorraine. L'impatience que lui causait la lenteur des généraux se manifeste en toute occasion; il en écrit sérieusement au roi; ici, sous la forme plaisante d'une causerie avec Chavigni, il fait parler Mazarin comparant toutes ces méticuleuses précautions (tanti riguardi) de MM. d'Angoulème et de La Force à la résolution et à l'entrain des *généraux du roi* dans l'entreprise de Casal. Il faut se souvenir que le cardinal la considérait comme un des faits les plus glorieux de sa vie. Il a voulu lui-même en conserver la mémoire dans ce fragment historique qu'il a intitulé : *Discours sur le juste procédé du roy tres chrestien Louis XIII en la défense du duc de Mantoue, l'an 1630.* Et il y a consacré une grande partie du t. VI de ses *Mémoires.*

Page 249, note 3, ligne 3. — Le 5, *lisez :* le 9. — Ligne 4, *effacez :* aussi.

Page 250, notes, 1ʳᵉ colonne, ligne 7. — Ajoutons que, dans la suscription de cette épître autographe, la répétition inusitée du mot MONS avant le nom de Chavigni semble encore une gaieté du cardinal.

Page 272, ligne 12. — Le Feure, *lisez :* Le Fevre.

Page 276, notes, 2ᵉ colonne. — *Ajoutez :* et ci-après, p. 945.

Page 279, vers le bas de la 2ᵉ colonne. — Les noms Sainte-Fleue et Du Gué ont été mis l'un au-dessous de l'autre; il faut les mettre à la suite : Du Gué Sainte-Fleue; ils désignent une seule personne.

Page 294, ligne 19. — Ceci mérite d'être remarqué. Nous ne voyons pas que Clinchamp ait profité de cette rare disposition de Richelieu à la clémence. Il savait que le cardinal a toujours tâché de tenir sous sa main les gens dont il était mécontent; Vincennes et la Bastille étaient bien près de Rueil. C'est cette soupçonneuse prudence qui a fait traiter presque en criminel d'État l'honnête et fidèle maréchal de Toiras. Quoi d'étonnant si Clinchamp, qui avait lui de véritables crimes sur la conscience, avait pensé aussi à la Bastille et à Vincennes?

Page 300, aux sources. — *Ajoutez :* Même collection, t. XVII, pièce 74, mise au net de la main de Charpentier.

Page 304, 1ʳᵉ ligne du *post-scriptum.* — Après le nom de Clausel, *mettez :* L'affaire fit bruit; Grotius se hâta d'en informer Oxenstiern : « Closelinum ad se a regina matre missum ad pervertenda regis consilia, Rohanius vinctum tradidit, fidei suæ pignus. » Lett. 16/26 oct. p. 193 de l'éd. in-fol. de 1687.

Même page, ligne 3ᵉ du *post-scriptum.* — Après le mot « Espagnols, » *mettez cette note :* Lorsque la guerre menaçait d'éclater entre la France et l'Espagne, la reine mère envoya le sᵣ Fabroni à Rome, pour prier le pape d'interposer ses bons offices entre les deux rois, et de les exhorter à la paix. Elle écrivit en même temps à Louis XIII; et, de peur que sa lettre ne fût soustraite, elle l'envoya au pape avec prière de la faire parvenir au roi par les mains du nonce. Mazarin était alors nonce extraordinaire en France; Richelieu, auquel il communiqua la missive que transmettait le pape, lui dit de la remettre au roi. Louis XIII, persuadé que sa mère était complice de la coupable intrigue de Clausel, chargea Mazarin de répondre à Marie de Médicis que la lettre qu'il avait reçue n'était, en réalité, qu'un manifeste contre son gouvernement, qu'il connaissait les intérêts de son royaume et devait les faire passer avant tout autre intérêt. Cette réponse, écrite en italien, était datée de Rueil, le 17 novembre. Il n'est pas douteux qu'elle n'ait été inspirée, sinon dictée par Richelieu. Toutefois, nous ne l'avons pas trouvée dans ses papiers. — Voy. Vittorio Siri, *Memorie recondite,* VIII, 327, 359.

et la *Vie de Marie de Médicis,* III, 435 et suiv. Quant à la reine mère, les dépositions de Clausel ne sont pas une preuve de sa complicité.·

Page 304, ligne 5. — Mon lieutenant; sy le roy le veut, *ponctuer ainsi :* mon lieutenant, sy le roy le veut.

Page 305. — *Ajoutez à la note* 1 : Nous avons vu plusieurs lettres de Laffémas, alors intendant de Champagne, adressées au garde des sceaux Séguier, où il se plaint vivement du prévôt de l'Isle (1633 et 1635 ; Bibl. nat. Saint-Germain, 709). Les rapports de Laffémas avaient sans doute mal disposé Richelieu pour ce magistrat.

Page 306, à la fin de la note. — *Mettez :* Ajoutons qu'il avait épousé Jeanne de Foix, héritière de la maison de Carmain, Carmaing ou Cramail, dont il prit le nom. Tallemant nous dit quelle singulière femme il avait choisie, et le compte parmi les dix-sept seigneurs; on sait que ces gentilshommes étaient la fleur des pois de ce temps-là.

Page 308, ligne 8. — «Il fera merveille.» Nous avons sur ce personnage des documents qu'il faut citer à propos de ce mot du cardinal; mettons ce fait vrai en face de paroles de fantaisie; rien ne peut mieux éclairer l'histoire que de pareils rapprochements. Destiné par la nature à vivre inconnu sous la robe d'un moine, Alphonse de Richelieu s'est trouvé tout à coup élevé aux plus hautes dignités de l'église et aux honneurs les plus éclatants de la politique, d'abord un peu malgré lui peut-être, mais enfin il s'est résigné, et il s'est laissé faire cardinal et ambassadeur. Cependant le frère du grand cardinal, qui ne manquait pas de quelques qualités essentielles dans un évêque, n'en restait pas moins un homme politique des plus médiocres; il en donna une nouvelle preuve dans cette importante mission. Aussitôt arrivé à Rome, il en avertit Richelieu en lui rendant compte de son audience du pape. (Le 2 avril 1635. Aff. étr. Rome, t. LVI, fol. 64.) Une des principales affaires de son ambassade, c'était d'obtenir de S. S. que le mariage de Monsieur fût déclaré nul. Cela n'était pas facile; aussi, après huit mois de séjour à Rome, notre ambassadeur n'était pas plus avancé que le premier jour. Non-seulement les répugnances personnelles du pape semblaient invincibles, mais les scrupules de la conscience du saint-père étaient encore excités par les véhémentes supplications de la reine mère et de la princesse de Lorraine, mettant sous sa protection la sainteté du mariage, le conjurant de ne pas souffrir qu'un roi injuste et un ministre prévaricateur osassent briser un lien sacré (fol. 88, 89 du ms. précité). Cependant le temps s'écoulait et le sentiment de son impuissance affligeait profondément l'infortuné diplomate; la situation de ses affaires particulières augmentait encore son découragement. Il écrivait à Chavigni des lettres désespérées; son séjour à Rome le ruine; il résume ainsi ses doléances : «Voilà en un mot la posture en laquelle se trouve le cardinal de Lion; apauvry sans avoir faict des despenses mal à propos, exilé sans estre criminel, citoyen du monde sans y avoir un couvert propre pour y voir achever de blanchir ses cheveux avec honneur et en tranquilité, ostez-luy le bonnet rouge de dessus sa teste, tout lieu est sa patrie, mais, tandis qu'il y sera, il n'y a que Rome ou son diocèze qui puisse estre considérez comme telz.» (5 juillet, ms. précité, t. LVI, fol. 143.) Et puis, parmi bien d'autres lamentations plus étranges les unes que les autres, les scrupules de la non-résidence le travaillent. Cette fois, c'est au ministre lui-même qu'il s'adresse; puisque le service du roi requiert qu'il soit à Rome, et que cela est incompatible avec la bulle qui prescrit la résidence... «je ne puis autrement adjuster ceste affaire qu'en me despouillant de la plus belle pièce que j'aye, et du meilleur revenu, quoy-qu'il me fasche de me voir puis après sans un lieu de retraite honorable à une personne de ma condition, quand on ne me jugera plus propre ny pour Rome, ny pour la cour; je ne laisse point de me résoudre à boire ce calice... je vous supplie de faire agréer au roy de nommer M. du Mans en ma place, qui m'en pourra donner la récompense plus raisonnable qu'aucun autre... » (20 juillet, fol. 162). Notez que ce personnage si attentif aux *belles pièces* dont il jouit, et qui en cherche la meilleure récompense possible, est le même qui naguère se démettait d'un évêché pour faire vœu de pauvreté dans un couvent de chartreux et qui plus tard voulut être enterré parmi les pauvres, avec l'épitaphe connue[1]. Richelieu ne répondit pas à ces bizarres fantaisies, mais Chavigni traite par de douces paroles cet esprit malade : « Tout cela, lui écrit-il, estoit bon pour le passé, maintenant les choses vont aussi bien qu'il se puisse désirer, M⁻ le cardinal fait la plus grande estime de vostre conduite et de vos talens; je vous prie donc de vous défier du plaisir que donne la mélancolie, qui est un cruel ennemi de vostre repos et de vostre santé. » (19 août, fol. 172.) Tout allait bien, en effet; pendant que cet hypocondriaque ambassadeur gémissait à Rome, Richelieu menait rondement l'affaire à Paris; il fit prononcer par l'assemblée du clergé, qui se tenait en ce moment, la nullité du mariage de Monsieur; il obtint du prince lui-même une adhésion écrite à la sentence du clergé. (16 août, p. 171 de mon Vᵉ volume.) Quant à Alphonse de Richelieu, prétextant de sa mauvaise santé, il remet l'affaire entre les mains de l'ambassadeur ordinaire, le comte de Noailles, auquel il recommande de parler d'autorité, et va se délasser de ses fatigues à la campagne. Il en informe Chavigni dans une lettre datée de Caprarola le 13 septembre (fol. 189). Voilà l'homme dont Richelieu attend des *merveilles!* Mais le grand cardinal-ministre n'était pas dupe de ses propres paroles, son amour propre fraternel ne lui faisait aucune illusion, et il ne tardera pas à mettre un terme à la mission du cardinal de Lyon à Rome. (Addition à la page 385.) En attendant il tâchait de relever le courage de son frère en lui prodiguant les témoignages de satisfaction (p. 385). Celui-ci les prit si bien au sérieux, qu'il se fit, en paroles, un véritable fanfaron de fermeté. Nous avons noté ces ridicules bravades (p. 387). Cependant Richelieu s'était hâté de dépêcher à Rome l'évêque de Montpellier, porteur des résolutions de l'assemblée du clergé, ainsi que de l'acte de soumission de Monsieur. La longue et diffuse instruction de l'évêque, écrite de la main qu'on donne pour celle du P. Joseph, est sans doute l'œuvre du célèbre capucin. (10 octobre, fol. 198.) Enfin Richelieu jugea nécessaire de faire soutenir ces négociateurs plus ou moins habiles par un diplomate à qui l'exagération de la force était plus facile que les défaillances de la timidité. Le maréchal d'Estrées dut partir dès la fin de novembre (1635) (fol. 221 du ms. p. 2 de mon XVᵉ cahier). Cependant, afin de dissimuler l'échec de l'ambassade du frère de Richelieu et de colorer le rappel de Rome, on désigna le cardinal de Lyon comme l'un des députés pour la paix générale qui devait se négocier à Cologne, où il n'alla jamais. Tout le monde s'étonna de cette promotion inattendue; M. d'Amontot écrivait à Chavigni le 18 septembre : « Le choix que le roy a fait de M. le cardinal de Lyon pour aller traitter de la paix à Cologne a fort surpris icy. » Et, quelques jours après, le maréchal d'Estrées mandait à son tour : « Le pape se montre fort contrarié de l'employ de M⁻ le cardinal de Lyon... » (28 septembre, Aff. étr. Rome, t. LVIII, fol. 234 et 245). Une seule personne ne s'en étonna pas : « Le cardinal de Lion a monstré une joie extrême de cet employ... » C'est d'Amontot qui nous l'apprend dans sa lettre précitée. Le cardinal de Lyon quitta Rome le 5 octobre (fol. 291).

Page 309. — *Mettez les sources comme il suit :* Original. Papiers provenant de la maison de Brézé. — Copie. Arch. des Affaires étrangères, Pays-Bas, t. XI, p. 150. Cette copie paraît être de la main d'un commis de la guerre; au dos, on lit : à Ruel, le 27 octobre, envoyé par M. Boutard.

Page 316, ligne 13. — Charnes, *lisez :* Charmes.

Page 319, notes, 1ʳᵉ colonne, ligne 1. — Au lieu de l'indication mise entre parenthèses, il faut Aff. étr. Lorraine, t. XXVI, fol. 234.

Page 319. — Non, ce n'était pas la faute du Garde des sceaux, qui était un des plus ardents pour le châtiment, comme le dit Chavigni dans la lettre du 6 octobre que nous avons citée.

---

[1] Pauper natus sum, paupertatem vovi, pauper morior, intra pauperes sepeliri volo.

Mais, en même temps, il donne les vrais motifs de cet acte de clémence que fit Louis XIII bien à contre-cœur : « Le roy accorde la vie à ceux de la garnison, crainte de représailles et à cause de la difficulté de faire conduire tant de soldats aux galères. »

Page 324, ligne 6. — Nous ne trouvons point la lettre du cardinal de La Valette qui fit éprouver une si vive douleur à Richelieu, mais nous en avons une écrite quelques jours plus tard, le 10 novembre, à Chavigni, où M. de La Valette lui dit : « La noblesse s'en va sans qu'il soit possible de la retenir... » (Aff. étr. Lorraine, t. XXVII, pièce 26.) C'est sans doute une nouvelle pareille qu'annonçait la lettre que nous n'avons pas. Nous voyons d'ailleurs dans ce V⁰ volume les plaintes continuelles du cardinal sur cette désertion de ces *volontaires de l'arrière-ban*.

Page 327, notes, 1ʳᵉ colonne, ligne 4. — 282, *lisez* : 382.

Page 328, avant la lettre CLIII. — *Mettez* : A M. le duc de Rohan. — 20 octobre 1635. — Satisfaction du roi pour la manière dont il s'est comporté au sujet de Clausel : « On envoie M. Lasnier sur les lieux pour interroger ledit Clausel, le roy n'aiant pas jugé à propos de le faire venir de deça pour luy faire son procès. Il a ordre de conférer avec vous et de suivre vos bons advis en toute sa procédure... Nous avons retenu pour quelques jours M. de Rocqueservière afin de vous porter les responses à toutes vos despesches, et la satisfaction que vous pouvés désirer raisonnablement sur les choses qu'il a proposées de vostre part. » — (*Mém. de Rohan*, déjà cités, t. II, p. 253. — Voyez p. 319 et 321 de notre Vᵉ volume.)

Page 333. — *Effacez la note 1 et mettez :* Lucilio, ou plutôt Ucilio Vanini, mis à mort en février 1619, à Toulouse, comme athée. S'il en faut croire son biographe, il avait été précepteur des enfants de ce même président Le Mazuyer. Le comte de Cramail, dit Tallemant, passait pour un des disciples de Vanini.

Même page, ligne 1ʳᵉ du texte de la lettre 157. — *Mettre en note :* Le tome XV de Hollande contient, à la date du 2 novembre, une longue instruction adressée à Charnacé, signée du roi et contre-signée Servien; c'est celle dont parle Richelieu. Une copie de cet original, de la main du secrétaire de Servien, se trouve dans le 17ᵉ volume de la même collection, pièce 16. Une note écrite au dos dit que cette instruction fut portée par M. de Miré, neveu de Charnacé. — Il y a une mise au net, aussi de la main du secrétaire de Servien, dans le XIᵉ volume des Pays-Bas. Cette pièce a été arrangée, en partie, pour les Mémoires de Richelieu (t. V, p. 498 de Petitot).

Page 339, aux sources, 3ᵉ ligne. — *Ajoutez :* Il y a quelques corrections de la main de Richelieu et quelques différences avec l'original. On a mis à cette minute la date du 11 novembre. Ce volume manque de cote, mais c'est la 159ᵉ pièce.

Page 342, aux sources, 2ᵉ ligne. — *Ajoutez :* Arch. des Aff. étr. Pays-Bas, t. XI, pièce 231, minute de la main de Cherré, datée du 15 novembre 1635, mal classée en 1636.

Page 354, *ajoutez à la note :* Depuis que ceci a été écrit, nous avons vu dans la correspondance d'Angleterre, aux Aff. étr. (t. 46), plusieurs lettres relatives au chevalier de Jars. La reine d'Angleterre, qui lui accordait une protection particulière, pressait Richelieu de lui rendre la liberté. Le comte de Leycester, ambassadeur du roi de la Grande-Bretagne, MM. Montagu et Digby, que diverses missions particulières appelèrent en France, furent spécialement chargés par elle d'obtenir cette faveur. Ce fut surtout en 1637 et 1638, époque où l'on négociait un traité de ligue offensive et défensive avec l'Angleterre, que les instances devinrent plus pressantes. Richelieu avait imaginé de faire tourner au profit d'un traité auquel les Anglais apportaient toutes sortes d'obstacles l'accomplissement de la faveur que sollicitait si vivement la reine de la Grande-Bretagne, et il promit que le chevalier serait mis en liberté aussitôt que le traité serait signé. Cependant Richelieu céda enfin, sans que le traité fût conclu, aux sollicitations réitérées d'Henriette-Marie, et même le cardinal mit dans cette condescendance une bonne grâce dont ordinairement il ne se piquait guère. Il ne voulut point remettre le chevalier entre les mains de l'ambassadeur officiel d'Angleterre; il ordonna à Chavigni (qui était, comme on sait, gouverneur de la Bastille) de conduire son prisonnier chez lord Digby, qu'Henriette-Marie avait envoyé à Paris surtout pour obtenir cette liberté : «Lundi dernier (écrivait Digby à Montagu, le 19 mars 1638), M. de Chavigny me l'amena à mon logis, sur les 8 heures du matin, me disant qu'il avoit ordre du roy et de M. le cardinal de le remettre en mes mains, et qu'il n'estoit plus le prisonnier de ce roy, mais de la reyne d'Angleterre.»

Page 356, note 4. — De copiste, *lisez :* du secrétaire.

Page 362, après la pièce CLXXI. — Du 27 novembre 1635. —- A M. de Rohan. — «Monsieur, afin que vous ne soyez pas tousjours obligé de conserver les passages de la Valteline pour des combats qui sont incertains, le roy a estimé à propos de vous envoyer un ingénieur pour faire fortifier, pendant l'hiver, les postes que vous jugerés vous estre avantageux... » Richelieu s'en remet aux dépêches du secrétaire d'État pour les explications. — Imprimée, *Mémoires et lettres de Henry de Rohan,* II, 404. Aux pages 396 et suivantes, se trouvent, sous la rubrique *despêches de la Cour,* les lettres signées par le roi et par le ministre qu'annonce la lettre de Richelieu.

Page 367, notes, 2ᵉ colonne, ligne 10. — Mouquets, *lisez :* mousquets.

Page 369, note 3, ligne 8. — Le premier; n'est-ce-pas plutôt le dernier ? Castelmoron, en effet, avait été blessé au siége de la Mothe (notre t. IV, p. 784).

Page 371, avant la pièce CLXXVII. — Au duc de Rohan. — 7 décembre 1635. — Les secrétaires d'État satisferont aux points contenus en la lettre apportée par le sʳ Prioleau, «il me suffira de vous tesmoigner le contentement que le roy a receu de la dernière victoire que vous avés remportée par ses armes, sur ses ennemis à Morbeigne, ensuite des autres dont il a plu à Dieu les bénir... » Le sʳ Prioleau lui portera les marques de la satisfaction du roi. — Imprimée, *Mém. et lettres de Henry de Rohan,* II, 404. Les documents annoncés sont imprimés dans le Recueil de Zur-Lauben à la suite de la lettre de Richelieu.

Page 379, aux sources. —- *Ajoutez :* Imprimée, Recueil de M. de Zur-Lauben, t. II, p. 412. Le dernier paragraphe, Enfin, etc. manque dans l'imprimé. La date, que ne nous donne pas la minute, est dans ce recueil le 11 décembre.

Page 385, ligne 8. — Nous avons déjà remarqué qu'il ne faudrait pas prendre à la lettre les compliments que Richelieu fait à son frère; nous croyons qu'il n'y a guère plus de sincérité ici que dans le magnifique espoir dont, il n'y a pas longtemps, nous avons signalé l'expression (addition à la page 308, lettre du 15 octobre). Richelieu ne pouvait se dissimuler le peu de capacité du cardinal de Lyon, mais il cachait sous de flatteuses paroles un sentiment intime dont souffrait son orgueil fraternel. Il est assez évident qu'on n'avait nulle confiance dans cet ambassadeur, il s'en plaint plusieurs fois lui-même. (Janvier 1636, fol. 385 de mon Vᵉ volume; 10 avril, t. LVII, fol. 102.)

Page 387, ligne 7. — Choquer : ce mot, plutôt figuré qu'écrit, est très-difficile à déchiffrer ; on lirait plutôt *cacher.* Mais où serait le sens ?

Page 391, ligne 4. — *Mettez en note :* Ce court mémoire adressé au roi ainsi que le suivant, p. 392, sont, entre beaucoup d'autres pièces qui ont passé sous nos yeux, un témoignage trop véridique de la cruelle misère de nos armées et de la détestable administration militaire sous Louis XIII: ils montrent aussi la profonde douleur qu'en éprouvait Richelieu. Le marquis de Brézé, voyant que ses rapports n'étaient suivis d'aucun soulagement aux souffrances qu'il lui dépeignait, finissait par croire qu'on cachait ses lettres au cardinal, et demandait à quitter l'armée. Richelieu recevait de lui, le 10 janvier, une dépêche où nous trouvons l'expression de son découragement et la plainte désespérée de ses soldats : «Quand ils ont vu l'Œuf venir sans argent, il n'y a pas en moyen de les retenir, la nécessité ayant réduit les uns à mourir de faim, et contraint les autres à piller du

16.

pain et du fruit dans les marchés, et déterrer les morts pour oster les linceuls de leur sépulture. La bourjoisie... s'est souslevée, en a tué quelques-uns et mis dehors les autres... Cela sera universel par toutes les garnisons... Quint m'est venu déclarer qu'il ne fourniroit plus de pain qu'on ne luy ayt payé soixante et tant de mille livres qui luy sont deues... » — « On m'envoie des ordres que je connois par le stile estre du P. Josef, si obscurs et si plains de contrariétez et de choses impossibles que je confesse à V. Ém. que je ne les entends pas... » — On ne cachait point au cardinal les lettres de M. de Brézé, mais il paraît qu'on ne lui disait pas tout; d'après son mémoire au roi, du 4 janvier, il croyait que le banquier Heuff avait entre ses mains des lettres de change, et M. de Brézé écrit positivement qu'il était arrivé les mains vides.

Page 399, dernière ligne. — *Le chiffre* 1, *indicatif de la note, doit être mis au mot* Xaintonge.

Page 404, aux sources, en note. — *Mettez :* Nous avons inutilement cherché cette pièce aux Aff. étr. Elle n'est ni dans la collection de Hollande, ni dans celle des Pays-Bas, où se trouvent un assez grand nombre de pièces de la main de M. de Brézé, ou à lui adressées.

Page 410, aux sources. — *Ajoutez :* Hollande, t. XVII, pièce 116, mise au net de la main de Cherré. — *Voyez* notes, t. VII, supplément, aux analyses, à la date du 30 janvier 1636.

Page 423, ligne 1 de la pièce CCIII. — Ce mémoire, que nous n'avons pas trouvé, se rapportait à l'affaire du parlement dont il a été question page 392 de notre V° volume, et au sujet de laquelle il est nécessaire de donner quelques détails. Afin de pourvoir aux pressantes nécessités de la guerre, Richelieu avait imaginé de créer de nombreux offices de magistrature pour en faire de l'argent. Le roi, dans un lit de justice le 20 décembre 1635, avait ordonné d'enregistrer les édits de cette création extraordinaire. L'enregistrement eut lieu en présence de S. M. sans qu'aucune réclamation se fît entendre. Mais dès le surlendemain des marques de mécontentement éclatèrent. On a vu la réception sévère que le roi fit à la députation du parlement mandée à Saint-Germain le 5 janvier. Malgré cette semonce l'agitation continua, et l'admission de quelques-uns de ceux qui avaient acheté les charges fut l'occasion de difficultés et de troubles sérieux dans les chambres du Parlement. Quelques magistrats furent frappés d'exil, cause nouvelle d'irritation. L'avocat général Omer Talon a donné, dans ses *Mémoires*, un récit fort circonstancié de toute cette affaire; mais, entre le 4 février et le 9 mars, il parle de visites faites à Ruel, de députations vers le roi, sans rien préciser, et c'est à ce moment que se place notre mémoire, que sans doute il n'a pas connu puisqu'il n'en fait aucune mention. Arrivant au 17 mars, Talon dit : « J'ai appris de mon frère le conseiller d'État, lequel y étoit présent, et d'aucuns de Messieurs du Parlement, que M. le premier président parla au roi en peu de paroles... » Mais il ne paraît pas se douter que ces paroles avaient été dictées par le cardinal ainsi que nous l'avons montré à l'occasion de la pièce CCIX, p. 429 de ce V° volume. On a vu, même page, comment finit, par quelques concessions du roi et la soumission du Parlement, cette *brouillerie*, comme disaient les Mémoires de Talon, qui avait occupé Paris durant trois mois. — Voir les *Mémoires de Talon*, t. I, p. 131-175, et le résumé qu'a donné de cette affaire le P. Griffet, t. II, p. 665-680.

Page 428, ligne 8 de la pièce CCVIII. — Richelieu, écrivant au lieutenant civil au sujet de l'impôt du sou pour livre, disait : « J'ay ouï cotter, pour exemple, de la toile de soye dont les dames font maintenant des mouchoirs à mettre sur leur gorge. » Nouvelle alors et qui avait plus de trente ans de date au temps de Molière, cette mode répond à la critique qui a taxé d'idée étrange et d'affectation ridicule l'offre que fait Tartuffe de son mouchoir à Dorine.

Page 430, au sujet de la députation de la cour des comptes, voyez M. de Boislisle, *Archives de Nicolaï*, n° 486.

Page 430, aux sources. — *Ajoutez :* Hollande, t. XVIII, fol. 183, minute de la main de Cherré, avec la date du 21 mars.

Page 430. — *Effacez la note*. Depuis, nous avons trouvé cette lettre du maréchal de Brézé, en copie, dans le XVIII° volume de Hollande, fol. 179. On lit au dos : « Par le commandem' de Mgr le cardinal, 18 mars. Subsides à donner aux États — trouppes françaises à laisser en Hollande, ou à en faire revenir. — « Le roy veut avoir une dernière détermination, response de ce qui se pourra faire tout l'esté. »

Page 431, ligne 13. — La porter, *lisez :* la (S. A.) porter.

Page 431. — La minute du *post-scriptum* est dans le même manuscrit, fol. 184, de la main du secrétaire de nuit.

Même page. — *Supprimez la note*. Nous avons trouvé, depuis, cette lettre, datée du 21 mars 1636. L'extrait est aux Analyses.

Page 435. — Ici doit se placer une pièce que nous avons trouvée tardivement. On a vu dans notre V° vol. (p. 446) une lettre du 22 avril, où Richelieu conseillait à M. de Charnacé de ne pas faire une économie inopportune ; cela se rapporte sans doute à une faute dont le cardinal l'avait blâmé quelques jours auparavant, et que nous fait connaître la lettre qu'on va lire ; elle est datée du 28 mars ; la suscription manque, mais elle devait aller à Bullion, ou plutôt à Bouthillier ; nous la donnons presque *in extenso* : « Il est arrivé hier au soir une nouvelle dépesche d'Allemagne par laquelle, pour le dire en un mot avec vérité, il paroist que maintenant que les affaires des Suédois vont à souhait, si on ne leur donne de l'argent par un nouveau traitté, pour maintenir leurs troupes, ils sont du tout disposés à la paix, et sur le point de la conclure, je ne sçaurois vous dire jusqu'à quel point je blasme MM. de Brézé et de Charnacé d'avoir arresté l'effet de la lettre de change de 300,000 francs que Canezille porta lors qu'il partit... Je vous prie d'ajouster auxd. 300,000 francs encore 100,000 francs et nous donner moyen d'en faire une prompte remise à M. de Saint-Chaumont, sans passer par les mains du sr Hœuf... Je vous proteste que sans cela les affaires d'Allemagne sont perdues, et cependant il est certain que si M. de Saint-Chaumont avoit receu ceste partie elles seroient en fort bon estat. Si les Suédois font la paix, nous avons la guerre éternelle seuls[1] sur les bras ; s'ils ne la font pas, avec l'ayde de Dieu, nous la ferons glorieuse et générale dans la fin de ceste année[2]. Vous êtes trop bon françois et trop affectionné au service du roy et à ce qui me touche pour manquer en ceste occasion ; les longueurs sont égales à un refus. Cependant, etc. » (Arch. des aff. étr. Allemagne, t. XV. Minute de la main du secrétaire de nuit.) La pièce, non cotée, est placée entre les cotes 15 et 16.

Page 439, notes, 1re colonne, ligne 9. — *Au lieu de* (Fr. 81), *lisez :* de la collection France, t. 81.

Page 443, ligne 19. — Gens, *lisez :* sens.

Page 444, ligne 18 du texte. — De Weymar, *la minute met* Bernard.

Page 457, ligne 5 de la pièce CCXXIX. — *Supprimez la virgule*.

Page 477, ligne 5. — Caractère mal imité, devant signifier mille.

Page 485, 2° ligne de la pièce CCXLVII. — Caractère mal imité, devant signifier mille.

Page 494, aux sources. — *Ajoutez :* Minute, de la main de Cherré : Hollande, t. XVIII, fol. 406. — Dans ce même volume de Hollande, fol. 455, nous trouvons, à la date du 30 juillet, une pièce au dos de laquelle Cherré a écrit : « Copie donnée à M. l'ambassadeur de Hollande en s'en retournant en Hollande au mois de juillet. » Après avoir reproduit une partie de ce qui est dit dans cette lettre du 30 juin, *on ajoute :* « Ce que dessus avoit esté dressé auparavant que les ennemis n'eussent assiégé et pris la Capelle. Maintenant qu'ils se sont attachés à cette frontière, c'est à Mrs les Estats et à

---

[1] Il y a dans la minute : « seule » très-lisible. Le secrétaire a écrit le mot avant de comprendre la phrase que le cardinal dictait.

[2] Voy. les vingt premières pages des Mémoires de Richelieu pour l'année 1636.

M. le prince d'Orange de prendre leur temps et de faire quelque grand siége et de considération... »

Page 5o8, ligne 7 de la lettre CCLXI. — Tout, *lisez :* tant.

Page 5io, ligne 5. — L'occasion, *lisez :* l'évasion.

Page 5io, ligne 14. — A Noyon; ces deux mots sont ajoutés hors ligne, et par leur position sembleraient se rapporter à la phrase suivante. Je pense qu'ils conviennent mieux où ils sont ici, mais alors il faudrait effacer l'*y* qui précède.

Page 524, ligne 29. — Allusion aux prodigalités de M. Du Pont de Courlay. — Voyez p. 481 et plusieurs lettres subséquentes.

Page 526, notes, 2° colonne, ligne 10. — *Effacez* et, *et mettez :* enfin Saint-Léger avait rendu le Catelet aux ennemis, le 25 juillet.

Page 526, notes, 2° colonne, lignes 11 et 12. — Qu'il en, *lisez :* qu'en ressentit le cardinal.

Page 528, notes, 2° colonne, ligne 7. — 1648, *lisez :* 1646.

Page 528, avant la pièce CCLXXVII. — 3 août 1636. — Au duc de Rohan. « Le s' Prioleau vous dira particulièrement ce qu'il a faict de deçà et les intentions du roy touchant ce qu'il desire que vous-faciés pour le bien de son service. Je vous conjure de suivre ponctuellement... » Imprimée, *Mém. et lettres de H. de Rohan* (III, 165). Les instructions données à Prioleau par les secrétaires d'État, signées, l'une du roi, l'autre de Chavigni, accompagnent cette lettre dans le Recueil de M. de Zur-Lauben.

Page 532, première ligne du texte. — Il fallait laisser un tiers de blanc, c'est ainsi qu'en use Richelieu avec le duc de Longueville.

Page 559, notes, 1re colonne, ligne 4. — Elle est devenue, *lisez :* cet original est devenu.

Page 569 et 571, aux sources des lettres 310 et 312. — *Ajoutez :* — Imprimée, *Correspondance de Sourdis*, in-4°, t. I, p. 70 et 71 (Documents inédits); mais ces remarquables lettres y sont défigurées par les fautes les plus grossières; ainsi, dans la première, vers la fin, au lieu de : « Vous esviterés toute sorte de contention, » l'éditeur a mis : « vous *exécuterez* toute sorte de contention. » Dans la seconde, au lieu de : « craignant que plusieurs chefs, quoyque soubsmis les uns aux autres, s'accommodassent mal ensemble, » il a imprimé : « craignant que plusieurs *choses*, etc. » Au lieu de : « estant tous mes amis, comme vous estes, » l'éditeur de *la Correspondance de Sourdis* met : « estant tous *ses amis...* » C'est, dans la circonstance où est écrite cette lettre, le contre-sens le plus évident qu'on pût faire.

Page 574, aux sources. — *Ajoutez :* Une autre mise au net, aussi de la main de Cherré, a été classée, par erreur, au mois de février 1637, dans la collection France des Aff. étr. (vol. de janvier en mai, fol. 322). Nous trouvons cette annotation au dos de la pièce : « N'a point esté envoyée. » Cette note est-elle plus exacte que la date?

Page 581, dernière ligne. — *Ajoutez cette note :* Voyez les lettres du 27 septembre à Chavigni et à Bullion, pages 588 et 589.

Page 587, ligne 3. — On lit dans la Vie d'Ésope traduite de Planude que, dans la distribution des fardeaux que devaient porter les esclaves durant un voyage, Ésope, auquel en considération de sa faiblesse on permettait de prendre le plus léger, choisit le plus lourd, le panier au pain; mais l'histoire du fagot ne s'y trouve pas. Elle ne se trouve pas davantage dans la Vie d'Ésope écrite par Baschet de Méziriac, qui traite de conte le récit de Planude. Richelieu a-t-il pris ailleurs l'anecdote du fagot, ou sa mémoire l'a-t-elle trompé?

Page 589, lettre 326. — Quoique cette minute soit de la main de de Noyers, la pièce est certainement du cardinal; outre que le ton et l'ensemble de la lettre le disent assez, c'est à Richelieu que Bullion adresse sa réponse; 29 septembre, p. 459 du même manuscrit.

Page 590, ligne 3 de la lettre CCCXXVII. — Tous jours, *lisez :* tousjours.

Page 592, *ajoutez aux sources :* Cette pièce, sauf les deux lignes d'envoi, est conservée, en minute, de la main de Cherré, aux Arch. des Aff. étr. Angleterre, tome 46, fol. 9; elle est placée, sans indication d'adresse, à la suite du mémoire qui se trouve à la page 593 de notre V° volume. Le susdit mémoire est aussi en minute et de la main de Cherré, dans le même manuscrit, fol. 6, 7, 8; il n'y a d'autre différence que la transposition d'un court paragraphe.

Page 594, ligne 21. — *Après les mots* « six mil, » la fin du paragraphe est de la main de Richelieu dans la minute des Affaires étrangères.

Page 596. — *Ajoutez à la fin de la note* 1 : Depuis que cela est imprimé, nous avons trouvé aux Arch. des Aff. étr. une mise au net de cette pièce, de la main de Cherré, sans date, et qu'on a placée à tout hasard en l'année 1638, tome 47 d'Angleterre, fol. 45.

Page 599, aux sources, *ajoutez :* Minute de la main du secrétaire de nuit. — Mêmes archives. Parme, t. I, classée à la fin de 1636.

Page 601, ligne 24, *mettez en note :* Ce dernier paragraphe se trouve en minute dans le premier volume de Parme, séparé de la lettre à laquelle il appartient, et classé deux pièces avant. Cette minute est de la main de Cherré; on y remarque une correction du cardinal; Richelieu avait dicté : « et particulièrement il Giulio Mazarini, » il a ensuite barré « il Giulio » et écrit en interligne « i Julii. » Cela explique l'incorrection du singulier : « il distribue. »

Page 602. — A la date, numéro de la note, il faut 4 au lieu de 3.

Page 605, ligne 11. — *Au mot* consentir, *mettez cette note :* Remarquons, à la page 593, l'engagement que Richelieu semble disposé à prendre, directement contraire à ce qu'il fait dire au pape. Voyez aussi, dans les pages qui suivent, les perplexités du cardinal.

Page 605, ligne 24. — Perpetuel, *lisez :* perpétuel.

Page 611, lignes 7 et 8. — Du pouvoir, *lisez :* des pouvoirs.

Page 611, notes, 1re colonne, ligne 10. — Par, *lisez :* pour.

Page 614. — Note pour la lettre CCCXXXIV. La pièce qui, dans le manuscrit, suit immédiatement celle-ci, fol. 268, aussi de l'écriture d'un commis de Chavigni, est sans doute de ce secrétaire d'État. Bouthillier a mis au dos : « Sur les dépesches et mémoires envoyés à M. Mazarin, pour responsse à ce qu'il a escript près de son partement d'Avignon pour aller à Rome. » Ceci se rapporte à deux lettres de Mazarin, des 8 et 10 septembre (même volume, fol. 225, 228). Il paraît que Mazarin faisait à la France de petits cadeaux, dont il savait bien qu'il serait payé avec usure. Aussitôt que j'appris, dit-il au cardinal, qu'on étoit à court de poudre, j'en ai fait faire à Avignon, où on la fait fort bien [1]. J'en envoie deux cents quintaux, « ne faccio un presente a Sua Maestà. » Il s'excuse du peu et il espère que le roi « gradirà la mia buona volontà, piena di desiderio di spendere mille volte la vita per il suo real servitio. » Mazarin fait aussi instance pour obtenir de lever, à ses frais, un régiment. Dans sa missive du 10, il félicite Richelieu de la gloire dont Son Éminence va se couvrir en Picardie. Lui, hélas, on l'envoie à Rome! Mais un seul mot de V. Ém. et je brise la chaîne de cet exil, j'abandonne tout, il suffit « che V. Em. dica sequere me. Mi par di vederla ridere del presente di polvere che faccio a S. M., e dell' istanza d'aver li commissioni per levar un regimento a mie spese, come V. Em. fece quando offersi il mio picciolo fondo di pistole. » Voyez la réponse de Richelieu au sujet des cadeaux de Mazarin, page 601 de notre V° volume.

Page 623, ligne 5. — Je croye, *lisez :* je croy.

Page 631, ligne 19. — Basteaux, *lisez :* batteaux.

Page 637, ligne 11. — Il s'agit du gouvernement de Péronne. Pour éclaircir ce qui peut sembler obscur ici, il faut lire les premières lignes de la page 434.

---

[1] Voy. notre V° vol. p. 601.

Page 638, ligne 6. — *Ajoutez cette note :* Richelieu écrivait au roi, le 21 mars de cette même année (ci-dessus p. 434), au sujet de Port-Louis, dont M. de Brissac était gouverneur : « Il est de cette place comme de Péronne, dont il n'y a pas moyen de tirer les gouverneurs, bien qu'ils soient très-incapables. » On voit cependant qu'à quelques mois de là Richelieu se débarrassait du gouverneur de Péronne. Selon la *Chronologie militaire* de Pinard, M. de Blérancourt se serait démis du gouvernement de Péronne en 1635 : cette lettre prouve que c'est une erreur. Bernard Potier de Gesvre, sieur de Blérancourt, avait le grade de maréchal de camp. Il mourut en 1662 à Rome. Sur M. de Tresmes, son frère aîné, qui était alors lieutenant général au gouvernement de Champagne, voy. notre tome I, p. 373.

Page 641, ligne 2. — *Ne, lisez :* me.

Page 646, ligne 3 *de la lettre.* — En est un effect; *en* est du manuscrit, mais c'est une faute évidente.

Page 646, notes, 2ᵉ colonne. — 649, *lisez :* 650.

Page 647, ligne 2. — Subodorer, mot latin que l'autorité du cardinal n'a pas fait admettre et que ne donnent pas même les dictionnaires contemporains, Nicot et Monet, qui tous deux adoptent pourtant odorer (flairer).

Page 658, ligne 2. — Saisy, *ajoutez* et ont, qui manque dans le manuscrit.

Page 658, ligne dernière. — « Cacatonois, » il faut sans doute lire « cacatois. » Mais que signifie ici ce mot « grand cacatois, » que Richelieu mécontent applique au cardinal de Savoie? On ne connaît à ce mot que deux sens; est-ce l'oiseau? est-ce la voile qui se place au-dessus du mât de perroquet? En sa qualité de grand maître de la navigation, Richelieu a pu penser à la voile.

Page 659, après la pièce CCCLVIII. — Au duc de Rohan. Amiens, 3 novembre 1636. — Le cardinal espère qu'il aura le talent de réparer « ce qui est arrivé en Valteline... » pour vous en donner d'autant plus de moyens et vous faire connaître combien j'affectionne cette affaire, outre l'argent que M. de Bullion vous fait tenir je vous envoie 20,000 livres du mien. » Richelieu annonce à M. de Rohan la ratification du traité de Toscane « laquelle a été donnée de manière à ôter à ces peuples tout sujet de plainte. » Le cardinal s'en remet à MM. de Noyon et Bouthillier pour les détails. — *Mémoires de Rohan* publiés par Zur-Lauben, III, 243. Il faut remarquer cette date d'*Amiens 3 novembre.* Le cardinal écrivait ce même jour 3 novembre : « Je partirai pour Amiens demain 4; » puis nous le trouvons le 5 à Picquigny, sur la route d'Amiens, où il arrive ce même jour 5 (selon la date des lettres p. 660 et 1000). Il est probable qu'il faut lire 5 au lieu de 3 dans le Recueil de Zur-Lauben. On donne dans ce recueil la lettre de Bouthillier qu'annonce le cardinal ainsi qu'une copie du traité ratifié le 28 octobre, p. 245, 250.

Page 659, ligne 7 et ligne dernière du texte. — Cornet, *lisez :* Carnet.

Page 663, ligne 19. — *Ajoutez en note :* Il doit y avoir ici quelque oubli de dictée; ne faudrait-il pas « les officiers des régimens nouveaux , » au lieu « des régimens, etc. ? »

Page 664, ligne 4. — On entendit, *lisez :* on n'entendit.

Page 669. — *Ajoutez à la note 1 :* Cependant une plaisanterie de Richelieu à l'évêque de Nantes sur la *longueur* de son nez pourrait nous mettre sur la voie; cet évêque, nommé l'abbé de Beauveau, était depuis longtemps attaché à la maison de Richelieu en qualité de maître de chambre, et le cardinal usait avec lui d'une grande familiarité. Toutefois, ce qui nous laisse un peu en doute, c'est que, dans la tournure gaiement ironique de la phrase, ce pourrait bien être un nez excessivement camus dont s'amuse Richelieu.

Page 670, notes, 2ᵉ colonne, lignes 1 et 2. — *Lisez :* consigné dans ses lettres à Chavigni des 5 et 7 novembre, p. 660 et 661.

Page 680, note 2. — *Effacez* aussi.

Page 689. — A la date, *mettez cette note* 4 : Hameau nommé dans le dictionnaire de Saugrain Leplessier-sur-Saint-Just, et qu'on nomme aujourd'hui Leplessis-Saint-Aubin; il était situé au nord de Clermont, province de l'Île-de-France , et Merlon, d'où la lettre suivante est datée, était à trois lieues au sud de la même ville. Ce bourg, où il y avait alors un vaste château, était un des domaines de la maison de Montmorency; on ne le connaît guère que sous son ancien nom de Mello.

Page 690, ligne 21. — L'cnui, *lisez* l'envie, pris sans doute dans un des sens du latin *invidia*, l'odieux.

Page 698, aux sources. — *Ajoutez* : De la main du secrétaire de nuit, avec plusieurs phrases ou portions de phrases, de la main de Richelieu. (La cote des archives a été changée depuis l'impression; c'est maintenant KK 1216, folio 40.)

Même page, 3ᵉ ligne d'en bas. — Le sᵣ de La Force , *lisez* : le sᵣ de Sainte-Orce.

Page 698, note 1, ligne 1. — Fils aîné, *lisez* : second fils (le duc de Candale était l'aîné des trois).

Page 698, note 2, ligne 4. — Avant sous, *ouvrez les guillemets*.

Page 699, ligne 19. — *Supprimer le blanc de la note* 4.

Même page, ligne 3 d'en bas. — « Et combattront avec vous. » *Ajoutez en note* : ces quatre mots de la main de Richelieu.

Page 703, notes, 2ᵉ colonne, ligne 5. — Considerés, *lisez* : considérerés.

Page 709, note 1, ligne 8. — *Mettez en sous-note* : Une lettre de Chavigni au cardinal de La Valette nous apprend qu'il s'agissait de coups de canne donnés par le maréchal de Vitry à l'archevêque de Bordeaux, lequel lui reprochait d'avoir fait manquer l'entreprise des îles Sainte-Marguerite. Nous avons noté aux Analyses, p. 997, une lettre signée du roi, écrite au maréchal, à l'effet de prévenir de nouvelles violences de sa part.

Page 710, aux sources. — *Mettez* : Arch. des Aff. étr. Hollande, tome 18. Copie. — *Ajoutez en note* : On fit en Hollande une affaire d'état de cette marque d'honneur donnée par la France au prince d'Orange. Les États généraux s'en occupèrent à l'occasion de cette lettre de Louis XIII. Nous avons vu aux Affaires étrangères un extrait des résolutions des États, à la date des 3 et 7 janvier 1637. Hollande, de 1575 à 1663, Supplément, pièces 59ᵉ et 60ᵉ. Ensuite de leur délibération, les États adressèrent à Louis XIII de publics remerciments. Cependant, Tallemant des Réaux a écrit que « Richelieu avoit donné de l'Altesse au prince de Nassau pour le rendre suspect aux Estats. » Il a dit, dans la même historiette, en répétant une vieille calomnie des ennemis de Richelieu, que « Henri de Nassau et luy se haïssoient à cause d'Orange, principauté que le cardinal vouloit mettre dans sa maison, et se faire prince aux dépends de la famille de Nassau. » (I, 497.) Les principaux incidents politiques résultant de l'alliance des deux nations sont expliqués par Tallemant dans cet esprit. Cette historiette est toute d'imagination.

Page 710. — *Ajoutez à la note* 1 : C'est sans doute dans le ms. de Dupuy, dont la copie est également fautive.

Page 711, ligne 15, *mettez entre crochets le mot* [soient], *qui manque dans le manuscrit*.

Page 722, à la note. — *Ajoutez* : Il convient de faire connaître par quelques mots la pièce du *Mercure françois* que nous avons indiquée dans cette note; elle est intitulée : *Fondation pour l'entretenement de vingt jeunes gentilshommes*. Richelieu dit dans le préambule : « Les dotations des séminaires et colléges semblent seulement estre destinées aux jeunes gens de basse estoffe et condition roturière... » On n'a rien fait pour la pauvre noblesse; c'est pourquoi, « soubs le bon plaisir de S. M. nous donnous à perpétuité, à l'Académie royale establie à nostre instance, par sa d. M. en la Vieille rue du Temple... la somme de 21,000 ʰ annuellement... » Et le cardinal veut que l'enseignement soit donné en langue française. Cette pièce se trouve à la Bibliothèque nationale, Cinq-Cents Colbert, nᵒ 149. — Saint-Germain-Harlay, 351, fol. 337-348. — Béthune, 9169, fol. 177; sans date dans les trois manuscrits; à la biblioth. Ste-Geneviève, Q. 1003³, pièce 4°, également non datée. Le *Mercure* l'a mise, toujours sans la dater, à la fin de l'année 1636. (T. XXI, p. 278.) Aubery, qui l'a insérée dans son *Histoire de Richelieu*, répète ce bruit ridicule, que la pensée de cette fondation pour l'admission de vingt gentilshommes dans l'académie de la Vieille rue du Temple avait été inspirée au cardinal par un mouvement de mauvaise humeur contre la Sorbonne, qui manquait de reconnaissance à son égard, et dont «il se repentoit en quelque sorte d'avoir entrepris la restauration.» — Aubery lui-même ne paraît pas avoir connu la date de cette pièce, qu'il place à la fin de son livre, t. II, p. 441 de la petite éd. à la Sphère. Le Cointe, qui apparemment ne l'a pas lue, en la reproduisant parmi les pièces jointes à l'*Histoire de Louis XIII*, a cru qu'il s'agissait de l'académie ou collège fondé plus tard par le cardinal dans sa ville de Richelieu et la met au 2 septembre de l'année 1640. (T. III, p. 433.) Le Clerc a fait la même bévue sans s'apercevoir que la pièce avait paru au *Mercure* quelques années auparavant. Cette fondation, faite par le cardinal dans un établissement créé par le roi, doit être de l'année où le *Mercure* la donne : 1636. Quant à l'*Académie et collège royal de la ville de Richelieu*, la déclaration du roi pour cette fondation, signée Louis et contre-signée Sublet, est du 10 septembre 1640; les statuts ayant été arrêtés en conseil privé le 11, l'acte fut enregistré le 24. On conserve les pièces manuscrites à la bibliothèque Sainte-Geneviève Q 1003¹, pièce 30° et 1003². 29°. — Imprimerie de Rocolet, 1641, in-4°, 22 pages. — Le cardinal eut la pensée d'une autre institution plus splendide, dont parle Tallemant des Réaux, sur le témoignage de La Mesnardière, mais dont nous n'avons trouvé ailleurs nul indice. Il s'agissait «de faire à Paris un grand collége, avec cent mille livres de rente, où Richelieu voulait attirer les plus grands hommes du siècle. Là il y eust eu un logement pour l'Académie, qui eust esté la directrice de ce collége. C'estoit à Narbonne que Richelieu fit venir sept à huit fois La Mesnardière pour lui en parler.» Ainsi, c'est au moment où le cardinal était travaillé des plus poignantes inquiétudes, et accablé des plus graves affaires, qu'il se serait occupé de cette libérale fondation. Il n'y aurait là, sans doute, rien qui puisse nous surprendre, mais, nous le répétons, nous n'avons pas d'autre témoin que Tallemant (*Historiettes*, t. II, p. 54, éd. de 1854).

Page 725, ligne 13. — Année, *lisez* : armée.

Page 728, ligne 2 du texte, à partir d'en bas. — Et vont, *lisez* : et sont.

Page 732, à *la suscription* A, *lisez* : AU.

Page 733, *ajoutez à la note* : Le P. Condren refusa de signer la déclaration du clergé sur la nullité du mariage de Monsieur. Il faut dire, à la louange du cardinal, qu'il ne lui en a point témoigné de mécontentement. — Richelieu lui a parfois demandé la solution de certaines questions. Dans le recueil des écrits de ce Père, composé de lettres et de plusieurs autres pièces, il en est deux intitulées : *Discours sur l'astrologie fait par le commandement de Mgr le cardinal de Richelieu* ; et : *Traicté des équivoques faict aussy par le commandement dud. seigneur cardinal*. A la 72° page du premier discours, on avertit qu'«il n'a pas esté parachevé par l'auteur.» La seconde pièce n'a que douze pages; une phrase en indique nettement le sujet assez délicat : «Il faut chercher les moyens de ne pas offenser la vérité quand la fidélité nous oblige de la tenir secrète,» p. 266. Le saint et habile général de l'Oratoire n'était qu'un médiocre écrivain ; cependant son volume, imprimé après sa mort (1643), a eu plusieurs éditions successives.

Page 736, ligne 16. — *Mettez en note* : Le volume de Hollande, cité aux sources, contient un extrait du registre des délibérations prises sur ce titre d'Altesse (pièces 59 et 60). Nous trouvons aussi une lettre de Bouthillier à Charnacé, sur le même sujet, dans le tome XIX de Hollande, fol. 81, 25 décembre 1636. Les lettres de remerciment adressées au cardinal par le prince d'Orange et la princesse sa femme, datées l'une du 12 janvier, l'autre du 27, sont conservées dans le même ms. pièces 1 et 5.

Page 736, ligne 18. — *Mettez en note :* Le s' Lopez était alors à Amsterdam, envoyé par Richelieu pour quelques achats de munitions et autres négoces. Probablement aussi pour un marché de six vaisseaux conclu avec des constructeurs de cette ville, et au sujet duquel le cardinal y envoya alors le sieur Martin, son secrétaire pour la marine, porteur d'une lettre adressée au bourgmestre, 23 janvier 1637. (Arch. des Aff. étr. Hollande, t. XX, pièce 2°.) Il paraît qu'en sa qualité de riche financier Lopez s'émancipait plus que de raison; il se donnait à Amsterdam et à la Haye des airs de demi-ambassadeur. Nous trouvons une pièce de dix pages intitulée : *Remarques faites par M. de Charnacé sur la conduite du s' Lopez en Hollande* (9 novembre 1636), et une lettre dudit Lopez, où il s'efforce de se justifier auprès de Richelieu : «Je voudrois plustost estre mort, écrit-il, qu'avoir donné subject de mescontentement au roy et à V. Em.» Dans une lettre particulière, jointe à une dépêche officielle, Chavigni répond à Charnacé sur ce qu'il nomme *les galanteries du seigneur Lopez.* (Janvier 1637.) Nous notons ces particularités parce que ce nom de Lopez reparaît fréquemment dans les affaires de Richelieu.

Page 738. — *Note pour la pièce 415 :* Il y a, aux Affaires étrangères, dans les volumes d'Espagne, quelques indices de la mission de ce religieux dont le voyage paraît avoir éveillé beaucoup de soupçons et produit peu de résultats. — Un correspondant secret que Richelieu avait à Madrid mandait à Chavigni, le 21 juin de cette année 1637 : «Le P. Minime est observé du Nonce, de Venise, Angleterre, résident de la reyne mère... il n'a pouvoir de rien conclure... il passe pour l'homme du prince Thomas... il ne faut pas qu'on sache que je l'ay veu...» Quant aux reliques de saint Isidore, le moine en obtint, ainsi que nous l'apprend le correspondant secret dans une autre lettre du 17 juin : «On a dépesché le P. Minime avec le reliquaire.»

Page 738, note 2, ligne 14, etc. *lisez :* et.

Page 740, ligne 7. — Lignes, *lisez :* ligues.

Page 743. Le baron de Rorté était envoyé à la diète de Pologne, et le roi lui avait ordonné de voir en passant le chancelier Oxenstiern. Nous trouvons dans le 3° vol. de Pologne, fol. 218, à la date du 18 avril, une longue relation de son voyage, où il rend compte au roi, avec détails, de sa mission. On voit qu'il avait trouvé Oxenstiern assez mal disposé à l'égard de la France. Notre ambassadeur ordinaire en Suède, le baron d'Avaugour, avait informé Chavigni de ces mauvaises dispositions et le lui rappelait dans une autre lettre datée du 21/31 mars. Le renseignement est curieux venant d'un homme qui avait tout vu par lui-même : «A mon départ de Suède, écrivait M. d'Avaugour, je vous ay mandé le peu d'apparence qu'il y a d'espérer quelque chose de la Suède... M. d'Oxenstiern tout à fait mal affectionné à la France... a coopéré cela auprès de ses collègues.» Il cite des paroles d'Oxenstiern à l'appui et ajoute : «C'est aussi ce que m'a dit le résident suédois que j'ay vu en passant en Danemark... Il m'a dit que le roi de Danemark ne fut jamais si autrichien qu'il est; il attend un envoyé d'Espagne pour traiter d'une alliance entre les deux couronnes.» (Arch. des Aff. étr. Pologne, t. III°, fol. 204, original.) Notons que, dans sa relation, M. de Rorté marque la date précise de son *instruction*, le 29 janvier; elle se rapporte à celle que nous avons proposée pour la pièce non datée que nous donnons page 743.

Page 751, note, 2° ligne. — 2, *lisez :* 25.

Même page, 3° ligne. — La, *lisez :* ladite.

Page 752, ligne 5 du texte. — La Chambre de l'édit avait remplacé, en 1598, au Parlement de Paris, la Chambre mi-partie, établie pour connaître des causes où les protestants étaient intéressés; elle ne fut supprimée qu'à la révocation de l'édit de Nantes. Nous ne savons de quelle affaire il s'agit ici.

Page 756, ligne 6. — Par authorité. *Après ces mots, mettez en note :* Pour comprendre cette différence de conduite prescrite ici à La Meilleraie, il faut se souvenir que Richelieu avait le gou-

17.

vernement de la Bretagne; il est donc tout naturel qu'il charge celui qu'il y envoie de parler, dans cette province, d'un ton plus impératif que dans les autres.

Page 763, aux sources, *ajoutez* : De la main de Citoys.

Page 764, note 1. — *Ajoutez* : Voyez, aux Analyses, une lettre du commencement de décembre 1635.

Page 766, note 1, *ajoutez* : Le procès-verbal de la prestation du serment est conservé en original, sur parchemin, aux Affaires étrangères, t. 32 de Lorraine, pièce 52 ; la minute est cotée pièce 51, et une relation de la cérémonie, écrite de la main d'un secrétaire de Chavigni, se trouve dans le même ms. sous la cote 56.

Page 769, note 2. — *Ajoutez* : Quoi qu'il en soit, Richelieu changea d'avis : le prince n'alla pas en Provence; sans doute on eut alors nouvelle que l'attaque des îles était assez vivement poussée par le comte d'Harcourt, et en effet les Espagnols capitulèrent le 6 mai; le 14, les îles étaient entièrement occupées par les troupes françaises. (Voyez aux Analyses, à la date du 16 avril.)

Page 771, avant la lettre CDXXXVI. — Le volume de Rome LIX, fol. 225, nous donne un mémoire adressé au maréchal d'Estrées et daté de Versailles le 1er mai. Ce mémoire est une copie de la main d'un commis de Chavigni, mais l'autorité du langage révèle Richelieu. Nous en donnons la substance : Faire que le pape ne traite pas le roi de Hongrie comme empereur. Nullité de l'élection du roi des Romains. — Le roi ne veut point accepter de suspension d'armes en Italie. — Que l'électeur de Trèves injustement emprisonné soit mis en liberté. — « Les difficultés qui ont été faictes sur l'affaire de Cisteaux n'ont pas de fondement. La dignité de cardinal rend Mgr le Cardinal capable de tenir l'abbaye de Cisteaux... Quant à l'union de Cluny à la congrégation de Saint-Maur... led. sr mareschal fera entendre adroitement par delà, que la procédure que l'on y tient pourroit enfin obliger les religieux qui demandent la justice en cette affaire, sans qu'elle leur soit rendue, à ne la chercher pas si loin; de quoy les parlemens de France ne seront faschés; ce qui se peut estendre aussy à l'affaire de St-Antoine. » — « Cent mille livres sont mis ès mains du mareschal pour attirer les cardinaux à l'affection de la France. » — « Si l'on envoie un nonce en France, faictes tout le possible pour que ce soit Mazarin. » — Sur les cent mille livres, le maréchal d'Estrées mande, le 30 mai, l'emploi qu'il en comptait faire, en cas de vacance du Saint-Siége. (Fol. 304 du vol. de Rome précité.)

Page 771, note 2. — La dépêche de Chavigni à Charnacé, qui n'est point dans le ms. cité aux sources, nous la trouvons dans le tome XIX de Hollande, fol. 150. C'est un original, signé du roi, contre-signé Bouthillier (Chavigni), daté du 6 mai.

Page 773, note 1, ligne 6. — Que, *lisez* : qu'entraînée.

Page 774, ligne 14. — La lettre ici annoncée et que le cardinal donne à Chavigni a été dictée par lui-même; la minute est de la main du secrétaire de nuit, et une expédition de l'écriture de Cherré a encore été corrigée par le cardinal. (Rome, t. LIX, fol. 225 et 263.) On insiste dans cette lettre sur la résolution très-arrêtée du roi de ne point entendre à une trève particulière et de vouloir absolument une trève générale. Voy. aussi page 765 de ce Ve volume.

Page 775. — Il faut noter une importante lettre de Chavigni au maréchal d'Estrées, du 16 mai (fol. 254 du vol. LIX de Rome), écrite ensuite de celle de Richelieu du 10 mai, sur diverses affaires et spécialement sur la vacance éventuelle du Saint-Siége. Chavigni l'engage à prendre au besoin des résolutions hardies.

Page 775, aux sources. — *Après* cardinal, *mettez* : — Copie.

Page 776, ligne 2. — Xstienté, *lisez* : Xptienté,

Page 783, note 2. — Le comte, *lisez* : le Comte.

Page 784, notes, 1re colonne, ligne 5. — Remarqué, *lisez* : remarquée.

Page 785, notes, 2ᵉ colonne, ligne 6. — 19 juin, *lisez :* 20 juillet.

Page 786, ligne 12 de la lettre. — Dourié, *lisez :* Dourié.

Page 788, ligne 7 de la lettre. — Réuissir, *lisez :* réussir.

Page 790, ligne 11. — «On a fait courir la mort de... *nous suppléons :* [le bruit de] la mort... mot oublié dans le manuscrit.

Page 790, aux sources. — *Ajoutez :* Minute, de la main de Charpentier; Hollande, t. XX, pièce 78; date du 19 juin.

Page 791, ligne 2. — Ce lieu était Calais, d'où M. d'Aigueberre retourna en Hollande. L'instruction qui lui fut donnée, signée du roi et datée du 20 juin, se trouve aux Arch. des Aff. étr. dans le tome XII des Pays-Bas. La signature du roi est biffée; la pièce, ayant été corrigée, est devenue minute ; elle est de la main d'un secrétaire de Chavigny.

Page 791, ligne 4. — Cette dépêche, attribuée à Chavigni, est en réalité de Richelieu, qui l'a dictée au secrétaire de nuit, ainsi que le constate la minute. Nous avons donné l'original dans sa forme officielle, signé du roi avec le contre-seing de Bouthillier (Chavigni). Notre t. VII, p. 765.

Page 802, notes, 2ᵉ colonne, ligne 10. — P. 816, *lisez :* p. 821.

Page 804, à l'article 5. — Il ma, *lisez :* il sera.

Page 821, ligne 8 de la lettre 460. — Mettre en note au mot *parlement:* Nous trouvons aux Aff. étr. France, fol. 169 de ma cote au crayon : *Relation de ce qui s'est passé en la désobéissance du parlement,* 1637 (6 pages).

Page 822, aux sources, première ligne. — Fol. 284, *lisez :* fol. 283.

Même page, note 1, ligne 1. — *Après* Ce mémoire, *ajoutez :* dont nous ne donnons que la substance.

Page 826. — Avant le nota il faut un long filet, ce nota n'ayant aucun rapport à ce qui précède.

Page 826, notes, 2ᵉ colonne, ligne 1. — La main de Chavigni, *lisez :* la main d'un secrétaire de Chavigni.

Page 829, ligne 17. — *Après* Charnacé, *mettre en note :* Il y a ici un nom que nous ne pouvons lire. S'il y a deux officiers désignés pour Clermont, c'est sans doute parce que Charnacé était alors employé en Hollande.

Page 831, aux sources. — *Mettez :* Arch. des Aff. étr. Pays-Bas, t. XII, minute de la main de de Noyers, datée du 9 août.

Page 833, aux sources. — *Mettez :* Arch. des Aff. étr. Pays-Bas, t. XII, minute de la main du secrétaire de nuit.

Page 835, 1ʳᵉ ligne de la lettre CDLXVI. — L'abbé de Cinq-Mars était prieur de Broc attaché à la maison de Richelieu; il fut nommé évêque en septembre 1637, mais il n'eut ses bulles qu'en janvier 1639. C'est Dominique Séguier qui était alors évêque d'Auxerre; le P. Griffet, lui, donne prématurément ce titre (note 2 de la page 834) à l'abbé de Cinq-Mars.

Page 842, aux sources. — *Ajoutez :* Arch. des Aff. étr. Hollande, t. XX, pièce 112, mise au net, datée du 27 août. — Ce texte offre quelques différences avec la copie venue de Saint-Pétersbourg. — Même page, ligne 10 du texte : les, *lisez :* ses. — page 843, ligne 3 : tousjours, *lisez :* toutefois. — Ligne 13 : apporte, *lisez :* apportera. — Ligne 16 : que, *lisez :* de. — Ligne 23 : Taner, *lisez :* Le T. — Ligne 27 : Lomenie, *lisez :* Lomeline. — Page 844, note 1, *ajoutez :* Nous ne la trouvons pas non plus dans notre ms. de Hollande.

Page 853. — Après le billet de Bullion, il faut un long filet et le mot NOTA.

Page 854, ligne 4. — *Ajoutez :* Une copie, qui nous semble écrite de la main d'un commis de Chavigni, est conservée aux archives des Affaires étrangères, Angleterre, tome 46, folios 313-322. Ce même manuscrit renferme diverses pièces relatives à cette laborieuse négociation, qui avait commencé dès 1636. Nous avons aussi recueilli, dans la collection des Cinq-cents Colbert, l'indication d'un certain nombre de documents propres à éclaircir cette affaire.

Page 857, aux sources. — *Mettez :* Arch. des Aff. étr. Pays-Bas, t. XII, minute de la main de Cherré.

Page 858. — *Intercaler entre les pièces 477 et 478 l'extrait suivant :* Mémoire baillé par M. le cardinal à M. de Chavigny, allant à la Capelle [1]. — [19 ou 20 septembre 1637.] — Considérations sur ce que peuvent faire le cardinal infant, Picolomini et Balançon; conclusion que « Ils ne sçaurroient mettre une armée à la campagne de plus de dix mil hommes, cavalerie et infanterie. » — « Ce qu'on peut faire dans cette supposition, jusqu'à ce que le siége de la Capelle soit achevé; après quoy, M. le cardinal de La Valette s'y en ira en personne... » — « Il importe extresmement de prendre de bonnes et fortes résolutions, tant parce qu'elles ne sçauroient estre perilleuses, sçachant la force des ennemis, que parce que Messieurs de Hollande se plaignent grandement, quoyque sans raison, ainsy que M. de Chavigny fera entendre... » — « S'il se peut faire quelque chose de grand en faisant lever le siége de Danvillé, on le mandera afin que le roy prenne sur cela ses résolutions... » — « M. de Chavigny se souviendra de rapporter au roy l'estat des troupes... » — Chavigni, revenu le 28 septembre, fut envoyé de nouveau à l'armée peu de jours après. Nous trouvons, dans le XIIe volume des Pays-Bas, écrite de la main de Cherré, une pièce intitulée : « Instruction donnée à M. de Chavigny, allant trouver M. le cardinal de La Valette, le 5 octobre. » Le mémoire adressé le même jour par Richelieu au roi, et que nous avons donné page 861 de notre Ve volume, renferme presque textuellement lesdites instructions. Une transcription presque entière, sauf le préambule, faite par un commis des Affaires étrangères, a été jointe, dans le manuscrit précité des Pays-Bas, à l'instruction donnée le 19 septembre à Chavigni et se trouve ainsi mal classée en juillet.

Page 863, ligne 4. — Charles, marquis d'Hocquincourt, avait alors le gouvernement de Péronne et Montdidier; il devint bientôt maréchal de camp, et fut plus tard maréchal de France. C'est lui qui figure dans cette conversation avec le P. Canaye, l'un de ces festes et spirituels écrits de Saint-Évremond dont on s'est le mieux souvenu. Tallemant et les Mazarinades ont achevé le portrait de ce singulier personnage, dont Richelieu ébauche ici les premiers traits.

Page 866, aux sources. — *Ajoutez :* De la main de Citoys.

Pages 869 et 871, aux sources. — *Ajoutez :* Imprimée, *Vie du duc d'Épernon*, t. IV, 291.

Page 873, notes, 1re colonne, ligne 1. — Bostost, *lisez :* Bossost.

Page 875, aux sources. — *Ajoutez :* Arch. des Aff. étr. Turin, XXV, 444, copie.

Page 875, note, 1re colonne, ligne 1. — L'Espagne, *lisez :* l'Espagnol.

Même page, note, 1re colonne, ligne 3. — Qu'il, *lisez :* qu'elle.

Même page, note, 1re colonne, ligne 4. — Conseillèrent, *lisez* conseillera.

Page 882, ligne 3. — Tous les futurs de ce paragraphe ont été mis au conditionnel dans le ms. des *Mémoires* de Richelieu.

Page 885. — *Instruction pour le comte d'Estrades.* Ici commence la carrière politique de d'Estrades; il était dans sa trentième année. Jusqu'alors, dans sa carrière militaire, il avait servi en sous-ordre; une lettre originale du cardinal de Richelieu, conservée à la Bibliothèque nationale, et dont nous avons donné l'analyse (p. 1031 de ce Ve vol.), nous le montre, au mois de juin de cette année 1637, attaché à l'état-major de l'armée commandée par le cardinal de La Valette. Nous voyons ici l'estime que faisait de lui Richelieu. On a dit que le jeune d'Estrades avait été page dans sa mai-

---

[1] Mal classée au 10 juillet, dans le t. XII des Pays-Bas aux Aff. étr. Minute de la main de Cherré. La date est indiquée par celle d'une dépêche adressée le 19 au cardinal de La Valette, lui annonçant la mission de Chavigni. (Notre Ve vol. p. 1057.)

son. Les premiers temps de cette vie devenue célèbre ont été assez peu connus; l'un des plus heureux chercheurs des sources historiques, parce qu'il est un des plus habiles, M. Ph. Tamizey de Larroque, a publié récemment un travail complet sur le comte d'Estrades, que nous regrettons de n'avoir pas connu plus tôt : *Introduction précédant la Relation inédite de la défense de Dunkerque* (1651-1652), *par le maréchal d'Estrades*, etc., in-8°, 1872.

Page 887, notes, 2ᵉ colonne, ligne 5. — *Ajoutez :* Cette feuille 111 de notre Vᵉ vol. était imprimée lorsque nous avons trouvé, aux Archives des Affaires étrangères, quelques nouveaux indices de la participation de Richelieu aux troubles d'Écosse; ils ajoutent aux renseignements contenus dans cette note des détails qu'il convient de faire connaître. Outre qu'ils nous donnent la preuve de l'envoi en Écosse de Chambers, cet aumônier de Richelieu que les lettres du cardinal nomment l'abbé Chambre, ils nous apprennent que cette intrigue politique se continua dans les années suivantes; que le gouvernement anglais n'avait pas ignoré le voyage dudit abbé et qu'il en soupçonnait le motif réel. «Nostre affaire d'Escosse va fort mal (écrivait, le 1ᵉʳ juillet 1638, le ministre anglais Windebank au comte de Leycester, ambassadeur en France), mais vous ferez bien de le dissimuler par delà, et de vous informer soigneusement comment la faction est fomentée tant par delà que par deçà; car de ce dernier vous en pouvez plus sçavoir de delà que nous icy.» A quoi Leycester répondait, le 11 du même mois : «Je suis aussy ignorant de l'affaire d'Escosse que si je demeurois en Tartarie; si elle est fomentée de la France, ce sera par des voies si secrètes, qu'on ne le descouvrira que par les effects; et, selon toute apparence, un des instruments dont on se servira le plus tost est un nommé Chambers, Escossois, aumosnier du cardinal de Richelieu, neveu de M. Conneo, avec lequel il entretient une grande correspondance.» Le 16, Leycester ajoutait : «Je me trouve plus confirmé que je n'estois touchant Chambers.» Windebank, à son tour, répondait le 22 : «Je ne manqueray pas d'avoir l'œil sur Conneo et la cabale.» A trois mois de là, le 30 septembre, il écrivait encore à Leycester : «Vous ferez un grand service au roy d'empescher tant que vous pourrez qu'on porte des munitions de France en Escosse; car il ne tiendra pas à 46 (le cardinal) qu'on n'y en envoie, principalement s'il se voit les coudées plus franches.» Le 4 octobre, un autre ministre anglais, Cooke, appelait encore l'attention de l'ambassadeur sur les manœuvres du cardinal : «Je ne doute pas, lui disait-il, que vous n'apportiez tous soins et diligences à descouvrir tout ce qui regardera les affaires d'Escosse. Il a toutefois esté dit icy, par personnes bien sensées, qui disent l'avoir receu de bonne part de delà, que le cardinal de Richelieu a advoué ouvertement qu'il ne sçavoit pas pourquoy cet estat-là n'assistera pas aussy bien les Escossois comme le roy a assisté leurs ennemis à Saint-Omer.» Et Leycester à Cooke le 8 octobre : «J'ay fait et feray toute diligence pour descouvrir si on a porté des munitions d'icy en Escosse, mais je ne croy pas qu'on l'ait fait, non qu'ils manquent de volonté pour cela, mais parce qu'ils le peuvent mieux faire, et à meilleur marché, de Hollande, outre qu'ils en ont assez à faire icy. Toutefois on dit qu'on a arresté deux navires à Douvres, venant de France et allant en Escosse, chargés de munitions; mais le savez mieux par delà.» Ainsi il résulte, des divers témoignages que nous avons recueillis et rapprochés, que la mission de d'Estrades en Angleterre, en 1637, est parfaitement authentique, que les menaces contenues dans la remarquable lettre du 2 décembre sont très-réelles, qu'il est fort vraisemblable que Richelieu a cherché les moyens de les mettre à exécution, enfin qu'il n'est pas douteux que les Anglais, en ayant été informés, avaient l'œil ouvert sur les manœuvres hostiles du ministre de Louis XIII, au moment même où la paix se négociait (à la vérité, sans beaucoup d'espoir) entre les deux royaumes.

Nous trouvons encore, en 1639, l'abbé Chambres voyageant entre Londres et Paris, éveillant toujours les soupçons et les inquiétudes des Anglais. L'ambassadeur de France, Bellièvre, qui ne paraît pas avoir été dans le secret, écrivait à Chavigni le 24 mars : «L'arrivée de M. Chambres fera soubçonner icy toutes choses contraires à vos intentions. L'on s'imaginera, en conséquence de tous les bruits que l'on a fait courir et des opinions que l'on a eues, qu'il vient pour fomenter la guerre d'Écosse; non-seulement le peuple, mais aussy beaucoup de personnes de qualité ont pris telle jalousie de nous que tout leur donne du soubçon.» (Fol. 415.) L'abbé Chambres ne retourna à Paris qu'après plus de deux mois. M. de Bellièvre mande à de Noyers son départ de Londres le 2 juin (fol. 494).

Page 889, notes, 2ᵉ colonne, ligne 9. — *Après* 1843, *mettez* : comme portant cette marque : Même page, notes, 2ᵉ colonne, ligne 10. — *Après* 7164, *mettez* : et le journal italien ajoute :

Page 890, notes, 1ʳᵉ colonne. — *La seconde et la troisième ligne doivent être lues ainsi* : à la date d'avril, t. VIII, p. 139-185 du manuscrit des *Mémoires* de Richelieu.

Page 894. — Aussitôt après la mort du duc de Savoie, Richelieu s'efforça de faire comprendre à la duchesse, sa veuve, qu'au milieu des périls qui la menaçaient, il n'y avait de salut pour elle que dans une union intime avec la France. Docile alors à ses avis, la duchesse témoignait au cardinal beaucoup de confiance; elle l'avertissait non-seulement des pernicieux desseins de ses beaux-frères, mais elle semblait même abandonner l'homme qu'elle avait jusqu'alors opiniâtrément défendu, et elle ne cachait pas au cardinal le mauvais vouloir dont le P. Monod était animé contre la France. (Notre t. V, p. 894 et 907.) Une instruction donnée dans ce temps-là au baron de Pezieu, envoyé en Flandres à l'occasion de la mort de Victor-Amédée, montre le soin extrême qu'elle prenait d'éviter tout ce qui aurait pu donner quelque ombrage à la France. «Il doit aller à Paris communiquer les présentes instructions au marquis de St-Maurice, afin de prévenir les soupçons que pourroient concevoir les ministres du roy de ce voyage en Flandres.» — On lui enjoint de prendre les instructions du roi et de M. le cardinal. «Vous visiterez à Sedan M. le comte de nostre part et recevrez les commandemens de M. le cardinal sur ce particulier. Vous en userez de mesme pour la duchesse d'Orléans, qui demeure avec la reyne Madame ma mère, afin que M. le cardinal cognoisse qu'on ne veut rien faire sans son avis...» On voit dans toute cette pièce la conviction qu'avait alors la duchesse de la nécessité de vivre bien avec la France. (Arch. des Aff. étr. Turin, t. XXV. fol. 585-591.)

Page 894. — *Il fallait un filet après la lettre* CDXCIX, *et le mot* NOTA *doit être en tête de la page* 895.

Page 896, notes, 1ʳᵉ colonne, ligne 2. — Promettoit, *lisez* : permettoit.

Page 897, aux sources. — *Ajoutez* : Imp. Aubery, *Mém.* V, 420; Recueil de 1696, I, 352.

Page 899, aux sources. — *Ajoutez* : Imp. Aubery, *Mém.* V, 422; Recueil de 1696, I, 354.

Page 903, ligne 12. — Richelieu, en envoyant un homme agréable à la duchesse de Savoie, profite de l'occasion pour le charger d'un message qui ne devait pas plaire à cette princesse. Le but principal du voyage de Vignoles était de demander l'éloignement du P. Monod, dont maintenant Christine ne voulait plus se séparer. Ce religieux avait fort mécontenté le cardinal dans un récent voyage à Paris. En attendant le titre de roi que réclamait avec obstination le chef de la maison de Savoie, ce prince voulait absolument obtenir pour ses ambassadeurs le cérémonial réservé aux représentants des rois : «Le P. Monod, dit Richelieu dans ses *Mémoires* (t. X, p. 12), dont l'esprit était plus vain que solide... s'arrêta à la poursuite de ces prétentions frivoles avec une extrême passion et violence.» Le 25ᵉ volume de Turin conserve une pièce où l'on explique les concessions que le roi a bien voulu faire, et la mauvaise foi avec laquelle on essayait de travestir les paroles royales. Cette pièce, en tête de laquelle Richelieu a mis : *Raisons pour respondre aux violences du P. Monod,* est écrite en partie par un secrétaire de Chavigni et de la main de Chavigni lui-même. Nous trouvons encore dans ce manuscrit, fol. 271, un engagement de Victor-Amédée au sujet de ses prétentions, dont il consentait à ajourner l'accomplissement.

Page 907, aux sources. — *Ajoutez* : Imp. Aubery, V, 407; Recueil de 1696, I, 336.

Page 914. — Georges de Monchy, marquis d'Hocquincourt. Il avait commencé sa carrière sous Henri IV en 1599 comme louvetier du Boulonnois; il était depuis 1630 prévôt de l'hôtel et grand prévôt de France. C'était le père du futur maréchal de France mentionné ci-dessus. (Addition à la p. 863 de ce V° vol.)

Page 918, note. — Eschinard avait un emploi public; il était expéditionnaire de France en cour de Rome.

Page 920, aux sources. — *Ajoutez :* Bibliothèque nationale, collection Leydet et Prunis, Périgord, 8° copie. — Le manuscrit nous donne la date du 20 juin au lieu du 2.

Page 921. — *Note pour la lettre à M. Bouthillier du 14 juin :.*Richelieu fut malade presque toute sa vie, et l'année 1635 est l'une de celles où nous le voyons, dans ses lettres, se plaindre le plus souvent de sa santé; il s'en plaint aussi dans ses Mémoires (VIII, 587). Nous craignons, pour l'honneur de la médecine de ce temps-là, qu'elle ne soit pas tout à fait innocente de ces continuelles souffrances. Nous avons, pour cette année 1635, le mémoire de l'apothicaire de Son Éminence : «Parties fournies pour la personne de M⁸ʳ l'Éminentissime cardinal duc de Richelieu durant l'année 1635 par Perdreau, apothicaire de mond. seigneur.» La *Revue historique, nobiliaire,* etc. (p. 553 de 1871) a donné un extrait de cette pièce vraiment curieuse. Le mémoire commence avec l'année, dès le 1ᵉʳ janvier : «un bol de casse;» et le total montant à «1,401 fr. 14 cent.» se résume en 75 clystères, 127 bols de casse, sans compter les médecines laxatives, etc.

Page 923, 4° analyse. — Le régiment, *lisez :* les régiments.

Page 929, 4° analyse. — Après 1636, *ajoutez :* t. XI, pièce 110.

Page 931, 1ʳᵉ analyse. — *Ajoutez aux sources : —* Minute de la main du secrétaire de nuit, Arch. des Aff. étr. Allemagne, t. XII, pièce 114.

Page 931, 6° analyse. — *Ajoutez aux sources : —* Minute de la main du secrétaire de nuit, Arch. des Aff. étr. Allemagne, t. XII, pièce 119.

Page 934, note 1, ligne 6. — Anne, *lisez :* Charles.

Page 934, note 1, ligne 7. — *Ajoutez :* Richelieu exigea cette résignation parce que le duc de Ventadour tenait de très-près à Henri II de Montmorency, étant fils de Catherine, sœur de Henri Iᵉʳ de Montmorency, et mari de Marguerite, sœur de père de Henri II de Montmorency; ainsi le duc de Ventadour était cousin germain et beau-frère du duc décapité.

Page 934, note 2, lignes 1 et 2. — Carlat, *lisez :* Cachac.

Page 935, note 3, ligne 2. — 931, *lisez :* 930.

Page 936, 4° analyse, aux sources. — *Mettez :* Minute de la main de Charpentier et du secrétaire de nuit, Arch. des Aff. étr. Allemagne, t. XII, pièce 141, datée du 15.

Page 937, 3° analyse. — Le cardinal, *lisez :* le roi.

Même page, même analyse. — *Ajoutez aux sources :* Mise au net, de la main de Cherré, Arch. des Aff. étr. Allemagne, t. XII, pièce 144. On lit en tête : «Mémoire envoyé le 17 septembre.» Cette mise au net n'a pas d'autre date. Le même manuscrit donne le brouillon, daté du 15, pièce 157; c'est une minute, très-raturée, de la main de Cherré et de celle de Charpentier. Quelques lignes ont été ajoutées dans la mise au net, et l'imprimé d'Aubery est conforme à celle-ci.

Page 941, note 2, ligne 3. — Catherine II d'Illiers, *effacez* d'Illiers. — Effacez aussi la dernière phrase de la note. Les manuscrits écrivent le nom des deux façons, mais M. de Broc signait Cinq-Mars.

Page 945, ligne 3. — *Ajoutez aux sources : —* Minute de la main du secrétaire de nuit, Arch. des Aff. étr. Allemagne, t. XII, pièce 161.

Page 945, ligne 13. — *Même addition, sauf la cote de la pièce,* qui est ici 162.

Page 945, notes, 4° ligne. — Londigni, *lisez :* Loudigni.

Page 946, 1re analyse. — *Ajoutez aux sources :* — Minute de la main de Charpentier, Arch. des Aff. étr. Allemagne, t. XII, pièce 156.

Page 949, avant-dernière ligne. — *Ajoutez aux sources :* — Minute de la main de Charpentier et de celle de Cherré. On a mis en tête : 20 octobre. Arch. des Aff. étr. Allemagne, t. XII, pièce 167.

Page 950, ligne 14. — *Ajoutez :* Il y a aux Archives des Affaires étrangères (Allemagne, t. XII, pièce 172), à cette même date du 23 octobre, une lettre de Richelieu, de la main de Cherré, préparée pour la signature et destinée aussi au cardinal de La Valette; il est probable qu'elle a été remplacée par celle-ci; la matière est à peu près la même, et le passage concernant Cramail est semblable.

Page 953, 2e analyse, aux sources, ligne 2. — 219, *lisez :* 223.

Page 953, 3e analyse, aux sources, lignes 2 et 3. — La 219e et la 220e, *lisez :* la 229e et la 230e.

Page 957, 1re ligne, colonne des dates. — Le quantième manque dans l'*Histoire de l'Académie* de Pellisson; nous le donnons d'après l'édition de l'abbé d'Olivet.

Page 957, note 1. — *Ajoutez :* La collection des registres du Parlement (bibliothèque des avocats) dit le 9. — La vérification se fit avec cette clause : « A la charge que ceux de lad. assemblée et académie ne connoîtront que de l'ornement, embellissement et augmentation de la langue françoise, et des livres qui seront par eux faits, et par autres personnes qui le désireront et voudront. » Voilà l'explication de la répugnance du Parlement; il craignoit que ce corps littéraire, dépendant de Richelieu, ne devînt un instrument nouveau de son universel despotisme. C'est à cette crainte que fait allusion le cardinal lui-même dans la phrase que nous citons de sa lettre. — Richelieu tint à signer et à sceller de ses armes les statuts de l'académie qu'il avait créée. Imprimés pour la première fois en 1708, ils l'ont été récemment encore dans l'édition de l'Histoire de l'Académie donnée par M. Livet (1858).

Page 961, col. des dates, 2e analyse. — *Effacez :* ou 1636? (Voy. note 5.)

Page 964, colonne des dates, 1re analyse. — 22 janvier, *lisez :* 17. — Même page, aux dates, 2e analyse, *idem, lisez :* 22 janvier.

Page 969, 5e analyse, aux sources. — *Ajoutez :* Original, Arch. de Condé, communication de Mgr le duc d'Aumale.

Page 973, 3e analyse, aux sources. — *Ajoutez :* Minute, Hollande, t. 18, fol. 279.

Page 975, 1re analyse. — *Mettez :* Voy. notre t. VII, page 754, sous-note.

Page 980, 4e analyse, aux sources. — *Ajoutez :* Minute de la main de Cherré, Arch. des Aff. étr. Allemagne, t. XIV, pièce 35.

Page 980, 5e analyse. — *Même addition, sauf le chiffre de la cote, qui est ici* 38. — Les incidents de l'histoire de Saverne, à ce moment, sont racontés avec beaucoup d'intérêt par Fischer, *Geschichte der Stadt Zabern im Elsass.* 1874.

Page 983, 5e analyse, aux sources. — *Mettez :* Original, Arch. de Condé, communication de Mgr le duc d'Aumale.

Page 987, 5e analyse, aux sources. — *Ajoutez :* — Minute de la main de Cherré, Arch. des Aff. étr. Allemagne, t. XIV. Cette minute est datée du 22 août; elle ne contient pas les deux derniers paragraphes de l'original.

Page 990, 2e analyse, aux sources. — *Ajoutez :* — Minute de la main de Cherré, datée du 15 septembre, Arch. des Aff. étr. Allemagne, t. XIV, pièce 49. Cette minute ne donne pas le dernier paragraphe de l'original, concernant le prévôt à envoyer à Nancy. La réponse du cardinal de La Valette sur ce point est cotée 50 dans le manuscrit.

Page 994, 2e analyse, *ajoutez aux sources :* Minute de la main du secrétaire de nuit. Arch. des Aff. étr. Lorraine, t. XXIX, p. 255.

Page 996, 2ᵉ analyse, *ajoutez aux sources :* Minute de la main de Cherré. Arch. des Aff. étr. Lorraine, t. XXIX, pièce 264.

Page 997, note 3. — *Ajoutez :* La pièce est mal classée, dans ce XXXIXᵉ vol. du Dépôt de la Guerre. Elle doit être du mois de décembre et postérieure à la lettre de Richelieu du 9 dudit mois, p. 709 de notre Vᵉ volume.

Page 1001, 4ᵉ analyse, *ajoutez aux sources :* Minute de la main de Cherré, Lorraine, t. XXIX, pièce 292.

Pages 1006 et 1007. — *Ajoutez à la source des lettres adressées au prince et à la princesse d'Orange :* Minute. Arch. des Aff. étr. Hollande, t. 18, à la date du 18 décembre. *Et en note :* Les lettres de remercîment adressées au cardinal par le prince d'Orange, le 12 janvier 1637, et par la princesse A. de Solms, le 27, sont conservées dans les mêmes archives, t. 20, pièces 1 et 5.

Page 1009, 6ᵉ analyse. — *Mettez cette note :* Le mois précédent, Richelieu, toujours inquiet des procédés du duc de Weymar, avait écrit à ce sujet au cardinal de La Valette, qui servait avec le duc; le cardinal de La Valette répondait à Richelieu le 11 décembre : «M. de Noyers m'a escrit par le S. Faber que V. Ém. me commandoit de luy mander mon opinion sur le sujet de M. le duc de Weymar :

«... Trois choses sont asseurées : Il n'yra jamais en aucun lieu avec ses troupes où il ne voye une entière seureté... — Il ne se séparera point du service du roy pour prendre celuy de l'empereur... — Vous ne pouvez mettre ses troupes en aucun lieu qui ne soit entièrement ruyné quand elles en sortiront... » — Le cardinal de La Valette développe avec détail sa pensée : il faudrait faire servir le duc de Weymar hors du royaume, etc. (Aff. étr. Lorraine, t. XXIX, pièce 320.)

Page 1012, 3ᵉ analyse, ligne 1. — *Pour, lisez :* par.

Page 1014, 2ᵉ analyse, ligne 8. — Une instruction du roi au maréchal de Guébriant, contresignée Subiet, dit : «L'intention du roi est que le mareschal de Guébriant s'avance vers la Franche-Comté lorsque le duc de Weymar le jugera à propos, pour qu'attirant les ennemis de ce costé-là, et en deschargeant le duc de Weymar, il puisse venir à bout de ce qu'il prétend.» (*Hist. du maréchal de Guébriant*, par Le Laboureur, in-fol. p. 43.)

Page 1015. — A M. d'Hémery, 7 février. *Mettez en note :* Cette lettre et d'autres pièces de l'époque, données dans notre Vᵉ volume, montrent comme on était préoccupé des affaires d'Italie au commencement de l'année 1637. Le XXVᵉ volume de Turin, qui se rapporte à lad. année, est rempli des négociations pendantes en Piémont, où était engagée, dans une certaine mesure, la lutte de la France contre l'Espagne. Nous devons noter, entre autres, à la date de janvier (fol. 20), un mémoire de M. d'Hémery *touchant la guerre d'Italie,* où se discutent les questions de «guerre offensive, guerre défensive, suspensions d'armes, etc.» Nous remarquons une lettre de la duchesse de Savoie, du 27 février, qui dit au cardinal : «L'accommodement avec le roy est une acquesion qui se voit avoir esté maniée par vous.» Et quelques jours après, nous trouvons cette garantie donnée par Louis XIII : «Le roi, considérant que, dans le traité général de paix qui se fait à Cologne, il pourra y avoir des articles qui dérogeront au traité secret passé à Quérasque entre S. M. et M. le duc de Savoie, pour le regard de l'eschange de Pignerol... S. M. déclare au duc de Savoie que, quoy qui se passe en l'assemblée de Cologne qui y puisse desroger, il ne lairra pas de demeurer en sa force et vigueur...» Sur une mise au net se trouve une addition marginale qui semble de la main de Richelieu : «Et si les conjonctures ne permettent pas qu'aucuns de ces articles puissent avoir lieu, Sad. M. aura esgard de pourvoir sur iceux, en contentement dud. duc, en quelque manière équivalente, dont alors on conviendra.» Formule finale : «De quoy S. M. a signé le présent escrit et faict sceller de son seel secret et contresigné par moy, son secrétaire d'Estat, secrétaire de ses commandemens. Faict à St-Germain le 3ᵉ jour de mars 1637.» (Arch.

des Aff. étr. Turin, t, XXV, fol. 42. Une copie se trouve classée par erreur en 1636, t. XXIV, fol. 89.)

Page 1017, lettre du 16 février, à M. le baron de Charnacé, aux sources. — *Ajoutez :* Minute, de la main de Cherré. Hollande, t. XX, pièce 14.

Page 1019, note, ligne 1. — 760, *lisez :* 761.

Page 1027. A la duchesse de Savoie, ligne 6. — Deux lignes barrées dans la minute font connaître que c'est contre les rapports du P. Monod que Richelieu veut prévenir les jugements de la princesse.

Page 1028, 1re lettre au maréchal de Chastillon, ligne 1. — Saint-Mars, *lisez :* Cinq-Mars. Nous avons déjà dit qu'il signait ainsi. — Ligne 6. — *Mettez cette note :* Une très-courte instruction donnée à l'abbé de Cinq-Mars se trouve, en minute, de la main de Cherré, dans le XIIe vol. des Pays-Bas, à la date du 6 mai.

Page 1028. 2e lettre au maréchal de Châtillon. 1re et 6e ligne, *lisez :* Cinq-Mars. — *Ajoutez aux sources :* Minute de la main de Charpentier, Arch. des Aff. étr. Pays-Bas, t. XII, à la date du 8 mai.

Page 1029. — Quelles sont ces lettres pour Rome, qu'il faut retenir, ou, si elles sont déjà parties, qu'il faut ravoir en dépêchant un courrier après le courrier qui les porte? Serait-ce le mémoire daté du 10 mai, dont nous avons donné la minute p. 775, et où il s'agit du choix d'un nouveau pape, en cas de vacance du Saint-Siége?

Page 1029. — A la fin de la note 1, *mettez :* Nous devons ajouter qu'on lit à la page 47 une note de M. Courtois, secrétaire de la Société des Antiquaires de la Morinie, laquelle fait parfaitement connaître cette localité bien oubliée aujourd'hui de Fouxquesole, nommée *Voxola* dans des chartes qui remontent jusqu'au XIe siècle.

Page 1030, à la colonne des suscriptions, ligne 1. — *Effacez :* Paris, et *mettez :* à Monsieur l'archevêque de Bordeaux.

Page 1032, ligne 9. *Ajoutez aux sources :* Arch. des Aff. étr. Pays-Bas, t. XII. Lettre de la main de Cherré, préparée pour la signature et restée minute.

Page 1037, première lettre au cardinal de La Valette. *Ajoutez aux sources :* Minute de la main du secrétaire de nuit. Arch. des Aff. étr. Pays-Bas, tome XII. Cette minute porte la date du 26; et la main du secrétaire confirme ce que nous avons dit note 1. Le paragraphe dont il est question dans la note 3 ne s'y trouve pas. Le cardinal écrivait en même temps à M. de La Barre pour le féliciter sur son zèle dans le service du roi, et lui annoncer l'envoi de chevaux, de munitions et d'argent. La minute est dans ce manuscrit.

Page 1039, note 1, ligne 1. — Abrade, *lisez :* Abra de lettres à Chavigni; —

Page 1042, troisième lettre au cardinal de La Valette; *ajoutez aux sources :* Arch. des Aff. étr. Pays-Bas, t. XII. Minute de la main de Cherré.

Page 1044. — La réponse dont parle ici le cardinal se trouve au Supplément, t. VII, p. 771.

Page 1044. A l'analyse de la lettre au cardinal de La Valette, *ajoutez :* « Il a signé le serment de fidélité au mesme temps que la reyne mère avoit signé à Bruxelles un traité avec le cardinal infant pour l'engager par avance. Bautru part demain avec un aumosnier du roy pour recevoir son serment sur les Évangiles. » (Voy. la page 817 de notre V^e vol.) — Et aux sources de la même analyse *ajoutez :* Aff. étr. Pays-Bas, t. XII, minute de la main de Charpentier et de celle de Cherré, avec la date du 24 juillet.

Page 1044, note 2. — *Ajoutez :* Et aussi Euskerke, dans divers auteurs hollandais; cependant sa signature, que j'ai vue plusieurs fois, est : Euskerhem, ou Euskerheim, car les caractères qui suivent l'*h* sont à peine formés.

P. 1045, lettre du 26 juillet au cardinal de La Valette; *ajoutez aux sources* : Arch. des Aff. étr. Pays-Bas, t. XII, lettre signée, mais restée pour minute après corrections.

Page 1046; au cardinal de La Valette; *ajoutez aux sources* : Minute de la main de Cherré. Arch. des Aff. étr. Pays-Bas, t. XII. Même page, au maréchal de Châtillon : *idem.*

Page 1047, à M. de Guitault. — *Ajoutez en note* : Une lettre au même M. de Guitault, sans date, semble devoir précéder celle-ci. Richelieu lui mande qu'aussitôt qu'on a été informé des nécessités de sa place on y a pourvu « de préférence à quantité d'autres autant et plus importantes que celle-là... pour le mettre en estat de faire recevoir un affront aux Espagnols. » Félicitations sur sa fidélité, son zèle et sa passion au service du roi. (Original. Communication de M. de Guitault.)

Page 1047. — Lettre au cardinal de La Valette; *ajoutez aux sources* : Minute de la main de Cherré. Arch. des Aff. étr. Pays-Bas, t. XII.

Page 1047, aux sources. — A M. le maréchal de Chastillon. *Ajoutez* : Aff. étr. Pays-Bas, t. XII.

Page 1048. — 3ᵉ analyse, aux dates, 4, *lisez* : 8. Et aux sources, *mettez* : Aff. étr. Pays-Bas, t. XII, minute, datée du 9 août; en partie chiffrée. Le P. S. de l'original, où il s'agit de M. Talon, ne se trouve pas dans cette minute. Ce M. Talon (Jacques), de la famille de l'avocat général, était fils de Nicolas Talon, notaire et secrétaire du Parlement. Ami du cardinal de La Valette et attaché à sa personne dans le temps que ce cardinal commandait l'armée d'Italie, nous le voyons se mêler fort activement des affaires de cette armée et servir d'intermédiaire entre Richelieu et le cardinal de La Valette. A la mort de celui-ci, Jacques Talon embrassa l'état ecclésiastique et entra à l'Oratoire. C'est lui qui a rédigé les *Mémoires* du cardinal de La Valette publiés plus tard.

Page 1050, lig. 10, aux sources. — *Mettez* : Minute de la main de Cherré. Aff. étr. Pays-Bas, t. XII.

Page 1050, aux sources des deux lettres au cardinal de La Valette. — *Mettez* : Aff. étr. Pays-Bas, t. XII, minutes, l'une datée du 13 août, de la main de Cherré; l'autre du 15, de la main de Charpentier et de celle de Chavigni.

Page 1051, aux sources des deux lettres au maréchal de Chastillon. — *Ajoutez* : Arch. des Aff. étr. Pays-Bas, t. XII, minutes de la main de Cherré.

Page 1054, lettre au cardinal de La Valette, aux sources. — *Mettez* : Aff. étr. Pays-Bas, t. XII, minute de la main de Cherré.

Page 1055, première lettre au cardinal de La Valette, aux sources. — *Mettez* : Aff. étr. Pays-Bas, t. XII, minute de la main du secrétaire de nuit et de celle de Cherré, datée du 6 septembre. Au bas de cette minute, le secrétaire a écrit : « La mesme chose à peu près à M. de la Mesleraye, plus succinctement. »

Page 1056, première lettre au cardinal de La Valette, aux sources. — *Mettez* : Aff. étr. Pays-Bas, t. XII, minute de la main de Cherré, avec la date du 7.

Page 1056, lettre au cardinal de La Valette du 12 septembre, aux sources. — *Mettez* : Aff. étr. Pays-Bas, t. XII, minute de la main du secrétaire de nuit.

Page 1057, première lettre du 19 au cardinal de La Valette, aux sources. — *Mettez* : Aff. étr. Pays-Bas, t. XII, minute de la main de Cherré.

Page 1058, lettre au cardinal de La Valette du 20 septembre, aux sources. — *Mettez* : Aff. étr. Pays-Bas, t. XII, minute d'une main que je ne connais pas.

Page 1058, au même, du 21, aux sources. — *Mettez* : Aff. étr. Pays-Bas, t. XII, minute de la main de Charpentier.

Page 1058, lettre au maréchal de Chastillon, aux sources. — *Mettez* : Aff. étr. Pays-Bas, t. XII, minute de la main du secrétaire de nuit.

Page 1063, lettre du 29 octobre au cardinal de La Valette, aux sources. — *Mettez* : Aff. étr. Pays-Bas, t. XII, minute de la main de Cherré.

Page 1067, note 4. — *Ajoutez* : Le P. Griffet a cherché cette date, en étudiant ce curieux incident de l'histoire de Richelieu, p. 106-119 du IIIe volume de l'*Histoire de Louis XIII*, édit. in-4°.

Page 1068, notes, ligne 7. — T. 25, *lisez* : t. 15.

Page 1069, 2e analyse, aux sources. — *Ajoutez* : *Histoire de Louis XIII* du P. Griffet, III, p. 119.

Page 1069, note 4, ligne 8. — Après nouvelles, *mettez* : qu'on nomme M. Charles.

Page 1069, note 4, ligne 12. — *effacez* 2, *et mettez* : Arch. des Aff. étr. France, t.

TOME VI.

Nota. — Le manque de place n'a pas permis de mettre après les pièces *in extenso* de notre VI° vol. les analyses qui devaient s'y trouver. Ces analyses ont été reportées au volume suivant. Ainsi, toutes les fois qu'on lira ce renvoi : *Notée aux Analyses, à la fin du volume*, ou simplement : *aux Analyses*, c'est au tome VII, de la page 183 à la page 314 inclusivement, qu'il faudra recourir.

Page 3, aux sources. — 364²⁷, *lisez* : 364²⁸.

Page 17, *avant la suscription, mettez* : PROJET DE LETTRE DE LA REINE.

Page 17, notes, 1ʳᵉ colonne. — Les deux caractères qui semblent des *ʃ* ne reproduisent pas le manuscrit. Il faut les remplacer par des *ſẛ* comme à la page 15.

Page 17, notes, 2ᵉ colonne. — Bouthillier, *lisez* : Bouthillier fils (Chavigni).

Page 18. — *Ajoutez à la note* : C'est sans doute en cette qualité qu'il signait : « secrétaire de Mᵍʳ le cardinal. »

Page 27, ligne 3. — *Après le mot* trefve ¹, *supprimez le* 1.

Page 28, notes, 2ᵉ colonne, ligne 2. — *Ajoutez* : Voici les points les plus importants de ces réponses : Dans le futur traité le roi soutiendra de tout son pouvoir les intérêts de la Suède et ceux de M. de Weymar. S. M. s'emploiera pour que la Poméranie reste à la Suède, et que les princes d'Allemagne dépossédés soient rétablis. La Suède, de son côté, doit faire tout le possible pour que la France conserve la Lorraine.

Page 32, notes, 1ʳᵉ colonne, ligne 7. — Nous avons à corriger ici une distraction; ce n'est pas Jean de la Borde qui fut envoyé à Rome, mais son frère Denis, dont nous avons indiqué la mission page 450 de notre IVᵉ vol.

Page 33, note pour la lettre XXII. — Une pièce où sont discutés les articles *pour Grossius* est conservée aux Affaires étrangères (Suède, t. V, fol. 64). Elle est datée de Compiègne le 6 mai, et a dû être envoyée à M. de Chavigni. L'écriture est celle qu'on attribue au P. Joseph. Il n'y a point de signature.

Page 34, aux sources. — *Ajoutez* : Espagne, t. XIX, fol. 90, minute, aussi de la main de Cherré. Le dernier paragraphe de l'original ne se trouve pas dans la minute.

Page 46, ligne 10. — L'emploi du cardinal de La Valette était le commandement d'une armée en Italie, auquel le roi l'avait nommé après la mort du duc de Créqui. Le pape s'en était plaint, et Chavigni écrivait à ce sujet au maréchal d'Estrées, le 6 avril 1638 : « On a déclaré au nonce à Paris que la mauvaise humeur du pape ne feroit rien changer à cette résolution. Mais s'il arrivoit, contre toute apparence et raison, que le pape se voulust porter à procéder contre le cardinal comme contre une personne désobéissante au St-Siége, et qu'il prist résolution de faire quelque chose contre son honneur et réputation, de luy déclarer nettement et au cardinal Barberin, que S. M. tiendroit cette offense comme faicte à sa propre personne, et qu'elle en auroit tel ressentiment qu'ils auroient sujet de regretter d'avoir offensé un grand roy par la suscitation et malice des Espagnols, qui ne désirent rien tant au monde que de les voir brouillés avec S. M. » (Rome, t. LXIII, fol. 140.) Cette pièce est de la main d'un commis de Chavigni, c'est une copie; nous n'avons pas trouvé la minute, mais le cardinal seul pouvait écrire sur ce ton.

Page 46, note, dernière ligne. — 62, *lisez* : 63.

Page 48, dernière ligne. — *Après le mot* autres, *mettez cette note* : Le jardin du Palais-Royal, qui maintenant est séparé de l'ancien hôtel de La Vrillière par la rue de Valois et la rue Neuve-des-Bons-Enfants, était alors contigu aux jardins de cet hôtel. Je n'ai point trouvé de plan de Paris qui donne l'état des lieux à cette époque précise de 1638. L'excellent plan de Gomboust (1649) est de onze ans postérieur, et, dans cet intervalle, l'aspect des lieux avait dû changer. Dans ce plan, la rue des Bons-Enfants est tracée, mais non bâtie; c'était, à ce moment, la seule séparation qui existât entre les deux jardins. Quant aux trois ou quatre pavillons dont il s'agit ici, il n'y en a pas trace sur le plan de Gomboust. Avaient-ils été démolis après la mort de Richelieu? Pour intercepter la vue de l'hôtel de La Vrillière sur ce que Richelieu appelle *son parc*, ils devaient être élevés sur l'emplacement de la rue Neuve-des-Bons-Enfants, depuis l'endroit où se trouve le *passage de Radziwil* jusqu'à celui qu'occupait le *passage Noir*, qu'on démolit, en même temps que la rue Baillif, au moment où nous écrivons (1866).

Page 53, note 2. — *Ajoutez* : Aff. étr. Rome, t. XXIII, 14 mars 1617.

Page 55, aux sources, ligne 1, K 134. — *Mettez* : KK 1215, page 183. Ligne 2. — *Ajoutez* : Arch. de Condé, communication de M⁵ʳ le duc d'Aumale. — Original.

Page 55, ligne 9 du texte. — L'original nous permet de restituer ce passage et de faire quelques autres rectifications : «Pour luy ayder aux occasions. Tout commence sy bien, graces à Dieu, de tous costez, que, etc.... »

Même page, ligne 14. — Évidence, *lisez* : éminence.

Même page, ligne 15. — Toutes les, *effacez* : les.

Même page, ligne 18. — «Je n'en perdrai pas les occasions, non plus que de vous tesmoigner l'estime que je fais de vostre personne, et la passion avec laquelle je suis et seray tousjours etc. »

Et dans l'espace blanc laissé entre la signature de cet original et le P. S. est écrit : «Monsieur, la disposition qu'a le roy de vous donner toute sorte de satisfaction est telle que S. M. ayant sceu que vous ne pouvés pas bien vous accommoder à l'humeur de M. de Fiefmarcon, et que vous eussiés esté bien aise qu'il n'eust pas servy dans vostre armée, elle l'a trouvé bon, ainsy que M. de Noyers vous le faict sçavoir plus particulièrement. — De Grosbois, ce 19 juin 1638.»

Page 56, à la fin de la lettre XXXIV.— *Mettez cette note* : Cherré a mis au revers de cette minute : «On a écrit conformément à Mᵉˢ de La Valette, Gramont et marquis de La Force.» Nous ne trouvons, dans notre manuscrit, aucune trace de ces trois lettres faites sans doute dans le cabinet du secrétaire d'État.

Page 67, ligne 12 de la lettre. — De la mer, *lisez* : à la mer.

Page 68, ligne 4. — Conjureront, *lisez* : convieront.

Même page, ligne 4. — De, *lisez* : des.

Page 70, aux sources. — *Ajoutez* : Imprimée, *Madame de Chevreuse*, par M. Cousin, p. 304.

Page 72. — *A la fin du premier paragraphe, mettez cette note* : Le ms. du Dépôt de la Guerre, cité aux sources, contient (fol. 91) un billet dicté à Cherré par le cardinal, et qui s'adressait sans doute à M. *de Noyers*. Ce billet se rapporte à la présente pièce : «M. de La Meilleraye a icy six vingts chevaux d'artillerie qui peuvent mener à Montreuil les armes que demandent les généraux d'armée. Je voudrois bien revoir la dépesche qu'on faict à Mⁱˢ les mareschaux de La Force et de Chastillon, afin d'y adjouster un mot.» Ce mot ajouté est sans doute le dernier paragraphe.

Page 73. — Mᵐᵉ de Lanssac. Elle était fille du maréchal de Souvré; Mᵐᵉ de Sablé était sa sœur.

Page 75, ligne 6. — Il faut se souvenir que Mme de Hautefort avait demandé au roi, pour Mme de La Flotte, sa grand'mère, la charge de gouvernante que le cardinal fit donner à Mme de Lanssac.

Page 77, aux sources. — *Mettez :* Arch. des Aff. étr. Turin, t. XXVI, pièce 77, original.

Page 77, ligne 8 de la lettre XLIX. — *Ajoutez cette note* 3 : Richelieu écrivait le 20 du même mois de juillet, au maréchal de Schomberg, qu'on lui laisserait ces trois régiments, quoique auparavant on les eût destinés pour servir ailleurs. (Lettre imprimée dans Aubery, et notée aux Analyses.)

Page 80, aux sources. — *Ajoutez :* De la main de Citoys. L'indication des archives est maintenant KK, 1215, fol. 223.

Même page, ligne 7 du texte. — Qu'on les fist, *lisez :* et les font.

Même page, ligne 9. — Partie, *lisez :* part.

Page 81. — *Rectifier ainsi la première phrase de la note :* Cette minute est écrite au verso du feuillet dont le recto est rempli par la minute d'une lettre de Richelieu à M. de Bordeaux (ci-dessus, aux Analyses, p. 195). C'est à cette minute du recto que se rapportent les premiers mots de la présente lettre au prince de Condé.

Page 81, aux sources. — L'indication des archives est maintenant KK, 1215, fol. 224 et 225.

Page 83, aux sources. — *Mettez en première ligne :* Aff. étr. Pays-Bas, t. 13, minute de la main de Cherré, datée du 12. — A la première ligne du texte, *au lieu de* une, *mettez :* vostre.

Page 84. — *Ajoutez à la note :* L'autographe de la lettre de M. de Brézé est conservé dans le XIIIe volume des Pays-Bas; il est daté du 11. La copie dit 2, différence qui vient sans doute d'une confusion entre le chiffre arabe et le chiffre romain: Le 11 doit être la date véritable, car M. de Brézé se trouvait alors à Pont-de-Remy [1], tout près d'Abbeville, où était le cardinal. M. de Brézé répondit à la missive de Richelieu le jour même 12 août, et celui-ci répliqua le lendemain 13 par une lettre sévère, qui a été imprimée, et dont nous avons donné un extrait aux Analyses.

Page 96. — *Ajoutez à la note* 1 : Richelieu ne voulut pas que le public, et sans doute aussi le roi, fussent informés de cette espèce de coup de tête de son beau-frère; il fit mettre, dans la Gazette de ce même jour 21, que le maréchal de Brézé, malade, avait obtenu du roi un congé pour se rendre aux eaux, qu'il n'était resté à Paris que six heures, et que M. du Hallier allait prendre, à sa place, le commandement de l'armée de Champagne.

Page 106, ligne 16. — Mgr, *lisez :* Mons'.

Même page, ligne 24. — D'hommes, *lisez :* de tout. (Ce dernier mot est écrit en abrégé.)

Page 113, note 1, lig. 3. — *Après* office, *mettez :* Le parlement était en lutte avec l'autorité royale; la chambre des requêtes avait été interdite dans le mois de mars de cette année.

Page 113, note, 2e colonne, ligne 1. — *Effacez* tiré du *et mettez :* ms. des Aff. étr. t. VIII, p. 291 de l'année 1638.

Page 114, note 1. — 256, *lisez* 456, *et mettez ensuite :* Le prince Casimir était frère du roi de Pologne. Arrêté en Provence, au mois de mai, il fut conduit au bois de Vincennes, d'où il ne sortit qu'en 1640.

Page 122, 5e ligne d'en bas. — *Otez (sic) et mettez cette note au mot* « dame » : Madame de Chevreuse, la reine mère; et dans ce mot « d'Animaux » dont Richelieu s'est servi plus haut, il comprenait certainement la reine d'Angleterre.

[1] C'est le lieu d'où est datée la lettre du 12; nous ne savons quel est ce Verselay ou Vesclay, qu'on lit, l'un à la date de l'original du 11, l'autre à la date de la copie.

Page 124, note 3. — *Ajoutez* : et que, malgré l'assurance qu'il lui donne, il semble ne lui pas croire les mains très-nettes. L'abandon que Marsillac fait ici, en cas de mort, de tous les biens que lui ont donnés ses fonctions, était-il donc une restitution *in extremis?*

Page 125. — *Note pour la ligne* 7 *du texte de la lettre au roi :* Ce fut dans la rade de Gattari que l'archevêque de Bordeaux brûla la flotte des Espagnols. Le P. Griffet évalue leur perte à quatre ou cinq mille hommes; il n'est pas probable que Richelieu l'atténue ici. Le récit du P. Griffet diffère, en quelques circonstances, de cette lettre, qu'il ne connaissait pas. Il cite Bassompierre, lequel était enfermé dans la Bastille à cette époque, dont il se souvenait mal quand il l'a racontée.

Page 126. — Supprimez la note 1, reproduite avec plus de développements aux additions de la page 133.

Page 127, note pour la pièce 80. — Cette lettre est sans doute celle que nous avons vue indiquée dans le catalogue d'une vente d'autographes faite chez Techener, le 22 novembre 1852. Ce catalogue portait, sous le numéro 444 : «Projet de lettre, avec cinq lignes autographes, au roi Louis XIII,» et c'est certainement la même pièce qui s'est représentée dans une autre vente faite, le 10 décembre 1855, à la salle Sylvestre, ainsi désignée sous le numéro 851 : «Minute d'une lettre au roi, du 31 août 1638, avec correction de quatre lignes autographes.

Page 132, note 3. — *Ajoutez* : On a vu (p. 118) que Richelieu demandait au roi, pour M. de Lavaur, l'évêché d'Évreux, en cas d'une vacance probable. Chavigni répondit au cardinal : «Le roy a donné l'évêché d'Évreux à M. de Lavaur, sur ce que je luy ay dit que Monseigneur en seroit très-ayse.» C'est à cette réponse que le cardinal fait allusion; mais la vacance n'eut pas lieu.

Page 133, ligne 21. — *Ajoutez* : La duchesse régente de Mantoue, ayant eu dessein de livrer Casal aux Espagnols, s'était servie, pour l'exécution, du commandant du château, nommé *Montiglio;* d'Hémery, ambassadeur de France à Turin, écrivait, de Pignerol, le 6 mai 1638, au cardinal : «Enfin j'ay descouvert la plus haulte trahison que l'on menoit contre le roy à Casal, qui puisse jamais tomber en l'esprit d'une personne si obligée qu'est la princesse de Mantoue au roy...» (Aff. étr. Turin, t. XXVI.) A la suite de cette lettre, le manuscrit donne un *Mémoire de choses à résoudre*, fait par Chavigni et annoté par le cardinal; on y lit : «M. d'Hémery a fait croire à Monteil que le roy luy accorderoit la vie s'il confessoit tout; mais il pense que la vie de cette personne est au dessoubz de ces considérations.» Richelieu n'a rien mis à la marge de ce paragraphe. L'affaire traîna pendant plusieurs mois. Chavigni écrivait le 16 juillet, par ordre de Richelieu, au cardinal de La Valette, qui, en même temps qu'il commandait l'armée d'Italie, remplissait une sorte de mission diplomatique auprès de la duchesse de Savoie : «S. M. désire estre esclaircie par vous et par M. d'Hémery, si vous estimés que vostre parole oblige S. M. de donner la vie à Montiglio. D'un costé il seroit juste que son crime ne demeurast pas impuni; de l'autre S. M. ne voudroit pas engaiger sa conscience en chose où il va de la mort d'un homme.»

Cependant Montiglio, fidèle à la princesse de Mantoue, la ménageait tant qu'il pouvait dans ses aveux : «Il veut descharger la princesse,» écrivait d'Hémery au cardinal, le 19 juillet, «et par là je le tiens deschu de la promesse que je luy faisois d'espérer la vie.»

La consultation faite au docteur Lescot, qui fut confesseur de Richelieu, acheva de mettre en repos la conscience du roi et celle du cardinal; l'exécution de Montiglio fut décidée. Ce fut le poëte Voiture qui en porta l'ordre, allant en Italie annoncer la naissance du Dauphin.

Le cardinal de La Valette avait écrit à Chavigni le 25 août : «Je pense qu'on doit faire condamner Monteil et luy donner ensuite la vie, à cause de la parole donnée au nom du roy, et puis le tenir prisonnier en France.» Mais on n'admit pas à Paris ce tempérament, et Chavigni nous révèle, dans des termes qui caractérisent naïvement la justice du temps et particulièrement celle de Richelieu, la raison de cette sévérité; il répondit au cardinal de La Valette : «M. de Voiture vous porte la décision du roy sur Monteil; il me semble qu'il eust esté aussy bon de le garder à Pignerol, mais plus de morts moins d'ennemis.» (Lettre du 13 septembre, même manuscrit.)

Le 1er novembre, le cardinal de La Valette écrit à Chavigni : «Monteil est mort selon l'ordre du roy; il s'est fort plaint du manquement de parole.» (*Loc. cit.*)

Des terres dont plusieurs de 6,000 liv. de rente, avec titre de marquis, furent données par le roi à ceux qui avaient révélé le projet de trahison.

Page 134, note 1. — *Ajoutez* : Cette relation envoyée au journaliste est conservée, en original, aux Affaires étrangères, Espagne, t. XIX, fol. 176. Elle est écrite de la main du secrétaire de l'archevêque de Bordeaux; lui-même a voulu sans doute raconter sa victoire. On remarque çà et là, dans le texte, des mots de la main de Richelieu; et nous noterons à cette occasion, que nous avons vu plusieurs fois ce secrétaire écrire sous sa dictée. C'est le cardinal qui a mis au dos de la pièce cette annotation : *Relation de la victoire navale, pour le s^r Renaudot*. Et à la suite il a fait écrire ces lignes par Cherré : Le s^r Renaudot, formant cette gazette selon son style ordinaire, y adjoustera qu'on peut voir maintenant la raison pour laquelle prudemment on avoit tiré tous les vaisseaux du roy du Passage, dont la garde inutile eust empesché l'effet glorieux obtenu en cette action.» Nous trouvons dans ce même ms., à la suite de la relation, deux lettres originales de l'archevêque, écrites le lendemain de la bataille, l'une au roi, à qui il envoie «le seul pavillon qu'on ayt pu prendre, les autres ayant esté bruslés ou jetés à l'eau;» la seconde à Chavigni, lui adressant la *relation* (fol. 180-182). Enfin la lettre de félicitation du roi à l'archevêque, du 3 septembre, fol. 194.

Page 135, note, 1re colonne. — *Ajoutez* : dans sa lettre du 1er septembre citée aux Analyses.

Page 135, note 2. — Le jeune, *lisez* : l'abbé de.

Page 137, ligne 8. — Tittres, *lisez* : tiltres.

Page 140, ligne 27. — *Mettez des guillemets avant l'*A *qui termine la ligne.*

Page 141, ligne 7. — *Ajoutez* : Nous notons ce frivole incident parce qu'il nous rappelle un souvenir de Napoléon, qui, pendant les discussions du Conseil d'État, traçait quelquefois, du bout de sa plume, sur le premier papier qu'il trouvait devant lui, ce que les enfants appellent des *bonshommes*. Le secrétaire général du Conseil d'État de ce temps-là nous a jadis montré une de ces feuilles qu'il avait conservée.

Page 142, ligne 25. — *Au mot* Heucourt *un alinéa.*

Page 142, note, 2e colonne. — 2, *lisez* : 1.

Page 147. — *Ajoutez à la note* : et deux ou trois autres vers de Racine.

Page 149, lig. 4. — Dans cet autographe, Richelieu, à la formule ordinaire, a ajouté «créature» avant sujet.

Page 149, notes, 1re colonne, ligne 8. — *Ajoutez* : Nous avons, dans la collection Dupuy, la dépêche du roi au pape, datée du 5 décembre. (Vol. 549, fol. 175.)

Page 150, aux sources. — *Ajoutez* : Original, Archives du département de la marine. Imprimée, *Bulletin de la Société de l'histoire de France*, 1854, p. 58.

Page 154, note, 1re colonne, ligne 3. — Gé, *lisez* : Ge.

Page 163, note pour la pièce 101. — Au fol. 413 du manuscrit se trouve une copie de la lettre de Chavigni, écrite en conformité de celle où le cardinal lui avait indiqué ce qu'il fallait mander à M. d'Étampes. Cette lettre est arrangée pour les Mémoires de Richelieu.

Page 169, lig. 16. — Les papiers du temps écrivent le nom de ce gentilhomme de plusieurs manières, souvent *Hencourt*. S. de Noyers, dont l'écriture distingue très-bien les *n* des *u*, dit toujours *Heucourt*, orthographe que nous avons adoptée. Il faut noter pourtant qu'Arnauld, son parent, le nomme *Hucourt*.

Page 171, note. — *Le mot laissé en blanc me semble, après un nouvel examen, être :* revint.

Page 187, aux sources. — *Ajoutez :* Mêmes archives, Hollande, t. XX, pièce 209, mise au net de la main de Cherré. Mais ici il n'est question que de Messieurs des Estats, et la lettre finit avec la 16ᵉ ligne de la page 188 de notre VIᵉ volume.

Même page, ligne 3 de la pièce CXIX. — La lettre indiquée ici se trouve au supplément, t. VII, p. 791.

Même page, note 3. — 110, *lisez :* 112.

Page 198, ligne 3 d'en bas. — Y travailler, *lisez :* y faire travailler.

Page 200, ligne 14. — Le feu, *lisez :* le jeu.

Page 211, notes, 2ᵉ colonne, ligne 9. — R, *lisez :* tome.

Page 213. — La nièce de Richelieu devait avoir alors onze à douze ans; Mᵐᵉ de Brézé était morte en août 1635, et il paraît que depuis c'était Mᵐᵉ Bouthillier qui lui servait de mère. Nous n'avons point trouvé dans les généalogies la date de sa naissance; elle mourut le 16 avril 1694 dans sa soixante-sixième année, disent les biographes. En supposant que la princesse touchât à sa soixante-septième année, elle serait née vers avril 1627, ce qui lui donnerait à la date de cette lettre onze ans et demi environ.

Page 214, aux sources, 1ʳᵉ ligne. — *Mettez :* Arch. des aff. étr. Turin, t. XXVI, pièce 178, original (classée fautivement au 16 août). — 3ᵉ ligne, *avant* Saint-Germain-Harlay, *mettez :* Biblioth. nat.

Page 215, sous-note. — Notre conjecture pour l'explication à donner aux mots : *les roses vertes*, n'était pas fondée; ces mots désignent la princesse de Condé et sa fille, depuis duchesse de Longueville, et qui à ce moment devait épouser le prince de Joinville. La liaison intime du cardinal de La Valette avec la princesse de Condé était connue de ses amis, et la pieuse duchesse d'Aiguillon, nommée aussi dans la note que nous rectifions, liée par d'autres sentiments au cardinal de La Valette, souhaitait vivement sa conversion; c'est à quoi Richelieu fait allusion dans une lettre qu'il lui écrivait quelques jours après, p. 233 de ce VIᵉ volume.

Page 226, dernière ligne. — *Ajoutez cette note :* L'inscription dont il s'agit avait été placée dans la salle royale du Vatican, pour perpétuer la mémoire du combat naval de Pirano, gagné par l'amiral vénitien Ziani sur la flotte impériale, en 1177, victoire à laquelle le pape Alexandre III avait dû son rétablissement sur le siège pontifical, ainsi que l'attestaient les derniers mots: «Ita pontifici sua dignitas Venetæ reipublicæ beneficio restituta.» À la suite de quelques différends survenus entre la cour de Rome et la République de Venise, et pendant l'absence de l'ambassade vénitienne, Urbain VIII avait fait effacer l'inscription. C'était pour la République une insulte qui occasionna une longue querelle; Urbain VIII mourut avant de la voir finir; ce fut son successeur, Innocent X, qui y mit fin, en restaurant l'inscription. Le tome 768 de la collection de Dupuy, à la Bibliothèque nationale, est rempli de correspondances diplomatiques concernant cet incident.

Page 228, ligne 2 de la lettre CXXXIII. — Nous ne savons quel était le grief de Richelieu contre l'abbé de Loyac, mais il n'obtint pas ses bulles, car il ne figure point au nombre des évêques de Toulon. Il paraît que ce siège resta vacant depuis 1635, époque de la mort du dernier évêque, jusqu'à l'avénement de Jacques Daner, maître de la chapelle du roi, dont le *Gallia Christiana* met la consécration en 1641. — Quant à l'abbé de La Ferté, voici ce que nous apprend Tallemant des Réaux : «Le roy sceut avant le cardinal la vacance de l'évêché du Mans et dit à un de ces commissaires,.. avoit fait.» (T. II, p. 3.) L'abbé de La Ferté eut en effet ses bulles en avril 1639.

Page 229. — *Mettez en note à la lettre adressée au duc de Longueville le 10 juin :* Peu auparavant, le cardinal avait écrit au duc une autre lettre lui représentant «l'impatience qu'a M. le cardinal de La Valette que vous soyez arrivé avec vos troupes. -- Il se comportera en vostre endroit en la sorte que vous le pouvés désirer. Je vous en donne avis, de crainte que quelques-uns ne vous eussent faict entendre le contraire...» Lettre de la main de Cherré, préparée pour la signature, mais devenue minute à cause de quelques corrections. La date manque; on l'a classée après la lettre du 10 juin, adressée au même, fol. 113.

Page 231, ligne 14, *mettez cette note :* Le procédé du duc de La Valette était bien facile à comprendre; il voulait échapper à la Bastille et peut-être à l'échafaud. Chavigni avait écrit le 12 octobre au cardinal de La Valette : «... M. vostre frère est en route pour venir trouver le roy; pour moy, contre l'opinion de plusieurs, je croy qu'il a pris un bon conseil [1].» Chavigni se hasardait beaucoup en écrivant cela; il semble s'en être aperçu, et, dès le 16, il écrivait de nouveau, avec moins d'assurance : «Je ne puis imaginer que M. de La Valette vienne à la cour... Mais, s'il sort du royaume et qu'il se conduise sagement, le temps pourra raccommoder toutes choses [2].» Le duc de La Valette s'était expatrié vers la fin d'octobre; il pouvait savoir alors qu'il n'aurait pour juges que la colère du roi et la haine du cardinal, dont le mauvais succès de Fontarabie avait dérangé les desseins. Son alliance avec la famille de Richelieu, la faveur dont jouissait son frère n'étaient pas choses capables de le rassurer. Son frère d'ailleurs ne fit pour lui que de bien timides et bien impuissantes sollicitations. Plusieurs de ses lettres, conservées dans ce manuscrit, en font foi. Le 1er novembre, au moment où Richelieu était le plus irrité, il écrivait encore tout tranquillement à Chavigni qu'«il prie qu'on excuse les manquements de M. de La Valette et que le cardinal le soutienne contre ses ennemis [3],» comme s'il ne savait pas que son ennemi le plus dangereux c'était le cardinal lui-même. On dira qu'il aurait écrit autrement sans obtenir davantage, ce qui n'excuse pas l'égoïste décidé à ne pas compromettre sa faveur pour quoi que ce soit au monde. Au reste, entre ces deux personnages, l'amitié fraternelle ne parlait pas bien haut. Le cardinal de La Valette, comme voulant se ménager une excuse, écrivait à Chavigni le 27 novembre, lorsque le duc prenait le parti de la fuite : «Vous sçavés si j'ay sujet d'estre satisfait de mes proches et si M. de La Valette m'en donna de me plaindre de lui lorsqu'il feust dans l'armée de M. le comte; mais ce n'est pas le temps de dire qu'il m'a désobbligé... Il ne peut éviter le blasme d'avoir manqué à M. le cardinal après avoir reçu une infinité de bienfaits de luy... Je serois coulpable de la même chose si je faisois quelque action indigne d'un homme de bien [4].» Ces derniers mots font allusion à un passage de cette même lettre où il dit à Chavigni qu'il suivra «le conseil que lui ont fait donner Mesdames les princesses (la princesse de Condé et sa fille) et Madame d'Aiguillon, de conserver, dans cette circonstance, le commandement de l'armée d'Italie [5].» On voit que, dans ses devoirs moraux, le cardinal de La Valette faisait passer le dévouement pour Richelieu avant le sentiment fraternel.

Page 235. Ajoutez à la note concernant le P. Bernard : Richelieu l'employait, paraît-il, à la réforme des maisons religieuses, qu'il avait si fort à cœur. — Nous avons une lettre du P. Carré, datée du 9 mars 1638, où il remercie Richelieu des lettres qu'il lui a envoyées «pour le P. Bernard et pour vostre couvent réformé de Rouen... *Mes frères* (m'a-t-il dit) *m'ont empesché de parler de S. Ém. avec les éloges qu'Elle peut estre louée.* Excepté deux ou trois, il n'en cognoist point de son ordre bien affectionnez à V. Ém.» (France, t. 88, fol. 77.) Son zèle ardent portait de temps en temps le pauvre prêtre à donner au cardinal des avertissements qui ne plaisaient guère à l'Éminence, mais qu'elle tolérait en considération du dévouement absolu du bon religieux à sa personne. Nous trouvons dans le volume 89 de la collection France une pièce qu'il faut noter; le P. Bernard y donne à Richelieu des leçons d'humilité, enveloppées dans une espèce de sermon de trois pages,

---

[1] Arch. des Aff. étr. Turin, t. XXVI, pièce 248.
[2] *Ibid.* pièce 257. Nous avons cité ce passage, page 215 de notre VI° volume.
[3] Arch. des Aff. étr. Turin, t. XXVI, pièce 281.
[4] *Ibid.* pièce 324.
[5] *Ibid.*

en style assez étrange, où la mythologie se mêle au mysticisme chrétien. Cette pièce est datée du 28 octobre 1638; est-ce celle-là dont il est question dans la missive du 8 novembre? Nos mss. nous fournissent une autre lettre, où de chaleureuses louanges sont tempérées par des conseils de modération; et ici le pauvre prêtre parle au nom du ciel : «Je me sens poussé d'en haut d'escrire ces lignes,» dit-il. (14 août 1640. France, t. 94, fol. 44.) — Lorsque le P. Bernard mourut, en mars 1641, sa réputation de sainteté attira la foule sur sa tombe; on l'invoqua comme un bien-heureux, en attendant qu'il fût proclamé saint, et l'on demanda cette canonisation en attestant des miracles. Des informations furent prises à ce sujet, mais, à ce qu'il paraît, avec quelque lenteur. Nous lisons dans une lettre adressée au cardinal le 29 août 1641 : «Le ciel, qui ne se lasse jamais de tesmoigner l'affection qu'il porte à cette couronne et de faire veoir les advantages que la France tire de la protection de vostre Éminence, remplit tous les jours vostre hospital de la Charité de nou-velles graces qu'il accorde à ceux qui luy présentent leurs vœux par l'entremise du P. Bernard... V. Ém. est suppliée d'ordonner que ceux qui y ont esté establis par le commandement du roy pour examiner les effects de la dévotion que tout le peuple a pour M. Bernard se rendent soigneux de vacquer à leur commission... » La lettre, datée : «De vostre couvent et hospital de la Charité de Paris,» est signée : «Vos très-humbles et très-obeissants orateurs, religieux et serviteurs. Eustache Papelart.»

Page 237, note 3. — *Au lieu de la dernière phrase, lisez :* L'analyse de cette lettre est au Supplément (t. VII, p. 1037).

Page 241, lettre CXLII. — Nous avons remarqué, p. 244 de notre VIe volume, que le brouillon conservé dans la collection France présentait un certain désordre. Depuis, nous avons trouvé dans les manuscrits d'Espagne (t. XIX, fol. 264-269), écrite de la main de Cherré, une mise au net retouchée par Richelieu et devenue minute. Nous y voyons qu'il faut remplir la première ligne du texte par les mots : «22 octobre;» cette annotation, écrite au haut de la marge de la main de Bou-thillier : «Partie par un extraordinaire du 29 novembre,» nous donne la date qui doit remplacer celle que nous avions proposée. Dans le ms. de la collection d'Espagne, on lit en marge, au haut de la première page, le paragraphe qui se trouve dans notre VIe vol. ligne 3 de la page 244 : «Comme M. le comte... et le souhaitte sincèrement;» et, à la fin de la pièce, la mise au net du ms. d'Espagne donne ce passage qui n'est point dans la minute que nous avons imprimée d'après la collection France : «Le cardinal ne doubte point que M. le comte-duc n'ayt eu de la resjouissance de la naissance de M. le Dauphin, comme, en vérité, Son Em. a eu de celle de l'infante d'Espagne; et d'autant plus que ces deux naissances, arrivées presque en mesme temps, pourront causer un jour une grande union et un grand bien à la chrestienté. — Si nous estions en estat de pouvoir faire des compliments publics sur ce subject, nous les ferions réciproquement avec autant d'es-clat et de magnificence comme nous en avons un véritable sentiment dans le cœur.»

Page 242. — *Le premier paragraphe (trois lignes) est barré dans la mise au net.* (Minute du ms. d'Espagne.)

Page 242, lignes 7 et 8. — «Quelque espèce de contr'eschange à M. de Lorraine pour le pou-voir.» *Cette ligne a été effacée par le cardinal, qui a mis à la place :* «à M. de Lorreyne de quoy le faire, etc.»

Page 242, ligne 12. — *L'expression, lisez :* impression.

Page 243, ligne 9. — *Après* «chrestienté,» *dans le manuscrit de la collection d'Espagne, le cardinal a ajouté :* «En suitte duquel la France s'engagera très volontiers, dès cette heure, à une bonne guerre contre les infidèles.»

Page 243, ligne 27. — *Après le paragraphe qui finit par ces mots :* pour la paix, *vient immédiate-ment, dans la mise au net, le paragraphe de la page 244, qui commence :* «Vous apprendrez, par d'autres, etc., » et la pièce finit comme nous l'avons imprimée, sauf que le dernier paragraphe de la page 243 est barré et le premier de la page 244 est devenu, ainsi qu'on vient de le dire, le commencement de la dépêche.

Page 247, notes, 2ᵉ colonne, ligne 4. — Le 22, etc. *A la place de cette fin de note, mettez :* en août 1638, un nouvel édit fut rendu, lequel ne put être enregistré à la cour des comptes qu'en avril 1640. Et, en attendant qu'il fût mis en vigueur, un arrêt du conseil, du 13 novembre (cinq jours avant la date de la présente lettre), enjoignait aux trésoriers de France de contraindre les débiteurs à payer les taxes dues. Cette mesure avait sans doute été prise par Bullion, sans consulter Richelieu, qui paraît ne pas l'approuver. Vers la fin du dernier règne, en 1609, un édit avait établi, sur les vins, un droit d'entrée, spécialement affecté à l'entretien du pavé des rues de Paris, dont les bourgeois se trouvaient ainsi déchargés ; c'est là sans doute « l'ancien établissement » que Richelieu regrette. Au reste, l'étude de cette branche de l'administration montre qu'en changeant continuellement d'expédients, on ne parvint pas sous le ministère du cardinal à rien établir de bon. On en était arrivé à ce que Richelieu n'y trouve d'autre remède que d'y mettre la main lui-même, ce que, pourtant nous ne voyons pas qu'il ait fait.

Il en fut des mesures de voirie relatives au balayage et à la propreté de la ville, comme du pavé ; ces deux affaires, qui ont entre elles une si intime relation, n'étaient pas mieux réglées l'une que l'autre. Précisément à cette même époque, le 22 septembre 1638, un arrêt du conseil dictait des mesures de rigueur au moyen desquelles on ne parvint pas même à obtenir « le net toyement des rues. » Le *Traité de la police,* de Delamare, donne à ce sujet de bonnes informations. (T. III, p. 175-177, et p. 218-222.)

Page 250, pièce CXLVI. — Notons ici un mémoire qui se rapporte aux choses dont il s'agit dans cette lettre. Nous le trouvons dans ce 26ᵉ volume de Turin, pièce 360, sans date et sans aucune indication de provenance, mais il doit être de la fin de novembre, et nous le croyons envoyé par M. d'Hémery, quoiqu'il ne soit point de l'écriture ordinaire des dépêches de cet ambassadeur ; il s'y trouve plusieurs observations marginales de la main de Chavigni, lesquelles sans doute ont été dictées par Richelieu.

Page 258, à la suscription : Dans un certificat signé du comte d'Alais, le 11 juin 1635, il prend la qualité de colonel général de l'infanterie légère.

Page 261. — Le signe qui doit signifier *mille* est mal figuré, voir t. III, p. 695, note 2.

Page 265. — *Après la seconde ligne des sources, ajoutez :* Saint-Germain, 703. Copie, sans date. — Béthune, 9267, fol. 1. Copie. — Et après la 3ᵉ ligne *mettez :* Imprimé à la fin du 2ᵉ volume de Viallart, page 1 des pièces.

Page 267, notes, 1ʳᵉ colonne, ligne 15, XXVII, *lisez :* XXVI.

Page 272, aux sources. — *Ajoutez :* Supplément français, 370. Copie.

Page 273, note, colonne 1ʳᵉ, ligne 21. — Peu de temps auparavant, en effet, l'ambassadeur des États des Provinces-Unies, le sʳ Kunyt, avait été chargé de faire instance pour obtenir le retour de la reine mère ; la réponse que Richelieu fit faire par le roi à cet ambassadeur se trouve dans la collection Dupuy, vol. 549, fol. 173 ; elle est datée du 13 novembre 1638. L'historien de Marie de Médicis en donne un fragment (III, 545).

Page 276. — *Effacez la note 1 et mettez :* Le second était intendant de l'armée d'Italie. — Quant à M. Talon, nous avons vu (t. V, p. 1048) qu'il était secrétaire du cardinal de La Valette, général de ladite armée. (Additions et corrections.)

Page 277, note 2. — *Effacez :* La conjecture que nous avons hasardée. Le P. Joseph était mort quelques jours avant la date de cette lettre.

Page 279, aux sources. — *Ajoutez :* Supplément français, 370. Copie.

Page 282, aux sources. — *Ajoutez :* Clairambault, 696, fol. 37. Original. — *Et en note :* Cet original est daté de Rueil, le 16 février. Le même manuscrit donne, fol. 45, un second original portant en tête le mot *duplicata ;* il est écrit, comme l'autre, de la main de Cherré, mais il est daté du 23 février. Dans l'original, Richelieu a un peu modifié le texte de la minute que nous avait donnée le manuscrit des Affaires étrangères, sur lequel ont été faites les copies de la Bibliothèque. Nous n'avons connu cet original que tardivement, sans quoi nous l'aurions préféré à la minute.

Page 285, aux sources. — *Ajoutez :* Supplément français, 370. Copie.

Page 286, ligne 5. — *Ajoutez cette note :* Le gentilhomme chargé du message du prince Thomas se nommait Pesieux. De peur qu'il ne rendît pas un compte assez fidèle des paroles du cardinal, S. Ém. eut soin de dicter la lettre que Pesieux devait écrire. La copie se trouve dans le ms. de la Bibl. nat. suppl. franç. 370; elle y est précédée de cette annotation : « C'est la copie prise sur la minute originale, escrite de la main de Cherré, de la lettre escrite par led. Pesieux au prince Thomas, 8 février 1639, » et à la marge est ajouté : « Cette lettre a été composée par le cardinal de Richelieu. »

Nous la donnons ici pour cette raison, et aussi parce qu'on y voit combien le cardinal avait à cœur de persuader à tout le monde qu'il y voulait sincèrement la paix :

« Monseigneur,

« J'ay estimé ne devoir partir d'icy sans dire à V. A. que lorsque j'ay rapporté à M. le cardinal qu'en parlant à V. A. du malheur de la guerre et du bonheur que la paix causeroit tant en Piémont qu'en toute la chrestienté, elle m'avoit dict que, si la France y avoit la disposition que je pensois y avoir cognue en mon passage, il seroit aisé à M. le cardinal de la procurer bientost, S. A. l'asseurant d'y pouvoir disposer tellement ses affaires de vostre costé qu'il ne s'y trouveroit pas de difficulté. Il me respondit nettement que la France s'y disposoit si sincèrement qu'il ne craignoit pas de prier Dieu qu'il envoyast malédiction à ceux qui, tesmoignant la désirer, ne la souhaitoient pas dans le cœur, et qui ne la voudroient pas consentir lorsqu'elle se proposeroit à conditions justes et raisonnables. Il m'ajousta ensuitte que la fermeté qu'avoit la France à ne se vouloir pas séparer de ses alliés devoit estre receue comme un tesmoignage asseuré que, quand la paix seroit faite, elle seroit seure et de durée inviolable. Il me dist en outre que, quand on avoit proposé une longue trefve de la part de S. S. la France y avoit disposé, autant qu'elle avoit peu, ses alliés, pour ce qu'elle avoit creu que c'estoit le seul moyen de parvenir à une bonne paix.

« Après tout cela, il finit en disant qu'on n'avoit rien oublié de la part de la France pour la faciliter; qu'elle avoit donné, il y avoit longtemps, tous les passeports qu'on avoit demandés pour aller à Cologne, mais qu'on estoit encore à attendre ceux de MM. les Estats des Provinces-Unies des Hollandois et qu'on y faisoit des difficultés avec si peu de fondement, qu'ils avoient eu lieu de croire qu'en parlant de la paix l'on avoit voulu la continuation de la guerre. »

Page 291, ligne 4. — *Ajoutez cette note :* Je substitue le mot « suivant » au mot « présent, » que donnent les deux manuscrits, mais qui fait un contre-sens.

Page 301, note 1. — *Ajoutez :* La mairie de Poitiers, qui plus tard devint héréditaire, était alors élective; le maire « obtient par sa charge le titre et privilége de noblesse, » dit Boulainvilliers (*État de la France,* II, 98, éd. in-fol.), qui donne une liste des familles qu'il estime être devenues nobles par ce moyen. Le dernier nom de cette liste est Estienne La Maye, 1638. Dreux du Radier, dans sa notice sur le médecin de Richelieu, ne dit pas qu'il ait jamais eu ce titre de noblesse. (*Bibliothèque du Poitou,* t. V, p. 162.)

Page 303, ligne 11 du texte. — Passée. Lorsque, *lisez :* passée, lorsque.

Page 304, ligne 10. — Êtes, *lisez :* estes.

Page 304, aux sources, en tête. — *Ajoutez :* Arch. des Aff. étr. Saxe, t. 2, pièce 76. Minute, de la main de de Noyers.

Même page, à la note, *ajoutez :* Le copiste de Harlay n'a pas vu la véritable minute, ou il s'est trompé sur l'écriture.

Page 307, aux sources. — *Ajoutez :* Suppl. franç. 370. Copie.

Page 311, aux sources, ligne 2. — *Mettez en note :* Ce manuscrit de Béthune contient (fol. 13-36) un cahier intitulé : « Depesches, tant de l'ambassadeur de France en Angleterre que de la royne d'Angleterre, avec la response du roy et les adviz qui luy furent donnez par Mⁱˢ Séguier, Bullion, Bouthillier, de Chavigny et de Noyers, sur le retour de la royne-mère en France. 1638-1639. »

Même page, aux sources, 4ᵉ ligne. -- *Ajoutez :* Copie. — Supplém. français, 370, copie.

Page 312, aux sources. — *Ajoutez :* Imprimé, 2ᵉ vol. de Viallart, aux pièces, p. 41.

Page 318, aux sources. — *Ajoutez :* Imprimée, *Histoire du ministère du cardinal de Richelieu* [par Viallart], page 47 des pièces, à la fin du 2ᵉ volume.

Page 320, aux sources, ligne 4. — *Après* 346, *mettez :* tom. Iᵉʳ.

Page 322, ligne 16. — francs, *lisez :* Francs.

Page 323, ligne 18. — Dépêches, *lisez :* depesches.

Page 326, aux sources. — *Ajoutez :* Imprimée, *Histoire du ministère du cardinal de Richelieu* [par Viallart], t. II, p. 67 des pièces. Il y a dans cette copie de Viallart plusieurs inexactitudes qu'il est inutile de relever; remarquons seulement qu'au lieu de la ville de Revel il y a *Ruel* dans l'imprimé, et que cette copie met «monsieur» tandis que l'original met «monseigneur,» qualification que Richelieu n'oublie jamais lorsqu'il écrit à un cardinal.

Page 328, aux sources. — *Ajoutez après la première ligne :* Bibl. nat. Clairambault, Mélanges, 696, p. 73. Mise au net de la main de Cherré.

Page 329, ligne 20. — *Après par lequel, ajoutez :* «il sera porté que si l'une des parties traittoit séparément, elle sera déclarée... » (Cette correction est mise, en interligne, de la main de Richelieu, dans le manuscrit de Clairambault.)

Page 329, ligne dernière. — Cotés, *lisez :* fol.

Page 331, lettre CLXXXV. — *Mettez :* Le même jour, 26 avril, D. Félix écrivait, de Chambéry, à Chavigni : «Soudain que j'ay appris que esties en chemin pour venir en Italie, j'ay fait partir M. le baron de Pesieu pour vous aller au rencontre jusques à Lyon, et vous dire tout ce que nous pouvons sçavoir présentement de l'estat des affaires de Piedmont. Par là vous poures connestre la nécessité où se trouve Madame royale d'avoir promptement ce puissant secours que le roy fait acheminer... » (Aff. étr. Turin, t. XXVIII, fol. 241.)

Page 333, ligne 30. — *Ajoutez cette note :* La lettre d'Hémery est conservée aux Aff. étr. Turin, t. XXVIII, fol. 219.

Page 333, ligne 33. — *Mettez cette note :* La réponse que Richelieu annonce ici sera notée aux Analyses, à la date du 26 avril.

Page 344, ligne 5. — «Quand vous le jugerez à propos,» *mettez en note :* De la main de Richelieu.

Page 344, ligne 17. — «Pour faire le voyage,» *mettez en note :* De la main de Richelieu.

Page 345. — *Mettez aux sources :* Arch. de Condé. Communication de Mᵍʳ le duc d'Aumale. — Original.

Page 346, ligne 13. — Mondre, *lisez :* monde.

Page 346, ligne 22. — *Après le mot* Navarre, *mettez :* . Bien.

Page 346, ligne 26. — *Après le mot* Fontarabie, *mettez :* , si.

Page 346, dernière ligne. — *Après le mot* services, *mettez :* « ainsi que vous le sçauriés désirer d'une personne qui est véritablement... » *et ajoutez en note :* Voyez aux Analyses, 12 mai 1639.

Page 351, ligne 3 de la lettre 194, du 12. — *Mettez en note :* C'est celle qui est ici datée du 13, dont Richelieu avait fait la minute le 12.

Page 353. — *Ajoutez à la note :* C'est là une de ces mésaventures de dictée auxquelles Richelieu ne prenait pas garde, et que ne corrigeaient pas ses secrétaires.

Page 354. — M. le grand maistre. *Ajoutez cette note :* Voici la première fois que nous voyons ce titre. C'est La Meilleraie, le cousin de Richelieu, fait grand maître de l'artillerie, à la place de Sully.

Page 356, 4ᵉ ligne du texte, à partir d'en bas. — Qu'autre, *lisez :* qu'outre.

Page 359, à la date. — *Effacez* mars *et mettez :* may.

Page 360, à la fin de la note 1, *ajoutez :* Voyez aux Analyses, à la date du 18 mai.

Page 364, note 1. — *Ajoutez :* La portion de la minute que le ms. de Colbert dit « de la main du chirurgien » est de la main de Charpentier. Voy. la note 1 de la page 267 de notre VIᵉ vol.

Page 370, pièce CCIII. — Cette lettre a cela de remarquable qu'écrite au cardinal de La Valette le lendemain du jour où le duc son frère avait été condamné à avoir la tête tranchée, Richelieu n'en dit pas un mot. Par le même courrier, il en informait Chavigni alors à Turin.

Page 374, ligne 4. — N'avés, *lisez :* n'ayez.

Page 375, ligne 15. — Aveugle, *lisez :* aveuglé.

Page 376, note, 1ʳᵉ colonne, ligne 2. — *Fermer les guillemets après le mot* arriver.

Page 377, ligne 5. — *Au mot :* mon cousin, *mettez cette note :* Il faut remarquer ce titre de cousin donné par Louis XIII à La Meilleraie. Le roi traitait de cousin les maréchaux de France, mais La Meilleraie ne fut fait maréchal que quelques jours plus tard, après la prise de Hesdin, et je ne pense pas que le grand maître de l'artillerie partageât avec les maréchaux cette prérogative. Est-ce la une distraction de Richelieu, qui, en dictant la minute de cette lettre, parle comme s'il écrivait en son nom, habitué qu'il était à nommer La Meilleraie : mon cousin?

Page 379, notes, 1ʳᵉ colonne, ligne 3. — Vivait bon, *lisez :* vivait en bon.

Page 380, ligne 3 de la lettre CCVIII. — Voyez l'*errata* du 7ᵉ volume pour la page 234.

Page 382, 1ʳᵉ ligne de la lettre 210. — *Au nom de* Césy, *mettez cette note :* Ancien ambassadeur de France à Constantinople, et qui y résidait encore, quoique sa mission officielle eût cessé.

Page 386, ligne 17. — L'un des avantages que Richelieu laisse entrevoir au Grand Seigneur d'une union avec les Vénitiens, c'est la possession future de Candie (p. 385), et, quelques paragraphes plus bas, il dit nettement à l'ambassadeur que « l'intention du roy n'est pas que Candie tombe entre les mains des Turcs. » On ne comprend guère un tel aveu dans une instruction diplomatique.

Page 391, notes, 1ʳᵉ colonne, 6ᵉ ligne. — Sa, *lisez :* la.

Page 393, notes, 1ʳᵉ colonne. — *Ajoutez :* Nous pensons qu'il conviendrait de placer cette pièce vers le 9 ou le 10 juin, peu après le revers de Thionville.

Page 393. *Ajoutez à la note* 2 : et aussi dans la minute des Aff. étr.

Page 399, aux sources. — *Mettez :* Arch. des Aff. étr. Allemagne, t. 16, pièce 98ᵉ. Minute de la main de Cherré. (Cette pièce a été classée par erreur, dans le manuscrit, en l'année 1641.)

Page 399, ligne 14 du texte. — Chastelet, *lisez :* Castelet.

Page 407, ligne 8. — *Après le mot* « longtemps » alinéa.

Page 408, aux sources, en tête. — *Ajoutez :* Arch. des Aff. étr. Saxe, t. 2, pièce 94. Mise au net, de la main de Cherré.

Page 408, notes, 2ᵉ colonne, ligne 9. — Erlack, *lisez :* Erlach.

Page 410, ligne 18. — *Ajoutez à la parenthèse :* Arch. des Aff. étr. Saxe, t. 2, pièce 93. Mise au net.

Page 414, note 1. — *Mettez les guillemets à la première phrase.*

Page 417, avant-dernière ligne. — *Suspecte*, *lisez :* suspectes.

Pages 419, 420, 421. — Trois lettres sont datées : d'« Abbeville, le 8 ; » Richelieu avait quitté cette ville le 7. — Voyez notre VIIe volume, p. 239, note 1.

Page 422, aux sources. — *Mettez :* Arch. des Aff. étr. Pays-Bas, t. XIII, minute de la main de Noyers, avec la date du 13 juillet.

Même page, ligne 5 de la lettre 234. — *Après les mots :* devant luy, *le manuscrit met :* « vers » et un mot chiffré ou tracé en caractères informes.

Page 423, ligne 4. — « Trouvions. » Le mot, dont les premières lettres sont peu lisibles, serait plutôt « fassions. »

Page 423, ligne 7. — « Du voyage que, etc. » La lettre de La Meilleraie du 11, dont parle ici le cardinal, se trouve dans notre manuscrit des Pays-Bas ; nous y lisons : « Je m'en vais ce soir à Montreuil ; demain j'espère faire un voyage qui sera de plus grande conséquence au service du roy, s'il réussit ; je ne vous en manderay rien devant que la chose soit faicte... » Une autre lettre de La Meilleraie, datée « du camp de Hesdin le 14 , » rend compte de son voyage, qui ne paraît pas avoir eu de résultat ; « le sieur de Chouppes que je vous envoie, dit-il, parlera à V. Ém. de quelque chose plus considérable que je songe à entreprendre. »

Page 423. — Le dernier paragraphe n'est point dans notre manuscrit.

Page 428, ligne 11. — Traite, *lisez :* traiter.

Page 431. — *Au nom de* Roquepine, *mettez cette note :* C'était un protégé de la famille de La Valette, qui lui avait donné le commandement de la citadelle de Metz. Cette circonstance, jointe à la condamnation récente du duc de La Valette, inspirait à Richelieu des méfiances qui perçaient sous l'euphémisme du langage. Cependant le crédit du cardinal de La Valette le maintenait encore ; mais à la mort de ce protecteur, survenue le 28 septembre, Richelieu, affranchi de tous ménagements, envoya à Roquepine, sous le nom d'adjoint, un véritable successeur. Aussitôt arrivé à Metz, le 10 octobre, M. de Tréville, écrivant à Chavigni, ajoutait aux éloges donnés à la fidélité de Roquepine : « Il prie qu'au moins on le mette en estat de rembourser l'argent qu'il a emprunté pour faire vivre la garnison depuis trois ans. » Ainsi le commandant de la citadelle avait bien nettement son congé. (Arch. des Aff. étr. Lorraine, t. XXXI, pièce 110.)

Page 434, aux sources. — *Mettez en tête :* Arch. des Aff. étr. Pays-Bas. t. XIII, minute de la main de Richelieu. — Ligne 14 du texte : « qu'après cela, » *lisez :* qu'aynsi. — Le mot revient plusieurs fois dans cette pièce, et toujours avec la même orthographe, quoique ordinairement le cardinal écrive : ainsy, ou même : ainsi. Nous avons toujours tâché de suivre l'orthographe de Richelieu, et nous l'avons scrupuleusement conservée dans toutes les pièces autographes. Quant aux noms propres, Richelieu les écrivait un peu au hasard.

Page 434, dernière ligne du texte. — Qu'on, *dans la minute :* qu'il.

Page 435, ligne 9. — Porter, *minute autographe :* pousser.

Page 436, ligne 4. — Lairra, *minute autographe :* laissera. — Ligne 12 : des pensées autres, *minute autographe :* d'autres pensées. — Ligne 22 : point en ligne de, *min. aut.* en aucun.

Page 437, aux sources. — *Mettez en tête :* Arch. des Aff. étr. Pays-Bas, t. XIII, minute de la main de Richelieu. — On a mis après coup au haut de la pièce : 8 juillet, date que rien n'autorise. — 2e ligne du texte : en peu de jours, *minute autographe :* en peu de temps. — Ligne 8 : de Coligny, *minute autographe :* de Saligny. — Ligne 14, à la fin, *supprimez* y. — Ligne 19 : peut, *minute autographe :* peust.

Page 438, ligne 15. — Le mémoire écrit de la main de Cherré est conservé dans le tome XIII des Pays-Bas.

Page 441, aux sources. — *Mettez en tête :* Arch. des Aff. étr. Pays-Bas, t. XIII, minute de la main de Richelieu, sauf les deux derniers paragraphes écrits par Cherré.

Page 442, ligne 4. — Richelieu a écrit en marge cette annotation que les copies n'ont pas conservée : « Veut-on dire que la personne de Lambry est passée seule avec le reste du bagage de l'armée de Picolemini? Le trompette de Vaubecourt dit qu'il a passé avec des Croattes. »

Page 442, ligne 10. — Désire-t-elle, *le manuscrit autographe met :* désire-telle.

Page 443. — *Ajoutez à la première note :* Ces deux paragraphes sont écrits par Richelieu en marge de la minute autographe, ce sont les apostilles mentionnées par le copiste de Colbert. Dans notre manuscrit des Pays-Bas, la minute autographe finit comme les copies de la Bibliothèque nationale, et les deux paragraphes de la main de Cherré se trouvent sur un carré de papier placé au hasard, six feuillets avant la pièce dont ils forment la fin. Au reste, à défaut de toute indication, le chiffre effacé d'un ancien classement peut aider à faire retrouver à quelle pièce appartient ce petit feuillet égaré.

Page 447. — A la date, 1619, *lisez :* 1639.

Page 448, ligne 4 du texte. — *La minute de Richelieu met :* Ruminguen et Esperlec.

Même page, note 3. — *La minute autographe met aussi :* affaire.

Page 450, ligne 3. — Les, *lisez :* ces.

Page 450, ligne 10. — *Mettez cette note :* Les regrets de Richelieu étaient-ils bien sincères? Assurément le génie militaire du duc de Weimar avait été utile à la France, mais son ambition paraissait devenir un danger, ses prétentions croissaient avec ses exploits et avec sa renommée; la politique du cardinal pouvait justement s'en inquiéter. La Gazette de Renaudot, en réalité la Gazette de Richelieu, annonça dans un *extraordinaire* du 4 août cette mort imprévue, arrivée le 18 juillet, non dans un article officiellement communiqué par le gouvernement, mais sous la forme d'un *extrait de lettre* de Mézières, du 29 juillet. On put s'étonner qu'une nouvelle de cette importance arrivât si tardivement et par une voie indirecte. Cette lettre de Mézières est assez laconique sur les louanges du duc défunt; et l'on n'y voit pas ce faste d'éloges et de douleur qu'on accorde aux pertes considérables; on s'occupe de l'armée qu'il laisse plus que de lui-même. La lettre dit qu'à ses derniers moments le duc a déclaré qu'il mourait dans la fidélité à la France, et conjurait les siens de rester, comme lui, fidèles. « S. M., ajoute la lettre, merveilleusement attristée, prend le deuil, et toute sa cour, qui est en pareils sentiments d'affection et d'estime qu'elle. » L'éloge des généraux n'est pas oublié, on peut même remarquer un peu plus d'entrain pour eux; ils vivent ceux-là, et on en aura besoin : « Ces braves colonels, qui imitèrent son courage et son zèle, et donneront autant d'avantage dans le parti qui a pris les armes pour la liberté de la chrestienté que l'on en doit attendre de si vaillants chefs et de soldats si éprouvez. S. M. se trouvant aussi plus résolue que jamais de continuer ses assistances royales, pour le bien commun à cette victorieuse armée. » (*Gazette* de 1639, p. 463). — On peut croire que cette lettre, datée de Mézières, ne venait pas de si loin. Malgré ces belles et flatteuses paroles, il ne fut pas facile de retenir au service de France les colonels du duc de Weimar, ainsi qu'on le voit dans plusieurs dépêches de notre VI° volume. *La Gazette* continue à s'en occuper fréquemment, p. 469, 491, 494, 501 (où elle donne un dénombrement de cette armée), et autres numéros de l'année 1639.

Même page, note. — *Ajoutez :* et aussi dans le manuscrit des Pays-Bas.

Page 451, ligne 6. — Affaiblira, *lisez :* affoiblira.

Page 457, notes, 2° colonne, ligne pénultième. — Accompagent, *lisez :* accompagnent.

Page 463, ligne 10 du texte de la lettre 251. — *Mettez cette note :* Richelieu avait fait, cette année 1639, de grands efforts pour la campagne au delà des Alpes, et malgré le mécontentement que donnait au gouvernement français la duchesse de Savoie (notre t. VI, p. 444 et 469, note), le cardinal s'applaudissait de l'état de nos affaires en Italie et présageait de nouveaux succès dans sa lettre du 1ᵉʳ août au cardinal de La Valette. C'est à ce même moment qu'il dut être informé d'un revers inattendu. Dans la nuit du 26 au 27 juillet, le prince Thomas avait surpris Turin et s'en était emparé avec la connivence d'une partie de la population que les deux beaux-frères de Christine avaient soulevée contre elle; il y introduisit les Espagnols ses alliés. La perte de la capitale du Piémont, que le cardinal imputait avec raison à la mauvaise conduite politique de Madame, à son obstination à repousser les conseils de la France, irritait profondément Richelieu, et sa colère éclate dans une lettre qu'il fait écrire par Chavigni aux généraux de l'armée d'Italie : «Les foiblesses et les mauvaises humeurs de Madame ont perdu ses affaires et mesme compromis la réputation du roy et les affaires de toute la chrestienté. Il est du tout nécessaire, si nous avons un succès tel que nous nous le promettons, de faire pendre les principaux de la ville de Turin qui auront desservi Madame, et de chasser les autres... Si vous pouvés vous rendre maistres de la citadelle de Turin [1], le roy vous deffend d'en sortir jusques à ce que le susd. chatiment des habitants de Turin soit exécuté... le roy le veult absolument.» Loin de se laisser abattre, le cardinal se hâte de prendre les mesures nécessaires pour réparer ce revers; loin de paraître inquiet, il envoie aux généraux de chaleureuses paroles d'encouragement : «Je ne vous sçaurois dire, mandait Chavigni dans cette même lettre, la resjouissance que le roy a eue de sçavoir la jonction de M. de Longueville et de vous à Millefleurs... S. M. et M. le cardinal s'en promettent un assuré succès.» (Arch. des Aff. étr. Turin, t. XXIX, fol. 56.) Au style de ce brouillon de la main de Chavigni, on comprend que c'est Richelieu qui parle. Il faut lire ce que le cardinal dit de la duchesse de Savoie, à propos de cette prise de Turin, dans le ms. des Cinq-cents Colbert, t. II, fol. 270-318, pièce que l'oncemagne a considérée comme le premier chapitre du *Testament politique*, p. 64 du 1ᵉʳ vol. de l'éd. de 1764.

Page 466, notes, 2ᵉ colonne, ligne 2. — *Après le mot Guitaut, ajoutez* : C'est l'orthographe de sa signature, qui se trouve en double, sur un état de l'artillerie nécessaire à l'île Sainte-Marguerite. (Arch. des Aff. étr. France, t. LXXXVI, partie non cotée.) Ce nom est écrit le plus souvent, dans les manuscrits du temps : Guitault, Guitauld, ou Guitaud; erreur plusieurs fois commise dans ce recueil.

P. 470. — *Effacez la note 3 et mettez* : Nous trouvons la dépêche du roi dans un autre volume de Turin numéroté XXVII; elle est notée dans notre tome VII, p. 1042.

Page 481, suscription : Heim. — *Ajoutez cette note* : Le nom que Cherré a écrit ainsi est sans doute celui du colonel de Weimar, dont le nom se trouve dans nos manuscrits orthographié de diverses manières, mais qu'on nomme le plus souvent Ohem.

Page 482, dernière ligne. — Saigny, *lisez* : Saligny.

Page 496, ligne 16. — *Ajoutez cette note* : Il y a quelque embarras dans cette phrase; il semble qu'au lieu de, «il en arrivera,» *il faudrait* : «il n'en arrive.» — Quant à la taxe des aisés, nous devons noter encore ce passage, dans un billet du 7 septembre, dont il sera fait mention aux Analyses : «Je ne vous dis rien de la taxe des aysez des villes, parce que cette affaire est remise à vos prudences, ne doutant pas que vous ne considériés bien tout ce qui sera le plus utile au service du roy, aux occasions qui s'en présenteront.

Page 497, ligne 3 de la lettre CCLXVIII. — C'est le combat livré dans la baie de Santona, que la relation française nomme Saint-Oigne; des gallions d'Espagne s'y étaient réfugiés et furent après

---

[1] En annonçant la fâcheuse nouvelle de la prise de Turin, le cardinal de La Valette ajoutait : «Nous allons secourir la citadelle.» (Lettre du 27 juillet, p. 58 du même manuscrit.)

un assez rude combat où Duquesne, qui commandait un vaisseau, fut blessé. Le récit se trouve à la Bibliothèque nationale, suite de Dupuy, t. XIX, p. 277. Il a été imprimé dans la Correspondance de Sourdis, t. II, p. 118.

Page 504, 1re ligne des sources. — Pièce, *lisez :* fol.

Page 504, avant-dernière ligne. — Méfiance, *lisez :* mesfiance.

Page 506, notes, 2e colonne, ligne pénultième. — Montméliam, *lisez :* Montmélian.

Page 508, notes, 1re colonne, ligne 14. — *Au lieu de :* dans une correspondance manuscrite du temps, entre gens du grand monde, *lisez :* dans la correspondance manuscrite de Henri Arnauld, *et ajoutez cette sous-note :* Henri Arnauld, connu longtemps sous le nom de *l'abbé de Saint-Nicolas,* avait à peine vingt ans lorsque Bentivoglio, nonce en France, le prit en amitié et l'emmena à Rome. Ce fut pendant son séjour dans cette ville que son frère aîné, Arnauld d'Andilly, obtint pour lui l'abbaye dont il prit le nom. De retour en France, il vécut en homme du grand monde et fréquenta l'hôtel de Rambouillet. Durant l'exil de quelques membres du Parlement, de 1639 à 1643, Henri Arnauld mandait au président Barillon, retiré à Amboise, toutes les nouvelles de Paris. Ses lettres, écrites régulièrement deux fois par semaine, le dimanche et le mercredi, forment une espèce de journal épistolaire qui est conservé, en original, dans la collection de Béthune. Ce journal nous fournira à l'occasion d'utiles renseignements. Ainsi que son frère d'Andilly et d'autres membres de sa famille, il trouva le secret d'être ami de certains mécontents sans se brouiller avec Richelieu. Sous le ministère de Mazarin, l'abbé de Saint-Nicolas remplit diverses missions diplomatiques, où il s'acquit la réputation d'un politique habile, mais assez peu scrupuleux. Enfin, dégoûté des affaires, il se retira à Port-Royal, dont il adopta les opinions, et bientôt, en 1649, il fut élu évêque d'Angers.

Page 509, sous-note ". — *Ajoutez :* A une lieue de là vers l'ouest se trouve la petite ville d'Agimont, dans la province de Namur.

Page 518, aux sources. — *Ajoutez :* Bibl. nat. Clairambault, Mélanges, t. 2, 696, p. 151. Original chiffré. — Il y a un double original; les duplicata sont fréquents dans la correspondance de Richelieu avec d'Estrades, envoyé en Hollande. Une pièce où les parties chiffrées sont expliquées se trouve jointe à cet original. — Bibl. nat. Suppl. franç. 370. Copie. — A la 3e ligne des sources, Cinq-cents Colbert, *ajoutez :* Copie.

Page 521. — Les deux lignes qui terminent la lettre dans l'original de Clairambault sont écrites de la main de Richelieu, avec un léger changement de rédaction.

Page 521. — Il faut un grand filet, le *Nota* ne se rapportant point à la pièce qui précède.

Page 523, ligne 11. — On, *lisez :* la cour de Rome.

Page 525, ligne 26. — Le roy, *lisez :* le pape.

Page 526, ligne 34. — Il, *lisez :* s'il. Et dans la ligne suivante, *après* entremise, *mettez une virgule.*

Page 529, notes, 1re colonne, ligne 3. — *Après* 167, *fermez la parenthèse.*

Page 530, première ligne du texte. — Etc. *lisez :* de...

Page 530, ligne 2. — *Après* etc. *mettre en note :* ces deux etc. sont du manuscrit.

Page 531. — Jacques Talon, cousin d'Omer, prêtre de l'Oratoire et secrétaire intime du cardinal de La Valette, a raconté ses derniers moments dans une lettre adressée à Chavigni le 16 octobre; l'original est noté dans la *Revue des autographes* de la maison G. Charavay (août 1873). Cette lettre fournit une nouvelle preuve du désordre dans lequel ce troisième fils du duc d'Épernon a laissé ses affaires.

Page 533, notes, 1re colonne, avant-dernière ligne. — Qui a, *lisez :* qui a eu.

Page 544. — Ce tome XXVII de Turin porte le témoignage du soin extrême avec lequel Richelieu prépara cette entrevue de Grenoble avec la duchesse de Savoie; il nous offre çà et là des feuillets écrits par le cardinal au moment où une idée traverse son esprit, et qui plus tard trouveront leur place dans un travail d'ensemble, comme ce feuillet autographe (coté 198) où nous lisons en tête : *Pensées sur l'affaire de Madame.* La pièce cotée 190-197, qui déjà était une mise au net, ce qui suppose un travail préparatoire, est devenue, comme nous l'avons dit, un brouillon presque informe, tant elle a été retravaillée; chargé des nombreuses corrections de Richelieu, ce brouillon se trouve presque entièrement écrit de sa main. La pièce cotée 172-182, nouvelle mise au net faite d'après ledit brouillon, est encore couverte, presque à chaque page, de nouvelles additions et corrections autographes. — Un autre avis, coté 187-189, portant sur d'autres points, présente aussi de longs passages de la main du cardinal. Ce sont tous ces matériaux réunis dont Richelieu a composé ensuite ce récit du *Voyage du roy à Grenoble pour voir Madame.*

Page 563. — *Il faut un long filet comme à la page* 521.

Page 564, ligne 33. — Seigneric, *lisez :* seigneurie.

Page 575, notes, ligne 2. — Inscription, *lisez :* suscription.

Page 577, note, ligne 7. — 24, *lisez :* 14.

Page 579, ligne 13. — Ils doivent, *lisez :* ils (les Vénitiens) doivent.

Page 590, note, 2ᵉ colonne, ligne pénultième. — *Après* Harlay, *mettez :* 347.

Page 592, lignes 20 et 33. — Masserati, *lisez :* Messerati. Le cardinal, peu soigneux, comme nous l'avons remarqué, de l'orthographe des noms propres, écrit : Maccrati.

Même page, ligne 26. — *Après le mot* partement, *ajoutez :* et n'avoir peu parler à luy devant son partement.

Même page, ligne 28. — *Après* venoit, *mettez :* »

Page 597, note 2. — Peut-être pourrait-on lire : Chouppes.

Page 599, 2ᵉ ligne à partir d'en bas, *effacez les points après le mot* dict *et intercalez les trois paragraphes suivants, qui ont été supprimés à tort :*

« Quelque parole qu'on porte à M. d'Harcourt de la part du prince Thomas, il ne doit point s'arrester de faire ce qu'il estimera à propos, selon ses premiers projets pour le service du roy; mais si led. sʳ prince Thomas signe le papier qu'on vous envoye, en ce cas M. d'Harcourt prendra ses mesures sur ce qu'on pourra concerter avec luy pour ce qu'il estimera plus avantageux.

« Surtout il doit avoir devant les yeux que, si le secours proposé par le sieur Fabert et par le capᵉ Guay peut réussir, il est cent fois meilleur que d'y mener l'armée, qui, en ce cas, demeurera libre pour agir entièrement, ou selon les projets que M. d'Harcourt aura pris conformément à ses instructions, ou selon ce que les occasions luy en donneront lieu.

« Au cas que Mʳ le prince Thomas veuille signer le papier qu'on vous envoie, Mʳ d'Harcourt ne fera point difficulté de signer celui qu'on vous envoie aussy au pied du projet des promesses que le roy consent de faire. »

Page 599, note 2 ; *à la place des quatre premières lignes, mettez seulement :* Cette dépêche devait être communiquée au comte d'Harcourt.

Page 602, ligne 17. — Ligne, *lisez :* ligue.

Page 609, lettre CCCIII. — Le jour où cette lettre fut écrite (20 novembre), le comte d'Harcourt gagnait le combat de La Route, que Richelieu a célébré comme un des faits d'armes les plus glorieux de ce temps-là. (*Succincte narration*, etc., dont on a fait le premier chapitre du *Testament politique.*) Nous devons citer à cette occasion un fragment d'une lettre de Richelieu dont nous n'avons point trouvé le manuscrit. M. Villemne, dans sa notice sur Duplessis-Praslin, a écrit : « Harcourt avait ordre de ne rien entreprendre sans l'avis de Choiseul; celui-ci représente modestement à Richelieu ce qu'il pouvait y avoir de blessant pour les généraux ses collègues dans cette distinction dont il l'honorait : « Cela ne doit vous causer aucune peine, lui écrivit le cardinal, Turenne et La Mothe-Houdancourt sont deux honnêtes gens qui ne veulent que le bien des affaires; quand on a autant de mérite qu'eux on ne connaît pas la bassesse de l'envie. » M. Villemne ne cite point son autorité, mais il nous a semblé que, sous toutes réserves, ce fragment méritait d'être consigné ici.

Page 613, aux sources. — *En tête :* Bibl. nat. Clairambault, Mélanges, 2, n° 696, p. 183. — Original.

Page 613, dernière ligne des sources. — *Ajoutez :* Suppl. franç. 370, extrait.

Page 615, notes, 1re colonne. — *Après le mot :* marge, *ajoutez :* de l'original et aussi de la pièce des Affaires étrangères.

Page 616, à la fin de la pièce. — *Ajoutez :* « Faict à Ruel, le vingt quatriesme de novembre mil six cents trente neuf. LE CARDIN. DE RICHELIEU. » Cette date, écrite en toutes lettres, a été mise après coup, sans doute au moment de l'expédition, c'est ce qui explique la différence du 22 au 24.

Page 616, aux sources. — *En tête :* Bibl. nat. Clairambault, Mélanges, 696, p. 191. Original. Richelieu a écrit de sa main, au dos de cet original, les mots que le secrétaire a écrits, en titre, sur la minute. — Aux sources, 6° ligne. — *Ajoutez :* Suppl. franç. 370, extrait.

Page 617, ligne 8. — « Pourveu qu'il luy donne parole, » *Richelieu a effacé ces mots et il a mis en interligne :* « mais qu'il s'asseure. »

Page 617, ligne 20. — Dans l'original la phrase est restée imparfaite, les huit derniers mots manquent.

Page 617, ligne 28. — « Qu'ont eus les Pays-Bas cette année. » *Richelieu a effacé ces mots et a mis :* « qu'ont eus les ennemis cette année en Pays-Bas. »

Page 617, note 1. — *Après le mot :* mss. *ajoutez :* ainsi que sur l'original.

Page 619. — *Ajoutez à la note* 2 : Dans l'original, elle fait corps avec l'instruction qu'elle termine, mais elle est précédée des lignes suivantes :

« D'autant que M. le prince d'Orange demande caution, dans Amsterdam, de l'argent qu'il plaira au royluy promettre, ne faict point de difficulté d'en donner, pourveu qu'il luy plaise en donner une solvable dans Paris, pour respondre de l'exécution de ses propositions. »

Page 620. — *Mettez en note :* Le texte de l'engagement se trouve aussi reproduit dans le manuscrit de Mgr le duc d'Aumale.

Page 620, notes, 2° colonne, ligne 8. — Elle, *lisez :* la lettre.

Page 622, notes, 1re colonne, ligne 3. — La pièce 188, etc. *Supprimez cette dernière phrase et mettez à la place :* Ces engagements, longtemps médités et souvent modifiés, furent envoyés de nouveau à M. d'Estrades, par Richelieu; sa lettre, dont l'original se trouve dans les Mélanges de Clairambault (696, p. 229), est de la main de Cherré; et une mise au net, écrite de la même main, est aux Aff. étr. Hollande, t. 21, fol. 187. Cette mise au net nous donne la date du 28 décembre qui manque à l'original de Clairambault. Dans cette rédaction, la promesse de Richelieu n'est pas tout à fait conforme à celle du ms. des Aff. étr. tandis que le texte de la promesse du prince d'Orange est identiquement le même. Au contraire, une autre pièce de la main de d'Estrades, datée de la Haye, le 17 janvier 1640, et conservée dans le manuscrit précité de Clairambault, p. 265, donne, pour la promesse de Richelieu, le même texte que celui qu'on vient de lire, tandis que, dans la promesse du prince d'Orange, deux paragraphes ont été ajoutés :

« 1° Le Prince promet que messieurs les Estats entretiendront 30 ou 40 vaisseaux au travers de Calais, pour empescher que les places des ennemis ne soient secourues... et pour asseurer le passage des vivres de France et de Hollande.

« 2° Il sera réduict à Paris 71,500 livres, montant des gratifications destinées par S. M. pour les officiers françois qui servent M^{rs} les Estats. »

Page 623, aux sources. — *Ajoutez :* Arch. des Aff. étr. Bavière, t. I, pièce 117. Mise au net de la main d'un secrétaire de Chavigni.

Page 623, notes, 1re colonne, ligne 14. — Tom. 1, *lisez :* tom. 2.

Page 624, ligne 3.— *Au mot* Hugone, *mettez cette note :* L'entretien devant être secret, on avait donné à l'envoyé un faux nom; il s'appelait Jean Christophe Banner.

Page 627, ligne 3. — *Avant le mot* est, *ouvrir des guillemets, et les fermer à la fin de la phrase.*

Page 627, ligne 7. — *Mettez cette note :* Dans une longue dépêche de 17 pages, datée de Basle, le 18 janvier 1640 (pièce 119 de notre ms.), M. d'Oysonville rend compte de ses entretiens avec l'envoyé du duc de Bavière; ils sont remplis de vagues assurances de bonnes dispositions des deux parts, mais sans rien de positif, sans conclusion. Cette entrevue du *Santo eremo* ne paraît pas avoir eu de résultat sérieux, nous ne trouvons rien qui s'y rapporte dans les papiers de Bavière, jusqu'à la fin de 1642.

Même page, notes, 1re colonne, ligne 3.—Le mois de, *lisez :* les mois de septembre, octobre, etc.

Page 628, notes, ligne 1. — 373, *lisez :* 573.

Page 628, notes, 2e colonne, ligne 14. — Arnault, *lisez :* Arnauld.

Page 633, ligne 30. — *Après le mot* restabli, *fermer les guillemets.*

Page 638. — *Ajoutez à la note :* Cette pièce sans date a été classée au hasard, dans le tome LVIII de Rome, lequel se rapporte à l'année 1636; l'assassinat de Rouvray fut commis en 1639. Le volume LXVII de Rome et les suivants contiennent diverses pièces relatives à ce meurtre. Il y en a plusieurs de Mazarin, qui était alors auprès de Richelieu; il date de Paris et de Rueil ses lettres, écrites le plus souvent sous l'inspiration du cardinal. Notons encore ici un mémoire relatif à cette interminable affaire, lequel, rédigé en français et en italien, nous paraît l'œuvre commune de Richelieu et de Mazarin : *Projet des paroles que doivent dire le cardinal Barberini et le maréchal d'Estrées pour l'accommodement de l'affaire de Rouvray.* Le mémoire fut envoyé par Chavigni au maréchal le 23 avril 1640. (Rome, t. LXIX, fol. 143.) Une lettre écrite au cardinal Bichi au sujet de cette pièce pourrait bien être de Richelieu. Mise au net sans date et classée vers la fin du vol. fol. 245.

Page 640, aux sources. — T. *lisez :* n°, *et* 24, *lisez :* 44.

Page 640, ligne 2 du texte. — Sensse, *lisez :* Jensse.

Page 640, dernière ligne de la note. — 23, *lisez :* 43.

Page 642, 1re ligne du Nota. — Au nom de Cinq-Mars nous devions ajouter : le favori de Louis XIII, car il avait déjà été nommé t. V, p. 427; mais alors il n'avait pas seize ans, encore presque inconnu du roi, il n'était pas le Cinq-Mars qui apparaît ici.

Page 642, ligne 13 du Nota. — L'évesque Arnauld, *lisez :* Henri Arnauld.

Page 643, ligne 2. — Père, *lisez :* frère.

Page 645, ligne 10. — Le 14 janvier, *lisez :* le 4.

Page 646, ligne 15. — Août, *lisez :* octobre.

Page 646, ligne 16. — Le 2 novembre, *lisez :* le 6.

Page 650, note, ligne 4; on le trouve. — *Ajoutez :* en original dans le manuscrit précité de Rome.

Même note, ligne 7. — *Ajoutez :* Et dans les *Mémoires de Talon,* IV, 35, éd. de Petitot. Cette pièce CCCXVII reproduit, avec de très-légères modifications, le texte de la lettre de cachet adressée au Parlement. L'original est conservé aux Affaires étrangères, Rome, t. LXVII, à la date de décembre, sans quantième. Imprimée, Aubery, *Mémoires,* IV, 342. — Nous trouvons au t. LXIX de Rome, le 9 juillet, la réponse du roi «à un projet de satisfaction que veut donner le pape.»

Page 655, ligne 1. — Sa, *lisez :* la.

Page 657. — *Ajoutez aux sources, première ligne :* Bibl. nat. Clairambault, Mélanges, t. 696. Original. — *Et en dernière ligne :* Suppl. franç. 370. Copie.

Page 658, ligne 23. — *Des Açores ou des Canaries. Dans l'original et la minute il y a :* Essores et Canaries.

Page 658, ligne pénultième. — *Après le mot :* Prince d'Orange, *la lettre finit ainsi dans l'original :* « Sur tout ce que dessus, et nous mander à quoy vous cognoistrés qu'il se pourroit porter. Cependant vous ne vous engagerés à aucune chose déterminée sur ce sujet ; désirant avoir du temps pour y penser, ayant sceu leurs intentions. Je suis, Monsieur, vostre très affectionné à vous servir. LE CARDIN. DE RICHELIEU. »

Page 659, aux sources. — *Ajoutez :* Suppl. franç. 370. Copie.

Page 659. — A cette date du 23 décembre se trouve, dans Clairambault, une lettre autographe de Chavigni, mandant à d'Estrades, au sujet de sa lettre du 11 : « S. Ém. s'est voulu donner elle-mesme d'y faire response, estant une affaire qui se traitte particulièrement entre elle et Monsieur le prince d'Orange. » *(Mélanges,* 695, 696.)

Page 661. — *Ajoutez aux sources :* Arch. des Aff. étr. Turin, t. XXIX, fol. 588, de la main de Chavigni, sans suscription.

Page 663, notes, 2ᵉ colonne, ligne 3. — « ci-après, » *lisez :* t. VII, p. 258.

Page 665, après le deuxième alinéa. — Le baron d'Erlach, qui avait alors la conduite des troupes du feu duc de Weimar, lorsqu'il apprit l'arrestation du Palatin, voulut prévenir le soupçon de complicité qui pouvait atteindre les chefs de cette armée; il écrivit au secrétaire d'État de la guerre, de Noyers, le 16 novembre, et, en même temps, s'efforça de justifier le prince : « La route que prenoit M. l'électeur palatin lorsqu'il a esté retenu, et la façon avec laquelle il a faict ce voyage, pouvans donner quelque soupçon qu'il n'eust faict négotier par deçà avec les officiers de l'armée des choses particulières et contraires aux intérests du roy, j'ay creu que je vous devois un fidelle récit de tout ce que ceux qui ont esté icy de sa part y ont traicté, qui fut une exhortation de demeurer constans, et de continuer à nous porter de plus en plus contre les ennemis communs. » ... « Que si, soubz l'adveu et le bon plaisir du roy et de la reyne de Suède, S. A. nous estoit nommé pour chef à la conduite de l'armée, que nous ne voulussions jetter les yeux que dessus luy. Sur quoy nous fismes response, dans les réserves de ce que nous devions à S. M., comme vous pouvez voir dans la vraye copie de la response que leur avons donnée, dont je vous fais part en allemand. » — La traduction de cette réponse des généraux au Prince palatin est conservée dans notre manuscrit : « Les députés, de V. A. (les sieurs colonels Pöblitz et Pawel) pourront dire à V. A. que nous souhaiterions avec passion de luy donner une pleine et entière résolution; mais l'élection d'un général n'estant pas à nostre disposition, et dépendant absolument des rois et princes confédérés, nous sommes obligés de suivre leur choix... » (Arch. des Aff. étr. Alsace, t. VI, pièces 76 et 84.) Cette réponse est fidèle sans doute, mais ce qui concerne le Prince palatin est visiblement arrangé; si, dans ses pourparlers avec les généraux weimariens on se fût tenu dans cette mesure de discrétion qu'indique le baron d'Erlach, le prince n'eût pas eu besoin de s'envelopper de mystère.

Page 670. — *Ajoutez aux sources :* Suppl. franç. 370. Copie.

Page 671, ligne 13. — Ensembles, *lisez :* ensemble.

Page 672, notes, 1ʳᵉ colonne, ligne 5. — *Effacez le mot* mesmes.

Page 673, notes, 2ᵉ colonne, ligne 11. — Les, *lisez :* des.

P. 676, ligne 3. — *Au mot* user, *indiquer cette note:* Chavigni écrivit en conséquence à d'Estrades le 18 février: « La détention du Prince palatin ayant fait grand bruit parmi les protestans d'Allemagne et les calvinistes, il est important d'informer un chacun des justes et importantes raisons qui ont mis S. M. dans la nécessité d'en user ainsi... » A cette lettre était joint un mémoire qui a dû être envoyé à plusieurs ambassadeurs, le nom de d'Estrades et celui du prince d'Orange, auquel il devait être communiqué, ayant été mis après coup dans un espace laissé en blanc par l'expédition-naire. — La lettre originale de Chavigni ainsi que le mémoire sont conservés à la Bibl. nat. Clai-rambault, Mélanges, t. 2, n° 696, pièces 305 et 309.

P. 676, ligne 6. — Boiscourt, *lisez* : Boislouet. C'est un exempt des gardes que nous voyons souvent employé par le cardinal lorsqu'il s'agit de l'arrestation ou de la garde de quelques prisonniers d'im-portance. (Voy. t. IV, p. 428 et 683, et t. V, p. 449.)

Page 679, ligne 15. — En on, *lisez* : on en.

Page 679, notes, 2ᵉ colonne, ligne 17. --- Le 28, *lisez* : le 26.

Page 680, après la pièce CCCXXXII. — *Mettez* : Mémoire au sᵣ abbé de Mouzon s'en retournant pour le service du roy à Liége. — Saint-Germain-en-Laye, 7 avril 1640. — « Se rendra diligemment en la ville de Liége affin de fortiffier les esprits de ceux qui sont affectionnez au bien du pays, et qui désirent maintenir la liberté et neutralité d'iceluy comme aussy les justes libertés et franchises de la ville. — On sait que l'électeur de Coulonge se donne beaucoup de peine pour abolir les pri-viléges de ladite ville. — Le sᵣ abbé de Mouzon asseurera le bourguemaistre et les bons habitans de l'assistance du roy... S. M. l'a envoyé pour voir quel besoin ils en ont, et de quelle sorte S. M. peut les ayder... — Le moyen qu'ils ont de conserver la paix chez eux est d'observer soigneuse-ment la neutralité vers les uns et les autres... l'électeur de Coulonges adhérant aux roys de Hon-grie et d'Espagne est ennemy de la France et S. M. ne peut approuver que le pays de Liége luy donne une contribution... Il pourra dire hautement qu'il s'oppose, de la part du roy, à toute levée de deniers par l'électeur, si ce n'est pour les employer dans le pays... — L'abbé de Mouzon em-peschera, autant qu'il pourra, un accommodement entre l'électeur de Coulonges et la ville de Liége dont on a parlé... qui n'auroit d'autre résultat que de troubler le repos et supprimer les franchises de la ville... S'il estoit impossible de l'empescher, il faudroit tascher qu'il se fist par l'entremise du roy et de M. les Estats, et en mesnager les articles... -- Le sᵣ abbé accompagnera d'asseu-rances favorables les lettres que le roy escrit au bourguemestre et à divers particuliers, spécialement au baron de Vierzet, et au sᵣ Bartel[1], qu'il faut tascher de remettre bien ensemble... — Si pen dant le séjour de l'électeur à Saint-Tron quelques-uns des bien intentionnez sont sortis de Liége, il faudra les y faire revenir affin de fortifier le bon party. — Si ledit sᵣ abbé est obligé de passer en Hollande... il dira qu'il est besoin que le roy assiste la ville de Liége, et que S. M. l'envoie pour convier M. les Estats à concourir avec elle en ce dessein... » — (Arch. des Aff. étr. Liége, t. I, non coté (300-305), mise au net de la main d'un commis des Aff. étr.)

Page 681, ligne 3. *Après le point, mettez en note :* Chavigni confirmait cette nouvelle le 15 avril; il écrivait à M. d'Estrades : « ...Le roy a résolu de partir le 2 ou 3 du mois qui vient pour appuyer, par sa présence et celle de M. le cardinal, le grand dessein que l'on entreprendra dans les Pays-Bas. » Clairambault, Mélanges, 696, p. 391.

Page 681, note, 1ʳᵉ colonne, ligne 4. — Grosie, *lisez* : Grosic.

Page 682, lettre CCCXXXIV. — Aux dépêches que Richelieu faisait écrire à Florence, à Gênes, à Rome pour le secours de Casal, il faut ajouter un mémoire pour le duc de Parme, du 23 avril 1640, au sujet de l'importance de ce secours, et sur la nécessité de se porter à tout ce qui peut empêcher les Espagnols de s'emparer de Casal. — Mise au net de la main d'un secrétaire de Chavigni. Parme, t. I, non coté, 10ᵉ feuillet à compter de la fin.

Page 689, ligne 5 du texte. — Le mystère dont on use dans cette ténébreuse rubrique jette quelque obscurité dans ces lettres de Richelieu : « l'hôme de M. de Belliere » est-ce ce lieutenant d'Erskin qui lui a apporté la lettre dont il s'agit? Et cet agent dont il est dit dans la lettre suivante :

---

[1] Roland Bartel, bourguemestre.

21.

« l'homme qui a parlé à M. de Bellièvre » qui va repartir et qui est attendu dans tous les ports d'Angleterre pour être arrêté?

Page 689. — *Ajoutez à la note* 2 : La participation du cardinal aux troubles de l'Angleterre fut soupçonnée dès ce temps-là par quelques esprits clairvoyants seulement; vingt et quelques années après, et lorsque des événements que ne prévoyait certainement pas Richelieu étaient accomplis, les soupçons s'étaient fortifiés sans qu'on eût encore des preuves positives; alors Brienne écrivait : « Le cardinal étant bien averti que le roi d'Angleterre étoit dans les intérêts de l'Espagne songea à lui susciter des affaires et y réussit... Les Ecossais se tenant comme asseurés de la France, etc. » (*Mém.* II, p. 51.) C'est plus tard que la correspondance de d'Estrades est venue confirmer les faits révélés par nos documents.

Page 695, notes, 2ᵉ colonne, ligne 5. — Je n'ai trouvé, dans le t. XX d'Espagne, aucune lettre de Pujol en mai 1640. Il y a seulement des copies de lettres du duc d'Olivarès, en espagnol.

Page 696, note, 1ʳᵉ colonne, ligne 3. — 1541, *lisez :* 1641.

Page 697. — *Continuez ainsi la note* 1 : Nous avons dit, p. 508, que le cardinal avait mis auprès du duc d'Enghien, partant pour sa première campagne, un gentilhomme de confiance; c'est ce gentilhomme, M. de Mégrin, qui avait écrit les bonnes nouvelles que Richelieu charge sa nièce de porter à madame la Princesse. A ces souvenirs, empruntés aux archives de Condé, et à ceux que nous trouvons dans la collection France des Affaires étrangères (p. 508 de notre VIᵉ volume), ajoutons les informations que nous fournit une autre collection des mêmes archives (t. XIV des Pays-Bas); nous y trouvons plusieurs lettres écrites par M. de Mégrin pour le cardinal, mais adressées à Chavigni. Il mandait, le 1ᵉʳ mai 1640 : « S. Ém. m'a fait l'honneur de me mettre auprès d'un prince qui a une envie la plus ardente du monde de voir les occasions. Je croy qu'il y sera heureux, car il a commencé par un bon chemin, en se mettant sous la protection de la Vierge; et pour cet effect, il nous a tous menez à N.-D. de Liesse, où il a tesmoigné autant de piété que personne du monde. M. le grand maistre luy rend tout l'honneur et tout le respect qu'il luy est possible; mais il faut advouer que ce jeune prince se démelle de tout cela avec tant d'esprit et d'adresse que tout le monde en est estonné. » — Le 16, devant Charlemont : « M. le duc tesmoigne une ardeur sans pareille... M. le mareschal ne fait aucune résolution que M. le duc n'y soit; ny aucune dépesche à la cour que ce ne soit devant luy... Ce jeune prince reçoit tout cela avec tant d'esprit et de civilité qu'il se faict admirer de tout le monde. » — Le 23, au camp d'Agimont : Intrépidité et sang-froid du duc en face du péril; le cheval du mareschal est frappé d'un boulet de canon, le duc est couvert de sang (c'est l'incident raconté à Madame la Princesse par la duchesse d'Aiguillon). « Mᵍʳ est un prince qui ne s'étonne de rien, » dit à son tour M. de Mégrin. — Plusieurs lettres, écrites du camp devant Arras, continuent ce récit des premières armes de celui que ses contemporains ont appelé le grand Condé. Ces premiers temps de la vie des hommes destinés à une éclatante et juste célébrité ont un attrait que nous nous plaisons à satisfaire.

Page 697, notes, dern. ligne. — *Effacez* notée à la fin du volume, *et mettez :* Impr. Aubery, *Mém.* V, 455, et Recueil de 1696, II, 41. — Charlotte de Vieuxpont, dame d'Annebault, avait été mariée dès l'âge de neuf ans, par contrat du 15 mai 1600, à Bernard Potier, seigneur de Blérancourt, second fils de Louis Potier, chef de la branche des comtes de Tresmes. Bernard Potier occupa divers emplois, et, sous le ministère de Richelieu, il fut fait mestre de camp d'un régiment d'infanterie, le 17 juin 1625, et, plus tard, lieutenant général de la cavalerie légère de France. Je rectifie ici la date que j'ai proposée. La lettre doit avoir été écrite vers la mi-juin 1640, époque où Richelieu fit, dans ce château qui lui plaisait, un séjour de quelque durée. Nous voyons, par la date de ses lettres, qu'il y demeura de la fin de mai au 18 juin. Cette circonstance que le cardinal y fit sa demeure à diverses reprises nous engage à en dire ces quelques mots. M. et Mᵐᵉ de Blérancourt firent construire ce château par François Mansard, ainsi que nous l'apprend Piganiol de La Force, qui en donne une description (t. II, p. 460), malgré le conseil du cardinal; cette dame, qui mourut en 1645, le laissa imparfait. Les historiens des environs de Paris disent qu'il ne fut terminé que plus tard; l'un d'eux donne même la date de 1661. (Dulaure, tabl.)

Page 708. — Manuscrit du cabinet de Mgr le duc d'Aumale. — Original.

A M. DE BULLION[1].

Amiens ce 10e juillet 1640.

« Je suis contrainct par la confiance que jay en Monsieur de Bullion de luy tesmoigner le desplaisir que jay du procédé de Monsr le prince d'Orange[2].

« L'hiver passé il m'envoia faire les plus belles propositions du monde moyennant qu'on luy donnast quinze cens mile francs rendu sur les lieux pour faire des levees extraordinaires, et que je m'obligeasse en mon par^r aux payemens punctuelz de cette somme. Je representay au s^r d'Estrades qui apporta ces propositions par escrit de sa main, que je ne voyois pas quel peust faire ce quil proposoit.

« Il reunit avec des protestations de la part dudit s^r Prince qu'il feroit ce qu'il proposoit, et qu'il y avoit si bien pensé qu'il nen estoit point en doute, pourveu que l'affaire se passast entre luy et moy, recognoissant que si elle estoit cogneue aux corps de M^{rs} les Estats elle ne pouvoit estre secrette.

« Le roy me commanda de signer le traitté que je vous envoie, par où vous verrez à quoy nous estions obligez de part et d'autre. Cependant au lieu de tenir ce qu'il a promis il ne satisfait à aucun point de son escrit, et nous laisse par ce moyen toutes les forces des ennemis sur les bras.

« Je sçay bien qu'en une justice resglée je ne serois point obligé de luy continuer le troisième payement dont on en a desja fait deux; mais voyant le procedé de ce prince, je ne desire pas encores que nous ayons tout sujet de plainte qu'il ait lieu de prendre pretexte de mescontentement, sur l'inexecution de ce que j'ay promis.

« Au mesme temps dun si beau procedé pour la guerre, ledit prince negocie le mariage de son filz avec la cadette des filles du roy d'Angleterre, ce dont vous pourrez juger les conséquences, le roy d'Angleterre panchant autant du costé de l'Espagne comme il est contre nous par son inclination.

« A tout cela il faut user de prudence, et dissimuler le mescontentement que nous avons lieu d'avoir sans luy donner aucun pretexte a une telle conduite.

« Pour cet effet je m'asseure que vous jugerez comme le roy fait avec ceux qui ont lhonneur de le servir de deçà qu'il faut continuer son payement. Je vous conjure en ceste consideration d'y vouloir donner ordre avec M. OEuff, et si laccablement de vos affaires vous empesche de le pouvoir faire commodement, vous traitterez sil vous plaist en sorte avec ledit s^r Heuff qu'il face ceste avance moyennant les remises que vous sçaurez bien luy donner.

« J'ay à Paris pour cinquante mile escus de vaisselle d'argent et pour autant de pierreries que je vous offre si vous en avez besoin en ceste occasion, car je vendrois plustost ma chemise que je n'executte ce que j'ay promis, quoy quon ayt manqué d'autre part. Je prie Monsr de Bullion de ne monstrer cette lettre à qui que ce puisse estre.

« Il peut bien monstrer par confiance le traitté fait entre M. le prince d'Orange et moy à M. OEuff

---

[1] Cette lettre, oubliée lors de l'impression du VIe volume, doit porter le n° CCCLIII *bis*; sa place est entre les pages 708 et 709.

[2] Voyez, t. VI, l'instruction pour M. d'Estrades, et le texte des engagements contractés, p. 616, 620.

et luy tesmoigner que jusques à present l'execution nest pas faite et ne se peut plus faire quand au premier point, mais que cependant je vous escris avec tant de confiance et d'amitié pour M. le prince d'Orange que vous vous asseurez sur ce que je vous-mande qu'il fra quelque chose de bon. Je vous prie de noublier pas ce dernier article de la confiance que j'ay en M. le prince d'Orange, car cela est de consequence.

« Le cardinal DE RICHELIEU. »

Page 719, note 2.— *Ajoutez :* Au sujet d'ordres donnés antérieurement à l'archevêque de Bordeaux, celui-ci écrivait, les 14 et 16 août, deux lettres auxquelles Chavigni répond le 7 septembre : « S. Em. persiste dans les ordres qui vous ont esté envoyés de ne rien entreprendre contre Gênes. — Mettez tous vos soins à favoriser le siége. (De Fontarabie).— Empeschez que les Espagnols ne débarquent pour grossir leurs troupes. — Faire le voyage de Barbarie, quand il sera possible, pour la liberté des esclaves. — L'occasion est bonne de traitter avec Gesnes; son ambassadeur à Paris a receu ordre de traitter sur tous les différends que nous avons avec la république. » (Arch. des Aff. étr. Espagne, t. XX.) Ces informations suppléent aux lettres du cardinal que nous n'avons pas.

Page 724, colonne de gauche, ligne 4. — Au 10 ou 11 ; *lisez :* vers le 12.

Page 725, ligne 8. — A Vantau, *lisez :* de.

Page 728, note, 2ᵉ colonne, ligne 13. — *Au nom de* Nogent, *mettez cette sous-note :* Parmi tous ces noms déguisés, celui-là est le nom même de la personne; il faut se souvenir que Nogent était le frère de Bautru.

Page 730, ligne 2. — Caracol, ce mot d'architecture ne répond pas à la pensée de Richelieu; c'est le terme d'équitation caracole que le cardinal avait dicté.

Page 730, ligne 1 de la lettre CCCLXV.— *Ajoutez :* Le siége de Turin dura environ quatre mois; il avait commencé en juin 1640 et le comte d'Harcourt entra dans la ville le 24 septembre. Nous trouvons aux Affaires étrangères, dans les manuscrits de Turin, t. 29, folio 601, une pièce écrite de la main de Cherré, et en tête de laquelle le cardinal a mis : *Siége de Turin.* Cela semble un article de gazette. La pièce a-t-elle été composée par Richelieu? ou bien est-ce seulement une copie que le cardinal aura fait faire par Cherré? La date manque et on l'a classée à la fin de l'année 1639. J'en ai rencontré une copie à la Bibliothèque nationale dans la collection Saint-Germain-Harlay, 347, folio 559, où on l'a placée après le 22 novembre. — Une annotation du manuscrit des Affaires étrangères porte : « Ce mémoire et l'autre ci-dessus, fol. 600, sont écrits en une feuille de papier. » Cet autre mémoire est aussi de la main de Cherré, et Richelieu en a également écrit le titre : « Combat de Quiers. » Ce doit être, comme le premier, un article de gazette.

Page 733, à la fin de la note 1.— *Ajoutez :* Déjà même on a pu remarquer, dans la correspondance du cardinal, une certaine aigreur très-peu dissimulée, p. 718, lettre du 8 août.

Page 738, à la note. — *Ajoutez :* Voyez aussi l'*État de la Provence,* etc. par l'abbé R. de B. (Robert de Briauson); Paris, 1696, 3 vol. in-12, p. 315 et suiv.

Page 739, note 1, ligne 3.— *Après le mot* sources, *supprimer deux lignes et mettre :* Elle n'a pour signature qu'une espèce d'*S* barrée, comme dans presque toutes les lettres de Pujol ; et, comme c'est aussi son habitude, il transcrit dans le texte espagnol même la réponse d'Olivarez, en partie chiffrée.

Page 741. — *Ajoutez à la note 2 :* L'évêque de Lombez était Jean Daffiz, d'une famille parlementaire.

Page 751. — *Note à ajouter à la lettre 378 :* Le prince ne fit alors aucune objection; on voit que, s'il l'eût fait, Richelieu était disposé à le satisfaire; l'union était vivement désirée des deux parts et chacun aurait craint de la rompre. Mais, lorsqu'un peu plus tard le cardinal fit son testament, les mêmes considérations n'existaient plus, et il écrivit avec l'autorité d'un mourant : «Je ne fais aucune mention, en ce mien testament, de ma niepce, la duchesse d'Anguien, d'autant que, par son contract de mariage, elle a renoncé à ma succession, moyennant ce que je luy ay donné en dot, dont je veux et ordonne qu'elle se contente. » Mais le beau-père de Mlle de Brézé se montra peu disposé à obéir à ces ordres posthumes. « M. le Prince, écrit Guy-Patin (8 mars 1644), s'en va plaider contre madame d'Aiguillon, afin de faire casser le testament du cardinal, son oncle, au nom de sa bru, la duchesse d'Enghien. La duchesse d'Aiguillon cherche la paix et, tâchant d'avoir composition, a offert un million deux cent mil livres aud. Prince, qui ne veut pas boire à si petit gué. » (T. I, p. 324.)

Page 751, note, ligne 7. — *Après* 101 *mettez* : La minute originale du contrat, avec les signatures, est aux Archives nationales K, 558 (papiers des princes), musée des archives, p. 484.

Page 753, note 1. — *Ajoutez* : Pareille dépêche a dû être envoyée dans le même temps, sinon le même jour, aux autres évêques de France.

Page 753, notes, 2ᵉ colonne. — De Courayer, *lisez* : le.

Page 754, ligne 10. — Le seul, *lisez* : ce seul.

Page 759, texte, 4ᵉ ligne. — *Ajouter cette note sur Sabatier* : C'était un homme d'affaires assez mal famé et que protégeait Richelieu. Trésorier des parties casuelles, receveur des consignations du Châtelet, il avait acheté ces charges et d'autres au prix de 800, 1100 et 1200 mille livres. «Cela seroit incompréhensible, mande H. Arnauld (20 avril 1639), si on ne tenoit pour assuré qu'il ne fait que prester son nom.» L'année suivante, il acheta la charge de receveur des consignations du parlement, et, à cette occasion, un arrêt ordonna une information de vie et mœurs. Sur quoi H. Arnauld écrivait encore : «Jugez ce que c'est de mettre tout l'argent des consignations entre les mains de Sabbatier, lequel a sur sa teste cette charge, qui luy revient, avec l'alternatif et le triennal, à dix-neuf cent mille livres et plus... cela est tout à fait prodigieux. » (Lettre du 9 mai 1640.) On voit qu'avec toutes ces affaires gigantesques Sabbatier s'était mis dans une position difficile et suspecte. Il s'en tira pourtant, sans doute à l'aide de la protection que nous lui voyons accorder ici. Nous lisons dans la chronique épistolaire de H. Arnauld, à la date du 16 février 1642 : « Sabbatier feit, il y a quatre jours, une magnificence estrange à Montrouge, au baptesme de sa fille... Il y eut comédie... c'est une chose honteuse de souffrir que cet homme triomphe ainsy après avoir volé tout le monde. » — Cette histoire de Sabbatier est curieuse pour la connaissance des mœurs financières de ce temps-là.

Page 759, notes, 1ʳᵉ colonne, ligne 7. — *Après* conversation, *mettez* : (p. 303).

Page 759, note, 2ᵉ colonne, ligne 20. — *Après* mais, *mettez* : Il faisait examiner secrètement sa conduite.

Page 765, *ajoutez* à la note 2 : Ce volume 32 de Lorraine conserve, sous la cote 40, une mise au net des articles secrets écrite par Cherré, devenue minute après plusieurs corrections de la main de Richelieu. — On a vu, p. 747 de notre VIᵉ volume, les méfiances qu'inspiraient le caractère léger et l'humeur vagabonde du duc de Lorraine; plusieurs pièces dud. volume XXXIIᵉ témoignent de l'inquiétude avec laquelle le roi et Richelieu attendaient la conclusion d'un traité nécessaire pour donner plus de liberté à la politique du cardinal. Le 2 mars, il écrivait : «M. de Chavigni n'oubliera pas d'avertir le roy aussytost qu'il y aura des nouvelles de M. de Lorraine. » (Pièce 19ᵉ.) Dans la prévision de cette visite, il avait soin de donner par écrit à ce même secrétaire d'État les paroles dont il devait se servir dans son entretien avec le duc (Analyses, 7 ou 8 mars 1641, VIIᵉ vol.), et le roi, de son côté, mandait au cardinal, le 14 du même mois : «Je suis bien fasché des longueurs que M. de Lorraine apporte à son traité. » (Pièce 29ᵉ.) — A l'occasion du traité avec M. de Lorraine, nous avons à noter encore une pièce écrite par un commis des Aff. étr., laquelle doit avoir été rédigée par un secrétaire d'État ou le Père Joseph : «Mémoire des choses à résoudre pour la Lorraine en 1641. Sçavoir si, en la restitution des places de Lorraine que S. M. accorde à M. de Lorraine, elle entend que la ville de Nomény y soit comprise...» Plusieurs autres questions sont ainsi posées «pour être résolues par le roy et S. Eminence.» (Pièce 228.)[1].

Page 766. — *Ajoutez à la note* 1 : Le traité du 29 mars est conservé dans les manuscrits de Béthune 9263, fol. 116, et le volume suivant 9264 contient les «articles secrets passés entre le cardinal duc de Richelieu pour le roy, et le duc Charles de Lorraine (fol. 1), l'acte du serment prêté par le duc en présence de S. M. dans la chapelle de Saint-Germain (fol. 3), l'acte de ratification fait par le duc dans la ville de Bar (fol. 6), enfin l'acte du serment fait par le duc dans ladite ville de Bar (fol. 8)». — M. d'Haussonville (II, 129) met le traité au 2 avril, confondant la signature du traité et la cérémonie de la prestation du serment dans la chapelle de Saint-Germain. — L'historien adopte, sans exprimer le moindre doute, cette indécente facétie racontée par le P. Hugo, et la gaieté avec laquelle le roi aurait accueilli une mystification dont lui-même était l'objet; c'est méconnaître complétement le caractère de Louis XIII si ombrageux sur tout ce qui touchait à sa dignité, et si sérieux observateur des convenances religieuses. Ce caractère est également méconnu lorsque l'historien affirme qu'il avait été convenu dans le cours des négociations «que le roi agirait très-fortement à Rome pour faire déclarer la nullité de l'union jadis contractée avec Nicole.» (P. 122 et 124.) Ce que démentent à la fois et le sentiment intime du roi et la protection déclarée que la duchesse Nicole a toujours trouvée en France. Il semble qu'on ne devrait pas hasarder de telles assertions sans en apporter la preuve authentique.

Page 769, à la note. — *Ajoutez :* Une mission avait été donnée, à la fin de 1867, par le ministre de l'instruction publique à M. Ch. Livet, pour chercher dans les archives et les bibliothèques de Portugal les documents relatifs à notre histoire. Un rapport de M. Livet, inséré en 1868 dans les Archives des missions (t. V, p. 139), a signalé une riche collection de pièces concernant le xvie siècle; mais il n'existe rien pour les xviie et xviiie dans les dépôts visités. Faut-il imputer cette lacune aux désastres causés par le tremblement de terre de 1755? Quoi qu'il en soit, nous ne trouvons, dans le catalogue très-bien fait de M. Livet, que quatre pièces pour toute l'époque correspondante à celle du gouvernement de Richelieu, aux années 1634, 1637, 1641, et pas une des quatre ne se rapporte à la France. Ainsi, au lieu de nous fournir des informations, c'est chez nous surtout que les Portugais doivent chercher des documents touchant leur histoire au moment de la révolution qui leur a créé une existence nouvelle comme nation.

Page 770, ligne 2 : Une diète était convoquée par l'empereur à Ratisbonne vers la fin de 1640, et Richelieu, au moment où le duc de Lorraine se réconciliait avec le roi, avait songé à profiter de cette circonstance pour faire entendre à la diète, en faveur de sa politique, une voix qu'on ne pût suspecter de complaisance, et sur laquelle il comptait pour mieux persuader à l'Allemagne ce qu'il voulait faire croire. L'instruction rédigée à cette intention, nous l'avons trouvée dans le tome 32 des mss. de Lorraine, classée à la fin de 1641, parmi d'autres pièces sans date, cotée 229 et de la main de Chavigny. Elle a dû être écrite vers le commencement d'avril, peu de temps après la conclusion du traité signé le 29 mars. C'est une pièce qui mérite d'être connue et qui tient bien sa place dans l'étude des procédés de la politique du cardinal; nous en donnons seulement un extrait :

«Les principaux points qui doivent estre dans l'instruction de celui que M. le duc de Lorraine envoiera à la diète sont les suivans :

«Il est nécessaire que S. A. face publier dans la diète comme le roy l'a remis dans ses estats, et

---

[1] Par une erreur de numérotage, le chiffre 228 se trouve répété dans le manuscrit. Nous avertissons que c'est ici le second.

l'extraordinaire satisfaction qu'il a de la bonté et générosité dont S. M. a usé en son endroit. Qu'il a cogneu que les sentimens du roy sont entièrement portés à la paix et au repos de la chrestienté, ce qui paroist par la restitution que S. M. luy a faite de ses estats, qui est une marque qu'Elle ne veult point s'agrandir aux despends des autres princes, et qu'Elle n'a autre pensée que de conserver ou recouvrer ce qui luy appartient et de maintenir la liberté de ceux à qui on l'a voulu oster par oppression... La paix générale est une fin si bonne et si sainte qu'on peut faire des choses pour y parvenir, qui autrement ne seroient pas permises... Le roy n'a autre prétention que de conserver ce qui luy appartient et demeurer ferme dans ses alliances...

« M. le duc de Lorraine doit ensuitte faire voir à toute l'assemblée électorale qu'il n'est pas raisonnable de laisser tousjours l'Allemagne dans le misérable estat auquel elle est pour des passions ou des intérests des princes qui ne se servent d'elle que pour leur considération particulière... S. A. doit remonstrer que la proposition d'abandonner les biens ecclésiastiques pour parvenir à un accommodement particulier est honteuse à l'Allemagne.

« Enfin le but de l'envoi de M. le duc de Lorraine à la diète est de détruire les mauvaises impressions qu'on a voulu donner des intentions du roy... S. A. doit aussy donner charge de desadvouer touts les escrits ou manifestes qui auroient esté faits pour ses intérests contre la France comme ayant esté supposés, et qu'en se remettant à la bonté du roy, elle en a tousjours receu plus qu'Elle n'en eust osé espérer autrement... »

Nous n'avons point les procès-verbaux des séances de la diète, mais il nous semble assez vraisemblable que le duc de Lorraine n'a pas fait réciter, en pleine assemblée des princes électeurs, cette harangue dictée par Richelieu à la gloire de sa politique. Quant à la diète, l'empereur l'avait convoquée, en apparence pour apaiser les troubles qui agitaient l'Allemagne et auxquels la religion était mêlée ; mais l'empereur, qui ne voulait pas cette paix dont il feignait de désirer la conclusion, avait tout disposé pour rester maître des délibérations ; les princes de la ligue protestante en avaient été exclus, et cette convocation, faite à grand bruit, demeura sans résultat.

Page 770, note 4. — *Ajoutez* : Voyez l'addition à la page 914 de notre V^e volume.

Page 775, notes, 1re colonne, ligne 3. — Stella avait dû être nommé vers la fin de 1636 ; une lettre de l'avocat général Omer Talon nous donne à peu près cette date. Stella était alors en concurrence pour cette chaire avec un autre savant, Jean Turin, qui avait de puissants protecteurs ; Omer Talon lui indique ce qu'il doit faire pour triompher de ces influences redoutables. La lettre du 7 novembre 1636 est notée dans la *Revue des autographes* (août 1873).

Page 773, note 2. — 759, *lisez* : 760.

Page 775, note, 2e colonne, ligne 13. — Six, *lisez* : six millions.

Page 775, 2e colonne, ligne 14. — Si elle, *lisez* : S. M.

Page 776, ligne 4 du *P. S.* — D'y, *lisez* : d'en.

Page 776, après la pièce CCCXCI. — Malgré l'assemblée du clergé dont Richelieu était alors si désagréablement occupé en France, malgré la gravité des affaires extérieures auxquelles se joignait la révolution de Portugal, alors dans toute son ardeur, le cardinal ne laissait pas de donner sa pensée aux choses du théâtre qui, nous l'avons plus d'une fois remarqué, ont toujours été pour lui une distraction qu'il mêlait volontiers aux plus sérieuses préoccupations. Nous trouvons à ce moment (18 avril 1641) une déclaration du roi enjoignant aux comédiens français de ne rien représenter qui puisse blesser l'honnêteté publique. Nous la notons surtout parce qu'elle a été l'occasion d'une méprise qu'il convient de vérifier. Les chroniqueurs du théâtre, tels que M. de Léris et les autres après lui, ont attribué à Louis XIII, en 1641, une décision portant que « la profession de comédien n'est pas incompatible avec la qualité de gentilhomme, » décision qu'on a dit, sans preuve peut-être, avoir été donnée par Louis XIV, en faveur de Floridor (1671).

Page 778, notes, 2ᵉ colonne, ligne 11. — 169, *lisez* : 369.

Page 785, ligne 16. — Toulon, *lisez* : Toulouse.

Page 785, ligne 26. — A, *lisez* : la.

Page 789, sous-note. — *Ajoutez* : Elle parle sans doute des bontés présentes, mais comment, en signant ce nom, ne pas se souvenir de 1632 ?

Page 790, note, 2ᵉ colonne, dernière ligne. — *Ajoutez* : que nous venons de citer.

Page 795, ligne 7. — Il y a ici une certaine obscurité qu'il faut débrouiller. Il s'agit d'un gentilhomme nommé Vaucelles, dont il a déjà été question dans une lettre du 14 mai, p. 787. Ce gentilhomme avait été dépêché de Sedan à Blois vers le duc d'Orléans au sujet des intrigues qui se tramaient alors entre ce prince, M. le comte et l'archevêque de Reims; mais en ce moment Monsieur était en train de se réconcilier avec son frère, et, pour gage de sa sincérité, il livra le gentilhomme au cardinal. Vaucelles révéla tout ce qui se passait à Sedan, et on le tint caché dans la maison de Chavigni. Richelieu, récemment parti pour Abbeville, mande qu'on lui envoie Vaucelles, mais une prudente réflexion lui fait presque aussitôt donner contre-ordre, et il imagina la comédie qu'il explique dans sa seconde lettre à Chavigni, p. 796.

Page 795, note 3, ligne 3. — 598, *lisez* : 795.

Page 796, ligne 1. — « L'estat auquel il est; » ces mots sont expliqués par les premières lignes d'une lettre de la reine d'Angleterre au cardinal de Richelieu, apportée par Montaigu : « Mon cousin, mandait la reine, celuy qui vous remettra cette lettre estant contraint de s'en aller pour fuir l'orage qui tombe sur les pauvres catoliques, je ne luy ay peu refuser de vous le recommander... » (Aff. étr. t. XLVIII, fol. 258.)

Page 796, note 1. — *Ajoutez* : Ce fut pourtant l'année suivante seulement qu'elle fit un voyage en Hollande. Mais la reine sa mère se disposait à y passer en allant à Cologne; les ambassadeurs hollandais à Londres engageaient leur gouvernement à l'en dissuader; ils disaient « d'effrayer ceux qui le luy conseilloient, en leur montrant le péril qu'ils courroient, à cause de l'estroite alliance de l'estat avec la France, et du grand nombre de ceux qui estiment beaucoup l'amitié de M. le cardinal. » (Groen van Prinsterer, *Arch. de la maison de Nassau*, t. III, p. 449.)

Page 796, note 2. — P. 735, *lisez* : 786.

Page 798, ligne 8. — M. de La Ferté Imbault, nouvel ambassadeur de France en Angleterre, ne s'arrêta point, soit qu'il n'ait pas été atteint par le courrier, soit 'que d'autres ordres lui aient été envoyés. Dans une lettre du 11 juillet il rend compte de sa première audience, où, dit-il, « il a été fort bien reçu. » (Aff. étr. Angleterre, t. XLVIII, fol. 341.)

Page 799, 4ᵉ ligne. — L'Illers, *effacez l'apostrophe*; il n'y en a point dans le mot écrit par Richelieu, qui, selon un usage assez commun de son temps, omettait presque toujours la ponctuation; mais il a mis l'*i* majuscule, ce qui suppose l'apostrophe.

Page 800, 5ᵉ ligne. — « Sonder; » *ce mot ne se comprend guère; il est d'ailleurs douteux dans le texte, où l'on pourrait lire* fonder, *ce qui du reste n'est pas beaucoup plus clair.*

Page 800, 7ᵉ ligne. — *Après le mot* cognoistre, *mettez* : avoir.

Page 803, sous-note. — *Au lieu de* : exagérant la dureté de ce langage, *mettez* : dénaturant ce langage et changeant la dureté en insolence, rapportent etc.

Page 808, aux sources, ligne 6. — Après 65 il faut faire suivre et non mettre à la ligne : Expédition etc.

Page 808, sous-note. — *Effacez* : de Fontette et celle, *et mettez à la date, au lieu du 8, le* 13 (*date de la pièce de Fontette*).

Page 811, note 2. — L'évêque Arnauld, *lisez* : Henry Arnauld.

Page 814, ligne 2. — *Avant le mot l'esclaircissement un mot doit avoir été oublié :* par, donnant, ou autre.

Page 824, à la note 1. — *Ajoutez :* Voyez une lettre du surintendant, à la date du 15 juin 1641 (notre t. VII, p. 286).

Page 824, notes, 2ᵉ colonne, ligne 2. — Bouquet, *lisez :* Jacques.

Page 827, à la fin de la note 1, *mettez :* Aux indications données par le P. Griffet, nous en ajoutons quelques autres : la correspondance de Henri Arnauld, 14 et 21 juillet; Bibl. nat. fonds fr. 3771. — Deux relations dans le tome 487, fol. 191 vᵒ et 193 des Cinq-cents Colbert. — Ancien fonds de Béthune, 9307, fol. 79-82. — Arch. de Nicolaï, 75, L. 23; 11 juillet; p. 408 de la publication de M. de Boislisle. — Si les mss. ne nous révèlent point le secret de cette mort tragique, bien moins encore peut-on espérer de l'apprendre dans les relations officielles : *Gazette* de 1641, p. 416; *Mercure françois*, t. XXIV, p. 130. — Les archives de Nantes conservent l'original de la lettre par laquelle Louis XIII annonçait à cette ville la défaite de la Marfée et la mort de M. le Comte. Une copie est au ministère de l'instruction publique, envoyée par M. de Girardot. (Voyez notre VIIᵉ volume, p. 1049.)

Page 828. — *La note nᵒ 2 doit être numérotée 3, et la note 3 doit être numérotée 2.*

Page 828. — *Ajoutez aux notes de la lettre* 417 : Les abbayes que possédait M. le Comte furent distribuées plus tard ; celle de La Cousture fut donnée à l'évêque de Poitiers. Le cardinal lui écrivait à cette occasion une lettre toute remplie des sentiments d'une extrême bienveillance. N'en ayant point trouvé le texte, nous la notons sur la foi d'Henry Arnauld. (Bibl. nat. Collection Béthune, 9272, fol. 149.) Cet évêque était un de ses plus anciens amis, Chasteigner de La Rochepozay.

Page 829, ligne 1 de la lettre CDXVIII. — Le volume 9264 des manuscrits de Béthune (Bibl. nat.) contient une « Relation de ce qui s'est passé en la bataille du 6ᵉ juillet 1641 » (la Marfée), fol. 14.

Page 837. — *Ajoutez à la note :* Nous avons une lettre de Madame la comtesse, adressée à Richelieu le 3 avril 1642, où l'on remarque une vivacité d'intérêt pour la santé du cardinal dont on pourrait s'étonner au premier abord : « La joye que j'ay receue d'apprendre les bonnes nouvelles de vostre santé... j'en ay ressenti une satisfaction sy particulière que je ne le vous sçaurois représenter, ny le désir extrême que j'ay de la sçavoir toujours meilleur... ce tesmoignage vous fera cognoistre combien je prends part en ce qui vous touche. Vous aurez sy vous plaist cette créance et celle des obligations que je vous auray, de la permission, que je vous suplie d'obtenir du roy, de sortir de Sedan le corps de defunt mon filz; je vous demande cette grace, qui m'est la plus considérable de toutes celles que vous me pouvez departir... » Ce style est un peu différent de celui de la réponse de la comtesse à la condoléance que lui adressa Richelieu sur la mort de son fils, tué à la Marfée. A la vérité, Madame est ici suppliante, et puis l'abus de ce langage l'avait rendu à peu près insignifiant. La blessure, sans doute, était encore saignante au cœur de la mère du comte de Soissons, mais cette exagération sentimentale était alors à l'usage de tout le monde, même des persécutés et des victimes à l'égard des persécuteurs.

Page 842, note, ligne 2. — *Ajoutez :* On a vu, p. 767, note 1, qu'avec le commandement en Languedoc M. le prince avait reçu des pouvoirs pour commander les armées de Catalogne et de Roussillon; la prise d'Elne fut le seul exploit de cette campagne; 30,000 hommes furent détachés de l'armée du prince; cet affaiblissement l'empêcha, dit un historien, « de faire d'autres conquêtes. » (Pinard, 1, 403.) — On voit par le ton de cette lettre du 19 juillet que Richelieu s'était remis du mécontentement exprimé dans sa lettre des 3 avril et 15 mai.

Page 845, notes, 2ᵉ colonne, ligne 12. — *Effacez les guillemets.*

Page 846, notes, 2ᵉ colonne, ligne 14. — Dnd. *lisez :* du s'.

P. 860; *ajoutez* à la note 2. — Rappelons aussi la lettre de Richelieu, écrite au prince d'Orange le même jour et sur le même sujet, dont l'analyse se trouve à la date du 12 août dans le Supplément.

Page 862, ligne 27. — *Effacez le chiffre de renvoi* 1.

Page 862, note, ligne 1. — *Après* mis, *ajoutez : ici.*

Page 863, à la note. — *Ajoutez :* Cette lettre est aussi imprimée dans l'*Europe savante*, t. VI, p. 39, à la Haye, 1718.

Page 868, notes, 2e colonne, dernière ligne à partir d'en bas. — *Après le mot volonté, ajoutez :* Au reste, dans cette disgrâce tout le monde abandonna l'archevêque de Bordeaux, ainsi que nous l'apprend la correspondance de H. Arnauld : «M. Le Grand l'a deffendu aussy généreusement et haultement qu'il a peu, et on dict que c'est le seul et unique amy qu'il ait trouvé à la cour en cette rencontre.» (Lettre du 15 septembre.) On peut lire les autres détails que donne Arnault, le 18 septembre et le 23 octobre, pour expliquer la disgrâce de l'archevêque de Bordeaux.

Page 871, ligne 22. — *Excepté* La Motte, *lisez :* à La Motte près.

Page 875. Lettre au chancelier. — Richelieu avait écrit, quelques jours auparavant, au procureur général, sur le même sujet, une lettre que nous n'avons point; mais la réponse autographe de M. Molé, datée du 18 septembre, a été conservée aux Affaires étrangères dans le tome LXXVI de Rome (fol. 519) : «J'ay faict une plainte ce matin en la chambre des vacations, dit M. Molé, il y a eu arrest conforme. On ne pouvoit commencer de guérir ceste playe publique plus doucement; et l'on espère que S. St, recognoissant les intérests que tous les souverains y peuvent prendre, ou qu'elle sera révoquée, ou qu'on déclarera qu'elle ne pourra préjudicier aux droits, prérogatives et prééminences de la couronne, ny aux libertés de l'Eglise gallicane. Sinon il sera bien aisé d'y pourvoir par la rigueur des loix de l'estat, et selon les exemples dont nous avons les actes. Tous les ordres de France y sont abolis, les arrests en vertu desquels on a maintenu la liberté de la couronne y sont révoqués; les livres imprimés pour la défense de l'estat y sont condamnés.... » Le procureur général remarque combien le moment où fut publiée cette bulle en augmentoit encore le danger : «Or doit-on regarder la date qui est du mois de juin, et le souvenir de cette grande conspiration contre l'estat, sous le tiltre des princes unis à Sedan, qui devoit esclater incontinent après... » — Le procureur général conseille d'ordonner aux évêques de ne point ouvrir les bulles qui pourroient leur être envoyées, sans en donner avis. — Ce même volume de Rome donne (fol. 512) «l'arrest du parlement» que nous avons cité note 3, et il est rapporté dans les *Mémoires de Molé*, t. IV, p. 285, mais nous n'y voyons pas l'importante lettre du procureur général, laquelle en effet ne se trouve pas dans les manuscrits que M. A. Champollion a pu consulter.

Page 876. — D'autres difficultés encore menaçaient de troubler la bonne intelligence de la France avec la cour de Rome au sujet des deux décrets dont fait mention la lettre de Richelieu; le manuscrit 76 de Rome nous donne deux pièces qu'il faut indiquer ici : «Note sur l'envoi fait à quelques prélats de France par le nonce de deux ordonnances de la congrégation de l'inquisition qui peuvent faire préjudice à la France et à ses droits.». . Ce procédé tendroit à introduire la publication des ordonnances de l'inquisition dont le seul nom est odieux par deçà.» — Autre note «contre une bulle par laquelle sont condamnés tous les droits du roy, sa justice et son autorité sur les ecclésiastiques de son royaume, etc.» 27 août, fol. 484 et 488 du t. LXXVI précité.

Page 884, à la date. — 22, *lisez :* 20.

Page 889, ligne 7. — *Deux lettres sont tombées au premier mot; lisez :* tout.

Page 889. — *Ajoutez à la note :* Jean Varin, célèbre graveur de médailles sous le règne de Louis XIII et de Louis XIV; il était aussi sculpteur. Jeune encore, ses talents et la faveur de Richelieu avaient commencé sa fortune. «Il avait exécuté, dit son biographe, le buste de cette Éminence en or, dans de petites dimensions. Ce chef-d'œuvre avait passé dans le cabinet du président de Menars, mais on ignore ce qu'il est devenu. »

Page 896, ligne 5 (d'en bas). — La, *lisez* : le.

Page 897, 1re ligne. — Ses, *lisez* : les.

Page 897, ligne 3 de la lettre CDLI. — « L'affaire dont vous m'escrivés. » Bouthillier a écrit en marge : « La subvention générale; » c'était l'impôt du sou par livre.

Page 901, ligne 3. — M. de Nargonne, gentilhomme de Champagne, était le père d'une demoiselle de Nargonne, laquelle épousa, vers ce temps-là, le duc d'Angoulême (Tallemant des Réaux).

Page 903, note 1, ligne 2. — Depuis que ceci est écrit nous avons eu, des Archives de Condé, l'indication de plusieurs lettres que nous ne connaissions pas; l'une, du 20 mai, ne laisse déjà voir nulle trace de mauvaise humeur.

Page 907, note 1, ligne 10. — La déclaration qu'il fallait adroitement tirer du roi est relative à quelques paroles de la reine mère, que Riolan avait rapportées à Richelieu : « La reyne se plaint de la misère où la laisse monseig^r, parce qu'elle ne veut pas aller en Italie; elle est persuadée que sa maladie touche le roy, que S. M. voudroit la voir revenir en France, et que le cardinal a de la peine à détourner cette pensée et à parer ce coup. » Lettre du 5 avril. (Arch. des Aff. étr. Cologne, 1, fol. 208.) — Sur cette correspondance secrète de Riolan, voyez notre tome VII, supplément, p. 912.

Page 916, ligne dernière. — Mazarin n'alla pas à Rome. Richelieu dut certainement désirer dans ce moment que cet habile et fidèle ami ne s'éloignât pas de lui; on jugea même sa présence nécessaire auprès du roi, douloureusement agité de la catastrophe de M. Le Grand, et nous voyons que, le 15 juin, de Noyers, inquiet du trouble qu'il remarquait dans l'âme de Louis XIII, écrivait à Chavigni : « J'estime que le plustost que Mgr le cardinal Mazarin pourroit venir icy ce seroit le meilleur » (p. 935).

Page 928, sous-notes ^b et ^j. — M. de Bouthilliers, *lisez* : M. Bouthillier.

Page 933, note, 2e colonne, ligne 22. — *Après le roi, ajoutez* : « Prenez vos mesures là dessus, » lui disait-il.

Page 937, ligne 2. — Baunce (?) après : non chiffré, *lisez* : Baume.

Page 945, première ligne du texte. — *Mettez cette note* : Nous trouvons dans le tome XXXVI de Turin, fol. 172, une lettre de M. Montmartin à M. de la Cliette, commissaire ord^e de l'artillerie à Turin. Cette lettre, datée de Casal, le 24 juin, contient le récit de l'arrestation du duc de Bouillon; « il avoit quitté son logis la veille au soir, et s'estoit allé cacher dans un grenier où les soldats l'ont trouvé et l'ont poussé fort rudement avec leurs hallebardes. » — « S'il avoit, ajoute ce commissaire de l'artillerie, autant de fidélité que de capacité, ce seroit un des plus grands hommes du monde. » C'est ainsi que quelques contemporains ont jugé un homme dont Richelieu faisait assez peu de cas de son temps, et dont la postérité ne se souvient que comme d'un personnage assez médiocre par le génie ainsi que par le caractère. — Le même jour, 24 juin, Mrs de Castellan et du Plessis-Praslin apprenaient à Richelieu que le duc de Bouillon était enfermé au château de Casal (fol. 174 de notre manuscrit).

Page 945, ligne 3 du texte. — « Madame de Chevreuse, » Montrésor met seulement : « Madame, » comme s'il s'agissait de la femme de Monsieur; et puis il embrouille encore la phrase.

Page 945, aux sources, ligne 4. — *Mettez* : (*Mémoires de Montrésor*).

Page 946. — *Ajoutez à la note concernant madame de Chevreuse* : Au reste, il paraît qu'entre cette dame, qui était alors hors de France, et le cardinal, il y avait précisément à cette heure quelque pourparler de rapprochement qui pouvait donner carrière aux conjectures. H. Arnauld écrivait le 4 juin, quelques jours avant la découverte du traité d'Espagne : « On murmure de quelque accommodement de Mme de Chevreuse de deçà, et l'on s'imagine que c'est pour cela que Boispilé est allé trouver M. le cardinal. » On a vu que ce Boispilé était un serviteur attaché à la maison de Chevreuse.

Page 946, note 1. — Il y a ici une confusion qu'il est difficile de débrouiller, et au lieu de cette note 1, il faut mettre ce qui suit : Chez qui et comment Cinq-Mars fut-il arrêté ? Le premier historien de Richelieu a écrit : «La résolution d'arrester M. de Cinq-Mars ayant esté prise à Narbonne, elle y fut aussy tost exécutée.» (Aubery, t. II, p. 325 de l'édit. in-18 de son *Histoire du cardinal*.) Les documents authentiques que nous publions prouvent qu'Aubery n'a rien su des circonstances de cette arrestation, qui ne fut pas exécutée aussitôt que résolue. Le Vassor raconte que le 13 juin le roi donna ordre au comte de Charost, capitaine de ses gardes, d'arrêter le grand écuyer; que celui-ci, averti secrètement, tenta de s'échapper, mais qu'ayant 'trouvé les portes de la ville fermées, «il se réfugia chez la Burgos, dont le mari était absent, et y passe la nuit. Le roi ordonne des perquisitions dans toutes les maisons de la ville, défend, sous peine de la vie, de cacher Cinq-Mars.» Burgos rentré au logis, effrayé du péril que lui fait courir cet hôte inattendu, le dénonça au lieutenant du roi. (T. X, p. 450 de l'éd. in-12.) A ce récit, répété par le P. Griffet, cet historien en ajoute un autre, tiré d'un des interrogatoires de Cinq-Mars lui-même. M. Le Grand aurait été abordé, en revenant de souper, par un inconnu qui lui remit un billet : *On en veut à votre personne*, disait cet écrit mystérieux. Cinq-Mars alors se serait promptement retiré chez le s^r de Sionzac. (T. III, p. 465.) Nous avions d'abord pensé que le Cionjac de nos manuscrits était le même que le s^r de Sionzac nommé dans le récit du P. Griffet; mais nous remarquons ici plus d'une difficulté. Nous passerions facilement sur les diversités d'orthographe qui peuvent résulter de la mauvaise écriture des manuscrits et aussi du peu de soin qu'on mettait alors à écrire les noms propres; l'embarras réel vient des textes. Nous voyons Richelieu mander à de Noyers et à Chavigni le 26 juin : «Fault arrester Cioujac, qu'on dit avoir des papiers secretz» (VI, 4.); Chavigni, de son côté, écrire le 6 juillet à Richelieu : «S. M. trouve bon aussi qu'on arreste Cioujac, en quelque lieu qu'on le puisse trouver.» (VII, 14.) Et puis c'est le roi qui mande lui-même au cardinal, le 13 juillet : «On a descouvert une grande cabale que les gens de M. Le Grand faisaient pour le sauver, Pruges est pris, le s^r Siongeac et d'autres.» (VII, 29.) Enfin, le 25 du même mois de juillet, Richelieu développant dans une longue lettre à de Noyers et Chavigni toutes les précautions à prendre pour la garde de Cinq-Mars, leur dit : «Le premier ordre que M. Le Grand donna en arrivant à la citadelle de Montpellier, à son maistre d'hostel, fut de dire à Siouzac qu'il asseurast bien au dehors tout ce qu'il falloit pour le tirer de là[1], et qu'il ne se mist pas en peyne du dedans, où il gaigneroit autant de gardes qu'il luy faudroit.» (VII, 51.) Quel est cet homme qui paraît avoir des relations intimes avec Cinq-Mars et se trouver dans une position où il pourra le servir auprès des gardes extérieurs de la citadelle de Montpellier? Il semble que ce soit un des officiers du régiment chargé de la garde de la citadelle. Un souvenir vient à l'appui de cette supposition. A trois ans de là, en 1639, Richelieu écrivait à M. de La Meilleraie : «Je vous prie de me mander confidemment, et sans qu'on en sache rien, quelle réputation a dans l'armée le s^r de Siouzac, capitaine dans le régiment de mon neveu de Brézé. Je ne suis pas en doute de son courage, mais je désire scavoir quelle est estimée sa conduite» (11 juillet), et dans une nouvelle lettre au même, sur le même sujet : «Je ne suis pas en doute de son cœur, mais je seray bien ayse d'avoir esclaircissement de sa teste.» (VII, 239.) Voilà qui jette une certaine lumière sur le Sioujac de 1642, lequel pourrait bien être le même personnage que ce Siouzac de 1639, chez qui le cardinal semble flairer de loin un homme dont il aura à se méfier. Assurément cet officier n'a rien de commun avec le Siouzac chez lequel le P. Griffet dit que Cinq-Mars s'était caché. Quant à cette dernière circonstance, Mme de Motteville, dont le récit d'ailleurs n'est pas exempt de graves

---

[1] Siouzac était alors arrêté lui-même : il faut donc supposer que de Cinq-Mars n'en était pas informé.

inexactitudes, dit que M. Le Grand « se cacha dans du foin chez une femme de sa connoissance. » (I, 402.) « Il fut trouvé dans un grenier » écrit à son tour Montglat (p. 385), ce qui est à peu près la même chose. Bien plus récemment, M. Capefigue, qui a raconté cette tragique aventure avec son étourderie accoutumée, dit : « Le noble et bel écuyer fut recueilli par la femme du s^r de Siouzac, en l'absence de son mari, elle le mit dans un lit bien chaud, bien calfeutré, et pendant vingt-quatre heures il échappa à la surveillance. » (VI, p. 92.) Ingénieuse attention de la bonne dame, chauffer le lit de son hôte au mois de juin ! notez que personne n'a parlé de cette dame de Siouzac. Au reste cet incident de l'histoire de Cinq-Mars demeure obscur et ne mérite pas d'être éclairci.

Page 954, 2° ligne du texte, à partir d'en bas. — Affectionné, *lisez* : affectionnés.

Page 957, note 3. — *Ajoutez* : Dans son élégante et judicieuse *Histoire de Louis XIII*, M. Bazin a fait tout ce que peut faire le talent, privé du secours des sources originales.

Page 961, après le n° VIII, *mettez* : Nota, p. 14.

Page 962. — La date de la lettre XLV, 20 juillet, *lisez* : 24 juillet.

Page 964, après le n° CXXII, *mettez* : Nota, p. 193.

TOME VII.

Page 5, ligne 11. — Chassé, *lisez :* Chasé.

Même page, note, 2ᵉ colonne, lignes 3 et 4. — Recevait des mémoires, *lisez :* recevait, comme on le verra ci-après, des mémoires de Richelieu.

Page 7, notes, 2ᵉ colonne. — *Effacez* la ligne 4 et *mettez :* Voyez note 2, page 3.

Page 8, ligne 17. — Lavuson, *lisez :* Lauson.

Page 10. — *Ajoutez à la note concernant la tutelle des Enfants de France :* Mᵐᵉ de Motteville raconte qu'au départ pour le siége de Perpignan « Louis XIII, en disant adieu à la reine, lui dit assez cordialement qu'il la prioit d'avoir bien soin de ses enfants, et de ne les point quitter. » — « Soit, ajoute Mᵐᵉ de Motteville, que ce fût par le conseil de Cinq-Mars, soit que ce fût de son propre mouvement. » Cette inquiétude du roi confirme ce que nous avons dit ailleurs d'une insinuation de Cinq-Mars à Louis XIII, que, s'il venait à manquer, le dessein du cardinal était de s'emparer de ses enfants et de se faire proclamer régent. Au reste, quoique Mᵐᵉ de Motteville ait été dans la confiance la plus intime de la reine, elle ne paraît avoir rien su de particulier sur la conspiration de Cinq-Mars, ainsi qu'on le voit par les quelques mots qu'elle en dit à cette place. (T. I, p. 399, édit. Petitot.)

Page 11. — *Mettez après la pièce VI :* Les Enfants de France. — (Nous plaçons après la lettre VIᵉ cette pièce dont le sujet est indiqué par la lettre de Chavigni, citée dans la première colonne de la page 10.) — On sait que, dans ce temps-là, Anne d'Autriche éprouva une grande inquiétude au sujet de ses enfants, dont elle craignait que le roi ne voulût lui enlever la garde. A l'époque de la dernière maladie de Louis XIII, les ennemis de Richelieu faisaient insinuer à S. M. qu'en cas d'accident le cardinal avait intention de s'emparer de la régence du royaume, et de se faire confier le soin des Enfants de France. De son côté Cinq-Mars pouvait lui inspirer d'autres inquiétudes contre lesquelles elle n'avait de recours que la protection de Richelieu. Et, dans cette circonstance, il lui fut en effet favorable. Nous avons une lettre du P. Carré à Richelieu, qu'il convient de faire connaître ici, d'autant qu'on a peu de renseignements au sujet de ces intrigues, et que d'ailleurs la lettre est curieuse à divers titres (Arch. des Aff. étr. Cologne, vol. I, fol. 186) :

« Je fus lundi et mardi dernier à Saint-Germain, où j'ay veu fort longtemps la maistresse, qui me tesmoigna des incroyables obligations qu'elle avoit à Vostre Éminence, particulièrement touchant ce dernier voyage[1], où vostre bonté l'a si favorablement assistée et si efficacement qu'elle s'en ressent vostre très-obligée, me tesmoignant par des termes si expressifs l'amour et l'affection très-tendre et très-forte, et inébranlable qu'elle avoit pour Vostre Éminence que je m'en estonnois. Elle me tesmoigna que la raison pour laquelle elle m'ouvroit son cœur si franchement estoit que dores en avant elle se vouloit servir de moy proche de Vostre Éminence à laquelle elle souhaite extraordinairement de parler en confidence; mais que descouvrant son désir à Vostre Éminence, elle lui avoit respondu que cela ne se pouvoit faire à raison du gentilhomme; elle m'a tant remercié de ce que j'avois parlé pour elle à Vostre Éminence que j'en estois tout honteux. — Ensuite elle me pria de faire en sorte

[1] Le voyage de Perpignan.

envers Vostre Éminence qu'elle procurast le retour à Paris de M{{me}} de Autefort, et à la cour si elle le trouvoit bon, et que Vostre Éminence sçavoit bien comme elle estoit à présent traictée par celuy qui nous traicte si mal, qu'elle m'a tesmoigné n'aymer point, et que, si mal luy arrive, il ne sera plaint de personne. — Ensuitte elle me dist et me protesta que si sa demande estoit tant soit peu contre vostre volonté, qu'elle y renonçoit et qu'elle ne vouloit dores en avant plus rien aymer que ce que vous aymeriez, quoyque elle respondroit à Vostre Éminence de la fidélité de ladite Autefort envers Vostre Éminence. Et comme je luy répartis franchement que je n'en voudrois respondre à Vostre Éminence comme elle, si je ne luy avois parlé auparavant, elle me répartit à l'instant : ne luy en escrivez pas donc de suspect, ainsy de la vostre, et que je serois bien aise de son retour si Son Éminence l'a pour agréable. La grand'mère me pria instamment d'en prier et solliciter Vostre Éminence et qu'elle respondoit de la fidélité de sa fille; je luy respondis la mesme chose qu'à la maistresse, que je n'en croirois rien que je ne luy eusse parlé. — Vostre Éminence en fera comme bon luy semblera, mais, sauf meilleur advis, il me semble que l'ingrat ayant déclaré guerre ouverte à Vostre Éminence, son bienfaiteur, et, selon le monde, son créateur, il ny auroit point de mal de faire revenir à Paris ladite dame d'Autefort, de laquelle si on pouvoit prendre les assenrances nécessaires, veu la pureté et saincteté de nostre bon roy, de laquelle vostre bonté m'a autrefois entretenu les larmes aux ieux de plaisir qu'elle avoit d'en parler, la maistresse iroit fort jouieusement là où l'on voudra, ainsi que m'a dict la grand'mère, la menant quand et soy. — La grand'mère m'a dict que l'ingrat s'estoit vanté auparavant son départ, qu'on luy offroit gouvernement, charge et argent. — Tout le monde bénit Dieu de la grace que Vostre Éminence a faict à tant de prisonniers qu'elle a faict sortir de la Bastille, sur quoy on luy donne mille bénédictions... — (Un paragraphe sur le s{{r}} de Fonteine, l'un de ces prisonniers.) — La mère de l'ingrat pensa mourir mardy dernier... hyer elle se portoit mieux de ses estouffemens... — De vostre noviciat général, 27 feb. 1642. » — Et puisqu'il est ici question des Enfants de France, on ne lira pas sans intérêt une pièce encore inconnue, relative à la première éducation de Louis XIV.

Arch. des Aff. étr. France. 103, fol. 250. Autogr. — M{{me}} de Lanssac [1] à Richelieu. (Autogr. [2] sans date. Cherré a mis au dos : octobre 1642.) — « Monseigneur, pour satisfaire à lonneur des commendemans de Vostre Esminansse je luy randre conte par cele sy de ce que M{{gr}} le Daufin aprans le matin. Sest quelque prière en fransois; ensuite le pater, l'avé, ensuite le santæ. Après qui cest abillé lon le fest mestre a jenou, pour adorer Dieu. En se metant à table il dict le benedisite; en sortant de diné, grasse. Pour le credo lon ne luy aprans point encore. Lon luy ensaigne le catechisme et à conguestre ses lestre. Il satache si peu a ce que lon luy veust faire aprandre, et est sy chagerin (sic) que lon ne le forsse pas. Il n'a pas la vivasité d'esprit qui cerest à souesté; de sorte, Monsigneur, que je nauze surcharje sa mémoire. Jauguemanent ou diminure ce que Vostre Esminansse trouvesra à propos et qui luy plera me percequerire, n'ayant point de plus forte pation que de ce quelle aura agréable, et luy temoigner toutte ma vice par toutte sorte d'obaissance que personne ne sorest estre avec plus de pation que moy, Monsigneur, sa tr. humb. et tr. aubaisante et obligée et affectionnée et fidelle servante.

DE SOUVRÉ.

Page 20. — Supprimer les cinq dernières lignes de la note, lesquelles se trouvent répétées ici par une erreur d'imprimerie. — *Au lieu de cette phrase qui doit terminer la note :* Cet élan de reconnaissance se remarque surtout rapproché du sentiment si amèrement exprimé dans la lettre adressée trois jours avant à de Noyers et à Chavigni (p. 7). Richelieu était convaincu que le roi avait *consenti*

---

[1] M{{me}} de Lanssac était fille du maréchal de Souvré et sœur de M{{me}} de Sablé. — [2] Voy. mon VI{{e}} volume, p. 720, note.

à l'assassinat prémédité contre sa personne; et dans la défiance où il était du roi « on aura beaucoup de peine, disait-il, à raprivoiser l'esprit d'Amadeau. »

Page 23, ligne 4 d'en bas. — Mouty, *lisez* : Monty.

Page 34. — Le chiffre de la note 2, mal placé à la 10° ligne du texte, doit être reporté à la 2° après le mot : Céton.

Page 35, notes, 2° colonne. — De M., *lisez* : avec M.

Page 41, note 2. — *Ajoutez* : page 34,

Page 47, notes, 2° colonne, dernière ligne. — Page 28, *lisez* : page 29.

Page 52, note 1. — Page 70, *lisez* : 71.

Page 57, ligne 12 de la lettre XXXII. — *Ajoutez* au nom de Stella, une note 3 : sur Stella, voyez mon 6° volume, page 774.

Page 58, note 1. ligne 3. — Du roi, *lisez* : d'État.

Page 67, 3° ligne d'en bas. — *Mettez une virgule après le mot* mois.

Page 68, ligne 13. — Malleraie, *lisez* : Melleraie.

Page 69, note, 1° colonne, ligne 14. — Pense, *lisez* : panse.

Page 71, aux sources, avant-dernière ligne. — *Mettez en note* : C'est celle qui fut adressée à la cour de Parlement.

Page 73, lignes 15 et 16. — *Au lieu de la phrase* : « Pour faire des levées en France; qu'il donnoit a nostre d. frère six-vingt mille escus de pension. » la pièce adressée à la cour du Parlement met ce seul mot : « de pension. » Est-ce une erreur de copiste? La leçon que nous donnons semble plus vraisemblable; elle est d'ailleurs conforme aux clauses du traité, sauf que, pour la pension du duc d'Orléans, le traité dit : « douze mille écus par mois. »

Page 92, notes. — *Ajoutez* : Nous trouvons plusieurs communes nommées *Les Gardes*, mais les plus voisines de Tarascon en sont encore assez éloignées (dans le Cantal et le Puy-de-Dôme); d'un autre côté la tournure de la phrase ne semblant indiquer que des troupes, ne faudrait-il pas entendre : un détachement des gardes? Tout cela sans doute a peu d'importance, mais nous tâchons d'éviter la méprise du singe du fabuliste.

Page 101. — *Ajoutez à la note* 1 : Mais il est probable que Richelieu parle de la lettre précédente, datée du 20, et qui n'aurait été envoyée que le 21.

Même page, note 2. — *Ajoutez* : page 141.

Page 103, ligne 24. — Nous n'avons pas trouvé ce mémoire, écrit, comme le demande Richelieu, de la main qui imitait celle du roi; mais il en existe une copie écrite par Charpentier, sans date, laquelle est conservée dans le CI° vol. de la collection France parmi d'autres pièces sans dates. Nous ne l'avons rencontrée que tardivement et sans nous souvenir de la mention que fait ici Richelieu; et nous l'avons placée à sa date probable, le commencement de septembre, p. 116 de ce volume. Nous sommes heureux de n'avoir pas à rectifier les conjectures présentées dans les notes qui accompagnent cette pièce.

Page 108, note, 2° colonne, ligne 1. — *Après les mots* : cette assemblée à Chantilly, *ajoutez* : dont il sera question tout à l'heure.

Page 116, ligne 12. — *Au lieu du blanc*, au premier mot de la ligne, *mettez* : dans.

Page 116. — Pièce LXVII°, voyez la page 102 du VII° vol. ligne 24, et l'addition à ladite page.

Page 121. — *Ajoutez à la note* 2 : Peut-être devaient-ils être effacés, car il ne manque rien au sens.

Page 122, notes, 1° colonne, ligne 8. — Aubry, *lisez* : Aubery.

Page 122, notes, 2° colonne, ligne 15. — *Après le mot* jugement, *mettez* : ce jour n'ayant été fixé que la veille.

Page 122, 2ᵉ ligne du texte. — *Mettez en note* : Perpignan capitula le 9 septembre. Une lettre par laquelle Louis XIII en informait la ville de Nantes se trouve en original, avec la date du 16 septembre, dans les archives de ladite ville. Une copie est au ministère de l'instruction publique. Voyez aux Analyses, 17 juin 1641.

Page 127, ligne 1. — Affeure, *lisez* : affaire.

Page 128. — *Ajoutez à la note* 3 : «Marion de Lorme (dit le cardinal de Retz), qui était un peu moins qu'une prostituée, fut un des objets de son amour..... Madᵉ de Fruges, que vous voyez traînant dans les cabinets sous le nom de vieille femme, en fut un autre; la première venait chez lui la nuit; il allait aussi la nuit chez la seconde, qui était déjà un reste de Buckingham et de l'Épienne.» (Édit. de Michaud, page 19.) En citant le cardinal de Retz, il convient de rappeler qu'il n'est pas, à l'égard de Richelieu, un témoin désintéressé; s'il faut l'en croire, Richelieu, aux jours de sa plus haute fortune, aurait fait au tout jeune abbé de Retz des avances, que celui-ci aurait repoussées avec quelque dédain, et la rancune du grand cardinal, blessé dans son orgueil, aurait poursuivi l'abbé de Retz d'une malveillance obstinée. N'est-ce pas aussi une vieille rancune qui, longtemps après, dictait ce que le très-piquant auteur des Mémoires a écrit sur le grand cardinal ?

Page 132, ligne 2. — Humur, *lisez* : humeur.

Page 134, ligne 16. — *Après* bien, *mettez* une virgule.

Page 138, ligne 14 du texte. — En, *lisez* : de.

Page 139. — A la date de la lettre LXXXII, *mettez cette note* : Une lettre du même jour, 22 septembre, adressée à Molé, est classée dans le ms. des Cinq-cents Colbert, t. II, 349 *bis*; on a mis en tête : «lett. du card. de Richelieu» et on l'a imprimée sous son nom dans les *Mémoires de Molé*, t. III, p. 35. Cette lettre est du frère de Richelieu; la signature : *Le card. arch. de Lyon* est à peu près illisible. Cependant pour quelqu'un qui a l'habitude de l'écriture du grand cardinal il n'était pas possible de s'y tromper; mais surtout ce qui aurait dû éclairer celui qui a écrit la fausse indication du ms. de Colbert, c'est que la lettre est datée de Lyon, que le cardinal avait quitté le 12 septembre; le 22, il était à Bourbon-Lancy. De plus, quoique le dernier chiffre du millésime soit mal formé, en y faisant attention on aurait pu remarquer qu'il y a 1643 et non 1642. Enfin le mal du bras du cardinal lui avait ôté l'usage de la main droite, et il n'a pas signé une seule lettre depuis le mois de mars 1642. Nous devons noter ceci afin d'éviter qu'on ne nous impute d'avoir oublié une lettre donnée comme authentique par le manuscrit précité de la Bibliothèque nationale.

Page 141, ligne 2 de la lettre LXXXIIIᵉ. — Les nouvelles de M. d'Avaux conservées dans le t. XVIᵉ des affaires d'Allemagne ne consistent à ce moment qu'en un extrait de dépêche daté du 9 septembre; il s'agit «de nouvelles difficultés et de nouveaux retards apportés par les ennemis dans les négociations» (p. 237). C'est sans doute cette dépêche dont parle Richelieu. Nous trouvons dans le même volume (fol. 241), avec la date du 18, un mémoire de Mazarin, en italien, sur la situation présente, où il insiste sur le désir qu'on a de la paix : «Il pensiero di S. M. e di S. Em. fù sempre volto alla pace universale,» pièce demandée sans doute à Mazarin par le cardinal.

Page 142, ligne 2. — Les nouvelles de Rome données par M. de Lionne et par l'ambassadeur, M. de Fontenay-Mareuil, ne manquaient pas d'importance. La conspiration de Cinq-Mars avait fort préoccupé les esprits à la cour du pape, M. Le Grand y avait des partisans «che pensavano già essere padroni del mondo,» écrivait M. de Lionne à Mazarin; et l'ambassadeur écrivait en même temps : «La prise de Perpignan a rasséréné les esprits, le pape en a montré ouvertement une joie extraordinaire;» la querelle entre le pape et le duc de Parme, où la France était fort intéressée, était arrivée à la dernière extrémité : «l'entrée en campagne du duc de Parme (mandait M. de Fontenay le 14 septembre) a fort surpris à Rome;» et M. de Lionne disait peu de jours après à Chavigni : «M. de Parme

23

se trouve avec son armée dans le milieu de l'Estat ecclésiastique, maistre de toute la Romagne sans rencontrer aucune résistance... la terreur est grande et les sujets mal affectionnez... Le pape se fasche, on dit que son maistre de chambre lui parlant de quelqu'un de ses ministres ayant usé du mot *servitori*, il répartit en colère : « dites *traditori* che non usi han mai detto la verità. » Cette lettre, de plus de sept pages, est fort curieuse. Ces diverses dépêches sont conservées dans le volume de Rome, 80', fol. 425 et suiv. à la date de septembre.

Page 169, ligne 9. — *Après le mot :* cognoissance, *mettez cette note :* Poussé à bout, et déterminément résolu à faire renvoyer de la cour les ennemis qu'il avait encore auprès du roi, Richelieu rompt la glace et fait entendre clairement à Louis XIII qu'il sait l'assentiment donné par le roi aux manœuvres ourdies pour le perdre. Rien n'est plus certain que cette faiblesse de Louis XIII; Cinq-Mars a voulu le dire devant ses juges, de Thou l'a dit à Richelieu lui-même dans l'interrogatoire que le cardinal lui a fait subir : « Avez-vous escrit à Rome et en Espagne? — Ouy, Monseigneur, par le commandement du roy. — Estes-vous secretaire d'Estat pour l'avoir fait? — Non, Monseigneur, mais le roy me l'ayant commandé, je n'ay peu faillir de le faire. — Avez-vous quelque pouvoir de cela? — Ouy, Monseigneur, la parole du roy et un commandement de le faire par escrit. — Si est-ce que M. de Cinq-Mars n'en a rien dit. — Il a eu tort, Monseigneur, de ne l'avoir dit, car il en a receu le commandement aussi bien que moy. — Où sont ces commandemens? — Ils sont en bonnes mains pour les produire quand il en sera besoin. » Est-ce que le mensonge était possible en de telles circonstances? La complicité du roi est indéniable; les meilleurs historiens l'ont reconnu. (Le P. Griffet, t. III, p. 421.) Mais il faut faire une distinction que nous ne trouvons nulle part, et qui seule pourtant peut rendre vraisemblable la participation du roi. Louis XIII, en vue de préparer la paix, a autorisé Cinq-Mars et de Thou à essayer en Espagne et à Rome une espèce de négociation, dont, au reste, on n'a jamais trouvé aucune trace; mais une telle négociation n'avait rien de commun avec le criminel traité conclu au nom de Monsieur, du duc de Bouillon et de Cinq-Mars, dont Louis XIII n'a jamais pu avoir la moindre connaissance.

Page 170, ligne 2 de la lettre XCVIII. — Destail, *lisez :* détail.

Page 176, ligne 10. — Ne faut-il pas effacer le mot « meilleures, » lequel semble une faute de copiste du ms. de Harlay?

Page 181, ligne 12. — V..... *lisez :* Veines.

Page 186, 8ᵉ analyse, aux sources. — *Mettez :* Bibliothèque nat. Clairambault, Mélanges, 695, pièce indiquée dans l'inventaire.

Page 191. — Après la première analyse, il faut mettre l'analyse d'une lettre adressée au maréchal de Châtillon en 1638, laquelle a été classée par erreur en 1639, p. 229 ci-après, 1ʳᵉ analyse.

Page 195, 4ᵉ analyse, ligne 1. — Pont, *lisez :* port.

Page 198. Lettre au baron d'Ambres, du 24 août, 1ʳᵉ ligne. — Les Mémoires de l'Académie de Toulouse mettent M. de Carlat; nos mss. nomment ce gouverneur de différentes manières. Besse, dans son *Histoire des comtes de Carcassonne*, p. 221, dit au chapitre intitulé : *Capitaine, prévost et connestable* (le mot de gouverneur n'était pas là en usage) : « Gabriel de Cachac, sʳ du d. lieu et capitaine de la porte du roy. Il a esté du règne de quatre rois et décéda l'an 1638, d'une chute de cheval, âgé d'environ cent ans. » Besse nomme, immédiatement après Cachac, « Messire Hector de Gélas et de Voisins, marquis de Leveron et d'Ambres. » C'est aussi le nom que donne M. Mahul, dans son savant *Cartulaire de Carcassonne*, t. V, p. 498 et 698. Cachac est donc le nom véritable de ce personnage, pour lequel nos mss. donnent presque toujours une orthographe fausse; ainsi aux noms qu'on lit tom. V, p. 162 et 934, il faut substituer celui de Cachac tel que nous l'avons imprimé p. 112 du VIᵉ vol. et 198 du VIIᵉ.

Page 199, 4ᵉ analyse. — Cette lettre à la princesse d'Orange est mal classée; elle doit porter la même date que l'instruction donnée à M. d'Estrades le 10 janvier 1641, et être placée avec l'analyse de ladite instruction, p. 276 de notre VII⁰ volume.

Page 200, 3⁰ analyse, aux sources, ligne 1. — 17, *lisez* : 217.

Page 209, 1ʳᵉ analyse, aux sources. — *Ajoutez* : Mise au net. Arch. des Aff. étr. Saxe, t. II, pièce LXX.

Note 1, ligne 4. — *Après le mot* Chavigni, *mettez* : ou plutôt à de Noyers.

Page 211. Lettre à Madᵉ de Chevreuse. — C'est par une erreur typographique que les lignes comprises entre crochets sont placées ici; elles appartiennent à la lettre du même jour, 14, adressée à l'abbé du Dorat, p. 212; elles se trouvent, écrites par Cherré, à la suite de la minute de la main de Charpentier. Les manuscrits de Colbert et de Harlay ont fait cette confusion dans leurs copies, sans doute parce que ce billet pour madame de Chevreuse est écrit de la même main et immédiatement après le paragraphe qui fait partie de la lettre de Richelieu à l'abbé. Mais il est bien évident que Richelieu n'a rien voulu ajouter au billet sec et laconique qu'il écrivait à Madᵉ de Chevreuse, en lui mandant que M. du Dorat était chargé de lui donner sa réponse.

Même page. — Aux sources de la lettre à Madᵉ de Chevreuse, *mettez* : minute de la main de Cherré. Bibl. nat. fonds français, 9354, p. 327.

Page 212, 1ʳᵉ analyse, aux sources, ligne 3. — Maintenant fonds français, 9354, p. 327 (cote nouvelle).

Page 215. — Il faut ramener en tête de cette page les deux lettres au comte d'Harcourt placées par erreur p. 220 et 221.

Page 218, 2⁰ analyse, aux sources. — *Ajoutez* : à la fin du IIᵉ vol. de Vialard, p. 78 des pièces.

Page 218, 3⁰ analyse, aux sources. — *Ajoutez* : à la fin du IIᵉ vol. de Vialard, p. 79 des pièces.

Page 219, 1ʳᵉ analyse, aux sources. — *Ajoutez* : à la fin du IIᵉ vol. de Vialard, p. 80 des pièces.

Page 219, 3⁰ analyse, ligne 5. — Je serois fort heureux d'estre, *lisez* : je souhaitterois estre. Il y a dans le ms. : «je serois souhaitterois;» le cardinal a oublié d'effacer «serois,» et ce passage étant fort mal écrit la lecture en est difficile. Le volume a été coté à nouveau, le folio est maintenant 159.

Page 224, 3⁰ analyse. — *Ajoutez aux sources* : Original, arch. de Condé. Cet original est daté du 13 mai.

Page 228. — Lettre de M. de Longueville; aux sources, *mettez* : minute de la main de Cherré. (Arch. des Aff. étr. Turin, t. XXVIII, fol. 513.)

Page 229, 1ʳᵉ analyse. — La lettre est de 1638, elle doit être reportée à la page 191 ci-dessus.

Page 229, note 2, ligne 3. — 673, *lisez* : 373.

Page 233, 4⁰ analyse, aux sources. — *Ajoutez* : Mise au net de la main de Cherré avec quelques mots de Richelieu; Arch. des Aff. étr. Lorraine, t. XXXI, p. 75.

Page 240, note 2, ligne 2. — 17 juillet, *lisez* : 18.

Page 243, 1ʳᵉ analyse, ligne 2. — Qu'il, *lisez* : que celui-ci.

Page 243, note 4. — Précité, *lisez* : cité aux sources.

Page 260, colonne des dates, 15⁰ analyse. — *Mettez* : Soissons. Aux sources : Arch. des Aff. étr. Turin, t. XXX, fol. 281. Minute de la main de Chavigni. Ce manuscrit donne la date du 6 mai; c'est une erreur, le 6, Richelieu n'était pas à Soissons.

Page 261, 5⁰ analyse. — A la suite de cette pièce, dans le V⁰ vol. d'Aubery, est imprimé un mémoire adressé par ordre du roi à M. de la Cour. Nous en trouvons une mise au net, de la main d'un commis des Aff. étr. collection de Turin, t. XXX, fol. 287, avec la date du 11 juin; la date du 9 donnée par Aubery doit être inexacte. «Les sentimens de deça (dit ce mémoire) n'est pas qu'on change le P. Monot du lieu où il est (il était prisonnier), si ce n'est pour l'emmener en France.» — Lenteurs inexplicables de Madame à user des moyens nécessaires pour reprendre Turin. — Satisfaction du roi de ce que Madame a rompu toute négociation avec ses beaux-frères. — Aubery a remplacé par des points les passages chiffrés de l'original; ces passages se trouvent en clair dans la mise au net précitée.

Page 264, 4° analyse, en tête des sources. — Copie, Bibl. Sainte-Geneviève, Q, l. 6, in-fol.

Page 267, 2° analyse. — *Ajoutez :* Le jeune prince aussi rendait à M. de Maigrin le même témoignage, dans une lettre écrite à Chavigni, du siége d'Arras le 19 juin 1640. Le duc d'Enghien, reconnaissant de l'affection qu'avait pour lui M. de Maigrin : «je ne sçaurais trop remercier M. le cardinal de me l'avoir donné,» écrivait-il. Nous avons dit que quelques mois après ce digne gentilhomme fut assassiné par les domestiques de la maison de Condé. (Notes, t. VI, p. 767.) Cette lettre du duc d'Enghien était conservée dans le riche cabinet d'autographes de M. Dumont, dont la vente a été faite par l'expert Gabriel Charavay en juin 1875.

Page 271, 1re analyse. — Casteluns, *lisez :* Cataluns.

Page 272, colonne des suscriptions, 3° analyse. — Au lieu des points, *mettez :* à M. l'archevêque de Bordeaux. — Aux quatre lignes de sommaire, *substituez cette analyse :* Dépêche du cardinal en réponse à plusieurs mémoires que lui avait envoyés ledit archevêque, concernant l'état d'un certain nombre de vaisseaux. D'après les conseils de l'officier de marine Des Gouttes, Richelieu désigne ceux de ces vaisseaux qui doivent être vendus comme hors de service, ceux qu'il convient de transformer en brûlots, ceux enfin qui doivent être conservés en armement. On en composera deux flottes : l'une destinée au Levant, l'autre au Ponant. «Quant au voyage de Barbarie, led. s^r Des Gouttes, qui est près de la mer, dit qu'il n'est plus temps d'y penser pour cette année; on verra l'année qui vient ce qu'il faudra faire et les moyens qu'il faudra tenir pour réformer le traité d'Alger.» — A cette lettre du cardinal, Chavigni en joint une de quelques lignes, où il insiste sur l'inopportunité de l'expédition d'Alger, et sur la nécessité de corriger le traité fait par le s^r Cosquiel. — Aux sources, *après* le XX, *mettez :* pièce 46 du volume non coté.

Même page, *effacez la note et mettez :* Nous ne trouvons pas cette addition dans le ms. d'Espagne, mais elle doit se rapporter à la dépêche du 10 novembre, dont nous venons de donner l'analyse.

Page 275, au 2 janvier 1641. — Il faut noter ici deux pièces relatives à ces négociations avec les Barbaresques. Voici la pensée principale de la première, intitulée : *Mémoire pour Alger :* «que si les Turcs veulent traiter pour le bastion, il faut, le plus qu'on pourra, s'attacher aux termes du traitté dont nous avons baillé copie.» — «Que s'ils s'opiniastroient à quelque article qui ne fust pas essentiel, il faudroit s'accommoder du mieux qu'on pourroit; mais quoyque l'on face il faut ravoir tous les chrestiens, en quelle forme et manière qu'ils aient esté pris.»... Dans la seconde pièce, qui porte en tête : *Mémoire pour Alger et Tunis*, il s'agit de réparer un traité mal fait : «d'autant (y est-il dit) que les Turcs ont rompu leur foy, entreprenant ce qu'ils ont faict sur la bastion du roy [1] ... Et parce que dans le traitté il y a quelques articles que S. M. ne peut passer..... elle veut absolument changer lesd. articles, ainsy qu'il est porté par led. projet de traitté qui a esté dressé»... Ces deux pièces se trouvent en copie à la Bibl. nat. dans la collection dite *Suite de Dupuy*, t. XVII, fol. 635, 636 et 682, 683, sans date, classée en 1637 et 1641; écrites d'une et l'autre sur la même feuille et de la même main (d'une écriture que je ne connais pas). On y trouve bien la pensée de Richelieu, mais il ne paraît pas qu'elles soient de lui, et rien n'indique sa coopération directe. M. Sue, qui les a imprimées dans la *Correspondance de Sourdis*, t. II, p. 426 et 431, les donne comme l'œuvre du cardinal, sans expliquer ses raisons, non plus que pour les dates qu'il leur assigne dans

---

[1] Le *Bastion de France* était une forteresse bâtie, par concession du Grand Seigneur, à l'est et non loin de Bone, pour servir de retraite aux marins français que leurs industries appelaient sur cette côte.

sa table, 30 novembre 1637 à l'une, 2 janvier 1641 à l'autre (p. 544 et 555 du IIIe volume). M. Sue indique aussi par erreur cette source inexacte t. XXIe de la *Suite de Dupuy*.

Page 276. — Mettre dans cette page, après la 1re analyse, celle de la lettre adressée à la princesse d'Orange, classée par erreur à la page 199 du VIIe volume.

Page 277, ligne 3. — Après « *Vie de Gassion*, » *mettez* : t. II, p. 178.

Page 279, aux sources de la lettre à Mazarin. — Après étr. *mettez* : France.

Page 279. — Otez de cette page les lettres adressées à M. de La Thuillère et à M. d'Estrades ; elles y sont doublement mal placées ; d'abord la date est fausse, et puis ce sont les minutes d'originaux analysés plus loin. Nous les avions prises aux Aff. étr. dans les volumes de Hollande, où elles sont à tort classées en février. Depuis, nous avons trouvé les originaux à la Bibliothèque nationale, portant leur date véritable : 12 août. Cette diversité de date et le temps assez long qui s'était écoulé entre le moment où nous avons trouvé les minutes et ensuite les originaux nous ont empêché de nous apercevoir de l'identité des pièces. Nous en avertissons le lecteur, qui reportera au 12 août (p. 293) la mention des minutes de ces deux missives, ainsi que les notes 2 et 3 se rapportant à la lettre écrite à M. de La Thuillère.

Page 283, 4e analyse, aux sources, ligne 1. — Après 92647, *mettez* : fol. 144.

Page 284, note 4, ligne 2. — Dissoudre, *lisez* : expulser plusieurs membres de.

Page 284, note 4. — 30 mai, *lisez* : 31. Dissoudre, *lisez* : expulser plusieurs membres de.

Page 288, même note, ligne 4. — Mais, *lisez* : mais.

Page 293. — Voy. ci-dessus l'addit. à la page 279 ; analyses 5 et 6.

Page 301. Colonne de suscription, 4e lettre ; après le nom de Mazarin, *effacez* (à Rome).

Page 303, 5e analyse, ligne 4. — Mgr, *lisez* : M^{is}(?).

Page 303, 6e analyse, ligne 9. — Passé, *lisez* : pressé.

Page 304, 2e analyse. — *Mettez en note* : Le cardinal écrivit aussi à Mad^e de Guébriant une lettre, notée par H. Arnauld. (Béthune, 9273, fol. 84 v°.)

Page 310, ligne 9. — Mari, *lisez* : fils.

Page 313, note 1, ligne 1. — Donné, *lisez* : pensé à donner.

Page 317, note 1, ligne 4. — Tallemant des Réaux cite une lettre de Richelieu antérieure (du 27 octobre 1607) adressée à Henri IV, et par laquelle l'évêque de Luçon dédiant ses thèses au roi « luy promettoit de rendre de grands services s'il estoit jamais employé. » (*Historiettes*, t. II, p. 2.) Nous n'avons pas trouvé cette lettre, où nous aurions été bien aise de vérifier ces *promesses de grands services*.

Page 317, note 1. — Lorsque cette note a été écrite, il y a huit ou neuf ans, nous pouvions bien prévoir, mais nous ne pouvions encore mentionner ces nombreux travaux d'une inestimable valeur qui placent aujourd'hui M. Tamizey de Larroque parmi nos érudits les plus distingués. Plusieurs de ces travaux ont attiré l'attention de l'Académie des inscriptions et belles-lettres ; et tous ceux qui ont lu dans cette collection des *Documents inédits* l'excellent commentaire qui accompagne les lettres de Balzac ont pu apprécier la connaissance des faits et l'élégance de style avec lesquels le savant éditeur traite les questions historiques et littéraires. Ce beau travail fait attendre avec une curieuse impatience la publication de la correspondance de Chapelain, que prépare M. Tamizey de Larroque. Ce recueil, d'une importance capitale, est en réalité l'histoire des lettres et de l'érudition en France pendant vingt-quatre années (1632-1640 et 1659-1673). (Note de M. Avenel.)

Page 318, aux sources. — *Mettez* : Bibl. nat.

Page 320, ligne 5. — Il s'agissait du gouvernement du Berry, pour lequel on donna au baron de La Chastre 60,000 ^{lt} avec le brevet de maréchal de France. Cette affaire est clairement expliquée dans les *Mémoires de Richelieu*, t. I, p. 302 et suiv.

Page 3 23 , 6° ligne de la pièce V. — *Mettez* : dans la 3e et la 4e page, que nous donnons ici, Richelieu formule, sous le titre : *conclusion*, les expressions etc.

Page 333. — Nous avions trouvé un extrait de cette lettre à Du Maurier dans les manuscrits de Harlay, où on la date du 1er janvier. Notre Ier vol. p. 240.

Page 333. — *Au lieu de la note* 3 , *mettez* : Cet « etc. » signifie sans doute « la Fontau » nommée plus haut.

Page 336, ligne 2. — Après les mots « 5 janvier, » *ajoutez* : (t. Ier, p. 249).

Page 339, note. — 337, *lisez* : 330.

Page 341, note, 2e colonne, 4e ligne. — Ce qu'elle, *mettez* : ce que S. M.

Page 347, ligne 1 du texte. — Après le mot « Ancre » intercaler cette ligne oubliée : la lettre des princes adressée au roi et il annonce.

Page 373, note. — *Ajoutez* : La lettre fut imprimée dans le temps en feuilles volantes, *avec permission*, et sans doute par ordre du maréchal d'Ancre, « à Paris, par Joseph Guerreau. » Ce sont quatre pages d'un très-petit format, signées Coisius (*sic*) (Clairambault, Mélanges, 372 , p. 7347). Peut-être faut-il mettre ce qu'il y a d'inconvenant dans cette lettre sur le manque de tact et le peu d'habitude de notre langue, autant que sur l'insolence du personnage.

Page 374, ligne 9. — Ces lettres du maréchal d'Ancre, sur lesquelles Richelieu lui adresse de sages représentations et qu'il hésite à envoyer, se rapportent à l'affaire dont nous avons parlé p. 535 de notre IVe volume.

Page 374, 2e ligne de la lettre XLII. — Harlem, *lisez* : Harlay.

Page 376. — *Ajoutez à la note* : Ce pourrait être aussi la reine mère.

Page 378, note, 1re colonne, ligne 24. — Au ministère, *lisez* : aux ministres.

Page 379, ligne 7. — Rien, *lisez* : Bien.

Page 383. — *Addition à la note* 1 : « Deageant, a écrit Arnauld d'Andilly (p. 378), avait alors plus de part que nul autre dans les affaires et faisoit toutes les fonctions de ministre. » Cette importance d'un moment explique la correspondance de Richelieu avec ce personnage, qui, en réalité, était bien plus homme d'intrigue qu'homme d'affaires, et qui ne tarda pas à rentrer dans l'obscurité d'où il était un instant sorti.

Page 383, note 3. — On lit dans les *Mémoires* de Bassompierre : « Peu de jours après le 15 septembre, le roi me mit dans la Bastille, où je demeurai huit ou dix jours, au bout desquels le roi m'ayant commandé de remettre la place entre les mains de M. de Luynes, à qui il en avait donné la capitainerie, je lui résignai. » (II, 152.) Cependant le P. Griffet a écrit : « Luynes prit le commandement de la Bastille, le 20 mai. » Il y a là un embarras qu'il n'est pas bien nécessaire de débrouiller, mais que nous devons noter à cause de la cession de la capitainerie de la Bastille, demandée à la reine mère exilée, en faveur de Luynes. (Lettre du 12 mai, t. VII, p. 389.) — Dans la même note, ligne 6, *lisez* cession *au lieu de* session.

Page 384, ligne 10. — *Effacez* à (au commencement de la ligne).

Page 387, sous-note ***, ligne 3. — *Après* in-12 , *mettez* : une édition plus correcte a été donnée en 1863, à Florence, par M. L. Steffani. Nous ne l'avons pas trouvée dans la Bibliothèque de Paris.

Page 387, ligne 5. — *Après* le pape, *mettez* : Paul V.

Page 390, ligne 19. — *Mettez cette note* : C'est une allusion aux calomnies incessantes dont étaient poursuivis la reine mère et le ministre qui l'avait accompagnée. « Je ne vous tairay point, Monsieur, écrivait Deageant à l'évêque de Luçon, qu'à toutes heures l'on a les oreilles battues de ne se point asseurer entre personne à laquelle vous sçavez que j'ay voué tout service, et veult-on persuader qu'elle est du tout portée à caballer ; j'essaye, autant qu'il m'est possible, à faire voir la vanité de ces beaux advis... »

Page 395, note 4. — Ligne 6, *lisez* : ligne 13.

Page 414, note 3. — Le prieur, *lisez* : Le Pleur.

Page 416, note 2. — *Ajoutez :* Pour comprendre les premières lignes de ce fragment il faut se souvenir qu'il est question du maréchal d'Ancre, que la pensée de Richelieu est de répondre aux reproches qu'on lui faisait de ses rapports avec ce favori et d'avoir été ministre sous lui. Richelieu insiste sur cet argument que, si ce qu'on lui reproche est un crime, les anciens ministres sont bien plus criminels que lui, eux sous le gouvernement desquels le favori a amassé son immense fortune, et est parvenu aux plus éminentes charges de l'État. Il est fâcheux que cette défense de l'évêque de Luçon semble parfois s'étendre jusqu'au favori. Telle ne pouvait pas être la pensée de Richelieu, qui a dit assez nettement son opinion sur le maréchal d'Ancre.

Page 419, ligne 1. — Il despendoit, *après ce mot, mettez :* (depensoit).

Page 421, ligne 10. — *Après* paru, *nous pensons qu'il faut mettre* et.

Même page. — *Ajoutez à la note :* il semble que ce sont les paroles de Villeroi que l'on continue de rapporter.

Page 422, ligne 2. — Prosmouvoir, *lisez :* promouvoir.

Page 423, aux sources. — *Mettez :* Bibl. nat. Clairambault, Mélanges, 374, fol. 9253, original.

Page 423. — A la date, *mettez :* d'Avignon, 20 décembre 1618.

Page 423, ligne 6. — Mes frères : Henri de Richelieu, son frère aîné, et Du Pont de Courlay, son beau-frère. L'un et l'autre écrivirent aussi au roi et à Mme de Pontchartrain. H. de Richelieu demande la permission d'aller pour huit jours chez lui et à Paris; il a perdu sa femme, on a fait apposer le sceau sur son logis, on a saisi son bien, on veut faire inventaire, «afin que je puisse donner quelque ordre à ces ruineuses affaires, et consigner mon fils ès mains de personnes qui aient soin de sa vie.» Il le prie d'appuyer sa requête près du roi, auquel il écrit à peu près la même chose. Il demande à S. M. de le faire accompagner «de tels de vos gens qu'il vous plaira... afin qu'ils vous puissent particulièrement informer de mes parolles, de mes actions et des personnes que je verray... et qui par après me reconduiront au lieu où il vous plaira d'escrire à mes frères d'aller demeurer.» Cette lettre, datée du 15 décembre, est à peu près une répétition de celle que Henri de Richelieu avait déjà écrite le 30 novembre, et dont nous avons donné l'extrait dans notre Ier vol. (p. 579, note 1). M. Du Pont demande la même permission de huit jours; il invoque les fidèles services qu'il a rendus pendant trente ans au feu roi. Ces divers autographes sont conservés dans le manuscrit de Clairambault, p. 9235, 9243, 9247, 9251.

Page 423, ligne 12. — Cette demande que fait au roi Richelieu pour lui et ses frères s'explique très-bien lorsqu'on sait la surveillance secrète dont ils étaient l'objet dans leur exil, espionnage dont, sans en avoir la preuve, on ne pourrait douter. La preuve, nous l'avons trouvée dans deux lettres écrites d'Avignon et adressées à Lyon par un moine les 21 et 27 août 1618. Le nom du moine, celui de son couvent et celui de la personne à laquelle il écrit, ont été soigneusement coupés, mais les deux pièces se trouvant dans les papiers de Pontchartrain, il faut en conclure que l'ordre de l'espionnage venait du ministère. La formule de politesse qui termine la lettre dit : «Vostre très-humble et très-affectionné religieux et serviteur frère... » Cela semble indiquer que le moine écrit au supérieur de son couvent; il n'y aurait même pas de doute si les lettres ne commençaient par le mot : «Monsieur.» Quoi qu'il en soit, voici un extrait du premier rapport : «...N'ay sceu... tenir vos lettres.» — «Je vous ay escrit, dit le deuxième rapport, ...licens.» — «Je vous supplie, dit le moine en finissant... et le caresme de l'année 1620.» Quelle que soit l'autorité supérieure de Lyon à laquelle le moine adressait ses rapports, celle-ci les envoyait à Paris. L'intérêt en ce qui concerne la vie de Richelieu à Avignon est bien diminué par cette circonstance qu'une partie des informations que recueillait le moine était confiée verbalement au porteur des lettres. A l'époque de la mission de ce moine, il y avait déjà près de cinq mois que Richelieu était exilé; d'autres espions avaient certainement précédé le moine de Lyon; nous n'en avons rien trouvé. Les pièces que nous avons citées sont conservées dans les *Mélanges* de Clairambault, fonds français 374, pages 8869 et 8883. Ajoutons encore qu'à la page 8987 du même manuscrit se trouve une lettre de M. Olier à Pontchartrain, où il est question d'un P. Le Lièvre; ne serait-ce point le nom si soigneusement enlevé dans les deux pièces précitées?

Page 424. — Pourvu; *dans l'original : parmi*.

Page 424. — Après la lettre LXIII, *mettre* celle qui suit, adressée à M. de Pontchartrain, et où l'on remarquera l'insistance que mettent les trois frères à demander un surveillant de leur conduite : « Monsieur, les considérations exprimées en la lettre que je prends la hardiesse d'escrire au roy, m'ont porté à luy faire la très-humble supplication que vous verrez. Les mesures vous porteront à mon avis à la favoriser, ne doutant point que vous ne la trouviez juste et raisonnable, puisqu'elle n'a autre but que de me faire voir à S. M. que je puis rendre à mes frères ce que je leur doibs. Tel lieu qu'il plaira à S. M. choisir pour ma demeure sera celuy que je désireray le plus, et tous me seront bons pourveu que j'y sois accompagné de personnes qui rendent mes actions aussy exemptes de soubçon qu'elles le seront de mal, et que j'y puisse avoir des livres pour respondre à celuy qu'on imprime à la Rochelle contre moy. S. M. ayant agréable de nous accorder la requeste que nous luy faisons, comme je n'en doute point, vous aurez soin, s'il vous plaist de nous envoyer ceux qu'il luy plaira qui aient esgard à nos actions par les chemins. Et j'auray de l'assistance qu'il vous plaira nous rendre en cette occasion tout le ressentiment que peut avoir ma personne qui est véritablement, Monsieur, vostre très-humble serviteur. AR.

« D'Avignon, ce 20e déc. 1618. »

Page 426, à la fin de la note 4. — *Ajoutez :* Voyez aussi, dans les Cinq-cents Colb. 98, plusieurs lettres, et dans le Ier volume des *Mémoires* d'Aubery, p. 273 de l'édition in-18 : *Relation de la sortie de la reyne-mère de Blois;* 1619, par M. L. C. D. L. V. (M. le card. de La Valette).

Page 427, 14e ligne de la note 2. — *Après* pièce 26, *ajoutez :* du ms. cité aux sources.

Page 428. — Après la ligne 12, *mettez :* Voici donc la double question que nous avons à résoudre : Richelieu a-t-il trahi la reine mère? — Richelieu s'est-il mis aux pieds de Luynes pour obtenir son chapeau de cardinal?

Page 429, ligne 19. — *Après* 22 février, *mettez :* 1619 fut regardé par tous les hommes politiques du temps comme un événement considérable : «La Francia, écrivait le nonce Bentivoglio au cardinal Borghese, neveu et premier ministre du pape, la Francia in somma puo star senza continue novità, ed ora inaspettamente n'è sopraggiunto una delle maggiori che potessero nascere. » (Lettre du 27 février, t. II, p. 90.) Aussi la liberté que venait de recouvrer Marie de Médicis jeta, etc.

Page 429, ligne 28. — Paroles, *lisez :* aveu.

Même page, ligne 29. — Oubliées, *lisez :* oublié.

Page 430. — *Ajoutez à la note* 1 : «On ne luy pouvoit pas faire pis sans la tenir prisonnière, » dit Fontenay-Mareuil, en terminant son récit du séjour de Marie de Médicis à Blois, *Mém.* 1, p. 425.

Page 431, ligne 15. — *Lisez :* Tous ceux qui, en ces derniers temps, voyaient, etc.

Page 431, dernière ligne du texte. — 153, *lisez :* 152.

Page 432. — A la 4e ligne, *mettez en note :* Parmi ses contradictions, Bentivoglio ne laisse pas d'établir en divers endroits que Luynes jugeait qu'il était de son intérêt de tenir la reine mère éloignée, et il dit, en propres termes, que Luynes *ne pouvait se résoudre à lui donner satisfaction de peur qu'elle ne vînt le ruiner :* «Luines non si sa risolvere a far dar alla regina quelle sodisfazioni che tante volte le sono state promesse, temendo ch'ella non venga poi qua per rovinarlo. » (Lettres du 17 janvier, 6 mai 1620, p. 274, 316 et *passim.*)

CORRECTIONS ET ADDITIONS.

Page 432, ligne 19. — *Après le mot* écarter, *mettez :* Bentivoglio aussi a parfaitement bien vu que là était son véritable intérêt : « Il rimedio che abbiamo ora è di far prevalere presso la regina il vescovo di Lusson, il quale anche egli ha la sua parte di caldo interesse. » (Lettre du 6 mai.)

Page 435, ligne 15. — *Mettez en note :* Nous avons encore ici le témoignage de Bentivoglio, qui, écrivant à cette occasion à l'ambassadeur d'Espagne, le duc de Monteleone, lui dit : Vous connaissez les éminentes qualités de l'évêque de Luçon, hora particolarmente in questo maneggio le ha dimostrate, e non si puo dire la lode che ne ricevc. » (Lettre écrite de Tours le 15 septembre 1619, p. 156.)

Page 438. — Après la ligne 2, mettez ce paragraphe :

Pour éclairer de son vrai jour cette situation de la reine mère, il est nécessaire de bien établir le rôle du prince de Condé, l'un des personnages les plus importants en scène à ce moment et que laisse dans l'ombre M. Cousin, ainsi que tous ceux qui prennent parti pour Luynes contre Richelieu. Il est nécessaire de rappeler que M. le prince, bienvenu à la cour, ligué avec Luynes contre la reine mère, se déclarait plus que jamais l'irréconciliable ennemi de cette princesse. Bentivoglio le répète en vingt endroits sans s'apercevoir qu'il apporte ainsi à Marie de Médicis la meilleure justification qu'elle puisse invoquer pour ses refus obstinés de venir à la cour, et aussi contre l'imputation d'être, de même que Richelieu, cause de la guerre civile. Il est bien évident que la responsabilité de cette guerre pèse en grande partie sur M. le prince : « Il principe di Condé (mande Bentivoglio au cardinal Borghese) è tornato questa mattina per la posta... non avendo altro in bocca che fuoco e sangue... farà il possibile per portar le cose alla guerra, ed a tutte le estremità... » (Lettres des 2 et 17 janvier, 10 juillet, pages 271, 274, 349.) Et M. le prince jouissait alors d'un crédit qui inquiétait Luynes lui-même : « Luines inclinerebbe alla pace, mande Bentivoglio, ma Condè vuol la guerra, e per questi primi progressi del re è cresciuto in modo la sua autorità e il suo ardire, che di già s'intende che Luines medesimo pigli ombra di lui... » (Lettre du 29 juillet, p. 355.)

Page 438, ligne 21. — *Après le mot* princesse, *mettez en note :* Nous avons, pour opposer aux reproches adressés à la reine mère, le témoignage de quelques-uns de ceux que Luynes envoyait vers elle, et, entre autres, de celui qui doit paraître le moins suspect; le beau-père de Luynes, le duc de Montbazon lui-même, si l'on en croit Bentivoglio, donnait raison à la reine mère ; le nonce écrivait, le 22 avril 1620, au cardinal Borghese : Monbazon mi disse che S. M. si mostro dispositissima a venir in corte; mais auparavant elle voulait l'accomplissement des satisfactions qu'on ne lui donnait pas ; e di cio Monbazon istesso le da ragione, e mi ha detto di aver trattato in questa conformità col duca di Luines suo genero. » Ce penchant à la conciliation ne convenait pas à Luynes, et, au lieu du duc de Montbazon, qui devait retourner vers Marie de Médicis, il envoya M. de Blainville.

Page 442. — Après la ligne 10, mettez ce paragraphe : Nous avons déjà montré que, malgré ses préventions et ses contradictions, Bentivoglio témoigne, en définitive, que Richelieu donnait à sa royale maîtresse des conseils de conciliation ; il le disait en 1619 ; un an après, nous le trouvons dans le même sentiment ; le 24 septembre 1620, il écrit encore au duc de Monteleone : « Ottimo in vero è il consiglio ch' a preso la regina madre di venir in Parigi... in questa determinazione l' ha indotta o l' ha confermata principalmente il vescovo di Lusson. E ben ci voleva un istromento d'autorità e di prudenza tale appresso di lei, in opposizione di tanti altri che in questa discordia riponevano i lor vantaggi... » (P. 156 et 206 du recueil de 1646.)

Page 444. — Mettre après la ligne 5 : Je dois dire cependant, pour expliquer l'erreur de M. Cousin et le jugement qu'il porte sur la faute qu'aurait commise la reine mère dans l'affaire du Pont-de-Cé, que ce jugement n'est pas de lui et que l'erreur doit être imputée au duc de Rohan.

24

Ce célèbre chef du parti protestant est le premier qui ait infligé ce reproche à Marie de Médicis. Rohan avait compris tout ce que l'alliance de la reine mère pouvait lui apporter de force dans un moment où, prêt lui-même au combat, il n'attendait que l'ouverture des hostilités entre le roi et sa mère pour faire une guerre civile de cette querelle de famille. Outre cet intérêt capital de son parti politique et religieux, Rohan avait là un intérêt tout personnel qu'il expose assez naïvement en énumérant les divers griefs qui l'animaient contre le duc de Luynes.

Rappelons ses propres paroles, conservées dans les *Mémoires*, où il parle de lui-même à la troisième personne : « Il (Rohan) se joignit tout à fait au service de la reine-mère, et lui en alla donner les assurances dans Angers où, ayant appris le parti qui se formoit pour elle, il lui conseilla de ne demeurer là, mais d'aller à Bordeaux, que ses plus affidés serviteurs étoient les ducs du Maine, d'Épernon et de Rohan... que si elle demeuroit à Angers et qu'on lui enlevât le Pont-de-Cé, elle et tous ses partisans étoient perdus sans coup férir... »

Rohan rapporte la raison que lui donna Marie de Médicis pour ne pas suivre ce conseil d'aller trouver le duc du Maine et, sans la réfuter, il ajoute : « L'évêque de Luçon, ne pouvant permettre que la reine-mère passât où étoient ses plus grandes forces de peur qu'elle sortît de sa tutèle, la fait résoudre à une défense tremblante dans une ville qui ne valoit rien. » (T. I, p. 158-160, édit. Petitot.) Voilà ce que répètent presque mot pour mot Le Vassor (t. III, 2° partie, p. 166, éd. in-12), d'autres encore et enfin M. Cousin, sans qu'aucun ait songé à examiner cette opinion et à se demander quelle pouvait être la pensée secrète du duc de Rohan. Et cependant, pour quiconque lit avec quelque attention ce passage des *Mémoires*, il est évident que l'habile chef des protestants, ému du double dépit d'avoir vu refuser l'épée qu'il était venu offrir, et de ne pas avoir obtenu pour son parti l'adjonction, qu'il s'était promise, du parti de la reine mère, n'a considéré, dans le blâme qu'il fait de la détermination de cette princesse, que son intérêt politique et particulier, mais nullement les intérêts de Marie de Médicis, dont il ne se souciait guère. Au point de vue du duc de Rohan, son conseil était bon et son opinion fort juste; au point de vue des intérêts de la reine mère, c'est autre chose.

Richelieu, lui, songeait à retirer sa royale maîtresse de la situation précaire et hasardeuse où l'avait mise l'évasion de Blois, qu'il n'ambitionnait pas pour elle la vaine gloire d'une bataille; il voulait (et toute sa correspondance de ce temps-là le prouve), il voulait la replacer dans la haute position qu'elle avait naguère. Il était d'autant mieux éclairé sur les intérêts véritables de la reine mère, qu'ils étaient tout à fait d'accord avec ses propres intérêts, que leurs destinées étaient alors pour ainsi dire communes, et que, bonne ou mauvaise, la fortune de la princesse serait, en effet, la fortune de son protégé.

Que la mère du roi, réunie dans le Midi au duc du Maine, eût d'abord obtenu un meilleur succès qu'au Pont-de-Cé, cela est très-probable; Richelieu le savait tout aussi bien que les autres conseillers de Marie de Médicis, mais il y voyait plus loin qu'eux. Une victoire eût-elle terminé la querelle et Louis XIII se serait-il avoué vaincu après un premier revers? N'en eût-il pas conçu contre sa mère une de ces irréconciliables rancunes qui étaient dans son caractère? Il faut aussi se demander quelles auraient pu être pour la reine mère les suites d'une victoire obtenue par une armée dont les huguenots eussent formé une partie considérable, aux ordres d'un très-habile général, avec lequel il aurait fallu compter. Et puis, qui pouvait alors calculer les chances d'une lutte prolongée? Les révoltes armées ont été fréquentes sous ce règne; quels résultats politiques ont-elles eu? Dans les premiers temps, sous un gouvernement faible, Condé et les princes sont parvenus à se faire compter de grosses sommes; qu'ont-ils gagné en pouvoir? Sous un gouvernement fort, comment ont été récompensées les révoltes du frère du roi, d'un duc de Montmorency? Par l'exil et la mort.

Mais, dès 1619, le génie de Richelieu, avec l'expérience du passé, avait la prévision de l'avenir;

il s'est bien gardé de faire jouer ce jeu de dupe à la reine mère. Est-ce de l'argent qu'il voulait pour elle? Non; il voulait une place tout près du trône et une part au gouvernement. Or, nous le répétons, elle n'y pouvait parvenir que par une réconciliation digne et sincère avec le roi. Telle était la victoire que voulait pour elle Richelieu, et cette victoire, il l'a remportée; la reine mère a regagné son influence sur son fils; elle a reconquis sa haute position dans l'État, et elle en a joui plusieurs années. Si plus tard elle l'a perdue, c'est une autre question qui n'a rien de commun avec celle qui nous occupe en ce moment. Il nous suffit d'avoir prouvé que, dans cette grande crise de sa fortune, la reine mère a été sagement conduite par celui qu'on accuse de l'avoir trahie.

Page 446, ligne 1. — *Après le mot* Maestà, *mettez ce paragraphe :*

Lorsque le cardinal Borghèse écrivait cela à l'évêque de Luçon, il était dans le secret d'une comédie, dont nous parlerons tout à l'heure, qui se jouait aux dépens de Richelieu, et à laquelle on voit que le cardinal neveu prenait son rôle; il savait que le roi se moquait des promesses faites au protégé de sa mère; il avait reçu une lettre du 21 août, où Bentivoglio lui mandait que la reine *était au plus bas à la cour.* « Ha avuto un longhissimo ragionamente meco oggi il principe di Condè intorno alle cose succedute qua ora nelle materie della regina madre; egli m' ha detto alla libera, che la regina resta al basso del tutto. » (Lettre du 21 août, p. 375.) Ainsi, après comme avant la bataille, la reine mère trouvait en Condé un adversaire toujours violent et redoutable. Cependant, quoique Richelieu ne connût pas le dessous des cartes, il était, etc.

Page 448. — Après la ligne 7, mettez ce paragraphe :

Bentivoglio, mis dans la confidence, prenait parti avec une sorte de passion contre Richelieu et écrivait au cardinal neveu pour le porter à repousser les *folles prétentions* de l'évêque de Luçon : « Stravagante istanza è quella della regina madre, e ben si vide la sfrenata ambitione di Lusson; ma dio la ficherà con la passione a star escluso. » (Lettre du 7 octobre, p. 385.)

Page 449, ligne 17. — *Mettez en note :* Lettres de Bentivoglio des 16 et 17 décembre, p. 399 et 402.

Page 449. — Effacez la note 3, employée ailleurs.

Page 450. — Après la ligne 6, mettez ce paragraphe : Il se passa ainsi environ deux mois, de novembre en janvier, où Luynes, incapable de prendre aucune résolution pour le présent, sans prévoyance de l'avenir, laissa les choses aller d'elles-mêmes. Sa conduite à l'égard de la promotion de Richelieu, qu'il avait obstinément empêchée depuis la paix d'Angoulême, était si étrange, que la finesse de Bentivoglio en fut toute déroutée, tellement qu'il ne comprit absolument rien à tous ces incidents auxquels lui-même était mêlé. Le 26 novembre, il écrit au cardinal neveu qu'on persiste plus résolûment que jamais dans l'exclusion de l'évêque de Luçon : « qui si sta piu che mai nell' esclusione di prima. » Bientôt il ne sait que dire, il hésite : Il parait... on peut croire, « parc ora... si puo credere... » (2 décembre); et puis, le 16, il mande nettement que Luynes est sincèrement du côté de Richelieu : « Luines dice ora davvero nelle cose di Lusson. » Enfin, le 19 janvier, il sait le mot de l'énigme : « Luines m' ha detto che veramente dopo la parentela seguita fra loro, egli desidera di vederlo (Lusson) cardinale e ch' egli percio aveva fatto gli ultimi uffici con ogni sincerità, ma che quando poi S. S. non promovesse per ora il detto Lusson, non per questo egli sentirebbe disgusto nessuno, anzi che piutosto avrebbe avuto caro di scoprir anche meglio gli andamenti di Lusson prima di vederlo fatto cardinale; onde concluse con queste parole: *Se vien fatto cardinale, bene; se non vien fatto, anche meglio.* Così dice egli ora, ma qui da un giorno all' altro non si sta in un proposito. » (P. 408.) Voilà l'homme qui a gouverné la France pendant plus de quatre années.

Page 455, note 2. — *Effacez* Ed. Scarabelli *et mettez :* même volume de Rome.

Page 458, note 3. — *Après* 719, *ajoutez :* du Recueil.

Page 459, ligne 16. — *Après le mot* favori, *mettez :* pendant son séjour à Blois.

Page 462, note 3, dernière ligne. — 448, *lisez :* 428.

Page 466, ligne 1. — Asseurance, *lisez :* avec asseurance.

Page 467, note 1. — *Ajoutez :* Le duc de Montbazon fut envoyé plusieurs fois auprès de la reine mère en juillet et août 1619, ainsi que l'a marqué Bentivoglio, lettres au cardinal Borghèse des 2, 30 juillet et 24 août, p. 155, 161, 165.

Page 471, ligne 2 de la lettre 72. — Nous trouvons dans les lettres de Bentivoglio (2 juillet, p. 156) que le P. Joseph a dû être envoyé à Angoulême dans les premiers jours de juillet; si c'est de ce voyage qu'il est ici question, il faudrait sans doute mettre cette lettre en juillet, malgré la date donnée dans l'histoire du P. Joseph.

Page 481, note, 2° colonne, ligne 6. — Vient, *lisez :* vint.

Page 483, ligne 7. — *Après la parenthèse, ajoutez :* Malgré ces ardentes protestations et cette prétendue confiance aux *saintes intentions* de la reine mère, le duc de Luynes prenait ses précautions, ainsi que nous l'apprennent quelques mémoires du temps, et notamment ceux du duc de Rohan, qui lui-même négociait alors avec Marie de Médicis. « Luynes, se voyant pressé de toutes parts et appuyé du Prince (le prince de Condé), fait résoudre le roi de prévenir la reine sa mère, et pendant que, par divers envois vers elle, il l'entretenoit en espérance d'accommodement, et lui débauchoit de ses serviteurs, il fait de nouvelles levées de gens de guerre, dont elle, s'apercevant, fait le semblable de sa part. » (I, 160, éd. Petitot.) La reine mère, qui, comme nous l'avons dit, était alors en pourparlers avec le duc de Rohan, écrivait à d'Épernon pour l'engager à se mettre à la tête du parti qui se déclarait pour elle. « C'étoit par son secours qu'elle avoit été délivrée de sa prison de Blois, il y alloit de son honneur d'achever l'entreprise. Il étoit d'ailleurs libre de ses engagemens avec le duc de Luynes, lequel de son côté avoit manqué à toutes les promesses qu'il lui avoit faites. » Marie de Médicis finissait sa lettre en priant le duc d'Épernon d'accepter le présent d'une montre qu'elle lui envoyait comme *un gage de son amitié*. « Les diamants dont cette montre est enrichie ne sont pas plus fermes que mon affection pour vous, et vous pouvez vous assurer que le souvenir du service que j'ai reçu de votre générosité sera plus souvent marqué dans ma mémoire que cette montre ne marquera d'heures chaque jour. » (III, p. 46.) L'auteur de la *Vie de Marie de Médicis* ne dit, comme elle fait ordinairement, ni où elle a pris cette lettre, ni si elle a été écrite par Richelieu. Nous sommes tenté de croire qu'elle est en effet de l'évêque de Luçon. — Quoi qu'il en soit, les *envois* dont parle le duc de Rohan continuaient, et le 13 juin, etc.

Page 483, ligne 25. — *Ajoutez :* Nous renvoyons à Bentivoglio sur la mission de Brantes, lettres du 29 janvier 1620 et du 12 février (p. 281, 289), sur l'envoi du duc de Montbazon, lettre du 22 avril (p. 313), sur les trois missions successives de Blainville, lettres des 6 et 20 mai (p. 316, 325). Et, pendant les négociations de celui-ci, au moment où l'on voit la crise approcher plus menaçante, d'autres négociateurs sont envoyés coup sur coup, avec peu d'espoir de succès : le P. de Bérulle, le grand écuyer duc de Bellegarde, l'archevêque de Sens et encore le duc de Montbazon : « Quasi tutti prima di partire (remarque Bentivoglio) mi hanno mostrato che si possa poco sperare di buono di questa loro andata per esser troppo avanzate le cose, e per essersi la regina troppo stretta con tanti disgusti. » (Lettr. du 9 juillet, p. 340.)

Page 494. — La date de cette pièce doit être reportée en août; la lettre de Marillac du 24 citée note 1, ligne 7, qui nous avait fait proposer la date fautive : « Vers le 10 juillet, » se rapporte sans doute à un précédent voyage de Marillac, qui, dans ce temps-là, a été dépêché plusieurs fois par la reine mère. Nous avons trouvé plus tard la lettre dont cette princesse chargea Marillac et où elle repousse cette ridicule calomnie des *fortifications* d'Angers; elle est datée du *9 août* et du *Plessis-lez-Tours* que la reine mère était venue habiter, pour éviter que sa présence dans la ville de son gouvernement n'accréditât « leurs faux rapports. » La lettre de Marie de Médicis est conservée en original dans le n° 20435 du fonds français (ancienne collection Gaignières). Notons à cette occasion neuf lettres de la reine mère à Louis XIII, écrites à cette époque; cinq du Plessis-lez-Tours du 24 août ou 25 septembre, deux de Blois, 4 et 11 octobre, une sans date de jour et de lieu, la dernière de Paris, 9 novembre. (Ms. précité, fol. 15, 16, 18, 19, 21, 22, 23, 24 et 25.)

Page 509. — *Ajoutez à la note* 1 : Voyez notre tome Ier, page 760, note 1.

Page 514. — *Au sujet de la lettre XCIII, ajoutez cette observation :* Nous remarquons que, dans le récit de ce qui s'est passé depuis quelques mois à la petite cour de Marie de Médicis, Richelieu ne parle pas de ses espérances du cardinalat; nous l'avons dit : il avait soin d'affecter beaucoup de calme, presque de l'indifférence à cet égard, ainsi qu'il le témoigne encore par ce qu'il écrit dans les instructions qu'il donne au sr des Roches (p. 510 et 511); nous en découvrons partout la preuve. Toutefois il ne s'abandonnait pas entièrement, et nous devons noter ici deux lettres du 10 décembre 1621 et 8 janvier 1622, adressées à son ami, à Rome; nous ne les trouvons pas, mais elles nous sont indiquées par une missive de l'abbé de La Cochère à Bouthillier, datée du 25 janvier 1622 (*Rome*, tome XXVII). Nous trouvons aussi la mention d'une lettre du 9 février dans la réponse que lui fait le cardinal Bentivoglio, le 10 mars (même ms. de Rome).

Même page, ligne 14 *du texte*. — Chair, *lisez :* chère.

Page 515, *notes,* 1re *colonne, ligne* 2. — Louis XII, *lisez :* Louis XIII.

Page 517, *note* 3. — *Ajoutez :* Peu de temps auparavant, le roi avait fait demander l'indulgence de sa mère en faveur de Rucellai. Marillac, qui était à l'armée auprès du roi, écrivait fréquemment à l'évêque de Luçon; nous avons une lettre datée de Chasteney, le 19 avril, où, après avoir donné à Richelieu les nouvelles de l'armée pour les communiquer à Marie de Médicis, il dit : « Le roy désire vivement que la reyne reçoive les soumissions de Rucellai et luy permette de revenir à la cour... Vous ne pouvez rendre au roi un service plus agréable que d'obtenir cela de la reyne... » (Aff. étr. France, t. XXXII, fol. 83.) Cette lettre, où le roi se fait presque solliciteur auprès de Richelieu, était entre les mains de celui-ci quand il écrivait la présente au P. de Bérulle, circonstance qu'il n'est pas inutile de remarquer pour apprécier le style de cette lettre. — La correspondance de Marillac avec l'évêque de Luçon nous offre, à ce moment, une autre missive d'un plus piquant intérêt. Dans celle-ci, écrite de Niort, le mardi 26 avril, encore après le récit de quelques faits de guerre, Marillac mandait : « Le 20, la connestable a épousé le duc de Chevreuse... le roy a trouvé mauvais qu'après luy avoir demandé son consentement, on ne l'ait pas attendu... Je ne sçay ce que cela produira; jusques icy, c'est risée de toute la cour. » (fol. 87.) La veuve de Luynes avait été singulièrement pressée de convoler; le connétable était mort le 14 décembre 1621, et elle célébrait ses secondes noces le 20 avril suivant, quatre mois et six jours après le décès. « Au bout d'un an et demy, » met Tallemant des Réaux. Comment le chroniqueur des *Historiettes* a-t-il pu manquer l'occasion d'une si bonne médisance? (T. I, p. 401 de l'éd. de 1854.)

Page 520, *note* 3, *ligne* 8. — *Après* 14, *mettez :* septembre.

Page 521, *notes,* 2e *colonne, ligne* 3. — « Le 9 il était à Valence, » *ajoutez :* Ce même jour, 9 novembre, Richelieu écrit une nouvelle lettre à Bouthillier, auquel il mande que sa santé est meilleure qu'à Lyon, et qu'il va continuer sa route vers Avignon. Je n'ai vu que l'annonce de cette lettre dans un catalogue de vente de Charavay, du 8 mai 1845.

Page 536, *note* 2. — *Ajoutez :* La date du 29 avril, donnée par la plupart des historiens comme celle du jour où le cardinal prit pour la première fois séance au conseil, ne semble pas contestable; nous en trouvons une nouvelle preuve dans une lettre adressée à M. de Marquemont, notre ambassadeur à Rome, par le secrétaire d'État Phélypeaux d'Herbault, le même jour 29 avril, qui dit dans un P. S. : « Depuis ma lettre escripte et fermée, le roy a establi en son conseil M. le cardinal de

Richelieu.» (Bibl..nat. Brienne, 355, fol. 97.) Cependant, nous lisons dans le journal d'Héroard : «Ce jeudy, 13 avril, le roy, après avoir visité la reyne sa mère, va au conseil, où il donne séance au cardinal de Richelieu.» Si, comme on l'a imprimé, Héroard écrivait chaque soir ses notes de la journée, la date du 29 se trouverait fautive; mais peut-être ne faut-il pas accorder une confiance absolue à la chronologie du médecin de Louis XIII.

Page 537, note 1, ligne 17. — Ces, *lisez* : les.

Page 541, ligne 3. — *Mettez cette note* : La mission du cardinal de Bérulle avait pour objet d'obtenir du Pape la dispense nécessaire pour le mariage de la princesse Henriette-Marie avec le prince de Galles; mais ce n'est pas évidemment à cette grande affaire que se rapporte cette laconique recommandation. Richelieu désirait une dispense de dire quotidiennement son bréviaire; voilà ce qu'il avait prié le P. de Bérulle de demander pour lui. Ce père lui écrivait le 5 novembre : «Le Pape est très-sévère en matière de graces... Je l'ay trouvé tel lorsque je luy ay parlé de vostre 87 (dispense)... Il m'a dict que ce qu'il pouvoit estoit d'eschanger en plusieurs couronnes, l'une pour matines, l'autre pour laudes, et ainsy des autres parties. Je luy ay représenté que cette grace vous seroit inutile, et que cela vous occuperoit autant de temps comme ce que vous demandiez estre déchargé; que vostre complexion, vos affaires ne le permettoient pas; que la somme pécuniaire de laquelle vous vouliez comme racheter cette obligation estoit considérable... Il me répartit qu'il avoit esté nonce, occupé d'affaires bien pressées... et qu'il estoit pape occupé des affaires de la chrestienté, et que non-seulement il disoit tous les jours son office, mais aussi presque tous les jours sa messe... Je le priay de vouloir considérer cette affaire dont je luy reparlerois... il me tesmoigna qu'il y penseroit encore...[1]» Le Pape accorda pourtant la dispense, et le P. de Bérulle l'apporta en revenant de Rome au mois de décembre suivant. Il en apporta même une autre, dont nous avons déjà fait mention, celle qui permettait au cardinal de «s'ingérer dans les affaires ès causes criminelles[2].»

Page 541, sous-note **. — Le numéro du volume a été changé; il est maintenant coté 33.

Page 543, note 2. — *Ajoutez* : Parmi les nombreux pamphlets dont ces alliances ont été le sujet et qui ne cessaient de poursuivre et d'irriter le cardinal, citons l'un des plus violents écrits en latin : *Gesta Francorum per impios, sive impiorum per Francos*, etc. Une réponse intitulée : L'*Impiété renversée*, etc. fut composée par Jacques Gaufridi, qui la dédia au cardinal. L'épître dédicatoire est datée de «Bologne en Italie, 7e jour de may 1633,» mais la pièce ne fut imprimée qu'en 1636, chez Seb. Cramoisy. (L. 507, in-12, bibl. Sainte-Geneviève.)

Page 549, note 1. — Modifier cette note comme il suit : Ce *petit papier* serait-il l'écrit que nous indiquons ci-dessus p. 541, ligne 4 de la 2e colonne de la note, ou serait-ce une suite de la pièce que nous avons donnée p. 540, laquelle ne semble pas terminée?

Page 551. — Il fallait un long filet, le *nota* n'ayant aucun rapport à la pièce qui précède.

Page 553, note. — *Ajoutez* : Cette note a été imprimée voilà bien longtemps. La fermeture des Archives des Affaires étrangères ayant interrompu pendant deux années l'impression de ce VII° vol. il n'a paru qu'après le livre dont je pensais annoncer la prochaine publication. Ce volume présente, outre l'histoire des premières années de la vie du P. de Bérulle, celle de la fondation d'un ordre monastique célèbre. A l'abondance et à l'exactitude des informations l'auteur joint le charme d'un style qui semble inspiré par le héros du livre. Les volumes suivants nous montreront le fondateur de l'Oratoire, le Saint-Carmel et le ministre qui prit part durant quelques années aux affaires du gouvernement. L'ardente et tendre piété de Bérulle, le sentiment de charité chrétienne qui lui faisait désirer de voir la paix régner parmi les hommes, la pensée que deux nations catholiques ne pou-

---

[1] Arch. des Aff. étrang. Angleterre, t. XXVI, fol. 317. — [2] Arch. des Aff. étrang. Rome, t. XXXV, fol. 141.

vaient être qu'amies ont jeté, je crois, quelque illusion dans la politique qui, si l'on compare les deux personnages, ne pouvait, en aucune façon, être celle de Richelieu. La haute raison de M. l'abbé Houssaye, sa grande habileté d'écrivain, lui feront vaincre les difficultés d'une tâche dont l'accomplissement placera son nom parmi ceux de nos historiens les plus distingués.

Page 556. — Le manuscrit ne donne à cette pièce ni suscription, ni date; elle doit avoir été adressée au Père de Bérulle, alors en mission à Rome; nous l'avons classée à la fin de novembre, peut-être serait-il mieux de la placer à la suite du *Mémoire* que nous avons donné page 540, dont elle pourrait bien être un appendice.

Page 559. — Je dois apporter quelque modification à cet éloge, accepté de confiance du P. Anselme : «ambassadeur à Constantinople, où il servit avec beaucoup de réputation.» (T. VIII, p. 804.) Lorsque j'ai pu étudier aux Affaires étrangères les volumes de Constantinople appartenant à l'année 1631 et aux années suivantes[1], je me suis convaincu que le comte de Césy était, à tout prendre, un homme assez médiocre, et qu'il avait géré les affaires de sa légation, ainsi que ses propres affaires, avec un tel désordre, qu'il avait soulevé contre lui tous les Français qui étaient liés d'intérêts avec le Levant. Sa conduite doit être taxée d'une extrême incurie, si même on n'avait pas de reproches plus graves à lui adresser. Quelques qualités ne sauraient faire excuser de telles fautes. M. de Césy d'ailleurs avait dans son passé certains souvenirs peu capables de le recommander à l'estime publique, et tels que, même après vingt ans, ils ne pouvaient guère être oubliés. Dans une lettre de Malherbe à Peiresc, datée du 18 juillet 1607, nous lisons : «Madame de Moret est desmariée; il ne reste que d'avoir les expéditions de Rome. La capitulation est que M. de Sesy aura 20,000 livres et que sa pension de 1,200 livres sera augmentée jusqu'à 2,000.» (Œuvres de Malherbe, III, p. 40 de l'édit. de M. Lalanne.) Or, Mlle de Bueil, depuis comtesse de Moret, avait été mariée deux ans auparavant avec M. de Césy, et l'on sait comment Henri IV avait fait ce mariage de quelques heures. Quoique le récit du *Journal de l'Estoile* et celui des *Historiettes* de Tallemant diffèrent dans certains détails, ils s'accordent sur le fond; c'est toujours une honteuse complaisance payée à beaux deniers comptants.

Page 559, lettre 115, à la date. — Juin, *lisez* : janvier.

Même page, ligne 4 de la lettre 116. — Le secrétaire d'État d'Herbaut, dans une missive du 13 septembre 1627, conservée à Saint-Pétersbourg, représentait combien il était nécessaire, dans l'intérêt de la religion catholique, d'arrêter les progrès de cette hérésie. «Il y avait alors, dans le Levant, une lutte continuelle d'influence; d'un côté, dit M. le comte de la Ferrière, les Vénitiens, les Hollandais et les Anglais, coalisés et réunis au faux patriarche Cyrille, de l'autre la France toute seule.» (*Arch. des Missions*, etc. t. III, p. 28.)

Page 562, note, 2ᵉ colonne, lignes 4 et 5. — 331, 337, *lisez* : 331-337.

Page 564, ligne 10. — Il faut mettre à la ligne cette dernière phrase qui se rapporte au P. de Bérulle; c'est une répétition de la pensée de la ligne 6.

Page 576, ligne 27. — Des, *lisez* : du.

Page 586, ligne 7. — Après : 1615, *ajoutez* : En 1618, on s'occupe encore de l'établissement d'une nouvelle compagnie des Indes orientales. Le roi écrit aux lieutenants des mairies, eschevins et habitants des villes principales du royaume, il les exhorte vivement à y prendre part. On

---

[1] Parmi ces pièces, je cite une lettre du roi, contre-signée Bouthillier, laquelle est sans doute de ce secrétaire d'État; on envoie au comte de Marcheville les plaintes des députés du commerce de Marseille contre M. de Césy; on le charge de prendre des informations et de faire cesser les procédés irréguliers. (Arch. des Aff. étr. Constantinople, t. IV.) La plainte est datée du 13 octobre 1631. La pièce suivante dans le ms. est une requête des habitants de Marseille se plaignant au roi qu'on veut leur faire payer les dettes de cet ambassadeur.

conserve, dans les archives de Bayonne, l'original de la lettre adressée par Louis XIII à cette ville. La pièce a été imprimée dans le *Bulletin* du Comité historique, t. III, p. 156 (1re partie du volume). Mais, etc.

Page 586, ligne 18. — Après : «*in extenso,*» *effacez une ligne et mettez :* ou que nous ne connaissions pas lorsque nous avons publié notre second volume. Dans son *Histoire de France,* M. Ranke cite un traité avec quelques maisons de commerce signé par Richelieu le *29 mai 1626;* le savant historien se borne à dire que cet acte se trouve «dans les archives de Londres» sans en faire connaître les clauses et sans donner de détails. Nos manuscrits ne nous fournissent aucune information à cet égard. Nous avons tout lieu de croire que le manuscrit de Londres met ici une fausse date, et qu'il s'agit des actes signés à Limours le 29 mai 1627, dont nous parlerons tout à l'heure. Mais en *juillet* 1626, durant le séjour que fit le cardinal à Nantes à l'époque du jugement de Chalais, une grande entreprise[1], etc.

Page 587, ligne 4. — *Après le mot :* France, *effacez une ligne et demie, jusqu'au mot* étrangères, *inclusivement, et mettez :* Il fit rendre par Louis XIII une déclaration où il rappelait que «le feu roy n'avoit peu faire résouldre, ni exécuter, pour avoir esté prévenu de la mort, les propositions qui luy avoient esté faictes pour l'establissement d'une compagnie puissante pour entreprendre un commerce général par mer et par terre.» Puis insistant sur toutes les raisons de la grande utilité d'un tel établissement, Louis XIII ajoutait : «Nous avons creu que l'ouverture nous estant faicte par plusieurs marchands des principales villes maritimes..., nous ne debvions davantage différer, etc.» Cette pièce originale, en parchemin, est datée de Saint-Germain-en-Laye, au mois d'octobre, sans quantième. (Arch. des Aff. étr. France, vol. vert, pièce 8.) Et le 31 du même mois Richelieu signa les statuts d'une compagnie nouvelle, lesquels se trouvent aux mêmes archives, Amérique, t. I, fol. 41, sous ce titre, etc.

Page 587. — *Après le premier paragraphe, mettez ce qui suit :* En comparant les deux projets d'édits de juillet et août 1626, publiés par M. Dugast-Matifeux, nous remarquons certaines différences qui prouvent que l'édit d'août annule l'autre. Dans l'édit de juillet, la compagnie des cent associés était représentée par les sieurs Guillaume de Bruc et J. B. du Val; dans l'édit d'août, ces deux personnages disparaissent, et c'est en son propre nom que se constitue la compagnie des cent associés. De plus, parmi les autres différences nous notons celle-ci : Dans l'édit de juillet, l'article 16 disait : «Accordons à ladite compagnie et société la jouissance et possession des terres de la Nouvelle France, tant le continent que isles et lieux que lad. comp^{ie} pourra conquérir et peupler, pour les tenir et en jouir en toute seigneurie, droit de propriété, prééminence et autorité..., déclarant dès à présent comme dès lors, que nous ne nous réservons ni retenons, soit pour nous ou nos successeurs rois, autre droit sur lesd. terres et pays que celuy de la souveraineté, foi, hommage et la reconnoissance d'une couronne d'or du poids de vingt marcs, que lad. compagnie sera tenue de donner à chacune mutation de rois, en prêtant lesdites foi et hommage.»

Dans l'édit d'août, cet article a disparu tout entier, et se trouve remplacé par un autre concernant seulement : «le transport des marchandises, voiturées d'un port à un autre du royaume» et..... «chargées sur des navires par des gardiens et dépositaires» établis à cet effet.

Cependant, bien loin de renoncer aux fondations coloniales, en même temps qu'il constituait

[1] Nous avons remarqué au dos de la pièce cotée 8, dans le XLIXe volume France, aux Affaires étrangères, cette note : «Proposition pour justifier les priviléges accordés à la compagnie establie à Morbihan...» Nous devons avertir que cette annotation est sans doute une inadvertance; dans les 16 pages de ce mémoire, où il est parlé de compagnies commerciales de divers pays étrangers, une demi-page à peine est donnée à la compagnie du Morbihan; et il n'y est presque question que des inconvénients, pour plusieurs villes du royaume, des priviléges accordés à cette compagnie.

l'association des seigneurs de la compagnie des îles de l'Amérique, le 31 octobre, Richelieu donnait aux sieurs d'Enambuc et de Roissey une commission pour la colonisation « des isles de Saint-Christophe, la Barbade et autres. (Ici la note 1 de la page 587.)

L'année suivante, Richelieu autorisait la création d'une autre compagnie, qui, sous le nom de *la Nacelle de Saint-Pierre fleurdelisée*, projetait d'entreprendre toutes sortes de commerces, par terre et par eau, ainsi que les grandes pescheries. Les manuscrits de Colbert [1] à la Bibliothèque nationale ont conservé les documents relatifs à cette compagnie et le texte de l'acte signé par le cardinal et les trois fondateurs, Nicolas Witte (c'était un Hollandais), François Billotti (de Bruxelles), et Jean du Meurier, écuyer, sieur de Saint-Remy (de Redon). — Les conditions de l'association, après avoir été examinées par le procureur général Molé, furent soumises à l'assemblée des notables tenue en 1627. On les trouvera imprimées dans les Mémoires donnés par M. A. Champollion-Figeac, I, 420 et suiv.

Une disposition secrète fut ajoutée par le cardinal dans un acte séparé; nous l'avons vu aux Arch. des Aff. étr. France, t. XLIX, pièce 9e : « Articles secrets et particuliers que le Sr grand maistre, superintendant général du commerce, promet de faire agréer et ratifier à S. M. en faveur de la compagnie de *la Nacelle de Saint-Pierre fleurdelisée*, en suite des articles généraux qui leur ont été accordez, pour avoir mesme effect que s'ils estoient publiez, enregistrez et vérifiez en cour souveraine du royaume, dont S. M. leur donne descharge… »

L'objet de ces articles secrets regarde les protestants; on leur interdit, quant au commerce, certains droits réservés aux seuls catholiques, et il est dit expressément : « Ils ne pourront faire aucun exercice de leur culte dans les lieux où se feront les establissemens. » La direction de « tout ce qui concerne le spirituel » était attribuée au P. de Bérulle, chef et général des pères de l'Oratoire. La pièce des Affaires étrangères est l'original de l'acte secret dressé le 29 mai, à Limours, dans le château où était en ce moment le cardinal. La signature de Richelieu est suivie de celle des trois signataires de l'acte principal [2]. Une cinquième signature est sans doute celle du notaire devant qui l'acte a été passé. Nous ne savons qui a écrit en tête de cette pièce originale : 1626, 1628. Ces deux millésimes sont également faux; en mai 1626, Richelieu n'était pas grand maître de la navigation et du commerce, qualité qu'il prend dans l'acte signé de sa main; et en 1628, il était devant la Rochelle. — Il faut ajouter que nous trouvons, dans un état de dépense du cardinal, dressé par Le Masle et se rapportant à 1626 ou un peu après, un article : *Acquets et affaires*, où nous lisons : « Au sr Canelet du Havre, 11 mil, pour estre employez suivant et au désir de l'association faite pour envoyer habiter et négocier ès isles de Saint-Christophe et de la Barbade, suivant l'acquiest rapporté au bas de lad. association, avec le contract passé avec le sr de Chambue (Esnambuc) et Chardonville, capitaine de marine. » (*Revue historique, nobiliaire*, etc. n° 10, octobre 1870-1871, p. 461.)

Page 587, ligne 12. — Notre manuscrit, *lisez* : Le manuscrit précité : Amérique, t. Ier.

Même page. — Après la dernière ligne du texte, *mettez* : Rappelons ici la lettre écrite à Châteauneuf, à la fin de 1629, où le cardinal témoigne des vains efforts qu'il faisait pour amener les Anglais à établir entre les deux nations des relations commerciales, selon Richelieu, réciproquement avantageuses. (Notre t. III, p. 478.)

Page 589. — Cour, *lisez* : comme.

Page 589, ligne 21. — Côme, *lisez* : Comme.

[1] Collection des Cinq-cents, n° 203, fol. 214.

[2] Notons que dans cette pièce secrète le mot qui suit le nom du Hollandais Nicolas Witte est tout à fait illisible; mais il est facile de voir que ce n'est ni *d'Almaer*, donné par la copie de M. Dugast, ni *Schapencats*, imprimé dans les Mémoires de Molé.

25.

Page 592. — Il nous faut ajouter quelques lignes à l'occasion de ce « fragment du cardinal. » Michel de Marillac venait d'être nommé garde des sceaux. Ce vieux magistrat, dont la jeunesse avait quelque peu trempé dans la Ligue, s'était signalé depuis par son zèle pour la famille de Henri IV et par une piété fervente. Aux premiers temps de la Régence il s'était mêlé de l'affaire des Carmélites et s'était fort avancé dans les bonnes grâces de Marie de Médicis avant que l'évêque de Luçon fût attaché à cette princesse. Quoique Richelieu eût assez peu de confiance dans la capacité politique de Marillac, il était trop adroit pour ne pas ménager un homme que la Régente affectionnait. A peine entré au ministère, Richelieu, ayant obtenu le renvoi de La Vieuville, mit à sa place, comme surintendant des finances, Michel de Marillac, et bientôt il le fit garde des sceaux. Mais en donnant cette satisfaction à la reine mère, il était bien résolu de ne pas manquer les occasions qui pourraient trahir le peu d'aptitude de son protégé pour les grandes affaires. Une assemblée des notables se préparait; Richelieu demande à Marillac d'exposer en un mémoire les principales questions dont aurait à s'occuper cette assemblée. Il arriva ce que Richelieu attendait. Dans le travail du garde des sceaux, il trouva tout « fort bon » et rien d'applicable. Nous avions déjà donné dans notre II° vol. p. 290, à la date du 18 novembre, une idée du travail demandé à Michel de Marillac par Richelieu.

Page 594. — Il faut un long filet après la pièce CXXXIV, le nota qui suit n'ayant aucun rapport à ladite pièce.

Page 597, note 1, ligne 5. — 596, lisez : 598.

Page 598, note. — La note 2, lisez : la note 4.

Page 599, note 1. — Pièce 134, lisez : pièce 135.

Page 609, ligne 9. — Le chiffre de renvoi doit être mis au mot « modérera. »

Page 616, ligne 4. — Mettez cette note au nom de Rohan : Le prince de Condé, commandant alors l'armée du Languedoc contre le duc de Rohan, s'obstinait à suivre un plan contraire aux instructions que lui donnaient le roi et le cardinal (Mémoires de Richelieu, IV, 23,); des plaintes sur une faute imaginaire qu'il impute à la politique de Richelieu n'étaient en réalité qu'une satisfaction donnée à sa mauvaise humeur pour les reproches qu'il recevait. Richelieu usait au contraire d'une justice sévère contre le duc révolté. Il l'avait fait condamner le 27 janvier 1628, par le parlement de Toulouse, à périr sur l'échafaud, à être traîné sur la claie, à perdre ses biens, ses titres, ses priviléges. Nous trouvons, à ce sujet, un mémoire écrit de la main du garde des sceaux Marillac, où ce magistrat établit contre les « Duces factionum, que tout ce qu'ils ont de grâces, de dignités et de prérogatives des roys ne leur sert de rien contre les roys. » Ce Mémoire, que le cardinal avait envoyé à Toulouse avec la déclaration du 14 octobre 1627, portant injonction de faire le procès au duc, doit être à peu près de la même date, et se trouve mal classé en 1628, France, t. XLIX, pièce 34.

Page 616, ligne 18. — Adioustiés, lisez : adjoustiés.

Page 646. — Le (?) est mal placé à la fin de la ligne 4, il faut le mettre après le premier mot de la ligne 5.

Page 647. — Il faut un long filet, le nota n'ayant pas de rapport à la pièce précédente.

Page 649, ligne 12. — Il y a, pour cette époque, à la Bibliothèque impériale de Saint-Pétersbourg, une suite de lettres de Bouthillier à M. de Césy. Cette correspondance doit offrir des détails intéressants, mais Bouthillier était trop circonspect pour avoir oublié avec cet ami sa discrétion diplomatique. Nous en trouvons quelques extraits dans le rapport de M. le comte de la Ferrière, p. 36. Ce traité de Ratisbonne, que Bouthillier avait trouvé si excellent, rencontre ici un blâme sévère et qui ne laisse rien soupçonner de la fâcheuse approbation dont le cardinal fut si mécontent. (Voy. p. 943 du III° volume des Lettres de Richelieu, et p. 649 du VI°.) Et quant aux scènes qui amenèrent l'exil de la reine mère, M. de la Ferrière lui donne ce juste éloge : « Bouthillier aborde ce sujet avec M. de Césy, mais en termes modérés. De la Journée des dupes, il n'indique que le changement survenu dans le ministère, et sans réflexions. » (*Arch. des Missions*, III, 38.)

Page 657, note 5, ligne 3. — *Otez*·il, *ainsi que le point d'interrogation à la ligne suivante, et ajoutez :* ; et, comme lui, il se nommait Pierre. Casaubon, ami de toute cette famille, lui adressait, en 1613, une lettre (la 577ᵉ de ses épîtres latines) où l'on voit que dans ses heureuses inclinations, ce jeune homme promettait de se rendre digne de ses oncles. Nicolas Lefèvre, précepteur de Louis XIII, lui traça un plan de conduite et d'études qui montre un vif intérêt pour le jeune Pierre, dont il avait surveillé l'éducation. Grosley avait conservé cette instruction. Il ne parle pas du sujet de mécontentement dont il s'agit ici, mais il nous apprend que le conseiller Pierre Pithou figura plus tard dans l'opposition contre Mazarin. (*Vie de Pierre Pithou*, 1756, page 31 du Iᵉʳ volume.)

Page 668, 2ᵉ ligne du *nota*. — Depuis que ceci est imprimé, nous avons vu, dans un volume de la collection Gaignières, d'autres lettres du roi et de la reine mère écrites avant le 2 juin, et dont nous devons faire mention ici. Aussitôt que la reine mère est informée que le roi avait quitté Compiègne, le 23 février, elle écrit à son fils une lettre pleine du trouble où l'a jetée ce départ inattendu et l'abandon où il la laisse. Nouvelle lettre le lendemain 24 ; elle repousse l'offre qu'on lui fait du séjour de Moulins. Notre manuscrit conserve deux autres lettres de cette princesse des 1ᵉʳ et 25 mars, ainsi que la réponse du roi datée de Dijon, 1ᵉʳ avril.

Page 670, note 1. — La dureté de cette lettre, sans date, mais classée vers la fin de 1631, peut bien avoir été inspirée à Richelieu par le dépit que lui causa la promenade triomphale que fit à ce moment la reine mère, conduite par l'Infante à travers les principales villes des Pays-Bas espagnols. Ce magnifique accueil était fait à la reine exilée bien moins pour l'amour d'elle qu'en haine du cardinal et de la France. On peut lire la relation dans le *Mercure*, t. XVII, p. 782-803.

Page 681, ligne 13. — Marchiennes-au-Pont, petite ville des Pays-Bas sur la Sambre et voisine de Namur, qu'il ne faut pas confondre avec Marchiennes-sur-la-Scarpe, petite ville de France à 4 lieues de Douai.

Page 681, ligne 17. — 800, le chiffre est douteux, on pourrait *lire* 500.

Page 681, note 1, ligne 1. — Renvoie, *lisez* : renvoi.

Page 685, ligne 22. — *Lisez :* les seuls Hollandais.

Page 685. — Après le long filet le mot *nota* a été oublié.

Page 687, note 1, ligne 1. — Tout au long. *Ajoutez* : au roy.

Page 691, ligne 22. — Nouvilliers, *lisez* : Longvilliers.

Page 696, ligne 29. — Adressé au, *lisez* : adressé en même temps au.

Page 697, note 1. — *Ajoutez* : Voyez notre IIIᵉ volume, pages 239 et 270. Voyez aussi, à la page 278, le mémoire envoyé, le 21 avril 1629, à l'ambassadeur de France à Rome; il y faut remarquer avec quelle ardeur Richelieu s'efforce de profiter de l'impression qu'avait produite en Italie l'éclatant succès du Pas-de-Suze, pour engager les princes dans la ligue.

Page 703, ligne 9. — Après 665. *Ajoutez* : et t. V, p. 103.

Page 704. — *Après le paragraphe finissant par ces mots :* la maison d'Autriche, *mettre cette page oubliée :*

Cette insinuation manqua son effet, mais Richelieu n'était pas homme à s'arrêter devant les difficultés, et Mazarin, écrivant peu de temps après au cardinal Barberini, lui disait : «Questa lega è sempre fissa nell'animo del cardinale di Richelieu, non parendoli che posse esservi altra sicurezza per la pace[1].»

Mais la querelle du pape et des Vénitiens se prolongeant, ceux-ci, à leur tour, refusaient d'en-

[1] Lettre du 6 avril 1636. Arch. des Aff. étr. Rome, t. LVII, fol. 111.

trer en alliance avec le Saint-Père, et le cardinal Bichi mandait à Chavigni, le 16 novembre 1639 :
« Venise ne se porte pas à la ligue défensive qu'on a proposée... Ce matin l'ambassadeur... a fini
par me dire que c'estoit une affaire en laquelle il y avoit beaucoup à considérer, et qu'il la digère-
roit avec la République [1]. »

Nous voyons l'année suivante constamment occupée de cette négociation. Les manuscrits de
Rome conservent beaucoup de pièces [2] parmi lesquelles un *projet des articles donné au cardinal de
Richelieu à Amiens par l'ambassadeur de Venise, le 4 septembre 1640.*

Ainsi rien ne lassait le cardinal; avec cette constance particulière à son génie, il ne cessait de
travailler à vaincre les obstacles qu'on ne cessait de lui susciter. Chaque fois qu'on envoyait un ambassadeur à Rome, la ligue était toujours une des affaires importantes de sa mission. Dans l'instruction du marquis de Fontenay-Mareuil (21 juin 1641)[3], la conclusion de cette ligue lui fut *particulièrement recommandée.* Arrivé à Rome le 4 novembre, il écrivait le 29 une dépêche où il rendait
compte au roi d'une audience qu'il avait eue du pape, et la ligue avait tenu une bonne place dans
ce long entretien. L'ambassadeur a dit au pape que S. M. veut réduire ses armées en Italie moyennant la conjonction de celle de Sa Sainteté, en vertu de la ligue que le roi lui avait déjà fait proposer. Que Sa Sainteté n'a plus le motif qu'elle a donné « de ne vouloir pas fouler ses Estats avec des
troupes, puisqu'on voit maintenant Sa Sainteté les armes au poing, preste à faire toutes sortes
d'entreprises. — Sa Sainteté, souriant, me dist : Il est vray que nous sommes armés, mais ce n'est
que pour nous faire obéir; nous n'avons rien faict sans la participation du Sacré Collége, et tout
autre pape auroit jusques à présent usé contre le duc de Parme de plus de rigoureuses procédures.
Je luy dis qu'il les faudroit employer contre les Espagnols, qui, de toutes façons, ont offensé Sa
Sainteté; et que le temps estoit venu de les chasser d'Italie... et d'agrandir sa maison par la conqueste d'une souveraineté... Sa Sainteté me dist qu'il falloit doresenavant tenir des propos de
paix... »

Et le pape revenant, dans le cours de l'entretien, aux idées pacifiques, l'ambassadeur revint à
celles de la ligue, disant que le roi ne désiroit autre chose que 15,000 fantassins et 2,000 chevaux
de Sa Sainteté, payés pour six mois, et le débarquement de 6,000 Français dans son port de Civita-
Vecchia, pour les joindre aux troupes de Sa Sainteté, et entrer dans le royaume de Naples le mois
de mai prochain, ce pendant que l'armée navale de France, conjointe avec les galères de Sa Sainteté,
fera son devoir par mer. « Sa Sainteté respondit que le tout se pourroit entreprendre, mais qu'elle
vouloit, en toute façon, renouveler le traitté de la paix... »

L'ambassadeur s'étant ensuite entretenu avec le cardinal Barberin sur les mêmes sujets, dit :
« Je le trouvay fort bon Espagnol [4]. »

Cependant, etc. Supprimer les deux derniers paragraphes de la pièce *Ligue d'Italie,* page 704,
et, à la fin de la pièce, *mettre cette note :*

Il paraît que les amis des Espagnols, en Italie, essayèrent de constituer une contre-ligue, et d'attirer dans cette confédération le pape, qui se refusait si obstinément à entrer dans l'autre. Nous en
trouvons quelque indice dans une lettre de M. de Lionne à Mazarin, écrite de Rome, le 13 avril
1642 : « Le Sr Centurion (mandait Lionne) est arrivé à Rome, pour résider de la part de la république de Gênes, et pour proposer au pape de faire une ligue pour la défense de l'Italie, laquelle
les Espagnols pressent extrêmement; mais on doute si Sa Sainteté et le cardinal Barberin y vou-

[1] Arch. des Aff. étr. Rome, t. LXVII.
[2] Vol. LXIX, fol. 174, 216, à la date du 24 juin
et du 13 juillet. — Vol. LXX, fol. 256-280, plusieurs mémoires en italien et en français, sans date.
— Vol. LXXVI, fol. 641-652, pièces mises au net

par un commis de Chavigni, non datées et placées
à la fin du volume, lequel se rapporte à l'année
1641.
[3] Notée à cette date aux analyses. (VII, 1049.)
[4] Rome, t. LXXVI, fol. 553, copie.

dront entrer. (Rome, t. LXXX, fol. 236.) Nous ne voyons pas que cette entreprise ait eu aucune suite.

Page 704, à la note 1. — *Ajoutez* : Le cardinal de Lyon mandait à Chavigni, le 28 décembre 1635, le mécontentement qu'on éprouvait à Venise de cette affaire. (Mêmes Archives, Rome, t. LVI, fol. 280.)

Page 708, ligne 2. — *Après le mot* Mantoue, *mettez cette note* : Richelieu en a fait lui-même la narration, en un morceau intitulé : *Discours sur le juste procédé du roi très-chrétien Louis XIII en la défense du duc de Mantoue, l'an 1630.* Le P. Griffet l'a publié à la suite de son *Histoire de Louis XIII*, t. III, p. 747-770, in-4°. Cet écrit a été compris dans les mémoires manuscrits de Richelieu où on le retrouve, non dans sa contexture, comme l'a imprimé le P. Griffet, mais disséminé par pages et même par phrases dans le récit de l'année 1630 (p. 476-488 du Ve vol. et *passim* dans les 400 premières pages du VIe).

Page 718, ligne 10. — Mettre à la fin de la ligne le chiffre de renvoi 1.

Page 718, note 2. — Dans cette instruction datée de Saint-Germain-en-Laye, le 9 décembre 1633, il était ordonné à M. de Gournay d'aller en toute diligence vers le chancelier Oxenstiern, pour savoir sa dernière résolution quant à Philisbourg. « Il ne peut faire autre chose, dit l'instruction, que consentir que cette place soit remise entre les mains de l'eslecteur soubz la garde et dépost de S. M... selon le traitté précédent de la neutralité. » L'ambassadeur était chargé d'une lettre « en créance au chancelier Oxenstiern, » d'une autre « pour Messieurs du conseil formé, et de leur déclarer, ainsi qu'aux députés des princes confédérés, s'ilz estoient près dud. chancelier, qu'il avoit ordre du roy de n'attendre leur response que 3 ou 4 jours. » Il était ordonné à M. de Gournay de revenir, en toute hâte, informer le maréchal de la force des résolutions d'Oxenstiern.

Page 724, ligne 25. — Peut-être Le Vassor a voulu parler de la dignité de patriarche des Gaules, qu'on a accusé, sans aucune preuve, Richelieu d'avoir voulu faire créer pour lui.

POLOGNE.

Page 736. — La Pologne, la grande puissance du Nord en un temps où la Russie n'était pas encore créée, attirait alors l'attention de Richelieu, non pas tant à cause de sa propre importance, qu'en raison de ses rapports avec la Suède. L'alliance de la Suède avec la France, si utile pour nous depuis quelques années, prenait encore un intérêt plus considérable au moment où la France s'engageait dans la guerre de trente ans. Il importait beaucoup alors que la Suède ne fût pas inquiétée du côté de la Pologne, afin qu'elle restât maîtresse de porter toutes ses forces en Allemagne. Sollicitée par l'Empereur, la Pologne se montrait souvent, dans ses relations avec la Suède, une voisine tracassière et menaçante. Richelieu ne négligeait rien pour entretenir entre les puissances du Nord et la France une bonne intelligence que, du reste, il payait chèrement ; car les subsides ont toujours été un des arguments les plus solides et les plus éloquents de sa diplomatie. Moins considérable que les deux autres puissances, le Danemark [1] n'était pas oublié, et nous voyons que M. d'Avaux fut envoyé, en 1634, aux royaumes de Pologne et de Suède avec un titre d'ambassadeur ; mais cependant nous le voyons recevoir aussi des instructions de l'ambassadeur extraordinaire de Brézé. Celui-ci avait ordre de s'arrêter d'abord en Danemark. Les instructions qui lui furent données le 16 juin sont conservées dans plusieurs manuscrits des archives [2]. Une lettre de Louis XIII, accompagnant le document diplomatique, disait au roi danois : « Nous vous envoyons

---

[1] Arch. des Affaires étrangères, Danemark, t. I, fol. 235.

[2] Danemark, t. I, fol. 277. Suède, t. III, fol. 247. Pologne, t. II, fol. 167.

le sieur d'Avaux pour vous faire entendre nos sentimens sur la constitution présente des affaires de la chrestienté[1]. » «Les affaires des Suédois et des confédérez, mandait à son tour Chavigni à M. d'Avaux, ne prospèrent pas depuis que le roy de Hongrie s'est rendu maistre de Ratisbonne... il est donc plus nécessaire que jamais de porter le roy de Dannemarck à ce qui est contenu dans vos instructions... Dans cette conjoncture le roy de Dannemarck se trouvera considérable par sa médiation qu'il a commencée par continuels offices de part et d'autre[2]. »

. En quittant le Danemark, l'ambassadeur avait ordre de se rendre en Suède; là l'objet principal de sa mission était de «faire continuer la trêve conclue il y a six ans entre la Suède et la Pologne. » Et le roi adressait, sur ce point spécial, à la reine de Suède, une lettre jointe aux instructions de l'ambassadeur[3].

Cependant on négociait en même temps en France, et le roi signait avec les ambassadeurs de Suède un traité daté «du jour de Toussaint 1634» dont une copie, où nous remarquons des corrections de la main de Richelieu, est conservée dans le III° volume de Suède, fol. 265-270. Mais cette convention relative aux places d'Alsace était à part des négociations que d'Avaux poursuivait dans le Nord.

Ses instructions portaient : «Après que le sieur d'Avaux sera parti de la cour de Suède, il ira à Dantzic ou autre port plus commode pour se rendre auprès du roy de Pologne... »

Le 2 janvier 1635, dans une lettre écrite en latin, l'ambassadeur annonçait au roi Wadislaus sa future arrivée[4].

En ce moment les négociations marchaient lentement à Stockholm, et nous n'avons à signaler ici que quelques lettres des régents à Louis XIII et au cardinal, ainsi qu'un discours adressé aux Estats généraux et aux régents par l'ambassadeur avant de quitter la Suède[5].

Ce fut seulement à la fin de mars 1635 qu'il informa le cardinal de son départ de Suède pour la Pologne[6].

Une seconde instruction datée du 10 avril, signée du roi et contre-signée Bouthillier (Chavigni), lui était portée par M. de Miré, neveu du P. Joseph[7]. Le roi signale les obstacles continuels qu'on oppose à ses bonnes dispositions pour l'Allemagne, et se plaint des difficultez que ne cessent de susciter à ses ambassadeurs les négociateurs étrangers, suédois et autres.

Dans le même temps, Oxenstiern lui-même venait traiter avec le cardinal; le chancelier de Suède n'était pas un négociateur facile : «La façon de traicter de M. le chancelier Oxenstiern est un peu gothique et beaucoup finoise[8],» écrivait Richelieu, qui avait grand' peine à se garantir des astucieuses précautions du Suédois. Enfin, on en vint à bout, grâce aux dispositions conciliantes de Richelieu, dont la lettre précitée fait foi. Outre les autres clauses du traité, Oxenstiern prit, au nom du royaume de Suède, l'engagement de ne conclure aucun traité avec l'Empereur, ni avec les

[1] Fol. 276.

[2] Fol. 302.

[3] Suède, t. III, fol. 253.

[4] Fol. 395. Suède, t. III, f° 295.

[5] Suède, t. III, fol. 323, à la date de mars, et fol. 480, autre copie, sans date. Ce discours est écrit en latin. M. d'Avaux l'envoie à son père avec une lettre du 7 avril, où il lui demande si son latin lui a plu. Notre manuscrit nous donne plusieurs lettres particulières de l'ambassadeur à son père avec les réponses du président de Mesmes, signées Roissy,

Le vieillard mêle aux affaires de famille et à ses avis paternels des nouvelles de la cour. Outre l'intérêt politique, il y a, dans cette correspondance, un intérêt moins grave, dont le charme se fait d'autant mieux sentir qu'il se rencontre bien rarement dans nos manuscrits.

[6] Lettre du 31 mars, fol. 331.

[7] Pologne, t. II, fol. 192.

[8] On a vu cette lettre à Chavigni, p. 735 de notre IV° volume.

princes de sa maison, si ce n'est conjointement avec la France. Un texte latin, avec la date : « actum Compendii die 28/18 aprilis, » est conservé dans le tome III de Suède [1].

Avant son départ, Oxenstiern accrédite Hugo Grotius pour traiter à Paris les affaires de Suède [2]. Il avait annoncé sa mission au roi dès la fin de l'année passée, 27 décembre 1634 [3]. Et, le 23 janvier, il annonçait à Bouthillier son arrivée à Saint-Denis [4].

C'est alors que le baron d'Avaugour, résidant pour la France à Dantzic, dut se rendre en Suède, d'où il écrit à Bouthillier, le 13 janvier 1635 [5]. Il s'agissait, nous l'avons dit, de continuer la trêve entre la Suède et la Pologne, dont le terme était prochain. Ayant reçu les instructions que nous avons notées, il va rejoindre en Pologne notre ambassadeur extraordinaire.

M. d'Avaux était alors un peu découragé pour sa mission et pour lui-même. Nous trouvons une lettre de lui à son père, datée de Marienbourg, le 16 juin : « Le sieur Noyers, M. Alego et M. d'Avaugour sont malades, mande-t-il, lui seul de l'ambassade va encore, mais il est bien las de tant travailler et si inutilement; car les deux partis sont en terme de tout rompre [6]. »

Cependant le P. Joseph, qui avait la principale part à toute cette correspondance diplomatique concernant les puissances du Nord et qui était ami de la famille de M. d'Avaux, écrivait à l'ambassadeur, à propos de « cette espineuse et importante négociation : » « J'en ay souvent faict le récit à Monseigneur le cardinal, lequel a pris plaisir d'entendre au long le contenu de vos dépesches avec estime singulière [7]. . . . »

Animé par cette flatteuse approbation, M. d'Avaux redouble d'efforts et, dans une nouvelle conférence avec les députés de Suède à Marienbourg, les presse de donner une résolution définitive. Il rend compte au roi de cette conférence dans une lettre en italien du 20 novembre [8]. Il était d'ailleurs aidé maintenant par Oxenstiern; en effet, le P. Joseph lui mandait dans une lettre chiffrée : « Oxenstiern commence à recognoistre le besoin qu'il a de la France; il désire que la trêve ou la paix se face entre la Suède et la Pologne [9]. . . . »

Lorsque le P. Joseph écrivait cela, la convention diplomatique que quelques historiens nomment *la fameuse trêve de vingt-six ans* était près d'être conclue; le traité fut signé à Stamsdorf, le 12 septembre. Ce fut pour la politique de Richelieu un succès dont la réputation de M. d'Avaux reçut grand honneur [10]. Il le reporta tout entier au roi : « Sire, écrivit-il à Louis XIII, par vostre authorité nous venons de conclure une trêve de 26 ans entre deux royaumes, et au milieu de deux armées; la gloire en est à Vostre Majesté et elle en recueillira aussi les fruits [11]. »

---

[1] Nous avons indiqué cette négociation p. 693 de notre IVe volume, et le P. Griffet en a donné quelques détails, II, 570.

[2] Lettre au cardinal, datée Lutetia Parisiorum 23 aprilis (st. vet.)

[3] Suède, t. III, fol. 290.

[4] Fol. 309.

[5] Fol. 306.

[6] Les dépenses de son ambassade le mettaient d'ailleurs un peu en souci; les Polonais étalaient un luxe de représentation qui forçait les ambassadeurs à se tenir sur le même pied : « Je fais, mandait d'Avaux, de belles parties à M. Pepin *, car qui n'a icy

que 25 chevaux, il est mal en ordre, et les Polonais sont dans un luxe et une pompe incroyables. Il y a beaucoup de seigneurs qui sont suivis de cinq et six cents valets.» (Pologne, t. II, fol. 215.)

[7] Ibid. fol. 246; lettre du 12 août.

[8] Ibid. fol. 250.

[9] Ibid. t. II, p. 258.

[10] On trouve le texte de cet instrument diplomatique dans le IIIe volume de Suède, fol. 394 et suivants : « Pacta induciarum regnorum Sueciæ et Poloniæ, etc. 2 septembris st. vet.» et dans le IIe volume de Pologne, fol. 260.

[11] Ibid. fol. 278, lettre du 15 septembre, datée de

---

* Qui était ce Pepin ? l'homme d'affaires de M. d'Avaux en France, ou peut-être son marchand de chevaux ? Quant au mot « parties, » qui n'est plus d'usage aujourd'hui, il est inutile de l'expliquer à ceux qui ont lu la première scène du *Malade imaginaire*.

Richelieu éprouva une vive satisfaction de cet heureux résultat; le P. Joseph en informe M. d'A-vaux dans une lettre du 9 octobre : « Le cardinal a reçu de la trêve un contentement que je ne puis vous exprimer. . . il veut que vous soyez un de ses meilleurs amis. . . Son Éminence a dessein de vous employer en l'assemblée de la paix générale si elle se fait [1]. » Ce n'était pas là un vain compliment. On sait que M. d'Avaux fut, en effet, un des principaux négociateurs de ce grand traité, qui mit fin à la guerre de trente ans.

Le roi aussi félicita M. d'Avaux [2], et notre manuscrit nous donne trois autres lettres signées Louis, contre-signées Bouthillier, écrites à diverses personnes pour témoigner le gré que leur sçait S. M. d'avoir contribué à la conclusion de la trêve. Les noms sont restés en blanc, et peut-être ces lettres n'ont pas été envoyées [3].

Page 739, ligne 24. — En, *lisez : n'en.*

Page 748, ligne 24. — Ouvergement; *lisez :* ouvertement. (Arch. des Aff. étr. France, t. Ier, fol. 382, minute.)

Page 750, notes, 2e colonne, ligne 2. — Maréchal; *lisez :* maître.

Page 762, ligne 27. — *Ajoutez :* Nous proposerions le 17, jour où fut tenu un conseil, auquel Richelieu fait allusion dans deux passages d'une lettre au roi (p. 629 et 630 de notre V[e] vol.) et qu'annonce positivement la *Gazette* du 25 octobre : « Le 17, le cardinal duc vint au quartier du roy où se trouvèrent aussy le comte de Soissons, le duc d'Angoulesme et le marquis de La Force, et y fut tenu conseil. » (*Gazette* de 1634, p. 666.)

Page 771. — La lettre de Richelieu au nonce, n'ayant point de date, a été classée au hasard dans le manuscrit; une mise au net, sur laquelle se trouve le mot « juin, » a été placée à la fin dudit mois, et la minute est placée au 30 août. Le cardinal lui-même a donné la date 20 juillet, dans une lettre du 22 adressée à Chavigni. (T. V, p. 1044.)

Page 786, ligne 9. — Guissardi; *lisez :* Guiscardi.

Page 786, notes, 2e colonne, ligne 18. — Croit faire, *lisez :* avait faite.

Page 789, note, 1re colonne; ligne 4 d'en bas. — *Ajoutez :* Cet adoucissement était dû sans doute à de nouvelles et plus vives instances du roi de Pologne et des États du royaume. Parmi les pièces que contient le IVe volume de Pologne, aux Affaires étrangères, nous remarquons une lettre, en latin, de Ladislas VII à Louis XIII, datée de Vilna, au mois de mars 1639, en copie. Une autre copie, que nous avons trouvée à la Bibliothèque nationale, est accompagnée d'une lettre aussi en latin, adressée au cardinal (fonds Notre-Dame, 91, pièce 14e). Les États envoyèrent le 6 mai une promesse que *le prince Casimir ne commettrait aucun acte d'hostilité contre le roi et le royaume;* et ils dépêchèrent le palatin de Smolensk, C. Gasieraski, porteur de l'acte original, revêtu des signatures et des cachets au nombre de 52. Une déclaration du roi de Pologne, dans la même forme et également en latin, fut expédiée de Vilna le 30 juin. Le 6 août : ordre du roi contre-signé Sublet, « au capitaine Moulinet, lieutenant au gouvernement de mon chasteau de Vincennes, de recevoir le prince Casimir comme prisonnier de guerre, de le traitter comme il convient pour un personnage de cette importance et de le garder de mesme. » (Pologne, t. IV, fol. 13, 36, 47, 56.) Cependant le roi de Pologne demanda l'intervention de la république de Venise, liée assez étroitement alors avec la France. L'ambassadeur Coraro, dans sa sollicitation verbale, laissa entendre que son gouvernement ferait une demande officielle. Mais Richelieu jugeait nécessaire de retenir

---

Marienbourg. — Les volumes de Suède et de Pologne sont remplis à cette époque de pièces concernant cette grande affaire de la trêve.

[1] Pologne, t. II, fol. 329.

[2] Nous avons noté cette lettre, t. VII, 1013, 6e analyse, date du 9 octobre.

[3] Pologne, II, fol. 338-340.

encore le prince, et il s'y prit de manière à éviter cette demande du doge. (Lettre du 27 décembre 1639; aux Analyses.)

Page 792, ligne 1. — Ils représentent, *lisez :* il représentera.

Page 795, note 1. — *Après* étr. *mettez :* Hollande.

Page 800, 3ᵉ ligne d'en bas. — Toulouzon, *lisez :* Toulonjon.

Page 818. — À la suite de la pièce CCXXXIV, *mettez :* Dans tout le cours de nos recherches, nous n'avons trouvé, depuis 1624, aucun écrit de Richelieu où il ait discuté une question de dogme. L'évêque qui jadis avait combattu avec ardeur les quatre ministres de Charenton, devenu chef du Gouvernement, s'abstint de toute polémique à l'encontre du culte réformé. Nous avons dit ailleurs comment Richelieu était parvenu à établir la paix entre les catholiques et les protestants; il ne mettait pas moins de soin à conserver parmi les catholiques une inaltérable union. Il avait une appréhension extrême du moindre incident capable d'exciter le plus léger trouble dans l'apaisement religieux, qu'il jugeait nécessaire à sa politique et utile pour la religion elle-même[1]. Bien résolu de ne rien céder à Rome de ce qui pouvait porter atteinte à l'autorité royale ou seulement contrarier sa politique, il était d'autant plus attentif à éviter toute contestation capable d'inquiéter l'autorité spirituelle. Il voulait absolument vivre en bonne intelligence avec Rome, et il exigeait de tout le monde, comme il le professait lui-même, un respect silencieux sur toutes les vérités *définies,* ainsi qu'il les nomme dans cette lettre à Constantin. — On a vu le cardinal, en 1626, condamner le livre de ce moine italien Santarelli, qui reconnaissait au pape un pouvoir temporel sur les rois; le moine aurait pu exagérer à son gré la puissance spirituelle du pape que Richelieu ne se serait guère ému. — Ainsi nous le voyons, vers la fin de sa carrière, interdire aux évêques de publier les bulles venues de Rome, avant que le Parlement, gardien de l'autorité du roi, les ait examinées[2]. Et, en même temps, il intervient en Sorbonne pour maintenir dans toute son indépendance la puissance spirituelle du pape. — Cette lettre du cardinal au sujet de la thèse du licencié de Sorbonne doit fixer notre attention, d'autant plus que nous avons moins d'occasions de pénétrer, en ces matières, la pensée de Richelieu. Ajoutons donc quelques notes à la note dont nous avons accompagné sa lettre. — La thèse de Constantin était intitulée : *Quæstio quæ est Agni sponsa?* Cette épouse, c'est l'Église, et le candidat prenait en main sa cause et revendiquait ses droits, qu'il lui reconnaissait IMMÉDIATS, mot qui lui seul eût suffi à faire condamner la thèse à Rome : «Concilium generale universam repræsentans Ecclesiam habet immediate autoritatem et infaillibilitatem a Deo… mos antiquus viget. In Gallia, Nationalia non convocari invito Principe… Donatio Constantini, et omnes fere Pontificum epistolæ usque ad Sivicium dubiæ sunt fidei… Sanctus est, et a Periplura in actibus Apostolicis principium accepit, ritus eligendi Episcopos, est Cleri suffragiis et populi consensus.» — Après ces propositions et bien d'autres encore, le candidat a beau ajouter : «Nec qui a Petri cathedra dissidet vivit Catholicus[3];» le pape, sans doute, n'est pas satisfait; et Richelieu fit prudemment d'empêcher la discussion de la thèse. (T. IV des pièces, p. 513.) — Pour nous résumer en deux mots sur ce point, le cardinal ne souffrait pas qu'on écrivit rien en France, qu'on soutint en Sorbonne aucune thèse qui pût déplaire au pape; et, en même temps il ne souffrait rien du pape qui pût gêner l'action de son gouvernement. Il faisait rétracter Constantin avec la même sévérité, il interdisait la publication de

[1] Pendant la campagne de 1629, qui retenait en Italie Richelieu ainsi que le roi, la reine mère, laissée à Paris avec des pouvoirs de gouvernement, autorisa une conférence publique entre un jésuite et un pasteur calviniste. Le cardinal avait été informé trop tard pour empêcher la conférence, mais il blâma sévèrement la reine mère et son conseiller, le cardinal de Bérulle, pour avoir commis cette imprudence. (Notre t. III, p. 394.)

[2] Notre tome VI, p. 875.

[3] T. IV, p. 523 des pièces jointes à l'*Histoire de Louis XIII*, par Le Cointe, et reproduite dans le Recueil de d'Argenton.

26.

toute bulle sans l'examen préalable. Point de libertés gallicanes en théorie; les libertés gallicanes en pratique; silence et action : c'est l'essence même du despotisme.

Page 826, ligne 3 d'en bas. — Nous donnons ici presque *in extenso* la lettre de Chavigni où cette situation est peinte au naturel. — Paris, ce 13 octobre 1640. — J'ay receu avec grand joie les deux lettres particulières que vous m'avez escrites...

Je n'ay pu comprendre comment on vouloit obliger M. le comte d'Harcourt à prendre Yvrée avant d'exécuter l'affaire de 389 (comte Philippe). Mais quand j'ay représenté que ces deux choses n'avoient point de connexité... on m'a respondu que le tout estoit remis à la prudence de M. le comte d'Harcourt et à la vostre...

Ma première lettre est escrite en sorte que vous la puissiez faire veoir à M. le comte d'Harcourt... Vous pouvez juger combien il est important d'avoir la personne du comte Philippe, et les mauvaises suites qui pourroient arriver s'il estoit avec le prince Thomas.

...Madame a demandé de l'argent au roy, on luy en fera donner quand l'homme sera arresté.

Je n'ay point esté surpris de tout ce que vous m'avez mandé de l'extravagance continuelle de Madame et de la conduite de tous ses ministres, mais je ne puis comprendre celle de l'abbé de la Monta. Il ne peut avoir aucune raison de ne vous pas voir en particulier... Je n'en ay encore rien dit à Monseigneur le Cardinal; mais s'il ne se change, il n'y a pas d'apparence de souffrir qu'un homme comme luy se moque de la France... Il est assez obligé au roy pour vivre ouvertement comme son serviteur...

Je me suis bien gardé de dire à Monseigneur le Cardinal que vous pensassiez en aucune façon à vostre retour, parce que cela eust esté capable de le luy faire différer.

....Le courrier que j'avais envoyé en Italie pour annoncer vostre départ estant arrivé quatre jours avant que la capitulation ne fust signée, cet advis l'aura advancée au lieu de la reculer par la jalousie qu'on aura eue de vostre arrivée... (Chavigni soupçonne M. Du Plessis-Praslin de cette manœuvre.)

Je vous envoie l'extrait de la dernière dépesche du maréchal d'Estrées par laquelle vous verrez la continuation de sa bonne conduite... M. le cardinal Bichi vous escrit du particulier de cette affaire. M. le cardinal me commanda que je lui portasse la dépesche du cardinal Bichi qui s'adressoit à vous, et ouvrit un paquet croyant qu'il n'y eust point de chiffre... je vous envoie tout ce que j'ay receu pour vous. Si vous voulez me faire tenir le chiffre que vous avez avec M. le cardinal Bichi, comme Son Éminence le désireroit, je feray deschiffrer ses dépesches, et je n'en diray que ce que je jugeray qui devra estre sceu.

....J'ay dit à Monseigneur le dessein que vous aviez sur les tableaux et sur les livres du palais de Turin... vous ne sçauriez faire plus de plaisir à Son Éminence que de luy aporter des uns et des autres, pourvcu qu'ils soyent rares.

Je n'ay rien dit de ce que vous me mandez du présent que Madame et la ville de Turin veulent faire à M. le comte d'Harcourt, non plus que des autres particularitez que vous me mettez dans les lettres escrites de vostre main qu'il n'est point nécessaire qu'on sache. (Chavigni sait que Mazarin fera la même chose à son égard.)

J'ay apris de bonne part que le dessein de M. de Noyers est d'attirer, s'il peut, à la cour le traitté de M. le cardinal de Savoie, par le moyen de quelques-uns qui sont en Provence qui entretiennent des intelligences avec luy; j'estime qu'il est à propos que vous luy envoyiez promptement Mondin, affin de vous rendre maistre de cette négociation, et d'empescher que led. sieur cardinal n'envoye l'abbé Soldati à la cour... Monseigneur approuve le voyage dud. sieur Mondin à la cour, et il ne seroit pas à propos que M. de Noyers eust connoissance d'une négociation qui n'est point dépendante de sa charge.

...Madame la duchesse d'Aiguillon m'a prié de vous dire... que vous luy ferez un plaisir particulier d'escrire à M. le comte de Chasteauvillain à Rome, affin qu'il trouve bon le dessein qu'a pris sa fille de se faire carmelite...

...M. le cardinal est en quelque résolution d'aller à Richelieu vers la Toussainct, mais j'ay peyne à croire qu'il face ce voyage.

Page 828, note 2. — Il n'est pas facile de savoir précisément jusqu'où l'extrême irritation que causaient à Richelieu les résistances de Madame aurait pu l'emporter; mais quelque vive que fût cette irritation, jointe à son ardeur passionnée pour l'agrandissement de la France, il n'est pas probable qu'il ait jamais formé le dessein formel de joindre au royaume une partie des États de la maison de Savoie. Toutefois, nous ne devons pas omettre de noter que nous avons trouvé, dans les papiers du cardinal, la preuve qu'il s'est préoccupé des prétentions que le roi de France pourrait faire valoir, en un cas donné, sur certaines parties desdits États. Le XXXIV° volume de Turin contient, du fol. 773 au fol. 800, une suite de mémoires réunis sous ce titre général : *Abrégé des droits de la couronne de France sur les Estats du duc de Savoie.* Tout ce travail doit être de Godefroy; il est de l'écriture et dans la forme des mémoires que ce publiciste faisait pour Richelieu.

Page 835, ligne 11 de la lettre CCXLI. — Prince, *lisez* : sieur.

Page 843, ligne 22. — Qui s'y disputent, *lisez*: qu'on s'y dispute.

Page 844, ligne dernière. — Monsieur rendit le service que refusait de rendre Gassion; on sait ses liaisons intimes avec les mécontents de Sedan, et nous avons vu qu'il remettait fidèlement au roi les dépêches qu'il recevait du comte de Soissons. (T. VII, p. 284, 1⁰ analyse.)

Page 846, dernière ligne du texte. — *Ajoutez :* Il s'agissait des confidences qu'elle avait pu recevoir du duc de Bouillon. Ce que Richelieu demandait, sans l'obtenir de la duchesse, il l'obtint du marquis de Villeroy, qu'il laissait communiquer avec le duc de Bouillon prisonnier, afin de tirer de lui des paroles qui pussent servir à le faire condamner. (Voir notre VII° volume, p. 94.) Si Richelieu s'adressait ainsi aux personnes du rang le plus élevé, qu'était-ce avec les personnes qui dépendaient de lui? Aussi bien loin de concevoir à cet égard aucun scrupule, les secrétaires d'État s'empressaient (il faut oser articuler ici le mot propre) de se faire les espions du cardinal. Il suffit de rappeler cette parole si naïvement expressive de Bullion : «Suivant le commandement de S. E. j'ay ouvert les yeux de plus près que de coutume, etc.» Ainsi Bullion était l'espion habituel du cardinal auprès de la reine, car c'est de cette princesse, nous l'avons déjà montré, qu'il épiait les secrets. (Aff. étr. lettre autographe citée p. 626 de notre V° volume.) A ces faits dont nous donnons la preuve écrite, ajoutons-en un autre connu des contemporains, mais pour lequel nous n'avons d'autre autorité que les bruits du temps et sa vraisemblance : la tentative faite auprès de la marquise de Rambouillet dont les salons réunissaient tout ce que Paris avait de plus considérable; Richelieu n'eut-il pas la pensée de recevoir la confidence des indiscrétions qui devaient nécessairement s'y commettre? Mais il ne put obtenir que la marquise de Rambouillet fût sa confidente. — L'un des traits les plus caractéristiques de la physionomie morale de Richelieu, c'est l'instinct de pénétrer la pensée secrète de tous les hommes auxquels il pouvait avoir à faire, et personne n'ignore que cette habileté suprême était servie chez lui par une foule de personnes de toute condition, de tout rang qu'il savait trouver et placer partout où il avait besoin d'avoir des oreilles curieuses et fidèles; il a vécu, pendant toute sa vie politique, dans une atmosphère d'espionnage, que M. Cousin a très-bien pointe dans l'épisode de Mlle de La Fayette (appendice de Mme de Hautefort. p. 366). N'est-il pas hors de doute, pour quiconque y réfléchit, que l'influence de cette atmosphère a dû émousser sur ce point le sens moral du grand ministre? Ajoutez à cette influence la conception du devoir telle que nous venons de la constater, et n'est-ce pas l'explication de ce qui sans cela pourrait paraître inexplicable?

Page 846, ligne 32. — les, *lisez* : ces.

Page 847, note 1, ligne 5. — *Après le mot* historien : Et puis, parmi les contemporains et avant les satires, l'abbé de Pure obtenait une certaine considération comme écrivain sérieux; nous le trouvons sur l'état des gens de lettres pensionnés par Colbert, en 1663, avec cette annotation : «Au sʳ abbé de Pure, qui écrit l'histoire en latin pur et élégant.»

Page 850, avant-dernière ligne du texte. — Colmondo, *lisez :* Colmerdo.

Page 856. — Le 4ᵉ paragraphe : «On envoie, etc.» est placé fautivement ici; il faut le mettre plus bas, avant la seconde signature.

Page 866, note, 2ᵉ colonne, ligne 1. — *Effacez :* sa raison.

Page 879, ligne 27. — *Après* de chambres, *une note :* Notons ici, au sujet des griefs contre Saint-Preuil, un document que nous trouvons dans les papiers de Richelieu, aux Affaires étrangères (France, t. LXXXVI, fol. 123). «Interrogation de ... régiment des gardes.» Cette pièce, datée du 17 octobre 1637, contient, outre ce fait concernant Saint-Preuil, une révélation du même genre sur Saint-Aunais, le neveu de Toiras. Nous ne savons quelle autorité on doit accorder à ce document. Richelieu doit l'avoir connu, et il ne paraît pas qu'il s'en soit occupé; ses Mémoires n'en font aucune mention; il ne nomme en 1613 un sʳ de Plainville que comme un gentilhomme de Picardie, «affidé au maréchal d'Ancre et à sa femme.» Nous ne croyons pas vraisemblable que Saint-Preuil ait pu jamais songer à un crime de haute trahison, quoique, à vrai dire, il ne soit pas facile de savoir jusqu'où pouvait être entraîné Saint-Preuil dans les emportements de ses colères sans frein. Ce souvenir aurait-il reparu après quatre ans dans la procédure du jugement d'Amiens? M. Janvier dit qu'il a cherché partout, dans les archives du pays, quelques pièces de cette procédure, sans pouvoir rien trouver, et il n'a sur ce procès que ce qu'il a lu dans le récit du journal de Richelieu.

Page 880, ligne 3 de la pièce CCLIV. — De, *lisez :* le.

Page 886, ligne 3. — *Après* pays, *mettez :* etc. Voici les principaux points indiqués :

Page 899, lignes 12 et 18. — Pièce suivante, *lisez :* Lettre à M. d'Avaux ci-après p. 903.

Page 900, note 2. — Cette lettre écrite au nom du roi, et dont Chavigni a donné la matière, est une de celles que le cardinal dit (p. 981) n'avoir pas vues.

Page 907, ligne 33. — Ce ne sont pas là des témoignages de seconde main; nous avons ici la parole du cardinal lui-même, plusieurs fois répétée. Cependant Tallemant des Réaux a écrit, avec sa légèreté ordinaire, en rapportant quelques mots attribués à Gassion et qui auraient déplu à Richelieu : «Aussy croit-on que le cardinal le vouloit perdre, ou luy oster son employ.» (T. IV, p. 185.)

Page 908, ligne 2. — De l'ordre du roi; Mᵐᵉ de Camp, *lisez :* Mᵐᵉ de camp.

Page 910. — Mettre un long filet avant le NOTA.

Page 914. — *Ajoutez en note :* La Bibliothèque nationale conserve un manuscrit qui contient diverses pièces touchant la mort de Marie de Médicis et les requêtes présentées à l'électeur de Cologne par les officiers de la feue reine, du 3 juillet au 10 novembre. (Béthune 9240, fol. 76-100, maintenant 3746, n° 4.)

Page 915, note, 2ᵉ colonne, ligne 3. — *Après* et, *mettez :* considérée comme jeu d'esprit.

Page 916, ligne 6. — Il n'y a pas manqué une seule fois même en écrivant au cardinal de La Valette, avec lequel une ancienne amitié jointe à la supériorité de position pouvait permettre certains airs de familiarité.

Page 920, 5ᵉ analyse. — A la date 17, *lisez :* 15.

Page 929, 1ʳᵉ analyse. — Nous devons classer parmi les lettres de Richelieu l'épître dédicatoire imprimée en tête de l'écrit contre les ministres de Charenton : l'évêque de Luçon expose au roi les raisons qui lui ont mis la plume à la main, il se défend de tout sentiment d'animosité contre ses adversaires ; il pose, dès ces premiers temps, les principes qui dirigeront toute sa vie sa conduite à leur égard : Il désire leur conversion, mais non par la force. « Je luy diray (au roi) que les voyes les plus douces sont celles que j'estime les plus convenables pour retirer les âmes de l'erreur, l'expérience nous faisant cognoistre que souvent aux maladies d'esprit les remèdes violens ne servent qu'à les aigrir davantage. »

Page 934, note 2. — *Ajoutez :* Après nouvel examen, nous pensons que la lettre laissée sans suscription était adressée à M. de Luynes, vers lequel de Roches avait été envoyé.

Page 935, 1ʳᵉ analyse, aux sources. — Nous ne saurions laisser passer le nom de M. de Boislisle sans l'accompagner d'un souvenir reconnaissant, non-seulement pour l'indication de pièces qui nous étaient inconnues, mais aussi pour le généreux désintéressement avec lequel il a mis à notre disposition des notes recueillies pour ses propres travaux. Nous y avons trouvé, outre d'excellentes informations, l'occasion de rectifier plus d'une erreur. Ses recherches sur les annales de la Cour des comptes, jugées dignes par l'Institut de la plus belle de ses récompenses, ont, avec d'autres publications, placé son nom parmi ceux des écrivains qui cultivent avec le plus de succès les sciences historiques.

Page 936, à la fin de la première analyse. — Effacez le chiffre de renvoi, qui doit être placé à la colonne des dates, au 22 octobre.

Page 938, 1ʳᵉ analyse, ligne 4. — Entends, *lisez :* attends.

Page 938, note 1, lignes 2 et 3. — L'importance, *lisez :* l'imposture.

Page 938, note 1, ligne 3. — 584, *lisez :* 534.

Page 939, note 1, ligne 12. — 1634, *lisez :* 1624.

Page 948, dernière analyse, ligne 1. — L'abbé de Saint-Orin, *lisez :* Saint-Taurin. Voyez notre 1ᵉʳ volume, p. 733, note 1.

Page 953, lettre au P. de Bérulle, ligne 5. — Pays, *lisez :* paix.

Page 955. — *Ajoutez à la note* 2 : La formule finale de la lettre du prince est : « Vostre très-humble serviteur. »

Page 956, note 2, ligne 11. — Baradus, *lisez :* Buradus.

Page 957, note 1. — 771, *lisez :* 955.

Page 959, note 3. — 772, *lisez :* 956.

Page 975, 1ʳᵉ analyse, ligne 1. — *Après* minute, *mettez :* de la main de Charpentier. — Le cardinal remarque que les termes du traité ne sont pas assez précis, et que le vague de cette rédaction laisse le roi d'Angleterre maître de faire ce qu'il voudra. — Richelieu était alors en Italie; le projet lui avait-il été envoyé d'Angleterre ou de Paris? Si c'était de Paris, comme le contenu de la lettre le fait supposer, c'était sans doute à Bouthillier qu'il écrivait. Quant à la date, la négociation avait lieu pendant les premiers mois de 1629. La pièce est classée dans ce volume à la fin de 1628.

Page 975, 2ᵉ analyse, ligne 3, au commencement. — *Mettez :* minute. — Ce projet qui ne paraît pas avoir eu de suite doit pourtant être noté, à cause des observations marginales dont la première moitié est de la main du cardinal et le reste est écrit par Bouthillier, mais dicté sans doute par Richelieu. Un paragraphe du texte est aussi autographe. — Notons cette conclusion d'une lettre du P. Joseph, signée Chrysogone, du 4 janvier, où il s'occupe spécialement de l'affaire de Mantoue : « De rechef je vous dis que Palamine (M. d'Avaux) ne pourroit davantage obliger Anello (le roi) qu'en faisant ce que Badolle (Venise) envoie promptement à Sénèque (Mantoue) ce qu'il promet et ce qu'on demande maintenant de luy. » (Aff. étr. Venise, t. XLVII.)

Page 975, 3ᵉ analyse, ligne 3. — *Après* ci-dessus, *mettez :* p. 627. — Richelieu, tout en portant la guerre en Italie, déclare que « le roy a tousjours eu pour principal but la conservation de la paix... mais rien n'a empesché l'oppression que subit M. le duc de Mantoue... S. M. a jugé à propos de se servir des moyens que Dieu luy a mis entre les mains pour secourir Casal... le maréchal de Créquy fera passer l'armée du roy delà les monts et la mènera droit à Casal, et il emportera les passages de vive force si le duc de Savoie ne s'accommode pas aux propositions du commandant de Valençay... (Instruction précitée au s[r] de l'Isle) il saisira les places et les fera fortifier pour établir une communication avec le Dauphiné... si ledit maréchal trouve Casal en tel estat qu'il ne le puisse aborder, le roy lui permet d'entrer dans le Milanois, et d'y faire acte d'hostilité... si le maréchal peut parvenir au but, qui est le secours de Casal, il fera retirer l'armée du roy en retenant tousjours les passages, et s'assureront des places... si Mrs de Guise et de Créquy venoient à se joindre le roy entend que M. de Guise aye le principal commandement. — Le roi permet que, selon l'estat des affaires, son armée soit employée à choses que désireroit le duc de Mantoue... »

Page 975, 4ᵉ analyse. — Après la date, *mettez :* Troyes. — Richelieu fait répéter au delà du Rhin ce qu'il a fait dire en Italie : Le roi a toujours voulu procurer à l'Allemagne une bonne paix; il envoie le baron de Charnacé pour négocier un accord entre la ligue catholique et le roi de Danemark. La mission de ce diplomate s'étend aux autres princes d'Allemagne, à la Suède et à la Pologne. — Rédigée sur les indications de Richelieu, cette instruction lui a été soumise, ce que montre le mot « reveue » écrit au bas de la première page.

Page 975, 5ᵉ analyse. — Dans l'entrevue du prince de Condé et de Richelieu dont il a été parlé p. 217 de notre III° volume, il était question d'un compte que devait rendre le prince de Condé et qui se rapportait à ladite affaire : « Le roy, dit Richelieu, vous donne la moitié de l'obligation que vous m'avés laissée entre les mains pour la donner à S. M. et retient l'autre pour employer en bonnes œuvres. Afin que vous puissiés disposer du tout, je vous conseille de rabatre dix mil escus sur vos pensions à M. d'Effiat, qui les fera tenir au roy... » — Quant au lieu de date, il faut remarquer que le roi partit de Troyes le matin du 26, se dirigeant sur Dijon.

Page 975, 6ᵉ analyse. — Faire prendre à l'armée la route de terre, à cause de l'incertitude du temps. — Deux chemins : l'un passant le Var près d'Antibes; l'autre par le comté de Nice et le marquisat de Saluces. — Avantages de l'une ou de l'autre route. — Cependant il est important de faire teste avec les grands vaisseaux et gallères pour cacher à l'ennemy le chemin que l'on prend et le tenir en jalousie sur ce point. — Le roy désire que l'entrée des troupes se face dans le 15 ou 16 febvrier...

Page 975, 7ᵉ analyse. — Bautru mande au roi « qu'il n'a jamais sceu porter le roy d'Espagne à consentir la paix en Italie. » Mirabel, l'ambassadeur d'Espagne, avait dit tout le contraire à la reine mère. — Notons que le carton des archives cité aux sources contient une pièce en espagnol sur la négociation de Bautru en Espagne (n° 10 de la liasse défaite). — Bautru fut ensuite envoyé aux Pays-Bas, qui étaient encore à l'Espagne, gouvernés alors par l'Infante Isabelle. L'instruction donnée à Bautru lui recommandait de ne rien oublier pour persuader à l'Infante que le roi désirait ardemment de maintenir la paix avec l'Espagne, malgré l'injuste agression dont son allié le duc de Mantoue avait été l'objet, agression qui eût infailliblement fait éclater la guerre sans la sage modération du roi. Cette instruction dont le cardinal a dû donner le thème me semble avoir été rédigée dans le cabinet du secrétaire d'État d'Herbaut, ainsi que l'indique une minute chargée de ratures. Elle se trouve aux Archives des Affaires étrangères, dans le t. VII des Pays-Bas, accompagnée d'une mise au net corrigée de la main de Bouthillier, et d'une seconde mise au net faite sur la première. — Bautru fut renvoyé une seconde fois cette même année aux Pays-Bas. Nous trouvons dans ce manuscrit à la date du 3 décembre une curieuse dépêche adressée par lui à Richelieu, laquelle a été reproduite en partie dans les Mémoires, t. V, p. 337-340.

Page 975, 9ᵉ analyse. — En annonçant au duc de Mantoue son arrivée, le roi le presse de s'acheminer avec ses troupes vers Casal. Le reste de la lettre est conservé dans les Mémoires de Richelieu (ms. t. IV, p. 93). Trois ou quatre jours auparavant, en réponse à une lettre que lui avait adressée M. de Mantoue, le 7 du mois passé, le roi lui avait déjà envoyé une dépêche que nous ne trouvons non plus que celle du duc; mais notre manuscrit en conserve une autre que celui-ci écrivait à Richelieu le même jour 7 février. «Je croy, disait le duc de Mantoue, que vous apprendrez par les dépesches de M⁰⁰ de Béthune et d'Avaux, quelle a esté la joye de l'Italie, apprenant le prompt acheminement du roy sur ses frontières et les louanges que vous en recevés.» Le duc conjurait le roi de pousser l'arrivée des troupes françaises : «celles de la république de Venise, dit-il, seront le 12 février sur les frontières du Milanois, et les miennes seront sur celles du Crémonois le 10 pour y entrer dès le lendemain.» (Lettre orig. Aff. étr. Mantoue, t. II, pièce CCXXIV.)

Page 976, 1ʳᵉ analyse, à la suite. — A M^{rs} les ducs et... *lisez :* à M^{rs} les ducs et... — Le lendemain du jour où le cardinal écrivait cette lettre, M. de l'Isle était envoyé à Gênes, porteur d'une dépêche du roi «pour le duc et le Sénat;» mais l'objet de sa mission était surtout d'informer le duc de Guise et le maréchal d'Estrées que le roi marchait sur Casal... S. M. leur commandait de s'avancer avec toutes leurs troupes vers le Montferrat, etc. L'instruction datée : «au camp de Suze» est conservée aux Affaires étrangères (Gênes, t. 1, fol. 172). C'est une mise au net dont l'original est contre-signé : Phélipeaux.

Page 976, 2ᵉ analyse. — Cette lettre offre un intérêt de famille en même temps qu'un intérêt d'affaires. — «Le roy, mande Richelieu, est toutes les après disnés trois ou quatre heures avec Madame la princesse de Piedmont et M. le Prince, qui se comporte fort bien avec S. M. — Vous verrez par ce qui s'est passé avec don Gonzalès, comme le roy veut entretenir la bonne correspondance qui est entre luy et le roy d'Espagne son frère. — Je supplie V. M. de ne s'affliger point de ce qui s'est passé au respect de Monsieur, qui reviendra sans doute en son devoir.» — Il s'agit des projets de mariage du duc d'Orléans avec la princesse de Mantoue, auquel s'opposait la reine mère aussi bien que le roi, et dont s'occupait alors toute la cour. Je n'ai trouvé cette lettre ni aux archives, ni dans les collections des bibliothèques. Le catalogue où cette lettre est mentionnée lui donne la date du 24 mai 1629, cette date n'est pas possible; le roi quitta Suze le 28 avril et les princes de Piémont étaient partis auparavant. La lettre doit avoir été écrite vers le 20 avril, jour où Richelieu entretenait de cette affaire M. de Rancé, le secrétaire de la reine mère. (Notre IIIᵉ volume, p. 277.)

Page 976, 4ᵉ analyse. — Dans cette dépêche à l'archevêque de Pise, Richelieu affirme de nouveau les intentions pacifiques du roi; si on laisse en paix M. de Mantoue, si Gonzalès ne fait point venir de nouvelles troupes d'Allemagne, ou de Naples, S. M. n'attaquera en aucune façon les États du roy d'Espagne, et ne pensera qu'à retourner en France pour «recevoir beaucoup de ses sujets rebelles, qui tesmoignent vouloir rentrer en sa grâce, et chastier les autres. Cependant le roy va travailler à l'accord de Mrs de Savoye et de Mantoue, et à celui de Gennes, si les parties y veulent entendre...» — Sur la même page se trouve cette note, qui n'a point de rapport à la dépêche : «On employera toutes sortes de caractères grecques et imaginaires pour mettre en ce chiffre.»

Page 976, 6ᵉ analyse. — La lettre à M. le prince contient le détail des troupes qu'on lui donnera pour faire le dégast aidées de la noblesse du pays. «Au mesme temps le roy fera faire le dégast de Castres et de Nismes. S. M. veut faire faucher les bleds avant qu'ils soient meurs parce que le feu ne brusle que la paille et le grain demeure... je vous prie donc de partir promptement.» — Cette lettre fut écrite le jour où le roi partit du Languedoc; ce même jour Richelieu donna à S. M. un avis qui est imprimé dans notre IIIᵉ volume. On y lit: «Le dégast de Montauban ne peut estre mieux fait par personne que par M. le prince, tant parce qu'il le fera avec affection, etc.» p. 290.

Page 976, 7ᵉ analyse. — Cette note se rapporte au récit que fait Richelieu dans ses *Mémoires* (t. IV, p. 454-458). Le duc de Rohan méditait alors un soulèvement des huguenots. L'Espagne avait promis 300,000 écus en trois termes et Clauzel devait s'entendre avec le général espagnol Gonzalès et le duc de Savoie, qui espérait profiter, dit Richelieu, de la guerre entre les deux couronnes, « pour eslever et augmenter la sienne qui n'est pas assez pesante à son gré. » — Quant à la somme, on lit 300,000 ducats dans le texte des capitulations accordées par le roi d'Espagne au duc de Rohan; elles sont imprimées, ainsi que les articles demandés par le duc, parmi les pièces réunies à la suite de l'Histoire de Louis XIII attribuée à Le Cointe. (T. II, p. 522.) La pièce, signée don Jean de Rillela pour S. M. catholique et Clausel pour le duc de Rohan, est datée de Madrid le 3 mai; c'est sans doute une faute de copiste. Clausel n'était plus alors à Madrid. C'est probablement mars qu'il fallait.

Page 976, 8ᵉ analyse. — Le roi était venu d'Italie en Languedoc, où le duc de Rohan avait organisé, pour une lutte suprême, le parti des huguenots. Le cardinal, que le roi avait laissé en Piémont, la paix faite, ne tarda pas à venir rejoindre S. M. Nous avons indiqué dans notre IIIᵉ volume, p. 340, divers projets de déclaration, où l'on voit qu'avant d'en venir aux armes on avait voulu tâcher d'éclairer les populations sur les véritables intentions du gouvernement à l'égard des protestants. C'était surtout l'objet de la pièce notée aux analyses de notre VIIᵉ volume. On y lit : « Nous avons desjà dict qu'on ne veut abattre que la rebellion... Nous déclarons pour la dernière fois que nous voulons considérer nos sujets de la R. p. r. en la liberté de leur religion, pourveu qu'ils se remettent immédiatement en l'obéissance et rasent les fortifications. » La suite a prouvé que de telles déclarations étaient sincères. On y ajoutait toutefois la sanction des menaces, et nous trouvons au bas d'une autre pièce ces lignes, de la main de Charpentier : « Il faut mettre que les biens de ceux qui demeureront, un mois après la publication des présentes, en la rebellion seront confisqués irrévocablement. » — Nous supposons que cette pièce était préparée pour être publiée au moment où le roi, revenu d'Italie au commencement de mai, allait porter la guerre en Languedoc.

Page 976, 9ᵉ analyse. — Richelieu écrivait à un État protestant, notre allié; il faut remarquer avec quelle précaution il l'informait de cette guerre, entreprise contre les huguenots de France. « S. M. va en Languedoc pour réduire à l'obéissance les révoltés; voulant pardonner à ceux qui recognoistront leur faute. S. M. veut éteindre la rébellion sans forcer personne en sa conscience; ains en laisser la liberté. S. M. désire de parachever cette affaire pour avoir plus de moyen de vous assister aux desseins que vous avez de conserver vostre liberté... » — Au verso du feuillet, nous lisons, écrite de la même main, la matière d'une autre lettre à l'ambassadeur de Hollande : « Response à M. d'Aerssens sur le mesme style, un peu plus particulièrement : vous scavés bien qu'il n'a pas tenu à moy que l'alliance n'aye esté renouvelée; la division qui a esté entre la France et l'Angleterre a esté la seule cause qui l'a empeschée. Maintenant j'espère que tous les obstacles cesseront... »

Page 977, 1ʳᵉ analyse. — Donnons un extrait de cette lettre qui porte avec elle un signe du temps : « Je n'ay pas manqué de faire sçavoir au roy les louanges qu'à justes tiltres vous luy donnés, recognoissant, en mon particulier, ne mériter pas l'opinion que vous tesmoignés avoir de moy. » Ce ravage des provinces protestantes était considéré comme un acte de grande et sage politique, comme une œuvre de bon citoyen, Richelieu rappelant au prince toute l'importance du dégât de Montauban : « Vous jugerez par là, dit-il, la confiance que le roy a en l'affection que vous avés au bien public. » Suit l'énumération des troupes qu'on lui envoie afin que la ruine et la désolation du pays soient complètes.

Page 977, 2ᵉ analyse. — Au sujet de l'arrestation de la princesse Marie, que Monsieur avait résolu d'épouser, voyez notre IIIᵉ volume, p. 331. Le P. Griffet indique pour la source de la lettre du 24, adressée à la reine mère, le volume 9322 de la collection de Béthune, nous ne l'y avons pas trouvée. Il y a sans doute erreur dans le chiffre. Le P. Griffet ne donne point de date, mais cette lettre doit être celle que note Richelieu lui-même : «Le cardinal en écrivit à la reine mère le 24 mai» (*Mém.* t. V, p. 38), et dont fait mention l'*Histoire de Marie de Médicis* (t. III, p. 189 et 538). — Nous avons noté, dans un catalogue d'autographes (Laverdet, janvier 1856), l'indication d'une lettre de Richelieu à la reine mère, du 24 mai, *sur le mécontentement causé par Monsieur;* elle était datée de Suse. Nous supposons qu'au lieu de mai il fallait mars, car alors le roi était en effet à Suse, tandis que le 24 mai le cardinal était venu joindre le roi en Languedoc. De plus le manuscrit de Béthune 9322 nous donne une lettre du roi à la reine mère du 24 mars sur ce même sujet.

Page 977, 3ᵉ analyse. — La lettre dont M. de Biscarat était porteur montre tout le soin que prit le cardinal dans cette circonstance délicate, pour que Madame obtînt la réparation qui lui était due sans que cette affaire particulière risquât de devenir une affaire politique [1]. «Je n'en ay pas parlé au roy, dit-il, de peur qu'il prist plus de part à cette affaire qu'il est à désirer pour la bonne intelligence entre S. M. et la maison de Savoye... force civilités. — Richelieu l'engage à recevoir satisfaction. — Continuer le voyage de Pomeuse si elle ne craint point qu'il arrive pis. — S'il arrivait quelque rencontre en Italie, ordre est donné à M. de Toiras de faire retirer ses garnisons dans Nice de la Paille ou Casal...»

Page 977, 4ᵉ analyse. — Richelieu envoie à M. de Créquy son pouvoir. — Le marquis de Valençay sera maréchal de camp près de luy. — Le roi dépêche Biscarat en Piedmont pour l'affaire de Pomeuse. — Le maréchal de Créquy doit faire tout ce qu'il pourra pour que l'on donne satisfaction à Madame. — M. le prince de Piémont désireroit qu'on ôtât les garnisons françaises des places d'Italie; M. de Mantoue demande qu'on les y maintienne «vous conduirés les choses, le plus que vous pourrés, à la bonne intelligence de ces deux princes.»

Page 977, 6ᵉ analyse. — Maintenant que la paix règne, la Grande-Bretagne permettra la sortie libre des vaisseaux, dans l'intention de favoriser les expéditions maritimes; Richelieu fait visiter les côtes de France. Le sʳ d'Infreville, commissaire général de la marine, est chargé de cette mission dont le double but est de faire, dans les ports, tous les établissements nécessaires à la prospérité de la marine ainsi que du commerce, et de régler convenablement les droits et impôts. Original. — Le même jour, 31 mai, Richelieu écrivait une dépêche dont la suscription portait : «A nos lieutenans généraux et particuliers, et tous autres juges qu'il appartiendra» pour l'établissement du droit d'ancrage, dû par les vaisseaux étrangers; cette dépêche était faite en vertu d'une ordonnance du roi datée du 23 mai. Ces deux pièces sont imprimées dans le recueil précité p. 171, ainsi que le rapport où M. d'Infreville rend compte de sa visite sur toute la côte française de la mer océane (p. 176-221, Bibl. nationale, supplément de Dupuy, 80). — Une pareille inspection fut faite au commencement de 1633 sur les côtes de la Méditerranée, par Henry de Séguiran, seigneur de Rouen, premier président de la Cour des comptes de Provence. La relation conservée à la Bibl. nationale, Dupuy 670-672, a été imprimée dans le volume précité de la correspondance de Sourdis. — Voyez l'*Histoire de Provence* de Bouche, t. II, p. 895.

Page 977, 8ᵉ analyse. — Remarquons que, dans ces instructions envoyées par le roi à Toiras touchant la direction de l'armée et les fortifications, Richelieu fait dire à S. M. ce qu'il disait souvent lui-même : «Voilà ce qui est de mon opinion sur les affaires du Montferrat, laquelle vous aurez à suivre... faire cependant ce qui, sur les lieux, seroit jugé plus convenable.»

Page 977, 9ᵉ analyse. — C'est une réponse à la lettre de Mᵐᵉ d'Avaux, du 3 mai. — Le sʳ Bachelier dépêché à Casal et à Mantoue au sujet de l'entrée des troupes allemandes chez les Grisons;

[1] Voyez, dans notre tome VII, le *nota* p. 634 et la lettre de Richelieu au prince de Piémont, p. 637.

27.

ce qui intéresse grandement les États du duc de Mantoue et par conséquent la cause commune; la république de Venise doit y avoir fait grande considération. « Je veux et vous ordonne de faire sérieuse instance, en mon nom, vers la république, pour qu'elle donne secours audit duc,... conformément aux termes de la ligue... j'ay envoyé le s^r de Castille, intendant de mes finances, avec une voiture [d'argent], pour exciter les Grisons à prendre les armes, et garder les passages de Suisse. — Obtenir de la république qu'elle empesche le passage des mesmes troupes par la Valteline et le comté de Chiavennes. »

Page 977, 10° analyse. — Notons quelques points de cette dépêche du roi. Dans le cas où les Espagnols violeraient le traité fait avec don Gonzalès, le roi a rappelé au pape son engagement de lever 10,000 hommes. Il envoie un ambassadeur extraordinaire aux Grisons avec une voiture de 300,000 francs, enfin Bachelier est envoyé en mission auprès des états d'Italie. — M. de Créquy doit s'enquérir soigneusement des dispositions véritables du duc de Savoye. — Faire travailler activement aux fortifications de Suse; y faire mettre du blé pour quatre mois. — Succès de la campagne contre les huguenots.

Page 977. — Effacez la note 1 remplacée par celle que nous mettons à l'addition pour la lettre à la princesse de Piémont, 3° analyse de la page 977.

Page 978, 1re analyse. — Ces difficultés que reconnaît Richelieu, il aide M. le prince à en venir à bout. — Le roi lui accorde ses demandes. — Le duc d'Épernon l'assistera au dégast de Montauban[1]. — « Les affaires du roy succèdent à souhait. » (Suit le détail, répété à peu près dans deux pièces imprimées dans notre III° volume, p. 349 et 351.) « S. M. aura raison de la rébellion sans qu'il en puisse estre diverty par quoy qui puisse arriver... »

Page 978, 2° analyse. — Après l'heureuse campagne d'Italie la révolte des huguenots rappelle Richelieu en France; et en même temps il continue à s'occuper sérieusement de l'affaire des Grisons. Cette longue instruction est du secrétaire d'État, mais nous y trouvons intercalés des passages de la main de Bouthillier, qui sans doute ont été dictés par le cardinal. — Deux pages plus loin, dans ce XXVI° volume de Suisse, se trouve une première rédaction, devenue minute par l'intercalation des passages de la main de Bouthillier. — Nous devons aussi faire mention d'une note sans aucune indication, mais qui doit avoir été adressée à Bouthillier par Richelieu à l'effet de renvoyer promptement au pays des Vallées l'ambassadeur Myron, afin de composer des différends survenus. Notons encore l'instruction du 24 juillet donnée, à M. de Lion, sur ce qui s'est passé à la diète de Soleure, deux autres instructions, l'une du 10 octobre à M. de Mesmin, aussi sur l'assemblée de Soleure; l'autre au marquis de Cœuvres, qui commandait les troupes, enfin une instruction au maréchal de Bassompierre « pour s'acheminer à Soleure dans la plus grande diligence possible, pour déterminer les Grisons à envoyer des députés à une diète générale, » deux copies, dont l'une devenue minute à cause de corrections.

Page 978, 3° analyse. — Aussitôt que la paix est faite en Languedoc, le cardinal se hâte d'en informer M. de Créquy, et de reporter ses regards sur l'Italie. « La guerre contre les huguenots est finie avec gloire, écrit-il au maréchal; assurés-vous que j'auray soin de tout ce qui concerne l'Italie. — Il faut faire des recreues. On enverra de l'argent. — Le président de Montfalcon a faict instance de la part du duc de Savoie pour la restitution de Suse... personne ne la conseillera que premièrement les Allemands ne soient sortis des Grisons.

Page 978, 4° analyse. — Parmi les affaires d'Italie qui préoccupaient surtout Richelieu, celle de Mantoue était en ce moment la plus importante : « Vous aurez sceu, écrit-il au marquis de Striggi,

[1] On finit par offrir à quelques villes de n'achever point le dégât à certaines conditions. (Lettre à M. le Prince, du 30 juin, p. 362 du III° volume, et du 14 juillet, p. 639 du VII°.)

que le marquis de Spinola est destiné gouverneur de Milan, et y doit arriver bienstost, ce qui montre que l'Espagne a quelque dessein en Italie. Il faut que le duc de Mantoue soit diligent et amasse des vivres, des munitions, etc. à fortifier Mantoue. Ils commenceront à attaquer par là, pensant que le chef estant pris les membres suivront aisément. »

Page 978, 5ᵉ analyse. — Après la date 20 juillet, mettez : Montpellier. Cette exhortation, Richelieu ne négligeait pas de l'appuyer par les armes : « J'espère, écrit-il à M. le Prince, m'approcher bientôt de Montauban avec l'armée du roy, pour le haster d'accepter la grace que S. M. a faicte à ses sujets rebelles... je me prometz et désire tout ensemble que cette ville obéisse avant que j'y sois arrivé. En ce cas vous recepvrés ses otages et ceux de Caussade... on ne sauroit les donner en garde en meilleures mains qu'en celle de M. de la Molière à Villemur... qui promettra de les garder jusqu'à l'entière démolition des places... » — On leur envoya M. de Guron; voyez notre tome IIIᵉ, p. 383, 384 et 397.

Page 978, 6ᵉ analyse. — Les députés de Montauban ne pouvaient être écoutés, ayant dit à Richelieu n'avoir point de pouvoir de rien conclure, seulement de demander, etc. (comme dans la lettre à la reine mère, 8ᵉ ligne du texte, p. 397 de notre IIIᵉ volume). — Ici le cardinal recommande à M. le Prince de commencer le blocus aussitôt l'arrivée de Bassompierre, qui (sera le dimanche) à quatre lieues de Montauban. — « Depuis ma lettre escritte les depputez de Montauban ont mis de l'eau dans leur vin, et m'ont dict qu'ils se promettoient qu'aussytost leur arrivée ceux de la ville accepteroient la grace du roy sans autres conditions. Si cela est, vous ferés publier incontinent la paix et choisirés 12 ou 14 des meilleurs de leurs ostages, que vous ferés mener à Villemur. » — Ces deux paragraphes sont écrits à la marge en manière de supplément après la signature apposée; ils doivent être datés du 31 au moins, car c'est la date de la lettre précitée à la reine mère, laquelle lettre ne contient point la nouvelle donnée par ce post-scriptum.

Page 978, 7ᵉ analyse. — « M. de Marcheville verra les électeurs et archevesques de Trèves, de Mayence et de Cologne, le duc de Suze et l'électeur de Brandebourg... Il faut s'occuper de la paix entre les voisins et alliez... fomenter avec dextérité les mécontentemens de l'électeur de Saxe contre l'Empereur... convenir d'une diète pour l'élection du roy des Romains, laquelle doit estre libre... » La signature du roi est contre-signée Bouthillier[1].

Page 978, 8ᵉ analyse. — Le sᵣ de Marcheville envoyé en Allemagne, écrit le roi à M. de Baugy, a ordre « de vous communiquer, à son passage à la Haye, le sujet de son voyage. Contribués vos offices, en tout ce qui deppendra de vous pour l'effet de son dit voyage... » — M. de Baugy avait succédé à M. d'Espesses dans l'ambassade de Hollande; son instruction datée du 1ᵉʳ août 1628 du camp de la Rochelle, contre-signée Phelypeaux, a sans doute été rédigée par ce secrétaire d'État.

Page 978, 9ᵉ analyse. — Déplaisir du roi au sujet de cette conduite de la république de Venise... importance qu'il y a à ce que, dans les circonstances présentes, la république se maintienne en bonne intelligence avec le saint-siége... il lui sera utile de préférer les considérations du bien général à celles de moindre conséquence[2]. Outre cet original, une mise au net se trouve déplacée dans le t. XLVIII de Venise, au 2 novembre. Au verso de cette mise au net est la minute d'une lettre de Ri-

---

[1] Le cardinal, alors en Languedoc, n'a envoyé à Bouthillier qu'un canevas de cette longue instruction. Notre manuscrit met à la suite une pièce intitulée *relation de Marcheville*, laquelle a servi à l'exposé succinct des affaires d'Allemagne dans les *Mémoires de Richelieu* (t. V, p. 218 et suiv.). On a vu, dans notre IIIᵉ volume, p. 388, la lettre du cardinal annon-

çant à l'archevêque de Cologne cette mission de Marcheville; et plusieurs dépêches du roi, ayant le même objet, adressées à divers princes allemands et ambassadeurs de France en Allemagne, sont conservées dans le manuscrit, fol. 292-296.

[2] Une première lettre avait été écrite à M. d'Avaux. Voyez notre IIIᵉ volume, p. 330.

chelieu au cardinal Barberini, pour l'informer des ordres donnés à l'ambassadeur. — Une lettre de Louis XIII à la république, et un mémoire, en italien, de M. d'Avaux, présentés au gouvernement de Venise ensuite de ladite lettre, ont été classés dans ce volume XLVII après le 25 septembre; ces deux pièces manquent de date.

Page 978, 10ᵉ analyse. — Avant d'avoir trouvé cette minute aux Affaires étrangères, nous avions eu un fragment de la lettre de Richelieu dans l'*Histoire de Pierre de Bérulle* par l'abbé Tabaraud, et nous l'avions imprimé dans notre IIIᵉ volume, p. 399. Ce fragment de quatre lignes vient dans le manuscrit après celles que nous donnons dans cette analyse. Le reste de la lettre se rapporte à la plainte qu'avait faite le cardinal de Bérulle de mauvais sentiments de M. de Béthune à son égard... « rien ne me fera changer la résolution que j'ay de vous tesmoigner en toutes occasions mon affection et mon service. Si pour l'avoir faict aux occasions passées j'ay acquis moymesme des ennemis, je vous asseure que je ne supporteray seulement leur mauvaise volonté avec patience, mais avec contentement. » — La minute des Affaires étrangères n'est point datée, mais il est probable qu'elle est du mois d'août, car elle est écrite sur une feuille où se trouve une autre minute de Richelieu répondant à une missive du 3 dudit mois. Nous voyons d'ailleurs par plusieurs lettres de Richelieu à Châteauneuf que cette affaire de l'évêque attaché à la reine a été sur le tapis de juillet à septembre.

Page 978, note. — *Après* d'Herbaut, *fermez la parenthèse.*

Page 979, 2ᵉ analyse. — ... « Je n'ay pas l'honneur d'être maintenant auprès du roy, cependant par la cognoissance que j'ay de ses intentions et de la suite qu'il donne à ces affaires je vous diray que vous pouvés tenir pour chose asseurée que S. M. ne laira point attaquer M. de Mantoue sans prendre fortement sa défense... Les pourparlers de paix n'empescheront pas les préparatifs nécessaires... le roi a 25,000 hommes en garnison en Languedoc, Provence, Bourgoigne, Rouergue et Auvergne, et la France ne va pas si lentement que nous ne les aions assemblez et doublez en douze jours quand il plaira à S. M.... » — Cette lettre de Richelieu est une réponse à l'ambassadeur Marini qui avait écrit en même temps au roi; les deux lettres en italien sont notées (47, 48) dans le manuscrit cité aux sources. L'abbé Scaglia, dit-il, arrive d'Espagne, et annonce que l'empereur envoie en Italie des forces considérables.

Page 979, 3ᵉ analyse. — Richelieu informe le maréchal de Créquy de l'ordre qui a été donné à M. d'Hémery pour faire provision de vivres; à M. d'Effiat d'envoyer des canons à Embrun. — Attendre qu'il ait des blés et de l'argent pour faire venir les régiments de Provence, en leur ordonnant de se tenir prêts. Envoyer quérir le régiment d'Aiguebonnes.

Page 979, 4ᵉ analyse. — Après ces témoignages de satisfaction, Richelieu annonce à M. d'Hémery un envoi d'argent, et lui adresse diverses recommandations : « afin de ne perdre un seul moment de temps je vous prie dès cette heure de faire marché de six mil charges outre tout ce que vous aurez arresté, afin que, lorsque le roy voudra faire marcher une puissante armée en Italie, rien ne nous puisse empescher ou retarder. » — Envoyer au Montferrat les fonds nécessaires pour payer la monstre entière; ces troupes sont en lieu où elles auront beaucoup plus de nécessité que celles de Suse qui ne manquent de rien...

Page 979, 5ᵉ analyse. — Richelieu avait envoyé à M. le Prince sa lettre du 2 septembre, par le gentilhomme chargé du triste message de M. le Prince. Cette seconde lettre n'est qu'une répétition de la première; mais Richelieu a voulu qu'elle fût portée par un gentilhomme à lui. — P. S. « Je ne veux pas obmettre, Monsieur, à vous rendre grâces très humbles de l'honneur que vous désirés que je reçoive aux villes de vostre gouvernement. Celuy que j'ay receu en toutes celles par où j'ay passé est tel que, pour ne pas m'en combler davantage, j'esvite expressément d'aller à Molins et autres villes. »

Page 979, 6ᵉ analyse. — Nous notons ici le ton d'assurance avec lequel Richelieu annonce au roi qu'il déjouera les mauvais desseins des ennemis : « Sire, dit-il, les divers advis que M. le maréchal de Créquy a envoyés depuis huit jours des mauvais desseins des troupes de l'Empereur et d'Espagne, nous ont obligé à changer le deppartement des troupes de V. M... je m'assure qu'estant auprès d'elle je luy proposeray des moyens par lesquels ses ennemis ne trouveront pas la besoigne sy facile qu'ils pensent. J'espère avoir l'honneur de m'y rendre le 14ᵉ de ce mois. » (Archives des Affaires étrangères, Turin, t. X, pièce 65, original.)

Page 979, 7ᵉ analyse. — M. Marini se plaindra hautement des contraventions que le duc de Savoye apporte au traité de Suse, il demandera à S. A. de s'expliquer nettement sur son intention au sujet du Montferrat, dans le cas où l'on en voudrait dépouiller le duc de Mantoue... On vient de voir comme il rassurait le roi sur les inquiétudes que donnait le duc de Savoie; et en même temps, avec son activité accoutumée, il prenait toutes les mesures nécessaires dans l'occasion, témoin la pièce qui suit dans le manuscrit cotée 67, et au dos de laquelle on lit : « Dépescher pour Piedmont, Languedoc, Provence, Lyonnais, Bresse, du 7ᵉ septembre. » — Là sont résumées, de la main de Charpentier, les matières de divers ordres et lettres expédiés ledit jour.

Page 979, 9ᵉ analyse. — Richelieu ne refuse pas l'allocation du subside, mais il y met des conditions : « Après avoir veu les instances faites par MM. les Estats qu'il plaise au roy leur continuer sa bonne volonté et les secourir d'une notable somme d'argent, S. M. est toute preste de les assister... mais elle attend la ratification du traitté signé par leur ambassadeur il y a deux ans... » Ici Richelieu développe les trois raisons qu'a le roi d'agir ainsi.

Page 979, 10ᵉ analyse. — Nous donnons un extrait des détails que contient la lettre : « Plusieurs régimens vous vont trouver; le roy a fait mettre les compagnies à 150 hommes. Il envoie un maréchal de France pour commander les corps qui se lèvent en Suisse... M. d'Hémery va partir avec les fonds que vous pouvés désirer. Si l'armée de Bresse est contrainte de vous joindre, je m'assure que vous sçaurés aussy bien attaquer en ce cas, que vous deffendre maintenant si on vous attaque... »

Page 980, 1ʳᵉ analyse. — On propose d'envoyer un ambassadeur extraordinaire demander à l'Empereur l'investiture. « L'investiture donnée, le roy retireroit le sʳ de Toiras et les bannières de France qui sont au Montferrat; et incontinent après l'Empereur retireroit les troupes de la Valteline et des Grisons, qu'il laisseroit libres comme ils ont tousjours esté. Ainsi l'affaire seroit terminée et nous demeurerions amis pour jamais... M. le marquis de Mirabel dépesche en Espagne sur ce sujet. C'est à vous à pénétrer promptement les intentions d'Espagne... M. le nonce est auteur de cette proposition... » — Une note, mise au dos de la pièce, en indique la destination. L'instruction de ce nouvel ambassadeur, qui remplaçait le comte du Fargis, est datée du 1ᵉʳ juillet au camp de Sainte-Chatte; elle est au fol. 431. Nous trouvons dans ce même manuscrit une minute de deux écritures différentes (fol. 442). Une mise au net corrigée encore de la main de Bouthillier a servi de texte à la pièce que nous indiquons (fol. 431). — Notons aussi une autre lettre du roi à M. de Barrault : « ...Je ressens bien vivement les entreprises faites contre mon cousin, le duc de Mantoue... Je dresse une nouvelle armée en Champagne comme celle de Piémont... vous aurez à me faire sçavoir les sentimens que l'on aura par delà sur cette guerre d'Italie (fol. 516). »

Page 980, 2ᵉ analyse. — Au compliment le cardinal ajouta : « Ayant parlé au roy de ce dont il vous a pleu m'escrire, S. M. aura agréable de vous voir à son retour d'un petit voyage qu'elle va faire pour se divertir à la chasse quelques jours... » — La lettre n'est point datée; le prince de Conti étant né le 11 octobre, elle doit avoir été écrite à peu près à la date que nous proposons (13 ou 14 octobre). Ce fut le cardinal de Richelieu qui tint le jeune prince sur les fonts de baptême, un an plus tard, le 23 décembre 1630.

Page 980, 3ᵉ analyse. — « La difficulté qui est au traitté de Hollande est sur ce que le roy désire que M^{rs} les Estats s'obligent de ne faire point ny la paix, ny la trefve sans son consentement. Eux prétendent par opiniastreté que cela préjudicie à la souveraineté et liberté. Le roy espère avoir satisfaction de cette difficulté imaginaire... Cependant pour accourcir le temps le roi donne avis à M. de Baugy de deux expédients pour sortir d'affaire... — M. de Baugy mesnagera ce que dessus en sorte que nul ne cognoisse qu'il en ayt receu ordre, mais qu'on croie qu'il en escrira en France à leur requeste. » — Une mise au net de la lettre de Richelieu écrite sur cette matière est cotée 88, et une copie du mémoire est au fol. 89.

Page 980, 4° analyse. — « Pressés M. de Savoie, écrit Richelieu, de déclarer nettement s'il veut joindre ses armes à celles du roy... Son ambassadeur a donné à S. M. l'assurance que les Espagnols et les Allemands n'atteigneroient ni Nice de la Paille, ni Pouson (Pouzzone), et ils ont fait tout le contraire... Si le maréchal jugeoit que l'on put venir à une véritable paix au moyen de quelques concessions, il faudrait y consentir, en prenant toutes ses précautions contre les infidélités d'Espagne et les destours qui se pratiquent d'ordinaire au pays où vous estes... L'intention du roy estant d'empescher les desseins des Espagnols et Allemands, à quelque prix que soit, faites des recreues et fortifiés vos troupes... » — Si M. de Toiras a besoin de secours, lui envoyer les 400 hommes qu'il demande. — La suscription manque, mais c'est la réponse à une lettre du maréchal de Créquy, conservée dans le même manuscrit, pièce 110.

Page 980, 5° analyse. — M. le Nonce fait de telles instances pour une suspension d'armes d'un mois ou six semaines, avec les trouppes de l'Empereur et du roy d'Espagne, que j'estime que vous pouvés entrer en négociation, sur ce sujet, avec M. de Savoie et accorder ladite surséance, pourveu que la réputation du roy y soit conservée, et qu'il soit permis de porter toutes sortes de vivres à Casal. « Cependant nos trouppes s'avanceront, et nous n'oublierons rien de ce qu'il faudra pour rendre vos forces en estat de considération. » — Le nonce était pressé d'employer son crédit par l'ambassadeur de Savoie, le président de Montfalcon, qui lui-même demandait qu'on envoyât au maréchal de Créquy des pouvoirs plus amples pour faire la suspension. Sa lettre du 27 octobre est conservée dans le même manuscrit (pièce 115). Cette demande fut accueillie. Nous trouvons, dans notre manuscrit que le cardinal envoie à Bouthillier une matière de dépêche pour écrire à M. de Créquy; après avoir réfuté une partie de la présente lettre, le cardinal, dans celle qu'il dicte pour ainsi dire à Bouthillier, recommande au maréchal d'avoir « un égard particulier à ce qui est de la seureté de M. de Mantoue, de suivre en ce qu'il pourra la teneur du pouvoir qui premièrement luy a esté envoyé, se ressouvenant bien que S. M. ne veut en aucune façon que la restitution de Suse soit comprise en aucun traicté; veu que S. M. le veut rendre par la vertu de sa parole et non par l'intervention des Espagnols. » Cette pièce, que je cote 168, n'est point datée; on l'a classée dans la première quinzaine de novembre. Après cette matière de lettre, Richelieu ajoutait ces mots pour Bouthillier : « J'ay besoin du pouvoir qui a esté envoyé à M. de Créqui, dont je n'ay aucune coppie. » — « Item, deux mémoires qui ont esté envoyés à M. de Baugy sur le sujet du traicté de Hollande. » Cette matière de lettre envoyée à Bouthillier par Richelieu n'est point datée; on l'a classée dans notre manuscrit au mois de novembre, première quinzaine.

Page 980, 6° analyse. — La reine mère écrivant le même jour à Gaston (notre t. III, p. 457)[1], lui annonçait cette lettre et s'efforçait de le rassurer sur les armements de Champagne dont il s'était en effet inquiété. « Je crains (écrivait à ce moment à Richelieu le duc de Bellegarde, attaché au service de Gaston) que Monsieur ne prenne ombrage des levées que M. de Marillac va faire en Champagne

[1] La collection France ayant subi un remaniement depuis mon premier travail, le chiffre que j'ai indiqué à la source est changé; c'est maintenant t. LI, fol. 242. La minute de la lettre du roi est écrite sur la même page.

et ne luy face prendre une fascheuse résolution. » (Aff. étr. France, t. LI, p. 243.) Il ne paraît pas que Monsieur ait été fort rassuré par les lettres que lui portait Marillac; celui-ci écrivait à Richelieu le 13 novembre : « J'ay passé trois jours pour persuader à Monsieur qu'on n'en veut pas à sa liberté... mais Monsieur y est fortement alieurté. (Manuscrit précité, fol. 252.) — Nous lisons dans une lettre de Marillac à Richelieu écrite le 27 octobre : « S. M. attend de vous la minute de ce qu'elle doit escrire à Monsieur affin de vous en envoyer aussytost la lettre faicte, et que je la puisse aller recevoir de vostre main avec mon instruction. »

Page 980, 7ᵉ analyse. — Le roi, approuvant tout ce que le maréchal de Créquy a fait en sa négo-ciation avec M. de Savoie, indique les mesures à prendre pour la défense de Casal. — Sur la pré-séance, au cas d'une conférence entre Créquy et Spinola... surtout éviter toute rupture. (Voyez *Mém. de Richelieu*, t. V, p. 302, 303.) — Si Pomeuse n'est pas remis entre ses mains, réclamer fortement... — Je vous prie d'asseurer Madame, que le roy et la reyne sa mère l'ayment tendrement, et que, pour mon particulier, je la serviray en toute occasion... vous ne sçauriés faire plus grand plaisir au roy et à la reyne que de servir Madame en tout ce que vous pourrés... »

Page 980, 8ᵉ analyse. — Remerciement de l'honneur qu'elle me fait, en quoy elle ne sera point trompée. — Passion à son service. — Au sujet de Pomeuse et des Français de sa maison, Richelieu répète ce qu'il écrit à M. de Créquy. — Le roy et la reine l'aiment tendrement... qu'elle sçaura bien par sa prudence se gouverner en sorte que la justice de ses prétentions soit tousjours apparente, afin que S. M. ayt d'autant plus de droit de la maintenir. — Que M. de Créquy escrit fort avantageuse-ment de la façon avec laquelle elle se comporte, ce dont j'ay estimé luy devoir donner advis, afin qu'elle ait agréable de luy tesmoigner qu'elle luy en sçait gré. — Il n'y a point de date, mais ce doit être la même que celle de la lettre précédente au maréchal de Créquy dont le sujet est en partie le même.

Page 980, 9ᵉ analyse. — Approbation de ce qu'il a fait pour l'approvisionnement en blé de Ca-sal; faire plus encore «et ne pas s'y endormir;» on envoie de l'argent, mais s'il n'arrive pas assez tôt, qu'il en trouve sur son crédit; «afin que M. de Savoye ne puisse prendre excuse de ne fournir pas les bleds qu'il doit... et, si les affaires ne s'accomodent, ils verront bonne compagnie en temps et lieu. » — «Je le remercie du soin qu'il veut prendre de ma chapelle et de mes tableaux, et faire en sorte qu'on me les apporte quand le soubçon de la peste sera passé. Cet affronteur qui s'en estoit chargé m'a tellement trompé que je ne m'y puis plus fier. » — Quant à la date, même observation que pour la lettre à Madame.

Page 980, 10ᵉ analyse. — A la date, *mettez* : Saint-Germain-en-Laye. — «Nous avons assez faict cognoistre, par la conduite que nous avons tenue, que nostre intention est d'arrester le cours des mouvemens que l'on avoit excités en Italie, et d'y restablir une bonne et forte paix, au moyen de laquelle la légitime succession des Estats de Mantoue fust conservée à nostre cousin le duc de Man-toue» ... Sur les représentations faites au nom du pape par l'archevêque de Patras, évêque de Cer-via, nonce de S. S., pouvoirs sont donnés au maréchal de Créquy pour traiter de la paix avec le mar-quis de Spinola, gouverneur de Milan, ayant pouvoir du roi d'Espagne, le pouvoir de l'Empereur etant aussi attendu... Signé Louis, contre-signé Bouthillier.

Page 981, 1ʳᵉ analyse. — Nous nous bornons à extraire de l'instruction ce court passage qui montre l'esprit de défiance dont ne pouvaient se défendre ni le roi, ni Richelieu dans cette négociation avec le souverain du Piémont : «Malgré le peu de sincérité du duc, je prends, en ma réponse, ce qu'il me mande comme si c'estoit une déclaration plus ouverte sur ce sujet... Souvenez-vous que je ne veux en aucune façon que la restitution de Suse soit comprise en aucun traitté. » ... Appro-bation de la conduite de M. Servien.

Page 981, 2ᵉ analyse. — En adressant son instruction au maréchal de Créquy, le roi affirme de nouveau son désir de la paix : il lui recommande de tâcher de pénétrer ce que fera le duc de Savoie ; « si je prends, dit le roi, la résolution de rompre avec mon cousin, je vous envoie mon autre dépesche cy-jointe (l'instruction du 10), pour tesmoigner les bonnes intentions que j'ay pour la paix... S'assurer de ce que fera le duc de Savoie si je prends la résolution de rompre avec l'Espagne ; concertés avec le prince de Piedmont ce qui se pourroit faire en Italie... » — La rupture déclarée avec l'Espagne n'eut lieu que quelques années plus tard ; mais cette lettre et la suivante ainsi que d'autres indices montrent que Richelieu y pensait sérieusement dès 1629.

Page 981, 3ᵉ analyse. — « Les violentes poursuites que font les Impérialistes et les Espagnols contre mon cousin le duc de Mantoue pendant qu'ils me font chercher et solliciter d'entrer en accommodement, me donnent diverses pensées et telles que le bien public et de mes alliés le peut requérir... pour cet effect, je vous ordonne de vous esclaircir nettement de ce que feroient Mᵐˢ les Estats en cas de rupture, affin que, si la chose doibt arriver, elle soit plustost faicte que cogneue... Il ne faut pas que cesdits Estats cognoissent que j'aye encore ce dessein, mais bien que vous les portiez à me solliciter de le prendre... »

Page 981, 3ᵉ analyse, aux sources. — *Après* Affaires étrangères, *mettez :* Hollande, *et ajoutez :* Une autre copie, de la même écriture, se trouve dans ce volume de Hollande, cotée 115.

Page 981, 4ᵉ analyse. — La pièce est intitulée : Mémoire sur lequel M. le maréchal de Créquy mandera son avis. — La question est ainsi posée : « Sçavoir ce qu'on peut entreprendre si M. de Savoye se joint aux armes du roy ; — ce qu'on peut aussy s'il ne s'y joinct point ; — et aussy ce qu'on auroit à craindre s'il restoit neutre. » Nous ne faisons qu'indiquer cette pièce, insérée dans les Mémoires de Richelieu (V, 321). Le maréchal répondit le 3 décembre ; il discuta avec grand soin et beaucoup de détails les divers cas prévus par Richelieu. (Ms. cité aux sources, pièce 171.) — Richelieu écrivait en même temps au maréchal de La Force dans un sens à peu près pareil. On lui ordonnait d'aller en Bresse, de maintenir l'armée le plus près possible de la frontière afin « de donner, par cette armée, telle jalousie à M. de Savoye que cela l'oblige à empescher de tout son possible l'entrée des Espagnols dans les Estats de M. de Mantoue, pour se garantir de la perte des siens... » et on donne au maréchal une double instruction, selon la double hypothèse de l'union de la Savoie soit avec la France, soit avec l'Espagne. (Mise au net, sans date, ms. cité aux sources, pièce 133. — Mémoires mss. de Richelieu, t. IV, p. 558 ; et édit. Petitot, t. V, p. 281.)

Page 981, 5ᵉ analyse. — Sur le feuillet adressé à Bouthillier, Richelieu lui faisait cette autre recommandation : « Expédier la déclaration qu'il faut pour que le tabac de Saint-Christophe et autres habitations des François se vende sans impost. » — Nous mettons en 1629 cette pièce que le manuscrit classe mal à propos en 1630. Nous avons lu, dans une lettre de l'ambassadeur Châteauneuf, datée du 20 octobre 1629 : « Quant au vidame de Toiras, le comte de Nisidel et le moine sont menacés d'estre mis dans la Tour pour avoir soustenu, devant le roy et son conseil, au grand trésorier et au sʳ Curleton qu'ils leur avoient promis que ledit vidame seroit rendu. » (Angl. t. XLIII, fol. 304.) La lettre de Richelieu doit avoir été écrite peu après la réception de celle que nous citons. Le nom que l'on écrit ici Nisidel est ordinairement défiguré de diverses manières dans les manuscrits. Le comte signait : Nithisdaill. Nous en avons déjà fait la remarque.

Page 981, 6ᵉ analyse. — Dans cette instruction Richelieu recommande d'insister sur la modération du roi dans les affaires d'Italie. — Signaler la conduite des Espagnols contraire à la foi de leurs traités. Ils ont renouvelé le trouble en Italie et en Allemagne, à l'occasion de Mantoue. — Le roi veut protéger les intérêts de la république de Gênes dont il demande la neutralité. Si elle fait difficulté à prendre un engagement, S. M. se contentera qu'elle laisse entendre seulement qu'elle la gardera. — Se conduire avec grande prudence, la faction espagnole étant toujours puissante à Gênes.

— L'original, signé du roi, est contre-signé Phelypeaux. Une mise au net suit dans le même manuscrit. La lettre de créance du roi à la République est cotée 220.

Page 981, 7ᵉ analyse. — Les prétentions de la maison d'Autriche à la monarchie universelle alarmaient aussi la Suède; ensuite de la trêve entre cette puissance et la Pologne, le roi de Suède « a faict au sʳ de Charnacé des ouvertures pour rétablir en Allemagne la liberté des princes et des estats de l'empire, lesquelles ouvertures S. M. a grandement goustées. » S. M. a fait dresser des articles et a envoyé un pouvoir authentique audit sʳ de Charnacé... — Une copie en clair de cette dépêche chiffrée est conservée dans le même manuscrit, fol. 214, et au fol. 204 se trouve le projet de traité avec le roi de Suède, envoyé avec la dépêche du 18. Voyez, sur la même affaire, Pologne, t. II, fol. 124.

Page 981, 8ᵉ analyse. — Richelieu ne manque jamais, dans ses relations avec les puissances protestantes, de stipuler la sauvegarde des intérêts catholiques; il s'efforçait ainsi d'atténuer les reproches continuels qui lui étaient adressés sur ses liaisons politiques avec les huguenots. Nous voyons dans cette pièce le roi demander avec instance à Mˢˢ les États d'accorder l'exercice de leur religion aux catholiques de leur république; et particulièrement sur le sujet de Bosleduc, le permettre à notre instance après la réduction de la place; et aussy la jouissance de leurs biens et continuation de leur commerce... et vous couronnerez par une sage résolution le succès de la plus glorieuse entreprise qui pouvait estre attendue de vous... — Au verso du feuillet se trouve une copie de la lettre du roy au prince d'Orange sur le même sujet. — Et au dos d'une autre copie, cotée 115, on lit : « des copies ont été envoyées au cardinal Bagni et à Mˢˢ de Béthune et Bautru, alors auprès du gouvernement espagnol. Bautru a escrit que cette lettre avoit été très-estimée à Bruxelles. »

Page 981, 9ᵉ analyse. — Nous nous sommes borné à noter ces considérations malgré leur grand intérêt, parce qu'elles ont été plusieurs fois imprimées (Aubery, Mémoires, t. V, p. 241, avec cette annotation : « tirées du cabinet de M. Chéré, » et dans les Mémoires de Richelieu, t. V, p. 328-337.) — On a mis en tête du manuscrit 1ᵉʳ mars et on a classé la pièce à cette date dans le XIᵉ volume de Turin, date et classement fautifs. On voit par le texte même que ce mémoire fut écrit avant la seconde expédition de Richelieu en Hollande. Le cardinal partit de Paris le 29 décembre à trois heures après midi; Aubery a conservé cette date dans son Histoire de Richelieu, où il dit que le cardinal prit congé du roi et fut de retour au Louvre sur les dix heures du matin, et qu'il dîna ensuite dans l'appartement de sa nièce Mᵐᵉ de Combalet, alors dame d'atour de Marie de Médicis. Le cardinal avait reçu « sa commission des États généraux delà les monts » le 24 décembre, lorsque l'expédition, tout à fait résolue, fut officiellement déclarée. C'est vers ce temps-là, et, comme il le dit lui-même, tandis qu'il se disposait à ce voyage, qu'il écrivit ces considérations.

Page 982, 1ʳᵉ analyse. — « Le temps que plusieurs fois vous avés tant désiré pour vostre maison est maintenant venu; pour en tirer profit il faut bien l'employer... » — La date manque; Richelieu dit au duc qu'il a chargé le maréchal de Créquy de conférer avec lui sur ce qu'il y a à faire au sujet du passage de l'armée française en Italie, et nous lisons dans ses Mémoires que ce fut le 2 janvier qu'il fit cette dépêche au maréchal. On peut donc proposer pour celle-ci la date du 3 ou 4 janvier.

Page 982, 2ᵉ analyse. — Dans la lettre du 2 janvier, que nous n'avons pas trouvée, ainsi que nous l'avons dit (notre IIIᵉ volume, p. 509), Richelieu mande au maréchal de Créquy de convenir avec le duc de Savoie de diverses mesures pour la marche et la subsistance de l'armée; il recommandait surtout « de ne signer aucune suspension, ni proposition, sans les envoyer au roi pour savoir sa volonté. » Nous n'avons point trouvé cette lettre que Richelieu mentionne dans ses Mémoires (t. V, p. 355), où se trouve transcrite celle que nous indiquons avec la date du 4 janvier

28.

que porte le manuscrit, et où le cardinal explique tous les inconvénients de la suspension. Les Mémoires lui donnent la date du 3. (P. 356.)

Page 982, 3ᵉ analyse. — Après les félicitations, nous trouvons dans cette dépêche une explication sur le passage des troupes, les étapes, les munitions, etc. — Le même jour le cardinal se hâta d'écrire au roi que le maréchal n'avait point signé la suspension (fol. 19, original). — Voyez notre IIIᵉ volume, p. 514, 528, note. Pour la suspension et au sujet des vivres, p. 531, 533, 539. Ce manuscrit de Turin t. XI, donne, à la date du 13 janvier (fol. 27), un mémoire de la main de Cherré, adressé au maréchal de Créquy sur cette grande affaire, le passage de l'armée au delà des monts. Les observations du maréchal sont à la marge de chacun des articles. Richelieu s'occupe de tout lui-même jusque dans les moindres détails; citons entre autres une note de la main de Charpentier, destinée au maréchal de Créquy, qu'on a rejetée en février (fol. 190), parce qu'elle se trouve sans date, et, à la date du 20 janvier (fol. 52), les ordres donnés par le cardinal pour la séparation des troupes en deux armées au moment du passage.

Page 982, 4ᵉ analyse. — Richelieu supplie le roi d'être bien docile aux ordres des médecins. C'est un devoir de conserver sa personne si chère à son Estat. — Remerciement de ce que S. M. lui a mandé les bonnes dispositions de la reine sa mère. — Détails sur l'état des régiments de l'armée d'Italie, qui n'est pas suffisamment bon, la plupart des officiers ne sont pas à leurs charges. — Ordres pour remédier à ces inconvénients. — Voyez la lettre que Richelieu écrit à l'occasion de la santé du roi, au médecin Bouvart. (Notre t. III, p. 512.)

Page 982, 6ᵉ analyse. — «Il est de l'intérest du roy, mande Richelieu, de ne pas engager son nom en une affaire dont il fallust se démordre à l'advenir avec honte. C'est donc à vous de voir si la place de Mulhausen est assez bonne pour se garantir avec cette garnison... » — En tête de cette pièce le cardinal a mis : «Le 20 janvier j'ay escrit à M. de Léon la lettre suivante.»

Page 982, 7ᵉ analyse. — A la date ajoutez : de Lyon. — C'était le comte de Saint-Maurice que le prince avait envoyé vers le cardinal. La relation de cette visite, d'une écriture qui ressemble à celle de Cherré, avec quelques lignes de la main de Richelieu, au fol. 44 vᵒ du livre XI de Turin. Imprimée dans les Mémoires de Richelieu, V, 37. — Le cardinal supposa que cette politesse cachait quelque pensée secrète, ainsi qu'il l'explique dans ses Mémoires. Le Prince avait témoigné l'intention de venir lui-même vers Richelieu, et celui-ci crut qu'un des motifs de la venue du comte de Saint-Maurice était «de stipuler la susdite entrevue au pont de Beauvoisin, lieu neutre comme estant sur les Estats du roy et de Savoie.» (P. 371.) Et Richelieu ne voulut point du rendez-vous. Sur quoi le duc de Savoie ayant fait de grandes plaintes de ce que le cardinal n'avait pas voulu voir son fils, le cardinal répondit que «cela n'étoit pas vrai, qu'il avait refusé de le voir en lieu neutre, s'offrant de le recevoir dans les Estats du roy, ou de l'aller voir dans les siens, s'il le vouloit. » (P. 388.) La raison que donnait Richelieu de cette distinction, c'est que la visite en pays neutre ferait croire aux Espagnols et aussi aux alliés de la France que les deux visiteurs étaient en mauvaise intelligence et se défiaient l'un de l'autre. (P. 372.)

Page 982, 8ᵉ analyse, aux sources. — Ajoutez : Turin, t. XI, fol. 73. La pièce est d'une écriture qui ressemble à celle de Cherré, sauf les deux premières lignes, de la main de Richelieu.

Page 982, 9ᵉ analyse. — Cette pièce, dont la suscription porte à MM. de Créquy et de Toiraz, est adressée plus particulièrement au premier; Richelieu lui enjoint de faire part de ce mémoire à M. de Savoye, «sans luy donner aucun escrit.» — Cette relation faite par le cardinal est accompagnée, dans le manuscrit de Turin, du texte des conditions de paix (fol. 93), à la date du 4 février; le 3 il avait adressé la relation au maréchal d'Estrées à Rome, et à M. d'Avaux lequel devait la communiquer à la république de Venise (fol. 89 du manuscrit de Turin).

Page 982, 10ᵉ analyse. — Un petit feuillet sans date, mais voisin de la lettre au prince de Piémont (fol. 95), paraît s'y rapporter; nous y lisons : «Il faut savoir la dernière résolution de ces princes... tant de délais et tant de remises ne peuvent estre enfin estimées qu'équivalentes à un refus ouvert»... de la main de Charpentier. — Le mémoire sur la mission de M. de Valençay, envoyé au roi par le cardinal, est ici fol. 86, écrit de la main qui ressemble à celle de Cherré. Richelieu dit au roi que le duc de Savoie «fait le même jeu» qu'il a déjà joué et qu'il paraît que «ces princes ne veulent exécuter ce à quoy ils sont tenus.» L'instruction donnée à M. de Valençay est conservée dans le même manuscrit de Turin, fol. 181; elle a été insérée dans les Mémoires de Richelieu, t. V du manuscrit; édition Petitot, p. 391. — Avec la date du 3 février le tome III de Mantoue, fol. 23, nous donne une pièce sans date, intitulée : «Propositions faites à M. le duc de Savoie par M. de Valençay de la part du roy très-chrestien avec les responses à icelles.» Pièce de 14 pages.

Page 983, 1re analyse. — La fin de la lettre témoigne de la confiance qu'avait alors Richelieu dans le vieux maréchal : «Je vous prie de m'envoyer le contrôle des troupes qui sont en Savoie. Entrevue de Mazarin avec le prince de Piémont. — Mandez-moi ce qu'il faut faire en Savoie dans le cas d'une rupture. — Cette lettre demeurera entre vous et moy ainsy que votre réponse.» — Quant au message envoyé à M. de Savoie, sans doute le cardinal n'en attendait rien. Les défiances contre cette maison de Savoie percent dans toutes nos lettres. Le roi avait écrit au même maréchal de La Force le 30 décembre 1629, à l'occasion d'une visite qu'avait faite vers le maréchal le sr de Sainte-Colombe envoyé par le prince Thomas; «je vois bien, disait le roi, que cette visite n'est à autre dessein que pour reconnaître toujours en quel état sont mes troupes,» et S. M. recommandait à M. de La Force d'exercer une grande surveillance afin de ne pas laisser passer sur les terres du royaume «les levées venant de la Franche-Comté, de Liége et des Wallons allant en Savoie, et de leur faire courir sus.» Même source.

Page 983, 2e analyse. — Richelieu ajoutait : ... «Tant plus les Estats seront recherchés plus ils seront difficiles; la prospérité les rend insolens.» Envoyer ce mémoire à M. de Baugy avec ordre de ne s'en servir qu'au cas que les dernières propositions qu'on luy a envoyées de Lyon le 27 janvier ne puissent réussir. — Les négociations suivirent leur cours; nous trouvons en avril une pièce intitulée : Difficultés de Mrs les Estats sur le traitté d'alliance, fol. 158, avec des observations marginales de Richelieu; et en conséquences desdites observations, une matière de lettre envoyée par le cardinal à Bouthillier, fol. 150 (ci-après aux analyses ... avril 1630).

Page 983, 2e analyse, aux sources. — 18, lisez : 118.

Page 983, 3e analyse. — Il faut citer les paroles mêmes de Richelieu. «L'excès de la bonté dont il plaist à V. M. user en mon endroit me comble de tant d'estonnement et de ressentiment tout ensemble qu'il m'est impossible de l'exprimer... Si Dieu m'avoit departy mille vies et donné les moyens de les sacrifier pour son service, encore estimerois-je qu'elles ne seroient pas suffisantes de recognoistre dignement la faveur qu'elle me faict... » C'est ordinairement le style de Richelieu dans ses effusions de reconnaissance pour le roi; cependant nous remarquons que le cardinal, sentant croître alors les mauvaises humeurs de la reine mère, redoublait de protestations de dévouement pour Louis XIII et provoquait ainsi de la part de ce prince des assurances nouvelles de satisfaction et d'affection. Voyez, entre autres, une lettre écrite peu de jours avant celle-ci dans notre t. III, p. 532.

Page 983, 4e analyse. — Louis XIII ayant fait savoir au cardinal qu'il serait le 14 février à Fontainebleau, d'où il comptait partir le 20 pour Troyes, le cardinal lui manda : «S. M. ne sçauroit mieux faire pour le bien de ses affaires, que de s'advancer jusques à Dijon, Mascon, ou Chalon, parce que de l'un de ces trois lieux il tiendra la Franche-Comté et M. de Savoye en alarme.» Notre manuscrit nous donne deux mémoires de Richelieu sur les dispositions équivoques de la Cour de Turin. «Le 8 février, écrit-il, M. de Toiras me vint trouver à Corps, et me dist diverses plaintes que M. de Savoye faisoit, ce qui me donna sujet de le renvoyer le 10e en diligence.» Toiras était muni d'une instruction sur ces plaintes (fol. 101), et nous les trouvons reproduites dans une autre pièce datée du 12, en tête de laquelle le même secrétaire a mis : « Mémoire de M. le cardinal de Richelieu... envoyé à M. le maréchal de Créquy. » (Fol. 111. — *Mémoires de Richelieu*, t. V, p. 388, 392, 397. Voyez aussi notre t. III, p. 537 et suiv.)

Page 983, 4ᵉ analyse, aux sources. — *Ajoutez :* Une copie fol. 117.

Page 983, 5ᵉ analyse. — Richelieu remarque que « ce seroit un bien mauvais conseil de séparer nostre armée et de laisser celle de M. de Savoye à Veillaso, qui par ce moyen se trouveroit entre les deux... » — La pièce est de la main du secrétaire de Schomberg et de celle de Charpentier. — Quatre jours auparavant, le 14, Richelieu avait écrit à M. de Créquy « je ne suis ny prophète, ny démon... » et en même temps il cherchait à pénétrer les intentions des Espagnols et ce qui pourrait en advenir. — Le même jour, il mandait à M. d'Hémery, sur le même sujet : « ... Je crois qu'ils attendront le retour de Mazarin, et voir si les affaires iront à la guerre. » (Fol. 121, 123.)

Page 983, 6ᵉ analyse. — « Le 19ᵉ jour de febvrier le nonce Pensirole vint à Ambrun, très-désireux de la paix, mais peu fourny des moyens pour la faire, et si peu instruit des difficultez qui s'y pouvoient présenter que j'en fus estonné. Pour l'ayder et tesmoigner la franchise de ceux qui agissent au nom du roy, je luy donnay les articles suivans. » — A la suite de ce préambule écrit par Richelieu viennent les conditions de paix que nous avons notées ci-dessus, au 31 janvier; un paragraphe est de la main du cardinal : « Si les parties conviennent de ces articles et les signent, il faudra demeurer d'accord que d'Allemagne et de France il ne viendra point de nouvelles troupes. »

Page 983, 6ᵉ analyse. — *Ajoutez aux sources :* Mémoires manuscrits de Richelieu, V, 62-66; édition Petitot, V, 407-411.

Page 983, 7ᵉ analyse. — Conservons de cette lettre une phrase qui en indique le ton : « Madame, Mon cousin de la Meilleraie, ny moy, ny tout ce qui me touche ne méritons pas l'honneur qu'il plaist au roy et à V. M. nous faire d'abbaisser leurs pensées jusques à nos petits intérests... » Le cardinal renoncerait ses parents « s'il s'en trouvoit qui fissent autrement. » — Une copie de la lettre de la reine mère annonçant le consentement du roy à ce mariage se trouve sur la même page et écrite de la même main que la copie de la lettre de Richelieu. L'une et l'autre sont sans date; on peut proposer : vers le 20 février, le contrat ayant été signé le 26. — A la suite de ces deux copies se trouve une note qui n'y a aucun rapport; elle est écrite en partie de la main de Richelieu; il s'agit de la nécessité de garnir le pont de Grésin. (*Mémoires de Richelieu*, V, p. 411.)

Page 983, 10ᵉ analyse. — Au dos de cette pièce, on lit : « Advis dressé le dernier jour de febvrier 1630 pour prendre. » Le reste de la phrase a été coupé. Le cardinal, qui a mis le titre en tête, a écrit à la fin : « Offres faits, de la part du roy, à M. de Savoye, pour s'empescher de venir à l'extrémité avec luy. » Le reste de la page est un blanc; là devait se placer la pièce que nous avons donnée p. 568 de notre IIIᵉ volume. — Nous trouvons dans ce XIᵉ volume de Turin, au fol. 367, cette note : « Le 29 on a envoyé au roy la susdite relation avec un ample mémoire des difficultez qui se rencontrent en l'affaire d'Italie pour avoir dessus ses volontez... » Ce feuillet isolé, que l'on a classé au hasard en avril, se rapporte évidemment à cette pièce du 28 février intitulée : *Rapport fait au roy à Grenoble*, etc. Il s'agit de « cinq principales difficultez qui se sont trouvées à la négociation qui s'est faite pour la paix d'Italie. » (T. V, p. 248.)

Page 983, 12ᵉ analyse. — De ces considérations nous notons seulement ce passage : « Il est difficile de faire rien d'assuré avec M. de Savoie... je ne pense pas que la paix puisse se faire, les Espagnols proposant des conditions si injustes qu'on voit bien qu'ils ne veulent que nous faire sortir d'Italie... faites vostre levée le plus diligemment que vous pourrés; et tachez de tirer promesse d'en lever 6,000 autres si le roy en avoit besoin... Les affaires sont en estat que si vous ne recevés de mes nouvelles huit jours après la réception des présentes, vous pouvés assurément venir avec vostre levée droit au bailliage de Gex où vous trouverés 8 ou 9 régiments françois et ordre de ce que vous aurés à faire pour nous joindre. »

Page 984, 1ʳᵉ analyse. — En recommandant à Bassompierre d'amener ses six mille Suisses, Richelieu ajoutait : « Bien que je sache qu'une armée ne marche pas en poste, et que particulièrement ces gens-cy soient un peu pesans de leur nature, il seroit à souhaitter qu'ils peussent voler en cette occasion... si les Vénitiens faisoient difficulté de payer ce à quoy ils sont tenus pour cette armée, employez vostre rhétorique, et à ce deffaut vostre crédit... » — Une minute datée du 16, et qui répète au maréchal de Bassompierre une partie de la dépêche du 9 mars, est ici fol. 70. Elle est écrite de la main de Charpentier, qui a mis au dos : « n'a pas été envoyée. »

Page 984, 3ᵉ analyse. — Richelieu renouvelle la recommandation d'amener promptement les 6,000 Suisses; et en exprimant sa satisfaction de ce que Bassompierre a déjà obtenu, il ajoute : « disposez les cautions à une livre plus considérable si le roy en a besoin... confirmez-les en la résolution qu'ils ont prise pour le recouvrement de la liberté des Grisons... »

Page 984, 5ᵉ analyse. — « Nous venons d'estre advertis que M. de Savoie fait estat de faire jeter quelque secours dans la citadelle, la nuit par le chemin qui passe vers votre attaque, » et Richelieu indique les troupes qu'il peut mettre aux endroits dangereux. — Copie, archives de La Force. — Copie, Bibl. nat. Prunis C. 3, Périgord 8. — Cette pièce ne donne aucune indication; mais il s'agit de Pignerol; la ville s'était rendue le 21 mars, la citadelle se défendit jusqu'au 30. (*Mémoires du duc de La Force*, t. III, p. 11.)

Page 984, 7ᵉ analyse. — Nous n'avons point trouvé l'original manuscrit de ce long mémoire, mais la minute est conservée dans le vol. XI, fol. 413 de Turin; on lit au dos : « Double du mémoire envoyé au roy (par le courrier Bresson) le 13 apvril 1630. » C'était une mise au net qui doit être considérée comme minute à cause des nombreuses corrections de la main de Richelieu dont elle est surchargée, et qui se trouvent comprises, sauf les deux derniers paragraphes, dans une autre mise au net cotée 421. Charpentier a mis au dos cette annotation dictée par le cardinal : « Mémoire très-important sur lequel il plaira au roy me faire faire une prompte response; » à quoi Bouthillier a ajouté : « Envoyé par Mᵍʳ le cardinal avec sa dépesche du 14. 1630. » — Rappelons que la cession de Pignerol à la France par le premier traité de Querasque (31 mars, traité secret) fut confirmée par le traité du 6 avril.

Page 984, 8ᵉ analyse. — On recommande à M. d'Avaux de représenter à la République combien son honneur et ses intérêts sont engagés dans l'affaire de Mantoue. — La lettre est suivie dans le manuscrit d'un mémoire sur le même sujet, et de même date. — Quatre mois après d'Avaux mandait à Bouthillier : « Le temps m'a donné lumière de beaucoup de choses... le sénat est en propos d'envoyer un ambassadeur extraordinaire à Ratisbonne pour coopérer au bien public avec ceux du roy... » (Lettres des 10, 17, 24, 31 août. Venise, t. XLIX.)

Page 984, 9ᵉ analyse. — « Détail des troupes qui doivent les joindre... Il importe extrêmement de commencer l'attaque de Savoie... de là deppend tout le bon succès des affaires... Qu'il se rende maistre de Chambéry avant l'arrivée du roy... » — Ce même manuscrit conserve (fol. 118) un mémoire de M. de Léon auquel Richelieu paraît avoir donné une attention particulière. Cinq lignes écrites au bas par Charpentier, sous la dictée du cardinal, en contiennent l'extrait et les conséquences : « Dessein formé par les impérialistes de s'emparer de tous les passages de Suisse en Italie... ce qu'il seroit nécessaire de faire. » — « Le roy approuve et promet que les fonds qu'il faut seront envoyés. »

Page 984, 10ᵉ analyse. — Cette dépêche mérite quelques développements : « Tant plus je pense au procédé des Hollandois plus je le trouve insolent. Il est expédient de renouveller un traicté avec eux; mais il le faut à conditions supportables. — Après avoir pensé et repensé à cette affaire, j'estime que M. de Baugis leur doibt respondre que puisqu'ils font tant de difficulté à s'engager de ne faire ny la trefve ny la paix, le roy est content de passer purement et simplement un traicté de renouvellement d'alliance tel que je vous l'ay renvoyé, avec les corrections de marges (qui sont les mesmes que vous aviez faictes de delà) sans passer aulcuns articles secrets, qui sont ceux par lesquels ils craignoyent qu'on les voulût obliger à ce qu'ils ne veulent pas. Que par ce moyen le roy s'oblige à les secourir sans les engager à aulcune chose qu'ils appréhendent tant. S. M. est pleine de générosité et bonne volonté pour eux. Que si toutefois il ayme mieux passer les articles secrets tels qu'il les leur a proposez sans changement, il en a charge. Voilà la pensée que j'estime sans péril pourveu qu'on ne rompe pas la négociation, mais au contraire qu'on la continue jusques à ce que M^rs les Bourguemestres ayent mis leur armée en campagne, auquel temps ils seront sans doubte plus traittables. Et je ne voy pas d'apparance qu'ils puissent penser à la trefve maintenant qu'ils ont lieu de tirer grand proffit de la guerre qui est en Italie, particulièrement puisque Spinola y est engagé et retenu. — En vérité leurs articles secrets sont insupportables, et j'en demeurerois là pour le présent. J'ay estimé vous devoir reserire ce que dessus, préférant cette response à celle que je vous envoye hier par un courrier de l'Espagne quoy quelle ne soit guiere dissemblable. »

Page 985, 1re analyse. — « . . . J'ay veu par la lettre de Marcheville[1] que Valestin doit marcher au 1er mai; cela me faict considérer les affaires de Champagne. . .[2] une méthode servant à prévenir les maux plutost qu'à les guérir quand ils sont arrivez. C'est pourquoy je souhaitte que l'armée de Champagne ne soit pas foible. . . »

Page 985, 3e analyse. — « . . . Si Venise continue dans sa foiblesse, elle se rendra à tel mespris qu'il luy sera impossible de se relever. . . elle demande hardiment la guerre. . . et ne peut se résoudre à en faire aucune action. » Résumé des affaires, qui vont bien partout; « rien ne nous peut tant nuire que sa foiblesse si elle continue ». . . — Cette pièce est fautivement classée dans ce manuscrit après le 31 août. — Nous trouvons un mémoire sans date, mis au mois de mai, où nous lisons : « Le roy aiant apris qu'il est intervenu quelque dégoust entre le pape et la République, qui a retiré son ambassadeur, offre son interposition. » Il s'agissait d'un differend entre cet ambassadeur et dom Thadée, l'un des neveux du pape. Une mise au net d'une écriture qui ressemble à celle de Cherré, avec des corrections de Richelieu, se trouve dans ce manuscrit classée par erreur en 1631 après le 9 décembre.

Page 985, 5e analyse. — Ce mémoire était envoyé à M. Bouthillier. « Il est du tout nécessaire, disait Richelieu, de munir Metz de vivres et de munitions de guerre. . . pourvoir à Toul. . . Pour Langres, puisqu'ils ne veulent point recevoir de garnison, il faut loger des trouppes près de la ville pour se jetter dedans en cas de besoin. . . » — La France était en paix chez elle; le cardinal pouvait maintenant s'occuper entièrement des affaires extérieures, et parmi ces affaires la situation de l'Allemagne occupait surtout sa pensée. Ce volume est rempli de documents curieux où se rencontre à tout moment la marque des travaux du P. Joseph.

Page 985, 6e analyse. — « Je vous renvoie en diligence vostre neveu, avec le traitté tel que je désire estre par vous passé avec le roy de Suède. . . Je vous envoie aussi une lettre pour ledit roy de Suède. . . » Désir de Louis XIII de former une bonne et étroite union avec lui. — Le roi envoie aussi à Charnacé des lettres pour les électeurs de Saxe et de Brandebourg. . . — Cette dépêche

---

[1] Nous avons expliqué l'objet de sa mission, t. VII, p. 642.

[2] Voyez notre t. III, p. 660. Aux lettres du roi à Monsieur citées là, nous ajouterons l'indication d'une autre lettre écrite de Grenoble 11 mai, où Louis XIII dit à son frère que, lui ayant envoyé un

pouvoir très-ample pour commander à Paris, il se tient obligé de lui donner part de l'état où sont les affaires d'Italie. (La lettre n'est point cotée, se trouvant comprise dans un cahier de copies intercalé dans le t. III de Mantoue.)

du roi était accompagnée d'une lettre de Bouthillier du 9 juin (fol. 346), relative aux termes de payement à faire à la Suède pour cette année et la suivante; on les recule un peu afin d'être sûr de ne pas manquer aux échéances. — Ce même jour 6 juin deux instructions étaient envoyées à Charnacé, relatives aux négociations avec la Suède d'une part, de l'autre avec les électeurs de Saxe et de Brandebourg (fol. 353, 400).

Page 985, 7ᵉ analyse. — « Nous vous avons faict sçavoir, par nos lettres du 8 may, notre résolution... de nous ressentir, sur les Estats du duc de Savoye, des empeschemans qu'il a aportés au secours donné aux Estats de notre cousin le duc de Mantoue... nous vous donnons avis du prompt et heureux succez qu'il a pleu à Dieu nous donner en cette expédition... nous allons prendre les résolutions convenables pour le secours de Casal... cependant nous vous exhortons de continuer pendant nostre esloignement le soin, fidélité et dévotion que vous avez tousjours monstrés pour le bien de nostre service.   LOUIS.

Page 985, 8ᵉ analyse. — « Le roy a pris Chambéry, Rumilly, Anissy; Charbonnières est assiégé par le maréchal de Créquy... le roy fera chrestiens ceux qui ont si mal fait dans Pondesture... il n'oubliera rien pour ceux qui vous seconderont dans Casal... » — La pièce manque de date et de suscription; mais c'est au gouverneur de Casal que la lettre est adressée, et Chambéry capitula le 26 mai, les autres places suivirent à quelques jours de distance.

Page 985, 9ᵉ analyse. — Le roi les envoie à la diète qui doit se réunir à Ratisbonne avec l'espérance que la paix se conclura dans cette assemblée. — Nous n'avons point trouvé le manuscrit de cette pièce qui se rapporte aux instructions données dans notre IIIᵉ volume, p. 879.

Page 985, 10ᵉ analyse. — Sur les préliminaires de la campagne d'Italie en 1630 quatre pages de la main de Cherré, avec un passage et diverses corrections de la main de Richelieu; c'est un fragment écrit pour la composition de ses Mémoires. A ce moment la reine mère, mécontente du cardinal qui avait entrepris malgré elle la campagne d'Italie, écoutait les conseils de Michel de Marillac qui était resté près d'elle. Richelieu avait essayé en vain de la soustraire à cette fâcheuse influence en la faisant inviter par le roi à venir le joindre en Italie. « Elle répondit pour la seconde fois, nonobstant toutes les raisons preignantes qu'on luy avait mandées, qu'elle ne pouvoit venir; en quoy il y avoit grande apparence de croire qu'elle fût conseillée par le garde des sceaux, qui luy obsédoit son esprit et qui condescendoit à toutes ses inclinations et affections... » L'avis qu'il lui donna « provenant d'un homme qui n'étoit pas si grossier qu'il ne sût bien connoître qu'il apportoit une ruine certaine aux affaires de France, montroit bien que l'intention de celui qui le donnoit n'étoit pas le bien public, mais sa passion particulière, ni le service du roi, mais la ruine du cardinal. » Cette pièce du manuscrit de Turin, fol. 577, que nous indiquons dans notre VIIᵉ volume, a été à peu près reproduite dans les Mémoires du cardinal, t. VI; quelques lignes p. 112, 126-129 et 130-132, édition Petitot. Il y a quelques différences entre le manuscrit et l'imprimé; ainsi ce qui concerne Marillac (p. 129 et 130) n'est point dans le manuscrit, à la marge duquel on lit seulement ces mots, écrits par Richelieu : custos sigil.

Page 985, 12ᵉ analyse. — « Il a esté arresté que Mʳˢ les Estats sortiront en campagne huict jours après la signature du présent article secret qui aura mesme force que le traitté d'alliance passé le... moyennant quoy S. M. consent que ladite guerre soit tenue pour rupture avec Espagne ... et leur donnera 1,500,000ˡ de secours annuel... » — En envoyant à M. de Baugy cet article secret, on lui recommande « d'en user avec sa prudence ordinaire, en sorte qu'il n'en parle pas si les Estats estoient en campagne, ou en estat de s'y mettre... l'intention du roy est par cette nouvelle proposition de faire une liaison estroitte entre la France et les Estats contre l'Espagne... M. de Baugy n'oubliera rien pour que les Estats mettent en campagne cette armée et rompent toute négociation de trefve. » Richelieu a écrit au dos : « de Saint-Jean-de-Moriane. »

Page 986, 1re analyse. — A la date il faut ajouter : Au camp de Saint-Jean-de-Maurienne. — « Le roy regrette la violence dont on a usé en faisant tuer le s^r de Valchembourg gouverneur d'Orange, qu'il étoit facile d'arrêter... S. M. a remis de faire jugement de cette affaire sur la conduite qui sera tenue à Orange en ce changement. » S. M. espère qu'il ne sera fait aucun mauvais traitement aux ecclésiastiques ni aux catholiques de la ville... Divers points sur lesquels M. de Baugy aura à conférer avec le prince d'Orange. — Nous trouvons dans ce manuscrit, fol. 194, l'extrait fait par Richelieu de deux lettres de M. de Baugy, des 22 et 26 juillet, sur l'affaire d'Orange et les affaires générales.

Page 986, 2e analyse. — « Je vous prieray d'encourager, autant qu'il vous sera possible, ceux de Venise, et de fortiffier M. de Mantoue à ne faire point une faute dont il ne se pourroit relever. » Faire en sorte que celui à qui le duc donnera le maniement de ses affaires ne soit pas espagnol. Je m'asseure que M. le maréchal d'Estrées n'oubliera rien de ce qu'il pourra à cet effet. — Une note, écrite au dos, met la suscription : « à M^{rs} le maréchal d'Estrées et d'Avaux. » La lettre pouvait être commune à ces deux personnages au moyen de quelques modifications pour le premier.

Page 986, 3e analyse. — « Je viens d'apprendre que le Mazarin a escrit qu'il viendra bientost... je ne sçay s'il revient avec bonnes ou mauvaises propositions... Il plaira au roy ne tesmoigner trop de joye de ce que Mazarin revient. » — Voyez notre t. III, p. 735. Mazarin, qui était venu trouver le roi à Saint-Jean-de-Maurienne, était reparti avec des dépêches dont il devait rapporter sans retard les réponses. Nous ne trouvons l'annonce de son retour que dans une lettre du 3 août (notre IIIe volume, p. 813). Voyez ci-après.

Page 986, 4e analyse. — « J'ay receu le plan [1] que vous m'avés envoyé... on fait tout ce qu'il se peut au monde pour vous. M^{rs} le maréchal de La Force, de Montmorency et marquis d'Effiat sont en campagne pour cet effect avec 25,000 hommes de pied effectifs et 3,500 chevaux. On amasse encore une nouvelle armée de deça pour le mesme effect... si par mon sang je pouvois advancer vostre secours, vous croyés bien que je le ferois, car je ne puis avoir de repos que jusques à tant que vous soyés deslivré. » — Nouvelles des succès des armes du roi. — Nous trouvons dans le manuscrit cité aux sources une instruction du roi aux lieutenants généraux, laquelle explique ce que Richelieu dit ici en deux mots : « L'intention du roy est que l'armée qui passe à cette heure le Mont-Cenis aille au plustost joindre celle qui est en Piedmont. » Le roi trace la route que suivra cette armée et les opérations qu'elle doit exécuter, dont le but est surtout le secours de Casal. Il se peut que cette instruction, contre-signée Bouthillier, soit l'œuvre de Louis XIII, qui aimait à traiter les affaires de la guerre et qui avait dû s'entendre de cette dépêche avec Richelieu, dont il venait de se séparer. Cette pièce est datée d'Argentine, avec un quantième à peu près illisible et une autre date écrite au dos par Bouthillier : « 30 juillet » chiffre impossible; c'est sans doute le 3 qu'il faut lire; en quittant, le 2 juillet, Richelieu se dirigeant sur Saint-Jean-de-Maurienne, le roi, accompagné de Bouthillier, prenait la route d'Argentine où il était le 3, lorsque l'armée passait en effet le Mont-Cenis qu'elle acheva de franchir le 6. (Mémoires manuscrits de Richelieu, t. V, p. 176; t. VI, p. 145 de l'édition Petitot.)

Page 986, 6e analyse. — Cette princesse était mécontente de ce qu'on avait fait venir à Grenoble Michel de Marillac, qui était près d'elle à Lyon; Richelieu lui manda qu'on avait jugé utile de consulter le garde des sceaux sur les propositions de paix négociées avec Mazarin. Le cardinal s'afflige de ce que sa bienfaitrice prête l'oreille aux calomnies dont on le noircit. — Nous mettons cette lettre un peu avant la date des propositions faites à Mazarin, commencement d'août, p. 814 de notre IIIe volume. Marillac avait été consulté le 20 janvier (p. 772).

_____

[1] Le plan de Mantoue, placé dans ce manuscrit un peu avant cette dépêche.

Page 986, 7ᵉ analyse. — Assurer le duc de Lorraine de l'affection de LL. MM. et du service du cardinal... Richelieu est calomnié auprès du duc de Lorraine et de Monsieur : « Ce n'est pas de cette heure, dit-il, que je sçay par expérience, à mes despends, qu'on prend tousjours prétexte de se plaindre de ceux qui ont l'honneur de servir les roys en l'estat auquel je suis... »

Page 986, 8ᵉ analyse. — « Ordre envoyé par le roy à Mᵍʳ le cardinal de Richelieu sur les dernières propositions apportées par Mazarin depuis que le roy est party de Saint-Jean-de-Maurienne[1]. — Le sentiment de S. M. est de ne rendre point la Savoye qu'en mesme temps on ne restitue, sçavoir : les Impériaux, Mantoue et le Mantouan, et les Espagnols, tout ce qu'ils ont pris dans le Montferrat... Le roy, ayant entière confiance en M. le cardinal de Richelieu et en MM. les généraux... donne plein et absolu pouvoir tant à mondit sʳ le cardidal que conjoinctement avec lesdits généraux. » — De la main de Bouthillier. Voyez notre IIIᵉ volume, notamment aux pages 864, 879, 887.

Page 986, 9ᵉ analyse. — « Je vous dépesche pour vous dire que je suis party de Saint-Jean-de-Morienne, qu'il estoit fort temps de quitter... » précautions qu'il prend pour ne pas porter, avec tout son monde, la contagion au roi... — Nous trouvons à cette date du 16 août une instruction signée le cardinal de Richelieu, à un sʳ Coguet, « général des vivres de l'armée du roi » en Maurienne. La pièce est contre-signée Martin; c'était, on s'en souvient, le secrétaire de Richelieu pour la marine. (Arch. des Aff. étr. Turin, t. XIV, 362.)

Page 986, 10ᵉ analyse. — « Pour ce qui est du courrier de Gennes, c'est une affaire de grande importance de laquelle on pouvoit tirer beaucoup de proffit si elle eust esté tenue secrette. Je ne sçay comment on a pris résolution de la traicter en un conseil public. » — « Il faut esviter une rupture ouverte avec Espagne. Je ne parle pas souvent de la paix, mais je n'oublieray rien de ce que je pourray pour empescher la guerre. — ... Calory (Richelieu) escrit à Lisandre (la reine mère) la plus passionnée lettre qui se puisse imaginer. Il entend bien toutes vos lettres quoy qu'elles ne disent rien et ce que signifie vostre silence en telles occasions... il fera son devoir jusques à la fin...[2] Je vous prie de bailler en main propre la lettre que j'escris au P. Suffren. » — Nous n'avons ni la lettre à la reine mère, ni celle au P. Suffren annoncées ici.

Page 986, 11ᵉ analyse. — Cet évêque était frère de M. de Châteauneuf. Ces bénéfices étaient demandés par M. d'Alincourt; Richelieu explique comme il est plus juste d'en gratifier M. de Châteauneuf. Quant à l'évêché, il conseille d'en disposer au plus vite afin d'éviter certaines sollicitations. « Si, après le mémoire que vous lirés au roy, il se trouve quelque difficulté, je vous prie supplier le roy de ne rien résoudre que je ne sois là... j'auray plus d'obligation... qu'il conserve lesdites abbayes au sʳ de Chasteauneuf que s'il me les donnoit à moy-mesme. »

Page 986, 12ᵉ analyse. — Richelieu le prie de le favoriser en quelques affaires qu'il a dans cette province, « concernant, dit-il, ma charge de grand maistre de la marine... Je prends la plume pour vous suplier de m'y favoriser en tout ce qu'il vous sera possible... vous asseurant, Monsieur, qu'en revanche de l'assistance qu'il vous plaira me deppartir en cette occasion, j'embrasseray tousjours vos intérests avec toute l'affection que vous sçauriés désirer. » Il s'agit surtout des droits d'ancrage, et le cardinal cite en exemple ce qui se fait dans les provinces de Guyenne, Poitou, Picardie et Normandie. — Bullion avait écrit au cardinal le 23 juillet : « M. le prince part pour la Bretagne, il se resoud de

---

[1] En envoyant au roi à Lyon les propositions apportées par Mazarin, le cardinal donne ses instructions à Bouthillier, lequel était auprès de S. M. Bouthillier écrivait donc cette réponse sous les yeux de Louis XIII; mais on peut dire que, tout absent qu'il était, Richelieu la dictait lui-même. S. Ém. quitta Saint-Jean-de-Maurienne trois jours après et ne dut

pas recevoir cette lettre; mais on a vu qu'en partant il avertit Mazarin que M. de Schomberg savait comme lui-même les affaires d'Italie. (Lettres du 15 et du 25 août, t. III.)

[2] On sait l'intrigue qui attendait Richelieu à Lyon (IIIᵉ volume, 863, note, t. IV).

servir dans l'obéissance aveugle sur ce qu'il croit que trouverez bon. » (Arch. des Aff. étr. France,
t. LIII, fol. 3o3.)

Page 986, 13ᵉ analyse. — « Quant au gouvernement de Bretagne, je vous puis asseurer que c'est
chose à quoy elle n'a jamais pensé, ny ses serviteurs. Je vous ay escrit depuis peu... » (Le reste de la
lettre est une répétition un peu abrégée de celle du 23 août, analyse précédente.) — Le gouvernement de Bretagne avait été donné en 1598 par Henri IV à son fils naturel César de Vendôme. Ce
jeune prince, compromis en 1626 dans l'affaire de Chalais, fut mis à Vincennes et suspendu de son
gouvernement, qui fut remis en commission au marquis de Thémines. Cependant, par un acte notarié
du 1ᵉʳ janvier 1631, le duc de Vendôme donna sa démission du gouvernement de Bretagne, et il
abandonna ses droits d'amirauté audit pays. (L'acte sur parchemin est conservé aux Affaires étrangères, France, t. LVI, fol. 6.) Ce fut une des conditions de la liberté qu'on lui rendit. Je ne sais
quelle préoccupation eut alors le prince de Condé; mais, malgré ce que dit ici Richelieu, le gouvernement de Bretagne lui fut bientôt donné.

Page 986, 14ᵉ analyse. — Ce mémoire est une réponse à la lettre de Mazarin du 28 aoust.
(Annotation mise au dos de la pièce.) Une copie de ladite lettre de Mazarin est conservée dans le
même manuscrit, fol. 289. — ... Si Mʳ le comte de Colalte et marquis de Spinola disent qu'ils
n'ont point de pouvoir de faire la paix, c'est un refus et un moyen de gagner du temps pour
prendre Casal... On demande à Mazarin une réponse ponctuelle sur la paix ou la trêve générale...
On voudrait provisoirement une trêve de six jours qui donnerait le temps de s'entendre.

Page 987, 1ʳᵉ analyse. — Les articles de la trêve conclue entre MM. d'Effiat et Spinola avaient
été signés le 4 septembre; cette lettre a dû être écrite peu de jours après. Est-ce au plénipotentiaire
français qu'elle est adressée?

Page 987, 2ᵉ analyse. — « Je vous prie n'oublier rien de ce que vous pourrés pour monstrer que
vous estes capable de cet employ, où la vigilance, la courtoisie et le cœur que je sçay que vous
avés sont du tout requis. » — P. S. Je prie le sʳ de Cahusac de ne retourner qu'avec vous.

Page 987, 6ᵉ analyse. — « M. Mazarin fera entendre à M. le marquis de Spinola qu'il doibt faire
fournir les vivres que le roy doibt payer pour la nourriture de la garnison de Casal. » — Le cardinal prévoit, de la part du duc de Savoie, des difficultés sur quelques points, et il autorise certaines concessions « pourveu que toutes les choses essentielles et qui vont à l'honneur de la France
et seureté de ses alliez soient consenties; les ministres du roy ne s'arresteront pas à quelques paroles particulières, si on ne change rien à la substance des choses. » — Cette pièce n'est point
datée, mais on voit, par la lettre même, qu'elle a été écrite la veille du jour où finissait la trêve;
or elle devait durer du 4 septembre au 15 octobre.

Page 987, 7ᵉ analyse. — A la date 10, lisez 20 et ajoutez : de Saint-Siphorien (Saint-Sympho-
rien). Il y a en France plusieurs lieux ainsi nommés, celui-ci est aujourd'hui un chef-lieu de canton,
entre Lyon et Roanne, à quatre lieues S. O. de cette dernière ville, et qu'on a surnommé, pour le
distinguer des autres, Saint-Symphorien-de-Lay. — Richelieu après s'être informé de la santé de la
reine mère alors malade (p. 649 de notre VIIᵉ volume), ajoute : « ... On m'a dit ici que M. d'Alincourt s'est laissé aller, en quelque lieu, en discours qui tesmoignent que s'il pouvoit il me feroit
mauvais office au sujet de ses prétentions. Je croy sa volonté mauvaise, mais son pouvoir petit... »
— « Asseurés-vous que je suis esclave de vos vertus. »

Page 987, 8ᵉ analyse. — Le roi a quitté l'Italie à cause de sa santé; il a laissé les affaires en
bon train : « Je rappelle près de moy mon cousin le cardinal de Richelieu, ne pouvant me passer
de ses sages conseils. Les pouvoirs de lieutenant général delà les monts que je luy avois donnés, je
les continue à mes cousins les maréchaux de La Force, Schomberg et Marillac. — Le sʳ de Léon,
que j'avois chargé de faire la paix en Allemagne, a outrepassé mes ordres; je vous envoie un article

qui pourroit inquietter tous les Estats, et vous leur ferez cognoistre par les paroles les plus expresses, que j'observeray religieusement nostre alliance... »

Page 987, 10ᵉ analyse. — La pièce manque de suscription; on lit en tête : « Envoyée en Italie. » Les commissaires qui travailleront en Italie doivent avoir pour but de ne faire aucune chose qui porte ratification du traicté de Ratisbonne, et cependant ne rien faire aussy qui porte rupture de la paix et qui puisse faire venir de nouveau aux armes... — Nous ne faisons qu'indiquer cette pièce qui se trouve insérée dans les *Mémoires* de Richelieu textuellement pour les deux premières pages et avec quelques modifications dans les quatre dernières. T. V, p. 610 du manuscrit des *Mémoires*; t. VI, p. 391 de l'édition Petitot.

Page 988, 1ʳᵉ analyse. — L'intention du roy est que les s'ˢ de Feuquières ou de Montausier ou tous les deux ensemble demeurent dans la citadelle de Casal jusqu'à ce que l'investiture de Mantoue soit donnée... — Raisons et moyens d'éluder la convention faite à cet égard...

Page 988, 2ᵉ analyse. — *Mettez à la date :* « Saint-Germain-en-Laye. » — Ayant donné ordre au sʳ de Vaubecourt de se rendre à Verdun, les portes se sont trouvées fermées, et on l'a fait entrer par la poterne de la citadelle!.. Obéissez à tout ce que vous commandera, de ma part, ledit sʳ de Vaubecourt. C'est ce que je vous ordonne... sur peine d'encourir mon indignation. Sur ce... — M. de Biscarat était neveu par alliance du maréchal de Marillac, qui venait d'être frappé de disgrâce à la Journée des dupes; l'ordre de l'arrêter avait été donné, et l'on craignait une désobéissance de la part de Biscarat; de là le ton sévère de cette lettre. Dans un exposé, fait au roi par Richelieu, des dangers dont les intrigues de la reine mère menaçaient la paix du royaume, le cardinal avait noté, comme un sujet d'inquiétude, la présence de Biscarat dans Verdun. (*Mémoires*, VI, 452.)

Page 988, 3ᵉ analyse. — Plusieurs régiments ayant été envoyés pour réprimer « les factions et soulèvemens arrivés en France, » le roi a choisi M. de Toiras, comme personne à qui il se confie, pour commander lesdites troupes sous l'autorité du duc de Guise. Il trouvera une instruction en arrivant en Provence. — Éloges des services passés; promesses de récompenses pour les services futurs. — Selon une note écrite au dos par le secrétaire, la dépêche était commune « à Mʳˢ de Schomberg et de Thoiras. »

Page 988, 4ᵉ analyse. — Expédient pour tâcher de laisser les Suisses dans Casal, d'où, en vertu du traité du 26 octobre, les troupes au service de France devaient sortir. Le général parvint à y cacher 400 hommes (*Mémoires de Richelieu*, VI, 387), et puis par quelque subterfuge on s'accusa réciproquement d'avoir violé le traité. (Le P. Griffet, II, 43.) — La date a été omise. La sortie des troupes ayant été fixée par le traité au 30 novembre, c'est dans le courant de novembre qu'on dut s'en occuper.

Page 988, 8ᵉ analyse. — S. M. cognoist par toutes ses dépêches le peu d'application que cette nation (les Anglais) a aux affaires publiques, et le peu de moyen qu'elle a d'y contribuer beaucoup. Qu'il écrive comme de luy-mesme, et que S. M. ne soit pas engagée. — Cette matière de lettre était envoyée à Bouthillier, mais c'était sans doute à l'ambassadeur de France en Angleterre qu'était destinée la lettre elle-même. Le manuscrit classe en 1630 cette pièce non datée, mais rien ne mérite moins de confiance que ce classement; des négociations se sont continuées entre la France et l'Angleterre pendant tout le cours des années 1629 et 1630, cette lettre pouvait également être placée à diverses dates dans ces deux années.

Page 988, 10ᵉ analyse. — Nous n'avons point trouvé le manuscrit de cet opuscule du cardinal, nous nous bornons à l'indiquer. Une grande partie a été insérée par fragments dans les *Mémoires de Richelieu*, t. V et VI; le texte entier a été imprimé plusieurs fois; le P. Griffet, en le donnant parmi d'autres pièces à la suite de son Histoire de Louis XIII, p. 747, avertit qu'il tire ces pièces « d'un recueil assez peu connu, imprimé en 1681. » (III, p. 636.) Mais elles avaient paru bien avant 1681, à leur date d'abord, ou séparément ou dans le *Mercure françois*, et puis dans le recueil de Hay du Chastelet, ensuite réunies à d'autres pièces sous le titre de *Divers mémoires concernant les dernières guerres d'Italie*, 2 vol. in-12, chez Séb. Mabr. Cramoisy. Le *Journal des Sçavans* de février 1669 en a rendu compte.

Page 989, 1re analyse. — Le voyage de M. de Brézé est à trois fins. — 1° La liberté de la religion catholique dans tous les lieux des conquêtes du roi de Suède. Neutralité des électeurs catholiques. — 2° Insister sur la conduite tenue par le roi à l'égard du duc de Lorraine malgré ses manquements, pour ne pas nuire au dessein général des affaires d'Allemagne. — 3° L'Alsace. Le roi de Suède ne s'y avancera pas davantage. Le roi de France s'engagerait à se saisir des meilleures places, en déclarant que ce n'est que pour empescher que le roy de Suède n'occupe le pays et pour y conserver la religion, comme, en effet, S. M. n'a nul autre dessein. Prévision d'arrangements qui pourraient se faire ensuite où *tout le monde pourroit trouver son compte*. (Minute [1], Arch. des Aff. étr. France, t. LIX, pièce 62.)

Page 989, 2° analyse. — Nous avons une lettre de Bouthillier au cardinal du commencement de janvier, où il dit qu'il n'a pas pris copie des papiers que Richelieu lui a remis la veille parce qu'il n'a pu, à cause de son mal d'œil, les transcrire lui-même, «et il n'a pas volu s'en confier à personne, le cardinal luy ayant dit qu'il ne falloit qu'ils fussent veus de quelque autre que ce fust.» (Arch. des Aff. étr. France, t. LIV, fol. 266.)

Page 989, 3° analyse. — A M. Barrault [2]. — «Il est besoin de faire une lettre à M. de Barrault qui l'advertisse de nouveau de tout ce qui s'est passé dans la maison de la reyne régnante de l'esloignement de Mme du Fargis... Les cabales et factions qu'elle faisoit, la profession de la maison de la reyne qui est telle qu'elle s'est trouvée endebtée de deux millions de livres bien qu'elle ayt à despendre tous les ans 50,000 escus de plus que n'eust jamais la reyne du temps du feu roy [3]. — Il faut mander comme le marquis de Mirabel n'est pas exempt de blasme de tout ce qui s'est passé [4]; qu'il estoit depuis le matin jusqu'au soir chez la reyne, qu'il alloit mesme trouver tous les jours devant qu'elle fust hors du lict, ce qui donnoit beaucoup de desplaisir au roy, de voir qu'il ne peust avoir liberté dans sa maison, et mesme dans la propre chambre de sa femme. — Qu'au reste on l'avoit envoyé quérir exprès en Flandres par deux courriers depuis le partement

---

[1] Espèce de brouillon fait à bâtons rompus et alternativement de deux écritures différentes, celle de Citoys et celle de Charpentier. C'est un travail préparatoire pour une instruction donnée à M. de Brézé allant en ambassade extraordinaire vers le roi de Suède, auprès duquel M. de Charnacé était accrédité. — La pièce, sans date, est classée en 1631. Se rapporte-t-elle à la négociation qui eut pour résultat le traité signé par Charnacé le 25 janvier 1631, dont nous trouvons le texte latin aux Aff. étr. Suède, t. II, fol. 34? ou ne s'agit-il pas plutôt des négociations de 1632? (Voyez notre IV° volume, p. 251, note 4, à la date du 19 janvier.) Dans ce cas la date de ce travail préparatoire devrait être décembre 1631.

[2] Il n'y a point de suscription, et on a mis au dos : «Pour M. Bouthillier.» Cette matière lui était envoyée pour qu'il fît la dépêche.

[3] Nous avons vu dans un catalogue d'autographes, dont la vente a été faite le 25 janvier 1855, l'annonce d'une lettre d'Anne d'Autriche au cardinal; la reine lui disait : «M. le garde des sceaux s'en allant, je l'ai chargé de traiter avec vous du remède de mes affaires en l'assurance que j'ay que, comme vous me l'avez promis, vous m'aiderez vers le roy mon seigneur pour sortir de l'embarras où je me trouve maintenant.» 1621, sans autre date. Nous trouvons l'occasion de noter ici cette lettre, qui doit avoir été écrite un peu plus tard.

[4] Mirabel, dit Richelieu, aussi habile que mal intentionné, s'était mis secrètement de la partie. (*Mémoires*, t. VI, p. 434.) Malgré le mécontentement de Richelieu contre l'ambassadeur d'Espagne mêlé aux intrigues avortées à la Journée des dupes, il fut encore toléré à la cour pendant dix-huit mois. (Voyez ci-après.)

de Lyon pour se trouver à la ruine du cardinal, et y contribuer et ayder en ce qu'il pourroit. » (Minute de la main de Charpentier. Arch. des Aff. étr. Espagne, t. XVI, fol. 213.)

Page 989, 5ᵉ analyse. — Richelieu ajoute au sujet de la Provence : « Toutes les dépesches que nous recevons de ces quartiers là portent que l'on y peut mettre les affaires en plus haut point que vous et moy n'avions pensé... Je vous conjure de vous servir sy utilement de cette occasion que vous en tiriés tout l'avantage que vous pourrés pour la réputation du roy, pour vostre gloire propre et la satisfaction particulière de celuy qui est, etc. » — Original. Arch. de Condé. Communication de Mᵍʳ le duc d'Aumale.

Page 989, 7ᵉ analyse. — On trouve dans ce tome et le suivant de Turin des projets de traité, des instructions à Toiras, à Servien, à d'Hémery, et autres pièces concernant cette importante négociation (où intervint Mazarin) des traités de Cherusco, fol. 7, 16-18 du tome XVI, et 25, 27, 31, etc. du tome XVII.

Page 989, 8ᵉ analyse. — Après trois lignes de regret, invitation de terminer promptement les affaires du roi; repasser par la Bourgogne « pour faire le mesme » et revenir trouver S. M. — Assurer M. de Guise que les sujets pour lesquels on a éloigné Mᵐᵉ la princesse de Conty « ne le regardent point, et que le roy le veut aymer comme il le peut désirer. »... — On a pu lire dans notre IVᵉ volume, p. 100, une lettre adressée au frère du cardinal sur le même sujet; si l'on compare les deux lettres, on est frappé du contraste entre la douleur désespérée de la première et le calme déplaisir de celle-ci. — Quant au duc de Guise, on prévoyait bien qu'il pourrait se croire menacé; il sortit de France immédiatement. (Voyez t. IV, p. 169, note.)

Page 990, 5ᵉ analyse. — « Je me remets à ce que M. de Bullion vous mandera des affaires du temps. Quant à celles de Provence, nous en attendons un esclaircissement pour vostre arrivée en ce lieu. Je ne doute point... que l'événement de ce que vous avés traitté ne soit tel que le roy peut desirer... »

Page 990, 6ᵉ analyse. — Le roi écrivit aussi à Mazarin pour le féliciter de la part qu'il avait prise à cette négociation; l'original se trouve dans ce même manuscrit, fol. 245. Le duc de Savoie ratifia le 26 avril ce traité signé le 6.

Page 990, 7ᵉ analyse. — Le cardinal développe les « raisons pour lesquelles M. de Savoie a pu traitter de l'échange de Pignerol. » — La pièce n'est point datée. Ceci se rapporte aux traités de Cherusco. Notre manuscrit est rempli, durant tout le mois, de pièces relatives à ces négociations.

Page 990, 8ᵉ analyse. — M. de Charost était mestre de camp du régiment de Picardie. Le roi indique la manière dont il veut que M. de Charost soit traité, et il écrit à M. de Béthune dans le même sens, fol. 53 du manuscrit. — On a vu, p. 148 de notre IVᵉ volume, une lettre de Richelieu à M. de Toiras sur l'envoi de M. de Charost comme otage.

Page 990, 10ᵉ analyse. — Dans un long mémoire divisé en vingt-cinq paragraphes, le cardinal discute les divers points de la négociation dont sont chargés MM. de Toiras et Servien, et parmi les moyens de se garantir de la mauvaise foi de ceux avec qui ils traitent, c'est, leur dit-il, de ne point se départir du traité de Querasque. — Le 16 de mai le roi, en informant les deux négociateurs que l'Empereur refusait de ratifier ce traité, ajoutait : « qu'il n'avait à leur mander rien de plus que ce qu'il avait écrit dans le mémoire du 9 porté par Mazarin. (Pièce 49 du manuscrit cité aux sources.)

Page 990, 11ᵉ analyse. — Le roi répète que « pour conserver une sûreté réelle en l'exécution de la paix, il ne peut sortir des termes qui leur ont été portés par Mazarin. » — Richelieu a écrit lui-même au dos la suscription et la date. A la suite de cette pièce, le manuscrit conserve une page et demie de notes de la main de Richelieu et de celle de Chavigni, fol. 199.

Page 990, 12ᵉ analyse. — Nous en avons fait mention p. 166 de notre IVᵉ volume.

Page 991, 3ᵉ analyse. — A la date *idem*, *mettez* : 29 mai, Fontainebleau.

Page 991, 4ᵉ analyse. — C'est une réponse à leur lettre du 18 mai. — « Mon intention est, comme elle a tousjours esté, à la paix... vous cognoissés sy bien, non seulement ma sincérité et religion en mes paroles, mais aussy celle de mon conseil que, comme je ne suis pas prince qui voulust manquer à mes promesses, il n'y a personne auprès de moy qui m'y voulust porter... » — Divers moyens d'arriver à un traité de paix. — Pouvoir de consentir les changements qu'ils jugeront nécessaires. — « L'abbé Scaglia s'en va d'Espagne en Angleterre pour mesnager une ligue contre moy... marque des mauvaises intentions de mon frère le duc de Savoye. — Le roy vous renvoie l'abbé de Coursan sur le sujet des advis qu'il a apportés de vostre part... C'est à vous de faire que le roy ait une entière cognoissance de ce qui se passe dans la province... Envoyés promptement les procès-verbaux des menées qui se sont faites et se font encore... » — Voyez, au sujet des troubles de Provence, notre IVᵉ volume, p. 170.

Page 991, 5ᵉ analyse. — Richelieu avait à cœur cet établissement pour lequel il craignait des obstacles, même dans la province qui en devait profiter; il mandait à M. le prince : « Escrivant à Messieurs les Estats pour l'establissement des postes de Rennes à Nantes afin de trouver le fonds des gages des maistres des postes, je vous suplie de tenir la main à cet establissement du tout utile au service du roy et au bien de la province... »

Page 991, 7ᵉ analyse. — Parmi ces missives, que le roi devait signer, indiquons les principales : A Mᵉʳ le maréchal de Toiras et Servien, afin qu'ils fassent cesser les contraventions que fait le duc de Feria en violation du traité et au préjudice du duc de Mantoue. — Écrire une lettre de bonne encre au duc de Modène pour la libération du marquis de Molza, détenu prisonnier depuis plus d'un an sans avoir été interrogé, etc.

Page 991, 9ᵉ analyse. — « ... A l'assemblée dernière des Estats de Bourgoigne on a proposé de faire financer le sʳ Joly, greffier des Estats, frère du sʳ Joly mon advocat, pour son greffe dont il a esté pourveu il y a quarante-sept ans, en récompense des services que feu son père et luy ont rendus au pays; je vous suplie de le favoriser en tout ce qu'il vous sera possible... »

Page 991, 10ᵉ analyse. — Mémoire sur lequel il sera nécessaire d'envoyer promptement les résolutions de S. M. — Il s'agit de la restitution des places d'Italie. — De ce qu'on aura à faire après cette restitution. — Du procédé à suivre à l'égard des otages. — Ces graves questions soumises au roi ne pouvaient être résolues que par Richelieu. La minute des réponses est de la main de Bouthillier, auquel le cardinal a donné sa pensée, s'il n'a dicté lui-même. — L'original est dans le volume suivant, fol. 26, il est signé du roi[1]. — La date manque, mais on lit dans la pièce : « Mander la volonté de S. M. dans le 15ᵉ de ce mois de juillet; » c'est donc à tort qu'on a écrit au dos de la pièce : juing, mois où on l'a classée.

Page 991, 11ᵉ analyse. — Le roi écrivait le 1ᵉʳ août à Servien une lettre concernant les affaires d'Italie, notamment sur les inconvénients de rendre Pignerol, que le roi entendait garder. Richelieu envoie cette dépêche à Servien; et en même temps il lui recommande de continuer à lui écrire des lettres particulières, où il lui donne librement ses pensées. (Ceci a trait aux rapports sur Toiras, que Servien avait mission de surveiller.) — Faire faire 200 fusils « dont je veux faire un présent au roy... qu'ils soient des plus beaux. » — La lettre du roi est au fol. 85. — Les pièces 92, 94, 97, 105 sont des minutes ou des duplicata des deux dépêches indiquées ci-dessus, et portent la date soit du 1ᵉʳ, soit du 2 août.

Page 991, 12ᵉ analyse. — « J'ay remarqué dans vostre depesche du mois de juin deux choses de conséquence : le rang que le pape veut donner à son neveu Dom Tadée, comme préfet de Rome,

---

[1] Le cardinal mandait à Servien, le 16 : « Vous verrés, pour la lettre que ce courrier vous porte, l'intention du roy, etc. » (Original. Turin, t. XVIII, fol. 41.) Il s'agit sans doute de la pièce notée ici.

au-dessus des ambassadeurs des rois.» — L'intention de S. S. de recevoir des terres de Naples en payement des sommes que lui doivent les Espagnols, au sujet de la Valteline. — Le roi retirerait son ambassadeur de Rome, plutôt que de se soumettre à la préséance du préfet de Rome. — Quant à recevoir des terres du royaume de Naples «le pape et sa maison entreroient par cette porte soubz la dépendance et tyrannie d'Espagne... Empeschés autant que vous pourrés que S. S. ne s'engage dans cette affaire...» — Des corrections écrites de la main de Bouthillier ont dû faire de cet original une minute.

Page 992, 1re analyse. — On craignait un manquement de foi de la part des Espagnols dans l'évacuation de Mantoue et du Mantouan et au sujet des otages; Richelieu indique pour y obvier quelque ruse peu clairement expliquée. Le prince Thomas viendra à Grenoble: «il doibt y faire le malade, et ainsy il demeureroit en ostage sans que personne le peust sçavoir.» — Le cardinal envoie une lettre à la duchesse de Savoie sur la fuite de la reine sa mère. Servien est chargé de la remettre, en l'accompagnant de certaines explications. — Le cardinal, avec cette lettre, envoie à Servien une dépêche du roi, et notre manuscrit donne ici, au sujet de la même intrigue, une lettre de Bouthillier à Servien et une instruction au comte de Sault. (Fol. 120, 123, 125, 131.)

Page 992, 4e analyse. — «J'ay désiré que l'abbé de Coursan vous retournast trouver en diligence pour vous prier, comme je fais, de vous rendre demain à Paris, pour une affaire, qu'il vous dira, où j'ay intérest, et dont M^{rs} le garde des sceaux, maréchal d'Effiat et de Bullion, qui sont à Paris exprès, vous entretiendront à vostre arrivée. De là, où vostre présence sera très-utile, vous viendrés, s'il vous plaist, trouver le roy, qui faict plus de cas de vostre affection et fidélité que je ne sçaurois vous le représenter...» — Le cardinal écrivit à ce sujet plusieurs lettres notées dans notre IVe volume, p. 193, 195, note.

Page 992, 5e analyse. — Ce mémoire fait sur une lettre du comte de La Roque, ambassadeur d'Espagne en Savoie, au comte d'Olivarès avait été intercepté : le duc de Savoie a dit au comte de La Roque, sur la sortie de la reine mère et de Monsieur, qu'il tiendrait le parti d'Espagne, qu'il fallait rendre irréconciliable cette affaire de la reine mère et du duc, etc. — Indiquons ici trois dépêches du roi, contre-signées Bouthillier, adressées à Toiras et à Servien pour toutes ces affaires d'Italie, datées des 2, 5 et 12 septembre, fol. 175, 191, 214. Cette dernière était accompagnée d'une lettre d'envoi du cardinal datée du 13 septembre, fol. 220.

Page 992, 7e analyse. — «... L'affection et le zèle que vous avés au service du roy et au bien de ses affaires requierrent que, sans aucune remise, vous faciés le voyage de Metz, Toul et Verdun suivant les ordres de S. M., où je m'asseure que vostre présence sera très-utile pour maintenir toutes choses en l'estat auquel elles doivent estre...» Et en *P. S.* «Je vous supplie de trouver bon la prière que je vous fais de partir le plus promptement possible et sans remise et de vouloir passer par Verdun.»— On sait que Metz était au pouvoir du duc d'Épernon, et que Monsieur était lié d'intrigues avec la Lorraine.

Page 992, 8e analyse. — On a vu que M. de Brassac était ambassadeur à Rome; il s'agissait d'obtenir du pape l'avancement de Mazarin. Le cardinal annonça en même temps à Servien qu'il écrivait à Mazarin. — Affaires d'Italie, restitution de Mantoue, 1er octobre (fol. 247), et le lendemain 2 octobre le roi écrivit à Servien annonçant l'envoi de M. Du Plessis Praslin en Piémont (fol. 124). — Notons encore les réponses du cardinal aux deux ambassadeurs en Piémont sur un mémoire concernant Pignerol, fol. 390 du t. XVIII de Turin.

Page 992, 9e analyse. — «Le s^r de La Barde, nepveu de M. Bouthillier, vous dira le sujet de son voyage, auquel vous contribuerés, je m'asseure, tout ce qu'il vous sera possible, selon que le service du roy et le bien de la justice vous le requièrent. Je vous recommande très-particulièrement cette affaire, comme estant très-importante à S. M. et me promets que vous l'embrasserés avec l'affection que vous tesmoignés avoir à tout ce qui le concerne...» — Cela se rapporte-t-il à la mission confiée il y a cinq ou six jours à M. le Prince? et quel était l'objet de cette mission? Il est vraisemblable qu'il s'agit ici des affaires que suscitait la retraite de Marie de Médicis en pays ennemi, des inquiétudes qu'occasionnaient Monsieur, prenant parti pour les mécontentements de la reine sa mère, et les autres partisans de cette princesse. Ce fut à ce moment que, pour aiguillonner le zèle de M. le Prince et échauffer son affection, on lui donna le gouvernement de Bourgogne qu'on ôtait au duc de Bellegarde. — A la première ligne de cette 9ᵉ analyse de la page 992, *mettez* La Barde, *au lieu de* La Borde.

Page 994, 1ʳᵉ analyse, ligne 1. — La Borde, *lisez :* La Barde.

Page 993, 2ᵉ analyse. — *Mettez à la date :* Château-Thyerry. — M. de Charnacé avait été envoyé dès le commencement de 1629 vers les Électeurs et le roi de Danemark; nous voyons qu'il écrit au cardinal, le 24 mars (pièce 22 du manuscrit cité aux sources), qu'il avait remis à l'électeur de Bavière une lettre de S. Ém.; je ne l'ai pas trouvée, et je ne vois rien dans le manuscrit qui se rapporte à la négociation de Charnacé aux premiers mois de 1629, mais j'y trouve un cahier de 110 pages, intitulé : «*Trattato della confederatione segreta tra il re di Francia e l'elettore di Baviera.* Il signor di Bagni nuntio in Francia al signor Jocher (*sic*) consiglierio segreto del s. elettore di Baviera.» Des lettres des deux négociateurs et d'autres pièces sont intercalées dans ce mémoire, le tout en italien et en latin, du 16 octobre 1629 au 10 août 1630 (pièce 25). — Notons aussi, entre autres documents, à la date du 27 décembre 1631 un extrait du discours fait par M. de Charnacé au duc de Bavière (pièce 70) et, à la même date, une pièce au dos de laquelle Bouthillier a écrit : «Réplique à la réponse des commissaires de M. le duc de Bavière, envoyée par M. de Charnacé avec sa dépesche du 27 décembre» (pièce 63). Enfin (pièce 66) un mémoire sans date, classé à la fin de 1631, sur l'état présent de l'Allemagne, lequel nous semble du P. Joseph.

Page 993, 3ᵉ analyse. — «Ne manqués pas, s. v. p. de solliciter Bavière du traitté particulier et secret d'entre la France, luy et ses collègues. Entre vous et moy il recule tant qu'il peut, mais il est besoin de voir clair en son dessein... Cependant il faut bien se donner de garde de rompre avec luy... Se donner parole d'ajuster après vostre retour les articles secrets où il se trouveroit quelque difficulté... Asseurer Bavière de mon affection et de mon service... Le roy ne prétend rien en Allemagne, et ne désire rien que de voir ceux qui en sont princes naturels hors d'estat de craindre un accablement absolu de la maison d'Autriche et particulièrement des Espagnols...» — Le manuscrit donne cette pièce sans date ni suscription, et elle se trouve classée, comme au hasard, sous la cote 64. Ce doit être la lettre donnée par Richelieu à M. de Charnacé, en le chargeant de la mission annoncée par la pièce précédente, datée du 15 octobre. Le t. II de Suède, fol. 98, nous donne à la date du 28 octobre (Château-Thierry) un supplément d'instruction à Charnacé pour les négociations avec le duc de Bavière et le prince de la ligue catholique. Il faut noter aussi une instruction pour le sᵉ de Lisle allant vers le roi de Suède, datée du 28 décembre, annonçant l'arrivée du roi à Metz (fol. 122), original entièrement chiffré, mais le déchiffrement se trouve sur un second original, fol. 209.

Page 993, 5ᵉ analyse. — Réponse à la lettre du 19 octobre, de MM. de Toiras et Servien, apportée par Vernatel. Approbation de leur conduite prudente, du secret gardé sur le nouveau traité fait avec le duc de Savoie... «J'ay eu bien agréable le traitté du départ simulé... Il reste à s'asseurer des passages des Grisons pour les avoir ouverts pour les amis et fermés contre ceux qui voudroient troubler l'Italie... Ordres donnés à M. d'Avaux pour porter la république de Venise à concourir...» Je ne doute point que sur le bruit du dépost de Pignerol en mes mains, le duc de Feria et les Espagnols ne jettent feu et flamme... Mesures à prendre pour estre préparé à tout événement... — Les fidèles services que m'a rendus M. Mazarin depuis le commencement jusqu'à la fin de cette négociation sont dignes de recommandation, mon intention est de les reconnoistre comme il mé-rite. J'auray à plaisir que vous me donniez advis en quoy vous estimez que cela se peut faire plus convenablement. » — *Ajoutez aux sources :* Mantoue, t. IV, pièce 73. Copie. — Le lendemain 30, le roi écrivait à Mazarin le gré qu'il lui savait de ses services. (Turin, fol. 385.)

Page 993, — 7ᵉ analyse. — Grande assistance donnée à l'Allemagne depuis que le roi est dé-barrassé des troubles intérieurs de son royaume; et « ce que les électeurs, princes et États protestans doivent faire pour parvenir à la restitution de l'Allemagne. » — Dans ce mémorial, l'ambassadeur répétait textuellement l'instruction que lui avait donnée le cardinal. La date manque; elle nous semble bien classée en octobre.

Page 993, 8ᵉ analyse. — Un secrétaire a écrit au dos de cette pièce : « Envoié, avec cette lettre, un mémoire secret de mesme datte d'icelle. » Ce mémoire occupe plus de dix pages de notre manus-crit, fol. 410; il est chiffré, et il y est fait mention de choses très-diverses. Ce sont des plaintes contre le P. Monet, contre l'abbé Scaglia; affections de Madame auxquelles il faut mettre ordre; affaires politiques d'Italie. Deux dépêches du roi à Toiras et Servien, datées du 13, en sont remplies et doivent être notées ici, d'autant plus que, dans ses *Mémoires,* le cardinal s'occupe peu des af-faires de ce pays en cette année 1636. (Manuscrit de Turin précité, fol. 431, 435, 441.) Cette der-nière pièce se compose de fragments du mémoire fol. 440 écrits par Charpentier.

Page 993, 10ᵉ analyse. — « Je me promets que vous en recevrés beaucoup d'édification et de consolations spirituelles. Leurs religieux, estant contraincts de passer souvent par Chaslons, qui est sur le passage de plusieurs maisons qu'ils ont à l'entour, vous apporteront aussy, par ce moyen, et en recevront moins d'incommodité. — Aux sources, *après* Châlons, *ajoutez :* -sur-Marne.

Page 994, 2ᵉ analyse. — Dire au prince d'Orange qu'il est faux qu'on ait eu aucun dessein sur Orange. — Tâcher que le prince entre en matière sur les affaires publiques. Faire adroitement tomber le discours « sur l'estat présent de la maison d'Autriche et sur les avantages que la France et MM. les Estats bien unis tireroient de son abaissement. MM. les Estats ont tesmoigné secrètement au roi un grand désir qu'il favorisast le dessein qu'ils ont sur Gravelines et Dunkerque, en per-mettant la descente de leur armée sur les terres de France, non loin de Calais, s'obligeant à laisser Gravelines au roy. Voir quelles assurances on pourroit prendre sur ce sujet. Comme ce n'est chose à confier au papier, le sʳ des Gontes s'en reviendra promptement pour porter une dernière conclu-sion sur ce sujet. — Il doit savoir que le dessein du roy est d'empescher que la paix ne se face, et qu'au printemps qui vient les Estats se mettent à la campagne; que S. M. aime mieux qu'ils facent tout autre dessein que celuy de Dunkerque, parce que les autres n'obligent point S. M. à y prendre autre part que de leur donner de l'argent...[1] »

Page 994, 3ᵉ analyse. — « Je n'ay pas voulu différer à vous tesmoigner... le ressentiment que j'ay de l'assistance qu'il vous a pleu donner à l'abbé de Beauveau pour le rendre paisible possesseur du prieuré de Saint-Léger. » — Il y a dans ces mêmes archives une autre lettre adressée aussi à M. le prince avec la date de Metz 28 décembre 1633; ce millésime ne peut être qu'une erreur, Richelieu était alors à Rueil. Cette missive dont l'abbé de Coursan était porteur n'est qu'une lettre de compliment.

Page 994, 4ᵉ analyse. — « Madame, j'ay envoyé ordre à Péronne de laisser passer vostre chariot chargé. Puisque vous n'avez point d'esgard à ce que j'avois chargé le sʳ de Villiers de vous dire de ma part touchant les mauvais conseils qui vous ont esté donnés depuis longtemps... de nouveaux

---

[1] Une pièce du 12 décembre, cotée 80, fait le détail de beaucoup d'articles nécessaires pour la marine, et que le sʳ des Gontes doit acheter en Hollande.

messages ne me seroient pas agréables[1]... Je prieray tousjours Dieu qu'il vous inspire de meilleures résolutions, et que vous me donniez lieu de vous tesmoigner combien, etc.» — Nous trouvons aux Archives des Affaires étrangères une déclaration signée : «Millotet, gentilhomme des gardes de la reine mère du roy.» Voici un extrait de cette pièce à noter dans l'histoire des relations entre la reine exilée et le gouvernement de Louis XIII; elle est adressée à un personnage dont le nom n'est pas indiqué : «Sur ce que la reyne mère du roy a eu advis que... vous avez controuvé une noyre imposture, pour faire croire au roy qu'elle faisoit entreprise sur ses places... S. M. m'a commandé de vous venir trouver et de vous dire hautement que, si vous n'informez promptement le roy de la vérité... toutes les puissances du cardinal ne pourront empescher qu'elle ne vous fasse perdre la vie...» — La date manque et la pièce est classée en juin 1631; mais si elle appartient à cette année, ce ne peut être que vers la fin, lorsque la reine mère était hors de France.

Page 994, 5° analyse. — La barque appartient à la galère qui l'a prise. Les Turcs doivent être mis à la chaîne. 1° Ils ont contrevenu aux traités. — 2° Ils sont coutumiers de venir en nos costes sous prétexte de paix; et ils pillent...

Page 994, 6° analyse. — C'est le titre d'un cahier de vingt et un feuillets dont les dix premiers sont de la main de Cherré et de celle de Richelieu, qui en a écrit de longs passages; on y a ménagé des espaces blancs réservés pour des additions; ce travail n'était donc pas définitif. Les onze derniers feuillets sont de la main d'un autre secrétaire du cardinal. On remarque aussi deux titres écrits par Richelieu, au fol. 95 : «Advis sur les affaires de Lorraine,» et au fol. 111 : «Advis donné au roy depuis les lettres de Lorraine surprises par Vaubecourt,» et ici le cardinal a mis en marge : «Faudra insérer ces lettres, ou les principales clauses d'icelles.» Avant d'être relié dans le volume IX° de Lorraine, ce cahier avait une pagination particulière, et l'on peut reconnaître au numérotage des feuillets comme au manque de suite de la rédaction qu'il a été disloqué. Une portion a été arrangée pour les Mémoires de Richelieu[2]. C'est un spécimen de la manière dont ces Mémoires ont été composés. — 114 et 131, 132, deux feuillets séparés par erreur du manuscrit primitif.

Page 994, 8° analyse. — «S. M. a voulu retirer ce qui avoit esté usurpé sur M. de Metz; et ensuite se mettre en estat d'empescher que la ligue catholique ne soit perdue en Allemagne... Le roy de Suède trouve si peu de résistance qu'il y a beaucoup moins de lieu de négocier avec luy qu'on ne voudroit... S. M. a voulu user de sa bonté envers Monsieur; les siens l'ont empesché de la recevoir parce qu'ils n'y trouvoient pas leur compte à leur mode... S. M. verra venir ceux qui luy veulent faire du mal, et, sans attaquer personne, se tiendra en estat de se garantir, avec l'ayde de Dieu, de ceux qui voudront entreprendre contre son estat...» — A la date, ajoutez : de Metz.

Page 994, 9° analyse. — Donner assurance aux États du payement du subside promis «devant qu'ils mettent à la campagne, dans la fin de mars. On a découvert le fourbe qui vouloit persuader à M. le duc de Nassau qu'on vouloit entreprendre sur Orange.» — La pièce précédente (fol. 86) est une explication donnée au cardinal par M. de Bullion, sur la démolition de Dompierre. — Empêcher qu'on n'établisse une nouvelle traite foraine des denrées qui entrent en la principauté d'Orange. — Qu'il plaise au roi donner abolition pour l'affaire du feu gouverneur d'Orange.

Page 994, 11° analyse. — Affection de Richelieu pour Mazarin. — Les comtes d'Aglié et de Vérue.

---

[1] Passage cité ci-dessus, p. 669, note 2. Cette minute sans date est classée à la fin de 1631 dans le manuscrit. — M. de Villiers Saint-Genest était écuyer de la reine mère. Richelieu fait mention d'un nouveau voyage du s' de Villiers en novembre 1633. (*Mém.* VII, 435.)

[2] T. VI, p. 179 du manuscrit des Mémoires, et *passim.* T. VII de l'édition Petitot, p. 1, etc. — Notons aussi un fragment, en tête duquel le cardinal a écrit : «Expédition de Moyenvic et la suitte.» Lorraine, t. X, fol. 153-160. Manuscrit des Mémoires, t. VI, p. 46-52; édition Petitot, t. VI, p. 568-573.

— « Je ne vous dis rien sur le sujet du mariage proposé pour le cardinal, nous en parlerons quand vous serés de retour; il suffit que toutes les parties sont contentes, et que le roy sçait que les intentions de Mgr le cardinal sont tousjours telles qu'il le désire. » — Le P. Monot avait proposé de marier Mme de Combalet au cardinal de Savoie. On aurait constitué en faveur de ce prince un petit État composé de Genève et du pays de Vaud, avec le bailliage de Gex, pour le tenir en fief du roi de France. (Mémoire du 10 février, manuscrit précité pièce 10.) — Cette affaire, dont on s'occupa un instant, n'eut pas de suite; et nous voyons à six mois de là Richelieu faire de la proposition de Monot un sujet d'accusation contre ce Père. — Ci-après à la date du 16 juin. — Mirabel a eu vent de l'échange de Pignerol et de l'affaire de Genève, par l'indiscrétion du P. Monot.

Page 995, 1re analyse. — ... « Monot est le plus déloyal moine qui soit au monde. » ... « Nous désirons l'affaire de Genève, mais en temps et lieu, et en sorte que la pièce ne soit pas ès-mains de M. de Savoie, comme Monot a tousjours prétendu. » ... « Druent sera fort bien venu en France, mais il faut Mazarin avec luy. » — La suscription et la date manquent; mais, à ce moment, la lettre ne peut aller qu'à Servien. Quant à la date, il est dit dans la lettre que c'est la réponse à une lettre de décembre. Et une lettre de Servien, datée du 23 mars (pièce 57 de notre manuscrit), nous dit : « Enfin M. de Druent part accompagné de M. Mazarin. » Une date mise après coup (28 janvier 1633) nous semble fautive.

Page 995, 2e et 3e analyse. — Donner ordre aux fortifications aussi bien qu'aux vivres. — Écrire à M. de Noyers comme au maréchal de Schomberg. — A M. de Feuquières (fortifications de Moyenvic). — A M. de Brézé : « Que le roy a esté bien ayse de recevoir des nouvelles; très-fasché qu'il n'ayt peu rien avancer pour le bien des catholiques; qu'il continue à faire ce qu'il pourra; qu'il revienne quand il aura fait ce dont il est chargé auprès du roy de Suède, c'est-à-dire quand la neutralité sera acceptée ou tout à fait reffusée de part et d'autre. »

Page 995, 4e analyse. — Allant vers les électeurs de Saxe et de Brandebourg et vers le landgrave de Hesse. — S. M. les convie de nouveau à contribuer tout ce qu'ils pourront au repos de l'Allemagne, à quoy S. M. est disposée d'employer tout ce qui deppend d'elle. — Le roy a reçu du roy de Suède deux lettres des 23 et 24 décembre, leur fait cognoistre la réponse qu'il a faite et les moyens qu'il estime à propos pour la tranquillité publique; il faut tenir au plus tost une assemblée où les électeurs et autres princes tant catholiques que protestans puissent venir librement pour prendre les résolutions plus utiles au bien commun, et terminer les différends. — Le s^r de L'Isle leur insinuera combien il leur importe d'establir une bonne intelligence entre les catholiques et les protestans, et qu'ils ne peuvent jouir d'une paix assurée que par un juste équilibre fondé sur les libertés, immunités et franchises incompatibles avec un pouvoir absolu.

Page 995, 5e analyse. — « ... Si le roy de Suède ne veut pas accepter la neutralité telle que je l'ay jugée raisonnable, je suis tout disposé à vous tesmoigner la continuation de ma bonne volonté... » — Cette missive écrite par ordre de Richelieu était la réponse à une lettre du mois de mars où le prince se plaignait que le roi de Suède eût envahi une partie de ses États; s'il eût fallu opter entre Suède ou Bavière, le choix n'eût pas été douteux. Toutefois le cardinal ménageait ce prince dont les inclinations étaient espagnoles. — Au sujet de cette neutralité, voyez, dans notre IVe volume, deux mémoires, p. 251-256.

Page 995, 6e analyse. — Il faut tâcher de ruiner le P. Monot. — Légèretés de la duchesse de Savoie. — Intrigues de l'abbé Scaglia en Flandres au préjudice de la France. — « J'ay tousjours appréhendé les inégalités de M. de Savoie... » — Sur la même feuille je trouve deux minutes du 10 avril et deux du 25. Même sujet à peu près. La pièce du 25 est reproduite t. XXI, 95. Notons encore deux dépêches signées du roi et contre-signées Bouthillier, adressées à Servien, les 5 et 14 mai, sur diverses affaires d'Italie, cotées 37 et 44 dans le manuscrit cité aux sources.

Page 995, 7ᵉ analyse. — M. de Saint-Aunain avait été chargé par Toiras d'une mission auprès du cardinal. — La matière, de la main de Charpentier, est au feuillet suivant.

Page 995, 8ᵉ analyse. — «... Il est bon d'avoir, pour un temps, repos en Italie, avec les Espagnols... Je vous envoie le brevé de 30,000ˡˡ de pension pour l'infante Marguerite, je crains bien que cette pension soit mal employée, veu le peu de disposition qu'elle a tesmoigné pour la France... Je désire le traitté de Querasque estre inviolablement observé... l'estat où est mon frère le duc de Savoie, par sa faute, est un point très-considérable... »

Page 995, 9ᵉ analyse. — «...Le comte de Druent, ambassadeur extraordinaire de Savoye, et le sᵉ Mazarini ont communiqué de nouveau avec mon conseil sur le traité qui doit être publié touchant Pignerol ; ils m'ont fait proposer de vous escrire que vous fissiez publiquement instance vers mon frère le duc de Savoye pour l'acceptation et exécution d'iceluy... Cette instance faite de ma part produiroit un grand effect pour persuader à toute l'Italie que j'ay plus contribué à y donner la paix en conseillant d'effectuer cet ajustement, que le roy d'Espagne en le faisant comme arbitre... » — Nous trouvons dans le t. XX de Turin, à cette date du 14 mai, les «responses que le roy a commandé estre faites sur les propositions de M. de Druent.» (Pièce 45, la minute et une copie sont conservées t. XXI, pièces 140, 141.) Notons encore, à la date du 16 juin, une dépêche de S. M. répondant au maréchal de Toiras et à M. Servien que «le roy trouve bon de donner satisfaction à son frère de Savoie, sur quelques changemens à faire au traité publié pour la cession de Pignerol ainsi qu'à l'article secret.» (Pièce 62.)

Page 995, 10ᵉ analyse. — Le sᵉ Hubert avait mandé au cardinal que le duc de Rouannez demandait la permission d'aller se jeter aux pieds du roi. Il promet de faire des aveux devant la personne que S. M. voudra désigner. Nous avons une copie de cette lettre dans le IXᵉ volume des Pays-Bas (fol. 101). A la suite de cette copie, et aux marges, Charpentier a écrit, sous la dictée du cardinal, des notes pour la réponse que devait faire le roi, et il en a composé une matière pour la lettre de S. M. (fol. 102). La minute faite d'après ce brouillon est datée d'Amiens le 19 mai (fol. 106). Hubert avait écrit le 12. Nous donnons ici un extrait de la matière, qui, mieux encore que la minute, conserve la plus fidèle expression de la pensée de Richelieu. — Il faut mander au sᵉ Hubert qu'il donne deux cents escus à Vaquin et luy dire de la part du roy qu'il continue à distraire tous ceux qu'il pourra du party où ils se sont mis. Qu'il peut faire à tous mesme response, qui est que s'estant tous mis volontairement dans la crise, il faut pour avoir leur grâce qu'ils tesmoignent leur repentir en rendant quelque service signalé. — Le duc de Rouannez peut envoyer son gentilhomme pour descouvrir ce qu'il sçait d'important, si mieux il n'aime le dire audit Hubert qui le mandera en chiffres. — Nous voyons dans la minute que, pour rentrer en grâce, Richelieu faisait les mêmes conditions à M. de La Vieuville et à Mᵐᵉ du Fargis.

Page 995, 11ᵉ analyse. — Le procureur syndic ne pouvant suffire à toutes les affaires que Mᵐˢ les Estats de Bretaigne ont au conseil du roy, «j'estime estre important pour le service de la province que lesdits Estats nomment quelque homme intelligent pour en avoir la conduite en l'absence dudit procureur scindiq;» donner cet emploi au sᵉ de La Contrye, avocat audit conseil.

Page 995, 12ᵉ analyse. — Ville s'en est retourné sans rien faire; attaquer le duc s'il ne s'accommode, et le seul accommodement possible est que le duc luy mette entre les mains Stenay et Clermont... Au commencement cette pilule semblera rude à M. de Lorraine; mais quand il verra que ce sera tout de bon... il y pensera... Nous n'avons rien trouvé icy; je sçay que vous avies laissé des ordres, mais c'est pour vous monstrer comme la plus part des gens obéissent... — Deux jours après, Louis XIII écrivait à M. de Charnacé : «Le roi a pris la résolution de réduire Lorraine en tel estat qu'il ne soit plus en son pouvoir de faire du mal. Mais il faut qu'il soit assuré qu'en mesme temps les troupes de Suède attaqueront l'empereur et le roy d'Espagne... » (Suède, t. II.

fol. 317.) — Au fol. 630 se trouve une minute informe, sans date ni suscription, aussi au sujet du départ du s^r Ville. Pièce mal classée comme la minute cotée 627.

Page 995, 13e analyse. — ... «Nous serons dans quinze jours à Sainte-Menehoust avec 10,000 hommes de pieds et 1,200 chevaux, outre les dix régimens qui doivent estre arrivez maintenant... (Ici des plaintes que Richelieu répète presque mot pour mot dans la lettre du 30 mai ci-après.) Le roy est en peine de sçavoir où il prendra du canon... ou des munitions de guerre, ou des officiers... Faites que nous trouvions ordre pour tout cela à Sainte-Menehoust... la diligence est ce qui fera réussir les affaires... » — Le cardinal annonce, dans cette lettre, le duplicata d'une autre dépêche que nous ne trouvons pas ici, laquelle était sans doute signée du roi, et qui répondait à une lettre de M. d'Effiat du 22 mai; il est dit dans cette lettre que les propositions faites à M. de Guron par le duc de Lorraine sont un acheminement à la soumission de ce prince (p. 287).

Page 996, 1re analyse. — «Avant tout que La Saladie conduise mil hommes et cent chevaux dans Herberstein... Vous asseurerez M. de Trèves que le roy veut faire retirer les Espagnols de ses Estats... mais le duc de Lorraine s'estant réuni aux Espagnols contre la France, en violation de sa parole et des traittés, le roy le veut contraindre à se séparer de ses nouvelles intelligences, et aussytost qu'il l'aura réduit à rentrer dans l'exécution des traittez, S. M. se rendra aux désirs de M. de Toiras... La Saladie lui dira cela en grand secret, et ensuite il le pressera de mettre à Philisbourg pareil ordre qu'il aura mis à Herberstein... Le roy desire s'accommoder avec M. de Lorraine pourveu qu'il donne seureté de luy à l'advenir... Pour faciliter ce dessein, le roy part mercredy, et sera le 12 juin à Sainte-Menehoust avec son armée.» Richelieu recommande à M. d'Effiat de préparer tout ce qui est nécessaire : «Nous n'avons rien; ny commis de l'espargne qui ayt un sol, ny officier de l'artillerie qu'Essain qui est aussy ignorant aux Magazins de Champagne que M. de Montbazon l'est aux affaires du grand Turc.» Minute de la main de Charpentier. — Cette missive est la réponse à une lettre du maréchal d'Effiat du 25 mai, laquelle se trouve ici en copie, fol. 296. — Le 7 juillet, Louis XIII mandait au roi de Suède : «J'envoie le maréchal d'Effiat en Allemagne comme général de mon armée et mon ambassadeur extraordinaire pour la conservation de l'électeur de Trèves...» (Suède, t. II, fol. 330.)

Page 996, 2e analyse. — Pour ce qui est du traité à faire avec M. de Coulongne pour le mettre au même point que M. de Trèves, luy-mesme s'y offre maintenant... «S'il désire que le roy le protége, comme il faict l'électeur de Trèves, il est bien raisonnable qu'il luy tesmoigne une pareille confiance, et partant qu'il livre quelque place entre les mains de S. M., qui ne pourroit estre que Bonne sur le Rhin ou Dinan sur la Meuse. Cette dernière place seroit un seur gage de l'affection de l'électeur et des Liégeois.» — La date manque à cette pièce. Le traité de l'électeur de Trèves avec le roi était de la fin d'avril. Ce fut peu de temps après sans doute qu'on cita ce bon exemple à son confrère de Cologne. Nous adoptons donc le classement du manuscrit, qui met cette pièce en mai. Et puis le maréchal d'Effiat ne tarda pas à mourir.

Page 996, 3e analyse. — «On a reccu vos dépesches des 6 et 7e. Vous n'avez plus rien à négocier avec M. de Lorraine parce que Ville n'a rien faict et que Monsieur est dans ses Estats... Cela anime S. M. à tirer raison de M. de Lorraine, de telle sorte qu'on ne peut l'exprimer... Il n'est donc plus question que de mettre la main à l'œuvre, vous d'un costé et nous de l'autre... Mesures à prendre en conséquence... Il importe fort que vous aiés résolution d'Oxenstern sur l'assistance qu'il doit rendre aux armes du roy...» — Le brouillard, aussi de la main de Cherré, se trouve, sans date, vers la fin du volume, fol. 629. — Mémoires de Richelieu, t. VII, p. 107. — Les manuscrits de Turin (t. XX, 70), à la date du 27 juin, nous donnent une dépêche du roi au maréchal de Toiras et à Servien, sur ces affaires. Original contre-signé Bouthillier.

Page 996, 5ᵉ analyse. — Importance de la conservation de Casal. — Ligue générale. — Affaires de Genève; à concerter avec Mazarin les moyens de les acheminer auprès de M. de Savoye. — Ruiner le P. Monot. « Servés vous, à cet effect, de la proposition qu'il a faicte touchant le cardinal de Savoie... » (Voyez ci-dessus au 27 janvier 1632.) — Le manuscrit cité aux sources donne une lettre de Toiras et de Servien, du 11, où ces deux ambassadeurs rendent compte au cardinal de la proposition qu'ils ont faite, touchant Casal, au duc de Savoie et des sentiments de ce prince. (Même manuscrit, pièce 81.)

Page 996, 6ᵉ analyse. — « Faut une dépesche générale pour toutes les provinces, qui face cognoistre le desplaisir que le roy a de ce que tout ce qu'il a faict jusques à présent pour procurer le repos de son Estat n'a peu produire l'effect qu'il desireroit. » — Le duc de Lorraine a violé les promesses de fidélité qu'il avoit faites à S. M.; il s'est lié aux ennemis de la France, et a favorisé la révolte de Monsieur. S. M. a dû entrer dans ses Estats. — Une copie est classée t. XI, fol. 359. Le brouillon de la dépêche faite sur cette matière se trouve en effet dans ce manuscrit, fol. 436. Et nous trouvons, aussi de la main de Bouthillier, à la date du 1ᵉʳ juillet, une lettre à M. du Hallier, dont la dernière moitié barrée et récrite par Cherré est une correction du cardinal. Il s'agit de mesures à prendre au sujet des trois places remises en dépôt par le duc de Lorraine. Notons encore une « dépesche générale sur le subject du voyage du roy en Lorraine, datée du 18 septembre 1633. Au camp devant Nancy, » laquelle nous paraît mal classée, t. XIII, fol. 447.

Page 996, 7ᵉ analyse. — Cette missive est la réponse à une lettre de Servien du 9 juin, cotée 53 dans le manuscrit cité aux sources. — Tout en paraissant d'accord avec le duc de Savoie, Richelieu se méfiait toujours de sa bonne foi. « Le roy a eu sujet de douter de ses intelligences avec les Espagnols (mandait le cardinal à Servien), maintenant il marche d'un bon pied. » Lettre du 30 juin, de Pont-à-Mousson. Original manuscrit précité, pièce 72.

Page 996, 8ᵉ analyse. — Faut envoyer diligemment le sᵣ de La Garde avec un trompette, au comte de Merode, avec une lettre de créance de la part du roy et de MM. les maréchaux de La Force et d'Effiat. Conduite à tenir s'il refuse de se retirer de Coblentz. — Ce projet du cardinal a été développé par Bouthillier dont la minute est conservée fol. 134 du manuscrit précité, à laquelle minute nous empruntons la date du 19 juin. — Ce M. de La Garde avait le titre de gentilhomme ordinaire de la chambre du roi.

Page 996, 9ᵉ analyse. — « Le roy adjouste peu de foy aux propositions de M. de Lorraine; je vous avoue cependant que je commence à croire qu'il se repend des labirintes où il s'est mis... S. M. n'a pas approuvé la proposition du dépost de Stenay, Jamin et Clermont, disant qu'elle ne désiroit pas que M. de Lorraine se tirast d'affaire à meilleur marché que M. de Savoye qui luy avoit laissé Pignerol et La Pérouse en propre... M. de Lorraine n'est pas beau-frère du roy. La pensée du roy va à avoir deux de ces places en propre, la troisième en dépost... Si les choses s'accommodent, M. de Lorraine cognoistra que je ne désire pas sa perte, comme je sçay qu'il le dit. » — Un courrier arrive de Dijon, qui rapporte que Monsieur ayant voulu entrer dans les faubourgs a esté repoussé à coups de canon; contrainct de se retirer, il a pris son chemin vers Beaune, où il n'en aura pas meilleur marché.

Page 996, 11ᵉ analyse. — « ...Je vous envoyeray au premier jour le passeport que vous désirés... Le roy a eu bien agréable la response que vous m'avés faicte, y voyant une si prompte condescendance à ce qu'il désire de vous... » — La lettre ne dit pas de quoi il s'agit; ce que le roi désirait, c'était sans doute que Mirabel quittât Paris. On le supportait impatiemment depuis longtemps, cependant on y met encore quelques formes dont on va bientôt se dispenser. — De nouvelles inconvenances de ce malencontreux diplomate et surtout les mauvais conseils qu'il donnait à Monsieur, dans ces circonstances critiques, expliquent la vive expression du mécontentement du roi. — Sur la même page est la copie d'une lettre de Bouthillier à M. de Bautru, que l'on charge, pendant qu'il est encore à Paris, de s'occuper du présent d'usage à faire aux ambassadeurs d'Espagne, de l'argenterie d'une valeur de 2,000 escus.

Page 996, 12ᵉ analyse. — ... « Je vous ay desjà faict sçavoir que je ne désirois pas vous voir en audience de congé; et maintenant que je retourne vers ma bonne ville de Paris, je vous fais la présente à mesme fin, et pour vous dire que le séjour que vous y feriez doresnavant vous seroit inutile... » — Voyez *Mémoires de Richelieu*, t. VII, 108.

Page 997, 1ʳᵉ analyse. — « Je ne vous puis dire le contentement que le roy a de la façon avec laquelle vous avés agy aux Estats de Bretagne, pour le bien de ses affaires. Je ne vous dis rien pour ce qui me concerne, parce que j'espère vous en entretenir plus particulièrement quand j'auray l'honneur de vous voir... » Le prince peut prendre les eaux tout le temps nécessaire au rétablissement de sa santé. — Grands témoignages de reconnaissance pour le prince.

Page 997, 3ᵉ analyse. — « La déclaration semble nécessaire pour estre entré dans le royaume en armes, y avoir introduit des Espagnols et autres estrangers, et faict tous actes d'hostilité lesquels il continue encore à présent. — Le placard public offense le roy en plusieurs façons et en la personne de S. M. et de son principal ministre. — Cette affaire reçoit diverses considérations à cause de la qualité de Monsieur. » ... — Le reste de la pièce est imprimé dans les *Mémoires de Richelieu*, t. VII, p. 171-179. La déclaration du roi est conservée dans la collection France, t. LX, p. 461 et 471. Voyez aussi la circulaire aux gouverneurs des provinces, note, t. IV, p. 345. — Il ne faut pas chercher ce mémoire à sa date; il est classé par erreur en 1633.

Page 997, 4ᵉ analyse. — Douleur du cardinal à cause de la mort du maréchal d'Effiat. — « J'escris à M. de Toiras qu'il donne ordre à deux des frères de M. de Montmorency qui se sont joints à ces beaux desseins. » Le roi part le 16 pour Limoges. L'électeur de Trèves et le roi de Suède. — Ce même jour, Richelieu écrivait à Servien une lettre chiffrée qu'il lui recommandait de déchiffrer lui-même et où il le chargeait de tâcher de découvrir si Toiras n'avait point connu la trahison de ses frères. Voyez notre IVᵉ volume, p. 336-341. Sur Toiras, voyez notre VIIᵉ volume, p. 689.

Page 997, 5ᵉ analyse. — S. M. approuve le traité pour la cession de Pignerol. On en différera, pendant quelque temps, la publication. Les deux ambassadeurs avaient envoyé ce traité le mois précédent (pièce 76). — Révolte de Monsieur en Languedoc.

Page 997, 6ᵉ analyse. — Richelieu s'en remet à ce qu'il jugera à propos, ainsi que M. de Bullion, au fait de M. de Bretagne. — M. de Schomberg a besoin de 12 ou 15,000 escus pour la levée des troupes. — « M. de La Force demande à cor et à cry la montre de l'infanterie et dit qu'il craint que tout se desbande. » Faire fournir ce qui sera nécessaire : « cela mérite d'estre mandé diligemment... »

Page 997, 8ᵉ analyse, aux sources. — *Mettez* : Original; archives de la famille Bouthillier.

Page 997, 9ᵉ analyse. — Fournier vint de Lorraine au mois d'août pour avertir de plusieurs choses importantes. Il s'agit des préparatifs du duc de Lorraine, et de messages entre Monsieur et Wallenstein, pour convenir de l'entrée de celui-ci en France.

Page 997, 10ᵉ analyse. — Les inquiétudes que donnait alors la coupable entreprise de Monsieur, secondée par le duc de Montmorency, étaient grandes; l'on s'efforçait de se rassurer. C'est pour cela que le roi écrivait cette missive, en marchant au-devant de la révolte, et que le cardinal faisait écrire à M. d'Avaux une autre lettre, où Bouthillier lui exposait le bon état des affaires du roi.

Page 997, 11ᵉ analyse. — Quant au cérémonial dû aux ambassadeurs du roi, on n'y peut rien changer... De la part de M. de Savoie aucune proposition n'est recevable que celle de la ligue générale et de Genève, si nous pouvons nous accorder... — La date manque, nous adoptons celle du classement.

Page 997, 12ᵉ analyse. — « ... Quand vous ne serés point prévenu des humeurs noires, dont je vous fais tousjours la guerre, vous ne croirés pas estre maltraitté. ... » — La date manque, mais c'est la réponse à une lettre du 23 août. — Aux sources XX, *mettez* XXI.

Page 998, 1ʳᵉ analyse. — Faire en sorte que M. d'Antraigues obtienne bonne et briève justice. — Une lettre du roi au duc de Savoie, sur la même affaire, est, aussi en minute, au recto du même feuillet.

Page 998, 2ᵉ analyse. — « Les Espagnols ... m'ont fait voir tant d'effets de leur mauvaise volonté que je suis résolu de leur procurer de tous les costez le plus d'affaires que je pourray et de soustenir fortement la rebellion des seigneurs des Pays-Bas... Sachez de mon cousin le prince d'Orange ce qu'il peut et voudra faire de sa part... Je ne feray point difficulté d'entrer dans l'Artois sitost que le printemps sera venu... » — Une matière pour faire cette lettre pièce 171. Elle est insérée dans les *Mémoires de Richelieu*, t. VII, p. 188. — Une lettre de Bouthillier à Berruyer du 16, et une autre du roi, au prince d'Orange, du 17, sont conservées dans le manuscrit cité aux sources, nᵒˢ 169 et 170.

Page 998, 3ᵉ analyse. — « Mon frère, le sʳ du Dorat retournant vous trouver vous dira le contentement que m'a apporté les tesmoignages particuliers que vous luy avés rendus de vostre affection... croyés, en revanche, ce qu'il vous dira de ma part... Je m'approche de vos quartiers pour voir ma frontière... » — Au fol. 530 mise au net. — L'instruction donnée à l'abbé du Dorat, en minute de la main de Cherré, est placée à la suite fol. 532. On le charge de représenter « qu'une heure de conférence avec le roy et ses ministres advanceroient plus les affaires qu'une année d'allées et de venues. » On avait d'ailleurs assez peu de confiance dans le résultat de cette mission, car, dans deux lettres aux maréchaux de Vitry et de La Force, le roi leur mandait de laisser passer le sʳ de Chaudebonne, envoyé à S. M. par Monsieur, les avertissant que cela ne doit rien changer aux desseins qu'ils ont formés. (Même manuscrit de Lorraine, fol. 529. Minute de la main d'un commis de Bouthillier.)

Page 998, 4ᵉ analyse. — « Mon cousin, ayant eu advis pour la seconde fois que la république de Venise continuoit dans le dessein de faire le canal sur vos terres... Je vous fais cette seconde lettre pour vous dire que je ne juge nullement à propos que vous souffriés que cette nouveauté se fasse, dans un temps où les princes d'Italie n'eurent jamais plus de besoing d'estre unis ensemble... J'escris à la république de Venise de ne rien inover qui peust donner dégoust au pape, qui pourroit croire que cela se feroit à dessein, n'y ayant que très-peu de temps que les différends entre S. S. et la république sont terminés. » — Cette pièce est classée par erreur en 1633.

Page 998, 5ᵉ et 6ᵉ analyse. — Ce qu'on peut faire pour Toiras; lui donner le gouvernement d'Auvergne, avec la permission de voyager en Italie et en Allemagne. Quoiqu'on n'ait confiance ni en lui, ni en son neveu, on n'a pourtant jamais songé à les arrêter. — Le même jour 8 octobre, autre lettre adressée aussi à Servien et qui pouvait être montrée à Toiras. « La faute de ses frères ne le regarde point; il ne faut pas qu'il s'imagine que nous l'y croyons intéressé... J'ay avis, ajoute le cardinal, en faisant allusion à Toiras, qu'on veut me mettre mal avec Madame. » — Nous trouvons, à la date du 24 octobre, une lettre de Toiras au roi, où il demande la permission d'aller en Allemagne servir quelque temps le roi de Suède (pièce 126, Turin XX), projet qui n'eut pas de suite.

Page 998, 7ᵉ analyse. — Sur la demande du titre de roi par M. de Savoie; « il faut qu'il se donne patience que le temps vienne d'entreprendre quelque chose en Italie, et qu'on puisse augmenter ses Estats. » — On ne peut consentir à l'affaire de Genève comme on la propose... — Le même jour 9 octobre, une autre lettre du roi est écrite aux mêmes (pièce 115), sur la conduite du frère de S. M. (Original), et le 31, le roi les informait de l'exécution du duc de Montmorency. Original contre-signé Bouthillier, pièce 132. — Quant à ce qui concerne Genève, notons une pièce cotée 117 : Mémoire du 14 novembre : «a esté convenu que le roy et M. de Savoye feront l'entreprise de Genève et du pays de Vaud aux conditions portées par le traitté qui en sera faict.» — Et par une nouvelle lettre du 14, le roi ordonnait à Toiras et à Servien de s'entendre avec M. du Plessis-Praslin, envoyé ambassadeur en Italie (pièce 120).

Page 998, 8ᵉ analyse. — Réponse à ses lettres du 15 septembre. — «Si on parle du mariage[1] ou de Genève, je respondrai comme vous me le conseillez... Quand M. de Savoye voudra accomplir les justes conditions que nous désirons on y aura tousjours disposition... Nous savons maintenant que c'estoit Sommery (c'était un gentilhomme du duc d'Orléans) qui devoit parler pour Monsieur... Nous avons dit à M. de Druent... que si la desroute des affaires d'Espagne donne facilité à la conqueste de Milan le roy y entendra volontiers pour y gratifier ensuite M. de Savoye et du fondement et du tiltre qu'il désire aujourd'huy... Le roy dépeschera à Sabran pour l'accord de Genève et la ligue générale d'Italie. Pour les raisons que vous sçavés, ce doit estre un effet des diligences de M. Mazarin. — Il faut accorder M. de Savoye avec les Vénitiens. On escrit pour cet effect à M. Davau et on donne charge particulière à M. de La Thuillerie. — On fait avancer des troupes. — On estime la publication du traitté de l'eschange de Pignerol du tout nécessaire... Nous ignorons ceste qualité de duc de Montferrat qui est capable de produire de nouvelles brouilleries. — On escrit comme il faut à Venise pour Sabionnette. Le roy y est fort bien disposé pourveu que chascun face de son costé ce qu'il doit.»

Page 998, 9ᵉ analyse. — «Les fautes estant personnelles, celles de vos frères..... ne m'empeschent pas de continuer à vous donner des témoignages de la satisfaction que j'ay de vos services, en vous gratifiant comme je fais du gouvernement d'Auvergne.....» (Une seconde lettre est sur la même page.) — «Je vous adjouste ce mot à la lettre que je vous ay desjà escritte ce jourd'huy pour vous dire que vous faciés mettre dans Casal le régiment de Nerestang, ainsy qu'y est présentement celuy de Saint-Aulnays... dont je me veux servir par deçà...» (Fol. 132 du manuscrit de Mantoue.) — Ajoutez aux sources : L'original, contre-signé Bouthillier, est dans le XXᵉ volume de Turin.

Page 998, 10ᵉ analyse. — Il y faut remarquer le paragraphe où le cardinal dit comment il veut que l'on parle de lui-même, et aussi cette recommandation diplomatique faite à l'ambassadeur : «Il eschauffera souvent le comte d'Olivarès pour apercevoir la vérité dans ses colères.» — Le titre que nous donnons à cette pièce est une annotation écrite au dos par Cherré. — Le 20 novembre, Bautru rendait compte de sa mission et une dépêche à Bouthillier disait : «Vous verrez dans la lettre que j'escris à Monseigneur une partie du résultat de mon voyage (fol. 377).» Mais nous n'avons pas trouvé dans ce manuscrit la dépêche adressée au cardinal.

Page 999, 2ᵉ analyse. — [2]«On vous envoie les provisions du gouvernement d'Auvergne... Ce gouvernement est de telle importance, valant bien cent mil escus, [qu'il n'y a pas d'apparence que

---

[1] C'est le mariage de Monsieur et de la princesse Marguerite. Nous trouvons à ce sujet, dans le t. XXII de Turin, pièce 183, une minute de lettre adressée à M. du Plessis-Praslin, ambassadeur en Savoie. Nous y lisons : «Le roy ne peut en aucune façon approuver le mariage de Monsieur et de la princesse Marguerite. S. M. espère que le duc de Savoie entrera dans ses sentimens.» Cette minute, de la main d'un commis des Affaires étrangères, ne laisse pas voir nettement si la lettre est écrite par le cardinal ou le secrétaire d'État; elle est datée du 29 décembre, classée en 1633.

[2] Il n'y a point de date; la mention qui est faite de Castelane, dont la mission avait été accomplie dans le courant de décembre, semble indiquer pour cette pièce la fin du mois; cependant l'envoi des provisions du gouvernement d'Auvergne que le roi avait donné à Toiras le 23 octobre paraît un peu tardif, mais les difficultés sans cesse renaissantes entre le maréchal et Richelieu jettent quelque confusion dans cette correspondance, dont plusieurs pièces manquent de date.

ledit mareschal (Toiras) s'amuse à demander 60 pour Ré et 11 pour Casal... Il est vray que j'ay dit à Castelane que la fidélité de M. de Toiras pourroit obtenir du roy la récompense de l'évesché de M. de Nismes; quand le roy sera satisfait j'en procureray l'exécution. Quant à Restainclair, M. de Toiras ne peut prétendre le récompenser des charges qu'il a perdues par crime... Le roy ne peut permettre que ledit s^r mareschal de Toiras estant gouverneur d'une des principales provinces du royaume aille servir aucun prince estranger... Puisqu'il ne veut pas présentement venir à la cour, il doit aller visiter les cours de divers princes comme Rome, Naples, Venise et après en Allemagne, s'il veut, sans s'engager au service de quelqu'un. — Quant à la permission qu'il demande de venir en son gouvernement sans aller à la cour, il juge bien que cela ne seroit décent ny pour luy, ny pour le roy, ny conforme à l'authorité que S. M. a maintenant dans son royaume... Il est d'ailleurs assez intelligent pour concevoir qu'il n'y a pas de gouverneur de province en France qui ayt seureté dans son gouvernement contre le roy... » — La pièce qui suit, cotée 344, aussi non datée, est intitulée : « Advis de M. le cardinal, etc. » Nous l'avons donnée ci-dessus, p. 690. — Déjà vers la fin de novembre, le 23, Toiras avait envoyé M. de Leuville pour expliquer ses démêlés avec Servien. Leuville avait été également chargé d'exposer ses réclamations (pièce cotée 345, écrite par Cherré). On lit au dos cette annotation qui nous semble de la main de Richelieu : « Demandes de M. de Toiras apportées par M. de Leuville. »

Page 999, 4° analyse. — « Il vous est aisé de faire voir à M. de Toiras comme on luy donne de très-mauvais avis... qu'il n'y a que luy au monde qui puisse se porter préjudice. » — Pour M. Servien seul. — « L'extravagance des discours que M. de Toiras fait, selon ce que vous me le mandez, est si grande particulièrement en ce qu'il vous a dit des· desseins qu'il a d'estre souverain... il faut le forcer d'obéir... Vostre conduite est si bonne qu'il vous sera aisé de le mettre aux champs sans rien gaster, ny qu'il s'en aperçoive. » ... Archives des Affaires étrangères, Turin, t. XXI, pièce 337, minute de la main de Cherré. Au dos Charpentier a mis : « De la fin de 1632. » Annotation qui supplée à la date absente. — A la suite de cette lettre notre manuscrit en donne trois autres sans date ni suscription, mais qui sont de la même époque et probablement adressées aussi à Servien, 338. Le P. Monot, l'abbé Scaglia, Mazarin, le duc et la duchesse de Savoie. La passion de Christine pour Philippe d'Aglié. Minute de la main de Charpentier. — 340. Il y a huit ou dix jours qu'il arrive nouvelles du s^r de Saint-Aunès... Minute de la main de Cherré. — 343. Sur les sujets de mécontentement donnés par Toiras. Copie.

Page 999, 5° analyse. — Il s'agit de propositions faites par le prince d'Orange, que le roi est disposé à accepter, mais des difficultés se présentent pour l'exécution. [Il n'est pas raisonnable que cette affaire commence par l'entrée des armées du roy dedans les Estats du roy d'Espagne... autrement ce que l'on demande au roy est une déclaration de guerre contre l'Espagne, et non pas une assistance pour la révolte... Il faut d'ailleurs [arrester le partage de chacun comme il sera convenu.] ... Faire entrer le roy de la Grande Bretagne dans ce dessein, non pas qu'on ait rien à attendre de lui, quelque chose qu'il promette, mais pour l'empescher de se joindre à l'Espagne. — La suscription manque ainsi que la date. Une annotation écrite au dos se trouve coupée, elle donnait sans doute l'une et l'autre. Cette lettre de quatre pages est curieuse. Elle est classée à la fin de 1632; à cette époque elle pouvait être adressée à M. Berruyer, ou à Charnacé, si elle est de 1633. Voyez notre IV° volume, p. 421.

Page 999, 6° analyse. — Mémoire pour escrire à M^rs les ambassadeurs. — Sur la neutralité proposée aux cantons suisses par le roy de Suède. — Response en termes fort affectionnés aux neuf cantons catholiques... — Archives des Affaires étrangères, Suisse, t. XXVII, fol. 286.

Page 1005, 11° analyse. — A la date, 16 mai, lisez 26 mai.

Page 1013, 5° analyse. — M. de Saint-Chamond annonçait à Chavigni son départ pour l'Allemagne le 30 août[1]; une instruction sans date, et qui dut être dressée quelques jours auparavant, se trouve en copie, fol. 392 du même manuscrit; une autre instruction lui fut donnée le 6 octobre; nous l'avons notée page 1013 de notre VIIe volume. Nous remarquons dans une lettre qu'il écrit d'Hadersleben à M. d'Avaugour, quelques détails intéressants sur sa mission. «A mon arrivée en Allemagne, j'ay trouvé que généralement tous les princes avoient accepté la paix de Prague[2]: mais les affaires y ont bien changé de face par mes soins, et les remonstrances que je leur ay faites du péril où ils mettoient leurs fortunes, leurs personnes et leurs estats, tellement que je suis asseuré d'en ramener plusieurs dans le party, mais je suis en grand doute du chancelier Oxenstiern, qui m'a tesmoigné jusques icy tant d'irrésolution et si peu d'affection envers le bien commun; outre qu'il s'est engagé si avant à des traittés avec le duc de Saxe, que je ne sçay qu'en espérer. Je luy ay néantmoins envoyé offrir la paix ou la guerre, avec des conditions si avantageuses pour la couronne de Suède et pour luy, qu'il ne les peut refuser sans se charger d'un insigne manquement de foy[3].»

Page 1013, 6e analyse. — Le baron d'Avaugour avait été envoyé dans le Nord pour aider à la difficile négociation de la trève entre la Suède et la Pologne. A peine cette affaire terminée, il est de nouveau dépêché en Suède. «M. d'Avaugour est prest à s'embarquer pour Stocholm (mande M. d'Avaux à Chavigni, de Dantzig, le 20 octobre); il a ses instructions conformes à celles que j'ay receues de la cour.» Le Roi, dit cette pièce diplomatique, a envoyé, ces mois passés, vers la jeune reine et les régents de Suède, un ambassadeur extraordinaire pour accommoder les intérêts de la Suède avec la Pologne; maintenant Sa Majesté lui commande de se rendre à Stockholm pour les informer des bonnes intentions du roi touchant les affaires d'Allemagne... Ces longues instructions, signées : le comte de Mesmes, et datées du 6 novembre, sont conservées en original dans le IIIe volume de Suède, fol. 444[4]. Ce fut le 21 décembre seulement que M. d'Avaugour présenta par écrit au Sénat de Suède les propositions qu'il était chargé de faire, et dont l'objet principal était de demander «la ratification du traité fait à Paris, du 1er novembre de l'an passé, avec les ambassadeurs envoyés par Oxenstiern, et du traité conclu à Compiègne le 28 avril de la présente année avec Oxenstiern lui-même.» Notre manuscrit donne ici diverses pièces où l'on voit les difficultés suscitées par les irrésolutions et les défiances du chancelier de Suède, ainsi que par le mauvais vouloir de Grotius.

Page 1035, dernière analyse, à la ligne 24 mettez 26 et ajoutez: Chaulnes.

Page 1036, 7e analyse, ligne 2. — 1036, lisez : 1035.

Page 1039, note 2. — Nièce, lisez : cousine.

Page 1048, 9e analyse, aux sources. — Ajoutez : Cette même lettre a reparu dans la Revue des autographes de M. Gabriel Charavay (août 1873); elle y est cotée au prix quelque peu fantastique de 550 francs.

Page 1048, 9e analyse. — Ajoutez : C'est sans doute cette lettre du 3 juin qui a passé dans la collection de MM. Benjamin Fillon et Dugast Matifeux, déjà citée. Mon VIIe volume, p. 1048.

Page 1049, note 1. — Séance du 19 novembre 1855. — Extrait de la Revue des Sociétés sa-

---

[1] Suède, t. III, fol. 390.

[2] C'était une convention particulière conclue entre l'empereur et l'électeur de Saxe, qui prétendait régler en Allemagne les affaires des catholiques et des protestants. Les Suédois s'en alarmèrent, non pas tant pour les clauses mêmes du traité qu'à cause des mesures d'exécution qu'on craignait de la part de l'empereur.

[3] Lettre chiffrée du 29 décembre 1635. Suède, t. III, fol. 488.

[4] Une minute, à laquelle on a mis après coup la fausse date de 1636, se trouve dans le IVe volume de Suède, fol. 9. Les derniers feuillets manquent. Ce fragment se rapporte seulement aux sept premières pages et 5 lignes de l'original.

vantes. — «M. de Girardot, membre non résidant, envoie les copies de quatre lettres écrites par Louis XIII aux habitans de Nantes, dont les originaux sont conservés dans les archives de cette ville. — Par la première, datée du 16 juin 1641, le roi annonce la prise d'armes du comte de Soissons; — Dans la seconde, du 14 juillet suivant, il donne avis aux Nantais de la défaite de son armée et de la mort du comte de Soissons; — La troisième, du 26 septembre 1642, a pour objet la prise de Perpignan, — Enfin la dernière, du 5 décembre de la même année, annonce la mort du cardinal de Richelieu. — M. Monmerqué est prié de rendre compte de ces lettres.»

Page 1051, après la dernière analyse. — *Mettez en note :* Le cardinal partit de Paris, pour la campagne de Perpignan, le 30 janvier 1641; on sait que dans ce voyage il se servit d'une litière disposée en cabinet de travail. Notons cette circonstance, que le drap nécessaire fut fourni par un parent de Molière (notre futur grand poète n'avait alors que dix-neuf ans) : «1641, fourni par Guy Pocquelin, drapier, pour faire une litière à Monseigneur, dix aulnes et demye demy quart de drap de Monsieur escarlatte d'Hollande très fin à 33 livres — 350 livres 12 sols 6 deniers (*Revue historique, nobiliaire,* etc. 1872, p. 555). D'après un manuscrit de la Mazarine, cité par M. Taschereau (*Vie de Molière*), ce marchand avait une notoriété dans le commerce de Paris; il était juge consulaire. Quant au véhicule, unique dans son genre, qu'avait fait construire Richelieu, il faut se souvenir qu'il s'était déjà plaint des souffrances que ses infirmités lui causaient en litière, et il parlait de se faire porter en brancard. (Notre t. VII, p. 732.)

Page 1051, 6e analyse. — M. Dugast Matifeux conserve, dans sa collection, une lettre de Richelieu, signée, où il prie le baron de Pontchasteau de solder la somme de deux cent mille livres, dont il est dépositaire. Cette lettre datée de Ruel, le 11 janvier 1642, doit être celle que nous avons notée à cette même date.

ADDITIONS.

INSTRUCTION AU DUC DE CRÉQUY.

Paris[1], 13 janvier 1633.

« Les grandes affaires qui ont continué à agiter l'Europe depuis dix années ont empesché le roi de rendre à Sa Sainteté l'obédience filiale due par les princes chrestiens à Sa Béatitude, sans cela Sa Majesté n'eust pas si longtemps manqué à cette déférence ancienne et louable. »

Le duc de Créqui, envoyé vers le pape, passa à Gênes et en Toscane, son instruction comprenant diverses autres affaires que celles de Rome.

Nous nous bornons à indiquer cette longue lettre, dont le style n'est pas celui du cardinal.

Copies. — Arch. des Aff. étr. Rome, t. XLVII, fol. 34. Une autre copie, fol. 38. — Bibl. nat. Saint-Germain français, 945, fol. 201.

À M. BOUTHILLIER.

De Ruel, 5 février 1633.

M. de la Barde demande une abbaye ... Si c'est la même que celle dont le roy a disposé il y a trois jours pour le frère du chevalier des Roches, M. de la Barde ne voudra pas s'opposer au don que le roy a faict, principalement, puisque les philosophes et Saint-Augustin enseignent qu'il n'y a rien de si difficile que de faire que ce qui est desjà faict ne le soit pas. J'ayme mieux faire mon caresme-prenant icy que dans les compagnies de Paris.

Orig. — Arch. de la famille Bouthillier.

INSTRUCTION POUR LE SIEUR DE MIRÉ.

11 février 1633.

« Il ira trouver de la part de Sa Majesté le mareschal Gustave Horn, pour luy tesmoigner que Sa Majesté envoyant le sieur de Feuquières, son ambassadeur extraordinaire en Allemagne, pour conférer avec M. le chancelier Oxenstiern des moyens les plus propres pour maintenir les choses communes... [2] »

Arch. des Aff. étr. Suède, t. III, fol. 153. — Copie mal classée au mois de mai.

---

[1] C'est la date de la copie du fonds de Saint-Germain ; la copie des Affaires étrangères est datée du 14 février ; mais cette date est d'une autre écriture que celle de la pièce.

[2] Nous nous bornons à noter cette pièce insérée tout entière dans les *Mém. de Richelieu*, p. 291 et suiv. du tome VII. Gustave Horn était particulièrement recherché de Richelieu, non-seulement comme

À M. DE BAVIÈRE.

12 février 1633.

Les intérests de cette couronne sont estroitement conjoincts aux vostres... Sa Majesté ne perdra aucune occasion de procurer vos véritables avantages, aussi y apporterés-vous toute la correspondance qui despendra de vostre pouvoir. Le sieur de Charbonnière a charge de vous faire entendre les intentions du roi.

> Minute de la main du P. Joseph, avec quelques mots de celle de Charpentier. — Bibl. nat. Supp. français, 2036 ⁴⁴ ᵃ⁻ᵇ, fol. 54.

À LÉON BOUTHILLIER.

[Fin de février ou commencement de mars 1633 [1].]

M. Bouthillier le jeune aura soin particulier d'escrire à M. de Charnacé ce qui s'est passé au faict de M. le garde des sceaux, afin que M. le prince d'Orange et MM. des Estats cognoissent que ledit garde des sceaux favorisoit les desseins des Espagnols, et n'a rien oublié pour faire que la conspiration des principaux seigneurs en Flandre n'eust sou effect... Le sieur d'Hauterive s'est enfui; s'il alloit en Hollande, demander qu'il n'y soit pas reçu...[2]; dire au prince d'Orange que le roy s'est voulu deslivrer de tous les empeschemens qui l'occupoient au dedans pour pouvoir agir plus puissamment au dehors.

> Mise au net, de la main de Cherré. — Arch. des Aff. étr. Hollande, t. XIV. Non cotée. Classée vers la fin de l'année, après le 23 décembre et avant le 26.

MÉMOIRE AU SIEUR DE CHARNACÉ [3].

Écouan, 7 mars 1633.

«Le sieur de Charnacé taschera de réduire promptement sa négociation à faire un traitté, au nom du roy, avec M. le prince d'Orange et MM. des Estats, suivant les articles qui suivent.»

l'un des plus habiles généraux de l'école de Gustave-Adolphe, mais surtout parce que l'on connaissait son dévouement aux intérêts de la France. M. de Miré avait ordre de rester près de lui, et nous trouvons, fol. 123, une lettre chiffrée que le Roi adressait à cet agent diplomatique le 12 mai, sur la mission de Feuquières.

Nous trouvons, dans ce 3ᵉ volume de Suède, fol. 171, un mémoire en copie, adressé, le 26 juin, à M. de La Grange aux Ormes. Il portait au chancelier Oxenstiern la réponse à une ouverture de celui-ci concernant le duc de Lorraine. Il s'agissait d'une attaque commune contre lui. Le Roi faisait répondre qu'il était à ruiner entièrement et pour toujours la puissance de ce vassal qui ne cessait d'inquiéter la France par ses continuelles révoltes, et «contre lequel Sa Majesté est aussi offensée qu'Oxenstiern,» dit l'instruction. On peut voir, dans notre 4ᵉ vol., au commencement de 1633, avec quelle ardeur on s'occupait des affaires d'Allemagne. Notons encore, dans ce volume de Suède, une ou deux pièces qui s'y rapportent. La grande influence de Gustave-Adolphe faisait jouer à ce pays un des premiers rôles sur la scène politique du temps.

[1] Le Roi reprit les sceaux à Châteauneuf le 25 février. Ce dut être presque aussitôt que Richelieu donna au jeune Bouthillier cet ordre que, faute de date, le manuscrit classe à la fin de 1633.

[2] Il y alla en effet. Voy. ci-après, à la date du 7 juillet.

[3] Voy. dans notre 4ᵉ vol., p. 421, l'instruction donnée, le 13 janvier 1633, au baron de Charnacé; il y faut toujours recourir pour l'éclaircissement de la correspondance avec le plénipotentiaire dans les interminables vicissitudes de cette négociation.

Après les conditions le mémoire ajoute :

« Charnacé ne s'amusera plus à vouloir faire un traitté qui joigne la France, les Hollandois et les Allemands ensemble, pour ce que cela tireroit à trop grande longueur. Quand celuy de la France et des Hollandois sera faict on traittera l'autre à loisir [1]. »

Mise au net. — Arch. des Aff. étr. Hollande, t. XIV, pièce 51. — L'original se trouve
dans le volume 15 de Hollande.

À M. DE CHARNACÉ.

29 mars 1633.

On répond à ses lettres au sujet de sa négociation... « Sa Majesté consent que, dès cette heure, vous faciez un traitté avec les Hollandois, quy oblige le roy à intervenir au traitté qui est sur le tapis entre eux et les Espagnols et les Impériaux pour la trefve ou la paix [2], de sorte que les différends desdits Hollandois et ceux du roy avec lesdits Impériaux et Espagnols soient traittez et terminez conjointement par ledit traitté... »

Mise au net de la main de Cherré. — Arch. des Aff. étr. Hollande, t. XIV.

MÉMOIRE POUR ESCRIRE À M. DE FONTENAY,

EN ANGLETERRE.

Mars? 1633.

Le chevalier de Jars a essayé de corrompre un soldat de la Bastille, pour faire écrire à ses amis, en Angleterre [3], qu'ils brûlassent ses papiers, et qu'il y avoit de quoy faire son procès. Que M. de Fontenay face confidence de cela au grand trésorier, et le porte à prendre les papiers de Montaigu, lui faisant voir qu'il est impossible qu'il n'y ayt beaucoup de choses contre lui.

Minute de la main de Léon Bouthillier? — Arch. des Aff. étr. Angleterre, t. XLV,
fol. 205.

LE ROI À MAZARIN.

Mars 1633.

Le maréchal de Créquy allant à Rome pour rendre à Sa Saincteté l'obédience, le roi témoigne

---

[1] Le courrier portait, en même temps que ce mémoire, une lettre de Léon Bouthillier, et une dépêche du roi qui ordonnait à Charnacé de se hâter, et indiquait les conditions qu'il devait proposer successivement, selon l'exigence des Hollandais. « En un mot, concluez un traitté, sans tant différer, avec lesdits sieurs des Estats pour la guerre, parce que je ne veux en aucune façon que la trefve se fasse. » — Minute de la main de Léon Bouthillier, du 11 mars. Une nouvelle lettre du roi, du 18 mars [*], et un nouveau mémoire du 1er avril, insistent sur l'ordre de se hâter, d'autant que des dépesches interceptées montrent que les Espagnols désirent vivement la trêve. Les originaux de ces diverses pièces sont aussi conservés dans le tome XV de Hollande. Il faut aussi noter, parmi beaucoup d'autres pièces, une lettre de Charnacé à Léon Bouthillier, du 14 mars, et un mémoire de MM. des Estats, du 17, transmis par cet ambassadeur.

[2] Le cardinal a jugé convenable de modifier sa politique à l'égard de la trêve. (Voy. ci-dessus, 9 mars.)

[3] Ces amis, c'étaient Montaigu et autres. Le chevalier de Jars avoit été mis récemment à la Bastille. Il fut condamné à mort quelques mois après; mais il reçut sa grâce sur l'échafaud.

[*] Nous lisons, dans une dépêche de Richelieu accompagnant celle du roi, et datée du même jour : « La lettre de Sa Majesté a esté dressée ce matin, en conseil, chez M. le cardinal.... qui espère que vous concluerés promptement un bon traicté. »

à Mazarin qu'il se souvient de l'affection dont il a fait profession envers la France et des services qu'il a rendus au public dans ces dernières années. Le roi désire lui donner des preuves de sa bonne volonté.

Minute. — Arch. des Aff. étr. Rome, t. XLVII, fol. 60.

LETTRE PATENTE

QUI REMET AUX TROIS SŒURS DU FEU DUC DE MONTMORENCY, LA PRINCESSE DE CONDÉ, LES DUCHESSES D'ANGOULÊME ET DE VENTADOUR, UNE PARTIE DES BIENS CONFISQUÉS EN VERTU DE LA CONDAMNATION DU 31 OCTOBRE.

Mars 1633.

Cette pièce, rédigée en style de chancellerie, et dont Richelieu ne parle même pas dans ses *Mémoires*, contient pourtant une ou deux phrases écrites sans doute sous son inspiration. Nous les notons simplement ici.

Arch. des Aff. étr. France, t. LXVI, fol. 342.

À M. DE CHARNACÉ.

1er avril 1633.

«...Le roy a su, tant par ses ambassadeurs que par des dépesches interceptées, que les Espagnols ne désirent pas ardemment la trefve; ils entretiennent la négociation pour faire perdre le temps aux Hollandois...» On a su que M. de Hauterive a eu des intelligences avec Châteauneuf. «On continue à luy dire que le dessein du roy est de faire continuer la guerre, s'il se peut, par moyens raisonnables et supportables [1].» Après quelques considérations sur la négociation, on autorise M. de Charnacé à promettre aux Hollandais une augmentation de subside, s'il est nécessaire, pour les mieux engager.

Minute de la main de Léon Bouthillier. — Arch. des Aff. étr. Hollande, t. XIV. — Une copie de cette pièce est plus loin.

MÉMOIRE POUR M. DE FONTENAY.

16 avril 1633.

Les Anglois pressent de sçavoir la volonté du roy sur le traitté dont il a esté parlé. Les deux roys feront une ligue offensive et deffensive. Se promettre de se joindre ouvertement avec le roy de la Grande-Bretagne contre les Espagnols si ceux-cy refusent de rendre les places qu'ils occupent dans le Palatinat. Quant à celles qui tiennent les Suédois et le duc de Bavière, le roy promet de s'employer pour que le roy de la Grande-Bretagne ait satisfaction. Avant qu'on ne puisse l'obtenir, les deux roys conviendront de faire ce qui sera jugé plus à propos, selon l'estat des affaires.

Minute de la main de Léon Bouthillier. — Arch. des Aff. étr. Angleterre, t. XLV, fol. 233 [1].

[1] Ce mémoire est suivi, dans le manuscrit, de deux pièces qui semblent être des additions à celles-ci : «Pour M. de Fontenay, 16 avril, fol. 234.» — Réflexions sur ce traité. — Certaines résolutions deppendent de diverses assemblées que font les princes d'Allemagne. — B... est venu en diligence pour l'affaire des lettres; il leur fera voir le désir que l'on a de les contenter. (Pièces où les noms en jargon ne sont pas déchiffrés.) — Sans date, fol. 235 : «Si, pour oster l'opinion qu'on ne veuille donner que des paroles sans effect, il faut absolument bailler quelques points par escrit, M. de Fontenay les fera sans signer.... et tirera l'affaire en longueur jusqu'au voyage du roy pour l'Écosse.»

LE ROI À TOIRAS.

20 avril 1633.

M'estant résolu de faire des chevaliers de mon ordre à cette Pentecoste, je vous feray nommer au chapitre qui sera tenu à cet effect... Si vous voulez venir recevoir cet honneur que je departs à ceux que j'estimeray dignes de cette marque de bienveillance, j'en seray bien ayse. Je laisse cependant à vostre liberté d'en user autrement, si vous l'estimés plus à propos...[1]

Arch. des Aff. étr. Mantoue, t. IV, 207. — Mise au net, de la main de Cherré.

LE ROI À M. DE CHARNACÉ[2].

Chantilly, 22 avril 1633.

On pense que M. le prince d'Orange fait des propositions captieuses... « Vous pouvez luy dire que vous n'avez plus que faire auprès de luy et qu'il est temps que vous commenciés à méditer votre retraitte, et cependant vous ne partirés pas sans ordre... En un mot, le roy ayme mieux la rupture avec l'Espagne que la trefve; mais il ayme beaucoup mieux la trefve aux conditions que vous avés mandées que la guerre comme le prince d'Orange la propose... Si cependant on vouloit entrer par la trefve en décision et discution des différends que la France peut avoir avec l'Espagne, vous rendriez un grand service, et un tel traitté seroit plus avantageux au roy que d'entrer en rupture avec l'Espagne[3]. »

Mise au net, de la main de Cherré; en double. — Arch. des Aff. étr. Hollande, t. XIV.

MÉMOIRE BAILLÉ AU SIEUR BOUTARD.

ALLANT EN ANGLETERRE.

D'Escouen, 25 avril 1633.

Il s'agit des lettres interceptées du chevalier de Jars. Il y en a une de La Vautelet effroyablement sale. L'original de celle où La Vautelet parle de son bastard a esté déchiré par luy. On en envoie une du garde des sceaux touchant le stratagème médité contre le grand trésorier. Il seroit nécessaire que Boutard reportast l'original de celle où le chevalier de Jars parloit contre le cardinal

[1] La correspondance secrète de Servien nous a révélé combien l'on avait à cœur de faire venir Toiras en France. Déjà on lui avait donné le gouvernement d'Auvergne, qu'il n'était pas venu occuper. On lui offre aujourd'hui le cordon bleu; mais, d'après les statuts de l'ordre, il fallait venir en personne le recevoir des mains du roi, et Toiras n'en fut jamais décoré. A une nouvelle invitation de revenir en France*, Toiras répondait par une demande d'autorisation de prendre du service en Italie **.

[2] Voyez notre 4ᵉ volume, p. 460.

[3] Le même manuscrit donne, à la date du 29 avril,
une seconde lettre du roi, espèce de continuation de celle du 22. On y lit cette phrase : «M. de Charnacé peut dire ouvertement aux Estats : «Messieurs, j'ay «ordre du roy de vous dire qu'il est tout prest de se «déclarer, pourvu qu'on convienne premièrement «d'un raisonnable partage et de conditions justes.» Mise au net de la main de Cherré, datée de Livry. Notons encore un mémoire daté de Fontainebleau, le 6 mai, envoyé encore à Charnacé en réponse à sa lettre du 25 avril, où on lui rappelle les dernières dépêches, «si amples qu'on ne voit pas qu'y pouvoir adjouster.» Mise au net. Même manuscrit.

* Lettre du 2 juillet, aux Analyses ci-après.
** Notre 4ᵉ vol. p. 333; mais cette pièce, mal classée en 1632, est de 1633, ainsi qu'une lettre du roi, écrite en même temps que celle du cardinal. Ci-après aux Analyses, 27 juillet 1633.

32.

sous le nom de Ulpone. Faire cognoistre au grand trésorier que de Jars confesse que luy et le garde des sceaux ont fait tout ce qu'ils ont peu pour que la reyne mère et Monsieur allassent en Angleterre pour ruiner le grand trésorier. Le chevalier avoue avoir escrit tout ce que dessus à Montaigu; mais ce seroit un grand point si M. de Fontenay pouvoit tirer quelque preuve de cette affaire en Angleterre et nous l'envoyer, d'autant qu'on commencera bientost le procès du chevalier de Jars.

Minute de la main de Cherré. — Arch. des Aff. étr. Angleterre, t. XLV, fol. 236.

ADVIS SUR LA TREFVE DES PAYS-BAS.

Mai 1633.

Il est utile, pour la France, qu'une trêve ne se fasse pas entre la Hollande et l'Espagne; le persuader aux Estats [1].

Arch. des Aff. étr. Pays-Bas, t. IX, pièce 243. — Minute de la main de Charpentier.
Inséré aux Mém. de Richelieu, t. VI, p. 636 du ms. des Aff. étr. Édit. Petitot,
VII, 358.

ADVIS

SUR LA RUPTURE PROPOSÉE PAR LES HOLLANDAIS ENTRE LA FRANCE ET L'ESPAGNE [2].

May [3] 1633.

«Messieurs des Estats envoient offrir au roy, par le sieur de Vansberg, s'il veut rompre avec les Espagnols, qu'ils employeront toutes leurs forces avec luy en la conqueste de Flandres, et ne demandoient aucune part dans ladite conqueste.» Le cardinal, après avoir exposé les raisons diverses, conclut que «le meilleur estoit que le roy n'entrast point en rupture; mais qu'il ne falloit pas aussi qu'il perdist l'occasion de faire continuer la guerre contre les Espagnols [4].»

Mise au net, de la main de Charpentier. — Arch. des Aff. étr. Hollande, t. XIV.

LE ROI À M. DE CHARNACÉ.

Fontainebleau, 13 mai 1633.

Réponse à sa lettre du 2 mai : . . . «Concluez le traitté le plus promptement et le plus avantageusement que vous pourrez, et ne craignez point de m'engager à donner deux millions, lesquels sont desjà tout prets pour cette année... Je vous escris une autre lettre [5] que vous pourrés monstrer au prince d'Orange, pour lui donner advis du traitté que j'ai conclu avec le chancelier Oxenstiern et les protestans d'Allemagne, sur quoy vous n'oublierés pas à luy faire valoir ce que je fais pour la cause commune.» Le roi renouvelle les recommandations de ses précédentes dépêches. (Richelieu ne craint jamais de trop expliquer ce qu'il veut qu'on fasse.)

Mise au net, de la main de Cherré. — Arch. des Aff. étr. Hollande, t. XIV.

---

[1] C'est sans doute au sujet de ces négociations que le roi envoya à Bruxelles et à Liége Charles de Saint-Paul, général des Feuillants, porteur de dépêches dont l'objet n'est pas expliqué. Pièce 249 du manuscrit cité aux sources.

[2] Ce titre est de la main de Cherré.

[3] Lettre classée à la fin du mois, mais qui doit avoir été écrite plus tôt.

[4] Nous ne faisons qu'indiquer cette pièce qui a trouvé place dans les *Mémoires de Richelieu*, p. 629, 635 du 6ᵉ vol. du manuscrit des Affaires étrangères (édit. Petitot, VII, p. 354, 358).

[5] Elle se trouve à la pièce suivante, avec la même date du 13 mai, en minute, de la main attribuée au Père Joseph.

À M. DE CHARNACÉ.

Fontainebleau, 21 mai 1633.

Réponse à sa lettre du 9... Le roy aime beaucoup mieux donner dix millions de livres pour continuer la guerre trois ans, aux conditions portées par vostre dernier mémoire, que non pas laisser faire la trefve... Si vous ne pouvés empescher la trefve, n'oubliés rien pour y faire intervenir le roy... A toute extrémité, vous y ferés mettre au moins la condition que le roy entrera en rupture avec les Espagnols s'ils rompent la trefve; et s'ils attaquent le roy, les Hollandois la rompront avec eux... mais, s'il est possible, faictes le traitté le plus promptement que vous pourrés.

Mise au net, de la main de Cherré. — Arch. des Aff. étr. Hollande, t. XIV. — Minute au folio précédent.

À M. DE CHARNACÉ.

Fleury, 28 mai 1633.

Rien de nouveau à répondre à sa lettre du 16 de ce mois... « Si les Espagnols usent de cet artifice de faire cognoistre à MM. des Estats que le roy traite avec l'Espagne pour l'empescher de s'ajuster avec nous, vous leur dirés que l'ambassade d'Espagne nous a extresmement pressez d'entrer en traitté, et que nous n'avons pu faire autrement pour monstrer à la chrestienté que nous n'estions pas cause de la guerre; mais qu'outre que nous avons déclaré que nous ne ferions rien sans nos alliés, le traitté que vous estes prest de signer avec la Hollande rompt toute négociation. »

Orig. — Arch. des Aff. étr. Hollande, t. XV [1].

INSTRUCTION POUR M. DE GURON.

Commencement de juin 1633.

Guron était chargé de représenter amicalement au duc de Lorraine, de la part du roi, que sa conduite n'était pas conforme aux promesses des traités faits avec Sa Majesté, et de lui conseiller de cesser ses levées de gens de guerre pour ne pas accroître les ombrages. Guron devait en même temps tâcher de pénétrer les véritables dispositions du duc de Lorraine, les secrètes relations entre lui et Monsieur. Il lui était en outre recommandé de bien examiner l'état où se trouvait la place de Nancy.

Minute de la main de Cherré. — Arch. des Aff. étr. Lorraine, t. XI, fol. 264. — Mém. de Richelieu, t. VII, p. 378 [2].

---

[1] Dans le vol. XIV de Hollande, une mise au net, devenue minute, a été mise à la date du 18, date évidemment fausse, puisque c'est la réponse à une lettre du 16, venant de Hollande. La pièce suivante est un billet daté de Fleury, écrit de la main attribuée au Père Joseph, lequel dit à Charnacé : « Par le commandement de Giulio (le cardinal) je vous envoie ce mémoire auquel vous ne laisserés d'adjouster foy, encore qu'il ne soit signé de Louis, qui est absent. » (Le Père Joseph était alors à Fleury avec le cardinal.)

[2] Cette pièce se trouve répétée dans le t. XIII de Lorraine, fol. 96, de l'écriture qu'on donne pour celle du Père Joseph; elle y est précédée d'une page écrite de la même main sur les infractions de M. de Lorraine aux obligations qu'il a contractées. (Mémoires de Richelieu, VII, 372.) On donne à l'instruction de Guron la date inexacte du 10 juin; elle a dû être écrite un peu auparavant, les Mémoires de Richelieu mettant le départ de Guron au 8 ou 6 juin (l. c.). — Au moment de commencer son expédition de Lorraine, le roi fit un acte d'indulgence politique qui

4

POUR M. BOUTHILLIER [LÉON],

SECRÉTAIRE D'ESTAT.

De Pontoise, 17 juin 1633.

Le sieur Sanson veut être tout à fait maître dans le Bastion; « nonobstant cela je ne croy pas qu'on y puisse envoyer un meilleur homme. »

Au sujet des dévastations que font les Suédois, j'écris au sieur de Guron « qui, quelquefois, en pareilles occasions, a eu l'esprit chaud... qu'il n'est pas de son pouvoir de s'ingérer en telle entreprise, seulement doit-il opposer aux plaintes du duc celles d'un grand roy, et dire qu'il advertira de tout. »

Orig. — Arch. des Aff. étr. France, 1633, t. LXV, fol. 326.

[À M. DE CHARNACÉ.]

Forges, 23 juin 1633.

Le roy a esté bien ayse de la rupture de la trefve... maintenant, c'est à vous de conclure un bon traitté. Vous avez eu des instructions tant de fois, et si précises, que vous ne seriés pas excusable d'en attendre de nouvelles. Ces remises empeschent le roy de prendre ses résolutions pour l'Allemagne, et l'été se passe en vaines négociations.

Orig. — Arch. des Aff. étr. Hollande, t. XV. — Une mise au net, de la main de Charré, se trouve dans ce volume. Une autre est dans le tome XIV, celle-ci datée du 24.

À M. DE SAINT-CHAMOND.

Forges, 27 juin 1633.

Faut escrire qu'on apprenne la capitulation qu'il a faite avec l'électeur de Trèves, lors en ce qu'il laisse entre les mains des Espagnols le fort de Hamerstein... que la garnison d'Hamerstein soit payée des deniers du roy... Se bien garder de mener l'armée à Strasbourg... entreprendre cette affaire par voie de négociation, pour ne pas risquer de rompre avec nos alliez.

Minute de la main de Charpentier. — Arch. des Aff. étr. Suède, t. III, fol 173 v°.

À OXENSTIERN.

Forges, 27 juin 1633.

Lettre pressante de la part du roy, touchant l'exécution de la capitulation du traitté faict avec M. de Trèves sur le sujet de Philisbourg[1].

Minute de la main de Léon Bouthillier. — Arch. des Aff. étr. Suède, t. III, fol. 173 v°.

dut disposer favorablement la province de Champagne, où il allait se mettre à la tête de son armée.

Le vol. XIII de Lorraine conserve, à la date du 19 juillet, une copie de l'*abolition pour tous ceux* que M. de Laffemas avait *condamnés*, fol. 225. Malgré ce titre, huit gentilshommes sont nommément exclus de cette grâce. Le cardinal n'a pas dû rester étranger

à la rédaction de ces lettres d'abolition. Elles sont contre-signées Bouthillier.

[1] Notre manuscrit nous donne, à la date du 28 juillet (fol. 194), une autre lettre du roi à Oxenstiern. Un nouveau messager, le sieur Duhamel, était envoyé vers lui avec les assurances de l'amitié de Sa Majesté. Oxenstiern, auquel le feu roi de Suède

LE ROI À TOIRAS.

De Forges, 2 juillet 1633.

D'après ce que le sieur de Castelan m'a dit de vostre part, . . . si vos mesfiances sont passées, vous pouvés me venir trouver; si elles vous restent encore dans l'esprit, mon intention est que vous vous en alliez à Venise ou à Ferrare, pour y demeurer jusques à ce que vous ayiez autre ordre de moy. . .

Original, devenu minute, à cause de corrections. — Arch. des Aff. étr. Mantoue, t. IV, pièce 213.

À MESSIEURS DE BULLION ET BOUTHILLIER.

De Gisors, 5 juillet 1633.

Exécutez avec diligence ce que le roy a commandé à M. Servien de leur faire savoir. Le sieur Le Febure m'escrit que la despense des travaux de Pignerol se montera à beaucoup plus que le fonds que vous y avés destiné cette année. Si vous estiés si austères que de ne vouloir pas pourvoir au surplus et donner, dès à présent, le fonds que vous avés destiné pour l'année prochaine, j'emprunteray plus tost ce qui sera nécessaire pour la continuation de ces ouvrages que de les laisser cesser. — Après la signature : « Je vous suplie encore un coup de pourvoir à ce fonds de Pignerol. »

Orig. — Arch. de la famille Bouthillier.

LE ROI À M. D'HAUTERIVE.

7 juillet 1633.

J'ay veu, par l'interrogatoire du sieur de Chasteauneuf, vostre frère, que vous estiés embarrassé dans certaines affaires. . . Ma volonté est que vous me veniés trouver pour m'en rendre compte. . . Si vous aportiés quelque difficulté à m'obéir, je vous dis précisément que je veux que vous vous retiriez du pays des sieurs des Estats, et que vous alliez en un lieu où vous ne puissiez donner soubçon.

Minute. — Arch. des Aff. étr. Hollande, t. XIV [1].

LE ROI À CHARNACÉ.

Chantilly, 22 juillet 1633.

Quoyque ce soit une espèce de rupture avec l'Espagne que d'accorder la descente auprès de Ca-

avait confié, par son testament, la direction suprême des affaires et le commandement des armées, avait vu accroître considérablement son importance. Nous trouvons à ce moment, dans ce même manuscrit, deux matières de lettres écrites l'une de la main de Léon Bouthillier; l'autre, de celle de Charpentier (fol. 189, 191), toutes deux sans date. Richelieu dit dans la première : « Faut escrire à M. d'Avaux qu'on a su de quelque ministre confident d'Espagne que l'Autriche tente des négociations avec la Suède. » Dans la seconde, « puisque le chancelier Oxenstiern semble faire le renchéri sur le renouvellement de l'alliance, le roy estime à propos de prendre cette

occasion de savoir s'ils la veulent renouveler ou non, afin que chacun ayt lieu de penser à ses affaires. »

[1] Sur la même page est écrite la minute d'une dépêche du roi à M. de Charnacé sur le même sujet. Il fera part aux Estats de l'ordre du roi. Sa Majesté espère qu'ils ne voudront pas retenir et favoriser une personne dont elle a occasion de se plaindre. Cependant, le prince d'Orange le défendit opiniâtrement, et Charnacé lui ayant aussi fait commandement de la part du roy de l'aller trouver, il mit plusieurs excuses en avant pour ne pas obéir. (*Mémoires de Richelieu*, VII, 353.)

lais aux Hollandois, s'ils ont dessein de faire quelque grande entreprise, le roy les satisfera [1]....
Succès des affaires en Allemagne.... Continuer à faire des instances pour faire chasser M. d'Hauterive; il peut asseurer sans crainte qu'on fera grâce [2].

Orig. — Arch. des Aff. étr. Hollande, t. XV. — Minute, t. XIV.

AU CHANCELIER OXENSTIERN.

Chantilly, 28 juillet 1633.

J'envoie vers vous le sieur Duhamel; vous verrés dans ses paroles la continuation de la confiance
que j'ay en vous... Je vous prie de lui déclarer ouvertement vos sentimens sur le sujet de son
envoy [3].

Mise au net, écriture de bureau. — Arch. des Aff. étr. Suède, t. III, fol. 194.

LE ROI À L'ÉLECTEUR DE TRÈVES.

Monceaux, 10 août 1633.

Mon cousin, ayant une particulière affection envers les Pères Jésuites, à cause de leur bonne
vie et de l'édification qu'ils apportent au public, avec un notable avantage de la religion catholique... les exempter de certaines taxes, afin que le revenu de leur maison soit employé à ce qui
est de l'honneur et du service de Dieu. Je veux espérer que vous ferez grand cas de la recommandation que je vous en fais, y ayant esté convié par le Père Maillon, lequel j'ay choisy pour mon
confesseur [4].

Lettre signée du roi, restée pour minute, ayant été corrigée. Écriture de bureau. —
Arch. des Aff. étr. t. I, fol. 354.

---

[1] Les négociations trainaient, depuis plusieurs
mois, par les hésitations et la mauvaise volonté des
Hollandais. Je trouve, dans le manuscrit cité aux
sources, que des pouvoirs en règle sont envoyés, le
13 août, au baron de Charnacé, qui ne traitait alors
qu'en vertu des instructions qu'il avait reçues à son
départ. Maintenant le prince d'Orange et les États
paraissaient entrer dans les vues du cardinal. Richelieu a écrit dans ses *Mémoires* : «Les Hollandois faisoient lors un grand effort contre les Espagnols en
Flandres.» (T. VII, p. 414.) C'est à ce moment que
nous plaçons une pièce sans date, et, à cause de cela,
classée dans le manuscrit à la fin de l'année 1633.
«On estime qu'il seroit peut-estre à propos, dit cette
dépêche, de conclure avec les Hollandois la rupture
avec l'Espagne dès cette heure... pour empêcher
que la trefve ne se puisse faire *in ogni modo*...
Mander à M. le prince d'Orange et aux Estats que le
roy voyant qu'attaquant la Flandres, ils marchent de
bon pied, s'est résolu de faire le mesme, conclure
un traitté de rupture et entrer en Bourgogne pour
tailler en pièces les troupes qui y sont... » C'est une
minute de la main de Léon Bouthillier, au dos de

laquelle Richelieu a écrit : «Mémoire pour rupture de
trefve, non envoyé à Charnassé.» Avant que la dépêche fût expédiée, les Hollandais changeaient déjà
d'allure, et le cardinal dut revenir au ton de la
plainte. (Voy. ci-après à la date du 16 octobre.)

[2] Le même jour, 22, Léon Bouthillier, envoyant
cette dépêche au baron de Charnacé, lui disait : «J'ai
receu hier vostre lettre du 11, laquelle ayant fait
veoir ce matin au roy et à Mgr le cardinal, on a résolu le contenu au mémoire ci-joint.»

[3] Dans une autre lettre du 13 août, le roi le prie
de faire recevoir aux catholiques le favorable traitement auquel ils ont droit en vertu des traités. Mise
au net signée Louis, devenue minute à cause de
nombreuses corrections de la main de Bouthillier,
fol. 196.

[4] Le roi dit, dans cette lettre, qu'il en avait déjà
écrit une autre sur le même sujet; nous ne la trouvons pas; mais nous en avons une à M. de Russy,
résidant auprès de l'électeur. Dans cette lettre, datée
du 7 août, le roi l'informe de la dépêche du 10 août
et lui ordonne d'agir conformément à son contenu
fol. 353.

ADVIS SUR LES AFFAIRES DE LORRAINE,

DEVANT QUE DE PARTIR POUR CHASTEAU-THIERRY.

Villemareuil, 10 août 1633.

Après quelques notes concernant le rappel des sujets du roi qui sont en Lorraine, le cardinal représente à Sa Majesté que « pour rompre les desseins du duc de Lorraine, il n'y avoit que deux moyens, ou par négociation ou par force. » Nous ne voulons qu'indiquer ici ces considérations que Richelieu a reproduites dans ses *Mémoires* [1].

Mise au net de la main de Cherré [2]. — Arch. des Aff. étr. Lorraine, t. XI, fol. 284. — Ms. des Aff. étr. t. VI, p. 644-667. — Édit. Petitot, t. VII, p. 385-388.

À M. DE SAINT-CHAMOND.

17 août 1633.

Ensuite de la nouvelle de la défaite du duc de Lorraine battu par les Suédois à Haguenau, le cardinal donne, pour la troisième fois, à Saint-Chamond l'ordre d'aller se loger à Saint-Nicolas pour empescher les troupes débandées du duc de se jeter dans Nancy... M. d'Hémery vous porte de l'argent.... le roy renvoie M. de Guron en vos quartiers. Je vous prie, pour l'amour de moy, qu'il y ait obmission absolue du passé, embrassade plenière du présent et protestation sincère pour l'advenir. Je vous responds qu'il a parlé dignement de vous...--Plaisanterie sur M. de Bullion: Adieu, brave Saint-Chamond, je suis...

Minute de la main de Cherré. — Arch. des Aff. étr. t. XI, p. 297. *Mém.* mss. t. VI, p. 672. Édit. Petitot, t. VII, p. 389-391 [3].

MÉMOIRE POUR LA DÉPESCHE DE TRÈVES,

ENVOYÉ AU MARESCHAL D'ESTRÉES.

18 août 1633.

·· Le maréchal fera entendre en grand secret au maréchal Horn le dessein par lequel le roy

---

[1] Nous trouvons, dans les manuscrits de Lorraine, une pièce sans date et classée au hasard vers le commencement du XIIIᵉ vol. fol. 5, laquelle doit se placer au mois d'août, et qui mérite une mention particulière : *Instruction pour M. Bouthillier [Chavigni], secrestaire d'Estat, allant au voyage du roy en Lorraine.* La première fin du voyage du roy doit estre de faire refaire et chasser M. de Lorraine, et faire conduire quantité de bleds à Nancy ; la seconde, de chastier les révoltés, raser les lieux où ils se retirent. Le roi va à Saint-Dizier ; il verra sur les lieux ce qu'il convient d'entreprendre. Il faut faire de trois choses l'une. Et ici Richelieu trace le plan de conduite du roi. Le cardinal, ne pouvant être partout auprès du roi durant cette campagne, y met un autre lui-même, auquel il donne sa pensée et la direction que doit suivre le maître.

[2] On remarque, sur ce manuscrit, le travail du secrétaire-rédacteur des *Mémoires de Richelieu*, pour donner aux pièces originales la forme d'un récit historique.

[3] Nous nous contentons de noter, parce que les *Mémoires* l'ont conservé, un avis sur les affaires de Lorraine, donné au roi à la date du 20 août, de la main de Cherré, fol. 306, 310 du t. XI de Lorraine ; dans le manuscrit des *Mémoires*, t. VI, p. 693, voy. éd. Petitot, VII, p. 407, 414, et dans ce même vol. XI de Lorraine, fol. 360, 363, des considérations sur les traités faits avec le duc de Lorraine, pièces de la main de Citoys, imprimées t. VII. p. 440, 445, édit. Petitot. Voy. dans notre 4ᵉ vol. p. 449 et suiv. plusieurs lettres relatives à la Lorraine ; et aux Analyses, p. 776, 781.

CARDIN. DE RICHELIEU. — VIII.   33

faict revenir son armée de Picardie; donner aux Espagnols appréhension que le roy en veuille attaquer de ce costé-là; les obliger à séparer l'armée avec laquelle ils prétendent empescher la retraite du prince d'Orange...

> Minute de la main de Cherré et de celle de Léon Bouthillier. — Arch. des Aff. étr. Trèves, t. I, p. 356.

INSTRUCTION DONNÉE AU SIEUR DE LA GARDE,

ALLANT AUX CHEFS DE L'ARMÉE DE SUÈDE.

29 août 1633.

Il ira trouver le prince de Birkenfeld et le rhingrave Otto; leur exposer les griefs de Sa Majesté contre le duc de Lorraine que le roy est résolu de dépouiller de tous ses estats. Le duc de Lorraine est aussi leur ennemi; s'entendre avec eux contre lui...

> Minute de la main de Cherré. — Arch. des Aff. étr. Suède, t. III, fol. 197.

ADVIS SUR LES AFFAIRES DE LORRAINE.

20 août 1633.

Le cardinal de Lorraine étant venu trouver le roi à Château-Thierry, pour tâcher d'arranger les affaires de son frère, eut avec Richelieu de longs entretiens rapportés dans ses *Mémoires* (t. VII, 392-406), et il retourna en poste, le 20, vers son frère, pour l'informer des volontés du roi. A peine était-il parti que le ministre résuma sous les yeux de Louis XIII l'état des choses. Nous nous bornerons à indiquer cette pièce conservée aussi dans ses *Mémoires*.

> Mise au net, de la main de Cherré. — Arch. des Aff. étr. Lorraine, t. XI, fol. 306. — Édit. Petitot, VII, 407-414.

NOUVEL AVIS SUR LA LORRAINE.

24 août 1633.

Le cardinal frère du duc ne tarda pas à rapporter une réponse: le roi ne fut pas satisfait, et ce cardinal, mal satisfait lui-même, disent les *Mémoires de Richelieu*, repartit le 24 août. Aussitôt le ministre, mettant sous les yeux du roi tous les mécontentements que ne cessait de lui donner le duc de Lorraine, conclut qu'il fallait, sans retour, profiter de l'occasion pour donner Nancy à la France[1]. Nous indiquons encore ce remarquable morceau conservé dans les *Mémoires de Richelien*[2].

> Minute de la main de Cherré, où plusieurs passages sont de la main du cardinal. — Arch. des Aff. étr. Lorraine, t. XI, fol. 316.

LE ROI À CHARNACÉ.

Bar-le-Duc, 25 août 1633.

Encore sur l'empêchement de la trève, la rupture avec les Espagnols, la conclusion du traité avec la Hollande : «surtout n'oubliez pas de convenir, par ledit traitté, d'un bon et raisonnable par-

---

[1] Richelieu donna, en conseil, son avis sur la circonvallation de cette place qu'il jugea devoir être très-serrée contre l'opinion de quelques généraux qui la voulaient «très-ample.» Notre manuscrit, fol. 328, nous a conservé ce travail d'ingénieur du cardinal,

écrit de la main de Citoys. (Voy. les *Mémoires*, t. VII, 429.)

[2] Manuscrit des Affaires étrangères. — Édit. Petitot, t. VII, p. 417, 425.

tage des conquestes,.. que jamais on ne pourra faire ny paix ny trefve, l'un sans l'autre... J'ay descouvert des liaisons si estroites entre Monsieur de Lorraine, l'Espagne et l'Empereur... que j'ay esté obligé de l'attaquer luy-mesme [1]... Du reste, si vous voyés que l'on vous prolonge tousjours sur des espérances que vous jugiés vaines... dites que vous avés un congé et demandés un vaisseau armé pour Calais, ménageant cependant les choses et retardant vostre départ sur les prétextes que l'occasion vous offrira... »

> Orig. — Arch. des Aff. étr. t. XV. — Mise au net, de la main de Cherré, dans le tome XIV.

MÉMOIRE À M. LE DUC DE CRÉQUY.

7 septembre 1633.

Si le pape ne veut pas nommer de cardinal françois à cette promotion, le presser pour une promotion nouvelle. — Nécessité d'un raccommodement entre le pape et la république de Venise, auprès de laquelle le pape fera les mêmes instances. Il conférera avec M. de la Thuillerie. — Le roy désire une ligue en Italie : le pape, Venise, la Savoie, Mantoue, Parme et Modène. — Raisons à exposer. Selon l'avis du cardinal Borghèse, le roy enverra un cardinal françois à Rome. — On lui donne charge d'offrir la comprotection au cardinal Antoine. — Si la présente dépêche trouvoit le duc de Crequy sur la route de Rome à Venise, il retourneroit à Rome.

> Mise au net, devenue minute, deux pages ayant été ajoutées de la main d'un secrétaire de Bouthillier. — Arch. des Aff. étr. Rome, t. XLVII, fol. 195-201.

INSTRUCTION POUR M. DE MIRÉ.

14 septembre 1633.

Il représentera au chancelier Oxenstiern que le duc de Lorraine s'estant joint avec les Bourguignons, il est question d'avoir en toute diligence un ordre de M. le chancelier aux troupes suédoises qui sont en deçà du Rhin, pour se joindre à celles du roy, pour empescher la jonction des Lorrains et des Bourguignons avec le duc de Féria... Moyen d'exécution pour atteindre ce but : le roy fournira les troupes nécessaires, et, s'il est besoin de faire un traitté à ce sujet avec le chancelier, M. de Feuquières a les pouvoirs.

> Minute de la main de Cherré. — Arch. des Aff. étr. Suède, t. III, fol. 200.

INSTRUCTION POUR Mᴳᴿ LE CARDINAL DE RICHELIEU,

ALLANT À CHARMES, TROUVER M. DE LORRAINE.

17 septembre 1633.

« Le roy aiant trouvé bon que M. le cardinal de Richelieu voie M. le duc de Lorraine... donne pouvoir audit sieur cardinal de passer tel traitté qu'il trouvera advantageux pour le service de Sa Majesté [2]... Le duc est obligé de remettre entre les mains du roy la princesse Marguerite, et

[1] Le 19 août, Léon Bouthillier mandait à Charnacé : «Nous allons en Lorraine ; la résolution a été prise subitement sur la nouvelle arrivée, depuis quatre jours, que les troupes du duc avoient été défaites entièrement par Berguenfeld, auprès de Saverne. Vous jugez bien, Sa Majesté s'advançant sur la fron-

tière avec son armée, le dessein qu'elle peut avoir. Je ne puis en dire davantage sans chiffres.» (Manuscrit cité aux sources.)

[2] Voy. dans notre 4ᵉ vol. p. 482, une lettre de Richelieu au roi, après l'entrevue.

33.

le départ de Nancy doit durer jusqu'à la dissolution du mariage de la princesse et de Monsieur. Sa Majesté donne pouvoir audit sieur cardinal de descharger le duc de cet article, en cas qu'il face difficulté de s'y obliger [1]... »

Minute de la main de Léon Bouthillier. — Arch. des Aff. étr. Lorraine, t. XIII, fol. 393.

À M. BOUTHILLIER,

SURINTENDANT DES FINANCES.

De Charmes, 19 septembre 1633.

Monsieur, ces trois mots sont pour vous dire que la lettre générale que le roy doit escrire aux parlemens et aux provinces tarde trop, et pour vous prier de la faire, sur la présupposition du départ de Nancy, que je croy indubitable. M. de Lorraine et moy sommes d'accord. Je suis...

Orig. — Arch. de la famille de Bouthillier.

LE ROI À M. DE CHARNACÉ.

Nancy, 26 septembre 1633.

«... Le roy persiste toujours à désirer la société qu'il y a si longtemps que Charnacé a pouvoir de conclure pour empescher la trefve... promesses à faire aux Hollandois, à cet effet... répétition des conditions si souvent répétées.

«Après ce que dessus, il ne reste rien à mander à M. de Charnacé, sinon que le roy ayme mieux maintenant qu'il laisse faire la trefve à l'une des conditions cy-dessus que de l'embarquer maintenant en guerre ouverte.»

Orig. — Arch. des Aff. étr. Hollande, t. XV. Au tome XIV, une mise au net, de la main de Cherré.

À M. DE LA VRILLIÈRE.

Septembre 1633.

Richelieu le charge de donner à Bouthillier un mémoire pour écrire au procureur général à Metz, au sujet d'une conférence d'Alfeston avec le Père Chanteloube. Alpheston, venu de Bruxelles, était accusé d'avoir voulu assassiner le cardinal : on le disait envoyé par le P. de Chanteloube, l'une des personnes le plus intimement attachées à la reyne mère. Le procès se fit à Metz, où Alphestou fut exécuté.

Arch. des Aff. étr. Pays-Bas, t. IX, pièce 257. Billet de la main de Cherré.

MÉMOIRE SUR LA GUERRE EN LORRAINE.

(C'EST LE ROI QUI PARLE.)

Septembre 1633.

« Toutes les entreprises que j'ay faictes jusques à cette heure n'ayant esté que pour la gloire de Dieu,

---

[1] Une instruction diplomatique, donnée à Richelieu, ne peut avoir été rédigée que par Richelieu lui-même. Celle-ci nous apprend que le cardinal était disposé à certaines concessions, si le duc de Lorraine opposait un ferme refus à quelqu'une des rudes conditions qui lui étaient imposées. Nous trouvons, dans le t. IX du manuscrit de Lorraine, divers documents relatifs à ce départ de Nancy, fol. 333, 335, 337. Voir aussi notre 4° vol. p. 483 et 485.

en abattant l'hérésie dans mon royaume pour le secours de nos alliés injustement opprimés. » Le roi espère que la bonne fortune continuera de l'accompagner. Il expose ses griefs... il est résolu d'attaquer Nancy... « et tirer raison de tant d'offenses et si sensibles que j'ay reçues. »

Notons ici deux pièces sans date, que cette circonstance a fait rejeter à la fin de 1633, t. XIII de Lorraine, lesquelles pourraient aussi bien appartenir à l'année 1632, ces deux années étant à peu près remplies des mêmes contestations entre la France et la Lorraine.

Folio 805. — Il faut dire à Ville qu'on apprend que M. de Lorraine avance plus que jamais; il fortifie ses places en haste, comme s'il attendoit les ennemis; la fortification de Clermont justifie bien que c'est au roi qu'il en veut... le voyage de Ville est une pure moquerie... quoique prince souverain, il est vassal du roy... S'il continue, Sa Majesté usera de ses droits... (Minute de la main de Charpentier.)

Folio 807. — Le sieur de Ville n'ayant rien dit de concluant, les armements hors de saison que fait M. de Lorraine et les fortifications de Nancy font suspecter ses intentions... celles de Clermont offensent directement le roi, Clermont dépendant de Verdun.

Minute de Charpentier, en tête de laquelle le cardinal a écrit : Gurou.

MÉMOIRE POUR M. DE CHARNACÉ.

Château-Thierry, 15 octobre 1633.

Après tant d'inutiles négociations, « on estime que la meilleure voie est de rappeler le sieur de Charnacé... » Il dira au prince d'Orange que le roi ne change point de politique; mais qu'on a si mal correspondu à ses bons desseins qu'il est inutile de prolonger la mission de l'ambassadeur....

M. de Charnacé se retirera incontinent, à moins qu'il n'espère que cette menace de son départ ne rende les Hollandais plus traitables.... On répète au sieur de Charnacé qu'il est autorisé à offrir pension ou argent une fois payé, à ceux de MM. des Estats qu'il jugeroit pouvoir servir aux intentions du roy.

Minute de plusieurs écritures. — Arch. des Aff. étr. Hollande, t. XIV, et mise au net de la main de Cherré. — Un brouillon, de la main de L. Bouthillier, sans date, a été classé vers la fin du volume, après le 26 décembre.

LE ROI À M. DE CHARNACÉ.

Château-Thierry, 16 octobre 1633.

« Je vous donne ordre, par la dépesche signée le jour d'hier, de vous en revenir.. La raison que j'ay est que je ne voudrois, pour rien du monde, qu'on fist croire que je sollicitasse la rupture de la trefve par vous, et qu'elle se conclust en vostre présence [1]... »

Mise au net, de la main de Cherré. — Arch. des Aff. étr. t. XIV.

AU ROI.

Sezanne, 28 octobre 1633.

Le duc de Feria est passé en Alsace. Dépesches faites et mesures à prendre... Tout cela se faisant, les desseins des ennemis de Votre Majesté s'en iront en fumée, pourveu qu'il vous plaise

---

[1] Léon Bouthillier écrivait le même jour à M. de Charnacé qu'il serait bon de montrer la présente lettre du roi au prince d'Orange, mais qu'il fallait tenir secrète celle de la veille.

n'oublier rien de ce qui est nécessaire pour conserver vostre santé et vous divertir. « Vostre Majesté peut juger maintenant combien Nancy entre ses mains lui est utile; estant certain que s'il n'y estoit point, M. de Lorraine seroit joinct avec ses ennemis... ayant une armée considérable en Champagne, pendant que du costé de la Bourgoigne on feroit une autre attaque. »

Orig. — Arch. de la famille Bouthillier.

À M. LE PRINCE.

Ruel, 22 novembre 1633.

Richelieu lui recommande les demoiselles de La Vergne et Du Puy, « qui sont à ma niepce de Combalet, » afin qu'elles reçoivent un traitement favorable du parlement de Dijon. « Le sieur Bossuet[1], qui vous rendra la présente, vous instruira plus particulièrement de cette affaire... »

Orig. — Arch. de Condé. Communication de Mgr le duc d'Aumale.

INSTRUCTION POUR LE SIEUR D'AMONTOT.

26 novembre 1633.

Il est accrédité auprès de l'infante gouvernante des Pays-Bas. Il dira à la princesse combien le roi désire d'entretenir la bonne intelligence avec elle... Voyant que le sieur Hubert ne lui était pas agréable, Sa Majesté l'a bien voulu remplacer. (Arch. des Aff. étrang. Pays-Bas, t. IX, p. 277. Minute de deux écritures que je ne connais pas.)

La fin de ce volume et le volume suivant sont remplis de la correspondance de M. d'Amontot. A ce moment, la diplomatie, surtout en ce qui concernait les affaires d'Allemagne, déployait une incroyable activité : à tous moments et de tous côtés voyagent des envoyés extraordinaires. Notons encore ici une instruction donnée au sieur Du Bois, allant vers Oxenstiern, puis vers l'électeur de Brandebourg, pour lui faire prendre la résolution de n'entendre à aucune paix particulière avec les impériaux.

> Cette longue minute, datée du 22 novembre, est sans doute l'œuvre de L. Bouthillier. — Aff. étr. Suède, t. III, fol. 208. Est-ce un original qui est conservé à la bibliothèque de Saint-Pétersbourg, vol. XXXIII, documents français, pièce signalée par M. de La Ferrière, *Archives des Missions*, III, 39, 2e série ?

MÉMOIRE

DONNÉ AU SECRÉTAIRE DE L'AMBASSADE DE HOLLANDE.

9 décembre 1633.

« Le sieur Usquerque dépeschera promptement un courrier, comme de soy-mesme, vers celuy qu'il sçait, pour prendre une résolution finale avec luy, afin de faire résoudre MM. des Estats de ne traitter directement ni indirectement paix ny trefve[3] avec les Espagnols ou provinces des Pays-Bas étant soubz la domination de la maison d'Autriche. »

Minute de la main de L. Bouthillier ? — Arch. des Aff. étr. Hollande, t. XIV.

[1] Le père du futur évêque de Meaux; il était avocat et conseil des Estats de Bourgogne.

[2] Cet agent diplomatique est probablement le même qui fut envoyé en Hollande (décembre 1636), et dont parle Richelieu dans une lettre citée p. 1008

de notre 5e volume. Richelieu ne nomme pas ce Du bois dans ses *Mémoires*.

[3] Le 23 du même mois, Léon Bouthillier, répondant aux lettres de Charnacé des 5 et 12 décembre, et écrivant au nom de Richelieu, peut-être sous sa

LE ROI À AERSENS.

8 décembre.

Monsieur Aerscns, j'ay bien voulu vous tesmoigner, par cette lettre, combien je vous sçay gré de ce que le sieur de Charnacé m'a mandé que vous aviés dit, dans vostre assemblée, pour lever les doutes que quelques-uns mal intentionnés voudroient faire de l'exécution de mes promesses, lesquelles seront tousjours inviolables [1].

Minute. — Arch. des Aff. étr. Hollande, t. XIV.

SUR LE RETOUR DE LA REINE MÈRE EN FRANCE.

[...Décembre 1633.]

Savoir si le retour de la reyne mère en ce royaume est utile à la personne du roy et à celle de M. le Dauphin, et s'il se peut faire avec avantage pour l'Estat, ou si ledit retour doit être considéré comme préjudiciable à tous les trois [2]...

Mise au net, de la main de Charpentier. — Arch. des Aff. étr. Pays-Bas, t. IX, pièce 252.

À M. BOUTHILLIER FILS.

[Vers la fin de 1633 [3].]

Monsieur Bouthillier le jeune écrira à M. de Bullion pour les cinq cent mille francs qu'il sçait; —

dictée, disant : «Le roy et Mgr le cardinal ont esté bien aises de voir l'estat auquel est le traitté qui se doit faire entre Sa Majesté et les sieurs des Estats; » lui recommandait encore de faire que «MM. des Estats s'engagent à ne faire ny paix, ny trefve durant trois ans, sans que les intérests de Sa Majesté ny soient compris.» Il félicitait M. de Charnacé d'avoir insisté sur le renvoi des quatre députés de Bruxelles... (Minute, datée de Ruel. — Même source.)

[1] Aerssen, dans une réponse du 9 janvier 1634, reconnaissait hautement les grandes obligations que la Hollande avait à la France, et priait le cardinal de porter le roi à continuer sa protection (Hollande, t. XVI, pièce 7e). Dans le même temps, Richelieu se félicitait des bonnes dispositions du prince d'Orange : «Assurez-le, écrivait Léon Bouthillier à Charnacé, que l'estime que M. le cardinal fait de son mérite est telle qu'il désire véritablement se joindre d'une amitié très-estroitte avec luy.» (Même manuscrit, pièce 1re, datée du 1er janvier.) Léon Bouthillier, dans une lettre écrite en son nom, mais sous l'inspiration de Richelieu, se plaignait vivement «de la froideur de MM. des Estats.» Remarquons, dans la même dépêche, cette recommandation : «N'oubliés pas qu'aux nouvelles conquestes, la liberté de conscience soit observée comme à Maestrik» (date du 6 janvier, pièce 5e), et dans une autre lettre du 13, l'ordre, si souvent répété, «de bien ménager, dans les négociations, les intérêts de la France.»

[2] Voyez notre 4e vol. p. 527, 539, février 1634. Un peu auparavant, les affaires de la reine mère avaient occupé Richelieu, qui les avait soumises au conseil; et c'est sans doute pour préparer la délibération qu'il posa cette série de questions auxquelles il fit la réponse qui suit :

RÉPONSE SUR LE RETOUR DE LA REYNE MÈRE.

[Décembre 1633.]

Le retour de la reyne mère n'est bon ny pour le roy, ny pour le dauphin, ny pour elle-même. Ce retour seroit une faute en matière d'estat. Il faut en oster entièrement l'espérance... on ne doit pas luy laisser la jouissance du bien qu'elle possédoit... renvoyer le sieur Germain avec des paroles les plus civiles qu'on pourra... (Arch. des Aff. étr. Pays-Bas, t. IX, p. 253. Minute.)

On peut lire les explications qu'en donne Richelieu lui-même dans ses Mémoires, t. VII, p. 661 et suiv.

[3] C'est le classement de la pièce sans date.

à M. de La Grange[1], qu'il dise au colonel Ranzau que le roy luy accorde un régiment allemand, et qu'il vienne recevoir les ordres de Sa Majesté; — au même, qu'il dise au colonel Hunt que Sa Majesté désire qu'il vienne prendre sa commission pour cinq cents chevaux.

Minute de la main du secrétaire de nuit. — Arch. des Aff. étr. France, t. LXVII, (non coté).

AU CARDINAL BICHI[2].

1633.

Lettre de compliment à l'occasion de l'envoi du brevet de la comprotection de France.

Impr. Aubéry, V, 542. — *Recueil* de 1696, t. II, p. 156.

INSTRUCTION À M. D'HÉMERY,

S'EN ALLANT EN ITALIE.

[1633[3].]

Le roy, désirant estre particulièrement informé de l'estat des fortifications de Pignerol, a voulu commettre ce soin au sieur d'Hémery.

Détail des bleds qu'il y faut mettre, des moulins à bras, à chevaux et à eau à y établir... faire un inventaire des canons, etc. Ce fait, le sieur d'Hémery passera jusqu'à Casal. (Même détail de ce qu'il devra faire.) Passant ensuite à Turin, il proposera au duc de Savoye, sans tesmoigner en avoir charge de Sa Majesté, un eschange de la Savoye avec le Montferrat, dont le duc a parlé, et parce que M. le duc de Savoye n'estimera pas volontiers que le Montferrat soit un eschange suffisant pour la Savoye, le sieur d'Hémery verra ce que le duc de Savoye pourroit raisonnablement désirer pour supplément. Cette négociation devant rencontrer beaucoup de difficultés, tâcher que le duc la commette à son ambassadeur extraordinaire, qui est actuellement à la cour (le comte de Druent).

Arch. des Aff. étr. Turin, t. XXII, pièce 201. — Mise au net presque entièrement refaite de la main de Richelieu[4].

À M. DE ROHAN.

[1633[5]?]

«Monsieur, la lettre qu'il vous a pleu m'escrire ne vous remet point en mémoire, parce que je ne

---

[1] Est-ce La Grange aux Ormes? (Voy. tome IV, p. 479.)

[2] D'une famille noble de Sienne, neveu du cardinal Metello Bichi. Il avait été évêque de Carpentras dans l'état d'Avignon et nonce en France. Créé cardinal dans la promotion du 28 novembre 1633, il fut ensuite comprotecteur de France, le cardinal de Savoie ayant cessé de l'être pour devenir comprotecteur d'Espagne en 1633.

[3] La date manque; une autre instruction adressée au même d'Hémery, et datée d'avril 1634, indique, pour cette première instruction, la date de 1633; le manuscrit la classe en effet à ladite année, vers la fin.

[4] La pièce suivante, cotée 202, est intitulée : «Raisons pour faire voir que le roy a peu traitter avec M. de Savoye pour la vente de Pignerol.» On prévoit les objections et l'on indique les réfutations. Une page mise au net de la main de Cherré. Des explications à ce sujet sont données dans deux lettres du secrétaire d'État des Affaires étrangères, p. 183 et 184 de ce t. XXII.

[5] L'année 1633, où le duc de Rohan était retiré à Padoue dans une sorte de disgrâce, nous semble une date probable pour cette lettre, qu'il convient de noter à cause du personnage auquel écrit le cardinal.

la perds jamais d'une personne comme vous, que j'estime beaucoup et à qui je souhaite perpé-
tuellement des biens, puisque je désire ardemment sa conversion...»

Mise au net, de la main de Charpentier. — Bibl. imp. Baluze, pap. des arm. lettr.
paq. 4, n°" 2 et 3, fol. 224.

PROPOSITION TOUCHANT LES FINANCES.

1633?

Richelieu a écrit à la marge de plusieurs paragraphes : «J'estime qu'il faut oster cet article,»
et les paragraphes ont été barrés. A la fin de la pièce, le cardinal a mis : «L'assemblée [1] examinera
ces propositions et en donnera advis à Sa Majesté, y adjoustant, en outre, tout ce qui sera jugé
raisonnable pour arrester le cours des grands maux qui proviennent de ce désordre.»

Orig. — Arch. des Aff. étr. France, t. LXVI. Vers la fin du volume, non coté.

PROPOSITIONS.

1634.

Il faut faire cognoistre à Chantemesle [2] qu'il n'y a que la mesfiance qui puisse empescher
qu'on ne serve la reyne, mesfiance bien juste, puisque, par raison, on doit appréhender qu'elle
continuast en France la mauvaise volonté qu'elle a tesmoignée dehors de vouloir faire assassiner,
ce dont on ne peut croire qu'ell ayt perdu la volonté, si, au lieu de faire chastier ceux qui sont
autheurs de ces mauvais conseils, elle les veut maintenir [3].

Minute de la main de Charpentier. — Aff. étr. Pays-Bas, t. 1er, pièce 4.

LE ROI AU PAPE.

Versailles, 3 janvier 1634.

Lettre en faveur des religieuses du tiers-ordre de Saint-François établies à l'Isle (comté d'Avignon), avec la permission de l'archevêque. Elles craignaient que les Pères dudit ordre ne prétendent
avoir droit de juridiction sur elles, et demandent de rester sous la supériorité, visite et juridiction
de l'ordinaire.

Minute. — Arch. des Aff. étr. Rome, t. LIV, fol. 37 [4].

MÉMOIRE À M. DE FEUQUIÈRES.

1er février 1634.

On l'autorise à promettre à Wallenstein des subsides considérables, s'il s'engage à ne pas attaquer les places conquises ou protégées par la France, et, en outre, de l'aider à obtenir en terre et
en sujets un équivalent à ses possessions précédentes.

Hist. du duc Bernhard de Saxe, par Rœse I, 439.

---

[1] Quelle assemblée d'États ou de notables? La
pièce n'a point de date, et nous n'avons aucun indice pour lui en assigner une exacte. Nous la trouvons classée en 1633, et, a ce moment, les embarras de finance étaient grands. (Voyez un mémoire
du commencement de 1634, page 523 de notre
4e volume.)

[2] Notre 4e vol. fait mention de deux messages de
Chantemesle (p. 528 et 583), et Richelieu les a no-
tés dans ses Mémoires (VII, 460, et VIII, 49); mais
il ne parle point de cette mission, qui se place entre
les deux autres.

[3] Les propositions apportées pour Chantemesle se
trouvent dans ce manuscrit, pièce 1re.

[4] Sur la même page, minute de lettre à l'ambassadeur, que le roi charge de suivre cette affaire.

POUR M. BOUTHILLIER.

[Vers le commencement de février 1634.]

Je viens présentement d'avoir advis que M. le duc de Lorraine est à Besançon, fort malade de son battement de cœur. Ses troupes ont été toutes défaites. — Conditions sans lesquelles il ne veut consentir à la reddition de La Motte, ce dont le cardinal de Lorraine tesmoigne beaucoup de plaisir. — M. de Bouthillier fera voir au roy cet advis qui vient de m'estre envoyé par M. de Chanvalon.

Original sans signature, de la main de Cherré (avec les cachets). — Arch. des Aff. étr. Lorraine, t. XIV, fol. 152.

AU MARESCHAL DE LA FORCE.

2 février 1634.

Répondre à M. le maréchal de La Force[1] qu'il fasse le traitté avec le comte de Salm aux conditions qui peuvent donner satisfaction audit comte. — Faire approcher ses troupes pour réduire Saverne. — Se saisir de Lure s'il est évident que cette place soit menacée par la jonction des troupes du duc de Lorraine aux impérialistes, ce qui demeurera dans l'estroit secret dudit sieur maréchal. — Le roy est adverty que si le comte de Salm ne se hâte de faire sa capitulation tant pour Haguenau que pour Saverne, les Suédois l'investiront pour empescher qu'il puisse traitter avec Sa Majesté.

Minute de la main de Charpentier. — Arch. des Aff. étr. Lorraine, t. XIV, fol. 159.

MÉMOIRE POUR M. BOUTHILLIER.

8 février 1634.

Faut escrire à M. de Brassac[2] qu'il exécute avec M. le cardinal de Lorraine le mémoire qu'on luy avoit envoié pour agir avec M. de Lorraine[3]. M. de Brassac donnera advis de toutes les contraventions que M. de Lorraine pourroit faire aux traittés[4].

Minute de la main de Cherré. — Arch. des Aff. étr. Lorraine, t. XIV, fol. 173.

Le même jour, 8, une autre lettre du cardinal était écrite à M. de Brassac : Faut luy mander que

[1] Sa lettre, datée du 29 janvier, est au fol. 148, et sa réponse à la présente est au folio 171 (date du 7 février).

[2] Il avait été envoyé en Lorraine dès le commencement de l'année. (Voy. son instruction, 4ᵉ vol. p. 512.)

[3] On paraissait ainsi acquiescer à la prétendue cession faite par le duc Charles à son frère. Déjà, le 4 février, on avait fait écrire à M. de Brassac ; mais, en même temps, on lui mandait «de s'opposer civilement à cette action... le priant de surseoir ce procédé jusques à ce que vous soyez informé des volontez du roy à ce sujet.» (Fol. 166.)

[4] Le tome XVᵉ de Lorraine contient plusieurs manifestes et déclarations du roi, où sont énumérés les griefs de la France contre le duc de Lorraine. Ces pièces, en copie et sans date, ont été placées à la fin du volume, où elles occupent une cinquantaine de pages : 420-427, 428-438, 440-447. Un résumé des principaux manquements du duc Charles, en une page, se trouve fol. 439. Après quelques lignes des griefs, on lit : «Sçavoir si le roy ne peut pas confisquer ce que le duc relève de luy, par droit de félonie, et s'il ne peut pas faire, du reste, le même jure belli? cela n'est pas douteux ; mais on demande les autorités de l'Escriture, des pères et des docteurs, pour faire voir si clairement cette vérité qu'on n'en puisse douter.» Ce résumé, de la main de Cherré, pourrait bien avoir été dicté par le cardinal. Plusieurs mémoires, traitant des droits du roi sur la Lorraine, suivent dans le manuscrit. Ils sont l'œuvre de P. Dupuy, et sans doute aussi de Godefroy.

les responses de M. le cardinal de Lorraine sont non seulement ridicules, mais offensantes; que Sa Majesté désire qu'il luy en parle ainsy de sa part. — Désarmer les habitants de Nancy.

Minute de la main de Charpentier, fol. 174 [1].

À M. DE CHARNACÉ.

16 février 1634.

On est très-aise de savoir la bonne disposition du prince d'Orange. Vous avez les pouvoirs que désiroient MM. des Estats [2]. Quant à la religion, on voudroit un article positif; mais s'il ne se peut, le roy est résolu de s'en fier à la parole de M. le prince d'Orange; il est trop généreux pour manquer à faire la mesme chose qu'à Mastric, quand il vous l'aura promis. Nous sçavons de lieu très-certain que les Espagnols sont peu disposés à la trève...

Matière de lettre de la main de L. Bouthillier. — Arch. des Aff. étr. Hollande,
t. XVI, pièce 43.

LE ROI À CHARNACÉ.

Chantilly, 3 mars 1634.

«L'impudence de Pau [3] paroist sy extraordinaire qu'il est impossible de ne croire pas que

---

[1] Ce mémoire est la réponse à une lettre chiffrée écrite de Nancy le 3 février. Le comte de Brassac mandait : «M. le cardinal de Lorraine arriva hier icy; il me dit qu'il venoit exprès pour concerter avec moy sur les articles qu'il avoit portés le sieur de Contrisson de la part du roy... Je vous envoie le vray original,» fol. 163. Lesdits articles ne se trouvent pas joints à cette lettre.

[2] On s'efforçait alors de préparer la campagne qui devait s'ouvrir au printemps; Richelieu donnait, de ce côté, une attention particulière. Nous avons une lettre du Père Joseph à Charnacé, du 20 janvier, où il lui mandait de hâter sa négociation le plus qu'il pourrait. «Je n'adjouste rien, dit-il, a ce que Inigo (Richelieu) vous faict sçavoir, puisque c'est lui-même qui prend le soin des responses à Yon (Charnacé), à quoy il ne faut adjouster ny diminuer.» (Ms. cité aux sources, pièce 25.) Ce sont des lettres originales, signées du roi, et contre-signées Bouthillier (Léon), qui ont été réunies dans le vol. XV de Hollande (1633, 1635). Les minutes ou mises au net se trouvent dans le vol. XVI. Dès le 16 janvier, Charnacé avait envoyé au secrétaire d'État des Affaires étrangères un mémoire écrit de sa main et intitulé : «Propositions faites par les Estats de Hollande à M. de Charnacé pour le roy [*],» lesquels, dit Charnacé, sont fort éloignés de ses demandes (Hollande, XVI,

pièce 19). Une instruction, signée du roi, sur lesdites propositions, lui était adressée le 3 février, avec une lettre de félicitations sur sa conduite (Hollande, t. XV), laquelle instruction se croisa avec une lettre datée de la Haye, le 6 février, dans laquelle Charnacé envoyait ce qu'il nomme ses répliques, avec les réponses du cabinet de la Haye (Hollande, t. XV), et c'est au bas d'une copie de cette dépêche de Charnacé que Richelieu a fait écrire par Léon Bouthillier la matière de lettre que nous donnons ici. La date manque, mais elle doit être du 16 février.

[3] Cette dépêche est une réponse à une lettre de Charnacé, du 20 février, où Charnacé mandait à Léon Bouthillier le «refus que faisait Pau de l'article des intérests du roy, en la forme que je les demandois» (pièce 54 [°]). Parmi les pièces qui suivent dans ce volume, notons une dépêche du 18 mars, en réponse à la lettre de Charnacé, du 6, et l'envoi qu'on lui fait d'articles qu'il fera «coucher dans le traitté, en cas que MM. des Estats ne le veuillent passer comme il est dans la dépêche du 4 mars» (pièce 90 et 91). — Projet dudit traité envoyé, le 13, à Charnacé et à lui renvoyé sans changement essentiel, le 20, pièces 88, 94, 97, et 93 et 95; et dans le même vol. 16 plusieurs copies du traité avec la date du 15 avril (pièces 115 et 135 du t. XVI).

[*] Deux copies de cette pièce portent pour titre : «Propositions faites par les protestants confédérés de l'Allemagne au sérénissime roy de la Grande-Bretagne.» Charnacé avertit, dans une lettre séparée, du sens qu'on doit donner à ces mots, qu'il emploie pour le cas où les dépêches seraient interceptées.

34.

M. le prince d'Orange n'y mette ordre pour ses propres intérests; c'est un Barnevel qui s'eslève contre luy. . . » Après une discussion des conditions qu'on pouvait exiger : « Cependant, pour remédier aux difficultez de MM. des Estats et tascher à les servir selon leur goust, le roi veut bien faire quelques concessions que la dépêche explique. »

> Orig. — Arch. des Aff. étr. Hollande, t. XV, avec un duplicata. — Mise au net, de la main de Cherré, en double expédition. — Mêmes archives, t. XVI, pièces 70 et 73. La pièce 70 est datée du 4 mars.

INSTRUCTION.

Mars ? 1634.

L'intention du roy est que M. Bouthillier responde que Sa Majesté veut bien permettre au Père Suffren de le venir trouver, pourveu qu'auparavant la reyne délivre au roy Fabroni, Saint-Germain et Chanteloube, qu'il luy demande par Laleu [1]; mais qu'autrement son voyage seroit inutile.

> Minute de la main de Charpentier. — Arch. des Aff. étr. Pays-Bas, t. X, pièce 33.

À LA DUCHESSE DE SAVOIE.

Avril 1634.

«. . . Votre Altesse sait bien les raisons pour lesquelles le roy ne satisfait pas à ce qu'elle désire touchant la réception de M. de Saint-Maurice [2]; il n'en a pas moins d'affection pour vous. . . Sa Majesté désire autant que vous vostre agrandissement; mais il le souhaitte avec des fondements plus solides que ceux qui ne consistent qu'en des apparences. » Le cardinal enveloppe dans de longues formules de politesse le refus qu'il est obligé de faire.

> Minute de la main de Cherré. (Lettre portée par le s' de Salnauve.) — Arch. des Aff. étr. Turin, t. XXII, pièce 246.

INSTRUCTION POUR M. D'HÉMERY,

ALLANT À PIGNEROL.

Avril 1634.

M. d'Hémery verra d'abord si toutes les choses qu'il avoit ordonnées l'année passée [3] sont exécutées. . . Il faut avoir un soin particulier qu'il y ayt assez de moulins chez les habitants pour en fournir au cas qu'il arrivast siége. Il portera un modèle de la nouvelle invention de moulins, qui est chez M. de Noyers. — Achever cette année les fortifications de Pignerol, et faire partir les matériaux pour faire celles de la Pérouse l'année prochaine. Ledit sieur d'Hémery taschera d'apprendre les particularités de la retraite du prince Thouars, pour sçavoir s'il s'en est allé de son seul mouvement ou par le consentement de M. de Savoye.

> Mise au net, de la main de Charpentier. — Arch. des Aff. étr. Turin, t. XXII, pièce 245.

[1] Cette pièce sans date est classée en mars; elle a dû, en effet, être écrite un peu après le message emporté par Laleu le 25 février. (Voy. notre 4° vol. p. 551 et 554.)

[2] La duchesse voulait que les ambassadeurs de Savoie fussent reçus avec le cérémonial usité pour les ambassadeurs des rois. C'était une conséquence de la prétention de ces petits princes de faire reconnaître leur duché comme royaume.

[3] Voy. ci-dessus p. 264.

À M. LE CARDINAL BARBERIN.

26 mars 1634.

M. le cardinal Bichi a esté soigneux de faire entendre de deçà ce dont il vous a pleu le charger; je me promets qu'il n'oubliera pas à vous faire sçavoir que Sa Majesté y a trouvé sy peu de satisfaction qu'elle n'a peu changer la résolution qu'elle a prise, laquelle Votre Éminence apprendra par les ambassadeurs [1]... Sa Majesté n'a pas eu, dans l'affaire dont il s'agit, d'autre pensée que de fortiflier vostre maison et estre plus capable de vous donner des preuves de son affection; elle persistera tousjours en cette volonté, et moy, etc.

Minute de la main de Cherré. — Arch. des Aff. étr. Rome, t. LIV, fol. 174.

À M. LE CARDINAL ANTOINE BARBERINI.

26 mai 1634.

Sur des obstacles qu'on oppose à l'exercice de sa charge de comprotecteur de France, lettre toute remplie de protestations de respect pour Sa Sainteté, accompagnées de fermes représentations sur les procédés du cabinet pontifical contre les droits de la France.

Minute de la main de Cherré. — Arch. des Aff. étr. Rome, t. LIV, fol. 170.

À M. LE COMTE DE NOAILLES.

Fontainebleau, 30 mai 1634.

M'ayant esté rendu bon tesmoignage de la sainteté de vie de mère Pasithée de la ville de Sienne et des grâces qu'il a pleu à Dieu opérer, durant sa vie et après sa mort, par ses prières... et mérites, je vous ordonne de poursuivre, en mon nom, auprès de nostre Saint Père le Pape.., l'affaire qui fut ouverte et proposée durant le pontificat du pape Paul V, de la béatification de ladite mère Pasithée...

Original, signé Louis, devenu minute, à cause de corrections. — Arch. des Aff. étr. Rome, t. LIV, fol. 175.

AVIS DONNÉ AU ROI,

AU COMMENCEMENT DE JUIN 1634 [2].

Commencement de juin 1634.

Le 20 mai, M. de Charnacé revint en France, après un long séjour en Hollande, auprès des États et du prince d'Orange. A cette occasion, Richelieu expose, en une vingtaine de pages, l'état des affaires, et trace la conduite qu'il croit utile de tenir.

Minute. — Arch. des Aff. étr. Hollande, t. XIV, pièces cotées 152, 153, 154.

---

[1] Voy. t. IV, p. 552 et les additions et rectifications ci-après à l'errata supplémentaire du t. IV.

[2] Ce titre est écrit par Richelieu en tête d'un cahier de vingt-cinq feuillets, mise au net de la main de Cherré et de celle de Charpentier, devenue minute a cause des additions, suppressions, corrections. La main de Richelieu s'y remarque en beaucoup d'endroits. C'est un seul mémoire qui se trouve coté dans le manuscrit comme si c'étaient trois pièces différentes. (Voy. les *Mémoires de Richelieu*, VIII, 118.)

LE ROY AU PAPE.

8 juin 1654. 3

Le roy supplie Sa Sainteté d'avoir en bonne recommandation toutes les affaires que l'électeur de Trèves peut avoir à présent ou aura cy-après à Rome, et de trouver bon que le comte de Noailles, nostre ambassadeur, en parle de nostre part à Vostre Saincteté.

Ledit électeur nous ayant obligé, par la confiance qu'il a eue en nous et l'affection qu'il a tesmoignée vers cette couronne, à avoir ses intérests en mesme considération que les nostres propres[1]...

Copie. — Arch. des Aff. étr. Rome, t. L, fol. 51.

INSTRUCTION ENVOYÉE AU SIEUR COMTE DE BARRAULT[2].

Fontainebleau, 15 juin 1634.

Encores que les déportements[3] des Espagnols tesmoignent combien ils sont aliénés de la paix... Sa Majesté, pour la satisfaction de sa conscience, et pour faire voir à toute la chrestienté son affection sincère de rentrer avec le roy catholique en une bonne intelligence... «a jugé à propos d'entendre aux propositions d'accommodement faites par le cardinal Bichi au nom de Sa Saincteté.» Et l'on développe, en une instruction de quinze pages, les conditions d'un arrangement pacifique.

Mise au net, de la main d'un secrétaire de Chavigni. — Arch. des Aff. étr. Espagne, t. XVII, fol. 320.

INSTRUCTION POUR M. D'AVAUX[4].

Saint-Germain-en-Laye, 23 juin 1634.

Cet ambassadeur était envoyé près des rois de Danemark, de Suède et de Pologne, «pour disposer les esprits de ces princes à concourir à une paix générale,» disent les instructions.

Mise au net. Arch. des Aff. étr. Danemark, t. I, fol 277. — Suède, t. III, fol. 233-247. — Pologne, t. II, fol. 167; avec quelques variantes dans ces trois manuscrits. Les Mémoires manuscrits de Richelieu ont inséré cette pièce, t. VII, fol. 179-189. Édit. Petitot, t. VIII, 148-156.

[1] Le même jour, le roi écrit au comte de Noailles, conformément à la lettre adressée au pape, et il l'avertit qu'il en écrit également au cardinal Barberin. Sa Majesté lui ordonne de «faire, à ce sujet, office en son nom.»

[2] Les Mémoires de Richelieu ont conservé cette instruction t. VIII, p. 133-143. Un message semblable fut aussi envoyé au sieur de Charbonnière, résident de France auprès de l'Empereur, p. 123 des Mémoires.

[3] On sait qu'à cette époque le mot déportement était pris en bonne aussi bien qu'en mauvaise part, et signifiait seulement une action quelconque. Richelieu entend ici la conduite politique des Espagnols. Toutefois, il avait certainement dans sa pensée, non-seulement contre les Espagnols des griefs politiques, mais des griefs personnels. Vers l'époque où cela fut écrit, à la date de mars 1634, nous trouvons un petit cahier de quatre feuillets, soigneusement mis au net par Charpentier. Le cardinal y résume divers rapports dont il résulte que non-seulement la vie de Richelieu, mais celle du roi, étaient menacées par la politique espagnole. Nous y lisons : «On avertit l'ambassadeur qu'en Espagne la résolution est prise de faire l'impossible pour faire mourir le roi et le cardinal. Castagnède, ambassadeur d'Espagne auprès de l'Empereur, est si imprudent que d'escrire récemment à (le nom en blanc) : Plaise à Dieu qu'il vienne bientôt un Ravaillac. — Par les lettres interceptées de Bernardières, il escrit à ses correspondans que soit que la reyne s'accorde et vienne en France, soit qu'elle n'y vienne pas, il faut plaider, qui veut dire, en leur jargon, tuer le cardinal.» et ces sortes d'informations remplissent huit petites pages. (Manuscrit cité aux sources, fol. 290.)

[4] Une lettre du roi au roi de Danemark annon-

LE ROI À M. D'AMONTOT.

De Saint-Germain-en-Lay, 23 juin 1634.

M. D'Amontot, aiant sceu ce qui s'est passé en l'affaire de Besançon, et comme j'y suis parti-culièrement intéressé en ma personne, je vous renvoie votre courrier en diligence, pour vous commander de faire signer à Besançon une déclaration de tout ce qui s'est passé... (le plus de dépositions possible)... Asseurés Besançon de ma protection, et lui donnez cinq cents écus pour subvenir à la nécessité en laquelle je ne doute point qu'il ne soit à présent [1].

Mise au net, de la main de Cherré. — Arch. des Aff. étr. Pays-Bas, t. X, pièce 78.

AU CARDINAL ANTHOINE BARBERINI.

De Ruel, 25 juin 1634.

L'abbé de la Lucat ayant résigné son abbaye en faveur du fils de M. de Guron, Richelieu prie le cardinal Anthoine de lui donner son assistance pour l'obtention de ses bulles, « le dit sieur de Guron estant une personne que Sa Majesté voit de bon œil, et que j'affectionne particulièrement... »

Orig. de la main de Cherré. — Bibl. nat. Baluze, 254, fol. 193 [2], arm. paq. 3, n° 2.

MÉMOIRE.

DIVERSES AFFAIRES.

Commencement ? de juillet 1634.

La duchesse de Lorraine Nicole demande un asile en France. — Moyens de renforcer l'armée. — Faire attention que plusieurs soldats envoyés par M. de Lorraine sont entrés au régiment des gardes. — La reine mère et le prince Thomas ont envoyé un homme vers M. de Lorraine pour le débaucher. M. de Rohan a remis ces lettres au cardinal [3].

Minute de la main du secrétaire de nuit. Un paragraphe ajouté de la main de Char-pentier. — Arch. des Aff. étr. Lorraine, t. XXVII, pièce 250.

çait ainsi à ce prince la mission de M. d'Avaux : « Vous faire entendre nos sentimens sur la consti-tution présente des affaires de la chrestienté. » La minute, de la main d'un secrétaire de Chavigni, est sans doute l'œuvre de ce secrétaire d'État (ms. pré-cité de Danemark, fol. 276), ainsi que plusieurs lettres de compliment du roi au princes de la maison de Danemark, du 23 juin et du 7 juillet (fol. 288 et suiv.). — La lettre de d'Avaux, adressée par le roi à la reine de Suède, est conservée aux Affaires étrangères, Suède, t. III, 253. Et nous trouvons au fol. 292 la lettre où M. d'Avaux fait à Bouthillier le récit de sa présentation à la petite reine (âgée de huit ans), et au conseil de Suède, le 30 décembre.

[1] Le même jour, Chavigni mandait à M. d'Amon-tot « de faire esclatter le gré que le roi sçait à Be-sançon, afin de donner exemple aux autres d'effacer leurs fautes passées. » (Même manuscrit, p. 79.) — Besançon, ayant quitté le parti de Monsieur pour rentrer en grâce auprès du roi, fut blessé dans un duel à cette occasion.

[2] Le manuscrit donne une notice sur la famille de Guron (fol. 167), et un mémoire autobiographique sur Louis de Guron, où il parle aussi de son père. Louis était né à la fin de 1617 ; il fut évêque de Tulle en 1652, et plus tard de Commminges ; il eut, dès 1630, l'abbaye de Moreaux en Poitou, mais il ne parle pas de celle dont on demande pour lui les bulles.

[3] Le duc de Rohan était alors sincèrement dévoué. Nous le voyons, vers la fin de cette même année, s'entremettre auprès du duc Bernard de Weimar pour l'attacher plus intimement à la France. (Mêmes ar-chives, Saxe, t. I, pièce 66.)

À M. DE SABRAN.

5 juillet 1634.

Allant en Italie, il passera à Turin; tâchera de persuader au duc, sans paroistre en avoir charge, qu'il seroit de son intérest de s'unir à Gênes contre l'Espagne. — Des intentions du roy sur l'Italie, dira seulement qu'il sait qu'elles vont toutes au repos de la chrestienté. — A Gênes, tenir le même langage : le roy ne porteroit les armes en Italie que pour la garantir de l'oppression et pour secourir les alliés. Il ira voir le duc de Parme, et ensuite le duc de Mantoue. — Longs développements où les affaires d'Italie sont considérées à divers points de vue [1]. — Insister fortement près du duc de Savoie sur le péril dont sont menacés lui et ses enfants par l'ambition des deux frères. — Monsieur a fait avec les Espagnols un traité auquel s'est associé le prince Thomas. — Grand intérêt de la Savoie de rester intimement unie avec la France.

Minute de la main d'un premier commis de Chavigni et de celle de Cherré. — Arch. des Aff. étr. Gênes, t. II, fol. 104-113.

De Royaumont, ce 28 juillet 1634.

Je croy qu'il seroit bon de sçavoir de M. le cardinal de La Valette ce qu'il veut faire en l'affaire de M. d'Espernon [2], afin d'y mettre une dernière fin: car si M. le cardinal Bichi s'en va une fois sans avoir arresté la pénitence qu'il a ordre de Sa Saincteté de donner, cette affaire sera remise aux calendes grecques.

Mise au net de la main de Cherré. — Arch. des Aff. étr. Rome, t. LIV (fol. 263, au crayon).

À M. DE POUGNY.

8 août 1634.

Faire une dépesche à M. de Pougny : qu'il advertisse le roy de la Grande-Bretagne que les Espagnols se vantent d'attirer ledit roy au traitté qu'ils ont fait faire à Monsieur contre la France... La ratification d'iceluy, signée du roi d'Espagne, est tombée comme par miracle entre les mains de Sa Majesté. Le roy n'a pas cru que le roy d'Angleterre se joigne à eux, quoiqu'on ait publié qu'un gentilhomme du prince Thomas envoyé à Londres eu avoit rapporté de bonnes paroles. M. de Pougny représentera au roy d'Angleterre et au grand trésorier « comme les vrays intérests d'Angleterre se trouvent bien mieux avec la France, les Hollandais et les protestans d'Allemagne qu'avec la maison d'Autriche, qui, outre divers desseins contre l'Angleterre, a fraischement despouillé le roy de Bohême, son beau-frère, de tous ses estats... »

Minute de la main de Cherré. — Arch. des Aff. étr. Espagne, t. XVII, fol. 337.

À M. DE POIGNY [3],

AMBASSADEUR EN ANGLETERRE.

[Août] 1634.

La reine d'Angleterre a refusé une lettre du cardinal, envoyée par l'entremise de M. Duperron.

---

[1] Ici se place l'addition de la main de Cherré, où le cardinal s'occupe surtout du projet de confédération italienne. (Voy. ci-dessus, ligue d'Italie.)

[2] Il s'agit de l'excuse à faire par M. d'Épernon à l'archevêque de Bordeaux, envers lequel il avait usé de voies de fait.

[3] Les manuscrits écrivent encore ce nom : Pougny.

Richelieu n'étant pas informé de cet incident, quand M. de Poigny fut envoyé à Londres, il lui remit aussi une lettre pour la reine, laquelle fut encore refusée. Richelieu répond à M. de Poigny que, s'il eût été informé de l'accueil fait à sa première lettre, il n'aurait pas osé en adresser une seconde : « Je vous conjure, dit-il, de ne jamais nommer mon nom à la reyne tant qu'elle l'aura désagréable; mais asseurez Sa Majesté que la disgrâce dans laquelle je suis auprès d'elle n'empeschera pas que je n'aye la mesme passion que j'ay tousjours eue pour son service... [1]

Imprimée : Aubéry, *Mém.* V, 377. Rec. de 1696, I, 301.

ADVIS DONNÉ AU ROY
SUR LE SUJET DE LA BATAILLE DE NORTLINGUEN.

11 septembre 1634.

Considérations sur les conséquences de cette défaite des Suédois battus par les impériaux.

Arch. des Aff. étr. Suède, III, fol. 263. — Mise au net de la main de Charpentier. Une note, inscrite au dos, dit : «Le 11 septembre... six heures après en avoir receu la nouvelle le même jour, par M. de Miré.» La bataille avait été livrée le 7 septembre. Les *Mémoires de Richelieu* ont conservé cet avis, p. 178-180, t. VIII.

LE ROI À L'ÉLECTEUR DE TRÈVES.

Monceaux, 25 septembre 1634.

Mon cousin, j'envoie vers vous le sieur de Gournay. Je luy ay donné charge de vous faire entendre combien il est important que vous fassiez pourvoir de vivres et de munitions de guerre, pour un an, la place de Philisbourg avant que mes troupes y entrent... je luy ay aussi commandé de faire quelque séjour dans l'evesché de Spire pour le soulagement des habitans et conservation de la religion; sur ce... [2]

Minute de la main d'un secrétaire de Chavigni. — Arch. des Aff. étr. Trèves, t. II, pièce 95.

MÉMOIRE DE MONSEIGNEUR.

Sans date. 1634.

Nous trouvons à la fin de l'année 1634, dans le tome LXVIII des manuscrits de France, fol. 36, une pièce au dos de laquelle on lit : *Mémoires de Monseigneur*, qui est, en effet, de la main du cardinal, et que cette circonstance nous recommande. C'est une page qui n'est pas très-claire, mais où l'on remarque pourtant certaines intentions de clemence [3] :

[1] Nous n'avons trouvé, aux Affaires étrangères, ni les deux lettres du cardinal à la reine d'Angleterre, ni cette réponse; mais la lettre de M. de Poigny y est conservée fol. 324 du t. XLV. Elle est datée du 19 juillet, ce qui reporte au mois d'août sans doute la présente réponse, dont les imprimés ne donnent point la date.
[2] L'instruction donnée à M. de Gournay développe les arguments à présenter à l'électeur : «Le roy ayant obtenu que Philisbourg seroit remis en dépost entre ses mains,» il faut se hâter de prendre toutes les mesures nécessaires pour la conservation de cette importante place. Cette pièce, cotée 94, est

une minute de la même écriture que la lettre du roi, et porte la même date. Chavigni a ajouté quelques lignes. Notre manuscrit nous donne (pièce 70) une autre lettre du roi promettant à l'électeur de ne rien omettre pour sa défense et la conservation de ses États.
[3] Un projet d'abolition pour ceux qui avoient suivi Monsieur se trouve dans les manuscrits de Baluze; on les rétablit dans leurs biens non donnés, à la condition qu'ils ne prétendront point revenir maintenant en France. Cette pièce, non datée, semble se rapporter à l'année 1634.

« M. Bouthillier escrira à Hubert que la confiance qu'il a que G. exequtera ce qu'il a promis faict qu'on luy envoye 6,000 livres pour qu'il les luy donne de la part du roy...

« Qu'on lui envoye passe-port pour B. portant permission de revenir chez luy...

« Si W... veut revenir, il sera receu...

« Pour Estissac, on luy envoie un passeport pour revenir. »

On ne leur demande qu'une « protestation de la repentance de leur faute et de la résolution qu'ils ont de bien faire à l'avenir. »

Estissac était un de ceux que le Parlement de Dijon avait condamnés à perdre la tête en 1632, pour crime de lèse-majesté, comme complices de la révolte de Monsieur. Nous ne savons quels sont les autres personnages dont cette pièce fait mention.

Bibl. nat. Arm. V, paq. 4, n° 2, fol. 65.

PROJET DE DESSEIN

POUR FAIRE LA GUERRE AUX PAYS-BAS.

[Vers le commencement de l'année 1635.]

Pour faire la guerre au mois de mars, il est besoin de faire, dès cette heure, les préparatifs, non seulement d'argent et d'armes, mais aussy de munitions de guerre et de bouche... le dessein peut se réduire à deux chefs : aller aux ennemis et leur livrer bataille, ou se rendre maîtres des provinces... assiéger les villes.

Arch. des Aff. étr. Pays-Bas, t. II, pièce 175. — Mise au net, de la main de Charpentier; quelques mots de Richelieu, en interlignes. Mém. de Richelieu, mss. t. VII. p. 343-347 [1]. — Tom. VIII de Petitot, p. 280-285.

À M.

[Vers le 10 janvier 1635 ? [2]]

Faut mander à M. de Rohan que M. de Bullion est party le 6 de ce mois, pour aller à la Valteline, il lui faut quinze jours pour arriver à Coirre avec des mulets qu'il mène chargés d'argent... qu'il se saisisse de tous les lieux nécessaires pour la conservation du pays... L'affaire exécutée, le roi lui destine un autre emploi en Allemagne...

Il aura soin que les catholiques ne se puissent plaindre...

Faire une entreprise sur Brisach; mais prendre garde que celle-ci lui fasse perdre la Valteline...

Minute de la main de Chavigni. — Arch. des Aff. étr. Lorraine, t. XXV, pièce 24.

À MM. LES MARESCHAUX DE LA FORCE ET DE BRÉZÉ.

14 janvier 1635.

Le roy ayant considéré que si ses armes jointes à celles des confédérés ne chassent présentement

---

[1] La première page est une répétition de la p. 318, inadvertance commise également dans l'édition de Petitot.

[2] Le duc de Rohan était parti pour la Valteline au commencement de janvier 1635. Chavigni écrivait, le 10, aux maréchaux de la Force et de Brézé une lettre où nous lisons : « M. de Brezé doit sçavoir que M. de Rohan s'en va à la Valteline, ce qu'il ne communiquera à qui que ce soit au monde... qu'il contribue à esloigner les ennemis de ce costé-la. » (Ms. précité, pièce 8'). On dut envoyer, peu après son départ, l'argent destiné pour son armée; la présente missive nous apprenant que cet argent était parti le 6, elle peut être mise vers le 10.

les ennemis du Wurtemberg et ne délivrent Ulm, Ausbourg et Nuremberg, lesdits confédérés seront contraints de faire une paix préjudiciable au bien commun, l'intention de Sa Majesté est que lesdits sieurs maréchaux s'avancent avec toute l'armée, pourveu que le duc de Weymar y joigne toutes les troupes qu'il a... L'échauffer et le confirmer dans l'affection qu'il a pour Sa Majesté... On écrit à M. de La Grange de faire la mesme chose... Recommandations détaillées auxdits maréchaux pour l'exécution des intentions du roi.

Dans un autre mémoire du 31 janvier, on écrit aux maréchaux que la surprise de Philisbourg ne doit pas les empêcher d'exécuter les derniers ordres qu'ils ont reçus. La pièce est sans doute de Chavigni. Une correction de Richelieu, en interligne, dit : « que lesdits sieurs maréchaux, sans perdre aucun temps, entrent dans le Wurtemberg, et en chassent les impériaux, ainsi qu'il leur est commandé. » Une lettre du roi à M. de Rohan, au sujet de la prise de Philisbourg, est de la main d'un secrétaire de Chavigni, et doit être de ce secrétaire d'État (pièce 37). Cependant, ces généraux ayant représenté qu'ils ne pouvaient plus subsister au delà et en deçà du Rhin, le roi leur donne la faculté « d'avancer plus avant, de demeurer aux lieux où ils sont, ou repasser le Rhin. » Cependant, Sa Majesté juge très-important de pourvoir à Spire (9 fév. pièce 49e, minute de la main de Chavigni).

Notons encore à la date du 9 mars, et envoyé aux maréchaux, un mémoire d'opérations militaires, auquel il paraît que Richelieu n'est pas resté étranger. (Pièce 76.)

Minute de la main de Charpentier. — Arch. des Aff. étr. Lorraine, t. XXV, pièce 16.
La pièce 14 est une mise au net, de la main d'un secrétaire de Chavigni.

LE ROI AUX CANTONS.

17 janvier 1635.

Le roi envoie MM. de Rohan et de Candale, « sur les avis que nous recevons, de toutes parts, des entreprises qui se projettent sur le pays des Grisons. »

Minute [1]. — Arch. des Aff. étr. Suisse, t. XXVIII.

MÉMOIRE DONNÉ À M. DE FEUQUIÈRES,

S'EN ALLANT À WORMS.

Paris, 28 janvier 1635.

M. de Feuquières, qui avait été chargé l'année précédente d'une mission diplomatique en Allemagne, y était renvoyé de nouveau avec cette longue instruction dont le double objet était : 1° de resserrer, par l'entremise d'Oxenstiern, l'union de la France et de la Suède; 2° d'attacher fortement à la cause de la France le duc Bernard de Weimar.

Mise au net. — Arch. des Aff. étr. Allemagne, t. XII, pièce 13 d. — Imprimée : Négociations de Feuquières, t. II, p. 443, avec la date du 30 janvier.

[1] Le manuscrit conserve, sur cette affaire, plusieurs pièces parmi lesquelles nous n'indiquerons qu'une lettre de Richelieu, adressée à Servien, où il est dit : « Le roy trouve bon qu'on envoie conférer avec M. de Rohan... sur les bons desseins à faire. » La date manquant, la pièce a été classée vers la fin de l'année.

[2] La minute a été arrangée en partie pour les Mémoires de Richelieu. — Dans un autre mémoire, aussi envoyé à Feuquières, et daté du 9 mars, on lit : « S. M. entend que le sr de Feuquières exerce dès maintenant la charge de lieutenant général de ses troupes allemandes qui sont avec le duc de Weimar. » (Manuscrit précité, p. 38.) Ce mémoire est sans doute de Servien.

35.

À MADAME LA DUCHESSE DOUAIRIÈRE DE TOSCANE.

3o janvier 1635.

« Ma tante ». . . Le roi loue la compassion qu'elle a de l'estat où le duc Charles est réduit, et de la part que le duc Nicolas François, son frère, a dans sa disgrâce; mais c'est un légitime châtiment des mauvaises intentions qu'il ne cesse de manifester pour la France. « La participation que le prince Nicolas François a prise à sa dernière action m'a d'autant plus offensé que j'avois tousjours eu pour luy une affection particulière. . . Je ne puis faire autre response à la lettre que vous m'avez escrite par M. Mazarini, nonce extraordinaire. » S'il ne s'agissait pas d'une affaire d'État, le roi n'aurait rien à refuser à S. A. pour laquelle il a une grande affection.

Copie. — Arch. des Aff. étr. Florence, t. II, fol.

[AU SECRÉTAIRE D'ÉTAT DE LA GUERRE?]

[. . .Janvier 1635.]

Si l'on veut que les armées subsistent en Allemagne, il faut faire des magasins de bled en diverses villes. — Il faut pourvoir à Manheim munitions et fortifications; — donner ordre à M. d'Andilly de remédier aux désordres qu'ont faits les gouverneurs en Lorraine « et empescher qu'ils ne lèvent aucun subside mal à propos. » Ordre au s^r Ferrier de faire conduire vingt pièces de canon à Moyenvic et à Marsal [1]. Envoyer à Philisbourg les 5oo,ooo^{tt} qui sont à Metz.

Minute. — Arch. des Aff. étr. Lorraine, t. XXVII, pièce 197.

POUR MM. LES SURINTENDANS.

Ce mardy gras, a 2 heures après minuit [février ou mars].

Les chevaux de l'artillerie doivent être prêts au 10e avril. — Par le traité de Hollande, vingt vaisseaux doivent être mis en mer au même temps. Voir dès cette heure ce qu'il faut de fonds pour cela. — « Je me démets volontiers en tant que besoin est de l'administration de ma charge entre leurs mains, et les prie, comme mes amis particuliers, de la faire. — Si tout n'est prest, nous manquerions de parole. »

Original de la main du secrétaire de nuit. — Arch. de la famille Bouthillier.

INSTRUCTION DONNÉE À M. DE CHARNACÉ,

S'EN ALLANT EN HOLLANDE.

Versailles, 22 février 1635.

Mesures à prendre pour la jonction des armées de France et de Hollande, en suite de la convention conclue le 8 février [2].

Orig. — Arch. des Aff. étr. Hollande, t. XV; classé entre le 3 et le 7 mai. — Mise au net, de la main de Cherré. Même collection, t. XVI, pièce 17. — Impr. dans les Mém. de Richelieu, t. VIII, p. 259-261 et p. 280, où se trouve une page répétée par erreur.

[1] La ville de Philisbourg ayant été prise par l'ennemi au commencement de février, cet ordre ne peut avoir été donné qu'en janvier.

[2] Le manuscrit t. XVI nous donne, a la date du 26 février (pièce 19), des propositions à faire au prince d'Orange touchant le siége de Namur et de

À M. SERVIEN,

CONSEILLER DU ROY, SECRÉTAIRE DE SES COMMANDEMENS.

Ruel, 5 mars 1635.

...Ce n'est pas assez d'escrire à M. le premier président de Metz qu'il envoie des médicaments et du linge à l'armée, mais qu'il faudroit donner charge à quelqu'un de les conduire, et qu'il seroit encore meilleur de luy envoier de l'argent. Je vous prie de voir M. Bouthillier, le père, qui soulage son fils sur ce sujet [1], afin qu'ayant la plume et la bourse tout ensemble, il contribue à l'exécution de ce que dessus et le plus diligemment qu'il pourra...

Orig. — Arch. des Aff. étr. Lorraine, t. XXV, pièce 72.

AU ROY.

[Vers le mois de mars 1635.]

Il y a longtemps que quelques considérations m'empeschent de dire au roy qu'il est du tout nécessaire qu'il promette au général des galleres de se deffaire de sa charge selon qu'il le désire ardemment [2]. ...Je manquerois si je ne disois déterminément au roy qu'il doit jeter les yeux sur quelqu'un... qui ayt cœur et affection à un tel employ, où il n'y a autre profit à faire que d'acquérir de l'honneur non sans peine... « Il y a quelque temps que le porteur du présent mémoire tesmoigna au roy que j'avois quelque pensée pour un de ses serviteurs sur ce sujet ; il luy dira maintenant comme je ne l'ay plus et les raisons pourquoy [3]... »

Mise au net, de la main de Charpentier. — Arch. des Aff. étr. France, t. LXXIV, pièce 3.

À M. BOUTHILLIER.

De Royaumont, 16 mars 1635.

Richelieu lui envoie la matière de lettres à faire pour certaines dispositions de troupes ; « je vous prie de faire en sorte que vos dépesches laissent tousjours le pouvoir aux généraux d'agir toutes les fois qu'ils verront sur les lieux pouvoir profiter de quelque occasion notablement avantageuse au service du roy. » Il s'agissait dans ces dépesches du duc Bernard, de MM. de Brézé, de Rohan, de Fenquières et d'Arnauld d'Andilly, intendant de l'armée de celui-ci.

Minute de la main de Cherré. — Arch. des Aff. étr. Allemagne, t. XII.

Dunkerque. C'est une matière de lettre, dont quelques lignes de la main de Bouthillier semblent dictées par le cardinal.

[1] Depuis trois ans Chavigni avait succédé à son père dans la charge de secrétaire d'État des Affaires étrangères; mais on voit que, malgré son emploi de surintendant des finances, Cl. Bouthillier n'était pas resté étranger au département dont il n'était plus titulaire. Nous trouvons encore, dans ce même manuscrit, à la date du 25 février, cette note écrite par Claude Bouthillier sur le dessus d'une lettre du duc de Rohan, dont le secrétaire était porteur : « Mon filz, il est très à propos que M.le cardinal entende le secrétaire de M. le duc de Rohan ; j'eusse esté à Rueil sans la créance que S. Ém. revient aujourd'hui. » (Pièce 65.)

[2] Pierre de Gondi, duc de Retz, avait été pourvu de cette charge en 1626; « il fut obligé de s'en démettre en faveur du marquis du Pont-Courlay, » dit le P. Anselme (VII, 935), et la charge fut donnée à M. du Pont-Courlay, le 15 mars 1635.

[3] Le cardinal ne pouvait pas mieux désigner son neveu au choix du roi. On sait combien ce neveu remplit mal sa charge, et quels mécontentements il donna à son oncle.

À M. BOUTHILLIER,

SURINTENDANT À PARIS.

20 mars 1635.

On dit que Vieupont a esté arresté à Bruxelles, sous prétexte de fauce monnoie... Donner ordre à M. d'Amontot de le demander au cardinal Infant, « de la part du roy, sur la cognoissance que S. M. a qu'il a eu des desseins sur sa personne... »

Au bas de cette lettre, Bouthillier a écrit : « Le 3ᵉ apvril, à Rueil, Mᵍʳ le cardinal a dict de mander à M. d'Amontot (auquel il avait été écrit le 21 mars) qu'il se donnast bien garde de demander ledit de Vieupont. »

Orig. de la main de Cherré. — Arch. de la famille de Bouthillier.

MÉMOIRE POUR LE SIEUR DE FEUQUIÈRES.

De Chantilly, 25 mars 1635.

Dispositions pour les armées d'Allemagne. — S. M. trouve bon le projet de traité fait entre le duc de Weimar et ledit sⁱ de Feuquières. — Il insistera auprès du chancelier Oxenstiern pour qu'il ratifie le traité de Paris. Mécontentement du roi de ce que le sʳ Grotius a prétendu que ledit chancelier ne se vouloit tenir à ce traité.

Mise au net, de la main de Charpentier. — Arch. des Aff. étr. Allemagne, t. XII, pièce 47. — Copie faite sur l'original signé du roi; de la main de Charpentier, contre-signé Bouthillier. — Bibl. nat. Baluze, pap. des arm. lett. paq. 4, nᵒˢ 2 et 3, fol. 157, 158. — Impr. Lettres et négociations de Feuquières, t. III, p. 1 [1].

À MM. DE LA FORCE ET DE BRÉZÉ.

29 mars 1635.

On ne peut leur donner avis de loin... Cependant on leur recommande de faire entrer des troupes dans Manheim... Représenter à l'assemblée et à l'administrateur palatin ce que le roy a fait pour eux. Veiller au salut d'une place si importante. On leur a envoyé tout l'argent qu'ils ont demandé pour la fortifier [2].

Minute de la main de Bouthillier. — Arch. des Aff. étr. Lorraine, t. XXV, pièce 79. La pièce 82 est une mise au net de la lettre faite d'après cette matière.

---

[1] Le 24, Richelieu envoie à Chavigni des mémoires pour faire des dépêches à Feuquières. Les lettres du roi, également contre-signées Bouthillier, avaient été données à Feuquières le 30 janvier (voir mes Analyses à cette date), pour négocier avec divers princes d'Allemagne, dont le nom est resté en blanc; elles sont imprimées dans le Recueil déjà cité publié par M. Ét. Gallois, ainsi que la patente pour commander l'armée d'Allemagne, contre-signée Servien, t. Iᵉʳ, p. 82, 83, 84.

[2] On s'inquiétait en février (voy. ci-dessus, date du 14 janvier) de la difficulté de faire subsister l'armée d'Allemagne. En conséquence, on donna ordre à M. d'Andilly, intendant d'armée, de faire des amas de blé dans diverses villes d'Allemagne et de pourvoir à la conservation de Manheim (t. XXVII de Lorraine, pièce 197). Une lettre du cardinal aux généraux (pièce 199, également sans date) leur annonce que des moutures sont ordonnées pour janvier ainsi que pour février, et que l'on s'occupe d'avril prochain; ces deux lettres, non datées, doivent avoir été écrites en mars.

POUR M. BOUTHILLIER,
SURINTENDANT.

De Ruel, 9 avril 1635.

Il sera bon que M. de La Force mette encore un régiment dans Schelestadt; ...cette place est de conséquence. — Je voudrais bien que vous et le bon P. Joseph missiés ordre à faire que le comte d'Egmont oste sa femme de Charleville...

Orig. de la main de Charpentier. — Arch. de la famille de Bouthillier.

POUR M. BOUTHILLIER,
SURINTENDANT.

De Ruel, 12 avril 1635.

M. Bouthillier est prié de voir aujourd'huy Mme de Pontchasteau [1], et résoudre avec elle si on fera son second fils d'église ou d'espée... « Je suis d'advis qu'elle envoie quérir son dit fils et luy propose les deux conditions, afin de voir ses sentimens. »

Orig. de la main de Charpentier. — Arch. de la famille de Bouthillier.

INSTRUCTION
POUR MESSIEURS LES MARESCHAUX DE CHASTILLON ET DE BRÉZÉ.
DESTINEZ PAR LE ROY POUR COMMANDER SON ARMÉE DE FLANDRES.

[Vers la mi-avril [2] 1635.]

...Le roy a mandé à M. le prince d'Orange que son armée... se trouvera le 12 may à pour se joindre à l'armée de MM. des Estats... Se trouver le 28 d'avril à Mézières... Dispositions prévues pour la campagne... « S'il arrivoit que la royne mère et la princesse Marguerite tombassent entre les mains de S. M. et de MM. des Estats, le roy désire que l'on rende à sa mère tous les honneurs et que la princesse soit bien gardée, luy rendant les civilités dues à une princesse de sa naissance. »

Mise au net, de la main de Charpentier. — Arch. des Aff. étr. Pays-Bas, t. II, pièce 176.

[À M. BOUTHILLIER.]

De Nanteuil, 20 avril 1635.

Envoyer promptement un courrier à M. d'Amoutot, pour réclamer la liberté de l'électeur de

[1] On a vu que Mme de Pontchasteau était une cousine de Richelieu.

[2] Cette pièce sans date se trouve classée dans le manuscrit à la fin de l'année; ce classement est défectueux. Le maréchal de Brézé commandait avec le maréchal de La Force l'armée d'Allemagne qui, après un assaut, fit capituler Spire le 21 mars. Le maréchal de Brézé quitta l'armée d'Allemagne le 10 avril pour se rendre à l'armée de Flandres, dont le cardinal lui avait voulu donner le commandement avec le maréchal de Chastillon. Il arriva le 15 à Paris pour prendre ses instructions qui, si elles n'étaient pas préparées à l'avance, ne se firent pas attendre, car l'affaire pressait, l'armée du prince d'Orange devait être rendue à Mézières le 28 avril. Nous avons donné (t. IV, p. 733) une lettre de Richelieu à son beau-frère, où il lui fait ses dernières recommandations. M. de Brézé devait être alors en route. Notre manuscrit nous donne une lettre qu'il écrivait à Bouthillier, de Mézières, datée du 5 mai, et il y était arrivé depuis plusieurs jours.

Trèves [1]. Nous avons transcrit presque toute cette dépêche dans un *nota* (p. 762 du 4ᵉ vol.). — Le cardinal ajoute : « Il est bon que dès la première gazette Renaudot y mette simplement que le roy a envoié demander M. l'archevêque de Tresves à M. le cardinal Infant. »

Orig. sans signature, de la main de Charpentier. — Arch. de la famille Bouthillier.

[À M. DE CHAVIGNI [2].]

[. . . Avril [3] 1635.]

Il ne faut pas envoyer à M. de Senetere [4] copie du traitté dont certains articles déplairoient à l'Angleterre. On peut luy permettre de dire que, pour avoir la paix, le roy a résolu de rompre avec l'Espagne; mais il ne faut point parler du partage projetté. . .

Matière pour faire une lettre, de la main du secrétaire de nuit. — Arch. des Aff. étr. Hollande t. XVII, fol. 41.

À M. DE FORBIN [5].

De Péronne, 6 mars 1635.

Richelieu le remercie du soin qu'il a pris «à la conduite» de son frère [6]. Il le prie de «faire advancer les huict corps de gallères le plus qu'il se pourra.» Les surintendants ont fait les fonds nécessaires, «mais je ne feray rien arrester pour l'entretenement de ces gallères avant d'en conférer avec vous et prendre vostre advis.» — «Je vous puis assurer que mon neveu [7] vous aymera et vous considérera comme vous le pouvés désirer. . . »

Copie conservée dans le fonds Peiresc. — Communication de M. Lambert, bibliothécaire de Carpentras.

LE ROI À M. D'AVAUX.

Péronne, 6 mai 1635.

On lui envoie les articles convenus avec Oxenstiern afin qu'il les fasse ratifier. — Faire toutes sortes d'efforts pour réduire les Polonais et les Suédois à la prolongation de la trève ou à la paix. — Maintenir l'électeur de Brandebourg dans l'union avec le roi et les confédérés. — Le chancelier Oxenstiern est parti de cette cour fort satisfait [8].

Orig. contre-signé Bouthillier. — Arch. des Aff. étr. Allemagne, t. XII, pièce 66.

[1] Richelieu fit bientôt écrire à Feuquières, par Bouthillier, une lettre dont il lui avait certainement donné la matière, et qui informait ce général de l'état des choses (24 mai). Cette lettre est imprimée dans le Recueil donné par M. Él. Gallois (I, p. 106).

[2] La suscription manque, mais c'est le secrétaire d'État aux Affaires étrangères qui devait faire la lettre.

[3] Il n'y a point de quantième. Nous avons donné (t. IV, p. 718 et 725) deux lettres de Richelieu à Charnacé, datées des 22 et 23 avril; rien ne s'y rapporte à celle-ci, laquelle, étant sans date, a été classée entre le 26 et le 27 avril.

[4] Il était alors ambassadeur à Londres, et il fut chargé de faire en sorte d'avoir la participation de l'Angleterre aux desseins formés avec la Hollande. [*Mém. de Richelieu*, t. VIII, p. 261.)

[5] Voy. t. III, p. 549.

[6] Le cardinal archevêque de Lyon, ambassadeur extraordinaire en Italie, pendant l'année 1635.

[7] Du Pont de Courlay; il venait d'être nommé général des galères. (Voy. ci-dessus, p. 277.)

[8] Voy. les *Mém. de Richelieu*, t. VIII, p. 252, 257. Nous trouvons dans le tome Iᵉʳ de Danemark. fol. 326, une nouvelle créance sur M. d'Avaux : «Il s'en retourne vers vous, dit Louis XIII au roi de Danemark, pour vous faire entendre nos sentimens sur l'estat présent des affaires publiques.» La lettre est datée du camp de Cœur, le 9 octobre.

À MM. LES MARESCHAUX DE CHASTILLON ET DE BRÉZÉ [1].

10 mai 1635.

Bien qu'on vous ait dépesché hier... on vous renvoie ce courrier une heure après avoir receu votre dépesche, pour vous dire qu'il vous est libre de faire ce que bon vous semblera, non-seulement en cette occasion, mais en toute autre, quelque chose qu'on vous puisse mander par advis; le roy vous a confié la conduite de ses armes, vous en userés ainsy que vous l'estimerés à propos pour son service. Il voudroit que vous fussiés desjà joincts avec M. le prince d'Orange...

Mise au net, devenue minute. — Arch. des Aff. étr. Espagne, t. XVIII, fol. 39.

À M. LE PRINCE.

De Saint-Quentin, 11 mai 1635.

Le roi part demain pour aller droit à Langres. Désordres commis par le duc de Lorraine.. « Il est besoin de prendre à Nancy un pied tout autre que celuy qu'on a faict jusques à présent, puisque la douceur et le bon traitement n'a pas esté capable d'adoucir le cœur de telles gens. » — Faire raser les places de Lorraine. — Faire garder certains passages, en abandonner d'autres. — On craint que M. de Lorraine ne se retire dans le Luxembourg; il importe extrêmement de traverser son passage, en sorte que M. de La Force ait lieu de l'attraper... Monsieur, dont le voyage à Nantes avait donné de l'inquiétude, est de retour à Blois...

Orig. — Arch. de Condé. Communication de M⁹ʳ le duc d'Aumale.

À M. LE PRINCE.

La Fère-en-Tardenois, 18 mai 1635.

« ...Le roy envoie ordre à M. de Bellefont d'aller en diligence vous trouver avec sept ou huit régimens et sa cavalerie, pour se joindre avec M. de Feuquières, et ensemble attaquer les ennemis selon que vous l'estimerés plus à propos. — En P. S. Il faut faire toutes sortes d'efforts pour deffaire M. de Lorraine »

Orig. — Arch. de Condé. Communication de M⁹ʳ le duc d'Aumale.

MÉMOIRE DE M⁹ʳ LE CARDINAL,
POUR LA DÉPESCHE DE FLANDRES [2] [À MM. LES GÉNÉRAUX [3]].

[Un peu après le 22 mai 1635.]

« ...Qu'ils ont à craindre maintenant que leur armée, enflée de la victoire qu'elle a eue, ne se veuille trop avantager en paroles au préjudice de celle de M. le prince d'Orange, qui ne s'est pas trouvé au combat [4]. » — Bons résultats qu'il faut espérer de la jonction des Hollandois; mais surtout « éviter la division dans l'armée en les louant de l'union qui est, et les priant de continuer... »

Minute de la main de Servien. — Arch. des Aff. étr. Espagne, t. XVIII, fol. 66.

---

[1] Voy. notre IVᵉ volume, p. 758, une lettre à M. de Charnacé.

[2] Cette note, mise en tête par le secrétaire de Servien, signifie sans doute que la pièce a été dictée par Richelieu.

[3] Les maréchaux de Châtillon et de Brézé.

[4] Il s'agit de la bataille d'Avein qui avait été gagnée le 22 mai. Le cardinal, qui conseille ici la prudence, était au fond assez mécontent de la lenteur du prince d'Orange; mais il espérait qu'il serait arrivé

POUR M. BOUTHILLIER

SURINTENDANT DES FINANCES, À CHASTEAU-THIERRY.

Condé, 26 mai 1635.

M. Bouthillier se souviendra d'envoyer son courrier en Espagne pour faire revenir Peny. On lui donne ordre de dire dans son audience de congé[1] que le roi a fait tous ses efforts pour conserver la paix, mais qu'on l'a contraint à faire la guerre.

Orig. sans signature. — Arch. des Aff. étr. Espagne, t. XVIII, fol. 45. — Mise au net, devenue minute, fol. 46. — Imprimée dans les *Mém. de Richelieu*, t. VIII, p. 298.

LE ROI À M. DE BUSSY.

30 mai 1635.

La nouvelle que je viens d'apprendre de ce qui s'est passé à Trèves, et l'aproche de l'armée de Mansfeld, m'obligent de vous dépescher ce courrier en toute diligence pour vous dire que, sans perdre un moment de temps, vous jetiez la plus grande quantité de vivres que vous pourrez dans le chasteau d'Ermerstsain... afin de vous y retirer si vous estiez réduit à ne pouvoir défendre Coblentz... Si vous jugiés le pouvoir en y jettant quelques troupes, demandez à mes cousins les maréchaux de La Force et de Brézé de vous en envoyer; je leur escrits à ce sujet[2].

Minute de la main de Citoys. — Arch. des Aff. étr. Trèves, t. II, pièce 38.

À M. LE PRINCE.

...mai[3] 1635.

« Je n'ay point dit au roy que vous demandiés vostre congé, parce que véritablement il l'eust trouvé fort estrange; et vous me pardonnerés, s'il vous plaist, si je prends la liberté de vous dire qu'en cela vous n'auriés pas raison. S. M. vous envoie sept régimens... » Suit le détail des forces mises à sa disposition. « Il ne vous restera qu'a donner de bons ordres... et à rendre les preuves que S. M. attend de vostre courage et du zèle que vous avés à son service... »

Orig. — Arch. de Condé. Communication de Msr le duc d'Aumale.

[AU ROI.]

De Condé, 4 juin 1635.

...M. de Lorraine se retire vers Rhinfeld. — M. de La Force l'aurait déjà suivi « sans le deffant

pour la fin du mois, et il craignait qu'on ne compromît les avantages qu'il attendait de l'union des deux armées. (Voy. ses *Mémoires*, t. VIII, p. 316 et 321. Voy. aussi dans notre Ve volume, p. 225, la lettre au prince d'Orange et le *nota* qui suit.) — Le 7 juin, autre lettre du cardinal à Servien : qu'il écrive « pour exhorter, par toutes les voies imaginables, à demeurer étroitement unis ensemble. » Richelieu le charge aussi d'écrire à M. le prince, à M. de Thianges et à l'abbé de Mouzon pour des levées et autres opérations militaires. Original, signé de Richelieu et devenu minute. Même manuscrit, fol. 100.

[1] Le cardinal soupçonnait que peut-être ni le roi,

ni le comte d'Olivarès ne voudraient point le recevoir. Non-seulement il ne fut pas reçu, mais on le tint prisonnier dans son logis, où l'on mit des gardes. Lettre du sr Peny à Bouthillier, du 15 septembre, fol. 187 du manuscrit précité.

[2] Sur la même page et de la même main, se trouve la minute de la lettre du roi aux maréchaux auxquels il est enjoint de ne faire aucune difficulté d'envoyer les troupes.

[3] Le quantième manque, mais cette lettre, doit être du commencement du mois; la guerre fut déclarée le 19.

des munitionnaires. M. le cardinal de La Vallette escrit de mesme [1]. On y a pourveu maintenant. Ceux qui auraient les finances de V. M. doivent tenir pour asseuré qu'il est non seulement inutile, mais ruineux de mettre des armées sur pied si on ne pourvoit à ce qu'elles ne manquent pas de pain... Beauregard demande pour le fils de son frère l'enseigne de la compagnie dont il estoit capitaine. Il plaira au roy voir s'il ne trouveroit pas bon qu'on y face monter celuy des lieutenans qui sera jugé le mieux mériter. »

Orig. sans signature, de la main de Charpentier. — Arch. de la famille de Bou-
thillier.

À M. BOUTHILLIER,

SURINTENDANT.

Aubervilliers, 12 juin 1635.

Un bagage du cardinal Infant a été pris... Il faut bien se garder de le faire rendre, « car les Espagnols, qui sont artificieux, tascheroient de faire croire par là à tous nos alliés qu'il nous reste quelque intelligence avec eux. On verra dans trois mois ce qu'il en faut faire. — Pourveu que le Chenne (le roi) soit en lieu où il se divertisse n'importe pas où ce soit. — Mon mal prend son cours, il faut attendre qu'il soit meur; et j'ay cette confiance que Dieu sçait mieux ce qu'il nous faut que nous mesmes. »

Orig. sans signature, de la main du secrétaire de nuit. — Arch. de la famille de
Bouthillier.

À M. BOUTHILLIER,

SURINTENDANT.

De Ruel, 27 juin 1635.

Ma santé va mieux, et j'espère dans dix ou douze jours que ma playe sera fermée. — La nouvelle de M. du Bec n'est pas vraie, il ne faut pas se haster d'en publier. — Tillemont a esté pris par force et bruslé par malheur. — Diest s'est rendu. — La sédition augmente dans le Bordelois. — (Ici divers faits de guerre et diverses mesures à prendre.) — Voilà tout ce que je sçay, sur quoy vous me ferés scavoir les volontez du roy [2]. — ...On dit que le mal de Puylaurens augmente; vostre fils vous en rendra meilleur compte que moy [3]. — On dit aussy que M. de Chasteauneuf a tousjours la fièvre continue...

Orig. — Arch. de la famille Bouthillier.

AU COLONEL GASSION.

[Vers le milieu de l'année 1635 [4].]

« ...Je conserve toute l'estime que je vous ay promise... J'ay parlé au roy de vous, et vous ver-

---

[1] C'est au moment où la guerre commence, guerre préparée de longue main, que les vivres et les munitions de toute sorte font défaut. Telle a été constamment l'administration militaire sous ce règne. Mais le génie actif de Richelieu parvenait, par des efforts soudains, non à corriger les vices de cette administration, mais à en conjurer momentanément les périls.

[2] La dépêche fut communiquée au roi, qui a écrit au crayon, en marge des quatre paragraphes : « Cela est très à propos. »

[3] Puylaurens était mort trois jours après. Il avait été mis le 14 février à la Bastille, dont Léon Bouthillier était gouverneur.

[4] Cette pièce, en tête de laquelle on a mis : « Billet de Son Éminence, écrit de sa main, » n'est point datée; elle peut être du milieu de l'année 1635. On ne peut guère compter sur l'exactitude des indications données dans le livre anonyme de l'abbé de Pure.

36.

rez par vos emplois la différence qu'il fait de vous et des autres... Servez bien le roy, attendez tout de luy, et ne m'épargnez pas.»

Imprimée, *Vie de Gassion*, t. II, p. 49.

À M. LE PRINCE.

De Ruel, 3 juillet 1635.

M. le Prince est suplié d'envoyer en poste deux gentilshommes, un d'un costé et l'autre de l'autre, aux commissaires qui doivent faire raser toutes les places et chasteaux de la Lorraine pour leur faire promptement diligenter leur ouvrage[1]... auparavant qu'aucun ennemi puisse paroistre sur la frontière...

Orig. — Arch. de Condé. Communication de Mgr le duc d'Aumale.

POUR M. BOUTHILLIER,
SURINTENDANT DES FINANCES.

De Ruel, 8 juillet 1635.

« J'ay veu ce que vous me mandés touchant la difficulté que faict le roy de parler à M. le comte; pour moy je n'y en voy point; au contraire, je l'estimerois deshonoré si en une occasion pressante comme celle-ci, il ne faisoit ce qu'il doit et comme prince du sang et comme gouverneur de Champagne.» Exemples de princes qui, en pareille occasion, ont fait leur devoir. — « Il s'agit ici de supporter un grand effort, il ne faut rien oublier de ce qui se peut... Il faut dire à tout le monde que le roy sera à Chalons à la fin de ce mois... Je vous laisse à penser quel desplaisir ce me sera si je ne puis estre de la partie.»

Orig. sans signature, de la main de Charpentier. — Arch. de la famille de Bouthillier.

POUR M. BOUTHILLIER.

De Ruel, 9 juillet 1635.

...Les régiments de Saint-Farjeu et de Vineuil ont fait une infâme capitulation[2]; ils ont rendu leurs armes et leurs enseignes pour avoir leur bagage; il est nécessaire que le roy mande à M. de La Force de les juger en conseil de guerre. — Levées et demande de compagnies. — Je ne croy pas qu'il faille encore sitost penser à rompre les fours et les moulins; cela donneroit trop d'estonnement. Et si M. le cardinal peut une fois avoir joinct les troupes de M. du Hallier et celles de Langres, les ennemis trouveront à qui parler et nous dormirons sans crainte.

Orig. — Arch. de la famille de Bouthillier.

AU CARDINAL DE LA VALETTE.

10 juillet 1635.

Mauvaises nouvelles d'Allemagne; ne pas perdre un moment pour rassembler son armée. Il est

---

[1] Si l'on démantelait activement les pays occupés par nos troupes, et qui nous étaient mal affectionnés, on s'efforçait en même temps de protéger ceux qui ne nous étaient pas hostiles. Nous trouvons précisément à cette époque (29 juin) une lettre de Louis XIII à M. de Feuquières, où le roi lui ordonnait de punir «de chastimens très-sévères» les dommages qui seraient faits aux habitants. Lettre imprimée dans le Recueil de M. Ét. Gallois, p. 112.

[2] Voy. t. V, p. 92 et 923.

bien important dans l'état des affaires d'attacher le duc Bernard à la France. Propositions... si on peut l'engager à de moindres conditions, vous le ferez avec votre prudence[1]...

Minute de la main de Cherré. — Arch. des Aff. étr. Allemagne, t. XII, pièce 86.

POUR M. BOUTHILLIER,
SURINTENDANT DES FINANCES, À FONTAINEBLEAU.

De Ruel, 10 juillet [1635].

« ... Vous m'escrivés de Saint-Germain, le 8 au soir; je responds le 9, je ne croy pas devoir estre accusé du péché de paresse, quoy que mes maux et les affaires de S. M. me deussent bien excuser, si je manquois à y respondre d'une heure. » Le roi a été mécontent d'un retard de quatre ou cinq jours dans l'envoi d'un brevet pour M. de Cauisy; Richelieu explique que ce retard n'a aucune conséquence, et il espère que le roi, qui s'en rapporte à ce qu'il juge bon dans des affaires bien autrement importantes, ne trouvera point à redire à celle-là. — Tout ce que le roy commande pour les levées sera faict. — Il faut se garder de donner la compagnie de chevau-légers que demande M. de Rohan. — ... « Je me trouve très-mal pour estre accablé d'affaires. »

Orig. — Arch. de la famille de Bouthillier.

AU CARDINAL DE LA VALETTE.
25 juillet 1635.

Regret de ce que ses troupes ne sont assemblées et du mauvais soin des munitionnaires. On hâte l'envoy des troupes. Le pain ne luy manquera plus, s'il plaist à Dieu. M. Duhaussay, intendant des finances, part demain. J'envoieray des miens sur les lieux pour estre fidelles tesmoings... Dieu m'ayant rendu ma santé, je vous assure que les mesmes diligences que j'ay faictes à la Rochelle je les feray encore pour faire secourir votre armée. Longue explication à ce sujet[2].

Minute de la main de Cherré. — Aff. étr. Allemagne, t. XII, pièce 98.

AU MARESCHAL DE BRÉZÉ.
28 juillet 1635.

Le roi feroit le comte H. de Bergues mareschal de France et lui donneroit une armée si l'on pouvoit ainsy avancer les affaires de Flandres. — L'armée sera preste à entrer en Flandres devant le 14 juillet. Considérez bien si ledit comte est homme à s'asseurer de fidélité, s'il est d'humeur traitable et qu'il se puisse accomoder avec nos François..., sans cela il nous nuiroit au lieu de nous servir.

Minute de la main de Cherré. — Arch. des Aff. étr. Pays-Bas, t. II, pièce 104.

À M. D'ANGOULESME[3].
11 aoust 1635.

« J'espère beaucoup de vostre arrivée dans l'armée; » détails des besoins de son armée, on prend des mesures pour y remédier. « Vostre armée manque d'ordre et de discipline; c'est à vous et à

---

[1] La pièce a été arrangée en partie pour les *Mémoires de Richelieu*, t. VIII, p. 231.

[2] Voy. t. V, p. 145, une autre lettre au même.

[3] On a mis au bas de la minute : « Une pareille à La Force et à M. d'Alluin. »

M. de La Force à l'y mettre..., le roy est résolu à la rigueur; si vous luy voulés faire plaisir vous ferés de mesme... Il fault employer les François dans leur ardeur. M. le cardinal de La Valette a fait reculer Galasse jusques à Worms, j'espère que vous ne serés pas moins heureux...»

Minute de la main du secrétaire de nuit.—Aff. étr. Allemagne, t. XII, pièce 115.

À M. LEFEBVRE[1],
CONSEILLER DU ROY ET INTENDANT DES FINANCES EN LORRAINE.

De Ruel, 11 août 1635.

Faites envoyer à M. Perigat, gouverneur de La Motte, les dix mil livres qui sont entre les mains du sieur Colbert[2], afin qu'il achève de faire réparer sa place. M. de Bullion vous escrit plus particulièrement tant sur ce sujet que sur le particulier dudit sieur Perigat[3].

Orig. — Bibl. de M. Cousin.

À M. LE PRINCE.

De Ruel, 15 août 1635.

Faire, par les corvées, les travaux nécessaires pour la sureté des villes fortes de Bourgogne, vous n'avés pas besoin de faire aucune levée. — La Bourgogne ne peut être attaquée en ce moment, mais «il faut la mettre en estat de n'avoir rien à craindre pour l'avenir, et n'estre pas tousjours obligé d'avoir une armée auprès d'elle pour la garantir.» — Envoyer «un controlle véritable» de toutes les poudres et munitions qui sont dans villes et châteaux de la Bourgogne...

Orig. — Arch. de Condé. Communication de Mgr le duc d'Aumale.

AU MARESCHAL DE BRÉZÉ.

15 aoust 1635.

Envoyer vers le Rhin pour savoir des nouvelles de M. le cardinal de La Valette. Porter le prince d'Orange à lui envoyer des troupes; l'intention du roy seroit que Charnacé les conduisist...

Minute dictée à Chavigni. — Aff. étr. Allemagne, t. XII, pièce 109[4].

LE ROI À M. DE SAINT-CHAMOND.

Chantilly, 22 août 1635.

Le roi l'envoie à l'assemblée de la basse Saxe; M. d'Avaux, occupé aux affaires de Pologne et de Suède, ne pouvant y assister[5]. Cette instruction est insérée dans les Mém. de Richelieu, t. VIII, p. 344 et suiv.

Mise au net. — Arch. des Aff. étr. Allemagne, t. XII, pièce 116. — Suède, III, fol. 392.
Copie.

---

[1] «Homme intelligent et qui a les mains nettes,» dit Richelieu dans une lettre au maréchal de Toiras, en 1631 (p. 206 du 4° volume); néanmoins il reçut du cardinal une réprimande en octobre de cette année 1635. (T. V, p. 950.)

[2] Cousin germain de Jean-Baptiste.

[3] La lettre fermée et entre les deux cachets, Richelieu ajoute la recommandation de porter, à la suite de l'armée, une grande quantité de biscuits.

[4] La pièce suivante, cotée 110, entre dans le détail; elle est sans doute de Chavigni. Une copie de la pièce 109 se trouvant sans date a été classée à la fin du volume sous la cote 240. La pièce qui précède, cotée 239, est intitulée : Mémoire pour M. le cardinal de La Valette; ce général s'est offert pour secourir Colmar et Schelestadt, deux places que M. d'Hocquincourt a déclarées être en danger.

[5] L'instruction pour assister aux états de la basse

INSTRUCTION DU ROY À M. DE BRÉZÉ.

8 septembre 1635.

« Le roy voyant la belle saison qui se passe... envoie ce courrier pour apprendre l'estat des affaires de par delà et à quoy on est résolu d'employer les armées le reste de cette année.... » Hypothèse sur ce qu'on pourrait faire de concert avec le prince d'Orange...

Mise au net. — Arch. des Aff. étr. Espagne [1], t. XVIII, fol. 177.

LE ROI À M. DE NOAILLES.

Plessis-les-Bois, 27 septembre 1635.

Présenter à Sa Sainteté la lettre du roi pour que le cardinal de Richelieu soit pourvu de cinq abbayes de l'ordre de Saint-Benoît « vacantes au moyen de la cessation de l'eslection ou provision triennale que j'ay jugé nécessaire de supprimer pour restablir la réformation... et rentrer dans mon droit de nomination. »

Arch. des Aff. étr. Rome, t. XLIX, fol. 141.

À M. LE MARQUIS DE SAINT-CHAMOND.

Au camp de Cœur, 6 octobre 1635.

Affaires d'argent à arranger avec Oxenstiern. Détourner le landgrave de Hesse de s'accommoder avec l'Empereur. — Affirmer, contre les bruits répandus par les Espagnols, que le roi n'aspire qu'au repos de la chrestienté....

Deux additions de même date que le mémoire sont mises à la suite : 1° S'il est utile de donner à l'électeur de Brandebourg une partie des subsides payés à Oxenstiern et au landgrave de Hesse. — 2° Il serait fort avantageux que cet électeur « voulût se rendre chef du party des protestans. »

Mise au net, 15 pages. — Arch. des Aff. étr. Allemagne, t. XII, p. 152.

MÉMOIRE AU SIEUR D'AVAUX.

Sans date [7 octobre? 1635 [2]].

Le roi a appris, par l'arrivée de Canazille [3], la conclusion d'une affaire si difficile et si importante

Saxe avait été faite le 26 juin ; l'original en duplicata est conservé dans le t. II, fol. 214 de Pologne, aux Aff. étr. et au fol. 219, l'original chiffré.

[1] Les manuscrits de Hollande et ceux des Pays-Bas nous ont fourni sur les préparatifs de guerre de la France et de la Hollande, et sur les tentatives de paix, une dépêche du 15 septembre, que nous avons donnée t. V, p. 220 ; nous trouvons dans le tome XVIII d'Espagne une autre dépêche adressée aux maréchaux de Châtillon et de Brézé, du même jour 15 septembre, sur le même sujet. L'on voit dans tous ces documents les efforts du pape pour rétablir la paix. Mazarin, qui était alors en France, s'y employait de son mieux, ainsi que nous l'apprend une série de lettres qu'il adresse au nonce Campeggi, en Espagne. Les minutes de ces lettres, en italien, sont marquées du mot Cifra ; elles sont d'ailleurs peu lisibles et,

dans le manuscrit d'Espagne, elles sont accompagnées d'une copie pour en faciliter la lecture. Mazarin, dès le début de cette guerre, entretenait un autre correspondant, Andrea Cantelmo, des mêmes sentiments pacifiques : « Non perchè il mare sia tanto agitato da tutte le parti lascia la santà di nostro signore d'affaticarsi per quietarlo. Io sono piloto inesperto, ma tuttavia perquanto la mia poca habilità mi concede, travaglio per il detto fine. Di Parigi, Giugno 1635. » (Ms. cité aux sources, fol. 108.)

[2] Cette lettre sans date est mal classée au 5 octobre. Le roi ne savait pas encore la conclusion de la trève ; elle est sans doute du 7, date d'une lettre du P. Joseph, écrite pour accompagner celle du roi : fol. 329 du ms.

[3] C'était un consul de France à Dantzick.

(la trêve entre Suède et Pologne)... S. M. approuve l'envoi du sieur d'Avaugour en Suède pour y faire prendre des résolutions convenables au bien public. S. M. juge qu'un des meilleurs moyens de maintenir les affaires est qu'elle prenne à son service 4,000 Cosaques et 6,000 hommes de pied poulonnois ou allemands... S. M. a très agréables les témoignages de la bonne volonté du roy de Poulongne . .

Mise au net de la main d'un secrétaire de Chavigni. — Arch. des Aff. étr. Pologne, t. II, fol. 320.

LE ROI AUX GÉNÉRAUX.

A Chantilly, 22 octobre 1635.

S. M. ne peut prescrire de loin aux lieutenants généraux de ses armées les résolutions qu'ils doivent prendre, mais elle leur recommande certaines mesures de prudence et quelques préceptes généraux pour les armées en campagne. — Le roi les informe en outre qu'il assemble une nouvelle armée en Champagne [1].

Mise au net, écriture d'un secrétaire de Servien. — Arch. des Aff. étr. Allemagne, t. XII, pièce 168 [2].

ADVIS À MM. LES GÉNÉRAUX.

Saint-Germain-en-Laye, 23 octobre 1635.

Après avoir bien considéré l'état des choses et le caractère impétueux des Français, le roi expose la direction qu'il conviendrait de donner aux opérations. Toutefois, comme à la guerre il se présente des occasions imprévues, le roi ne prescrit rien à M[rs] les généraux, qui sauront bien saisir leur avantage. . .

Cet avis doit avoir été composé sur les réponses faites par le roi au «mémoire soumis au jugement de S. M. et qu'elle renverra, s'il luy plaist, apostillé.» Ces apostilles sont conformes aux observations soumises à S. M.

Arch. des Aff. étr. Allemagne, t. XII, pièce 173-174. — Mém. de Richelieu, t. VIII, p. 416.

À LA DUCHESSE DE SAVOIE.

30 octobre 1635.

On lui envoie sept régiments. Quant à l'argent qu'elle désire du roy, les intérests de M. de Savoie estant les mesmes que ceux de S. M., assister Vostre Altesse comme M. d'Hémery a fait d'une partie de celuy qu'il a porté en Italie, est faire la mesme chose que si vous le receviez vous mesme. — Satisfaction de la conduite de M. de Savoie.

Minute de la main de Charpentier. — Arch. des Aff. étr. Parme [3], t. I.

[1] Nous trouvons ici, coté 169, un petit feuillet de la main de Charpentier, et au dos duquel ce secrétaire a écrit : «Son Eminence.» C'est une indication que donne le cardinal pour l'exécution de divers travaux : Travailler aux fortifications de Philisbourg ; — à celles de Manheim ; — y mettre les canons de Haguenau, Bische et Tancs. — Laisser à Moyenvic tous les canons inutiles de Lorraine. — Simerem donnera ce qu'il pourra pour les fortifications.

[2] La pièce 171, mise au net de la même main, est une instruction au cardinal de La Valette, au duc d'Angoulême et au maréchal de La Force, datée du 23 octobre et qui doit avoir été aussi rédigée par Servien.

[3] Cette pièce a été classée ici fautivement parce que le mot Parme se trouve au bas du feuillet, mis là apparemment comme mot de souvenir. Cette lettre devrait être dans le 23ᵉ vol. de Turin.

À M. D'HÉMERY.

3o octobre 1635.

... Je ne doute point que M. de Savoye ne contribue tout ce qui deppendra de sa puissance pour venir à bout d'une entreprise si importante que le siége de Valence... En mon particulier il n'y a chose au monde que je puisse faire pour le servir en cette considération que je n'embrasse avec ardeur. «Je crains bien que M. de Créquy ne soit trompé en l'espérance qu'il a de prendre cette place... Je vous conjure de le disposer à vivre comme il doit avec M. de Savoye....» — Le cardinal entre dans le détail de tout ce qu'on fait en France pour le secours d'Italie. — «Faites en sorte qu'il ne parte plus de relations de ce qui se passera dans l'Italie sans donner part à M" de Savoie et de Parme de l'honneur et de la gloire qui s'y acquerrera, comme doit.» — Témoigner l'extrême désir du roy de secourir l'Italie. On rendra la pension au prince Thomas. On lui donnera des bénéfices pour ses enfans...

Minute de la main de Cherré. — Arch. des Aff. étr. Mantoue, t. V, pièce 35.

À M. DE CRÉQUY[1].

3o octobre 1635.

Il a fait une entreprise bien hardie et [qui n'est pas une chose ordinaire] en faisant le siége de Valence, «place où il y a 4 ou 5 mille hommes de guerre dedans pour la défendre.» Je m'asseure que vous ferez l'impossible pour éviter un revers... Vous verrez par la dépesche faite à M. d'Hémery comme nous n'oublions rien pour vous secourir... prenés garde que l'on n'envoye aucune relation sans donner à M" de Savoie et de Parme toute leur part de gloire... «Je vous conjure aussy de defférer à M. de Savoye tous les honneurs qui sont deubs à un général de sa qualité...» Les ministres se sont plaints qu'on ne luy donne aucune authorité dans les affaires..., il en peut arriver de grands inconvénients...

Minute de la main de Cherré. — Arch. des Aff. étr. Turin, t. XXIII, pièce non cotée, placée entre les pièces 198, 199.

À M. LE PRINCE.

De Ruel, 10 novembre 1635.

«Ayant sceu que vos compagnies de gendarmes et de chevaulx-légers se sont entièrement deffaictes et ruinées, aussy bien que celle qu'il a pleu au roy mettre soubz mon nom, je vous conjure de les remettre promptement sur pied, ainsy que j'espère faire des miennes, affin quelles

---

[1] M. de Créquy était peu disposé à obéir, Richelieu lui fit renouveler ses injonctions par le roi lui-même : «Cognoissant la bonne conduite et l'expérience que mon frère, le duc de Savoie, a dans la guerre, je désire, non-seulement que vous luy obéissiez comme à vostre général, mais aussi... que vous défériez entièrement à ses sentimens et aux résolutions qu'il prendra.» Lettre du 17 novembre, signée et restée pour minute à cause d'une correction. Même source, pièce 218. — Nous trouvons une nouvelle insistance à ce sujet dans une lettre adressée à M. de Graves, auquel on dit : «Le s' de Graves doist sçavoir que l'on ne l'envoie pas simplement en Piedmont pour porter les dépesches du roy, mais qu'on l'a choisi comme homme d'esprit et fidelle, pour bien observer toutes les choses de ce pays-là... M. de Créquy doit obéir ponctuellement à S. A.... Si la mauvaise intelligence continue, il n'en peut arriver que de très-grands inconvéniens...» Même source, pièce 238. C'est une copie, sans signature, sans adresse, sans date, classée à la fin de novembre, et de la main d'un commis du secrétaire d'État des Affaires étrangères; la lettre peut être de Richelieu ou de Chavigni.

soient en mesme temps en estat d'agir les unes du costé de la Champagne et les autres de celuy de la Bourgogne... »

Copie. — Arch. de Condé. Communication de Mgr le duc d'Aumale.

À M. D'HÉMERY.

13 novembre 1635.

Je suis très fasché du mauvais succès du siége de Valence [1].... M. de Créquy est brave et courageux et je ne doubte pas qu'il ne soit affectionné, mais sa chaleur est si grande et ses mouvemens si subits qu'il faudroit estre aveugle pour ne le cognoistre pas... Le roi a une entière confiance en M. de Savoie; on envoie ordre à M. de Créquy de luy obéir absolument... Richelieu félicite M. d'Hémery sur sa conduite.

Minute de la main du secrétaire de nuit. — Arch. des Aff. étr. Mantoue, t. V, pièce 53.

À M. DE LA MEILLERAIE.

13 novembre 1635.

Je suis extrêmement aise de l'honneur qu'acquiert M. le Premier, en l'armée, selon que vous me le mandés. Je ne croy pas qu'il puisse estre en doute de mon affection, dont je luy ay rendu des preuves en toutes occasions, et depuis qu'il est absent en ce qui touche Baradat, lequel a eu commandement de se retirer doucement [2]. Je suis homme d'effects pour mes amis, entre lesquels je mets M. le Premier aux premiers rangs. Dittes luy que quand il sera de retour nous aurons grande querelle ensemble pour ses mesfiances.

Minute de la main de Charpentier. — Arch. des Aff. étr. Allemagne, t. XII, pièce 193 [3].

MÉMOIRE À M. LE MARQUIS DE BRÉZÉ,

LIEUTENANT GÉNÉRAL EN HOLLANDE.

Saint-Germain-en-Laye, 15 novembre 1635.

Le roi a résolu d'envoyer le comte de Hanau vers le landgrave de Hesse pour le porter à demeurer ferme dans la Confédération; M. de Brézé et le prince d'Orange devront s'entendre avec lui pour convenir des moyens de mener à bien cette négociation. — Faire trouver bonnes au prince d'Orange les propositions de S. M. — Considérations sur l'emploi de certains régimens. — Donner au prince d'Orange la conviction que le roi ne s'accommodera pas sans ses alliés.

Arch. des Aff. étr. Hollande, t. XVIII [4].

[1] Richelieu l'avait prévu. Voy. la lettre au même, 30 octobre.

[2] Voy. Mém. de Richelieu, t. VIII, p. 430.

[3] Cette pièce, cotée 193, se compose de deux feuillets; le premier est occupé par une lettre de Richelieu commune au cardinal de La Valette et à M. de La Meilleraie; en tête du second feuillet, qui contient la présente pièce, on lit : «Melleraie en particulier.» Aux deux généraux Richelieu explique divers détails militaires, — le traité fait avec le duc Bernard, — une trève conclue pour vingt et un ans entre les Polonais et les Suédois.

[4] Nous n'avons pas le mémoire original; cette pièce est une copie qu'a fait faire M. de Brézé, et en marge de laquelle il a mis ses observations article par article. Il l'a envoyée au cardinal avec cette note écrite de sa main au dos de la pièce : «Son Éminence est très-humblement suppliée de se faire lire le présent mémoire.» La date de l'envoi manquant, Cherré a mis en tête : «12 décembre 1636;» et l'on a classé, par inadvertance, la pièce à cette fausse date du 12 décembre 1636, dans le t. XVIII de Lorraine.

LE ROI À MAZARIN.

Vers le 17 novembre 1635.

Louis XIII lui écrit au sujet d'une lettre de la reine mère[1], que cette princesse avait chargé Mazarin, alors nonce en France, de remettre au roi, dans la pensée que Richelieu supprimait les lettres qu'elle adressait au roi son fils. Louis XIII traite de manifeste en faveur des ennemis de la France cette longue satire de son gouvernement; il reproche à sa mère d'être toute espagnole et d'essayer des pratiques de trahison dont l'agent est le sieur Clauzel.

Arch. des Aff. étr.— Ms. des *Mém. de Richelieu*. (T. VIII, p. 408 de l'édit. Petitot.)

À M. D'HÉMERY.

19 novembre 1635.

Réponse à une lettre de M. d'Hémery, du 9 novembre[2]. Je ne sçaurois assez me plaindre du malheur qui est arrivé en l'occasion de Frescarol[3]..., conduite inconvenante de M. de Créquy[4]. — Le roy accepte les propositions de M. de Savoye comme vous les avez modifiées[5]; détail de ce que le roi accorde. — Le résultat est qu'on fera deux armées, l'une pour M. de Savoie, l'autre pour M. de Parme. — «Assurés S. A. que... j'ay autant de confiance en luy pour le service du roy qu'en moy mesme, et que je mourray en la peine, ou qu'il aura occasion de se louer du ressentiment que le roy luy tesmoignera de son procédé que je croy tel que vous me le mandés.»

Minute de la main de Cherré et de celle de Charpentier, et additions de la main du cardinal. — Arch. des Aff. étr. Mantoue, t. V, pièce 58.

À M. LE PREMIER.

24 novembre 1635.

Complimens sur son zèle et affection au service du roi. «J'ay appris de M. de La Meilleraie, que les occasions les plus chaudes sont celles que vous recherchés le plus... personne n'est capable de vous rendre de mauvais offices auprès de moy sachant bien, graces à Dieu, me garantir de ceux qui voudroient nuire à autruy[6]... Le roi n'eut jamais plus de santé qu'il a; il est maintenant à Versailles, où il se divertit à ses plantes[7] et à ses chasses ordinaires. En mon particulier, je suis tousjours contrainct, par ma mauvaise santé, de tenir garnison dans Ruel...»

Minute de la main de Charpentier.—- Aff. étr. Allemagne, t. XII, 196.

[1] La lettre de la reine mère a été publiée par Aubery, qui donne seulement quelques mots de la réponse que Richelieu a voulu conserver dans ses *Mémoires* et qu'il a certainement dictée. (Liv. IV, ch. III et IV, édit. in-18.) Le Vassor (VIII, 503) n'en donne aussi qu'un extrait, accompagné d'un ample commentaire. Vittorio Siri en fait mention sans en donner le texte (*Mem. rec.* VIII, 359), et nous la trouvons en italien dans le recueil d'un pamphlétaire aux gages de Marie de Médicis, Morgues de Saint-Germain, p. 72 de la pièce intitulée *Jugement sur la préface*, etc. in-fol. La lettre de la reine mère était datée du 15 septembre. Le roi, qui la reçut pendant son voyage de Champagne, ne se hâta pas de faire la réponse à Mazarin; le roi était de retour le 22 octobre, et la date probable est celle que donne le recueil de l'abbé de Saint-Germain.

[2] C'est une longue épître de cinq pages, a laquelle M. d'Hémery a joint un mémoire explicatif et un état détaillé des troupes, pièces conservées dans le manuscrit précité.

[3] On s'était retiré devant l'ennemi. Voy. le récit de l'événement dans les *Mémoires de Richelieu*, t. VIII, p. 138-140.

[4] Voyez ci-dessus, p. 290 (13 novembre), des passages extraits de la présente lettre.

[5] Le résumé des propositions, écrit par un secrétaire de Richelieu, se trouve aussi dans le manuscrit cité aux sources, pièce 55.

[6] L'ancien favori Baradas avait essayé de regagner son ancienne faveur. (*Mém. de Richelieu*, t. VIII, p. 430.)

[7] On pourrait lire : plants.

À M. LE CARDINAL DE LA VALETTE.

24 novembre 1635.

« ...L'indulgence dont a usé le roy ayant apporté un notable préjudice à son service, S. M. a remarqué que, pour remédier au mal, il faut un exemple. Elle désire que vous faciés informer contre ceux qui, pendant vostre voyage, ont esté sy malicieux que de faire desbander leurs soldats de peur de passer le Rhin... » Richelieu nomme plusieurs de ceux qu'il estime mériter châtiment.

— Une relique de saint Nicolas a disparu dans le pillage de cette église par les soldats de l'empereur; on espère qu'elle est retrouvée. « En faire faire de bons procès-verbaux, et Saint-Nicolas estant tout ruiné, la mettre en depost dans une des églises de Nancy... [et le faire avec grande vénération, ce qui n'aydera pas peu à addoucir le cœur des Lorrains.] »...

Mise au net, de la main de Cherré, avec plusieurs passages de la main de Richelieu.
— Arch. des Aff. étr. Allemagne, t. XII, 194.

INSTRUCTION À MAYOLAS.

25 novembre 1635.

Il portera la dépesche à M. de La Force. — Il saura de M. le cardinal de La Valette et le grand maistre de l'artillerie, s'ils estiment plus avantageux pour le service du roy de laisser M. d'Angoulesme ou M. de La Force dans l'armée..., il ajoustera que la pensée du roy va à donner congé à M. de La Force, et renvoyer M. d'Angoulesme, qui sera meilleur pour mettre l'armée à couvert dans de bons quartiers que pour estre à la teste d'une puissante armée où il faut combattre... il n'y auroit plus tant de confusion de chefs et on establiroit une estroitte intelligence entre M. d'Angoulesme et M. de La Meilleraie qui le pourroit faire agir...

Minute de la main du secrétaire de nuit. — Aff. étr. Allemagne, t. XII, pièce 197[1].

CIRCULAIRE.

Sans date. ...Novembre 1635[2].

Mon cousin, à ma seule approche mes ennemis se sont retirés de ma province de Picardie... ; après un mois de siége j'ay repris ma ville de Corbie dont mes ennemis s'estoient emparés par la lascheté de ceux qui y commandoient. Ayant asseuré ma frontière de Picardie et establi l'ordre en toutes mes places de la rivière de Somme, j'espère que Dieu, qui sçait la justice de mes armes, continuera de me donner des succez semblables...

Arch. des Aff. étr. Pays-Bas, t. II, pièce 200. — Copie.

À M. LE PRINCE.

De Ruel, 1er décembre 1635.

Le roy a donné ordre de remettre sur pied tous les régimens de cavalerie. J'ay ouy dire que la compagnie d'un de vos capitaines, nommé L'Ange, est entièrement deffaite, je ne doute point que vous ne la restablissiés à l'esgal des autres. J'ay aussy un régiment en l'estat où est le vostre, que je remettray au meilleur qu'il me sera possible. Je m'asseure que l'un et l'autre seront tels qu'ils pourront passer pour les plus beaux de l'armée[3].

Orig. — Arch. de Condé. Communication de Mgr le duc d'Aumale.

---

[1] Une instruction dressée ce même jour 25, par le secrétaire d'État de la guerre, Servien, se trouve dans la collection de Lorraine, où elle a été classée fautivement en 1637, t. XXX, pièce 108.

[2] L'ennemi sortit de la ville le 14, la capitulation avait été signée le 11.

[3] Le cardinal parle d'une première lettre adressée au prince le même jour. Nous ne l'avons pas.

À M. D'AVAUX.

2 décembre 1635.

Le roi lui envoie un pouvoir pour traitter avec le roy et les estats de Poulongne. Le sieur d'Avaux promettra au roy de Poulongne que s'il déclare la guerre à l'empereur, pour restablir la couronne de Poulongne ou la possession de la Silésie, S. M. luy payera par an jusques à un ou deux millions de livres...... De ne point faire la paix avec l'empereur sans y comprendre le roi de Poulongne.

Original, contre-signé Bouthillier. — Arch. des Aff. étr. Pologne, t. II, fol. 359.

À M. LE PRINCE.

De Ruel, 8 décembre 1635.

Vous avez chargé l'abbé de Coursan de me dire les désordres qui se commettent sur les frontières de Champagne et de Bassigny par le transport des bleds qui se font en la comté de Bourgoigne. Pour en arrêter le cours le roi envoie ledit abbé sur les lieux. S'il a besoin de vostre assistance vous la lui departirez s'il vous plaist... L'abbé de Coursan m'a dit que vous avez quelques mécontentements du baron de Chavigny, «je vous conjure de l'oublier en considération de ce qu'il a bien servy le roy aux fortifications d'Auxonne, et de la prière que je vous en fais.» — Je vous prie de m'envoyer les plans des places de vostre gouvernement, avec l'avis de Florence sur iceux, qui soient piquetez et marquez en sorte que l'on cognoisse aisément ce qu'il faudra faire à chaque place ....

Orig. — Arch. de Condé. Communication de Mgr le duc d'Aumale.

[AU DUC DE CRÉQUY[1].]

13 décembre 1635.

Le cardinal ne répond pas aux lettres apportées par de Graves, les secrétaires d'État y ayant répondu, «et, ce qui est de meilleur, Mrs les surintendans, en vous envoyant tout l'argent que vous pouvez désirer. — Les desseins que fait M. de Savoye sont très-utiles, je supplie Dieu de tout mon cœur qu'ils réussissent, car cela estant M. de Rohan et luy se pourront donner la main, et les affaires de l'Italie ne sçauroient aller mal. Je ne doute point que vous n'y contribuiés tout ce qui deppendra de vous.»

Minute de la main de Cherré. — Arch. des Aff. étr. Mantoue, t. X, pièce 66.

À M. DE FEUQUIÈRES.

16 décembre 1635.

Jehan de Vert ayant proposé d'entrer au service du roy... afin d'obvier aux diverses allées et venues qu'il faudrait faire pour acheminer une affaire de telle importance, S. M. m'a commandé de vous envoyer les conditions qu'elle croit devoir accorder à Jean de Vert. S'il les accepte, lui proposer de faire quelque entreprise suivant le second mémoire[2]. S'il y consent donnés en promptement advis et l'on envoyera aussy tost l'argent qui sera nécessaire...

Minute. — Arch. des Aff. étr. Allemagne, t. XII, pièce 218.

[1] Il n'y a point d'indication de suscription, mais cette lettre doit être la réponse à une missive du duc de Créquy envoyée par de Graves le 13 décembre, où, en promettant de se bien conduire avec le duc de Savoie, il laissait percer sa mauvaise humeur : Quant aux affaires d'Italie, disait-il à Richelieu, M. d'Hémery en rendra compte, «je ne les sçays pas puisque c'est à la veue de toute l'armée que tous les conseils se tiennent sans moy.» (Manuscrit cité aux sources, pièce 62.) Richelieu évite d'aborder ce point et se contente de faire une réponse insignifiante.

[2] Ce second mémoire n'est pas ici. Nous ne trou-

RESPONSE

AU MÉMOIRE DONNÉ PAR M. L'AMBASSADEUR DE HOLLANDE LE 5 [1] DÉCEMBRE.

[A la fin de l'année 1635.]

Le cardinal répond article par article au mémoire de l'envoyé des Provinces Unies. Nous nous bornons à indiquer la pièce qui se trouve insérée dans les *Mémoires de Richelieu :* « Chacun sçait assez que le pape, comme père commun des princes chrestiens, etc. [2] »

> Arch. des Aff. étr. Hollande, t. XVII, pièce 129. — Mise au net, devenue minute, corrigée de la main de Richelieu. — Autre mise au net, de la main de Cherré, même manuscrit, pièce 111.

À M. DE NOAILLES,

AMBASSADEUR À ROME.

[1635 ?[3]]

La fille du marquis de Sourdis[4], religieuse à l'abbaye de Montmartre, a été nommée coadjutrice de ladite abbaye[5]. S'employer à Rome pour obtenir les bulles et une dispense d'âge[6].

> Imprimée : Aubery, *Mém.* V, p. 492. — Recueil de 1696, II, 88.

[AU CARDINAL DE LYON.]

[1635 ?.[7]]

Au sujet de la réforme du grand couvent des Jacobins de Paris. « Le succès n'en a pas esté sy heureux, ny sy prompt que je me l'estois promis. » Voir sur ce sujet M. le cardinal Antoine. « Le couvent de Paris estant celuy sur lequel tous les autres de ce royaume prennent exemple, si l'on ne remédie promptement à ces confusions, il en arrivera un mal incroyable... »

> Mise au net, corrigée de la main de Richelieu. — Arch. des Aff. étr. France, t. LXX, pièce 25.

INSTRUCTION À MM. DE BRÉZÉ ET DE CHARNACÉ.

Commencement de janvier 1636.

« Le roy a considéré et fait examiner en son conseil les diverses dépesches des s[rs] mareschaux de

vous que celui où le roi stipulait les conditions offertes au général allemand, pièce où l'on a mis la signature du roi, datée aussi du 16. Elle est cotée 217.

[1] Les *Mémoires de Richelieu* disent le 25.

[2] Tome VIII, p. 513-521, édit. Petitot.

[3] La pièce manque de date. L'ambassade de M. de Noailles, à Rome, commencée en avril 1634, finit en juillet 1636 ; c'est entre ces deux dates qu'il faut placer cette lettre, dont le classement d'ailleurs importe peu. Le *Gallia christiana* met la nomination en 1639 ; Mlle d'Escoubleau avait dix-huit ans, c'était sans doute l'âge requis. Elle mourut en 1643.

[4] Charles d'Escoubleau, marquis de Sourdis et d'Alluye, frère de l'archevêque de Bordeaux. Tous deux furent dans l'intimité de Richelieu. Il était of-

ficier général et gouverneur de l'Orléanais. Il avait épousé Jeanne de Monluc, comtesse de Carmain.

[5] Marie-Catherine-Henriette. Elle était cousine de l'abbesse Marie de Beauvilliers.

[6] Richelieu écrivit au cardinal Bichi pour le même sujet. La lettre est imprimée aussi dans Aubery, p. 542, et dans le Recueil de 1616, p. 155.

[7] La pièce est mal classée en 1634 ; la mission du cardinal de Lyon à Rome dura de 1635 jusqu'au commencement de 1636 ; et nous trouvons, dans le tome LXXI des mss. France, plusieurs lettres adressées par le P. Carré au cardinal dans les mois de mars, avril et mai 1635 au sujet de cette réforme du grand couvent des Jacobins. — La suscription manque comme la date, mais la formule finale montre que c'est à son frère que Richelieu écrit.

Brézé et de Charnacé sur les propositions faites en Hollande entre les Estats et les Espagnols. » La pensée principale est donc pour s'écarter du traité conclu à la Haye en avril 1634. (T. XVII de Hollande, fol. 148 [1].)

Arch. des Aff. étr. Hollande, t. XVIII, fol. 9. — Mise au net de la main de Cherré. Une autre copie se trouve dans le tome XVII de Hollande, fol. 148, avec la date du 31 décembre 1635. Imprimée dans les *Mém. de Richelieu*, t. IX, p. 22-54.

À M. LE PRINCE D'ORANGE.

Commencement de janvier 1636.

« Les divers jugemens qui se font des intentions de S. M., de celles de M[rs] les Estats et des vostres, sur la trefve et la paix, m'obligent à vous esclaircir de celle de S. M. et à vous supplier de faire le mesme de celle des Estats et des vostres. » On a voulu faire croire que de part et d'autre il se faisait beaucoup de négociations secrètes; affirmation nouvelle de la sincérité et de la loyauté du roi [2].

Minute de la main du secrétaire de nuit; corrections de la main de Richelieu; arrangée pour les Mémoires. — Arch. des Aff. étr. Hollande, t. XVIII, fol. 1.

MÉMOIRE À MM. DE BRÉZÉ ET DE CHARNACÉ,

AMBASSADEURS EXTRAORDINAIRE ET ORDINAIRE DU ROY.

30 janvier 1636.

Considérations sur un projet de négociations entre la France, l'Espagne et les états de Hollande [3].

Minute de la main du secrétaire de nuit. — Arch. des Aff. étr. Hollande, t. XVII.

[1] Un brouillon, sans date, a été mis dans le tome XVIII, à la fin de mai, fol. 313. C'est certainement Richelieu qui en a donné la matière; mais cette première minute écrite de plusieurs mains, surtout de celle de Servien, est couverte de ratures et de surcharges. La grande question de la politique de la Hollande à ce moment était de savoir si les États céderaient aux instances secrètes que faisait l'Espagne à la Haye pour rompre l'union de la France et de la Hollande; Richelieu chargeait nos ambassadeurs de représenter que c'était « le but principal des Espagnols, qui auroient alors plus de moyens d'agir contre la France et de ruiner ensuitte lesdits s[rs] les Estats; ce qui leur sera d'autant plus facile qu'attendu l'infidélité commise envers la France, M[rs] les Estats n'auroient plus à attendre aucun secours du roy. » En même temps le Pape, comme chef de la chrétienté, exhortait tout le monde à la paix; le Nonce avait récemment remis à S. M. un bref rempli de conseils pacifiques; mais le Pape penchait vers l'Espagne, et le cardinal voyait dans ces instances nouvelles « les artifices des Espagnols qui ont poussé le Pape à ce sujet. » Tel est le laconique résumé d'un long mémoire sur les « moyens qui semblent plus convena-

bles pour remédier aux affaires de Hollande. » Les ambassadeurs de France en Hollande firent de grands éloges de ce morceau. Brézé en écrivit à Richelieu et à Chavigni le 19 janvier : « Je ne vis jamais, disait-il, rien de si beau, de si net, de si bien raisonné; » Charnacé, de son côté, en faisait le même éloge dans une lettre au cardinal. (Ms. précité, fol. 72, 81, 82.)

[2] La pièce suivante, de la même main, portant en tête, de la main de Cherré, *Projet de la dépesche faite en Hollande au commencement de janvier 1636*, contient un examen de plusieurs articles des traités de la Haye du 15 avril 1634 et de Paris. « Il faut dire hautement partout que le roy mourra plutost que de faire aucun traitté avec ses ennemis, sans garder religieusement à M[rs] les Estats tout ce à quoy il est obligé.... » (11e page, fol. 3-9.) Notons aussi la réponse des États à un discours prononcé par M. de Brézé, ambassadeur extraordinaire, dans l'Assemblée. (Orig. fol. 30 du ms. précité.)

[3] Nous avons donné, p. 410 de notre V[e] volume, une lettre de Richelieu à son beau-frère, le marquis de Brézé, du 30 janvier 1636 : « Je me repose sur M[rs] les secrétaires d'Estat, dit le cardinal, pour les dépesches. » Voici celle que les secrétaires d'État

[À L'ARCHEVÊQUE DE LYON?]

[Janvier ou février 1636 [1].]

Monseigneur, Madame de Savoie s'est plainte que vous et M. de Nouailles ne donniez pas à M. le cardinal de Savoie la cognoissance de toutes les affaires que vous traittés au nom de S. M., ce qui pourroit le décréditer dans la cour de Rome... Mesnager son esprit que j'ay recogneu estre fort délicat... Il importe beaucoup, dans la conjoncture présente, de donner aux princes de la maison de Savoie toute la satisfaction qu'ils peuvent raisonnablement désirer... M. Mazarin estant sur le point d'aller en Avignon par ordre de S. S., il faut plus que jamais confirmer le cardinal Anthoine dans l'affection de la France... — Grande satisfaction de votre conduite à Rome.

Minute de la main de Cherré. Arch. des Aff. étr. Turin, t. XXIV, fol. 87.

LE ROI AU DUC DE ROHAN.

Paris, 10 février 1636 [2].

D'accord avec le duc de Savoie, S. M. l'avertit qu'il est absolument nécessaire qu'il entre dans le Milanois au 8ᵉ du mois de mars prochain, en laissant un corps suffisant pour la conservation du pays...

Le secrétaire ajoute en P. S. que le duc de Savoie a l'intention d'envoyer à M. de Rohan un corps de troupes commandé par M. de Toiras.

Orig. devenu minute, une addition ayant été faite. — Arch. des Aff. étr. Suisse, t. XXVIII, non coté.

À M. DE BRÉZÉ [3].

[1ʳᵉ quinzaine de février 1636.]

«Quant à ce qui concerne l'envoi du sᵣ Hœufl, je vous avoue que s'il a esté faict mal à propos

firent par ordre de Richelieu le 30 janvier. Elle est mal placée en 1635. Cherré a écrit à la marge : «30 janvier 1636, pour response à la dépesche du 12 décembre 1635.» Une mise au net a été classée comme il convient, t. XVIII, fol. 91; mais on a mis, après coup, la date du 27 janvier. A la suite, fol. 101, se trouve une pièce intitulée : *Observations que l'on envoie à M. le maréchal de Brézé et de Charnacé sur l'instruction qui leur est envoyée par M. Bouthillier, le 30 janvier.* C'est une mise au net de l'écriture des secrétaires de service, corrigée de la main de Richelieu, et en marge de laquelle on lit, de la main du secrétaire de nuit : «Bien que je ne doute pas que l'instruction que vous envoie M. Bouthillier soit si claire que vous n'ayez pas lieu de doubter d'aucune chose, je vous envoie un mémoire particulier de ce que j'estime qui vous peut donner esclaircissement.» C'est le commencement de cette pièce, laquelle est insérée dans les *Mémoires de Richelieu*, ainsi que d'autres pièces de ces négociations, t. IX, p. 20 et suiv.

[1] Au mois de janvier 1636 le Pape rappela Mazarin de sa nonciature extraordinaire à Paris, lui ordonnant de retourner à sa vice-légation d'Avignon; et la *Gazette* du 19 annonçait qu'il faisait ses adieux à Paris; le P. Griffet (II, 687) met son audience de congé au 5 février; les mots de la présente lettre laissent sur le jour de son départ un vague qui ne permet de donner à cette lettre qu'une date approximative. La suscription manque comme la date, mais la lettre allait évidemment au frère du cardinal, en ce moment ambassadeur extraordinaire à Rome.

[2] Cette pièce est mal classée en 1635. Une minute se trouve à sa véritable date. On lit dans les *Mémoires du duc de Rohan* : «Tout au commencement de l'année 1636 on mit les fers au feu pour le rétablissement des Grisons» (t. II, p. 145).

[3] Dans sa lettre du 19 janvier, fol. 74, à Richelieu, le marquis de Brézé disait : « On me mande que Heufl a escrit par delà que son voiage icy n'a pas esté inutile. Je confirmeray à Vostre Excellence qu'il y a apporté tout le préjudice qu'il se peut, et

j'ay ma part à ce mauvais conseil comme les autres, en ayant esté d'advis. Mais n'ayant aucun pouvoir de traitter quoy que ce puisse estre, et ayant esté seulement envoyé pour confirmer, comme marchand, et imprimer dans les cœurs du tiers et du quart d'un peuple grossier ce qui leur seroit peut estre suspect s'ils ne l'entendoient que de la bouche des ambassadeurs, je ne voye pas qu'il puisse avoir gasté les affaires... De plus, le s^r Hœust a esté envoyé sur une dépesche par laquelle Mrs de Brézé et de Charnacé représentaient les affaires à un point d'extrémité si mauvais qu'ils donnoient par leurs dépesches des conseils extremes... Tousjours est-il vray que le voyage du s^r Hœust estoit meilleur à faire que de prendre les conseils qui nous estoient donnés par lesdits s^rs ambassadeurs dans le juste désespoir où ils estoient... » Cette réponse du cardinal, sur un ton très-modéré, laisse percer néanmoins un véritable dépit de l'espèce de remontrance que lui avait adressée son beau-frère.

De la main du secrétaire de nuit. — Arch. des Aff. étr. Hollande t. XVIII, fol. 85.

LE ROI À M. DE LA SALUDIE.

18 janvier 1636.

Coblentz manque de vivres; il y en a pour dix-huit mois dans Ermestein. Donnez à M. de Bussy-Lamet ce qui luy en faudra pour nourrir deux mois la garnison, cette ville estant très-importante à conserver... Il est impossible que cet esté les affaires ne changent tout à fait et que je ne vous face secourir... Vivés si bien ensemble que mon service ne puisse estre retardé par aucune division.

Minute de la main de Chavigni. — Arch. des Aff. étr. Trèves, t. II, fol. 147.

LE ROI À TOIRAS.

..Février 1636.

Le duc de Savoie a jugé nécessaire de faire deux corps d'armée, et il a fait choix de Toiras pour les commander. « Ne doubtant point de vostre affection et de vostre expérience, j'ay eu ce choix très-agréable et je vous ordonne d'aller en ladite armée et faire ce que mon dit frère advisera estre à propos pour le bien commun et de la Ligue [1]... »

Minute de la main d'un secrétaire de Richelieu. — Arch. des Aff. étr. Mantoue, t. V, pièce 78.

À LA DUCHESSE DE SAVOIE.

Commencement de mars 1636 [2].

Le roi ne distinguant point les serviteurs de Votre Altesse d'avec les siens propres, S. M. m'a commandé d'envoyer à Votre Altesse deux brevets de mareschaux de camp en ses armées, et deux autres de pension pour MM. les comte de Vérac et marquis de Ville, affin qu'ils les reçoivent de ses

---

qu'il continue encore.» La minute de ce fragment de réponse n'a ni suscription, ni date; on l'a classée au 19, à la suite de la lettre de Brézé; mais une note de la main de Cherré, en tête de la lettre de Brézé, « receu à la fin du mois de janvier,» nous autorise à supposer que la réponse de Richelieu peut être de la première quinzaine de février.

[1] Toiras avait été désigné précédemment pour

servir près du duc de Parme. (Voy. au 19 novembre, pièce 58.)

[2] Les imprimés ne donnent point de date, mais nous trouvons aux Aff. étr., dans les mss. de Turin, XXIV, fol. 193, la lettre de remerciement adressée au roi par le comte de Vérac; elle est écrite de Verceil, le 29 mars 1636. Ces deux officiers servaient dans l'armée française d'Italie en 1635. (Le P. Griffet, t. II, p. 642.)

mains. Je luy envoie aussy, par l'ordre de S. M., deux autres brevets de pension en blanc, qu'elle remplira du nom de ceux qu'elle en jugera les plus dignes, et qu'elle cognoistra les plus affectionnez à la France et à Vos Altesses...

Imprimée : Aubery, t. V, p. 401. — Recueil de 1696, t. I, p. 329.

À M. D'HÉMERY.

[Le 18 mars 1636.]

Lui mander qu'on ne s'est engagé à donner aucun nombre déterminé de gens de guerre à M. de Parme, mais faire que M. de Savoie forme le corps d'armée que ce prince doit commander, le plus puissant possible... « Le roy désire que M. de Parme demeure aussi satisfait de S. A. comme il est parti avec une satisfaction entière [1]. »

Mise au net, de la main de Charpentier. — Arch. des Aff. étr. Parme, t. I.

MÉMOIRE ENVOYÉ À M. D'HÉMERY, PAR AUGEMONT [2].

18 mars 1636.

M. d'Hémery a tousjours mandé que Mrs de Savoie et de Créqui estimoient à propos de former un corps d'armée à M. de Parme, composé de 12,000 hommes, et que M. de Toiras yroit servir sous M. de Parme; mais le maréchal de Toiras ne se soucie pas de servir en sous-ordre, « en quoy S. M. trouve son intérest pour la réputation de la charge. » On donne satisfaction au prince en lui envoyant deux maréchaux de camp. Quant à la force du corps, il faut lui représenter « que M. de Savoie et M. de Rohan ayant une armée puissante pour agir dans le Milanois, il est impossible qu'il lui tombe sur les bras aucune force considérable... »

Arch. des Aff. étr. Parme, t. I. — Mise au net, de la main de Charpentier. Un double, de la même écriture, est classé à la fin de l'année 1636. Quelques légères différences de rédaction.

À M. D'HÉMERY, PAR AUGEMONT [3].

18 mars 1636.

« Je ne voy pas quel sujet M. de Savoie peut avoir de mélancholie puisqu'on a tousjours fait pour l'Italie beaucoup plus qu'on n'avoit promis... » Détail des troupes qu'on va encore envoyer [4]. — On en envoie aussi à M. de Rohan. — M. de Parme s'en retourne très-content, et le roy est fort satisfait de luy. — Maintenant toutes les dépesches de la guerre doivent estre envoyées à M. de Noyers. — Distribution d'abbayes. — Chapelle pour le P. Monod. — Pour maintenir les troupes il faut de l'argent comptant. — La mauvaise rencontre que vous avés eue aussitost que vous avés mi à la

[1] Article de la *Gazette*, p. 188, qui depuis l'arrivée du prince ne cesse de parler de lui dans les termes les plus flatteurs. Le duc de Parme avait eu son audience de congé du roi le 15; Richelieu lui rendit visite le 17 et il partit le 18. Cette pièce sans date est mal classée dans le manuscrit entre le 22 et le 27 février.

[2] Ce mémoire se trouvait joint à la lettre précédente.

[3] « On a escrit conformément à M. de Créqui. » En tête.

[4] Le manuscrit cité aux sources contient, fol. 324, une pièce intitulée : « Instruction pour le s' de Canisy, allant trouver M. le duc de Savoie. » Cette instruction, signée du roi, contre-signée Sublet, est datée de Chantilly le 7 mai. M. de Canisy, maréchal de camp, était chargé de conduire les troupes en Italie, et son instruction entrait dans de longs détails à ce sujet.

campagne, n'est pas digne de considération. Aussitost que les troupes ci-dessus seront arrivées, les affaires changeront de face en Italie..., et M. de Savoie n'aura pas sujet-de croire qu'en France on ayt ou faiblesse ou négligence pour les affaires d'Italie.

> Minute de la main de Cherré et de celle de Charpentier. — Arch. des Aff. étr. Turin, t. XXIV, fol. 175.

À M. LE PRINCE D'ORANGE.

21 mars 1636.

Monseigneur, j'ay fait voir au roy la lettre qu'il vous a pleu m'escrire. S. M. croit certainement que vous, Monseigneur et M" des Estats, ne voudriez'pour rien du monde faire un traitté sans elle... Vous jugerez comme moy qu'il est du tout nécessaire d'éviter de part et d'autre tout ce qui pourroit donner des ombrages... S. M. ordonne à M. de Charnacé de vous proposer tout ce qu'elle estime qui se puisse faire pour prendre avantage sur les ennemis cet esté... Ils tireroient beaucoup d'avantages si nous laissions perdre le temps sans rien faire de considérable...

> Mise au net, de la main de Cherré, devenue minute, le cardinal ayant mis quelques mots. — Arch. des Aff. étr. Hollande, t. XVIII, fol. 185.

À MM. D'AVAUX ET, DE SAINT-CHAMOND.

[Vers la fin de mars 1636.]

... Donner leurs soins pour faire que les Suédois poursuivent la guerre... Envoi d'argent à M. de Saint-Chamond par le sieur Colbert... Le dessein de la maison d'Autriche est de s'accommoder avec les Suédois... l'électeur de Brandebourg... le prince d'Orange... S. M. est dans une peine extrême de voir retarder si longtemps le secours d'Ermerstein... Savoir si le Ragotsky peut estre induit à attaquer la maison d'Autriche... Quand la négociation du traitté avec l'Angleterre sera plus avancée, les plénipotentiaires en seront informés...

> Mise au net, de la main d'un commis de Chavigni. — Arch. des Aff. étr. Allemagne, t. XIV, pièce 129.

LE ROI AUX CANTONS.

Sans date. Classé à la fin de 1636. [Fin de mars ou commencement d'avril?]

Très-chers grands amis, alliez et confédérez,

Le but des armes que nous a mis en main le juste ressentiment des torts faicts tant à nos alliez qu'à nous mesmes, n'est autre qu'une paix générale... Nous louons les bonnes intentions que vous nous avez tesmoignées par vostre lettre [1] correspondant aux nostres... Nostre Saint-Père le pape a interposé son autorité pour un si bon œuvre... Quant au particulier de la Valteline... nous ne voulons pas croire que vous ayez mal interprété ce que nous avons faict contre les Espagnols qui la veulent envahir... C'est ce que nous avons bien voulu vous dire pour response à ce que vous nous

---

[1] Une lettre des cantons, datée du 18 mars, avait été apportée au roi par le secrétaire de Soleure. C'est à celle-là sans doute que le roi répond; dans cette supposition, la dépêche de S. M. pourrait être de la fin de mars ou du commencement d'avril; cette date serait aussi celle de la lettre adressée à l'ambassadeur Méliand et dont la mise au net, conservée dans ce manuscrit, est écrite de la main d'un secrétaire de Chavigni.

38.

avez escrit, que nous voulons prendre en bonne part, nous remettant au s^r Méliand, nostre ambassadeur, de vous faire entendre plus au long nos sentimens et nos intentions...

Mise au net, écriture de bureau. — Arch. des Aff. étr. Suisse, t. XXVIII (non coté).

LE ROI À M. D'AVAUX.

Chantilly, 15 avril 1636 [1].

Après le service qu'il a rendu par la conclusion de la trêve entre la Pologne et la Suède [2], il serait bien utile qu'il pût engager un corps polonais à se joindre aux Suédois. On lui envoie de l'argent à cet effet. — S. M. est avertie par M. de Cési que Ragotsky adhère à l'empereur. Que pourrait-on faire dans l'intérêt de la paix de la chrestienté? «En choses si esloignées et obscures, S. M. ne peut que s'en remettre à la bonne conduite de M. d'Avaux.» — S. M. trouve fort à propos d'insister sur le mariage de la Palatine... Le roy auroit aussy bien à gré celui de la princesse Marie. — Satisfaction du soin que M. d'Avaux a pris de faire que le roi de Pologne n'envoie à l'assemblée générale que des députés non suspects à la France... et de la recommandation qu'il a faite, au nom du roy, pour les catholiques de Dantzic...

Orig. en partie chiffré, contre-signé Bouthillier. — Aff. étr. Pologne, t. III, fol. 32-37.

INSTRUCTION POUR LE SIEUR DE GRAVES.

16 avril 1636.

M. de Graves était envoyé vers le duc de Savoie pour le presser de se porter au secours du duc de Parme. C'était l'occasion de montrer l'affection qu'il avait au bien de la cause commune; qu'il était important que lui-même se mît à la tête de son armée, que son honneur y était intéressé et qu'enfin le succès était presque assuré [3].

Copie d'un original signé LOUIS et contre-signé Sublet. — Arch. des Aff. étr. Parme, t. I.

---

[1] Même date, mémoire du roi au sieur de Saint-Chamond, touchant les négociations avec la Suède et avec l'Allemagne. Copie également chiffrée, envoyée à M. d'Avaux. (Fol. 38-51 du même ms.) — Le même jour, 15 avril, Bouthillier informe M. d'Avaugour des instructions données à M. de Saint-Chamond et ajoute: «S. M. vous escrit ce que vous aurez à faire à Dantzic où M. d'Avaux vous laissera.» (Suède, t. IV, fol. 184.) Cette lettre du roi n'est pas ici, mais nous trouvons dans le 3e volume de Pologne, fol. 80-92: «Mémoire à M. d'Avaugour, résidant pour le roy à Dantzic.» Ce long mémoire, en copie, met à la date: «Fait à Dantzick, le dernier jour de may 1636.» C'est l'instruction laissée par d'Avaux à son successeur, laquelle doit reproduire à peu près celle du roi annoncée par Bouthillier à M. d'Avaugour.— On songea bientôt à employer cet habile diplomate dans une affaire plus considérable. Une lettre que lui écrit le P. Joseph nous apprend que «le roi le rappelle de Varsovie pour l'envoyer à l'assemblée de Cologne qui

pourra estre réunie à la fin d'aoust.» Le bon Père ne prévoyait pas les difficultés sans cesse renaissantes qui s'opposèrent longtemps à la formation de cette fameuse assemblée d'où devait sortir le traité de Westphalie. A six ans de là, le 27 février 1642, Richelieu parle encore à M. d'Avaux des instructions qu'il avait à lui donner pour cette future assemblée. La lettre du P. Joseph, datée du 17 mai et signée Eumolpe, se trouve dans le même manuscrit, fol. 69.

[2] Voy. ci-dessus, p. 295.

[3] Pendant qu'on fêtait le duc de Parme à Paris, les Espagnols firent irruption dans ses états qu'ils ravagèrent. Aux plaintes du duc, Hémery répondit dans un mémoire que nous trouvons dans notre manuscrit. C'est une copie arrangée pour les Mémoires de Richelieu, où nous la trouvons en effet par fragments. Le cardinal dit que ce prince «donna lui-même aux Espagnols l'occasion d'entrer à main armée dans ses états.» (T. IX, p. 150 et suiv.) Le duc

INSTRUCTIONS AU SIEUR DE MAYOLLA,
LIEUTENANT DES GARDES DU CARDINAL.

A Chantilly, 21 avril 1636.

Il allait à Verdun ; le prétexte était de visiter les fortifications ; le motif réel, d'attirer au service de France les Polonais et les Croattes des généraux Flaviasquy et Isolani, mécontents du service de l'Empereur. Les négociations avaient déjà été entamées par un sieur Bréard [1].

Copie d'un original signé du roi, contre-signé Sublet. — Arch. des Aff. étr. Pologne, III, fol. 52.

À M. D'HÉMERY.
10 mai 1636 [2].

M. de Noyers vous respond pour l'argent. — N'oubliez rien pour animer M. de Savoie à faire quelque grand effet avec les armes du roy. — Mandés-moy, après avoir conféré avec M. de Savoie et M. de Toiras, si l'armée navale, nos isles de la coste de Provence délivrées, sera en estat de contribuer à l'entreprise de Naples, dont on nous a tant escrit. Je croy qu'il est bon que M. de Savoie fasse jouer toutes les intelligences, que M. de Toiras y veuille mettre le cardinal Anthoine et qu'on tienne tout prest pour la fin de juillet. La fin est une répétition de la lettre écrite le même jour à Toiras.

Minute de la main de Cherré. — Arch. des Aff. étr. Turin, t. XXIV, 349 verso.

À M. D'HÉMERY.
14 mai 1636.

L'appréhension que j'ay que M[rs] les surintendans ne vous facent pas l'argent que vous demandés, m'a fait résoudre à vous envoyer cent mil francs que j'ay empruntez de ma main... par où M. de Savoye verra que je n'oublie rien de ce qui deppend de moy pour le mestre en estat d'acquérir de la gloire... J'escris à M. de Parme pour le prier de ne prendre point de jalousie de M. de La Court [3], dont je luy responds en mon propre et privé nom... et le conjurer de s'accomoder avec M. de Modène... et de bien vivre avec M. de Savoie..., tout le bien des affaires d'Italie deppendant de l'union... Je croy, après avoir veu les lettres de M. de Toiras et M. de Castellan, qu'il fera ce qu'il nous promet... Je pense que M. de Créqui s'entendra avec M. de Toiras... Je vous envoie une lettre ouverte pour M. de Créqui, que vous ne donnerez qu'en cas que vous ne les puissiez accomoder... Je ne vous respond rien aux entreprises de nostre armée navale, parce que je suis accablé d'affaires et qu'il n'y a rien qui presse... Vous ne sauriés mieux faire que de munir les

---

de Parme, disent encore les *Mémoires*, fut très satisfait de l'envoi de M. de Graves, mais le duc de Savoie ne goûtait point la proposition qui lui était faite d'aller en personne à ce secours ; néanmoins il s'y résolut. (P. 124.)

[1] Mayolla n'ayant pas réussi, le sieur Bréard fut renvoyé de nouveau. Ses instructions, datées du 30 mai, sont conservées dans le même manuscrit, fol. 78.

[2] Au dos, Cherré a mis : du 10 ; en tête est écrit : 14.

[3] M. de La Cour avait été envoyé en Italie à la fin de mars : «Instruction au s[r] de La Cour, que le roi envoie à Pignerol faire la charge d'intendant de la justice, police et finances, et de président au Conseil souverain dudit Pignerol.» Cette instruction se trouve en copie dans le volume cité aux sources, fol. 188, 9e page, de la main d'un secrétaire de M. de Noyers.

places... Si M. de Parme ne quitte ses deffiances, quoy qu'on puisse faire pour luy, on ne sauvera pàs ses estats...

> Minute de la main de Cherré. — Arch. des Aff. étr. Turin, t. XXIV, fol. 343. — Cherré a écrit au dos : à Mᵐᵉ de Savoie, de Parme, de Créquy et d'Hémery. Cette dernière seule se trouve dans le manuscrit.

À M. LE DUC DE PARME.

14 mai 1636.

L'affection que j'ay au service de Votre Altesse, et le désir que j'ay de voir un heureux succez aux affaires d'Italie, me font prendre la plume pour vous conjurer de trois choses : l'une, prendre autant de confiance à l'avenir en M. de La Cour que vous y en avez peu pris jusques icy...: l'autre, de vous accomoder avec M. de Modène sy vous en trouvez une occasion ; enfin de vivre en parfaite intelligence avec M. de Savoie, le bien des affaires d'Italie deppendant principalement de l'union... Je vous conjure de prendre un soin particulier de bien faire munir vos places...

> Minute de la main de Cherré. — Arch. des Aff. étr. Parme, I.

À M. DE SAINT-CHAMOND.

Vers la mi-mai 1636.

Observations sur un traité avec la Suède.

> Minute de la main de de Noyers¹. — Arch. des Aff. étr. Suède, t. IV, fol. 173.

PROJET DE DÉPESCHE À M. DE CHARNACÉ.

16 mai 1636.

Faire mander à M. de Charnacé que le roy approuve la proposition qu'il a faite pour le secours de Coblentz, par la jonction des troupes de S. M. avec celles du landgrave de Hesse... Que c'est à luy à prendre garde qu'au lieu que ce dessein doit porter Mʳˢ les Estats à faire quelque chose de considérable, ils ne s'en servent pour prétexte de ne rien faire de toute cette campagne... En

---

¹ Un traité entre la France et la Suède avait été conclu à Wismar le 20 mars. Le texte se trouve dans le manuscrit précité, fol. 81. Le projet de ce traité fut l'objet d'observations d'Oxenstiern, que nous trouvons ici, p. 157. Sur le deuxième article, le chancelier de Suède mit : «On pourroit adjouster à cet article le partage de l'Allemagne par les conquestes des armées... On prendroit par la forest d'Hercinie, à sçavoir, entre la Franconie et le pays de Hesse et Erfurt.... La Suède auroit la Bohême, la haute et basse Saxe, la Westphalie, à condition de laisser Cologne à la France, etc.» Nous signalons ce mémoire comme un curieux document pour la politique du temps. On voit jusqu'où l'ivresse de la victoire emportait et enflait l'ambition d'un petit état tel que la Suède. Nous devons faire remarquer aussi un mémoire fait sur la matière du folio 173. C'est une pièce datée de Versailles le 17 mai 1636, dont la minute, écrite de la main d'un secrétaire des Affaires étrangères, est cotée 217. Dans notre manuscrit elle est remplie de détails intéressants. Cependant les négociations suivaient leur cours. Parmi les pièces conservées dans le volume précité, nous notons une lettre de M. de Saint-Chamond, du 12 avril, à laquelle le cardinal répond ici. Sur cette matière a été écrite une dépêche, datée de Versailles le 17 mai ; la minute est de la main d'un secrétaire de Chavigni, fol. 217. (Voy. le P. Griffet, t. II, p. 695.) Notons une lettre de M. de Saint-Chamond au roi de Danemark, avril [1636], au sujet des députés envoyés à l'assemblée de Lubeck par ce prince, malgré ses engagements de ne traiter de la paix que conjointement avec ses alliés. (Aff. étr. Danemark, t. I, fol. 328.) (Voy. Mém. de Richelieu, t. IX, p. 5.)

mesme temps on fera entrer une puissante armée dans le Luxembourg pour contribuer à la délivrance des Liégeois[1]...

Mise au net, de la main de Cherré. — Arch. des Aff. étr. Hollande, t. XVIII, fol. 180.

À M. LE LANDGRAVE DE HESSE.

31 mai 1636.

Mon cousin, j'ay appris, par le s[r] comte Jacob de Hanau, l'affection que vous continuez de tesmoigner pour le bien des affaires communes... Le s[r] de Saint-Chamond, mon ambassadeur extraordinaire en Allemagne, vous aura tesmoigné combien ces nouvelles m'ont esté agréables... Rien n'est plus important pour le bien des affaires présentes que le secours de la citadelle d'Ermestein... Je vous conjure d'aller droit à ladite place... Les conditions convenues entre vous et M. de Saint-Chamont seront ponctuellement exécutées...

Minute. — Arch. des Aff. étr. Hesse, t. I, fol. 72.

À M. LE CARDINAL DE LA VALETTE.

5 juin 1636.

... Extrême joie que j'ay de vostre heureux passage... Je sçay que vous n'oublierés rien, dans le voyage que vous allés faire, pour le faire réussir à l'avantage du service du roy... Informez M. le prince que si vous apprenés que Galasse veuille aller dans la Franche-Comté vous vous y opposerez avec M. le duc de Weymar...

Minute de la main de Cherré. — Arch. des Aff. étr. Allemagne, t. XIV, pièce 23.

LE ROI À M. LE COMTE DE NOAILLES,

AMBASSADEUR À ROME.

Fontainebleau, 6 juin 1636.

Nouvelle demande du cardinalat pour le P. Joseph. Si le pape persiste dans ses refus, M. de Noailles déclarera qu'il a ordre de quitter Rome, ainsi que le cardinal de Lyon et le maréchal d'Estrées[2].

Copie. — Arch. des Aff. étr. Rome, t. LVIII, fol. 350.

[1] Les affaires de Hollande préoccupaient beaucoup en ce moment le cardinal ainsi que nous l'apprennent plusieurs lettres datées du 15 et du 16 mai (voy. notre tome V), dans lesquelles, pour plus de sûreté, les mêmes prescriptions se trouvent répétées. Le lendemain du jour où fut écrite cette dépêche, le 17, un mémoire est donné à M. de Bouillon, chargé du secours et ravitaillement de Coblentz et de Hanau. Il joindra son armée à celle du landgrave. (Copie de la main d'un secrétaire de Chavigni, fol. 283.) — Notons encore une lettre de Chavigni, de même date, 7, répondant aux lettres du baron de Charnacé, du 16 avril, 1, 3 et 8 de mai; il y développe en dix pages la pensée du cardinal : subside donné aux États, mesures concernant les troupes françaises au service de la Hollande, etc. (Mise au net, même volume de Hollande, fol. 287.) — Mais le 31 mai Richelieu faisait écrire à Charnacé par Chavigni : «Lorsque les affaires changent de face, la prudence veut que l'on prenne nouveaux conseils.» Ne point s'arrester aux dépesches portées par M. de Bouillon. Faire repasser en France les troupes françaises qui sont en Hollande... «Cela n'empesche pas que S. M. et Mgr le cardinal ne s'appliquent fortement à la pensée du secours d'Ermestein...» — «Cette dépesche a esté résolue pendant un petit voyage que l'on a fait à Fontainebleau.» (Fol. 372 du même ms.) Et en même temps une dépêche du roi était envoyée aux États et à M. de Charnacé. (Fol. 376-377.)

[2] Le 8 décembre Mazarin écrivait au P. Joseph

À M. DE TOIRAS.

Vers la mi-juin 1636 [1].

Je ne puis vous celer que je suis bien estonné qu'il ne se soit encore rien fait en Italie... Je ne doute pas que M. de Savoie ne face tout ce qu'on peut attendre d'un cœur pareil au sien pour réparer ce retardement... J'ay entière confiance aux dernières lettres de M. le maréchal de Toiras, et je sçay le pouvoir qu'il a auprès de M. de Savoye. Les Espagnolz veulent estre menés chaudement...; leur donner temps, c'est leur donner toutes sortes d'avantages et ruiner les affaires du roy. M. de Savoie, commandant les armes du roy et ayant une armée florissante, ne le fera pas asseurément... Faites en sorte que nous ayons bientost des nouvelles qui nous puissent contenter...

Minute de la main de Charpentier. — Arch. des Aff. étr. Turin, t. XXIV, fol. 535.

À M. D'HÉMERY.

3o juin 1636.

Tous ceux qui sont dans les armées mandent qu'elles ne sont pas payées... Comme vostre ami, je dois vous dire de ne pas perdre de temps à faire voir comment l'argent qui a été envoyé en Italie a esté employé. Les trésoriers de l'armée ont touché 3,700,000 ℔ d'argent comptant... Personne n'en peut rendre meilleur compte que M. Le Camus, vostre beau-frère, qui fait la charge d'intendant des finances dans l'armée.. Le cardinal signale des irrégularités dont on a parlé; « cela, dit-il, pourroit faire impression en quelques esprits qui ne vous cognoissent pas si bien que moy. » Et le cardinal ajoute, de sa main : « Ne manqués de faire venir le s^r Camus pour esclaircir de deçà tout ce qui s'est passé [2]... »

Minute de la main de Cherré. — Arch. des Aff. étr. Turin, t. XXIV, fol. 534.

À LA DUCHESSE DE SAVOIE.

[Fin de juin 1636 [3].]

Madame, j'ay plus de desplaisir que je ne vous puis dire de la mort de M. le mareschal de Toiras; je voudrois de bon cœur qu'il eust pleu à Dieu en disposer autrement; mais puisque ce qui est arrivé est un mal sans remède, on ne peut faire autre chose que se soumettre à sa volonté. Je tiens à tant de gloire une pensée de Votre Altesse que j'ay veue, tant dans la lettre dont il luy a pleu m'honorer, que dans celle que le R. P. Monot escrit à M. le comte de Saint-Maurice, que je n'estime pas

qu'il avait parlé de cette affaire trois fois au Pape, et que le cardinal Antoine propose « di far passare V. P. in un altra religione per superare così la difficoltà che fa il Papa. » Le Pape ne vouloit pas donner cette dignité à un capucin. (Même ms. fol. 312.)

[1] Ce feuillet a été collé à un autre du 3o juin (fol. 534), mais c'est un faux classement, Toiras ayant été tué le 14. — Nous voyons que le 21 juin Chavigni faisait de pareilles plaintes à d'Hémery. Les deux lettres ont dû être écrites à peu de distance l'une de l'autre et sont voisines dans le manuscrit. Nous proposons pour celle-ci la date de la mi-juin, lorsque la mort de Toiras n'était pas encore connue à Paris.

[2] Voy. la lettre écrite le même jour à M. de Cré-

qui, sur le même sujet. (T. V, p. 976.) M. d'Hémery, dans sa réponse du 15 juillet, dit au cardinal «qu'il se rend garand de toutes les faultes qu'il aura commises, tant il est sûr de l'innocence de M. Camus.» (Fol. 561.)

[3] Cette pièce, classée à la fin de l'année parce qu'on l'a trouvée sans date, doit être de la fin de juin, répondant à une lettre du 19 dudit mois au sujet de la mort de Toiras : «C'est une grande perte que nous avons faite (dit la duchesse au cardinal), je ne trouve point de consolacion en sa perte, si je ne trouve les mêmes sentimens que j'ay receus de luy en vous...» (Autographe, fol. 487 de notre ms.)

avoir ny assez de paroles pour l'en remercier, ny d'assez bonnes qualités pour y correspondre... La lettre se termine par quelques lignes de protestation.

> Mise au net, de la main de Charpentier. — Arch. des Aff. étr. Turin, t. XXIV, fol. 756.

À MESSIEURS MESSIEURS LES CONSULZ ET CONSEILLERS
DE LA VILLE DE STRASBOURG.

Saint-Germain-en-Laye, ...juin [1636].

Messieurs, la lettre que le s' de l'Isle m'a rendue de vostre part est si pleine de courtoisie et d'affection à mon endroit, que je ne puis le laisser retourner en vos quartiers sans vous tesmoigner par celle-cy le ressentiment que j'en ay...

> Orig. — Arch. de Strasbourg. Imprimée : *Documents historiques tirés des archives de Strasbourg*, par Antoine Kinsinger, maire de Strasbourg, 1818, in-8°, p. 250 [1].

MÉMOIRE DE M⁹ʳ LE CARDINAL [2].

...Juin 1636.

Note de divers exploits du duc Bernard et du cardinal de La Valette.

> Original, sans signature, de la main de Charpentier. — Arch. des Aff. étr. France, 1637, de juin en aoust, fol. 375.

MÉMOIRE
DONT IL FAUT FAIRE UNE DÉPESCHE À M. DE CHARNACÉ, ET L'ENVOYER EN TOUTE DILIGENCE PAR DEUX VOIES DIFFÉRENTES.

Charonne, 5 juillet 1636.

Lorsque M. le mareschal de Brézé arriva de Hollande, il asseura le roy que M. le prince d'Orange luy avoit donné parole déterminée que, si les ennemis estoient puissamment divertis du

[1] C'est la seule lettre de Richelieu conservée dans lesdites archives. La date manque de millésime et de quantième, mais la précision de la date est ici sans importance. Nous mettons cette lettre en 1636, nous souvenant qu'au mois de juin les consuls de la ville de Strasbourg demandaient au roi de faire protéger par son armée les moissons de l'Alsace. (Notes, t. V, p. 484.) Des troupes mal disciplinées étaient peu capables de leur prêter une assistance efficace. Aussi les voyons-nous renouveler leurs supplications, s'adresser au roi, au cardinal, au P. Joseph; se plaindre des «pressures continuelles, exactions excessives, assignations de rendez-vous sur nos subjects ruinez de fond en comble, exécutions militaires, et principalement des nouvelles levées, choses insupportables après tant et si indicibles dommages.....» (Lettre datée du 11 février 1637 et signée : «Les chefs et députez de la noblesse franche et libre du saint Empire en la basse Alsace. Strasbourg.») Il n'y a point de nom, mais la pièce est revêtue de douze cachets armoriés, en cire rouge. (Arch. des Aff. étr. Alsace, t. IX, pièce 26°.) Le roi leur adresse de bonnes paroles, il éloigne les régiments dont les excès affligent le pays, et proteste de ses bonnes intentions à leur égard. Ses lettres, datées du 3 septembre 1637, du 28 décembre 1639, conservées en original dans les archives de Strasbourg, ont été imprimées dans le livre de M. Kinsinger. Toutefois, malgré des plaintes trop légitimes, les villes libres d'Alsace avaient été tellement opprimées par l'Empire en désordre et si cruellement ravagées par la soldatesque allemande, qu'elles venaient l'une après l'autre demander au roi de France une protection qui amena plus tard une union librement consentie.

[2] Notation au dos de la main de Chavigni : cela semble un texte de la *Gazette*, et le développement s'en trouve dans ce journal à la date du 3 janvier 1636; la pièce est donc classée à tort en août 1637. (Voy. *Mém. de Richelieu*, t. IX, p. 180 et suiv.)

costé de France, il assiégeroit Gueldres, Juliers, Hulst, Bréda... Maintenant que l'ennemi a attaqué une de nos places, le prince doit tenir sa parole d'en attaquer une d'importance; M. de Charnacé sçaura bien l'y porter. Mander à M. de Charnacé la défaicte des ennemis en Italie, *in amplissimis*, la mort de 3,000 Espagnols, 500 prisonniers, le marquis d'Est, dom Martin d'Arragon et Gambacorte, enfin grand nombre d'officiers morts. De plus, escrire le bon estat du siége de Dole, que nous aurons dans quinze jours, Dieu aidant.

> Arch. des Aff. étr. Hollande, t. XVIII, fol. 413 [1].

[À M. DE CHARNACÉ.]

18 août 1636.

Ressentiment de S. M. de ce qu'il a fait résoudre M[rs] les Estats à entrer en campagne; elle espère qu'il s'en suivra quelque important et prompt dessein... De cette action deppend l'affermissement de l'union qui a tousjours esté entre la France et M[rs] les Estats [2]... S. M. s'en revanchera envers eux. Et en mon particulier, je rechercheray toutes les occasions de vous servir...

> Minute de la main de Charpentier; deux lignes de Richelieu. — Arch. des Aff. étr. Hollande, t. XVIII, fol. 472.

À M. LE DUC DE WEIMAR.

19 août 1636.

... M[rs] des finances n'oublient rien pour le payement de vos troupes; l'argent sera prest au commencement de septembre... Le roy s'est advancé du costé de la Picardie en attendant l'arrivée de toutes ses troupes... Quand elles seront ensemble vous entendrez parler de nous, et dire que le mois de septembre [ne nous sera pas si malheureux que celuy d'aoust auquel les ennemis nous ont surpris par la lascheté des plus lasches coquins qui ayent jamais esté au monde].

> Mise au net, devenue minute, Richelieu ayant corrigé la dernière phrase que nous enfermons ici entre crochets. — Arch. des Aff. étr. Allemagne, t. XIV, pièce 42.

À M. LE PRINCE.

Paris, 23 aoust 1636.

On a dépêché vers le cardinal de La Valette et le duc Bernard de Weymar pour qu'ils s'avancent au secours de la Bourgogne... «Je vous conjure de faire de vostre costé toutes sortes d'efforts possibles... Les ennemis n'auront pas, avec l'ayde de Dieu, un mois de septembre pareil à celui d'aoust... M. de Noyers vous escrit les volontez du roy sur vos dépesches.»

> Orig. — Arch. de Condé. Communication de Mgr le duc d'Aumale.

---

[1] Une ligne a été ajoutée de la main de Richelieu. La minute de la lettre, faite sur ce mémoire de la main du même secrétaire, est au folio 411, datée du 4. Nous trouvons au folio 415 un brouillon imparfait de la main d'un secrétaire de Chavigni. Dans le volume XIX de la même collection, folio 45, se trouve l'original, signé du roi, en double, ainsi qu'une lettre d'envoi, de Chavigni, insistant sur l'importance de l'entrée en campagne de l'armée des États.

[2] Notre manuscrit nous donne une *Proposition pour* le traité avec les Hollandais. C'est un brouillon écrit de la main de Charnacé avec des additions et corrections de celle de Richelieu. On y nomme les villes de Dunkerque, de Gravelines et autres qu'on pourra prendre et s'adjuger; chacun se faisait sa part en cas de succès, mais la guerre continua et ces projets n'eurent pas de suite. La pièce n'est point datée, et elle peut bien se rapporter à cette époque où le classement l'a placée, fol. 312.

À M. LE CARDINAL DE LA VALETTE.

21 septembre 1636.

Je suis bien aise que vous ayez pris Chevillon (?)... Vous le ferez garder seurement et le traiterez favorablement...

Il n'y a point de response à faire à Frangipani, car nous ne sçaurions entendre à aucun traité de paix que conjointement avec nos alliés...

Vous sçavez ce que je vous ay mandé pour M. de Sourdis et pour le parlement de Metz; l'un et l'autre sera asseurément...

Minute de la main de Cherré. — Arch. des Aff. étr. Allemagne, t. XIV, pièce 51.

À M. DE RAMPSAU [1].

8 octobre 1636.

M. le cardinal de La Valette ayant esté fort soigneux de faire savoir la dernière action que vous avés faicte et vostre affection au service du roy, S. M. m'a commandé de vous tesmoigner le gré qu'elle vous en sçait... J'auray soin de vos intérests... Quant au désir que vous avés eu d'aller en Italie, nous résoudrons ensemble ce que vous souhaités...

Minute de la main de Cherré. — Arch. des Aff. étr. Saxe, t. 1, pièce 119.

À M. LE DUC DE WEYMAR.

8 octobre 1636.

Le s^r de Sus ayant rapporté au roy le zèle et l'affection avec lesquels vous le servés, S. M. vous fera paroistre le ressentiment qu'elle en a, affectionnant vos intérests à l'esgard des siens propres. Pour moy, Monsieur, je tiendray à faveur singulière de vous faire paroistre par toutes sortes d'effects, etc.

Minute de la main de Cherré. — Arch. des Aff. étr. Saxe, t. 1, pièce 119.

À M. DE WEYMAR [2].

Amiens, 17 octobre 1636.

Difficultez que faict le duc de se contenter de 600,000 ℔, ordonnancées pour le payement de son armée, conformément au traité et selon le nombre de ses troupes... Néanmoins le roy sera bien ayse de vous gratiffier en autre chose selon que les occasions s'en présenteront... Mais en matière de traitté vous trouverez bon que je vous die qu'il la fault exécuter ponctuellement...

Copie (écriture que je ne connais pas). — Arch. des Aff. étr. Saxe, t. 1, pièce 118.

À L'ÉVÊQUE DE MENDE,

À NANCY.

14 novembre 1636.

Il s'agit des blés qu'il faut amener à Nancy. Richelieu l'invite à ne pas se brouiller avec

[1] C'était un Écossais, général major sous le duc de Weimar. Il était gouverneur de Hanau, et, en cette qualité, rendit un important service en aidant au ravitaillement de la forteresse d'Ermestein au commencement de 1637. (*Mém. de Richelieu*, IX,

394.) Nous ne savons de quelle action il s'agit ici, les *Mémoires* le nomment Rampvay. Est-ce Rampsaw?

[2] Ce nom et la date mis en tête par Cherré.

39.

M. d'Hocquincourt comme il l'a fait avec le marquis de Sourdis; «cela mettrait la dignité épisco-
pale en mauvaise réputation.»

Orig. — Du cabinet de M. Girard. Catalogue d'autographes vendus le 31 mars 1869.

LE ROI À M. DE RORTÉ.

17 novembre 1636.

Le roi raconte la prise de Corbie et tous les succès obtenus sur la frontière de Picardie...
«Dieu qui sçait la justice de mes armes, et que je les emploie seulement pour le bien de mon
royaume et le repos de la chrestienté, continuera à me donner des succès semblables à celuy que
je viens de recevoir, duquel vous donnerés part aux ministres de la couronne de Suède... Ce succès
me donne le moyen d'employer partie de mes troupes partout ailleurs qu'il sera besoin pour le
bien public... Sur ce...»

Copie [1]. — Arch. des Aff. étr., Suède, t. IV, fol. 354.

LE ROI À M. D'AVAUGOUR,

ALLANT DE LA PART DU ROY À LA DIETTE DE POULONGNE.

À Noisy, 22 décembre 1636.

Dès le 27 octobre, M. d'Avaux, alors à Paris, et fort instruit des affaires des diverses puissances
du Nord avait, «par ordre exprès du roi,» informé M. le baron d'Avaugour des intentions de S. M.
au sujet de la mission de Pologne (fol. 102); et le 22 décembre on envoyait à ce diplomate une
longue instruction sur les négociations de paix faites à l'instance du Pape, le roy y entre volontiers
pourvu que cette paix soit générale, comprenant tous les intérests des alliés [2]...

Orig. — Arch. des Aff. étr. Pologne, III, fol. 146-159.

À M. DE SENNETERRE.

26 janvier 1637.

«... Vous avés mandé qu'il ne seroit peut-être pas possible d'adoucir l'aigreur de l'archevesque
de Cantorbery, de Cotinton et de Wointiban (sic) et de les tirer de nostre costé. Je vous prie d'y
travailler et me faire sçavoir si les ingrédiens qui vous ont esté si salutaires en quelques occasions ne seroient pas bons à employer en celle-ci... Sçavoir s'ils prendraient pensions et argent...
Le sr Anger s'en va de delà pour essayer de faire passer le traicté dont M. de Chavigny vous envoie
copie... Vous tesmoignerez directement que nous n'avons pas grand intérest audit traicté...»

Minute de la main de Cherré. — Arch. des Aff. étr. France, 1637, de janvier en
may, fol. 91.

[1] L'original était contre-signé par Bouthillier qui
accompagna la dépêche du roi d'une lettre où il dit
qu'aussitôt la prise de Corbie connue, Monsieur et le
comte de Soissons sont partis en diligence, le premier pour Blois, l'autre pour la Champagne. Monsieur envoya assurer le roi de son obéissance; Madame la comtesse fit donner pour son fils la même
assurance.

[2] On avait prévu le cas où ce diplomate ne serait
pas arrivé à temps, et l'on avait donné ordre au résident de France à Hambourg, le baron de Rorté, de
se rendre à Varsovie; ses instructions portent : «si

le sieur d'Avaugour est de retour de Stockholm a
Dantzic, le roi juge à propos qu'il s'en aille à cette
diette et que le sieur de Rorté demeure à Hambourg,
où son séjour est bien nécessaire.» L'instruction du
sieur de Rorté est en copie dans le volume précité,
fol. 170-178. M. d'Avaugour n'alla que plus tard en
Pologne. (Voy. ci-après, 21 février 1637.) M. de
Rorté s'y rendit donc, et, de retour à Hambourg, il
envoyait au roi le mémoire des propositions faites à
la diète de Pologne et la relation de ce qui s'y était
passé. (Fol. 208, 213, 218 de notre ms.)

MÉMOIRE À M. LE MARQUIS DE SAINT-CHAMONT.

Dourdan, 10 février 1637.

Hâter la ratification par la Suède du traité de Wismar.

Instance pour l'envoi à Cologne des députés de Suède.

Le roi est fort mal content de l'électeur de Brandebourg, pour avoir abandonné le parti...

Pour le tiers-parti, il seroit bien à propos... que l'on pût réunir les électeurs de Saxe et de Brandebourg et le duc de Luxembourg avec les Suédois contre la maison d'Autriche...

Il y a quelque pourparler de traitté entre S. M. et le roy d'Angleterre...

Quelle est la pensée de (sic) protestants touchant l'élection prétendue du roi des Romains.

Propositions faites par le roi à Oxenstiern: «le roy tient plusieurs places en Alsace et en Italie, qu'il veut bien restituer dans l'intérest de la paix.»

La seule difficulté consiste en la Lorraine..., «mais le roi consentira à ce qu'elle luy demeure seulement en la mesme façon que la couronne de Suède pourra conserver ce qui luy demeurera de ses conquestes...»

«Quant à Oxenstiern luy mesme, le meilleur moyen pour qu'il ne se sépare point de la France, seroit de luy asseurer, pour luy et les siens, la jouissance de quelque notable domaine dans l'Empire...»

Mémoire signé par le roi, contre-signé Bouthillier. — Copie. — Arch. des Aff. étr. Allemagne, t. XIV, pièce 81.

MÉMOIRE AU SIEUR DE LA THUILLERIE,

AMBASSADEUR DU ROY À VENISE.

Versailles, 21 février 1637.

... La royne et couronne de Suède faict difficulté d'envoyer ses depputez à Coulongne..., disant n'y avoir pas esté invitée... L'entremise de la république de Venise ayant esté acceptée par les puissances... le s^r de la Thuillerie conviera la République d'envoyer au plus tost faire cet office vers la royne et couronne de Suède. Il s'entendra avec le s^r de Saint-Chamont, ambassadeur extraordinaire du roy en Allemagne, l'un des depputez pour la paix générale. (Examen de ce que pourra faire la République. Cette partie de la dépêche a été arrangée pour les *Mémoires de Richelieu*.) Il est bien à propos de continuer l'intervention du roy pour l'accommodement du Pape et de la République, en sorte que la ligue se face entre eux, qui délivrera peut estre le Pape et sa maison de la crainte qu'ilz ont des Espagnols... Toutes choses se préparent pour faire de puissans efforts en la campagne prochaine, tant en Italie qu'en Allemagne...

Trois mois plus tard, le roi écrivait à Contarini que puisqu'il n'avait pu obtenir de l'Empire, ni de l'Espagne les passe-ports nécessaires aux députés des puissances protestantes, à cause de la nomination faite par S. M. du cardinal de Lyon pour l'un de ses plénipotentiaires: «J'ay changé aussi-tost sa nomination pour faire voir que je ne voulois mettre aucun obstacle à l'avancement d'un si bon œuvre.» — «Je veux bien vous prier par cette lettre, dit le roi, de depescher encore un courrier à Vienne et un autre en Espagne pour terminer cette poursuite[1].»

Mise au net. — Arch. des Aff. étr. Venise, t. LII, fol. 113.

[1] Mise au net de la main de Cherré, fol. 126. Au folio 127, un original signé du roi avec la date de Fontainebleau, 30 mars. Cet original a dû être refait, Richelieu y ayant corrigé un mot. Cette lettre a été arrangée pour les *Mémoires de Richelieu*. — Dans sa réponse datée du 18, Contarini informe qu'il a obéi aussitôt à son invitation, mais il n'espère pas obtenir une réponse favorable. (Fol. 359, copie en italien.)

LE ROI AU SIEUR D'AVAUGOUR.

21 février 1637.

Le roy très-chrestien a donné ordre au s^r d'Avaugour d'aller à la diète de Poulongne pour :
1° Détacher la Pologne de la maison d'Autriche;
2° Si les Suédois ne sont pas entrés en Silésie, presser le roy de Pologne d'entrer dans les affaires sous le prétexte du recouvrement de cette province[1].
De plus, obtenir l'autorisation de faire une levée de 4,000 chevaux cosaques.
Affection extraordinaire du roy vers la Suède.

Copie. — Arch. des Aff. étr. Pologne, t. III, fol. 186.

RÉPONSE DONNÉE À M. L'AMBASSADEUR D'ANGLETERRE.

[Vers le 20 mars 1637.]

Le roy approuve la proposition que fait le roy de la Grande-Bretagne de s'assembler à Hambourg. Il envoie d'Avaux, afin de convenir des moyens les plus efficaces pour parvenir à la paix avec le contentement général de tous les alliés et particulièrement du prince Palatin...

Minute. Une copie se trouve tome XLVIII, fol. 444. — Arch. des Aff. étr. Angleterre, t. XLVI, fol. 184.

À M. DE CHARNACÉ.

26 mars 1637.

Il est important que M^{rs} les Estats exécutent les desseins qu'ils ont annoncés... Le roi s'obligera volontiers à agir de son costé pourveu que les Estats «entreprennent quelque grand siége.» M. de Charnacé doit les presser «de résoudre une entrée réciproque dans le pays des ennemis d'ici au 15 may prochain. En tirer un escrit de M. le prince d'Orange...» De Flandres on escrit en Espagne que M. le prince estoit en intelligence avec le cardinal Infant. Il est également certain que M. le Comte a escrit que les voyages qu'il avait fait faire en Hollande l'avaient informé que M. le prince d'Orange ne se mettrait point en campagne cet esté; «il y a donc lieu d'avoir l'œil au bois.» On envoie pour cet effect M. d'Aigueberre[2], lequel parlera à M. le prince d'Orange selon que M. de Charnacé l'estimera à propos.

Minute de la main du secrétaire de nuit. Sur cette matière on a fait une dépêche conservée en original, signée du roi, t. XIX, fol. 120, et une mise au net de la main d'un secrétaire de Bouthillier fils, t. XX, pièce 147, laquelle, se trouvant sans date, a été classée à la fin de l'année. — Arch. des Aff. étr. Hollande, t. XX, pièce 32.

LE ROI À CHARNACÉ.

13 avril 1637.

Le s^r ambassadeur sçaura que M. d'Avaux doit se rendre promptement à Hambourg, où sera

[1] Dès la fin de 1635, des instructions avaient été données à M. d'Avaux dans ce sens. (Ci-dessus, p. 293; voy. aussi au 22 décembre.)

[2] Nous le trouvons ailleurs qualifié «d'aide des camps et armées du roy.» Et dans une lettre du 27 mars, Noyers annonçant son voyage à Charnacé, lui dit : «M. d'Aigueberre a les bonnes grâces du roy et de Son Éminence, qui le mettent au-dessus de toute recommandation.» (Autographe, pièce 93.)

envoyé un ambassadeur du roi de la Grande-Bretagne, pour prendre quelques résolutions de concert avec un envoyé de Suède et de M^{rs} les Estats, sur ce que ledit roi propose touchant le rétablissement du prince Palatin . . .

> Orig. contre-signé Bouthillier, et tome XX, pièce 36, minute. — Arch. des Aff. étr. Hollande, t. XIX, fol. 142.

LE ROI AU NONCE BOLOGNETTI.

Versailles, 17 avril 1637.

Touchant le retard des passe-ports pour les députés à l'assemblée de Cologne [1].

> Minute de la main de Cherré, avec corrections du cardinal. Copie. — Arch. des Aff. étr. Rome, t. LIX, fol. 193.

LE ROI AU NONCE BOLOGNETTI.

Versailles, 17 avril 1637.

Regret de ce que les bonnes intentions du Pape pour la paix sont infructueuses. Il y a plus d'un an que j'attends les passe-ports pour l'assemblée de Cologne; on ne les envoie pas en règle parce qu'on ne veut pas la paix. Cependant ceux que les princes de la maison d'Autriche ont désirés ont été délivrés en mon nom . . .

> Minute de la main de Cherré, avec corrections du cardinal. — Arch. des Aff. étr. Rome, t. LIX, fol. 193. — Bibl. imp. Fontette, XII, 85. — Copie datée du 18.

LE ROI AU NONCE.

17 avril 1637.

Le roi a vu avec desplaisir, par les ordres qu'a donnés le Pape au nonce, et par ce que celui-ci a appris des dépesches des nonces qui sont à Vienne, à Madrid et à Bruxelles, que les bonnes intentions de Sa Saincteté, et tout ce que luy-mesme a pu faire pour l'avancement de la paix soit jusqu'à présent infructueux. Il y a plus d'un an que le roi attend les passe-ports pour ses ambassadeurs et ceux de ses confédérés, pour l'assemblée de Cologne . . Il ne tient ny à moy ny à mes alliez que la chrestienté ne jouisse d'un asseuré repos.

À M. LE PRINCE.

De Charonne, 21 avril 1637.

Monseigneur, puisque vous estiés à Valery il n'y a rien à dire à la résolution que vous avés prise de venir icy; bien est-il vray qu'elle est peu compatible avec la prière que le roy vous avoit faicte d'aller en Provence, où vostre seule présence estoit nécessaire et non vostre train. Les occasions sont si étranges, que qui les perd ne les recouvre pas.

> Orig. — Arch. de Condé. Communication de Mgr le duc d'Aumale.

À M. MÉLÉAND.

28 avril 1637.

La révolte des Grisons nous a extrêmement surpris . . . Il semble qu'il y ayt peu de remède à

[1] La lettre faite sur cette minute, signée du roi, est au fol. 195. — La minute a été arrangée pour les *Mémoires de Richelieu*.

apporter à un tel désordre. Néantmoins nous avons pensé à tous ceux que nous avons creu le pouvoir pratiquer... pour commencer à vous donner moyen de retenir les Suisses dans le respect qu'ils doivent au roy... J'ay faict résoudre que l'on vous envoyeroit 200,000 ꝯ que vous distribuerez en la manière que vous jugerez plus à propos. — Nous faisons partir demain le sᵣ Prioleau qui, outre 238,000 ꝯ déjà payé aux Grisons, porte encore 100,000 ꝯ. — Après l'indication de quelques mesures à prendre, Richelieu le charge de communiquer à M. de Rohan le contenu de cette lettre.

Minute. — Arch. des Aff. étr. Suisse, t. XXVIII.

LE ROI À M. DE CHARNACÉ.

Versailles, 4 mai 1637.

Le roy demeure d'accord, selon la proposition de Mʳˢ les Estats, de faire entrer une puissante armée, dans la fin de ce mois, dans le pays des ennemis, pour y attirer lesdits ennemis et faciliter à M. le prince d'Orange l'attaque des places de Dunkerque, d'Anvers ou de Hulst[1]...

Orig. contre-signé Bouthillier. — Arch. des Aff. étr. Hollande, t. XIX, fol. 148.

MÉMOIRE AU SIEUR MARQUIS DE SAINT-CHAMOND,

AMBASSADEUR EXTRAORDINAIRE DU ROY EN ALLEMAGNE.

Saint-Germain-en-Laye, 18 mai 1637.

... Le tiers-party qui se négocie (sic) tousjours contre les Suédois les doit obliger à se tenir d'autant plus estroitement unis avec la France...

Le roy trouve bon qu'on paye aux Suédois le million eschen aux termes du traité de Wismar.

Persister en ce qui a esté mandé touchant la Poméranie.

Agir puissamment vers les rois de Poulongne et de Dannemark.

S. M. ne veut pas que ses armes demeurent oisyves. Le duc Bernard est party pour passer le Rhin... Convier la république de Venise à faire que les Suédois envoient leurs députés à Coulongne. Ladite république a bon désir de s'entremettre de la paix.

Le roy ne veut en aucune façon se séparer des alliés.

Les raisons pour lesquelles les Suédois approuveraient l'élection du roy de Hongrie pour roy des Romains sont faibles... mais S. M. s'y porterait pourtant si c'étoit le moyen d'obtenir une bonne paix, faite de bonne foy.

Le Pape et autres personnes considérables voudroient une tresve en Italie, le roy n'y consent pas.

Quant au traité d'Angleterre, le roy ne conclura rien qu'avec l'intervention de la Suède.

M. de Charnacé fera instance afin que les Estats occupent les Dunkerkois pour les divertir d'attaquer la Suède.

Ce que le roy de la Grande-Bretagne propose pour le Palatin semble raisonnable à Hambourg.

Arch. des Aff. étr. Allemagne, t. XIV, pièce 78.

---

[1] Ensuite de cette dépêche un écrit, dicté sans doute par le cardinal et conservé dans ce volume en copie de la main de Cherré, fut présenté aux États par Charnacé, le 13 mai; en voici l'extrait : «Le dessein de Mʳˢ les Estats d'assiéger Dunkerque fortifie grandement S. M. en la résolution de faire de son costé quelque chose de considérable...; elle demeure donc d'accord d'entrer dans le pays des ennemis dans la fin de ce mois... à condition que Mʳˢ les Estats s'obligent d'attaquer Dunkerque, Hulst ou Anvers dix ou douze jours après... En outre S. M. tiendra une autre armée très-considérable vers la Meuse pour y faire diversion... S. M. s'engage à tout ce que dessus en parole royale.» — Fait à la Haye, le 13ᵉ jour de may 1637.

À M. DE PUJOLS.

22 mai 1637.

On est bien aise d'apprendre que le comte-duc est toujours dans les mesmes dispositions pour un loyal accord, que vous aviés [eu ordre de sa part de le faire sçavoir lorsque vous estiés] en Angleterre... S. Ém. s'est senti obligé de ce que le comte-duc vouloit partager avec luy la gloire d'un bon accord... L'on pourroit envoyer sur la frontière deux personnes confidentes pour faire tout ce qu'il faudra en vingt-quatre heures, afin que la longueur d'une telle affaire ne puisse nuyre ny aux uns ny aux autres... L'on désire présentement trois choses : la réponse ponctuelle à cette lettre; — le secret inviolable, — et en troisième lieu que si un P. Minime, que la royne a envoyé en Espagne pour obtenir des reliques de saint Isidore, que l'on dict y avoir faict plusieurs miracles pour la fécondité, y est arrivé, que le comte-duc le face expédier promptement avec lesdites reliques... Ce que vous mandés avoir esté écrit de Rome qu'on avoit voulu y ouvrir une négociation, n'a aucun fondement... Depuis quelques jours M⁽ʳˢ⁾ les nonces de France et de Piémont ont fait grande instance d'une trefve pour l'Italie, à quoy l'on a respondu que c'estoit un mauvais expédient et qu'il falloit plustost penser à des choses générales.

M. de Senneterre vous fera toucher 500 escus pour la première commodité.

Au verso et d'une autre main : « On fait revenir le P. Minime afin que vous desmeuriez seul François en Espagne, et qu'on ne puisse soupçonner aucune négociation... »

Minute. Lettre préparée de la main de Charpentier, avec la signature B.; devenue minute à cause de corrections. — Aff. étr. Espagne. t. XVIII, fol. 428.

[À PUJOLS.]

De Ruel, 28 may 1637.

... S'il plaist à M. le cardinal s'ouvrir à vous des conditions auxquelles il penseroit qu'on peut faire une bonne paix ou une trefve générale de dix années, cela avanceroit bien les affaires...

Si vous n'avés receu plustost response à vos deux lettres, c'est qu'il n'a passé aucun courrier de Flandres pour l'Espagne et qu'il n'y a point d'autre voye pour escrire que celle-là...

Pour tesmoignage de nostre sincérité on a retardé les traittez d'entre l'Angleterre et la France, et on ne s'engagera à aucune chose qu'on ne sache de quel pied on veut marcher de delà...

On ne sait comment accorder le désir que vous dites qu'on a de la paix avec le refus des passeports nécessaires aux protestants pour aller à Couloigne...

Mise au net de Cherré. — Aff. étr. Espagne, t. XVIII, p. 435.

MÉMOIRE DONNÉ À M. D'AIGUEBÈRE.

28 mai 1637.

Le roy fera entrer M. le cardinal de La Valette, avec une armée puissante, au temps désiré, dans le pays ennemi; il fera en outre attaquer Auchi-le-Chasteau par une autre armée, pour qu'ils n'ayent jalousie du costé de Dunkerque... Le s⁽ʳ⁾ d'Aiguebere reviendra promptement instruit du temps et de la route qu'il faudra prendre... Si quelque chose rendait impossible l'attaque de Dunkerque, M⁽ʳˢ⁾ les Estats demeureroient obligés de faire l'entreprise d'Anvers ou Hulst, qu'eux-mesmes ont proposée... Il ne faut plus attendre de response, car, au plus tard le 4 ou 5 du mois de juin, M. le cardinal de La Valette sera en campagne [1]...

Orig. — Mise au net, de la main de Charpentier, devenue minute, t. XX, pièce 60. — Mise au net, de la main de Cherré, d'après une première minute, t. XX, pièce 55. — Arch. des Aff. étr. Hollande, t. XIX, fol. 157.

[1] Une lettre de Chavigni avec explication est en original tome XXIX, fol. 158, et en copie tome XX, pièce 61.

INSTRUCTION AU SIEUR DE LA GARDE,

ALLANT DE LA PART DU ROY VERS LE LÉGAT DU PAPE À COLOGNE.

Fontainebleau, 30 mai 1637.

Il se rendra d'abord à la Haye pour remettre ses dépesches à M. de Charnacé. Celui-ci est chargé de faire entendre aux Estats que la mission du s' de Lagarde a pour but d'informer le légat que le roi ne peut envoyer ses plénipotentiaires attendu que ses alliés et spécialement M" les Estats n'ont point les saufs-conduits nécessaires de la part du roi de Hongrie. Charnacé invitera les Estats à envoyer, avec le s' de Lagarde, un homme exprès pour tracer à leur envoyé à Cologne, le s' Ridelberg, la conduite qu'il doit tenir. Le s' de Lagarde reviendra après s'être bien informé de tout ce qui se passera à Cologne[1]...

Copie sur l'original, signé Louis, contre-signé Bouthillier. (De la main du secrétaire de légation Brasset.) — Arch. des Aff. étr. Hollande, t. XIX, fol. 159.

LE ROY.

À MON COUSIN LE LANDGRAVE DE HESSE-CASSEL, PRINCE DU SAINT-EMPIRE.

Fontainebleau, 24 juin 1637.

« Ne voulant rien omettre pour la conservation de vos estats et vous donner moyen de faire progrès à l'avantage de la cause commune, j'ay ordonné que vous soyez incontinent satisfaict de ce qui vous est deub, et que le s' de Rantzau, mareschal de camp, agisse conjointement avec vous. » — Importance de la conservation d'Hermestein pour ne perdre pas la communication entre la France et l'Allemagne. Ravitailler cette forteresse[2]...

Orig. contre-signé Bouthillier. — Arch. des Aff. étr. Hesse, t. I, p. 166.

À M. DE CHARNACÉ.

15 juillet 1637.

Circonvallation de Landrecy et autres affaires de la guerre. — Le point capital de cette dépêche c'est que « le nonce du pape à Cologne a fait hier, de la part de S. S., une proposition... qui va à laisser toutes choses en l'estat auquel elles sont maintenant et à faire une longue trefve qui serait conclue à Rome. » Le roi a répondu qu'il transmettrait cette proposition à ses alliés, mais qu'elle ne pourrait pas leur convenir. La dépêche en expose les raisons que M. de Charnacé communiquera au prince d'Orange et mandera promptement au roi l'avis du prince et des États, « auxquels il fera entendre que dans une bonne guerre il ne faut pas espérer que les ennemis se mettent à la raison. »

Minute de la main de Chavigni[3]. — Arch. des Aff. étr. Hollande, t. XX, pièce 92.

---

[1] Voy. Mém. de Richelieu, X, p. 110.

[2] Le landgrave avait écrit le 11-21 juin : « Depuis six semaines je suis en campagne avec ce peu de troupes que j'ay peu conserver parmi tant de misères et de désolations survenues en mon pays... les plus belles villes bruslées et saccagées...» (Même ms. fol. 155.) A quelques mois de là le landgrave mourait ; « ses dernières paroles, mandait au roi sa veuve, la landgrave Amélie-Elisabeth, ont été de demeurer ferme dans l'obéissance à Votre Majesté. » (Fol. 173.) Du 23 septembre, et du 30 octobre, deux mémoires adressés au sieur de La Boderie, « estant pour le service du roy en Allemagne, » chargeaient ce diplomate d'assurer la landgrave de la continuation de la protection de la France. Sans date, classés en octobre. (Fol. 179-184.)

[3] Cette minute semble avoir été dictée par le cardinal. Une mise au net, de la main du sieur de Cha-

EXTRAIT DES INSTRUCTIONS

DONNÉES AUX AMBASSADEURS EXTRAORDINAIRES ET MINISTRES PLÉNIPOTENTIAIRES DU ROY
POUR LA PAIX.

Sans date. [24 juillet 1637.]

... Pignerol est une des principales questions; il sera facile de répondre aux arguments des Espagnols... Faire beaucoup valoir la sortie des Français de Casel... Affaire de Mantoue... La Lorraine [1]...

Mise au net, par un commis de Chavigni (9 pages). — Arch. des Aff. étr. Allemagne, t. XIV, pièce 109.

À M. LE MARESCHAL D'ESTRÉES.

25 juillet 1637.

Vous verrez la response faite au nonce sur la suspension générale; la plus grande difficulté vient des Espagnols qui éludent tout ce qui va à faire un bon et sincère traitté; faites entendre cela au Pape et aux cardinaux nepveux, et assez hautement pour que tout le monde cognoisse l'injustice de leur procédé... Je vous prie de n'oublier rien pour gagner des cardinaux au party du roy, qui est celui de la raison et de l'Église...

Minute de la main de Cherré. — Aff. étr. Rome, t. LX.

À M. DE PUJOLS.

5 août 1637.

La demande de passe-ports pour les Hollandais prouve la bonne intention de la France... On ne prétend nullement faire gagner aux Hollandais un nouveau titre de souveraineté... Compliments très-chauds entre le cardinal et le comte-duc... Sincérité du désir de la paix... Le secret n'est pas si bien gardé que vous croyés; on dit à Bruxelles qu'on a mandé d'Espagne que vous n'estes pas à Madrid sans dessein de négociation; cela ferait douter de la bonne intention d'Espagne pour la paix.

Mise au net, de la main de Cherré, devenue minute. — Arch. des Aff. étr. Espagne, t. XVIII, fol. 534.

LE ROI À M. DE CHARNACÉ.

Chantilly, 26 août 1637.

S. M. estime que M[rs] les Estats doivent respondre aux instances faites pour la trefve qu'ils entendent demeurer pendant ladite trefve en l'estat qu'ils se trouveront à la fin de cette campagne, jusques à la conclusion d'une bonne paix. — Le roy pense que les Espagnols ne veulent pas consentir à la trefve. — S. M. remet à la prudence du s[r] de Charnacé de faire ou ne faire pas à M[rs] les Estats la proposition de la trefve qui a esté faicte icy par M. le nonce, selon que M. le prince d'Orange l'estimera utile ou préjudiciable...

Orig. contre-signé Bouthillier. — Arch. des Aff. étr. Hollande, t. XIX, fol. 212. — Minute, de la main du secrétaire de nuit, t. XX, pièce 106, non datée, et en tête de laquelle Cherré a mis : «10 aoust.»

vigni, cotée 91, porte en titre : «Mémoire que le roy a commandé d'estre envoyé à M. de Charnacé.» Plusieurs autres pièces de même date suivent dans le manuscrit, parmi lesquelles un mémoire signé du roi, contre-signé Bouthillier, et daté : «Fait au chasteau du bois de Boulogne-lez-Paris.» C'est le château nommé *Madrid.*

[1] Les *Mémoires de Richelieu,* t. X, *passim,* rapportent une partie des diverses instructions données à cette époque à M. d'Avaux.

40.

[À M. LE CARDINAL DE LA VALETTE.]

31 août 1637.

On enverra l'argent des monstres d'après l'état des troupes qu'il faut demander au sʳ de Besançon. — M. de Noyers vous envoie le brevet de mareschal de camp pour M. de la Barre. Mˡˢ de Bussy et de......... iront renforcer vostre armée trop faible. — « Vous jugerez, par les lettres des Estats qu'envoie M. de Charnacé, que ces Messieurs parlent bien à leur aise des affaires d'autruy. Il les faut excuser, et si, quand ils auront pris Bréda ils estiment avoir plus fait que nous, nous croirons d'un austre costé que Landrechy, Avesnes, le poste de Maubeuge et Sanvillé tiendront au moins la balance esgale. Resjouissez-vous, je vous supplie, dans vos travaux, comme je veux faire dans mes propres, qui ne sont pas petits. »

> Minute de la main de Cherré et de celle de Richelieu. — Arch. des Aff. étr. Pays-Bas, t. XII.

MÉMOIRE ENVOYÉ À M. LE MARESCHAL D'ESTRÉES.

5 septembre 1637.

On est informé que le cardinal Infant entretient des pratiques dans le chapitre de Cologne contre le duc de Bavière; il faut en informer le Pape... Il est évident que l'Autriche veut détruire les immunités des princes d'Allemagne, que S. M. s'efforce au contraire de maintenir...

> Mise au net, de la main d'un commis des Aff. étr. Pièce préparée pour les Mémoires de Richelieu. — Arch. des Aff. étr. Rome, t. LX.

À M. DE PUJOLS.

6 septembre 1637.

M. le comte-duc a changé la résolution qu'il vous a tesmoigné, lorsque vous estiez en Angleterre, avoir pour la paix... Ici le cardinal n'a pas d'autre pensée que la paix... Pour estre raisonnable elle doit estre universelle, comprenant les couronnes et leurs alliés. Les difficultés demandant beaucoup de temps, et une proposition de suspension étant venue de Rome, on a pensé que, malgré beaucoup d'inconvénients, c'était le meilleur moyen de parvenir à cette fin... Si le comte-duc s'en esloigne, on aura la consolation qu'on ne sera pas cause de la continuation du trouble de la chrestienté... On a appris que l'Empereur approuve la trêve générale à longues années...

> Mise au net, de la main de Cherré, devenue minute. — Arch. des Aff. étr. Espagne, t. XVIII, fol. 545.

À M. DE CHARNACÉ.

6 septembre 1637.

Bon état du siége de Bréda... Il ne fut jamais une telle imposture que celle de l'électeur de Coulongne, qui a mandé à Mˡˢ les Estats que nous avons receu les passe-ports... Quant à la trêve... le bruit est que, bien que l'empereur ne s'en esloigne pas, le roy d'Espagne n'en gouste pas la proposition... M. de Bouillon est mal informé quand il dit qu'il n'y a point de traittés commencés avec les Espagnols puisque la reyne mère en avait signé un pour M. le comte avec eux, dont nous avons eu, par des gens affidez en la maison[1], tous les articles... M. de Bouillon dit que M. le comte

---

[1] Sur cet espion qu'avait Richelieu dans la maison de la reine mère, voyez, t. VII, corrections et additions à la page 842 du tome V.

n'a pas la liberté de venir à la cour, je vous asseure du contraire... M. le comte a certainement
bonne intention, et je me promets que le roy n'aura à l'avenir aucun mécontentement de ses actions.
Vous pouvés bien vivre avec Saint-Ibar et Vavicarville comme avec des gens à qui le roy a par-
donné.

Il parle à Charnacé de ses intérêts particuliers... « Vous pouvés vous asseurer que tant que
j'auray du crédit vous ne serés point abandonné... resjouissés-vous et ne vous laissés point aller à
vos humeurs noires [1]. »

Minute de la main de Cherré. — Aff. étr. Hollande, t. XX, pièce 115.

À M. DE SAVOIE.

28 septembre 1637.

Félicitations sur le combat de Monbaldon. Il n'est pas nécessaire de convier S. A. à prendre tous
les avantages qu'on doit tirer de cette victoire; Dieu lui accordera [la suite des bons succès qu'il a
daigné] luy donner... M. d'Hémery fera entendre à Votre Altesse ce que, de loin, nous estimons
qu'on pourroit entreprendre; si les choses en demeuraient là, les Espagnols prendraient bientost
leur revanche... Je désireray tousjours l'accroissement de la gloire de Votre Altesse autant qu'elle
sçauroit le faire elle-mesme.

Minute de la main de Cherré. — Aff. étr. Turin, t. XXV, fol. 351.

À M. D'ESTAMPES DE VALENÇAY [2].

30 septembre 1637.

M. d'Estampes aura un soin particulier d'empescher qu'il ne se face aucune pratique en Hollande
qui puisse aboutir à faire un traité séparé du roy. Il tesmoignera à M. le prince d'Orange et à M[rs] les
Estats une union inséparable de la France avec eux... Il dira à M. le prince d'Orange que le cardinal l'a spécialement chargé de lui demander ce qu'il est en pouvoir de faire l'année qui vient...
S'ils représentent le grand effort qu'ils ont fait cette année..., il répondra qu'en faisant un nouvel
effort « on peut s'acquérir un repos pour jamais, soit par une paix du tout avantageuse, soit par de
si notables avantages de la guerre que les ennemis ne les sçauroient réparer. »

Minute de la main de Cherré. — Arch. des Aff. étr. Hollande, t. XX, pièce 119.

---

[1] Lorsque Richelieu écrivait cette lettre, le baron
de Charnacé n'existait plus; il avait été tué le 1er septembre au siége de Bréda, où il commandait un régiment de troupes françaises; l'habile diplomate
était en même temps un brave colonel. On a écrit
qu'à la mort de sa femme (de la maison de Brézé),
arrivée quelques années auparavant, le chagrin lui
avait fait perdre la parole; ce long mutisme a été
démenti, mais l'humeur noire ne fait-elle pas allusion
à une longue tristesse?

Il succédait à M. de Charnacé, ambassadeur en
Hollande, tué le 1er septembre au siége de Bréda.
Dans une longue instruction (14 juillet), on l'informe de ce qui s'est passé depuis quelques années
entre le roi et les États... et on lui trace la conduite
qu'il aura à tenir. (Pièce 118 du volume précité.)
Mise au net de la main d'un secrétaire, devenue minute à cause d'additions marginales écrites par
Cherré. On lit au dos : Fontainebleau, 18 septembre,
et une autre main a mis en tête : 28 septembre. Mais
nous trouvons dans l'itinéraire des rois de France,
que Louis XIII était à Saint-Germain-en-Laye le 18.
(Aubais, Pièces fugitives, t. I.) D'ailleurs la date du
28, voisine de celle de la présente lettre à M. d'Estampes, semble plus vraisemblable. Les Mémoires de
Richelieu, X, 117, ne font qu'une simple mention de
cette instruction, donnée, y est-il dit, en septembre.
Nous voyons dans une lettre écrite de la Haye à Chavigni par le secrétaire de légation Basset, que, le 15
octobre, il attendait M. d'Estampes. (Pièce 121.)

[À M. DE NOYERS?]

6 octobre 1637.

Indication de diverses manœuvres militaires et de plusieurs lettres à écrire pour assurer le gain de la bataille de Leucate. « Avant tout recognoistre, par un *Te Deum* solennel, la grâce que Dieu a faicte au roy en cette occasion... » « Faut faire imprimer cette nouvelle par la *Gazette.* »

De la main de Cherré. — Arch. des Aff. étr. Espagne, t. XVIII, fol. 561.

POUR LE MARESCHAL D'ESTRÉES.

10 octobre 1637.

On approuve la réponse au général des Jacobins. « C'est un homme qui a bonnes intentions, mais qui agit sans pouvoir et qui cherche à tastons la paix qu'il désire par bon zèle. »

Que le maréchal voye Sa Sainteté à l'occasion du gain de la bataille de Leucate qui ne fait qu'augmenter le désir du roi de conclure la paix...

Minute de la main du secrétaire de nuit, employée en partie dans les *Mémoires de Richelieu.* — Arch. des Aff. étr. Rome, t. LX.

À L'AMBASSADEUR D'ANGLETERRE.

A Versailles, 16 octobre 1637.

Le roi fait remercier S. M. le roi de la Grande-Bretagne qui n'avait pas voulu se mêler du raccommodement de Louis XIII et de sa mère, « l'affaire étant particulière et domestique... »

Minute de la main de Bullion. Richelieu a écrit en tête : « Response que le roy a voulu estre faicte à l'ambassadeur d'Angleterre, après avoir veu sa proposition. » La pièce est insérée dans les *Mémoires de Richelieu ;* ms. des Aff. étr. t. VIII, p. 565. De l'édit. Petitot, t. X, p. 232. Au fol. 339 du volume d'Angleterre se trouve la copie préparée pour les Mémoires. — Arch. des Aff. étr. Angleterre, t. XLVI, fol. 334.

DÉPESCHE À M. LE MARESCHAL D'ESTRÉES.

...octobre 1637.

Tableau des succès des armes de S. M. jusqu'à la bataille de Leucate et à la prise de Damvilliers, le 25 de ce mois. En informer le Pape. S. M. ne croirait pas recognoistre lesdites grâces si elle ne se rendoit d'autant plus facile à la paix... Elle ne prétend d'autres conditions que celles qui avaient esté demandées avantageusement... La trefve pouvant se faire plus vite que la paix, le roy l'acceptera pourveu que ce soit pour longues années, et cependant on continuera les négociations pour la paix... S. M. [pour esviter ce qui pourroit faire obstacle au repos public] consentira à qualifier d'empereur le roy de Hongrie... Si ensuite de la paix ou trève Sa Sainteté veut faire une croisade, S. M. s'obligera à souldoyer dix mille hommes pour une si bonne fin, moyennant que le roy d'Espagne en veuille faire autant, et l'Empereur et les princes catholiques d'Allemagne autant que tous deux... Ne parler de ce dernier article qu'à Sa Sainteté et à ses nepveux... Il seroit à propos que Sa Sainteté dépeschast un nonce à l'Empereur pour l'asseurer de la correspondance de la France; ledit nonce devrait venir en France et de là en Espagne... Sa Sainteté pourroit envoyer un projet de trefve à l'Empereur. On en envoie un au maréchal d'Estrées... Il faut qu'on ne sache point qu'il est venu de France. Si ce nonce extraordinaire avoit l'esprit, l'adresse et la chaleur de Mazarin, très-asseurément l'affaire serait faite dans trois mois. Le Pape voudra sans doute choisir un homme vigoureux pour un tel emploi, puisqu'il s'agit de donner le repos à toute la chrestienté, de procurer de notables advantages à l'Église et d'advancer la gloire de Dieu en pais mesme où l'empire du diable est le plus establi.

Mise au net de la main du secrétaire de nuit. — Arch. des Aff. étr. Rome, t. LX.

À M. D'ESTAMPES.

...octobre 1637.

« M. le nonce ayant fait depuis vostre partement une nouvelle instance de la trefve générale, S. M. juge à propos que M. d'Estampes sache, en secret, de M. le prince d'Orange, s'il est en la mesme pensée qu'il estoit du temps du s^r de Charnacé, sçavoir est que la trefve générale se conclue par le roy... On désire estre esclaircy de cela par M. le prince d'Orange parce que le Pape poursuit si inégalement la paix et la trefve que quelquefois il est trois mois sans en parler, et puis en faict deux ou trois despesches coup sur coup. » — Représenter au prince d'Orange le bon état des affaires du roy. Il est bien important qu'il se prépare pour bien agir au printemps. Surtout garder le secret, afin que les Espagnols ne se doutent pas que nous désirions la trève.

Minute de la main du secrétaire de nuit et de celle de Cherré. — Même ms. pièce 112.
Mise au net de la dépêche faite sur cette minute. — Arch. des Aff. étr. Hollande,
t. XX, pièce 125.

À M. LE PRINCE D'ORANGE.

...octobre 1637.

Monsieur, on dépesche un courrier à M. d'Estampes sur le sujet qu'il vous dira (pièce 125). Je vous supplie de prendre en lui pareille confiance que vous faisiez en M. de Charnacé. Il n'aura pas moins de passion ny moins de secret aux choses que vous luy prescrirez. Pour moy, Vostre Altesse croira s'il luy plaist, etc...

Minute de la main du secrétaire de nuit [1]. — Arch. des Aff. étr. Hollande, t. XX,
pièce 123.

À M. DE PUJOLS.

3 novembre 1637.

On préfère la paix à une trève, mais il faut commencer par celle-ci pour arriver à celle-là... « Si le comte-duc eust voulu prendre confiance en vous ce serait déjà fait; mais le temps perdu se peut réparer si on veut marcher de bonne foy... Vous avés bien faict d'advertir Carnero des bonnes

[1] Le prince d'Orange répondit le 19 novembre à la lettre de Richelieu : « j'ay veu par icelle... la continuation de l'honneur de vos bonnes grâces, lequel m'oblige si estroictement au service de Vostre Eminence que je la supplie avoir agréable que par ce mot je luy en renouvelle mes véritables protestations avec asseurance que je ne manqueray jamais de la recognoissance qu'il me convient avoir, et que je tiendray tousjours à honneur que les commandemens de Vostre Éminence me donnent moyen de luy en faire veoir les effects... Je vous supplie de croire que Vostre Éminence n'obligea jamais personne de qui l'affection et la fidélité luy fussent tant asseurées que celles de celuy qui se signe comme j'en suis véritablement, Monsieur, de Vostre Éminence, le très-humble serviteur, HENRY DE NASSAU. » — (Ms. précité, pièce 128, original.) — C'est de ce style que Henri de Nassau et d'autres princes plus considérables écrivaient au cardinal.

pensées de la duchesse de Carignan... car il faut agir sincèrement... Au reste on ayme mieux qu'elle soit là qu'icy. »

Mise au net, de la main de Cherré. — Aff. étr. Espagne, t. XVIII, fol. 552.

AU ROI.

Ce 6 novembre, à 4 heures [du matin] 1637 [1].

Gassion a enlevé un quartier de cavalerie auprès de Cambray. — J'ay veu le dessin de la sépulture du feu roy, que Vostre Majesté trouvera fort beau. — J'ay veu le dessin de l'austel de Nostre-Dame qui n'estoit pas bien. — J'ay esté voir aussy la figure de Vostre Majesté, laquelle sera posée, s'il plaist à Dieu, cet esté, au milieu de la place Royale [2]...

Minute de la main du secrétaire de nuit. — Arch. des Aff. étr. France, 1638, d'aoust en décembre, fol. 431.

MÉMOIRE À M. D'AVAUX.

Saint-Germain-en-Laye, 12 novembre 1637.

... Communications qu'il fera aux Suédois... Troupes envoyées au duc de Weimar... Bonnes dispositions du duc de Savoie... Le prétendu empereur a dict qu'il accepterait volontiers une longue trève... Maintenir le roy de Danemarck en bonne volonté...

Mise au net de la main d'un commis de Chavigni (9 pages). — Arch. des Aff. étr. Allemagne, t. XIV, pièce 120.

À M. LE PRINCE D'ORANGE.

26 novembre 1637.

Monsieur, le roy envoyant M. d'Aigueberre en Hollande, sur le sujet qu'il dira à Votre Altesse, il vous fera cognoistre comme S. M. secondera vos bons desseins... De nostre costé on n'oubliera aucune chose pour contraindre les ennemis de venir à une bonne paix...

Mise au net, de la main de Cherré. — Arch. des Aff. étr. Hollande, t. XVIII, fol. 587 [3].

POUR M. DE CHAVIGNY.

Ruel, vers la fin de novembre 1637 [4].

Les quatre bagues que vous m'avéz envoyées ne sont ny belles ny propres pour faire présens... Dites à M. de Bullion qu'il est à propos de secourir Monsieur dans sa petite nécessité [5]...

---

[1] Cette date a été inscrite au dos par Cherré; mais le millésime 1638 ayant été écrit à la marge, la pièce a été fautivement classée à cette date.

[2] Elle le fut le 27 septembre 1639.

[3] Cette lettre est mal classée en 1636. M. d'Aiguebère, envoyé en Hollande au mois de mars 1637 (voy. ci-dessus aux Analyses, p. 313), y fit plusieurs voyages pendant l'année 1637. Le quantième mis par Cherré au dos de la pièce non datée pourrait bien ne pas être exact, et puis on pourrait lire 16 au lieu de 26.

[4] Cette pièce n'est point datée, et on l'a classée au hasard à la fin de 1638; mais elle doit se rapporter au traité conclu le 17 décembre 1637 (Bibl. nat., Clérambault, *Mélanges*, XCIV, p. 6333), entre la France et la Hollande.

[5] Pendant toute l'année 1637, après la réconciliation de Monsieur avec le roi, on cherchait tous les moyens de le satisfaire. (Voy. mon tome V, p. 102, 25 mars et *passim*.)

Je suis bien aise que le traité de M. de Vausebergue soit achevé.

Faites que le présent qui lui est destiné soit prest.

Orig. — Arch. des Aff. étr. France, de 1619 à 1641, t. VI.

INSTRUCTION POUR LE SIEUR DE VIGNOLLES.

[Vers le 7 décembre 1637[1].]

Malgré les avertissements de l'ambassadeur de France, Hémery, la duchesse de Savoie gardait auprès d'elle le P. Monod. L'objet spécial de la mission de M. de Vignoles, personnage agréable à Madame, était de persuader à cette princesse que le P. Monod, homme dévoué à ses beaux-frères et ennemis de la France, la mettait en grand péril... Il n'y a plus de temps à perdre pour arrêter le cours du mal... « Le roy a esloigné le P. Caussin qui avait l'esprit gasté; le P. Monod, plus habile, est aussy plus dangereux... »

Minute. — Arch. des Aff. étr. Turin, t. XXV, fol. 58o.

LE ROI AU DUC DE ROHAN.

Saint-Germain-en-Laye, 11 décembre 1637.

Il y a quelque temps, ma cousine, la duchesse de Rohan vostre femme, [m'ayant fait tesmoigner le désir que vous aviés d'aller à Venise, je le consentis volontiers]; mais ayant appris depuis que vous ne vous disposiés pas à faire ce voyage sitost, je vous envoie le s^r de Varennes, l'un de mes ordinaires, pour vous dire particulièrement mes sentimens sur ce sujet...

Original signé, devenu minute, le cardinal ayant écrit deux lignes. Le quantième 14 décembre, mis en tête par Cherré, signifie-t-il que la lettre a été refaite à cette date? — Arch. des Aff. étr. Venise, t. LII, fol. 130.

À M. LE NONCE[2].

24 décembre 1637.

M. le nonce sçait bien que S. M. a tout fait pour la paix... Il sçait aussi le refus du roy de Hongrie de donner les passeports... [On a aussi attendu en vain de l'Espagne les passeports pour M^rs les députez des Estats... Malgré les sollicitations de l'ambassadeur de Venise, Conterini, il paroist par là que tant s'en faut qu'il tienne au roy que l'assemblée de Cologne ne se fasse, qu'au contraire il n'a obmis aucune diligence pour pouvoir y envoyer ses depputez avec ceux de ses alliés, ce dont M. le Légat prendra, s'il lui plaist, toute assurance, et ne craindra point de responde que lorsque ces obstacles seront levés, les depputés du roy s'achemineront à Cologne sans aucun délay.]

Arch. des Aff. étr. Rome, t. LX.

---

[1] Pour la date, que ne donne point le manuscrit, voyez notre V^e volume, page 1069, note 1. Quel est ce M. de Vignoles? Le lieutenant général, marquis de Vignolles, était mort le 5 octobre 1636, ne laissant qu'une fille.

[2] Cherré a écrit à la marge : «Response à M. le nonce, sur les lettres de M. le légat, communiquées aux ministres de S. M. le 13 septembre 1637.» Ce sont trois pages de la main attribuée au P. Joseph, dont les deux dernières sont entièrement barrées et remplacées par quelques lignes de la main de Richelieu, et que nous conservons ici.

LETTRE DE CACHET À... [1]

Saint-Germain-en-Laye, 24 décembre 1637.

Le roi accepte bien volontiers la proposition du Pape d'une trêve et suspension générale de longue durée.

Copie d'un commis de Chavigni.— Arch. des Aff. étr. Allemagne, t. XIV, pièce 126.

À M. D'AVAUX.

Du dernier décembre 1637 ? [2].

Continuation des affaires traitées dans les précédents mémoires adressés au même [3].

Arch. des Aff. étr. Allemagne, t. XIV, pièce 121.

AU PAPE.

1637 ?

Richelieu désirait que Mazarin fût nonce ordinaire en France [4]; la faction espagnole à Rome s'y opposait comme elle empêchait le Pape de permettre que son neveu exerçât les fonctions de protecteur de France. Ordinairement ces grandes nonciatures menaient au cardinalat, et Richelieu aurait voulu que Mazarin cardinal fût envoyé légat pour tenir le dauphin dont le Pape devait être parrain.

Mém. X, 426.

LE ROY À L'AMBASSADEUR DE VENISE.

Saint-Germain-en-Laye, 10 janvier 1638.

Le roy a tousjours entendu envoyer ses ambassadeurs à Cologne aussytost que ses alliez auront

---

[1] Cette lettre était préparée pour la personne qui serait chargée de la négociation. Le même manuscrit d'Allemagne donne, pièce 132, sans date, mais de la même écriture que cette lettre, un projet des conditions de la trêve. Au bas de ce projet le P. Joseph a mis ces deux lignes : «J'estime que ce sera le mieux de sçavoir, sur ces points, la prompte résolution de S. Em.» A la suite de quoi on lit, de la main de l'un des premiers commis des affaires étrangères, La Barde, le sommaire de ce qu'on pourrait écrire au nom du roi; avec l'indication qu'il fallait consulter le P. Joseph. On voit par quelle filière passait cette affaire, qui enfin n'aboutit pas.

[2] La pièce n'est point datée. Au dos du feuillet on lit : «du dernier décembre;» mais cette annotation pourrait se reporter à une autre lettre.

[3] Le 12 janvier suivant, M. d'Avaux écrivait de Hambourg à Chavigni une longue lettre chiffrée, où il se plaignait de «l'assoupissement des Suédois...» «Les régens de Suède semblaient disposés à entendre

la proposition d'une longue trefve.» De son côté, d'Avaux avait écrit à M. de Rorté, ministre de France, de se rendre à Stockholm, où une assemblée des États devait avoir lieu le 23 janvier, pour les porter à faire «un grand effort.» (Allemagne, t. XV, pièce 2'.) Les exhortations de M. de Rorté, l'orgueil de la France aidant, les persuada, et la guerre continua.

[4] Cette pièce, sans date, se trouve placée dans le manuscrit à la fin de 1637. Mazarin avait résidé en France comme nonce extraordinaire, de novembre 1634 à février 1636, mais Richelieu désirait vivement qu'il y fût envoyé en qualité de nonce ordinaire; c'est sans doute la pensée de cette lettre. — Nous trouvons encore à la fin de ce volume deux pièces, également sans date, à l'adresse de Mazarin. Ce sont deux copies, l'une de la main d'un secrétaire de Chavigni, l'autre de celle de Cherré. Nous nous bornons à les indiquer.

receu d'Allemagne et d'Espagne les passeports nécessaires pour y venir conjointement; on attend ces passeports; il ne semble pas qu'il puisse y avoir de difficultés.

> Mise au net d'un original signé LOUIS, contre-signé Bouthillier. Une minute de la main de Chavigni, avec quelque différence, est ici cotée 132. — Arch. des Aff. étr. Venise, t. LII, fol. 131.

À M. LE DUC DE PARME.

18 janvier 1638.

Ayant fait sçavoir au roy la proposition que celuy qui a soin des affaires de Vostre Altesse en France[1] m'a faite de vostre part, sur le sujet d'un bon accommodement avec les Espagnols[2], S. M. m'a commandé de vous dire... qu'elle a beaucoup de peyne à croire que les Espagnols y veuillent entendre de bonne foy[3]...

> Mise au net, de la main de Cherré. — Arch. des Aff. étr. Parme, t. I.

[À M. DE PUJOLS.]

29 janvier 1638.

Réponse à ses lettres du 17 et du 18 décembre. — Les choses sont en mesme estat que je vous ay mandé par une lettre du 6 de ce mois. — «Si on manque de sincérité pour correspondre à celle avec laquelle on marche, nous ne nous plaindrons pas de nostre franchise puisqu'elle nous asseurera de plus en plus le secours de Dieu...»

«Quant à ce qui est des Hollandois, mocqués vous des bruicts qu'on fait courir; nous ne sommes point en doute les uns des autres.»

> Mise au net, de la main de Cherré. — Aff. étr. Espagne, t. XIX, fol. 5.

MÉMOIRE À M. D'AVAUX.

Vers la fin de janvier 1638.

Insister sur les conditions de renouvellement du traitté avec la Suède... la durée... S. M. fournissant tousjours le million... Le lieu où la paix se doit traiter... Sauf-conduits... S'il n'y a plus d'espérance que les Suédois envoyent leurs plénipotentiaires à Cologne, adjuster avec eux tout ce que dessus, comme aussy la médiation de Venise...

> Mise au net, de la main d'un commis de Chavigni. — Arch. des Aff. étr. Ademagne, t. XIV, pièce 122.

MÉMOIRE ENVOYÉ AU ROY,
SUIVANT LEQUEL S. M. A PARLÉ A M. LE COMTE DE GUMINNE.

Commencement de février 1638.

C'est une plainte sur ce que la duchesse fait difficulté d'éloigner le P. Monod... «Il est question

---

[1] Le sieur de Villeré.

[2] Le duc s'était offert un peu présomptueusement comme intermédiaire pour la négociation de cette paix.

[2] Le manuscrit donne, pour cette année 1638, deux ou trois lettres assez insignifiantes prouvant que cette proposition n'eut aucune suite.

41.

maintenant de voir si ma sœur voudra préférer un mauvais moyne son ennemy à un roy son frère, qui ne s'est déclaré contre un tel homme qu'après qu'elle a tesmoigné le désirer[1]. »

Copie de la main de Cherré, arrangée pour les *Mémoires de Richelieu.* — Arch. des Aff. étr. Turin, t. XXVI, pièce 17.

INSTRUCTION POUR M. D'HARCOURT.

[Fin de février 1638[2].]

Expédition en Barbarie. Faire route droit sur Alger. S'ils arborent la bannière on pourra traiter; M. d'Harcourt a les pouvoirs, et le capitaine Sartes Le Page, qui entend la langue, est placé sous les ordres de l'amiral. Ce traité fait ou rompu, l'armée navale se rendra à Tunis pour y en faire un semblable. Entreprendre, s'il se peut, quelque chose sur les places maritimes de l'obéissance du roy d'Espagne.

Mise au net, de la main d'un commis de Chavigni. — Arch. des Aff. étr. Espagne, t. XIX, fol. 197.

À M. L'AMBASSADEUR DE VENISE.

[Février? 1638.]

Pour éviter toutes sortes de difficultés sur le sujet des passe-ports nécessaires pour se trouver à l'assemblée de Couloigne, on envoie à M. l'ambassadeur de Venise la copie de celuy que M[rs] les Estats de Hollande désirent du roy d'Espagne... Quant à envoyer des passe-ports en blanc à M. d'Avaux pour les depputez du roy de Hongrie, ne les donner que quand ceux du roy de Hongrie pour les depputez de Suède et de Hollande auront esté deslivrez, comme aussy pour les personnes qui seraient envoyées de la part du landgrave de Hesse et du duc de Weimar, qui pourront estre qualifiez *mandatos* [*aut missos*, ce qui ne peut par raison estre refusé du roy de Hongrie, veu que leurs envoyez ne sont point qualifiez plénipotentiaires].

Il faut en outre une déclaration générale du roy de Hongrie donnant pareille seureté à tous les autres alliez de la France en Allemagne[3]...

Minute de la main de Cherré. Partout où il y avait : empereur, le cardinal a effacé et mis roy de Hongrie; la phrase entre crochets est aussi de sa main. — Arch. des Aff. étr. Venise, t. LII, fol 136.

---

[1] La présente pièce est une copie de la main de Cherré, faite pour être envoyée à M. d'Hémery auquel on écrit : «C'est à vous maintenant de pousser cette affaire avec ardeur, faisant cognoistre au comte Philippe l'intérêt qu'il a, et celuy de Madame, qui sont sy notoires qu'il n'est pas besoin de les expliquer davantage.» — Le 24 février, M. de Paluau fut envoyé en Piémont pour la même affaire, avec une instruction rédigée sans doute par le secrétaire d'État des affaires étrangères. (Ms. cité aux sources, pièce 21, de la main d'un secrétaire de Chavigni.)

[2] Cette date nous est donnée par les *Mémoires de Richelieu*, t. X, p. 299, 300.

[3] La pièce qui précède dans le manuscrit, folio 134, est un «mémoire pour M. l'ambassadeur de Ve-

nise, touchant les passeports.» Richelieu le charge de répondre au secrétaire Galavetta, au sujet des difficultés qu'on ne cesse d'opposer à la délivrance desdits passe-ports. C'est une minute de la main de Cherré, en tête de laquelle ce secrétaire a écrit : février (le quantième manque). — Une autre dépêche, aussi sans date, est cotée 152 dans notre manuscrit. Le roi écrit à l'ambassadeur Corrano : «... Après avoir fait tout ce que mon honneur et ma réputation avoient pu promettre, je ne puis absolument me contenter de la forme en laquelle le roy de Hongrie a promis de donner seureté aux depputez de mes alliez d'Allemagne.» Mise au net de la main d'un commis des Affaires étrangères.

MÉMOIRE À M. D'ESTAMPES.

Chantilly, 4 mars 1638.

« Ledit s' ambassadeur avertira M. le prince d'Orange aussytost qu'il aura receu cette dépesche, qu'un homme qui est à Bruxelles et qui a donné icy divers avis desquels beaucoup se sont trouvés véritables, entre autres un depuis peu d'une entreprise sur Dourlans, a faict sçavoir icy qu'il y a un dessein sur Flessingue ». Détails de ladite entreprise. — « Les Espagnols ont aussy dessein sur l'isle de Casau »... « Tirer parole expresse du prince d'Orange qu'il ne donnera cognoissance de cet avis à qui que ce puisse estre, de peur que l'on soupçonne l'homme de Bruxelles dont on a receu de bons avis depuis trois ans. » « Presser le prince d'Orange d'envoyer trente vaisseaux devant Dunkerque... S. M. est résolue plus que jamais de faire une bonne campagne, pour montrer aux nonces que leurs continuelles propositions de trefve sans effect ne sont pas capables de ralentir la chaleur de S. M. »... « Il se trouvera que M. le cardinal a très-bien jugé, disant que la paix ou la trefve ne se feroient jamais avec les Espagnols qu'en les y contraignant par la force. Demander au prince que M. l'Estrade soit promptement renvoyé.

Mise au net, de la main d'un secrétaire de Chavigni. — Arch. des Aff. étr. Hollande, t. XX, pièce 164.

MÉMOIRE À M. D'AVAUX.

7 mars 1638.

L'affaire de la ratification du traité de Wismar doit être vidée devant toute autre[1]... L'intention du roi est que la trêve soit générale... Faire comprendre à Mme la landgrave combien il lui importe de demeurer attachée à la France... Le roi d'Angleterre a grand désir que les traittés projettés ici soient conclus... L'affaire du Palatin rendrait la paix d'autant plus difficile, S. M. ne serait point fâchée que ladite affaire tire de longue...

Mise au net, de la main d'un commis de Chavigni (8 pages). — Arch. des Aff. étr. Allemagne, t. XV, pièce 6.

NOTE POUR LE ROI.

8 mars 1638.

Le roi écrivait au cardinal le 7 mars, au sujet d'un paquet à envoyer ou non en Espagne. — Le cardinal explique qu'on peut expédier ce paquet sans inquiéter nos alliés.

Au bas de la page, de Noyers a mis :

« Le roy aiant leu les raisons ci-dessus a estimé qu'il n'y avait pas à doubter, qu'il fault envoyer le paquet, et l'a ainsy commandé. »

A la marge de cette pièce sont diverses observations dont voici le résumé :

Les Hollandois nous ont donné leur consentement de traitter mesme la trêve avec les nonces... On évite de donner aucun soupçon aux Hollandois. — Nous ne sommes point liez aux Suédois jusques à présent pour ne traitter point l'un sans l'autre. Ils traittent ouvertement sans nous. — Nous ne sommes point liez aux Anglois, cependant dans les projets de trèves nous les comprenons, mettant la provision du Palatin esgale à celle des autres princes despouillez. Ainsy quelque malice

---

[1] Elle le fut bientôt; M. d'Avaux écrivait le 8 mars à Richelieu qu'il avait la ratification du traité de Wismars, et qu'il en avait conclu un autre avec Salvius, le ministre de Suède. (Même ms. pièce 7.)

que puissent avoir les Espagnols, il n'y a pas à craindre qu'elle puisse avoir grand effect contre nous [1].

Mise au net, de la main de Cherré. — Arch. des Aff. étr. Espagne, t. XIX, fol. 26.

À M. D'AVAUX.

20 mars 1638.

Donner aux Suédois tout l'argent qu'ils peuvent prétendre... Le roy entend que le traité dure trois ans... Le roy a fait un traité avec M. de Veymar pour jusqu'à la fin de la guerre... Gagner MM. Salvius et Smaltz en leur faisant des présens... On ne compte pas beaucoup sur Francz Albert; voir cependant quel moyen il a de débaucher les troupes de Galas... Il faudroit essayer d'avoir quelque place montre en Westphalie pour faire des levées... Ménager Montecuculi s'il persiste dans le dessein de changer de parti...

Mise au net, de la main d'un commis de Chavigni (6 pages). — Arch. des Aff. étr. Allemagne, t. XV, pièce 12.

LE P. JOSEPH À D'AVAUX.

20 mars 1638.

Nous sommes en grande impatience de savoir la conclusion du traité... Une dépêche du roi lui dit les intentions de S. M. sur les trois points proposés par les Suédois... Détail des armées que le roi va avoir sur pied... Il est bien à propos que la noise entre les rois de Pologne et de Danemark continue...

Arch. des Aff. étr. Allemagne, t. XV, pièce 10, en partie chiffrée.

À MADAME DE SAVOIE.

21 mars 1638.

Félicitations sur le bon commencement qu'elle a donné à ses affaires par l'esloignement du P. Monod... La malice eust préparé quelques piéges pour vous perdre; cependant le temps de la campagne s'avance, je supplie Votre Altesse, pour l'avenir d'elle-même, de donner les ordres nécessaires pour le succès...

Minute de la main du secrétaire de nuit, préparée pour les *Mémoires de Richelieu.* — Arch. des Aff. étr. Turin, t. XXVI, pièce 39.

[À M. D'HÉMERY.]

21 mars 1638.

Le cardinal lui envoie copie de la lettre qu'il écrit à la duchesse de Savoie. « C'est à vous d'agir auprès d'elle en sorte qu'on puisse voir la fin de toutes ces difficultez... Il faut estre démon pour avoir voulu persuader à M. le comte Philippe que je n'ay point d'affection pour luy.— M. d'Argenson

---

[1] Il s'agissait aussi dans la lettre du roi d'une dépêche préparée pour être écrite à Pujols, où il est expliqué avec grand détail que les réponses faites aux propositions du cardinal-duc montrent qu'en Espagne, malgré force courtoisies, on ne veut pas conclure la paix. Cette dépêche répète des choses plusieurs fois exposées. Nous nous bornons à la citer. C'est une mise au net de la main de Cherré, fol. 27 du volume cité aux sources. Ce même volume conserve la première minute, aussi de la main de Cherré, mais corrigée de la main de Richelieu. Elle est classée par erreur au folio 276.

part avec toutes les provisions et l'argent... Enfin nous n'oublions rien de ce qui sera possible pour
le bon succès des affaires d'Italie[1]... »

Minute de la main de Cherré. — Arch. des Aff. étr. Turin, t. XXVI.

À.....[2]
23 mars 1638.

« Le s[r] de l'Estrade s'en retournera en diligence vers M. le prince d'Orange pour luy dire que le
roy s'est un peu estoné de quoy il ne luy avoit point rapporté de response déterminée... S. M. ne
doute pas cependant que le prince ne prenne une bonne et forte résolution. » — « Le roy a renvoyé
M. d'Estampes pour dire que S. M. se tient au traicté du s[r] de Vosberg, et l'advertir qu'en suitte
d'iceluy S. M. mettra en campagne et fera entrer son armée dans le pays ennemi dans le mois d'avril
sans faiblir, afin que M[rs] les Estats en facent autant. » Représenter au prince la nécessité qu'il y ait
toujours trente vaisseaux entre Calais et Dunkerque... « Le roy avoit demandé que l'admiral eust
commandement de recevoir les ordres du roy pour qu'il ne perdist pas l'occasion de profiter des
avis qu'on luy pourroit donner, comme l'admiral Dorp fist l'an passé; mais, puisque M. le prince
d'Orange a trouvé à redire à ce que dessus, S. M. se départ volontiers de ce prétendu pouvoir commandant[3]... »

Minute de la main du secrétaire de nuit. Mise au net de la dépêche faite sur cette
minute, de la main d'un secrétaire de Chavigni, pièce 167. — Arch. des Aff. étr.
Hollande, t. XX, pièce 165.

RESPONSE AU MÉMOIRE PRÉSENTÉ AU ROY,
PAR LE SIEUR FORBAIS[4].
Ruel, 8 avril 1638.

C'était un envoyé du roi de Pologne, qui invitait Louis XIII à la paix. S. M. proteste de nouveau
qu'elle est toute preste d'envoyer ses ministres à Coulogne, lorsque l'Espagne aura envoyé les passe-
ports de M[rs] les Estats, et que le roy de Hongrie aura fait expédier ceux qui sont nécessaires pour
la Suède, pour le duc de Weimar, pour le landgrave de Hesse et les autres princes et villes ses
alliez. Les difficultés qu'apportent l'Espagne et le roi de Hongrie ne diminuent point la bonne volonté de S. M...

Deux copies. — Arch. des Aff. étr. Pologne, t. III, fol. 424, 426. Mém. de Richelieu,
t. X, p. 519.

À M. DE BRÉZÉ.
2 mai 1638.

Mon frère..., la principale tasche que l'on vous donne est de vous opposer au passage de Picolomini... Vous pourrez tenter quelques autres petites entreprises sur Ivoy, Longwi... Tenir ses
troupes en lieu qu'on puisse facilement les avoir si le roy en a besoin... Aura soin qu'il soit exactement payé quoi que fasse M. Bulliois, ce qui n'est pas absolu dans ses ordonnances[5]...

Minute de la main de Cherré. — Arch. des Aff. étr. Pays-Bas, t. XIII.

[1] Voyez dans ce manuscrit, pièces 51 et 52, à la
date des 19 et 20 avril, deux mémoires, dont l'un
est un original, signé du roi, au cardinal de La Valette; l'autre, adressé par Richelieu à M. d'Hémery,
œuvre du secrétaire d'État sur ce qu'il est à propos
de faire en ce moment pour l'Italie.

[2] La suscription manque.

[3] M. d'Estrades écrit de la Haye, le 5 avril : « Le
prince d'Orange m'a remis vers la fin de la sepmène
à me faire responsse. » (Pièce 169.)

[4] Les Mémoires de Richelieu le nomment Forbatz.

[5] M. de Brézé écrivait à Richelieu, ce même jour,
en homme tout disposé à se plaindre sans que cela
paraisse : « Dimanche à midi. Je partiray mardi de

À M. DE CHAVIGNY.

6 mai 1638.

Dans l'incertitude du moment où arrivera D. Michel de Salamanca, Chavigni doit rester à Paris, il y aurait beaucoup d'inconvénients à lui faire parler par un autre. Par lettres interceptées du premier courrier d'Espagne qui viendra, on verra si Salamanca doit arriver ou non [1].

Minute de la main de Cherré. L'original était chiffré, car on lit en tête de cette minute : «Deschiffrez vous mesme.» — Arch. des Aff. étr. Espagne, t. XIX, fol. 89.

INSTRUCTION POUR M. DE CHAVIGNI.

De Compiègne, 8 may 1638.

Après avoir bien pensé à la venue de Salamanca [2], on estime qu'il faut le voir mais avec grandes précautions... Vous lui pouvez dire «que Pujols propose dans ses lettres, de la part du comte-duc, une trefve de 40 jours — ou qu'on aille traiter sur la frontière — ou qu'on fasse une trefve de longues années aux mesmes conditions qu'on pourroit faire la paix.»— Toutes ces choses sont impossibles... M. le comte-duc avait promis d'envoyer des conditions, nous les attendons tousjours. Nous ne consentons à la longue que parce que c'est le seul chemin d'avoir la paix. — Nous n'envions point la grandeur de la maison d'Autriche, mais qu'elle ne peut aussy s'opposer à ce que nous pouvons prétendre justement. — «Que jamais le roy ne se relaschera de la Lorraine, qu'il a trop de justes raisons pour la conserver; que l'Espagne et l'empereur ont aussy d'autres prétentions auxquelles le roy ne s'opposant pas, les choses pourront s'accommoder seurement.»

A la marge de ce dernier paragraphe :

«Il ne faut luy nommer ny le Palatinat ny le Wirtemberg, de peur qu'il ne nous fasse faire une querelle d'Alemand avec l'Angleterre, mais il luy faut laisser deviner que c'est ce dont nous voulons parler [3]. »

Minute très-raturée, de la main de Citoys, corrigée par Richelieu. Une mise au net, de la main de Cherré, est cotée 104. — Arch. des Aff. étr. Espagne, t. XIX, fol. 102 verso.

À M. D'ESTAMPES.

8 mai 1638.

Ce que M. de Noyers vous escrit de la marche des armées du roy est très-véritable, M. de Chastillon sera le 15 de ce mois dans le pays des ennemis aux fins que sçait M. le prince d'Orange; nous ne sommes pas en doute qu'il ne soit en mesme temps en leur pays...

Minute de la main de Cherré. — Arch. des Aff. étr. Hollande, t. XX, pièce 181.

Paris, quand j'en devrois partir tout seul...» Il a grand besoin d'argent, mais quand même on ne lui donnerait rien, il n'en servirait pas moins avec plaisir. (Arch. des Aff. étrang. Pays-Bas, t. XIII.) On va voir que ce chaleureux dévouement se refroidit bientôt.

[1] A cette lettre est jointe une instruction pour l'entrevue avec S. S., instruction qui est en minute dans le manuscrit d'Espagne. L'original, que j'avais trouvé dans la collection France, est imprimé dans mon VIe volume, p. 34.

[2] Voyez notre VIe volume, pages 35, 37 et 38.

[3] Le lendemain 9, le cardinal mande à Chavigni «de faire à Salamanca, de la part du roy, de vifs reproches de ce que les Espagnols correspondent fort mal aux civilitez et courtoisies dont on a usé de deça à leur endroict,» surtout dans l'affaire des passeports et autres (fol. 107). Mise au net devenue minute, de la main de Cherré. — Ensuite de cette lettre Chavigni vit Salamanca et rendit compte au cardinal de son entretien; la date est : «Ce dimanche 9 a minuit.» (Orig. fol. 108.)

À M. LE PRINCE.

De Compiègne, 9 may 1638.

J'ay escrit à M. de Bullion pour vostre argent. — M. de la Meilleraie a satisfait à tout ce qu'il vous a promis. — M. le marquis de La Force et M. le marquis de Gesvres sont partis pour vous aller trouver. La conduite que vous voulés prendre pour couvrir votre dessein me semble fort bonne[1].

Orig. — Arch. de Condé. Communication de M⁅ˢʳ⁆ le duc d'Aumale.

À M. DE CHAVIGNY.

A Compiègne, 10 may 1638.

« Le roy a jugé qu'il peut y avoir des inconvéniens à voir Salamanque, mais beaucoup plus à ne le voir pas. » Procédés à suivre pour tenir l'entrevue la plus secrète possible[2].

Minute de la main de de Noyers. L'original, sans signature, de la main de Cherré, est coté 118[3]. — Aff. étr. Espagne, t. XIX, fol. 110.

POUR M. DE CHAVIGNY.

De Compiègne, 10 may 1638.

Aussytost après avoir receu vostre billet, je l'ay fait voir au roy qui, après avoir leu ce que vous a dict le pèlerin estranger, a trouvé bon qu'il passast par icy et que je le visse[4], ainsi qu'il le désire. — S'il vouloit vous faire ouverture de ce qu'il a dans le cœur, il avanceroit beaucoup plus les affaires, parce que me le mandant en bons chiffres, je sçaurois les intentions de S. M. avant son arrivée, ce qui pourroit beaucoup abréger le temps. — Vous luy pouvés faire voir le billet par lequel il cognoistra la part entière que vous avez en nos affaires et la confiance particulière que j'ay en vous. — Complimens pour le comte duc.

Minute de la main de de Noyers. L'original, de la main de Cherré, signé du cardinal, fol 118. — Arch. des Aff. étr. Espagne, t. XIX, fol. 111.

MÉMOIRE POUR TRAITTER AVEC SALAMANCA.

11 mai 1638.

Force courtoisies d'abord au pèlerin ; grand tesmoignage d'estime pour le comte-duc. Grand désir de la paix. Difficultés qu'on y peut rencontrer. — Nous ne désirons la trève que pour porter

[1] Voyez notre VIᵉ volume, pages 25, 55 et 67.

[2] Richelieu se sert à cette occasion du sieur Berthemet qu'on fera passer pour un simple courrier, et comme le jeune de Nouveau, fils du général des postes, a la charge de mener au roi les courriers, il mènera Salamanca, sans qu'on le mette dans la confidence, et Berthemet ira devant.

[3] L'original est terminé par trois lignes qui ne sont pas dans la minute : « Il sera bien à propos que Imals et Contrand * demeurent à Paris, tandis que le pèlerin fera son petit voyage icy. Peu après ils pourront venir et vous aussy, et non plustost, pour couvrir le jeu. »

[4] « J'ay receu cette nuit la dépesche de Son Eminence. J'ay une extresme joie de ce que S. M. a eu agréable qu'elle le vist, car après l'avoir ouï parler j'espère qu'on pourra faire quelque chose de bon avec luy. » Cet espoir fut tout à fait trompé. Chavigni dit au cardinal quelles minutieuses précautions on prenait pour tenir secrète la venue de Salamanca. (Fol. 114. Voyez à ce sujet mon VIᵉ volume, page 34, note 2.)

* Dans sa lettre du 11 mai au cardinal, Chavigni joint à ces deux noms celui de Grossius.

nos alliez à la paix. — Conditions de paix : Ligue en Italie et Allemagne pour courir sus à ceux qui manqueroient aux conditions. — Restitutions réciproques entre les deux couronnes. — Exécution du traité de Mouçon. Les Grisons. — Mantoue. Casal. — Protection pour Mme de Mantoue et pour Mme de Savoie. — Pignerol. — La Lorraine.

Minute de la main de Citoys et de Cherré; quelques mots de Richelieu. — Arch. des Aff. étr. Espagne, t. XIX, fol. 112, 113.

INSTRUCTION POUR LE SIEUR ARCHEVESQUE DE BORDEAUX,

QUI COMMANDERA L'ARMÉE NAVALE DU PONANT.

Saint-Germain-en-Laye, 12 mai 1638.

Il fera route à la côte d'Espagne après avoir combiné avec M. le Prince le point d'attaque. (C'est surtout Fontarabie dont il est question.) Il ne laissera pas de faire d'autres entreprises sur les côtes d'Espagne; il donnera, au besoin, secours au Portugal; enfin il reviendrait vers les côtes de France si elles étaient menacées par l'ennemi.

Mise au net, de la main d'un commis de Chavigni. — Arch. des Aff. étr. Espagne, t. XIX, fol. 202.

MÉMOIRE POUR RÉPONDRE À LA DÉPESCHE DE M. D'HÉMERY,

DU 6 MAI.

[Vers la mi-mai 1638 [1].]

Renvoyer le courrier diligemment avec deux commissions pour faire le procès à Monteils et autres conjurés.

Tirer les plus authentiques dépositions contre tous les conjurés et la princesse...

Ne pas éclater encore contre elle...

Le roi est résolu de donner les récompenses indiquées par M. d'Hémery...

Minute de la main de Chavigni. — Arch. des Aff. étr. Turin, t. XXVI, pièce 73.

À M. LE MARESCHAL DE BRÉZÉ.

De Compiègne, 16 mai 1638.

Mon frère..., je désire plus que je ne sçaurois vous le représenter que vous faciez cette année quelque chose qui esgale ce que fit M. de Chastillon l'an passé... Facilités qu'il y a pour une entreprise sur Charlemont... L'argent ne vous manqueroit pas... M. de Turenne, qui a cœur et esprit, peut beaucoup vous ayder [avec les trouppes qu'il a amenées]... Si vous jugiez ne pouvoir vous adjuster avec luy on le tireroit ailleurs... — Si vous jugez ne pouvoir faire ce que dessus, pensez à quelque autre chose et me le mandez, et vous souvenez, en un mot, qu'il faut correspondre aux deux noms, et de mareschal de Brézé et de mon frère.

Minute de la main de Cherré. — Arch. des Aff. étr. Pays-Bas, t. XIII.

---

[1] La dépêche du 6 mai était arrivée par courrier, et la réponse pressait; elle a dû suivre de près l'arrivée des courriers. (Voyez, sur l'affaire de Montiglio, page 980 de notre VIe volume.)

À M. D'ESTAMPES.

16 mai 1638.

Le nonce qui est en France, imbu des intentions des Espagnols, a proposé de nouveau la suspension et la trêve... Tentatives pour séparer le roi des Hollandais et de ses alliés; le roi a répondu « qu'il ne falloit point que l'on espérast un tel événement... qu'il estoit asseuré que les Estats et M. le prince d'Orange ne le feroient jamais. » On a su que les Espagnols feraient encore à ce sujet une tentative auprès des Hollandais, on en informe M. le prince d'Orange. « On prie M. le prince d'Orange de mesnager la cognoissance qu'on luy donne et particulièrement le nom de M. le nonce, parce que c'est un bonhomme qui n'a pas mauvaise intention, ains propose ce qui luy est mandé pour s'en acquitter, et dans le cœur favorise la France et n'est aucunement contre le corps de ses alliés. »

« M. d'Estampes pénétrera, autant qu'il pourra, la pensée de M. le prince d'Orange, sans trop de curiosité, » au sujet d'une trêve générale. — M. de Chastillon entre aujourd'hui dans le pays ennemi... Presser M. le prince d'Orange.

> Minute de la main de Charré. — Mise au net de la main d'un secrétaire de Chavigni, pièce 183, avec la date du 18, à Compiègne (notée au dos et en tête). – Arch. des Aff. étr. Hollande, I, 20, pièce 182.

MÉMOIRE AU SIEUR DU HOUSSAY,

CONSEILLER DU ROY, SON AMBASSADEUR À VENISE.

Compiègne, 20 mai 1638.

Le dessein qui se brassait contre Cazal s'est trouvé véritable... Le sieur Monteil, gouverneur du château, a été arrêté... « La raison requéreroit que la tutelle et l'administration de la personne du duc fust ostée à la duchesse douairière... Il seroit bon que la république de Venise rendist ses troupes si fortes dans Mantoue qu'elle peust empescher la princesse d'exécuter ce qu'elle a projeté... » Mesures à prendre à ce sujet... les tenir dans le plus grand secret... On a eu avis que le prétendu empereur avait envoyé un décret à la princesse, la reconnaissant duchesse de Mantoue et du Montferrat [1].

> Mise au net de la main d'un commis des Aff. étr. — Imprimée dans les *Mémoires de Richelieu*, t. X, p. 379 et suiv. — Arch. des Aff. étr. Venise, t. LII, fol. 137.

MÉMOIRE À M. LE CARDINAL DE LA VALETTE
ET AU SIEUR D'HÉMERY.

A Compiègne, 20 mai 1638.

... S. M. ne veut pas encore publier la trahison de la duchesse de Mantoue parce qu'il est nécessaire auparavant d'essayer à porter la république de Venise à s'asseurer de Mantoue comme on l'a fait de Casal; il faut publier la découverte de la trahison sans nommer la princesse. — Faire juger Monteil. « Ce seroit une chose bien receue par toute l'Italie s'il estoit condamné par les propres juges du duc de Mantoue; » mais ne pas leur commettre le jugement si l'on voit que leurs intentions ne sont pas de le condamner. S. M. veut récompenser les sieurs Guiscardi, comte Mercuvis et

---

[1] M. du Houssay a répondu le 10 juillet, que « sur la proposition qu'il a faite au sénat de la part du roy, de vouloir penser à la seureté de Mantoue, il ne les a point trouvez disposés à cela. » (Fol. 149, copie.) (Voyez, au sujet de cette affaire, notre VIᵉ volume, p. 980, et le VIIᵉ, p. 785.)

42.

Prat... et aussi Porre Gaya et autres... Faire le traité de ligue avec la duchesse de Savoie. Dispositions à ce sujet.

> Mise au net, de la main d'un commis de Chavigui (date notée au dos, 20 may 1638).
> — Arch. des Aff. étr. Turin, XXVI, p. 193.

MÉMOIRE AU SIEUR DE LA THUILLERIE,

AMBASSADEUR DU ROY À MANTOUE,

ET AU SIEUR DE LA TOUR,

MARESCHAL DE CAMP ÈS ARMÉES DE S. M.

ESTANT AUSSY DE LA PART DE S. M. AU DICT LIEU.

Compiègne, 20 mai 1638.

Il s'agit de la découverte de la trahison du gouverneur du château de Casal, Montiglio, qui devait livrer la place. Ils doivent tâcher de surprendre la pensée de la duchesse de Mantoue sur cette
affaire, et bien se garder de lui laisser soupçonner qu'on sait que c'est par ses ordres que la conspiration a été tramée.

> Mise au net. La pièce a été arrangée pour les *Mémoires de Richelieu*, t. VIII, p. 727
> du ms. des Aff. étr. t. X de l'édit. Petitot [1]. — Arch. des Aff. étr. Mantoue. t. V,
> pièce 167.

[À M. DE CHATILLON [2].]

4 juin 1638.

« J'envoie ce gentilhomme pour savoir l'estat de vostre armée. Si je pouvois moy-mesme faciliter
vos desseins, je n'espargnerois pas ma personne et m'offrirois de vous servir de chasse-avant... et
en outre vostre réputation et vostre contentement ne me sont pas de petite considération. Ce gentilhomme ne va pas pour vous donner du feu, vous en avez assez, mais seulement pour sçavoir
comme vous le voulez employer. »

> Minute de la main de Cherré. — Arch. des Aff. étr. Pays-Bas, t. XIII.

À M. D'AUXERRE [3].

7 juin 1638.

C'est beaucoup estimer vostre personne que de vous croire capable d'estre en une mesme qua-

---

[1] Voy. ci-dessus, lettre à M. d'Hémery, du commencement de juin.

[2] La suscription n'est pas indiquée; la lettre pourrait aller à M. de Brézé; mais nous ne trouvons pas
ici les mots : « Mon frère, » comme aux autres minutes des lettres adressées à M. de Brézé.

[3] Pierre de Broc, fils de François de Broc, baron
de Cinq-Mars, la Pile et autres seigneuries, était attaché à la maison du cardinal dont il devint maître
de chambre. Nommé à l'évêché d'Auxerre, le 10 septembre 1637, il n'eut ses bulles qu'en janvier 1639
et ne fut sacré que le 4 mars 1640; néanmoins on le
nomma M. d'Auxerre dès le temps de sa nomination.
Le *Gallia christiana*, t. XII, nous dit : « Sacri ini-

tiatus abbatis de S. Marc titulo, in cardinalis Ri-
chelii familiam adscitus, et variis pro Ludovico XIII
rege, summa fide et industria defunctus muneribus. »
Dans les *Mémoires concernant l'histoire ecclésiastique
et civile d'Auxerre*, p. 694, in-4°, l'abbé le Bœuf
écrit ce nom : Saint-Mars, et il a été suivi par
M. Fisquet, *France pontificale*, Auxerre, p. 414.
Mais lui-même signe Cinq-Mars dans les diverses lettres qu'il écrit à Richelieu durant cette mission, et
qui sont conservées aux archives des Affaires étrangères, circonstance qu'il convient de remarquer,
puisqu'à ce moment cette signature était aussi celle
du jeune d'Effiat.

lité, en une armée, où j'ay pris plaisir à Corbie d'estre, c'est-à-dire chasse-avant. Pour mériter ce tiltre... il fault faire faire en un jour, par sa diligence, ce qui d'ordinaire ne se faict qu'en deux ou trois. Au nom de Dieu hastez les travaux, quoy qu'ils puissent couster... Pressez le s[r] de Chastillon d'avancer son attaque [1]. .

Minute de la main de Citoys. — Arch. des Aff. étr. Pays-Bas, t. VIII.

AU GÉNÉRAL DES GALÈRES.

7 juin 1638.

J'ay receu les lettres que vous m'avez envoyées, auxquelles je n'ay autre response à faire sinon qu'on sera bien contraint de faire ce que vous proposez, si vos actions du reste de cet esté ne réparent celles du passé. J'aymerois mieux mille fois que vous ne fassiez point, que de vous voir perdre aucune occasion d'acquérir de l'honneur. C'est à vous à servir si bien sous la charge de M. le comte d'Harcourt que S. M. ayt sujet d'en estre contente. Sortez au moins avec quinze galères, afin que, favorisées de vaisseaux ronds, le plus grand nombre qu'en pourront avoir les ennemis n'empesche pas de faire quelque bon effect. Je vous recommande, autant que je le puis, de prendre une conduite toute contraire à celle que vous avez eue jusqu'icy.

Minute de la main de Cherré. — Arch. des Aff. étr. Pays-Bas, t. XIII.

AU MARESCHAL DE BRÉZÉ.

9 juin 1638 (au dos on a mis 8).

Le s[r] de Besançon parle de votre armée tout autrement que M. de Bellefonds, j'en croy le premier qui a tout vu par lui-même... «Ce qui me console du malheur tombé sur le corps qui vous a esté destiné, c'est que vous n'en estes pas coupable... J'ay esté estonné quand j'ay veu par vos lettres qu'il n'y avoit que six cents hommes, veu qu'il a esté payé pour quatorze cents... » S. M. ne peut vous donner d'autres troupes que celles qui vous sont destinées.

Minute de la main de Citoys et de celle de Cherré. — Arch. des Aff. étr. Pays-Bas, t. XIII.

À M. DE LA FORCE.

13 juin 1638.

Vous sçavez l'accident qui est arrivé à M. de Chastillon... Si l'approche de vostre armée ne

---

[1] Ce titre de chasse-avant convenait parfaitement bien à la mission confiée par Richelieu à cet évêque auprès du maréchal de Châtillon dont la lenteur de locomotion était proverbiale [*]. Il demeura un peu plus d'un mois au camp devant Saint-Omer, et rendait ponctuellement compte à Richelieu de tout ce qui s'y passait. Nous avons, dans le XIIIe volume des Pays-Bas, six lettres de lui, dont plusieurs sont fort longues. L'évêque promet de ne rien négliger «pour éveiller les endormis.» Mais la tâche est rude : «Monseigneur me commande, écrit-il, de prendre M. de Chastillon par tous les bouts, je l'asseure que je n'y obmets rien, et qu'à moins d'avoir une grüe toujours auprès de luy pour s'en servir aux occasions, il eust

esté bien difficile d'esbranler ceste machine... » (24 juin.) L'évêque d'Auxerre continue ses rapports minutieusement circonstanciés jusqu'à l'événement qui força de lever le siège : «Voilà toutes les choses comme si Monseigneur les avoit veues; je suis au désespoir d'estre réduit à descrire une si désagréable histoire; mais estant icy les yeux de Son Eminence, par lesquels il doibt voir toutes les choses dans la vérité, je luy fais sçavoir, comme il m'a commandé, sans desguisemens... » La lettre est datée du 11 juillet; c'est la dernière, la mission de l'évêque d'Auxerre était terminée. (*Mém. de Richelieu*, t. X, p. 248.)

[*] Voyez ci-après une autre lettre adressée le 21 juin à l'évêque d'Auxerre.

suffit pas pour venir à bout de Saint-Omer, S. M. s'y rendra en personne... Vous sçavez qu'il n'y a rien qui face réussir les grandes entreprises que la vigilance; jamais vieil huguenot ne fut accusé d'en manquer... «Je vous conjure, Monsieur, de tascher de faire quelque chose qui fasse cognoistre aux ennemis la force du nom de La Force.»

Minute de la main de Cherré. — Arch, des Aff. étr. Pays-Bas, t. XIII.

À M. DE LA FORCE.

17 juin 1638.

Félicitations de son activité et de ce qu'à 80 ans vous ayez la mesme verdeur et les résolutions aussi généreuses que si vous n'en aviez que quarante... [En favorisant comme vous le faictes pa vostre approche le siége de Saint-Omer, j'espère que nous n'aurons que de bonnes nouvelles de vous. J'en prie Dieu de tout mon cœur, et vous de croire], etc.

Minute de la main de Cherré et de celle de Richelieu. — Arch. des Aff. étr. Pays-Bas, t. XIII.

À M. DU HALLIER.

20 juin 1638.

Éloges de la diligence et des soins qu'il apporte dans le service du roi. S. M. est très-satisfaite de tous ceux qui la servent, mais il lui reste à désirer un peu plus de promptitude dans les exécutions.

Minute de la main de Cherré[1]. — Arch. des Aff. étr. Pays-Bas, t. XIII.

A M. DU HALLIER.

21 juin 1638.

Profond étonnement des longueurs de M. de Châtillon, il laisse aux ennemis le temps de se fortifier, il serait incapable de s'opposer à une diversion qu'ils tenteraient en France. Au nom de Dieu, portez-le à réparer ces retardements. S. M. est dans une si grande impatience qu'il m'est impossible de vous le représenter...

Minute de la main de Cherré. — Arch. des Aff. étr. Pays-Bas, t. XIII.

À M. D'AUXERRE.

[21 juin 1638.]

Étonnement des longueurs et incertitudes de M. de Châtillon... «Quand j'ay veu sa demande de faire venir à son aide l'armée de M. de La Force, il m'a semblé estre tombé des nues... Prenez-le par tous les biais qu'on peut émouvoir une masse solide mais pesante[2]; piquez-le par son intérest, par celuy des affaires du roy... Je vous avoue que je sèche sur le pied quand je veoy perdre le témps en des affaires si importantes; remédiez-y *cito, citissime.*»

Minute de la main de Cherré. — Arch. des Aff. étr. Pays-Bas, t. XIII.

[1] Sur le même feuillet se trouvent deux autres minutes, même date, et aussi de la main de Cherré : 1° Lettre commune aux maréchaux de Châtillon et de La Force. A une longue dépêche que leur a écrite M. de Noyers, le cardinal ajoute quelques mots pour aiguillonner leur zèle. — 2° Lettre à M. d'Arpajon : contribuer tout ce qui dépendra de lui pour hâter l'exécution de ce qui est le plus utile au service du roi.

[2] Cette pensée de Richelieu a été conservée dans ses *Mémoires.* «Le cardinal, qui connaissoit la lenteur du s' de Châtillon, qui, autant que la vivacité de son courage l'animoit, était autant retenu et alenti par la pesanteur de son corps.»

À M. D'ESTAMPES.

22 juin 1638.

Le siége de Saint-Omer [1] et l'entrée de M. le Prince dans le cœur de l'Espagne justifient bien la conclusion de la tresve que devoit faire Don Miquel de Salamanque en passant. — Il se peut bien que les propositions que nous vous mandasmes dernièrement de Compiègne avoir cogneues par M. le nonce ayent esté premièrement inspirées par lettres de son collègue d'Espagne au passage dudit Salamanque... Malgré tous les artifices des Espagnols, ny paix ny trefve ne se fera que conjointement avec les confédérés.

Minute de la main de Cherré. — Arch. des Aff. étr. Hollande, t. XX, pièce 186.

MÉMOIRE AU SIEUR DE LA THUILLERIE.

Saint-Germain-en-Laye, 25 juin 1638.

Les mauvaises intentions de la duchesse de Mantoue étant de plus en plus avérées, le roi veut tenter si la crainte aura plus d'influence sur elle que les bons procédés; et il donne ordre à ses deux envoyés de se retirer à Venise sous un prétexte.

Mise au net. — Arch. des Aff. étr. Mantoue, t. V, pièce 178.

À MM. LES CONSULS ET CONSEILLERS
DE LA VILLE DE STRASBOURG.

Saint-Germain-en-Laye ...juin [1638 [2]].

Messieurs, la lettre que le s^r de Lisle m'a renduc de vostre part est si pleine de courtoisie et d'affection en mon endroit que je ne puis le laisser retourner en vos quartiers sans vous tesmoigner par celle-cy le ressentiment que j'en ay...

Original. — Arch. de Strasbourg. — Impr. Documents historiques... par M. de Kintzinger, maire de cette ville.

[A M. DE BRÉZÉ.]

1er juillet 1638.

Mon frère... Richelieu le félicite de sa résolution d'entreprendre quelque chose d'important... On ne vous laissera embarquer en aucune chose que l'on ne juge devoir réussir... La jalousie que vostre armée donne aux ennemis les empesche d'entreprendre sur nos frontières...

Minute de la main de Cherré. — Arch. des Aff. étr. Pays-Bas, t. XIII.

[1] Le 16 juillet, Chavigni mande au secrétaire de légation, M. Bale, et à Charnacé, que l'incurie du maréchal de Châtillon est cause qu'un secours est entré à Saint-Omer; par contre, Piccolomini a été battu. Donner ces deux nouvelles au prince d'Orange. Ce mauvais succès ne ralentira point les efforts de la France. S. M. partira lundy et S. Em. dès samedy. — Projets de S. M. — 'Succès de M. le Prince dans la rivière du passage; — de M. de Longueville contre le duc Charles en Bourgogne; — du sieur Baurier, fortifié par l'envoi de 12,000 hommes de

Suède. Mise au net par un secrétaire de Chavigni, ms. cité aux sources, pièce 188.

[2] M. Kintzinger, qui a publié cette lettre dans son *Recueil des documents tirés des archives de Strasbourg*, en 1818, dit que c'est la seule existant dans lesdites archives. L'année manque, et elle est classée à tort parmi les pièces de 1643. Nous proposons 1638, année où M. de Lisle était envoyé près les magistrats de Strasbourg, et où nous trouvons le cardinal à Saint-Germain pendant le mois de juin.

À M. LE DUC DE WEYMAR.

14 juillet 1638.

L'envoi de M. de Turenne vers Votre Altesse luy fera voir le soin qu'on a de fortifier vostre armée. M. d'Erlach vous fera savoir comme on a pourveu à vos payements. Si on lui donne contentement durant la guerre, on le fera encore davantage dans un traité de paix. — Grands compliments sur ses services.

Minute de la main de Cherré. — Arch. des Aff. étr. Saxe, t. II, pièce 38.

À.....[1]

14 juillet 1638.

« J'ay sceu que maintenant que la peste est à Lyon vous avés quelque pensée d'assister vous mesme les malades... Vostre complexion estant foible comme elle est, vous ferés beaucoup plus de les faire assister par des personnes que vous destinerés à cette fin... Dieu verra vostre intention et les malades l'effet de vostre charité plus efficacement employée pour eux... »

Minute de la main de Cherré[2]. — Arch. des Aff. étr. Saxe, t. II.

LE ROY AUX MARESCHAUX DE CHASTILLON ET DE LA FORCE.

Saint-Germain-en-Laye, 14 juillet 1638.

Mes cousins, les nouvelles que m'a apportées Pagan m'ont bien surpris parce que je ne devais pas m'y attendre...[3]

Copie. — Arch. des Aff. étr. Pays-Bas, t. XIII.

À M. DE BRÉZÉ.

17 juillet 1638.

Mon frère, il n'est pas encore résolu si ce sera vous qui ferez le siége dont vous escript M. de Noyers... mais ce sera vous qui investirez ladite place... Vous serez bien heureux si vous pouvez réparer le malheur d'autruy... Nous serons mercredi à Amiens...[4]

Minute de la main de Citoys. — Arch. des Aff. étr. Pays-Bas, t. XIII.

[1] La suscription manque, il est probable que c'est à son frère l'archevêque de Lyon que Richelieu écrivait cette lettre.

[2] Ce secrétaire, auquel Richelieu venait de dicter la lettre précédente au duc de Weymar, a écrit cette seconde dictée sur la même page, et de son écriture la plus courue. Le cardinal, très-pressé sans doute, ne lui a laissé le temps de prendre une autre feuille; c'est ce qui fait que cette pièce se trouve si étrangement classée dans la collection de Saxe.

[3] M. de Châtillon avait envoyé le sieur de Pagan au cardinal, le 11 juillet, pour informer S. Em. qu'il n'était pas possible de continuer le siége de Saint-Omer. La lettre que Richelieu fait écrire par le roi exprime d'une manière fort adoucie le mécon-

tentement de S. M. Le siége fut levé le 15. Il y avait certainement de la faute du maréchal, qui deux fois avait laissé entrer des secours dans la place assiégée. Cependant le cardinal n'avait rien épargné pour mettre l'armée du maréchal en un état respectable, et au moment où d'autres généraux n'étaient pas également favorisés. En ce temps-là Turenne éprouva un échec devant Remiremont, petite place de peu d'importance pourtant; mais voilà ce qu'il mandait à Chavigni le 9 juillet : « Je n'avois pas d'équipage; ordre à ceux de Nancy de m'en donner : on m'a envoyé un canon et seulement trois boulets de calibre... Nous nous sommes retirés... Je vous dis la vérité fort naïvement. » Autographe, daté « près Epinal. » (Ms. cité aux sources.)

[4] Dans une autre lettre du 23 juillet (même ms.

À M. D'ESTAMPES.

Abbeville, 4 août 1638.

Dire à M. le prince d'Orange que l'accident arrivé à Calo[1] touche le roy plus que celuy de la levée du siége de Saint-Omer... «La perte de ce dessein n'est due qu'au peu de prévoyance, à la paresse et à la présomption du mareschal de Chastillon.» — Reuly est assiégé. — Le roy ira aux couches de la reyne vers le 20 de ce mois, mais Monseigneur le cardinal demeurera en Picardie. — Entreprises que fera le roy si le prince tente quelque chose d'important. — Nécessité de l'union des alliés; les Espagnols n'ont d'autre intention que de les diviser. — Former des desseins de guerre pour l'année qui vient.

Brouillon de la main de Chavigni, pièce 193. — Mise au net, à laquelle se trouve une addition de la main de Cherré, pièce 191. — Deuxième mise au net, de la main d'un secrétaire de Chavigni. Au dos : Copie de l'instruction baillée à M. d'Estrades, s'en allant en Hollande, du 4 aoust. — Arch. des Aff. étr. Hollande, t. XX, pièce 192.

LE ROY AU SIEUR D'AVAUX.

Abbeville, 7 août 1638.

Réponse à sa dépêche du 7 juillet contenant trois points :

1° Sur la médiation de Venise, la République ne favorisera pas la maison d'Autriche aux dépends de la France;

2° Sur les projets de sauf-conduits, la forme indiquée par M. d'Avaux est bonne;

3° La détermination d'un jour pour les assemblées de Coulongne et de Lubec est inutile...

Orig. — Arch. des Aff. étr. Allemagne, t. XV, pièce 37.

MÉMOIRE.

Abbeville, 8 août 1638.

Les mareschaux de Chatillon et de La Force ont mandé au roy, par le sieur de Pagan, que, forcés d'abandonner le siége de Saint-Omer, il fallait assiéger Hédin. — «La réputation de S. M. requiert en effet qu'après le malheur de Saint-Omer on le répare.» Mais quelle place attaquer avec chance de succès; Hédin, Arras ou quelque autre place?... Il faut considérer «que le royaume est obligé de soutenir seul les efforts de toute la maison d'Autriche, c'est à-dire de toute l'Allemagne, l'Espagne, la Flandre et l'Italie... » De quelles forces la France peut-elle disposer? Les armées des mareschaux de Chastillon et de La Force réunissent 22,000 hommes, celle du mareschal de Brézé 8,000, le roy avec le corps de Saint-Preuil, environ 4,500 hommes. — Il y a abondance de munitions et de vivres. — «Le roy désire que M[rs] les mareschaux de ses armées, sans montrer ce mémoire à qui que ce puisse estre, sous peine de crime, luy donnent promptement leur avis au bas d'iceluy par escrit[2].»

Mise au net, devenue minute, de la main de Cherré, avec quelques mots interlinéaires de la main de Richelieu. — Arch. des Aff. étr. Pays-Bas, t. XIII.

minute de la main de Cherré), le cardinal lui écrivait : «Mon frère... le roy vous envoie M. de Mondejeu qui sçait tout le pays et qui vous conduira comme il faut, cognoissant tous les environs de la place dont il est question. C'est un homme de mérite dont vous ferez, s'il vous plaist, ce qui convient; il n'y a plus de temps à perdre.» Mais le siége d'Hes-

din auquel on avait pensé ne se fit pas alors, et puis les boutades de M. de Brézé, comme les appelait Richelieu, lui firent bientôt quitter l'armée.

[1] Calloo, fort sur l'Escaut près d'Anvers.

[2] Nous voyons dans les Mémoires de Richelieu, où cette pièce a été insérée presque en entier, que c'est le Castelet, dont le siége fut résolu.

À M. DE BRÉZÉ.

[8 août 1638.]

Mon frère, M. d'Elbene m'avoit bien dit avant-hier que vous vous trouviez mal... Mais je fus bien estonné d'apprendre hier au soir ce que vous avez résolu avec M. Sanguin, qui ne m'a point veu auparavant que de vous aller trouver. J'envoie sçavoir en diligence ce que c'est, et si vous appréhendez vostre rhumatisme universel. Cependant il est vray qu'il est venu quelques personnes de vostre armée icy, qui ont fait de mauvais comptes à S. M. J'en sçay le nom d'un; s'il y en a d'autres, le temps les apprendra sans doute.

Mise au net, de la main de Cherré, devenue minute à cause de corrections écrites par Richelieu. — Cette minute est placée au 8 août, et l'on peut croire que c'est sa date vraie. — Arch. des Aff. étr Pays-Bas, t. XIII.

MÉMOIRE AU SIEUR D'ESTAMPES.

Abbeville, 8 août 1638.

On ne peut juger quelle résolution prendra Madame la landgrave « pressée d'un costé par ses sujets de faire un accomodement particulier, et considérant, de l'autre, de quelle importance il luy est de ne se point séparer des couronnes de France et de Suède. » — Le s' de La Boderie est envoyé pour la porter à donner la ratification du traitté de Vezel, fait avec ses ministres. S. M. a fait remettre à Amsterdam deux cent mil richedales que ladite dame peut toucher en délivrant la ratification. — S. M. juge à propos de gagner le s' Milandre qui a beaucoup d'influence sur elle. M. de La Boderie a ordre de la sonder. S. M. a déjà fait expédier pour luy des lettres de soubz-lieutenant général des troupes allemandes qui seront à son service pour les commander jusqu'à ce que le jeune landgrave, qui en est général comme estoit feu son père, soit en âge de faire cette fonction. Il y a un brevet de mareschal de camp, Milandre désirant cette qualité, et de plus S. M. luy accorde 18,000 livres de pension, dont le brevet est entre les mains du s' de La Boderie. Si Milandre désire davantage, le roy doublera et triplera la pension. — « Au cas que Madame la landgrave ne puisse estre divertie du traitté particulier, le roy veut que l'on face tout ce qui se pourra affin d'attirer Milandre et ses troupes à son service, en sorte qu'il les mène luy-mesme à S. M. » — M. d'Estampes se rendra à Vezel pour négocier cette affaire avec lui, de concert avec M. de La Boderie[1]. Si l'on ne peut avoir Milandre, tâcher d'avoir ses troupes. Si Milandre ne veut pas les donner, il faudra tâcher de traitter avec les colonels particulièrement. — « Peut-estre Milandre projette un establissement dans l'Ortfrix qu'il conserveroit à la paix générale avec l'appuy des deux couronnes, en se joignant à la cause commune, il faudroit l'écouter et en informer immédiatement S. M. »

Mise au net, de la main d'un secrétaire. — Arch. des Aff. étr. Hollande, t. XX, pièce 194.

MÉMOIRE IMPORTANT ET SECRET,
ENVOYÉ DE LA PART DU ROY À M. LE MARESCHAL DE CHASTILLON.

9 août 1638.

Après la levée du siége de Saint-Omer[2], on songea, pour réparer cet échec, à une entreprise moins difficile. Après un exposé de la situation militaire de la France, et une discussion sur le

[1] Les Mémoires de Richelieu s'arrêtent là au sujet des troupes de Milandre et passent sous silence le projet de les débaucher. (T. X, p. 514, 515.) — [2] Le 16 juillet. Lettre du 29 ci-après, p. 194.

choix de la ville à assiéger, Hesdin ou Arras, Louis XIII penche pour Hesdin, et le mémoire se termine ainsi : « Le roy désire que M^{rs} les généraux de ses armées, sans montrer ce mémoire à qui que ce puisse estre, sous peine de crime, luy donnent promptement leur advis par écrit au bas d'iceluy. » Le maréchal de Châtillon, à qui le secrétaire d'État de la guerre, de Noyers, avait envoyé ce mémoire, conclut, dans une réponse diffuse, au siége d'Hesdin, et dans notre manuscrit cette réponse suit le mémoire, en tête duquel est la lettre de de Noyers.

Copie. — Bibl. nat. Cinq-Cents Colbert, t. CXVIII, fol. 141.

À M. D'HÉMERY.

11 août 1638.

Je veoy beaucoup à craindre des légèretez et des changemens qui arrivent dans l'esprit de Madame... ; cependant je ne puis croire qu'elle soit tellement abandonnée de raison pour vouloir manquer au traitté qu'elle a faict avec le roy son frère, pour se mettre entre les mains des Espagnols et faire avec eux un traitté de neutralité... Prendre garde de la tourmenter; les soupçons qu'elle voit qu'on a d'elle la désespèrent... Il n'y a autre chose à luy laisser faire les équipées naturelles à un esprit inventif comme est le sien [1]...

Minute de la main de Cherré. — Arch. des Aff. étr. Turin, t. XXVI, pièce 189.

À MADAME LA PRINCESSE D'ORANGE.

12 août 1638.

Le roi m'ordonne de vous prier de sa part de recevoir un présent qui ne peut estre digne de vous qu'à cause de celuy qui vous l'envoie. Les ennemis communs de ce royaume et des provinces unies ne pouvant nous faire mal que par les oreilles, S. M. l'a choisi expressément tel qu'il est, non-seulement pour vous tesmoigner qu'elle n'escoutera aucune chose qui puisse estre au préjudice du bien commun, mais aussy pour vous faire cognoistre qu'elle se tient assurée que Vostre Altesse et M. le prince d'Orange feront le mesme [2]...

De la main de Chavigni. — Arch. des Aff. étr. Hollande, t. II, pièce 195.

MÉMOIRE À M. DE LA THUILLERIE.

Abbeville, 12 août 1638.

Considérations sur la conduite à tenir avec la duchesse de Mantoue. Lui dire que le roi donnera la vie à Monteils si elle consent à recognoistre la vérité de l'affaire de Casal.

Mise au net. — Arch. des Aff. étr. Mantoue, t. V, pièce 192. — *Mémoires de Richelieu*, t. X, p. 392.

À M. DE BRÉZÉ.

13 août 1638.

Je ne manqueray jamais d'affection pour vostre personne, mais tant s'en faut qu'elle m'empesche

---

[1] Le même jour, 11 août, le roi écrit au cardinal de La Valette de déclarer à la duchesse qu'elle ne peut faire avec les Espagnols un traité de neutralité sans rompre ouvertement avec le roi. (Original, contre-signé Bouthillier, pièce 191; la minute, de la main de Chavigni, est classée avant, pièce 190.)

[2] La princesse Amélie d'Orange écrit au roi et au cardinal, le 10 septembre, pour remercier du « beau présent. » Et répondant à l'allusion des oreilles : « Je vous promets, dit-elle, que les miennes ne leur seront jamais ouvertes. » (Original, pièce 201 de notre ms.)

43.

d'avoir aversion de vos humeurs qu'au contraire elle la redouble, ne pouvant voir qu'avec beaucoup de desplaisir que vous préfériés le repos et les divertissemens que vous prenés en vostre maison à ce que les hommes préfèrent à leur propre vie...

> Minute de la main de Cherré. — Imprimée : Aubery, *Mém.* V, 509 ; Rec. de 1696, t. II, 112 ; *Hist. de Louis XIII.* — Arch. des Aff. étr. Pays-Bas, t. XIII.

À PUJOLS.

15 août 1638.

On lui rappelle une lettre que lui a écrite Chavigni, le 29 juillet, où il lui disait que la France n'abandonnerait jamais ses alliés, de même que nous ne voulons séparer l'Espagne des siens [1].

On répète la même choses, avec plus de détails, en exposant les succès et les revers des deux armées belligérantes, lesquels se balancent. « J'infère de tout cela que Dieu ne veut pas que les couronnes aient de grands avantages les unes sur les autres et qu'il veut la paix. Si elle est une fois faite elle sera éternelle. Et, en vérité, si M. le comte-duc la désire comme nous, elle se peut faire fort aisément par les moyens proposez. »

> Mise au net, de la main de Cherré. — Arch. des Aff. étr. Espagne, t. XIX, fol. 172.

AU ROI.

De Chaunes, 26 août 1638.

L'armée des ennemis a quitté le poste de Lillers... Le cardinal exprime l'espérance de la prise de Fontarabie et de la naissance d'un Dauphin. (Le Dauphin naquit quelques jours après, mais on ne prit pas Fontarabie.)

> Original, sans signature, de la main de Cherré. — Arch. des Aff. étr. France, 1638, d'août en septembre, fol. 101,

AU DUC BERNARD DE WEYMAR.

26 août 1638.

Je ne sçaurois assez tesmoigner à Vostre Altesse la joie extresme que j'ay de la nouvelle victoire qu'il a pleu à Dieu luy donner sur les ennemis [2]... Les ordres ont esté donnez pour le payement du 3e quartier...

> De la main de Cherré. — Arch. des Aff. étr. Saxe, t. II, pièce 42.

À PICCOLOMINI.

30 août 1638.

Plainte « du mauvais traitement qu'a receu le sr de Manicamp avec les troupes qui sont sorties du

---

[1] Richelieu répondait dans cette lettre à un argument du comte-duc « qu'il y avait une grande différence entre les Hollandois à l'égard de l'Espagne et le duc de Lorraine à l'égard de la France. » Dans une missive du 27 août, Pujols écrivait « qu'Olivarez n'acceptoit pas cette réponse, et renvoyoit le cardinal à l'article 2 du traité de Vervins. » (Fol. 184 du ms. d'Espagne.) La dépêche de Chavigni était dictée par Richelieu, qui, ainsi que nous l'avons remarqué, n'écrivait pas directement à Pujols. Nous notons aussi une autre lettre adressée le même jour, 29 juillet,

par Chavigni à Salamanca ; le cardinal lui faisait dire : « Les conditions que vous désirés sont trop dures pour qu'on les accepte... On ne fera jamais rien qui puisse blesser la réputation et la foy d'un grand roy. » Ces deux lettres autographes sont dans le ms. cité aux sources, fol. 140, 142.

[2] « Il fallut vaincre les impériaux dans six combats avant que d'entrer dans Brisach ; un des plus considérables fut celuy qui se donna le 9 aoust auprès de Virtemviel. » (Le P. Griffet, III, 134.)

fort du Rac. » — Plainte sur le sujet du sʳ de Bellefonds, retenu à Valenciennes avec aussy peu
de fondement comme il y a esté mis. — Quant aux autres prisonniers faits depuis le commencement de la guerre, « j'envoie en offrir la rançon, selon la coustume ordinaire de la guerre... 16 ᵗᵗ
par chaque soldat d'infanterie, tant pour son quartier que pour les frais... ; j'offre de les faire payer
comptant... J'ay tant de confiance en la courtoisie de Vostre Excellence, que je m'asseure que ce
trompette me rapportera contentement¹... »

Minute de la main de Cherré. — Arch. des Aff. étr. Pays-Bas, t. XIII.

À M. LE PRINCE.
De Ham, 1ᵉʳ septembre.

Grand espoir de la prise de Fontarabie; il m'est impossible de n'attendre pas quelque grande
nouvelle de vostre costé, ne pouvant m'oster de la fantaisie que vous n'y battiés notablement les
Espagnols... Je vous ay desjà mandé que l'argent ne vous manquera point pour quelque grand
dessein que veuillés entreprendre...

Arch. de Condé. Communication de Mᵍʳ le duc d'Aumale.

LE ROI AU MARESCHAL DE CHASTILLON.
4 septembre 1638.

Mon cousin, vous sçavez mieux que personne la confusion qu'apporte dans mes armées la diversité des chefs en esgal commandement... J'ay résolu de laisser le commandement de mon armée à
mon cousin, le mareschal de La Force, comme plus ancien. Cependant vous vous en irez droit en
vostre maison de Chastillon sans passer à Paris ny au lieu où je suis, vous avouant que j'ay de la
peine à oublier le malheur qui vous est arrivé à Saint-Omer², faute de toutes les prévoyances qui
estoient requises. Cependant, continuant de vous asseurer de mon affection, je prie Dieu, etc.·

Mise au net, de la main de Cherré; on lit au dos : « Seconde lettre du roy pour M. le
mareschal de Chastillon, expédié le 4 septembre 1638³. » (Classée fautivement en
1637.) — Arch. des Aff. étr. Pays-Bas, t. XII.

¹ Piccolomini répond avec beaucoup de politesse; il explique la situation particulière de M. de Mani-camp ainsi que celle de M. de Bellefonds, et il promet que les prisonniers français seront traités comme l'ont été ceux du roi catholique. Sa lettre est datée : Del campo Cesareo presso Cambray, le 5 settembre 1638.

² Plus de six semaines s'étaient écoulées depuis que le siége de Saint-Omer avait été levé; mais cet échec avait d'autant plus irrité le roi et le cardinal, que M. de Châtillon s'était plus hautement vanté d'un succès certain. Il écrivait à Richelieu, le 12 juin, après qu'on lui eut accordé la jonction de l'armée du duc de La Force : « J'ose asseurer Vostre Eminence que je mettray les armes du roy dans Saint-Omer... l'approche de M. de La Force assurera cette entre-prise qui est digne d'un grand roy. » (Bibl. nationale, Béthune, 9259, fol. 108; Colbert, 118, fol. 79, et Cinq-cents.)

³ La première mise au net, aussi de la main de Cherré, est voisine de celle-ci dans le manuscrit; on a mis au dos : « Lettre du roy pour M. le mareschal de Chastillon, du 3 septembre. » Les minutes avaient été envoyées par Richelieu, qui était encore à Saint-Quentin. Le roi écrit : « Mon Cousin... je désire qu'incontinent que vous aurez receu cette lettre vous me veniez trouver pour quelques considérations qui regardent mon service... » Cette apparente contra-diction était préméditée, c'est Chavigni qui nous l'apprend. Dans une lettre d'affaires écrite de Paris au cardinal, le 3 septembre, il dit : « S. M. escrit les deux lettres que Monseigneur a jugé à propos; ce gentilhomme qui porte la première à M. de Chas-tillon ne sçait rien de la seconde que Son Eminence luy envoiera, ou luy donnera en passant, ainsy qu'elle estime le devoir faire. » (Aff. étr. France, 1638, d'aoust en décembre, autogr.)

[AU CARDINAL INFANT.]

8 septembre 1638.

Étant raisonnable de s'entendre sur la manière de se gouverner au sujet des prisonniers de guerre, j'ai escrit il y a huit ou dix jours à M. le comte Picolomini que le trompette m'avoit dit estre seul à l'armée. Maintenant je sçay que Vostre Altesse y est, et j'envoie savoir quelle est son intention. Je vous prie aussy de me faire sçavoir ce que vous désirez pour la rançon du s^r d'Ayguebère, qui est ayde-de-camp et sergent-major d'un régiment d'un de mes nepveux. Comme aussy pour celle du marquis de Fortz, qui est enfant de la famille. Je m'asseure que vous ordonnerez qu'ils soient deslivrez pour un prix raisonnable...

Mise au net, de la main de Cherré. — Arch. des Aff. étr. Pays-Bas, t. XIII.

MÉMOIRE À M. D'ESTAMPES.

8 septembre 1638 [1].

« Les advis que l'on a eus icy d'Angleterre ont donné sujet de croire que la reine mère y devoit passer promptement, mais si elle fait séjour en Hollande, c'est sans doute par quelque dessein concerté avec les Espagnols pour divertir les Hollandois de l'alliance de France... » Elle pourroit aussy essayer de diminuer le crédit de M. le prince d'Orange près de M^{rs} les Estats. — « Insinuer ce que dessus à M. le prince d'Orange afin qu'il se résolve à faire partir au plustost ladite dame reyne. » — « L'ambassadeur ne la verra point, n'estant pas raisonnable, puisqu'elle est allée en ces quartiers-là sans la participation de S. M., qu'elle y soit visitée par son ambassadeur [2]... »

Mise au net, de la main d'un secrétaire de Chavigni. — Arch. des Aff. étr. Hollande, t. XXII, pièce 200.

MÉMOIRE.

[Avant le 13 septembre 1638.]

Raisons pour lesquelles il faut faire juger Montiglio. — Nécessité d'ôter de Casal tous ceux qui sont suspects. — Je ne juge pas que la parole donnée par M. d'Emery audit Monteil doive apporter aucun obstacle à la condamnation... Il n'y a point de difficulté qu'un juge ne puisse promettre la vie à un homme prévenu de crime, pour en tirer la vérité, sans qu'elle l'engage, ny ceux de qui il deppend, à luy faire aucune grâce...

Mise au net. — Mém. de Richelieu, t. X, p. 394. — Arch. des Aff. étr. Mantoue, t. V, pièce 199.

MÉMOIRE AUX SIEURS DE LA THUILLERIE ET DE LA TOUR,
À MANTOUE.

Saint-Germain-en-Laye, 13 septembre 1638.

« S. M. inclinoit à donner la vie à Monteils [3]... » mais la princesse continue à soutenir que cette af-

---

[1] Date mise en tête après coup.

[2] Richelieu poursuit, et nous avons donné la seconde moitié de cette dépêche (notre t. IV, p. 163) d'après un autre manuscrit où ce fragment est précédé de quatre lignes que le cardinal ajoute en disant qu'il avait déjà mandé cela. — Il y a entre là pièce

du volume de Hollande et celle que nous avons donnée dans notre VIe volume quelque différence de rédaction sans rien changer au sens.

[3] Voyez le Dernier épisode de la vie du cardinal de Richelieu, p. 88, et Revue des questions historiques, année 1868, p. 169.

faire est une supposition et demande les pièces du procès pour le faire jusqu'à Mantoue, c'est-à-dire donner l'impunité à un perfide... ce qui oblige S. M. à le faire juger et exécuter [1]...

Mise au net. — Arch. des Aff. étr. Mantoue, t. V, pièce 200.

À MM. LES SURINTENDANTS.

Saint-Quentin, 14 septembre 1638.

« L'estat des fortifications des places frontières de cette province est tel qu'après les avoir toustes visitées soigneusement comme j'ay faict... » je trouve qu'il est nécessaire que M[rs] les surintendants fassent promptement acquitter ce qui reste des assignations qu'ils ont données pour l'année dernière et l'année présente, sans cela il est impossible de conserver lesdites places au roy, ny de respondre de la province... Ils se souviendront aussi qu'il faut tout faire pour secourir M. le cardinal de La Valette... sans quoi on perdra les affaires du roy en Italie... Ils me manderont s'ils ont donné les assignations à l'ambassadeur de Savoie. Il faut dans la conjoncture présente donner à Madame la duchesse toute la satisfaction possible... Se souvenir ensuite de satisfaire ponctuellement M[r] d'Hollande de ce qu'on leur a promis... « Ils me feront response effective et ponctuelle sur chacun article de ce mémoire. »

De la main de Cherré. — Arch. des Aff. étr. France, 1637, d'août en décembre.

[AU CARDINAL INFANT.]

21 septembre 1638.

« J'ay esté bien estonné de la response que Vostre Altesse m'a faite, demandant dix sols par jour pour la nourriture de chaque soldat, à qui on ne donne que le pain de munition... » Après avoir exposé ce qu'il juge convenable de faire pour le traitement et la libération des prisonniers, Richelieu ajoute [2] : « Si vous en voulez user autrement, on payera ce que vous désirez pour chaque soldat; ensuite de quoy S. M. ordonnera à ses généraux tant de terre que des mers de Levant et de Ponant d'observer la mesme règle qui sera establie en cette occasion. »

Minute de la main de Cherré. — Arch. des Aff. étr. Pays-Bas, t. XIII.

À M. DE PICCOLOMINI.

21 septembre 1638.

M. le prince Thomas me mandant que la rançon du s[r] d'Aiguebère deppend entièrement de vous, je vous prie de me faire sçavoir quelle règle vous désirez garder pour le quartier, tant des officiers que des soldats, afin que nous sachions de part et d'autre comme on en doit user à l'avenir... Je

---

[1] Ce fut Voiture qu'on envoya en Italie porteur d'un double message : annoncer la naissance du Dauphin et donner l'ordre de faire exécuter Montiglio.— En envoyant à M. d'Hémery et au cardinal de La Valette la décision pour l'exécution de Montiglio, le roi, craignant quelques représailles de la part de la duchesse de Mantoue, écrivait « d'avertir de cette résolution M[rs] de La Thuillerie et de La Tour, afin qu'ils pourvoient à leur seureté.» (Orig. contre-signé Bouthillier, daté du 13 septembre, t. XXVI de Turin, pièce 218.)

[2] Cette fin est substituée à une autre version que Richelieu a jugé convenable de modifier; il y avait d'abord : «Votre Altesse me fera, s'il luy plaist, une dernière response, après laquelle Elle ne recevra plus de mes nouvelles sur ce sujet, me contentant de la faire sçavoir au roy, qui ordonnera à ses généraux tant de terre que de mer de Ponant et Levant ce qu'ils auront à faire en suitte du procédé qui sera gardé de vostre costé.»

me promets que Votre Excellence me donnera lieu de me louer de son équité et de sa courtoisie, laquelle sera suivie, en cas pareil, par ceux qui commandent les armées du roy...

Mise au net, de la main de Cherré. — Arch. des Aff. étr. Pays-Bas, t. XIII.

À M. D'HÉMERY.

21 septembre 1638.

Il y a grande raison de se méfier du procédé de Madame[1]. Il faut, comme il le propose, la réduire à ne pouvoir ny traitter ny escouter sans la participation du roi. — On ne peut restablir Pazer. Comment peut-elle se repentir d'avoir signé la ligue? Il n'y a pas d'autre moyen de conserver à ses neveux les estats qui leur appartiennent...

Minute de la main de Cherré. — Arch. des Aff. étr. Turin, XXVI, pièce 231.

À M. BAUTRU.

21 septembre 1638.

Mesnager l'esprit de Madame. Conseils à lui donner. Luy persuader que toute négociation avec les Espagnols la perdroit. Il est à désirer qu'elle accorde ce que la raison demande au sujet du P. Monod. Je ne vois pas d'apparence de restablir auprès d'elle Pazer, qui est tout Espagnol...

Minute de la main de Cherré. — Arch. des Aff. étr. Turin, t. XXVI, pièce 232.

À M. DE CHAVIGNY,
SECRÉTAIRE D'ÉTAT À CHANTILLY.

De Magny, 23 septembre 1638.

Au sujet des passeports que l'ambassadeur de Venise a receus de Flandre, il est à propos qu'il écrive au cardinal Infant que les Hollandois n'y sont point nommés, et qu'il a bien peur qu'ils ne s'en veuillent pas contenter et estiment qu'on se moque d'eux...

Original, sans signature, de la main de Cherré. — Arch. des Aff. étr. Venise, t. LII, fol. 160.

MÉMOIRE AU SIEUR DE LA THUILLERIE.

Chantilly, 24 septembre 1638.

Le roi a trouvé bien estrange que la princesse de Mantoue ayt enlevé la charge de général des armes au s^r de La Tour... Ses conseillers la poussent à mettre Casal ès mains des Espagnols... Si la princesse refuse de rendre sa charge au s^r de La Tour, ledit s^r de La Thuillerie ne rompra pas non plus sur cette occasion que sur les autres, et il laissera toutes choses en négociation...

Mise au net. — Arch. des Aff. étr. Mantoue, V, 207.

RÉPONSE
À L'ESCRIT QUE MM. LES AMBASSADEURS D'ANGLETERRE ONT DONNÉ AU ROY.

3 octobre 1638.

Les intentions du roy sur la négociation qui se fait à Hambourg n'ont pas changé; M. d'Avaux a ordre de faciliter toutes choses pour la paix, mais il ne semble pas que les ennemis la veuillent.

Mise au net. — Arch. des Aff. étr. Angleterre, t. XLVII, fol. 225.

[1] Lettre de M. d'Hémery, du dernier août. Pièce 211 de ce ms.

À M. LE PRINCE.

Paris, 5 octobre 1638.

Le roi veut faire « vérifier les faits mis en avant » par M. le Prince. Il envoie M. de La Poterie pour agir conjointement avec M. de Machault en l'affaire de Fontarabie. — On vous envoie la commission pour commander dans la Guyenne, M⁰ d'Espernon et de La Valette n'y estant plus. Jamais l'Estat n'a receu une plus grande playe que celle de Fontarabie, dont la prise nous donnait la paix [1].

Orig. — Arch. de Condé. Communication de M⁰ʳ le duc d'Aumale.

AU MARESCHAL D'ESTRÉES.

9 octobre 1638.

Touchant la nomination au cardinalat pour le P. Joseph et pour Mazarin.

Minute de la main de Chavigni [2]. — Copie, avec addition de trois paragraphes, fol. 48. — Arch. des Aff. étr. Rome, t. LXIV, fol. 46.

MÉMOIRE AU SIEUR D'ESTAMPES.

10 octobre 1638.

Les depesches dudit sᵣ ambassadeur, des 20 et 27 septembre, contiennent deux points principaux : la reine mère, les négociations avec Milandre.

Pour le premier, des ordres ont déjà été plusieurs fois donnés à M. d'Estampes. — On lui envoie la réponse faite à M. Kenuyt. — Ralentir par tous les moyens l'ardeur de Mᵐᵉ la princesse d'Orange, et lui faire comprendre les inconvénients pour son mari du séjour de la reine mère en Hollande. — L'ambassadeur peut voir Riolen et Payen afin d'apprendre d'eux les intentions de ceux qui ont part maintenant aux affaires de la reine mère. — Quant à la négociation dudit ambassadeur avec Milandre, pour l'attirer avec les troupes de Mᵐᵉ la landgrave au service du roy, au cas que ladite dame ait fait son accommodement avec le roy de Hongrie, comme il est fort douteux qu'on puisse conclure avec Milandre, « il faut que le sᵣ de La Boderie s'en retourne auprès de Mᵐᵉ la landgrave sous prétexte de continuer sa résidence, mais en effet pour traiter avec les colonels. Il se servira, pour les gagner eux et leurs troupes, de l'argent qui est par delà. » — Faire un présent à la femme du sᵣ Milandre.

Mise au net, de la main d'un secrétaire de Chavigni. — Arch. des Aff. étr. Hollande, t. XX, pièce 213.

À LA DUCHESSE DE SAVOIE.

15 octobre 1638.

Condoléances sur la mort de son fils... Pourvoir aux nécessités présentes par toutes les voyes que luy suggèrent sa prudence et celle d'un bon conseil... J'ay dict à M. de La Monta ce que j'ay

[1] Voyez notre VIᵉ volume, p. 217.

[2] Chavigni a dû signer cette lettre dictée par le cardinal. On a écrit en tête : « Vous déchifrerez vous-mesme cette lettre. » Et l'on dit dans le texte : « S. M. défend audit sieur mareschal de communiquer cette affaire à qui que ce puisse estre, qu'audit sieur Mazarin. » — Le même jour Chavigni écrivait à Mazarin

sur diverses affaires. (Fol. 40, en partie chiffrée, mise au net, 50 ; quatre lettres du roi pour cette double nomination ; même date, fol. 56-59.) — Le lendemain 10 octobre, on annonçait au maréchal d'Estrées la résolution de convier le Pape à être parrain du Dauphin. (Fol. 63, mise au net de la main d'un commis de Chavigni.)

estimé estre au service de Vostre Altesse... «L'union avec le roy est le seul chemin de salut qu'elle puisse prendre... »

Minute de la main de Cherré. — Arch. des Aff. étr. Turin, t. XXVI, pièce 255.

À M. D'HÉMERY.

16 octobre 1638.

J'ay dict à Madame ce que j'ay pensé luy estre utile. Il faut qu'elle prenne des résolutions fortes... Il n'est plus question de marchander... Qu'elle s'asseure des principales places de son Estat... Il est nécessaire qu'elle trouve bon de laisser mettre des garnisons dans le Piedmont et le Montferrat... Il faut que vous ameniez Baronina avec vous pour pourvoir aux fonds nécessaires... Recommandations pour Casal et Pignerol.

Minute de la main de Charpentier (ronde). — Arch. des Aff. étr. Turin, XXVI, pièce 256.

À M. LE PRINCE.

De Ruel, 16 octobre 1638.

Richelieu lui recommande M. de La Maurinière et M. de Castelnau son fils. «Je vous suplie de leur faire l'honneur de les tenir pour vos très humbles serviteurs, les vouloir traitter comme tels à l'avenir, non-seulement dans les deppartemens et logement des gens de guerre... mais en toutes autres occasions qui s'en offriront. »

Orig. — Arch. de Condé. Communication de Mgr le duc d'Aumale.

RÉPONSE DONNÉE À M. KNUYT.

18 octobre 1638.

Le roi n'a jamais manqué de respect ny d'affection pour la reine sa mère. Il luy en a rendu tant de ses marques qu'elle n'en peut doubter... Pendant le meilleur traittement que le roi lui faisoit... elle ne laissoit que d'avoir des pratiques contre son service, dedans sa maison, dans le royaume et avec les estrangers... Cependant que s'il plaisoit à ladite dame reyne de se retirer à Florence, S. M. pour tesmoigner de son bon naturel, lui offroit... un entretien beaucoup plus honorable et opulent que celuy duquel elle se contentoit en Flandres...

Minute de la main de Cherré. — Aff. étr. Hollande, t. XX, pièce 216. — Bibl. nat. Dupuy, 549, fol. 209. Copie (datée fautivement 13 novembre). — Cinq-Cents Colbert, n° 2. Copie imprimée presque en entier, page 158 du tome III de l'Hist. de Louis XIII, du P. Griffet, et dans les Mémoires de Richelieu, t. X, p. 481. (Voy. ci-dessus, lettre du 22 septembre 1638.)

MÉMOIRE POUR M. DE CHAVIGNY ET POUR MOY [1].

26 octobre 1638.

Escrire à M. le mareschal d'Estrées que l'on continue les instances pour que l'on préconise sans délai les éveschés de France... M. Le Bret qui est venu icy a dict à M. le cardinal, de la part du cardinal Anthoine, que si le roy [vouloit consentir que le Pape les préconisast lui-mesme il le feroit sans différer [2]]. Cela ne se comprend pas, car «le roi, non-seulement ne conteste pas, mais prie le

---

[1] Dans cette annotation écrite après coup par Cherré, en tête d'une pièce de la main de de Noyers, moi signifie de Noyers.

[2] Les mots que nous mettons entre crochets ne sont point en surcharge, ils sont au courant du contexte, écrits par Richelieu qui a pris la plume de de

Pape de le faire. Si S. S. n'y vouloit pas acquiescer, le roy désire que M. le mareschal d'Estrées déclare publiquement le procédé de S. M. et dise franchement à S. S. que le roy se descharge sur sa personne de tout le mal qui peut arriver d'un retardement si important au bien des âmes. »

Arch. des Aff. étr. Turin, t. XXVI, pièce 268, de la main de de Noyers et de celle du cardinal.

À M. D'HÉMERY [1].

26 octobre 1638.

Satisfaction de ce qu'il mande, que Madame veut plus que jamais s'occuper de ses affaires, puisqu'elle juge à propos de penser aux moyens par lesquels on pourroit séparer M. le cardinal de Savoie des intérests des Espagnols; on y pensera. Sçavoir d'elle quelles personnes elle estimerait plus propres à négocier cette affaire. — Je ne crois pas qu'il se hasarde à entrer de force dans les Estats de Madame, mais il est bon de prévoir ce qu'il faudroit faire en telle occasion. — Je crains que la proposition qui a été faite à Madame de mariage, de M. le cardinal de Savoie, ne vienne du P. Monod... Les inconvéniens d'une telle proposition sont si évidents qu'il faudroit estre moins qu'enfant pour s'y laisser tromper. Il est impossible de ne voir pas en ce cas que la personne de Madame ne seroit pas en seureté, que celle de M. son [fils] seroit en hasard évident d'un bon coup mal préparé, et ceux qui sont plus confidemment auprès de Madame seroient plus qu'aveugles s'ils ne cognoissoient qu'ils auroient à tous moments à craindre le poignard. — Les calomnies de M. le cardinal de Savoie contre Madame font clairement voir quel traitement elle devroit attendre d'un mari qui aurait l'opinion laquelle il a publiée devant tout le monde. — Ce n'est pas que je craigne que ce mariage se puisse faire; mais il est bon d'avertir Madame, qui, du reste, voit assez d'elle-mesme, à se marier, ce qui en pourroit arriver.

Minute de la main de de Noyers et de Cherré. - Arch. des Aff. étr. Turin, t. XXVI, pièce 270.

À LA DUCHESSE DE SAVOIE.

[Vers le commencement de novembre 1638 [2].]

Ma sœur, l'impatience que j'ay de voir les affaires d'Italie establies en sorte qu'on puisse prendre un pied certain de ce qu'on peut faire pour la campagne prochaine, m'a fait résoudre de nouveau de vous envoyer le baron de Paluau pour baster vostre résolution sur le sujet du P. Monod, estant impossible de faire une bonne entreprise contre les ennemis pendant que cet honneste homme, qui les favorise, sera dans vostre cour... Je ne changerai jamais de résolution sur ce point... M. de Vignoles vous l'a fait savoir de ma part, et M. le baron de Paluau « vous dira qu'en me contentant sur ce sujet, il n'y a rien que je ne veuille faire pour vous... sans cela ma protection vous seroit inutile, et cet obstacle estant osté vos affaires seront en estat qu'avec l'aide de Dieu toutes les puissances de la terre ne vous pourront nuire [3].

Mise au net, de la main de Cherré. — Arch. des Aff. étr. Turin, t. XXVI, pièce 365.

Noyers, pour le lui rendre aussitôt. De Noyers écrivait sous les yeux et sans doute sous la dictée du cardinal.

[1] Cherré a mis en tète : «Response à M. d'Hémery;» et au dos : « A M^{rs} le mareschal d'Estrées et d'Hémery. »

[2] Voyez ci-dessus, p. 205 et 207, mission du baron de Paluau.

[3] La pièce qui suit celle-ci dans le manuscrit (365), aussi non datée, est un mémoire pour Chavigni chargé de parler à l'ambassadeur de Savoie conformément à la lettre adressée à Madame.

44.

À M. L'ARCHEVÊQUE DE ROUEN [1].

3 novembre 1638.

Il s'agit de la querelle entre le clergé séculier et le clergé régulier [2]. En attendant que l'affaire soit réglée, Richelieu autorise l'archevêque à continuer, quand bon luy semblera, ses visites dans les monastères. Le cardinal recommande la conciliation : « pardonnez pour l'amour de moy, » dit-il [3]...

Minute de la main de Cherré. — Imprimée dans le *Mercure de Gaillon*, avec la fausse date de 1639. — Arch. des Aff. étr. France, d'août en décembre, fol. 423.

AUX RELIGIEUX DE L'ABBAYE DE SAINT-VAUDRILLE.

3 novembre 1638.

« Mes frères,... sans entrer en la décision de vostre différend, auquel je ne touche point, j'estime etc. »..... et le cardinal répète, à peu près en mêmes termes, ce qu'il vient d'écrire à l'archevêque, sur le provisoire qu'il a autorisé; et il fait aux moines la même recommandation de concorde et de paix. On voit, par quelques lignes effacées dans cette minute, quelle précaution prend Richelieu pour qu'aucune parole irritante ne nuise à l'effet de son invitation à la paix.

De la main de Cherré. — Imprimée dans le *Mercure de Gaillon*. — Arch. des Aff. étr. France, 1638, d'août en décembre, fol. 421.

À M. LE PRINCE.

De Ruel, 3 novembre 1638.

Je vous ay escrit depuis peu amplement [4], touchant l'establissement des garnisons des trouppes de vostre armée... Il faut qu'elles soient en estat de se mettre en campagne à la fin de mars pour le plus tard... Cela fait, vous pouvez venir à la cour pourveu que vous soyez de retour au fond de la Guyenne à la fin de janvier. Sinon, le roy seroit bien aise que vous demeurassiés dans la Guyenne...

Orig. — Arch. de Condé. Communication de Mgr le duc d'Aumale.

À M. BOUTHILLIER.

De Ruel, 3 novembre 1638.

Mécontentement du cardinal contre le général des galères. On aurait dû envoyer à Angers M. de La Galissonnière... « Il faut penser de bonne heure aux affaires, autrement tout ce qu'on y fait est inutile... » Si le général des galères ne voyait pas Madame, il se peut asseurer que je ne le verrois pas luy-mesme.

Original, sans signature, de la main de Cherré. — Arch. des Aff. étr. France, 1638, d'août en décembre, fol. 477.

---

[1] François de Harlay, fils de Harlay de Chanvallon.

[2] Richelieu répondait à une lettre de l'archevêque de Rouen. On la trouve, ainsi que d'autres pièces concernant cette affaire, dans le *Mercure de Gaillon*.

[3] Richelieu écrit même à un ami du métropolitain de Rouen : « Voyez ce qui se peut faire pour que sa conduite donne autant d'édification en l'âge où il est qu'il en a donné au commencement. » Noté ci-dessus, p. 206.

[4] Je n'ai pas trouvé cette lettre.

POUR M. BOUTHILLIER,

SURINTENDANT DES FINANCES À PARIS.

De Ruel, 5 décembre 1638.

« Je prie ces Messieurs qui appartiennent à M. de Harcour.de ne prendre point la peine d'aller à Tours pour y faire une entrée à Mme de Puylaurent [1]... » Je ne le désire pas, *sit pro ratione voluntas*, et cependant cette raison est bien fondée parce qu'un père amène sa fille avec un équipage qui sera bien délabré des mauvais chemins...

Orig. — Arch. de la famille Bouthillier.

À M. LE CARDINAL DE LA VALETTE.

Saint-Germain-en-Laye, 6 décembre 1638.

... L'attentat du cardinal de Savoye contre Madame et M. son fils mérite que S. A. songe sérieusement à elle et à la seureté de son Estat. S. M. s'est résolue à dépescher en toute diligence le s^r d'Estrades vers elle : s'asseurer de la citadelle ; elle logera ainsi que son fils dans le chasteau ; elle doit tenir pour ennemis mortels tous les partisans des Espagnols, tels que le Pazer et le Masserati, habiles et mal affectionnez ; leur faire faire leur procès, saisir leurs biens, mettre leurs femmes et leurs enfants en lieu de seureté. Raisons pour lesquelles le P. Monod est très-dangereux. Le faire conduire à Pignerol. Si Madame est dans ses irrésolutions ordinaires, le cardinal de La Valette lui dira que le roy est bien résolu à la protéger contre ses ennemis, mais non pas contre elle-mesme. Si le cardinal de La Valette la trouve bien disposée, il lui dira que le roy veut « se lier avec elle pour la chose du monde qui luy est la plus chère... le mariage de M. le Dauphin avec sa fille aisnée [2]. » Le roi prendrait sa fille pour la faire élever en France comme si c'estoit la sienne propre. La dépêche se termine par divers conseils donnés à Madame.

Orig. contre-signé Bouthillier [3]. — Arch. des Aff. étr. Turin, t. XXVI, pièce 308.

A PUJOLS.

24 décembre 1638.

Toujours des pointilleries sur la tresve que Richelieu veut longue et Olivarès courte. — Reste à M. le comte-duc de nous mander déterminément ce qu'il a dans l'esprit ; pour nous, nous avons fait ce que nous pouvons faire, ayant dès longtemps envoyé projet de paix et de trêve. — L'Espagne n'envoie toujours pas les passe-ports, afin que les alliés de la France se trouvent à Cologne [4]...

Mise au net, de la main de Cherré. — Arch. des Aff. étr. Espagne, t. XIX, fol. 283.

---

[1] On sait que cette dame, née de Pontchasteau, était cousine de Richelieu.

[2] Il ne paraît pas qu'on ait donné aucune suite à cette idée. La duchesse en avait eu une autre qui ne s'est pas mieux réalisée. Chavigni écrivait au cardinal de La Valette : « Madame désirant le mariage de son fils avec Mademoiselle, le roy trouve bon que vous luy en donniez parole comme des autres choses qui vous ont été mandées par d'Estrées. » (18 décembre. Ms. cité aux sources.)

[3] Le roi, à cette dépêche, joint une lettre pour Madame, afin de lui représenter l'importance des considérations contenues en ladite dépêche ; il ajoute : « Si vous ne mettez ordre au P. Monod, et si vous souffrés qu'il ait la liberté d'aller trouver le P. Monod, vous en verrés des effets si funestes que vous aurés bien lieu de vous en repentir, mais non d'y apporter le remède qui est encore en vos mains. » (Minute de la main de Chavigni, pièce 315.)

[4] Le 22 décembre, on avait écrit à Pujols : Pour montrer au comte-duc le désir que l'on a de le contenter, on accepte l'expédient qu'il propose. Il s'agit de la transmission des dépêches par courriers exprès envoyés à Bayonne, où un commis des Affaires

MÉMOIRE AU SIEUR DU HOUSSAY,

CONSEILLER DU ROY EN SON CONSEIL D'ESTAT ET SON AMBASSADEUR A VENISE.

Saint-Germain-en-Laye, 27 décembre 1638.

« Le s' Corave, ambassadeur de la République de Venise en cette cour, a présenté une lettre de ses seigneurs au roy, par laquelle ilz font instance auprès de S. M. pour la liberté du prince Cazimir de Poulogne, et ledit sieur ambassadeur a ajousté que ladite République estoit preste d'envoyer un ambassadeur extraordinaire sur ce sujet. »

En présentant la lettre du roy à la République, M. du Houssay dira que ce qui vient d'elle ne peut déplaire au roy... Un des secrétaires de S. M. polonaise est venu solliciter la liberté de ce prince; il est reparti avec cette réponse, que « S. M. s'excuse d'accorder ce que demande le roy de Pologne, désirant avant toutes choses une assurance par escrit de luy authentique et de la République de Poulongne, par laquelle ils asseurent que ledit prince Cazimir ne portera jamais les armes contre le service de S. M. » — M. du Houssay fera en sorte que la République n'envoie pas un ambassadeur qui n'obtiendroit rien.

« Ledit s' ambassadeur Corave a fait de fortes instances auprès du roy, du cardinal et vers le s' de Chavigni... il n'a peu y faire prendre une autre résolution que celle ci-dessus... »

Mise au net [1]. — Arch. des Aff. étr. Venise, t. LII, fol. 172.

À ..... [2]

...Décembre 1638.

« ... Je suis très-aise que M" des Estats se portent à donner contentement au roy de bonne grâce; j'estime plus-deux millions de cette sorte que trois par autre voye. »

Plusieurs personnages sont nommés dans cette lettre pour choses de peu d'importance; notons seulement cette réflexion : « Je n'ay point veu qu'en ce monde les ingrats gagnent définitivement leur cause. »

Minute de la main de Cherré. — Arch. des Aff. étr. France, 1638, d'août en décembre, fol. 552.

étrangères, nommé Saubat de Lalande, les expédiera à Irun avec la suscription *Madalens de Arroja*. D'Espagne on enverra également à Irun les paquets qui seront expédiés à Bayonne avec la suscription : Al señor Saubat de Lalande tenente officio de correo major en Bayonne. Ledit Saubat rompra cette couverture et en trouvera une autre sur laquelle il faut qu'il y ait : *Al señor de Champré, mercader, para Flonder* (sic). Ledit Saubat « envoyera ce paquet au ministre des courriers estrangers à Paris, auquel j'envoyeray auparavant un homme affidé, qui ne paroistra point venir de ma part, pour le prier d'envoyer au logis qu'il luy assignera les lettres pour le sieur Champré...» Dire au comte-duc que si l'on procède comme par le passé «on n'en finira jamais et que le vray moyen d'en venir à une bonne conclu-

sion, c'est de mettre la main sur la conscience et voir ce qui est juste...» «Vous asseurerez M. le comte-duc d'une extrême estime de Monseigneur le cardinal, qui voudroit pour beaucoup que les affaires et leurs santés leur permissent de s'aboucher ensemble pour former un bon dessein contre les infidèles et l'effectuer en mesme temps, qui est ce que Son Eminence demande.» (Copie de la main d'un secrétaire de Richelieu, fol. 387.)

[1] Au folio 166, se trouve la minute. Deux paragraphes ont été ajoutés à la mise au net, où on a substitué le nom de du Houssay à celui du sieur Malier qu'on avait mis dans la minute.

[2] Le nom, écrit au dos, était déchiré. Le texte de la lettre montre qu'elle s'adressait à un personnage qui était à l'assemblée du parlement de Bretagne.

INSTRUCTION AU SIEUR DE L'ISLE,

L'UN DES ORDONNATEURS DE LA MAISON DU ROY, S'EN ALLANT TROUVER M. LE DUC DE WEYMAR.

Villeroy, 6 janvier 1639.

...L'Isle porte les félicitations du roy pour la prise de Brisach. Il luy fera cognoistre comme S. M. se confie de plus en plus en son affection, et désire avec passion luy donner des effets de la sienne et de l'estime qu'elle fait de sa personne.

Il verra d'abord M. le comte de Guébriant, dont il suivra ponctuellement les avis.

Mise au net, écriture de bureau. — Arch. des Aff. étr. Saxe, t. II[1].

SANS SUSCRIPTION :

[À M. DE NOYERS?]

[11 janvier 1639?]

Les affaires commencent à nous accabler. Il y a diverses choses à faire exécutter pour M. le cardinal de La Valette.

Il y en a beaucoup aussy à résoudre sur les propositions de M. le Prince et sur ce qui peut se faire en Guyenne.

Il est temps aussy de résoudre M. de Bordeaux et le renvoier.

M. de La Melleraie ne pouvant venir qu'en febvrier, il faut penser et pourvoir effectivement, non-seulement en papier, mais en effet à tout ce qui est de l'artillerie.

Le reste des recreues ne se paye point et ne payera pas, à mon avis, que par vostre continuelle solicitation.

Cela fait que la plupart des affaires deppendant durant la guerre de celuy de M[rs] les secrétaires qui en a le deppartement, quand Sa Majesté n'aura plus besoin de vous à Fontainebleau, vous estes du tout nécessaire icy.

Je vous escrivis hier les raisons qui my retiennent.

Je vous prie que j'aye response sur ce sujet, afin de me délivrer de l'ennui que j'y reçois.

M. de Chavigny me dist hier au soir qu'il avoit les extraits que j'avois demandez au roy. Il me les doit apporter aujourd'huy.

M. d'Avaux escrit que Banier a deffait un secours que le duc de Saxe envoyoit à Galasse. Son armée y a proffité, à ce qu'il mande, de deux mile chevaux dont il avoit bien besoin:

Il escrit que ledit Banier n'attend autre chose sinon que l'Elbe glasse pour poursuivre Galasse et prendre des quartiers au delà de ladite rivière.

Monsieur le Dauphin se porte bien. Cependant sa nourrice a commancé d'hier au soir à avoir les deux tétins cuisans et douloureux. Ses galles reverdissent, mais elles purgent fort, ce qui est bon.

Minute de la main de Charpentier. — Cabinet de Mgr le duc d'Aumale. — (Au dos : Lettre de S. E. du 15 décembre 1639. A Paris?) Sans date.

CHAVIGNI À PUJOLS.

28 janvier 1639.

Au sujet de l'expédient proposé par le comte-duc pour envoyer secrètement les courriers à Irun,

[1] Cette pièce n'est point cotée, elle suit dans le manuscrit l'instruction du même jour, envoyée à M. de Guébriant et dont M. de L'Isle était porteur. (Cotée 70.)

où ils trouveroient un agent espagnol qui les feroit passer en toute diligence à Madrid. On a accepté ce moyen pour tesmoigner au comte l'estime qu'on fait de lui. — Cependant nos courriers n'ont trouvé personne à Irun, nous nous étonnons du peu de soin qu'on a eu en Espagne d'une affaire si importante. S'il y avait là autre chose qu'un oubli involontaire, il ne faudrait plus parler de négociations...

Minute de la main d'un secrétaire. — Arch. des Aff. étr. Espagne, t. XIX, fol. 388.

CHAVIGNI À M. DE PUJOLS.

15 février 1639.

On répond tout de suite à sa dépêche du 28 janvier, quoyque la lettre du comte-duc ne donne pas lieu d'en espérer aucune conclusion... La France ne veut que ce qu'elle peut prétendre avec justice et l'Espagne sçait trop bien ce que vaut le droit de la guerre; elle s'en est servie trop de fois à son avantage pour ignorer que les prétentions de la France ne soient justes. La trêve n'est désirée par la France que comme passage à la paix... Nous avons vu la copie des passe-ports pour les Hollandois, nous serons très-ayses qu'ils s'en contentent... M. le cardinal souhaite passionément la paix, tant pour le bien général de la chrestienté que pour espérer ensuitte quelque moyen de l'entrevue que M. le comte-duc tesmoigne désirer; un tel jour luy sembleroit un des plus heureux de sa vie...

Arch. des Aff. étr. Espagne, t. XIX, fol. 392.

CHAVIGNI À PUJOLS.

18 mars 1639.

L'Espagne a pris Brene en Italie, et la France a repris le Catelet; ces incidents changent la situation; cependant, pour prouver une fois de plus la sincérité de la France, on ne change point les conditions établies précédemment pour la négociation de la trêve...

Mise au net. — Arch. des Aff. étr. Espagne, t. XIX, fol. 406.

À M. LE PRINCE.

De Ruel, 24 mars 1639.

Si vous ne changés la résolution que vous avez prise de n'arriver à Bordeaux que le 1ᵉʳ jour de may, il vous sera impossible d'entrer dans le pays ennemi plustost que le commencement de juin... Je vous supplie donc d'arriver à Bordeaux le 20ᵉ d'avril au plus tard, sinon tout sera en désordre... Au nom de Dieu hastez vostre entrée en Espagne afin de les prévenir...

Orig. — Arch. de Condé. Communication de Mᵍʳ le duc d'Aumale.

À M. LE PRINCE.

De Ruel, 26 mars 1639.

Monsieur, j'estime vous devoir dire qu'il n'y a rien de si aisé que de former des plaintes et des difficultés quand même on n'en a point de sujet. La montre arrivera à Bordeaux encore que trop tost... Si les régimens de vostre armée commençoient à marcher plustost qu'il ne faut, ils ruineroient le pays. C'est à vous de haster toutes choses; jamais les grandes affaires ne réussissent que par la sollicitude des chefs et la confiance au bon succez.

Orig. — Arch. de Condé. Communication de Mᵍʳ le duc d'Aumale. — Copie. — Arch. des Aff. étr. France, 1639. Supplément, fol. 599. — Copie. — Datée par erreur : mai.

INSTRUCTION

POUR LE SIÉGE DE PERPIGNAN ET AUTRES PLACES DU ROUSSILLON [1].

[Mars ou avril 1639.]

Détail des opérations. «Si M. le Prince porte son attaque principale dans le Roussillon ou en Guyenne.»

Bibl. nat. Saint-Germain-Harlay, 346, t. I, fol. 83. Copie. — Cinq-Cents Colbert, t. XLV, fol. 79. Copie [2].

À M. LE PRINCE.

De Ruel, 15 avril 1639.

Toutes les nouvelles que nous avons de Guyenne sont que toutes choses y vont fort bien... Je vous conjure donc d'y aller avec joye et d'accoiter vostre esprit en sorte que vos inquiétudes ordinaires ne vous travaillent point...

Orig. — Arch. de Condé. Communication de Mgr le duc d'Aumale.

AU DUC DE WEYMAR.

30 avril 1639.

M. le colonel d'Erlach lui porte des témoignages particuliers de l'affection et de la confiance du roi... Les assistances de S. M. ont donné lieu à votre vertu et à votre courage de surmonter les obstacles... «J'espère que Vostre Altesse n'acquerra pas moins de réputation et de gloire en cette campagne qu'elle a fait la dernière...»

Minute de la main de Cherré. — Arch. des Aff. étr. Saxe, t. II, pièce 82.

LE ROI À M. DE FEUQUIÈRES.

Saint-Germain-en-Laye, 1er mai 1639.

Ayant veu vostre dépesche au s[r] de Noyers, du 29 du mois passé [3]... je suis facilement tombé dans vostre sentiment... et ne désire pas moins que vous-mesme de vous voir attaché à l'exécution de vostre dessein... Je remets donc à vostre disposition d'entreprendre tout ce que vous estimerez plus à propos... espérant que Dieu favorisera la justice de mes armes et la droicture de mes intentions, vous donnant l'heureuse issue qu'il sçait estre nécessaire pour le bien de la paix...

P. S. Je désire... que vous me teniez adverty du jour que vous pourrez commencer la grande attaque que vous sçavez.

Mise au net, écriture ronde de bureau. — Arch. des Aff. étr. Lorraine, t. XXXI, pièce 31.

---

[1] Cette instruction est accompagnée, dans les manuscrits, de diverses pièces où sont examinés les desseins de toute la campagne, et les siéges des places du nord ainsi que de celles du midi.

[2] L'un et l'autre manuscrit avertissent qu'ils donnent cette pièce d'après «une copie originale de la main de Cherré.»

[3] Cette pièce, cotée ici 26, est en partie chiffrée. Il s'agit d'une place à prendre, et nous lisons dans une autre lettre à M. de Feuquières : «Je ne laisseray pourtant, suivant vostre ordre, d'entrer dans le Luxembourg et prendre Longwi.» Plusieurs lettres autographes de M. de Feuquières sont conservées ici.

À M. DE LA MEILLERAIE.

D'Abbeville, 5 juin 1639.

Satisfaction du roi et du cardinal pour sa conduite; mais il y a excès de zèle et de fatigues...

« Je vous compare aux chiens des bonnes meutes qui, ayant le nez excellent et le pied gras, font des merveilles au découplé, mais avec tant d'efforts, que devant que le cerf soit pris, ils sont contraincts à se rendre.... »

Copie. — Bibl. de l'Arsenal, *Hist. de France*, 186, in-4°, p. 134.

À M. LE PRINCE.

D'Abbeville, 6 juin 1639.

Convier, par son exemple, ses officiers à bien faire. « Vous avés tant d'intérest d'employer avantageusement les armes que vous commandés, et d'essayer de réparer par quelque bon succez les mauvais de l'année passée, qu'il seroit superflu de vous le représenter.... »

Orig. — Arch. de Condé. Communication de Mgr le duc d'Aumale.

À M. LE PRINCE.

D'Abbeville, 8 juin 1639.

« Le roy aiant, par arrest rendu en son conseil, ordonné à M. Berthier, coadjuteur de l'évesché de Montauban, de résider actuellement en ladite ville, et de faire en icelle et en tout le diocèse toutes les fonctions épiscopales, nonobstant les empeschemens que M. l'évesque dudit lieu y pourroit apporter, » je vous conjure de tenir la main à l'exécution, et d'y favoriser ledit s^r Berthier.

Orig. — Arch. de Condé. Communication de Mgr le duc d'Aumale.

MÉMOIRE AU SIEUR MÉLIAND,

CONSEILLER DU ROY EN SON CONSEIL D'ESTAT, SON AMBASSADEUR EN SUISSE.

16 juin 1639.

Le roy ne veut pas à présent s'engager en l'affaire des Grisons, parce que S. M. ne voit pas que l'on en puisse tirer un fruict esgal à la despense qu'il faudroit faire pour y restablir les choses en l'estat où elles estoient... Mais comme il pourroit arriver qu'on jugeroit utile de s'embarquer de rechef dans les affaires des Grisons, il sera bon de les tenir bien persuadez que S. M. a tousjours bon esgard à l'alliance qu'ils ont avec cette couronne. (Conduite à tenir en conséquence de ce conseil.) En un mot il faut tout rejeter sur l'avenir et ne promettre rien qui oblige présentement. — Faire entendre aux Grisons que jamais la conjoncture ne sçauroit leur estre plus favorable qu'à présent pour se remettre en possession de la Valteline, le roy de Hongrie estant tellement occupe dans l'Empire, qu'ils n'ont rien à craindre de ce costé-là; et quant aux Espagnols, S. M. leur donnera tant de besogne en Piedmont, qu'ils ne pourront rien faire contre eux.

Mise au net, de la main d'un commis des Aff. étr. — Arch. des Aff. étr. Suisse, t. XXVIII.

À........

..... juin 1639.

Ce que dira le roi, s'il lui plait, au nonce, « sur la protection, l'affaire de saint Anthoine et autres points [1]. »

Arch. des Aff. étr. Rome, t. LXVI.

---

[1] Notons, au sujet d'une autre difficulté avec Rome, un mémoire au maréchal d'Estrées sur l'ordre des capucins, du 25 août, arrangé en partie pour les *Mémoires de Richelieu*.

À M. DE ROQUEPINE.

8 juillet 1639.

Le roi ne fera de changements à Metz que ce qui sera nécessaire pour le service. « Je seray aussy soigneux des intérests de M. le cardinal de La Valette que des miens propres. Je vous prie de vivre avec ceux qui iront de la part du roy en pleine confiance. Vous ne sauriez au contraire avoir trop d'ombrages des ennemis de cet estat et mesme de ceux qui sont affidez à M. de La Valette qui pourroient former des desseins sur la place que vous gardez... Quand j'ay eu le gouvernement de Brouage, j'ay changé la garde des portes quoyque ce fust ma compagnie qui gardast tousjours la principale; ne manqués pas à en faire autant... »

Mise au net, de la main de Cherré. — Arch. des Aff. étr. Lorraine, t. XXXI, pièce 85.

À M. D'ERLACK.

29 juillet 1639.

« Le roy a esté sensiblement touché de la mort de M. le duc de Weymar... Je ne vous dis point le desplaisir extresme que j'en ressens en mon particulier parce qu'il vous sera aysé de le juger par l'estime que je faisois de sa personne et de son mérite. Ce n'a pas été une petite consolation à S. M... de savoir que vous estes dans Brisak... » Promesses de bons traitements qu'il recevra de S. M.

Minute de la main de Cherré. — Arch. des Aff. étr. Allemagne, t. XV, pièce 193.

À MM. LES COLONELS DU DUC DE WEYMAR.

Sans date[1]. [29 juillet 1639.]

A une lettre du roi, le cardinal joint la sienne. Extrême desplaisir de la mort du duc, non-seulement à cause de son mérite, mais encore pour la passion qu'il avoit pour l'avantage de la cause publique... Ils achèveront ce que M. de Weymar avait si bien commencé... Ils auront sujet de se louer du traitement qu'ils recevront...

Arch. des Aff. étr. Allemagne, t. XV, pièce non cotée, entre 193 et 194.

À M. PICCOLOMINI.

30 juillet 1639.

Il s'agit d'un échange de prisonniers où étaient compris des hommes considérables : Feuquières[2], Jean de Wert, le maréchal Horn, le baron de Hincfort. (Nous en avons donné un extrait, t. VI, p. 457, note 1.)

Minute de la main de Cherré. — Arch. des Aff. étr. Lorraine, t. XXXI, pièce 92. — Bibl. nat., Saint-Germain-Harlay, 346, t. I, fol. 234. Copie. — Cinq-Cents Colbert, 45, fol. 226. Copie.

[1] La date doit être la même que celle de la lettre au baron d'Erlach.

[2] Les Allemands mirent beaucoup de mauvaise foi dans cette affaire; Feuquières écrivit à ce moment à Piccolomini une lettre pleine d'une admirable résignation. Il mourut de ses blessures en captivité, le 13 mai 1640. Sa femme, de la famille des Arnauld, réclama en vain sa dépouille mortelle, qui ne fut rendue à la France que quand le duc d'Enghien s'empara de Thionville en 1643. Alors Mme de Feuquières aussi avait cessé de vivre. La lettre qu'elle écrivit à Piccolomini, au sujet du refus qu'on lui faisait du corps de son mari, témoigne d'une noble indignation. Elle a été recueillie par M. A. Gallois, ainsi que la belle lettre adressée par Feuquières à ses enfants une heure avant de mourir. (P. 257 du recueil déjà cité.)

À MADAME LA PRINCESSE.

Donchery, 3o juillet 1639.

Félicitations sur la prise de Salces, «tant pour l'avantage du service du roy que pour la gloire de M. vostre mary. Il a faict tout ce qui se peut au monde, jusques à hazarder plusieurs fois sa propre personne.» Regret de ce que la mort de M. de Weymar ne permet pas de faire des réjouissances publiques...

Orig. — Arch. de Condé. Communication de M⁺ le duc d'Aumale.

À M. LE PRINCE.

Mouzon, 5 aoust 1639.

Compliments pour la prise de Salces. «S. M. en est extraordinairement satisfaite et plus encore de la généreuse résolution que vous avés prise d'aller chercher les ennemis et les combattre s'ils ont assez de hardiesse pour vous attendre. Je ne doute nullement que vostre dessein ne réussisse.»

Orig. — Arch. de Condé. Communication de M⁺ le duc d'Aumale.

LE ROI AUX SURINTENDANTS [1].

A Mouzon, 10 aoust 1639.

Le roi ayant chargé son frère, le duc d'Orléans, de lever en terres de son apanage 2000 hommes de pied pour les recrues de l'armée, mande aux surintendants qu'ils ayent à faire tenir à Orléans les fonds nécessaires pour payer à chaque homme 12 ⁱ pour leur levée et 8 sols par jour pendant le temps de leur assemblée...

Copie. — Arch. des Aff. étr. France, 1639. Supplément, fol. 299.

LE ROI AU COMTE D'HARCOURT.

11 aoust 1639.

L'ambassadeur de Gesnes s'est plaint de la prise que vous avez faite de la galère de la République; on lui a répondu que c'était une juste représaille de l'injure faite par la République à la France l'année passée, et sur ce qu'on a eu nouvelles qu'ils ont saisi des barques françaises, on a déclaré à l'ambassadeur que si le fait étoit trouvé vray, je vous donnerois ordre de n'oublier rien de ce que vous pourriez pour tirer raison d'une telle conduite; mais que si, comme l'ambassadeur le promet, ils se conduisoient avec le respect qu'ils me doibvent, vous ne feriez aucune action qui peust troubler la bonne intelligence que je veux continuer avec la République.

Minute de la main d'un secrétaire. — Arch. des Aff. étr. Espagne, t. XIX, fol. 467.

À M. LE PRINCE.

De Mouzon, 13 aoust 1639.

Il ne se peut rien adjouster à la response que M. de Noyers faict à vos depesches... je me contenteray seulement de vous faire cognoistre l'extresme contentement que j'ai de voir prospérer souhz

---

[1] Quoique Richelieu eût mis la charge des finances aux mains de deux de ses créatures, il n'obtenait pas toujours des surintendants ce qu'il voulait; l'humeur difficile de Bullion neutralisait quelquefois la com- plaisance de Bouthillier; et quand le cardinal était à bout de ses instances auprès des surintendants, il employait la puissance directe du roi, comme ici.

vostre conduite les armes du roy dans le Roussillon... Je suis extresmement fasché que tout le monde ne soit pas à vostre gré au lieu où vous estes...

Orig. — Arch. de Condé. Communication de Mgr le duc d'Aumale.

LE ROI AU CARDINAL DE LA VALETTE
ET AU DUC DE LONGUEVILLE.

Saint-Germain, 16 août 1639.

Mes cousins, je ne puis vous céler qu'ayant veu les depesches que vous avés envoyées par les s^{rs} de Rouanes et de Torcy... je n'en aye eu beaucoup d'étonnement... 1° vous demandez le secours d'une nouvelle armée et vous sçavés que cela est du tout impossible... 2° vous proposés une diversion dans le Milanois, laquelle ne pourroit qu'estre préjudiciable... Maintenant il ne reste que deux moyens à tenter : l'un, mettre le feu aux maisons les plus proches de la citadelle; l'autre, après avoir bien muni la citadelle, aller avec l'armée prendre le poste de Montcalier... — Je m'advance jusques à Lyon. — Ayant destiné le duc de Longueville pour l'armée d'Allemagne, vous devez prendre le commandement de toutes les troupes...

Mise au net, écriture de bureau. — Arch. des Aff. étr. Turin, t. XXVII, fol. 39.

À M. MONDINI.

6 septembre 1639.

Incertitudes sur la fidélité du sieur de Sales [1], gouverneur de Nice; conseil à Madame de ne pas aller à Nice (mon VIe volume, page 506, note). «Le s^r Mondini sçaura que le roy présuppose tousjours que, quelque résolution que Madame prenne, elle commencera par le dépost de Veillane, et de Suze et de Cahours, s'il n'est fait. — L'ambiguité des responses du commandant de Sales, jointe à tous les autres malheurs qui sont arrivés à Madame, luy font voir clairement qu'il n'est plus temps de délibérer en tout ce qui luy reste à faire, mais qu'il le faut exécuter sans perdre un moment.»

Minute de la main de Cherré. — Arch. des Aff. étr. Turin, t. XXVII, fol. 130.

À M. DU HALLIER.

[...septembre? 1639.]

Le cardinal lui explique que M. de La Grange-aux-Ormes n'a jamais été employé aux négociations avec le duc de Lorraine, que pour un cas tout particulier [2]...

Bibl. nat. Saint-Germain-Harlay, 646, t. II, fol. 669. Copie. — Cinq-Cents Colbert, 46, fol. 355. Copie.

---

[1] C'était le frère de saint François de Sales.

[2] Voyez ci-dessus, p. 243, à la date du 14 août, et p. 244, note 2. Notre manuscrit de Lorraine, aux Affaires étrangères (t. XXXI, pièce 105), donne les conditions d'une neutralité des villes d'Épinal et de Remiremont au 30 septembre, ce qui indique une date antérieure de quelques jours pour la présente lettre, où il est fait mention d'une correspondance pour la neutralité. De ce moment la négociation avec le duc de Lorraine est remise à M. Du Hallier, comme le prouve le mémoire suivant adressé à ce personnage (p. 358). Il paraît donc que M^r d'Haussonville se trompe lorsqu'il écrit : «M. de La Grange-aux-Ormes entama en 1640 une plus sérieuse négociation.» Cette négociation, c'est à M. Du Hallier qu'elle a été confiée. L'erreur vient sans doute de ce qu'un mémoire de M. de La Grange est daté de 1640 (ms. de Lorraine, t. XXXI, pièce 138); mais ce sont les choses de 1639 que ce mémoire raconte.

INSTRUCTION À M. DU HALLIER [1].

Fin de septembre ou commencement d'octobre 1639.

On peut adoucir le traitté en deux points : 1° Laisser le Barrois à M. de Lorraine; 2° réduire le dépost de Nancy à trois ans après la paix...

Imprimée : Aubéry, *Mémoires*, V, 577 ; Rec. de 1696, II, 365. (Pièce notée dans notre VI° vol. p. 626, note 2.)

INSTRUCTION POUR M. DE TURENNE,

POUR UNE ENTREPRISE SUR.....

Grenoble, 9 octobre 1639.

« M. de Turenne et M. de Vignolles auront un soin particulier au sujet de l'exécution de la proposition qu'ils savent... » « Il faut stipuler avec l'homme que ses enfants demeureront pour ostage et caution de la promesse qu'il fait. Le prix demandé est excessif; il en faut, s'il se peut, rabattre mille pistoles ; cependant on envoye tout l'argent demandé, afin que l'entreprise ne manque pas faute de ladite somme demandée. Se donner bien de garde de payer avant l'exécution de l'entreprise... »

Fait à Grenoble, le 9 octobre 1639.

Mise au net, de la main de Cherré. — Arch. des Aff. étr. Turin, t. XXIX, fol. 375.

MÉMOIRE POUR M. LE COMTE D'HARCOURT.

17 octobre 1639.

« Quelque proposition de trefve que facent les Espagnols, il n'y fault point entendre qu'ils n'ayent exécuté ce qu'ils avoient promis à feu M. le cardinal de La Valette sur le sujet de Casal » (le ravitaillement selon le traité).

« Quelque traitté qu'on propose, M. d'Harcourt dira qu'il n'a pouvoir que d'escouter, et que le roy estant proche, il fault qu'il luy rende compte de ce qui luy aura esté proposé pour recevoir ses résolutions et ses ordres. »

Minute de la main de Chavigni. — Arch. des Aff. étr. Turin, t. XXIX, fol. 399.

AU MARESCHAL DE CHASTILLON.

De Lyon, 22 octobre 1639.

Richelieu accompagne une lettre du roi de ces quelques mots [2] : « Je seray très-aise que vous faciés quelque chose avant que de mettre vos troupes en garnison. »

Bibl. nat. Béthune, 9260, fol. 230 v°. Copie. — Cinq-Cents Colbert, 119, fol. 141 v°. Copie. — Imprimée : Aubéry, IV, 271, et Rec. de 1695, p. 198.

---

[1] En chargeant M. Du Hallier de négocier avec le duc de Lorraine, on lui avait donné un projet de traité. Et puis, en prévision de difficultés auxquelles on s'attendait de la part du duc, Richelieu consentit à quelques modifications. Tel est l'objet de cette nouvelle instruction. La date manque, mais la pièce doit être un peu antérieure au mémoire que nous mettons en octobre, ainsi qu'on le reconnaît en comparant le passage où, dans l'une ou l'autre pièce, il s'agit d'Épinal et de Remiremont.

[2] Le roi écrivait le même jour au maréchal une lettre à laquelle Richelieu n'était sans doute pas étran-

LE ROI À MAZARIN.

Tarare, 26 octobre 1639.

Je seray bien ayse que vous vous rendiez le plustost possible auprès de moy... Vostre absence ne vous empeschera pas d'avoir place en la promotion; je ne me relascheray jamais pour vostre cardinalat [1]...

Arch. des Aff. étr. Rome, t. LXVII, contre-signé Bouthillier.

MÉMOIRE POUR M. D'ARGENSON.

...octobre 1639.

Assurance à Masserati [2] qu'on ne veut traitter que par luy. Le cardinal désire l'accommodement des princes et que les Estats de Piémont demeurent à la maison de Savoie, selon l'ordre que la nature le prescrit

Quant à la prolongation de la trefve, le roy sera à Lyon pour y respondre...

Mise au net, de la main de Cherré. — Arch. des Aff. étr. Turin, t. XXIX, fol. 442.

MÉMOIRE POUR M. DU HALLIER.

[...octobre [3] 1639.]

« Aussytost après avoir vu la dépesche de M. Du Hallier, et la créance du s' Vitelle de la part du duc Charles, on luy redépesche en toute haste ce gentilhomme... « S. M. trouve fort bon que le s' de La Grange-aux-Ormes « ne se mesle plus de cette affaire... Elle trouve bon que le s' Du Hallier donne une nouvelle seureté au duc Charles pour se tenir à Epinal ou Remiremont afin qu'il puisse faire son traitté plus commodément... »

Imprimée : Aubéry, Mémoires, t. V, p. 576; Rec. de 1696, t. II, p. 364.

MÉMOIRE À M. DU HALLIER [4].

Paris, 20 novembre 1639.

Les diverses circonstances du procédé du duc Charles, joinctes à l'advis qu'on a d'une entreprise sur Nancy, font... qu'il est impossible de savoir s'il veut réellement faire sa paix avec le roi... Quant au traitté, je croy qu'il n'en faut pas rompre la trame, au cas que le duc la veuille continuer...

Arch. des Aff. étr. Lorraine, t. XXXI, pièce 118, mise au net. — Imprimée : Aubéry, V, 583 ; Rec. de 1696, II, 372 [5].

ger, et lui mandait d'enlever Circ et Longwy, avant de mettre son armée en garnison. A quoi le maréchal répondit, le 31 octobre, en faisant au roi un triste tableau de l'état pitoyable de ses troupes, demi-nues et décimées par la misère et les maladies; en l'état où elles étaient et par le temps qu'il faisait, il ne pouvait, disait-il, entreprendre la plus petite place sans risques de recevoir un affront. Le 12 novembre il suppliait qu'on lui permît de se retirer chez lui jusqu'à la fin de l'année. (Cinq-Cents Colbert, 119, fol. 141 v° à 145 et 153.)

[1] Le 23 novembre Mazarin écrivait à Chavigni : Quand je serai près du cardinal et de vous « godero il paradiso. » (Ms. précité.)

[2] Voyez tome VI, page 609, un mémoire adressé le 20 novembre à M. d'Harcourt.

[3] La date manque, mais le mémoire suivant, adressé au même Du Hallier et dont la date est certaine (1er novembre), indique à peu près celle que nous proposons ici, en faisant mention d'un nouveau message du sieur Videl, qui est évidemment le Vitelle du présent mémoire. — Cette pièce a été notée tome VI, page 626.

[4] Cette pièce a été notée dans notre VIe volume, page 626.

[5] Il y a dans les imprimés, à la fin de cette pièce, deux paragraphes qui ne sont pas dans le manuscrit.

À M. LE COLONEL GASSION.

De Ruel, 26 décembre 1639.

« Vous ne pouviez pas donner plus de satisfaction au roy que vous avez fait dans la réduction des rebelles de Normandie[1]. » S. M. veut le récompenser et lui donner une lieutenance de roi ; en attendant qu'il y en ait une vacante, il est autorisé à traiter d'une pareille charge dont « la moitié du fonds de son prix lui sera délivrée. »

Imprimée : *Vie de Gassion*, t. II, p. 134.

À M. LE PRINCE.

Sans date. Classée en 1639.

Richelieu recommande son neveu, le général des galères, et M. de La Galissonnière, qui ont un procès au parlement de Dijon. « Je vous conjure de rechef de contribuer en ma considération le pouvoir que vous avés dans cette compagnie pour leur faire avoir une prompte et favorable expédition de cette affaire qui leur est de très-grande importance. »

Orig. — Arch. de Condé. Communication de Mgr le duc d'Aumale.

À M. BOUTHILLIER (CHAVIGNI?).

1639.

Il a été rapporté au cardinal que l'amiral d'une flotte anglaise avait dit que, s'ils rencontraient une flotte de France, ils lui « feroient *mettre pavillon bas*. » Richelieu, pour prévenir tout conflit, pose différents cas de rencontre, et charge Bouthillier de mander à M. de Senneterre de proposer en Angleterre certaines règles de cérémonial, dont on conviendrait à l'avance.

Minute de la main de Charpentier, classée à la fin du volume. — Arch. des Aff. étr. France, t. XCII.

RESPONSE À M. D'ARGENSON.

9 janvier 1640.

La proposition de mettre des Suisses dans la citadelle et la ville de Turin est inacceptable. — Soit qu'on parle d'une trêve particulière entre la ville et la citadelle de Turin, ou d'une trêve générale pour toute l'Italie, pour un temps ou pour tousjours, la raison ne veut pas qu'on y entende sans s'estre asseuré de l'exécution des promesses du prince Thomas. — Bien munir la citadelle. Prendre bien garde de se laisser prévenir par les Espagnols au printemps. On fera l'impossible de la part de la France ; c'est à M. le comte d'Harcourt avec son conseil à avoir soin de tout ; S. M. lui donne pouvoir d'entendre à l'un ou à l'autre des deux traittez... Ne pas oublier que les ennemis ne puissent faire aucuns travaux contre la citadelle de Turin.

Minute de la main de Charpentier. — Arch. des Aff. étr. Turin, t. XXX, fol. 3.

---

[1] Il s'agit de la révolte des Nu-pieds, qui fut réprimée avec une excessive sévérité et avec une violence dont témoigne l'historien de Gassion lui-même. (Voy. ci-dessus, p. 253, note 2.)

POUR M. DE CHAVIGNI.

PROJET D'INSTRUCTION POUR M. D'ESTRADES ET POUR M. DE RORTÉ.

[Avant le 14 février 1640 [1].]

M. d'Estrade ira vers Madame la landgrave [2] la porter à se joindre avec M. de Longueville, lui communiquer le projet de traité envoyé à M. d'Amontot.

M. de Rorté ira en Suède; il leur montrera la nécessité de l'arrangement fait à Colmar avec les troupes du feu duc Bernard, lesquelles risquaient d'être détournées à la suscitation des Espagnols. Il conférera avec M. d'Avaux [3].

M. de Chavigni témoignera au Palatin la bonne volonté du roi, « mais il faut un sujet ou un prétexte pour le tirer de là. »

De la main de Charpentier. — Arch. des Aff. étr. Hesse, fol. 231.

À M. D'AVAUX.

21 février 1640.

M. Mazarin mande tout ce qu'on fait pour séparer les Suédois de la France. — Si chacun marche de bon pied, on réduira l'Autriche à une paix avantageuse aux Suédois. — « Aiant la carte blanche comme vous l'avés et le pouvoir de disposer de la bourse du roy comme vous estimerés plus à propos en ce sujet, je ne doute pas que vous ne conduisiés cette affaire à bonne fin... »

Minute de la main de Cherré. — Arch. des Aff. étr. Allemagne, t. XVI, pièce 41.

LE ROI AU COMTE D'AVAUX,

SON AMBASSADEUR EN ALLEMAGNE.

Saint-Germain-en-Laye, 23 février 1640.

On l'informe que le sieur de Rorté, en passant pour aller en Suède, lui communiquera ses instructions. Lui d'Avaux aidera au succès de sa mission en agissant auprès des sieurs Salvius et Bannier; il doit « préparer leur esprit au renouvellement d'alliance... »

Orig. — Arch. des Aff. étr. Allemagne, t. XVI, pièce 4.

À M. DE LORRAINE.

24 février 1640.

Il peut venir trouver le roi en toute assurance. « Je tiendray à faveur particulière de vous servir et de faire voir à tout le monde qu'ainsi que les justes intérests du roy m'ont faict passer par dessus l'inclination que j'ay tousjours eue à vous honorer lorsque vous avez esté contre son service, je seray ravy de la reprendre maintenant que vostre bonne conduite envers S. M. m'en donnera sujet... »

Minute de la main de Cherré. — Arch. des Aff. étr. Lorraine, t. XXXII, pièce 15.

[1] La date manque, mais au folio 300 on donne la date du 6. L'instruction dressée sur cette matière est datée du 14. (Bibl. nat. Clairambault, *Mélanges*, II, 696, p. 208.)

[2] Le 2 janvier 1640, la landgrave avait écrit au roi son grand regret de la détention du prince pala-tin dont les liaisons avec la maison de Hesse sont anciennes.

[3] L'instruction pour M. de Rorté se trouve aux mêmes archives, Suède, t. V, fol. 128, aussi datée du 14.

À M. DE CHEVREUSE.

[Vers la fin de mars ? 1640.]

Avànt d'aller en Angleterre pour y chercher sa femme, M. de Chevreuse demanda quelles personnes il lui serait permis d'y voir. Par respect pour sa mère, le roi l'autorise à la visiter, « mais S. M. luy deffend très-expressément d'avoir aucune communication avec des sujets convaincuz de crime, les s¹⁸ duc de La Valette, La Vieuville, Le Coigneux, Monsigot et Fabroni ¹... »

Mise au net. — Arch. des Aff. étr. Angleterre, t. XLVIII, fol. 56.

MÉMOIRE À M. DU HOUSSAY,

AMBASSADEUR À VENISE.

Saint-Germain-en-Laye, 10 avril 1640.

Représenter à la République tout ce que le roi a fait pour la liberté de l'Italie... On craint que les Espagnols n'assiégent Casal²; s'ils s'en emparent, c'est une sérieuse menace pour la République; il est de son intérêt de faire une puissante diversion dans l'état de Milan.

Mise au net. — Arch. des Aff. étr. Venise, t. LII.

AU DUC DE PARME.

22 avril 1640.

Monseigneur, Votre Altesse verra par le mémoire joint à cette lettre, quels sont les sentiments du roy sur les affaires d'Italie. — Il n'y a rien qu'on ne doive faire pour empescher que Casal ne tombe entre les mains des Espagnols. — Depuis dix ans le roy travaille sans relâche à la conservation de la liberté des princes d'Italie. — S. M. a tousjours pensé à n'embarquer pas Votre Altesse en une chose où vous puissiés courre fortune, sans avoir toutes les seuretés qui vous sont nécessaires. — Elle n'estime pas que Votre Altesse doive agir en aucune façon dans la guerre présente, que la République de Venise ne se déclare. — Le roy n'a pas voulu vous envoyer un de ces gentilshommes de peur que cela ne donnast lieu aux Espagnols de soubçonner qu'on introduise quelque négociation avec Votre Altesse ³. — Il sera bon que Votre Altesse envoye secrètement à Venise quelqu'un pour s'informer de ce que M. Du Houssaye y aura négocié. — S. M. a autant de confiance en Votre Altesse que vous le sauriés désirer, et moy, Monseigneur, je m'estimerais infiniment heureux de rencontrer les occasions de vous pouvoir tesmoigner, etc.

Minute. — Arch. des Aff. étr. Parme, t. I.

---

¹ M. de Montreul, attaché à l'ambassade de France en Angleterre, écrivait à Chavigni, le 29 mars, qu'à l'annonce de l'arrivée de son mari, Mᵐᵉ de Chevreuse avait pris la résolution de se réfugier en Flandres. Et bientôt M. de Chevreuse, informé qu'elle avait quitté Londres, écrivait tristement à Chavigni : «J'apprends cette malheureuse nouvelle au moment de partir pour l'Angleterre.» Ainsi cette pièce devenait inutile. Notre manuscrit l'a placée à la fin de janvier; c'est sans doute vers la fin de mars qu'il fallait la mettre. Quant à la lettre précitée de M. de Chevreuse,

également sans date, elle se trouve classée au 4 mai, fol. 104.

² Leganez, en effet, avait mis le siége devant Casal le 8 avril 1640; le secrétaire qui a écrit au dos la date de 1641 s'est trompé. Une autre mise au net se trouve classée dans ce manuscrit en 1640; il manque à cette dernière pièce un P. S. que donne l'autre.

³ On avait envoyé un religieux, le P. Cavagnuolo, porteur d'une lettre de créance du roi; le prince la renvoie au cardinal le 7 juin. (Même ms.)

[À CHAVIGNI.]

De Ruel, 23 avril 1640.

Mander à M. de La Thuillerie qu'il remette tout de suite aux États la ratification du traité. — Que M. le prince d'Orange ne manque pas d'entrer en campagne au moment convenu. — Il est important de voir bientost ce que les Hollandais feront pour les Portugais [1].

Original, devenu minute, de la main de Cherré. — Arch. des Aff. étr. Hollande, t. XXIII, pièce 62.

LE ROI À M. D'AVAUX.

17 mai 1640.

Le roi consentirait à augmenter de 200,000 ₶ le subside qu'il donne maintenant à la Suède si l'on pouvait l'amener à certains arrangements politiques expliqués dans ce mémoire. — Ce traité fait, le roi veut envoyer M. d'Avaux comme plénipotentiaire à Cologne avec Mazarin...

Orig. — Arch. des Aff. étr. Allemagne, t. XVI, pièce 15.

LE ROI À M. D'AVAUX.

Varennes, 31 mai 1640.

Considérations sur les moyens les plus efficaces pour conclure la paix. «Plus on approche du terme où doit commencer la négociation, plus on prévoit les difficultés... Il serait difficile de persuader à des esprits du Nord ce qui choque leur vanité et leur grandeur imaginaire,» mais on peut remédier aux inconvénients...

Orig. — Arch. des Aff. étr. Allemagne, t. XVI, pièce 16.

AU COMTE-DUC.

De Blevancon, 14 juin 1640.

J'ay fait donner le passe-port que vous désirez. — Compliments. — Bien que je cède en mérite à Votre Excellence, je la supplie de croire que je ne me laisseray jamais devancer par elle au désir qu'elle me tesmoigne avoir du repos de la chrestienté [2]...

Minute de la main de Charpentier. — Arch. des Aff. étr. Espagne, t. XX.

À M. D'ESTRADES.

Amiens, 26 juin 1640.

Richelieu lui envoie un duplicata de la dépêche du 18 juin, Saladin, qui en était porteur, étant arrêté à Bruxelles. — Il y a bon espoir du siége d'Arras pourveu que M. le prince d'Orange ne laisse pas les ennemis en repos de son costé. — M. de Chavigni vous mandera le succès d'un grand combat qui s'est fait à Arras du costé de M. de La Meilleraye.

Original, de la main de Cherré. — Clairambault, *Mélanges*, 696, fol. 491.

---

[1] Au moment où Richelieu écrivait cela, les Hollandais prenaient une résolution favorable.

[2] Il est à remarquer que Richelieu ne dit pas un mot du sieur Bresh, qui était alors auprès de lui.

46.

[AU COMTE D'HARCOURT.]

Amiens, 26 juillet 1640.

Il est impossible de représenter la joye que le roy a receue de nouveau des victoires de M. le comte d'Harcourt, par l'arrivée de M. de La Noue... Maintenant on sait qu'on ne peut prendre Turin par pure famine; il faut l'attaquer de force,... quand ce seroient des lions, leurs ongles ne seroient pas beaucoup à craindre... Se presser, sans quoi la ruyne de l'armée et le refroidissement de l'humeur bouillante des Français, qui font merveille à la chaude et résistent moins qu'il ne seroit à souhaiter aux souffrances... Conseils pour l'attaque de Turin. On presse le marquis de Villeroy de s'avancer avec ses régiments, et le duc de Lesdiguières de hâter la levée de la noblesse du Dauphiné... Le cardinal fait envoyer de l'argent et des poudres. «Je vous envoie sur mon crédit, ajoute-t-il, vingt mil escuz pour la continuation des travaux... Après tout ce que dessus, il ne me reste qu'à exhorter la bravoure de M. le comte d'Harcourt à conserver sa personne dans la continuation des actions héroïques qui, le rendant célèbre dans l'Italie et la chrestienté, font qu'en l'estimant autant que sa vertu m'y convie, je l'ayme comme un autre moy-mesme...»

Copie d'une écriture que je ne connais pas. — Arch. des Aff. étr. Turin, t. XXX, fol. 652.

À M. D'ESTRADES.

12 août 1640.

Richelieu lui annonce la capitulation d'Arras, «prise à la veue du cardinal Infant et d'une armée de 30,000 hommes.» — «M. le prince d'Orange verra que nous avons plus faict que ce à quoy nous sommes obligez.» — «Je ne vous dis rien de la différence qui se trouve entre les événemens de nos quartiers, parce que je ne doute pas que M. le prince d'Orange n'ait fait ce qu'il a peu et ne répare le commencement de cette campagne par une heureuse fin.» (Voy. t. VI, p. 176, note 1.)

Orig. — Bibl. nat. Clairambault, *Mélanges*, 696, p. 523.

INSTRUCTION AU SIEUR DE LA THUILLERIE,

CONSEILLER DU ROY, S'EN ALLANT À SON AMBASSADE EN HOLLANDE.

17 septembre 1640.

Le premier but de son voyage est d'empescher la trefve, mais il ne doit pas le faire cognoistre de delà, ny tesmoigner que nous appréhendions que MM. les Estats ny M. le prince d'Orange soient capables de prendre une telle résolution. — Insister sur le désir de la paix. — Tâcher de pénétrer la pensée du prince, qui est fort couvert, et celle des membres des Estats bien disposés pour la France. — Avoir un soin particulier de bien vivre avec la princesse d'Orange et d'assurer le prince de l'affection de S. Em. Le cardinal ne manquera pas de luy faire payer le 4e quartier, si ce n'estoit que ledit prince prist tout à fait le contre-pied des affaires de France. — Faire doucement sentir au prince qu'on a eu cognoissance de Sedan, et que le duc de Bouillon se mêle de quelques négociations avec les Espagnols. — Les sauf-conduits; raisons qui peuvent induire MM. les Estats à s'en contenter.

Mise au net, de la main d'un secrétaire de Chavigni. — Arch. des Aff. étr. Hollande, t. XXI, pièce 336.

LE ROI AU COMTE D'HARCOURT.

Saint-Germain-en-Laye, 23 septembre 1640.

Mon cousin, vous verrez par le mémoire[1] ci-joint que mon intention est que doresnavant toutes choses soyent administrées dans Casal et le Montferrat par un conseil souverain qui aura tout le pouvoir dépendant de la tutelle de mon cousin, le duc de Mantoue, à l'esgard dudit pays de Montferrat... Envoyer à M. de La Tour la patente pour la faire publier... Le P. Cavagnol[2] est particulièrement instruit de cette affaire[3]...

LOUIS.

BOUTHILLIER.

Orig. — Arch. des Aff. étr. Turin, t. XXXI, fol. 93.

À M. LE MARESCHAL D'ESTRÉES.

Saint-Germain-en-Laye, 2 ou 3 octobre 1640.

N'accepter la satisfaction proposée qu'avec toutes ses conditions, entre lesquelles l'une des principales est la condamnation du caponotoro, de manière qu'on sache qu'il ne sort de sa charge qu'à cause de cette condamnation... Quant aux paroles que M. le cardinal Barberin doit dire audit ambassadeur, il convient qu'il soit fait mention de la mort de Rouvray...

Copie. — Arch. des Aff. étr. Rome, t. LXX, fol. 79.

À M. MAZARIN.

De Ruel, 11 octobre 1640.

Regret qu'il ne soit pas arrivé avant la capitulation.

Tâcher de faire que le prince Thomas fasse des propositions acceptables.

«Je ne vous dis rien de Madame; vous cognoissez si bien les qualités de son bel esprit qu'il ne se peut rien adjouster à vostre cognoissance.»

«Devant que le mauvais temps vienne il est nécessaire de rompre la trefve et de se rendre maistres d'Yvres...» Les quartiers d'hiver... Vous avez affaire à de braves gens qui ont besoin d'être assistez pour se résoudre.

Les quartiers d'hyver pris, M. d'Harcourt pourra venir voir sa famille; M. du Plessis-Praslin aura soin de Turin et M. de Turenne de la campagne...

Orig. — Turin, t. XXXI, fol. 193.

«P. S. Vous direz à Colmar que je voudrois desjà qu'il feust de retour, mais que je le prie de ne penser point à revenir qu'il n'ayt faict tout ce qu'il faut faire de delà, c'est-à-dire faict ce qui se pourra faire avec Madame, avec le prince Thomas et avec le cardinal de Savoie.»

[1] Il n'est pas ici.

[2] La mission de ce religieux fut annoncée par Chavigni à Mazarin, le 8 octobre seulement (fol. 182). C'était un des agents secrets du cardinal. A trois mois de là, le 2 janvier, Mazarin mandait à Chavigni : «Le P. Cavagnole est mort... On croit qu'il a esté empoisonné... Il sera difficile de trouver un homme si chaud pour le service, et qui, sans considérer les hasards, puisse sy étroitement exécuter les commissions qu'il avoit en tant de différens endroits.» (Turin, t. XXXIII, fol. 20.)

[3] Chavigni lui écrit en même temps; nous trouvons ce P. S. à sa lettre : «Défense expresse à ceux de Casal d'avoir aucune communication avec les conseillers de la duchesse de Mantoue.»

[À M. L'ARCHEVÊQUE DE BORDEAUX.]

[13 octobre? 1640 [1].]

Je vous envoie la copie [2] des traités faits pour le bastion et le rachat des esclaves en Alger.

Orig. — Bibl. nat. Suite de Dupuy, t. XVII, fol. 661. — Imprimée : *Correspondance de Sourdis*, II, 418.

MÉMOIRE POUR LE MARESCHAL D'ESTRÉES.

Saint-Germain-en-Laye, 20 octobre 1640.

On ne fait rien à Rome pour donner satisfaction au roy; S. M. finira par en tesmoigner son ressentiment par les voies qu'elle a fait cy-devant sçavoir audit s[r] ambassadeur par la dépesche du 20 décembre.

Faire dire cela au Pape et aux cardinaux par M[rs] les cardinaux Bagni et Bichi.

Presser l'expédition des bulles de l'évesché de Comminges... Si on les refuse, il commencera à exécuter le contenu en ladite dépesche.

Arch. des Aff. étr. Rome, t. LXX, fol. 89.

À M. LE CARDINAL BICHI.

Ruel, 25 octobre 1640.

Une des difficultés de la satisfaction demandée pour l'assassinat de Rouvray venait de la personne du maréchal d'Estrées, fort désagréable au Pape et à ses neveux [3].

On envoie au cardinal Bichi, dévoué à la France, le modèle de la satisfaction qu'on demande, en termes si précis que le maréchal d'Estrées n'y puisse rien changer, et le cardinal ajoute : « Aussitost que le nonce Grimaldi sera arrivé, S. M. rappellera le mareschal d'Estrées et y envoyera un autre ambassadeur d'humeur douce et ployable, et propre..., à rappeler l'esprit du cardinal Barberin à la raison s'il en est capable, tant S. Em. a le désir de voir une bonne union entre le Pape et sa maison et S. M. »

Minute de la main de Chavigni et de celle de Charpentier. — Arch. des Aff. étr. Rome, t. LXX, fol. 91.

LE ROI À M. D'AVAUX.

Saint-Germain-en-Laye, 27 octobre 1640.

On a su par voie secrète que le duc de Luxembourg travaille, dans l'intérêt de l'Autriche, à empêcher le renouvellement de l'alliance de la Suède avec la France. — Que plusieurs princes d'Allemagne se résoudraient à laisser la Poméranie à la Suède et l'Alsace avec Brisak à la France. — Que les électeurs verraient volontiers des députés de la France et de la Suède à la diète de Ratisbonne... Agir d'après ces informations.

Orig. — Arch. des Aff. étr. Allemagne, t. XVI, pièce 24.

[1] Pièce de cinq lignes de la main de Cherré, sans date, sans suscription ni signature. On l'a classée au 13 octobre. Nous l'avons donnée en note à une instruction concernant les affaires d'Alger. (T. VI, p. 632.)

[2] Ces copies sont dans le même manuscrit, fol. 641, 645.

[3] Depuis longtemps le maréchal d'Estrées était antipathique à la cour de Rome. (Voy. ci-dessus, p. 741.)

À M. LE PRINCE.

De Ruel, 31 octobre 1640.

«Jugeant du tout important que les trouppes du Languedoc soient plus que complettes pour en assister les Catalans... je vous conjure de donner ordre à ce qu'elles se renforcent le plus qu'il sera possible... ce qui est d'autant plus nécessaire que si le roy d'Espagne doit faire quelque effort contre les Catalans, ce sera asseurément cet hiver.»

Orig. — Arch. de Condé. Communication de Mgr le duc d'Aumale.

À M. LE PRINCE.

De Paris, 1er novembre 1640.

«Je vous fais encore ce mot pour vous conjurer de faire en sorte, si M. d'Espernon doit passer en Catalogne, qu'il y passe avec des troupes suffisantes...; c'est de telle importance, qu'au lieu de 3,000 hommes et mil chevaux que les Catalans demandent, si vous pouvés en faire passer le double ce sera un coup très-important, veu que si les Catalans résistent cet hiver, l'affaire ira de longue et donnera grand lieu à une bonne paix générale. N'épargnés pas l'argent.»

Orig. — Arch. de Condé. Communication de Mgr le duc d'Aumale.

MÉMOIRE ET INSTRUCTION AU SIEUR DE CAUMARTIN.

Saint-Germain-en-Laye, 10 novembre 1640.

Les sommes accordées par la France aux Suisses ont été réduites à 400,000^{ll} par an, à cause des charges que la guerre impose à la France... «Les affaires qui sont présentement en Suisse consistent en trois points : la guerre que le roy fait dans la Franche-Comté; le voisinage des armées du roy qui sont sur le Rhin; les Suisses catholiques voient mal volontiers ceux de leur nation estre employez contre la maison d'Autriche.» — Longues explications au sujet de ces trois points; «ledit s^r ambassadeur tiendra donc pour maxime, que de gaigner temps parmi les Suisses c'est faire beaucoup, et que d'empescher qu'ils prennent quelque résolution fascheuse dans une diète, c'est les remettre jusques à une autre, devant la tenue de laquelle il peut arriver beaucoup de choses capables de ralentir leurs mouvements et de leur faire changer leurs desseins.» — Demander la levée de 4,000 hommes. Expédients pour les obtenir. Ce mémoire donne une liste des Suisses les plus considérables dans les divers cantons, qu'il faudra bien disposer par des gratifications; en quoi il convient de faire attention à ne pas paraître favoriser un parti plus que l'autre, et à tenir l'égalité entre les cantons catholiques et les cantons protestants.

Mise au net, de la main d'un commis des Aff. étr. — Arch. des Aff. étr. Suisse, t. XXVIII.

LE ROI À M. D'AVAUX.

Saint-Germain-en-Laye, 22 décembre 1640.

Il y a grande apparence que la paix se fera si les Suédois y mettent «autant de fermeté, de fidélité et de sincérité qu'ils en trouveront du costé de la France.» — Règles de conduite indiquées à l'ambassadeur. — Les huit armées de terre, et les deux armées navales que le roi entretient, marquent la puissance de la France. — Sans l'alliance du roi, les Suédois ne pourraient se maintenir en Alsace.

Orig. — Arch. des Aff. étr. Allemagne, t. XVI, pièce 29.

RICHELIEU À M. DE LA THUILLERIE.

3o décembre 164o.

M. de Chavigni vous mande ce qui s'est passé entre M. l'ambassadeur de Hollande et moi, par où M. le prince d'Orange verra l'affection particulière que j'ay pour sa personne et pour sa réputation... Je feray ce qui dépendra de moy à ce que M[rs] les Estats puissent recevoir de S. M. un nouveau secours d'argent pour l'année qui vient. Il fault trouver quelque invention d'asseurer des esprits qui, depuis quatre ou cinq ans, n'ont pas veu une seule fois l'effect de ce qui leur a esté promis... Il se pourroit que le roy pensast à porter ses armes vers Dunkerke, s'il estoit bien asseuré que les Hollandois garantissent de l'entrée des ennemis les places qui sont sur cette coste..., sans quoy la réputation et l'effet des armes du roy seroit perdu par la faute d'autruy, ce qui seroit irréparable... On peut bien adjouster au nouveau traitté qui se faict qu'en cas que M[rs] les Estats vinssent à manquer à ce qu'ils promettront, le roy ne sera point tenu de payer ledit secours... La réputation du roy luy est plus chère que tous les biens du monde...; il sera donc de vostre prudence de pénétrer de M. le prince d'Orange ce qui se peut faire... Je vous prie de me faire prompte response affin que le roy prenne ses résolutions de bonne heure. Quand on viendra trouver S. M. sur le sujet du mariage du fils de M. le prince d'Orange, elle approuvera l'alliance qu'il a prise...

Copie. — Arch. des Aff. étr. Hollande, t. XXII [1], fol. 47.

INSTRUCTION

POUR M. L'AMBASSADEUR EN SUISSE.

[Commencement de janvier 1641.]

«La coustume de la maison d'Autriche est de se servir de toutes sortes d'artifices pour imprimer dans les esprits la bonne opinion qu'elle veut qu'on aye de sa conduite, et pour donner au contraire mauvaise impression de celle de ses ennemis; mais la vérité paraist au milieu de tous les desguisemens.» — L'artifice est double dans la lettre qu'ils ont fait escrire par les députez de la diette de Ratisbonne aux Cantons... Ample développement des fausses assertions contenues dans ladite lettre, et justification de la conduite du roi. — Difficultés apportées par l'ennemi à la délivrance des sauf-conduits, sans lesquels on ne peut négocier une paix générale. — Droits du roi sur le pays d'Artois; expositions des traittés faits à ce sujet depuis François Ier, «ce qui ne regarde l'Empire en façon quelconque... » Il faut espérer que Dieu qui est l'auteur de tout bien, et principalement de celuy de la paix, la donnera bientost à son peuple, sans quoy.. on veut croire que la maison d'Autriche fera expédier les sauf-conduits... et que les Cantons, malgré les artifices des ennemis, continueront à luy laisser tirer de leur pays des gens de guerre jusques au nombre porté par le traitté d'alliance...

Mise au net, de la main du même commis des Aff. étr.[2] — Arch. des Aff. étr. Suisse, t. XXVIII.

À M. D'AVAUX.

17 février 1641.

Quelle est la cause du retard du renouvellement de l'alliance avec la Suède. M. Grossius a dit à M. de Chavigni qu'il a esté résolu de renouveler pour trois ans, sans augmentation, ou jusques à

---

[1] Ce volume, relié aux armes de Colbert, contient une copie suivie des négociations de M. de La Thuillerie.

[2] Classée après la pièce précédente, 10 novembre 1640.

la paix, moyennant 100,000 richedales d'augmentation, outre le million; M. Salvius ne peut ignorer cela, et s'il diffère de conclure, ce ne peut estre que pour obtenir de meilleures conditions... Je vous conjure de ne perdre aucun moment pour en finir.

> Minute de la main de Cherré. (Le nom de Grossius est de la main du cardinal.) — Aff. étr. Allemagne, t. XVI, pièce 39.

[À M. DE CHAVIGNI,]
POUR PARLER À M. DE LORRAINE.

[7 ou 8 mars 1641.]

Le cardinal dicte les paroles que Chavigni doit répondre au duc: Si M. de Lorraine ne veut pas parler, M. de Chavigni luy dira : « Le roy ne veut que ce qui est capable de vous empescher vous et vos successeurs de faire de nouveaux maux à la France. Outre que cette considération l'oblige à retenir les places, la prudence ne luy permet pas de se gouverner en sorte qu'on peust penser qu'il fust libre à un chacun de l'offenser impunément... »

> Minute de la main de Charpentier[1]. — Arch. des Aff. étr. Lorraine, t. XXXII, pièce 18.

MÉMOIRE.
15 mai 1641.

Cette pièce, pour laquelle le manuscrit ne nous donne aucune indication, nous paraît être un mémoire fait par le cardinal pour exposer au roi l'état de cette négociation de la paix, qui finit glorieusement pour la France à Munster, mais qui, dans ces premières années, éprouve de continuelles vicissitudes. Chacune des grandes puissances se renvoyait le reproche d'agir avec peu de sincérité, et de retarder à dessein la négociation au lieu de la faire marcher; voici, selon ce mémoire confidentiel, quelle était la politique de la France : « le service du roy requiert qu'on cherche des prétextes pour ne point l'engager encore à faire sitost partir ses ambassadeurs... »

> Mise au net. — Arch. des Aff. étr. Allemagne, t. XVI, pièce 88.

À M. DU HALLIER.
26 mai 1641.

Vous cognoissés le peu d'action qu'a quelquefois celuy avec qui vous avés à servir cette campagne; c'est à vous à l'animer... « Je m'oblige non-seulement à publier, mais à faire recognoistre ce que vous aurés faict... »

> Minute de la main de Cherré. — Arch. des Aff. étr. Lorraine, t. XXXII, pièce 81.

[À M. DE CHAVIGNI.]
De Rebez[2], 27 mai 1641.

« ... En faisant cognoistre aux ambassadeurs portugais qu'ils n'ont vaisseaux prests ny en Hollande, ny en Portugal, qu'on les réduise à s'obliger le plus estroitement qu'il se pourra à faire que le marquis de Brezé[3] trouve en arrivant en Portugal vingt gallions armez sous peine de manquement de parole... »

> Orig. — Arch. des Aff. étr. Portugal, t. I, fol. 39.

---

[1] Voyez notre VI° volume, p. 747 et 765.
[2] Rebais, bourg de Champagne (Seine-et-Marne).

[3] Le neveu du cardinal. Il avait ordre de partir le 10 juin.

[À M. DE CHAVIGNI.]

De Gerberoy [1], 28 mai 164 :.

«Dès cette heure, sans différer davantage, on peut passer le traitté avec les Portugais tel que je vous le renvoye.» — Étiquette à garder vis-à-vis de ce nouveau royaume. — Présents à faire. — Les ambassadeurs ont demandé qu'on leur donnât dix officiers français pour servir en Portugal [2].

Orig. Au folio 43, minute, en partie de la main de Charpentier. — Arch. des Aff. étr. Portugal, t. I, fol. 41.

À M. DE LORRAINE.

17 juin 1641.

Monsieur, j'envoie ce gentilhomme, l'un de mes domestiques, pour voir si je suis bonne caution à moi-même de ce que je me promets de Votre Altesse depuis le voyage qu'elle a fait cet hiver à la Cour. Elle m'a tant asseuré que j'aurais à l'avenir toute part à sa conduite et que deux lignes du cardinal de Richelieu luy feroient faire tout ce qu'il luy tesmoigneroit désirer d'elle. Je ne doute point que vous ferez de bonne grâce et pour l'amour de moy ce que demande de vous S. M... Vostre parole, vostre seing et vostre honneur vous y obligent... j'espère que vous le ferés pour l'amour de moi puisque je vous en prie [3]...

Minute de la main de Cherré. — Arch. des Aff. étr. Lorraine, t. XXXII, pièce 118 [4].

[1] Village à cinq lieues environ au nord-ouest de Beauvais; reste d'une petite ville ruinée par la guerre (département de l'Oise).

[2] Dans cette lettre, Richelieu écrivait : «Puisque M. l'évesque de Portugal veut me voir, nous luy ferons à Abbeville l'exhibition de nostre personne.» C'est une réponse à Chavigni, qui mandait le 26 : «L'évesque de Portugal m'a dict qu'il n'estoit venu à Paris que pour voir Monseigneur; il m'a prié de savoir si Monseigneur trouveroit bon qu'il allast à Abbeville.» Cet évêque était un personnage d'importance; il allait à Rome, ambassadeur de Jean IV auprès du pape. Le commandeur de La Porte informait Richelieu, par une lettre du 2 mai, de son passage à la Rochelle. «Il est neveu du roi, dit le commandeur, il se nomme D. Miguel de Portugal et est évesque de Lamego; c'est un homme de grande considération, frère du comte de Vimiosa, capitaine-général du royaume. Son père a esté ami intime du père de Vostre Éminence.» Le commandeur de La Porte fait connaître les divers personnages qui composent cette ambassade : «Ils ont, dit-il, un ordre exprès de leur maistre de se conformer entièrement aux volontés du roy et aux conseils de Vostre Émi-

nence aussy bien à Rome qu'en France....» (Ms. précité, fol. 30.)

[3] C'était avec peu de sincérité, et contraint par la nécessité de ses mauvaises affaires, que le duc de Lorraine avait fait sa soumission au roi; de plus, les intrigants qui l'entouraient, profitant de la légèreté de son caractère, le poussaient à une nouvelle rupture [4]. Cependant on feignait de croire à sa bonne foi, et la perspective d'un prochain soulèvement du comte de Soissons engageait Richelieu à traiter ce prince avec d'extrêmes ménagements. Et cependant on était informé que le duc de Lorraine avait donné un rendez-vous à Luxembourg au duc de Guise [**], banni de France, et l'un des plus ardents ennemis de la politique de Richelieu; même après la mort du comte de Soissons, on continua ces procédés prudents à l'égard du duc de Lorraine [***].

[4] Nous avons donné ci-dessus, p. 286, l'extrait d'une lettre qui semble faire double emploi avec celle-ci et qui sans doute a été abandonnée. Nous y voyons que le gentilhomme dont le nom manque ici était M. de Graves. On y voit encore que la dépêche de Richelieu est la réponse à une lettre du duc apportée par le baron d'Agecour. — Au verso de ce

[*] Voyez ci-dessus, p. 285, 286, lettres au duc de Lorraine et à M. du Hallier, des 5, 12, 17 juin et 3 juillet.

[**] Lettre de Fabert à Chavigni, du 1er juillet, tome XXXII de Lorraine, pièce 130.

[***] Ci après, lettre du 7 juillet.

INSTRUCTION

QUE LE ROY A COMMANDÉ ESTRE DONNÉE À M. LE MARQUIS DE FONTENAY,
S'EN ALLANT ESTRE SON AMBASSADEUR À ROME.

Paris, 21 juin 1641.

Outre les informations touchant les affaires de Rome, cette instruction explique l'état des relations entre les diverses puissances de l'Italie et la France.

Copie [1]. — Arch. des Aff. étr. Rome, t. LXXVI, fol. 416.

LE ROI À M. D'AVAUX.

A Oysemont, 26 juin 1641.

L'humeur des Suédois est peu traitable lorsqu'on les laisse faire.. Le roy désire que les lieux de
Lubeck ou Hambourg et Coulongne soient changés en ceux de Munster et Osnabruck... On vient
d'avoir des avis certains qu'une négociation secrète entre le roy de Hongrie et les Suédois se fait par
le moyen de Salvius... Quoy que le roi de Hongrie leur promette, il ne permettra jamais qu'un
prince puissant et belliqueux, protestant surtout, puisse prendre pied en Allemagne [2]...

Orig. — Arch. des Aff. étr. Allemagne, t. XVI, pièce 91.

À M. D'AVAUX.

26 juin 1641.

Richelieu joint cette lettre à la dépesche qu'il a fait écrire par Chavigni (pièce précédente). Il recommande à l'ambassadeur de faire grande attention à l'avis qu'on lui donne touchant Salvius. « Il
importe de rompre ce mauvais coup [3]... les esprits du Nord sont trop bons pour ne cognoistre pas

---

feuillet 117, se trouve une minute aussi de la main
de Chavigni, où Richelieu, après avoir exprimé à
M. Du Hallier la même confiance dans la fidélité du
duc, le charge de représenter à Son Altesse «la sincérité et la promptitude avec laquelle le roy a fait
exécuter ce qui est porté dans le traité passé, et que
le duc ne peut manquer à sa parole sans perdre
l'honneur qui luy est cher. » Ce M. de Graves se laissa
tromper par le duc de Lorraine. On mandait de
Nancy à Chavigni, le 3 juillet : «Par le retour de
M. de Graves d'auprès de S. A. nous avons appris
que le mal n'est pas si grand que nous vous l'avions
mandé; ce prince tesmoigne ne vouloir point rompre
avec la France.» (Ms. cité aux sources, pièce 132.)

[1] Cette copie est signée Guesfier : c'était un agent
entretenu par la France à Rome depuis assez longtemps. — Voyez, au sujet de diverses difficultés qui
étaient alors à résoudre, notre VI⁰ volume, page 875,
et une addition au VII⁰ volume.

[2] A la suite de cette instruction est écrit un mémoire pour M. d'Avaux. «S'il perd toute espérance de
faire renouveler l'alliance, il faudroit avertir M. de

Guébriant pour aviser aux mesures militaires à
prendre... mais seulement à la dernière extrémité. »

[3] Cette intrigue de Salvius causait un grand souci
à Richelieu. il envoie à M. d'Avaux courrier sur
courrier; à la double dépêche du 26 juin, il en ajoute
une le 27, une autre le 28, et, le 7 juillet, une
troisième dépêche signée par le roi. Dans la lettre du
27, pour encourager l'ambassadeur, Richelieu lui expose comment les affaires des ennemis vont très-mal,
et il le presse de redoubler de zèle pour la négociation de Suède «jusques à la conclusion de laquelle
l'on n'aura point icy de repos...» (Pièce 94, original
daté de Corbie). Dans sa lettre du 28 : «L'affaire
pour laquelle on vous dépesche est de telle importance que, bien que je vous aye escrit avant-hier et
hier un duplicata que vous recevrés par cette voye,
j'adjouste encore ces trois mots pour vous conjurer
de ne perdre aucun temps à tascher d'y mettre une
heureuse fin.» (Minute de la main de Cherré, pièce
96.) La troisième lettre, datée de Péronne, est signée du roi... «Il faut parler à Salvius avec tant de
retenue qu'il ne puisse dire qu'on luy met le mor-

47.

que quelque accord que l'on face sans la France, il n'y aura point de seurcté...» «Je ne vous représente point la réputation qui vous reviendra d'avoir heureusement conclu cette affaire, et l'utilité
que vous en recevrés par le moyen de vos amis[1]... »

Minute de la main de Cherré. — Arch. des Aff. étr. Allemagne, t. XVI, pièce 93.

À M. DE LORRAINE.

7 juillet 1641.

«... Vous pouvés venir servir le roy en toute seureté; S. M. ne tiendra point le délay qui est
arrivé jusques icy de vostre partement pour infraction de traitté.» Quant à lui (Richelieu), il veut
«conserver à jamais avec sincérité et franchise la mesme amitié qu'il a témoignée au duc à Paris.»
Il ajoute en P. S. : «Je ne doute point que l'accident arrivé à M. de Chastillon ne haste Votre Altesse de venir trouver le roy[2]... »

De la main de Cherré. — Arch. des Aff. étr. Lorraine, t. XXXII, pièce 135.

À M. DE LA THUILLERIE.

22 juillet 1641.

...Faire ce qu'il faut pour la conservation de l'abbaye de Beren. — On dit que le cardinal In-
fant retient la plupart des troupes qu'avait le comte de Fontaines pour venir nous traverser de deçà.
Si cela est, M. le prince d'Orange sçaura bien prendre son temps pour faire quelque grand effect.
Vous l'en solliciterés, s'il vous plaist.

Copie. — Arch. des Aff. étr. Hollande, t. XXII, fol. 217.

À M. D'AVAUX.

26 juillet 1641.

Monsieur, le retour de Saladin nous a tirés de la peine où vous sçavés que nous estions... J'ay

ché à la main, mais avec assez d'ouverture pour luy
faire concevoir de la honte de penser à faire une action qui, devant tous les bons cognoisseurs, seroit
un manquement de foy.» Et Richelieu dicte les
paroles mêmes dont l'ambassadeur doit se servir. «Si
un tel discours ne faict point d'effect sur le s' Salvius, ledit s' ambassadeur est autorisé à aller en
Suède pour remonstrer que si on laisse relever la
maison d'Autriche, il n'y aura pas assez d'eau dans
le monde pour nous laver d'une faute que nous pouvons et que nous devons esviter.» (Original, pièce 99.)
Elle est presque entièrement chiffrée; une copie de
déchiffrement est cotée ici 100.

[1] M. d'Avaux répondait de Hambourg le 13 juillet
au cardinal : «Vostre Eminence a esté bien informée...
le prétendu empereur... fait présenter à M. Salvius
un traitté par lequel il accordoit la haute Poméranie
à la reyne de Suède pour la tenir en fief de l'Em-

pire... La Suède ne croit pas à leur sincérité et n'a
pas mesme délibéré.» (Pièce 111.)

[2] Le duc de Lorraine n'avait pas de ces entraine-
ments chevaleresques; et dans une pièce datée du 23
de ce mois de juillet, intitulée : Responce aux propositions de M. de Lorraine, Richelieu écrivait : «Après
avoir bien considéré les nouvelles propositions que
M. le duc de Lorraine fait faire au roy par le s' Ro-
bin, son secrétaire... ledit s' duc suppliant S. M.
qu'au lieu de la venir trouver avec ses troupes, il
s'occupe présentement à remettre et restablir ce qui
luy reste de sujets en l'estat et le repos où ils estoient auparavant la guerre. S. M. consent [qu'il demeure en sesdits estats et tasche de remettre sesdits
sujets en bon estat...»]. (Minute de la main de
Cherré, pièce 148.) Cette réponse fut portée par
M. de Saintavon auquel Richelieu donne une instruction conservée dans le même manuscrit, pièce 154.

esté extrêmement aise d'avoir la continuation de vostre prudence et de vostre adresse[1]... Je croy que maintenant Dieu nous veut donner la paix... Si M. de Chastillon a perdu une bataille par sa pure faute, la France a beaucoup gagné en la perte de M. le comte.

Minute de la main de Cherré. — Arch. des Aff. étr. Allemagne, t. XVI, pièce 120.

À PUJOLS.

(RÉPONSE À SA LETTRE DU 17 JUIN.)

...Juillet 1641.

... Quelqu'avantage qu'on puisse avoir n'empeschera jamais qu'on entende à la paix; mais en parler tousjours sans faire quelqu'ouverture raisonnable, n'est pas le moyen de venir à une bonne conclusion.

Si le comte-duc vous veut oster de Madrid, vous ne sçauriés le refuser, mais en l'estat présent des affaires nous ne pouvons par raison vous retirer en France.

Je vous puis asseurer encore une fois que Mgr le cardinal désire la paix de tout son cœur.

On a esté extrêmement ayse de voir la descouverte de l'horrible malice de Molina parce que cela sert à faire cognoistre que les dispositions du roy d'Espagne et du comte-duc ne sont pas telles contre le roy et Mgr le cardinal que pareils démons ont voulu faire croire.

Mise au net, de la main de Cherré. — Arch. des Aff. étr. Espagne, t. XX, pièce 88.

À M. DU HALLIER.

9 août 1641.

On lui annonce des troupes, un équipage d'artillerie et des subsistances, pour aller réduire la Lorraine... «En le laissant libre de ses actions, on luy conseille de suivre les places de la Moselle... L'intention du roi est qu'il face entendre à tous les peuples le manque de foy du duc Charles qui, par le traitté, se déclare luy-mesme déchu des droits qu'il avoit sur la Lorraine, au cas qu'il vienne à faire ce qu'il a faict, qu'en cette considération le roy la réunit à sa couronne sans en pouvoir jamais estre démembrée[2].» Leur faire prêter le serment de fidélité... Noms de ceux qui doivent avoir les places à commander.

Minute de la main de Cherré. — Arch. des Aff. étr. Lorraine, t. XXXII, pièce 161.

À M. LE PRINCE D'ORANGE.

12 août 1641.

S. M. marche en personne pour empescher les ennemis de reprendre Aire, et va rejoindre les

---

[1] «Le traitté vient d'estre conclu avec la Suède,» mandait à Richelieu M. d'Avaux, le 13 juillet et le 16 : «Les deux exemplaires du renouvellement d'alliance entre le roy et la couronne de Suède ont été signés et scellés ce matin. Je m'en vais travailler aux dépesches de M. Davidol et envoyer le traitté à S. M. et à Vostre Éminence.» (Pièces 111 et 115.) — Notons ici une autre lettre écrite par Richelieu à M. d'Avaux le 24 juillet, au sujet des difficultés toujours nouvelles pour la délivrance des passe-ports des plé-

nipotentiaires à l'assemblée de Cologne. (Ms. cité aux sources, pièce 185, minute.)

[2] Le 12 septembre, Th. Godefroy annonce à Richelieu qu'il «lui rendra compte de quinzaine en quinzaine d'un travail dont il l'a chargé sur les raisons pourquoy le roy n'est pas tenu de restituer la Lorraine, sur les usurpations de la maison d'Autriche,» et sur diverses autres questions de droit public. (Pièce 142.)

forces que commande M. le grand maistre... Votre Altesse aura ainsi toute commodité d'entrer en Flandres de son costé; je suis asseuré qu'elle ne la perdra pas[1]...

Minute de la main de Cherré. — Arch. des Aff. étr. Hollande, t. XXIII, pièce 124.

À M. DE LA THUILLERIE.

12 août 1641.

C'est à ce coup que M. le prince d'Orange peut faire un grand progrez dans la Flandre, et à ce coup aussy que je ne doute point qu'il ne l'entreprenne... Je vous asseure que nous n'oublierons rien pour donner lieu aux ennemis de se repentir de leur entreprise[2]...

Copie. — Arch. des Aff. étr. Hollande, t. XXII, fol. 231.

À M. LE PRINCE.

Amiens, 28 (20 ?) août 1641.

Richelieu le prie d'user de son crédit et de son autorité pour faire nommer, aux prochaines élections des états du Vivarais, M. de Rochepierre, syndic du pays, parent de Mr de Cornillon, « au cas que sa personne soit agréable à l'assemblée, qu'il puisse s'acquitter de sa depputation selon que le service du roy et les interests de la province le requièrent, et non autrement. »

Orig. — Arch. de Condé. Communication de Mgr le duc d'Aumale.

À M. LE COLONEL GASSION.

[Commencement de septembre? 1641[3].]

Les mareschaux de La Meilleraie et de Brézé ont voulu l'un et l'autre avoir Gassion dans leur armée; le colonel s'est déterminé pour l'armée de La Meilleraie. Richelieu demande si ce n'est pas par quelque déplaisir contre l'autre... « Le roy est si satisfait de vous qu'il veut que vous le soyez aussy. Servir le roy comme vous faites, c'est très-bien faire votre cour, et surtout auprès de moy, je le feray pour vous à S. M. et peut-estre avec plus de succèz que vous ne feriez par vostre présence ou par vos lettres... »

Imprimée : Vie de Gassion, t. II, p. 233.

À LA DUCHESSE DE SAVOIE.

8 octobre 1641.

Je ne doute pas que S. A. ne soit bien aise de contribuer à un corps de cavalerie que le roy veut faire promptement pour envoyer en Roussillon. « C'est une affaire qui importe extrêmement au service du roy auquel S. A. a un grand intérest. » — M. de Noyers enverra la route.

Minute de la main de Charpentier[4]. — Arch. des Aff. étr. Turin, t. XXXIV, fol. 547.

---

[1] En même temps le cardinal écrivit à Mme de La Thuillerie et d'Estrades; nous avons mis par erreur l'analyse de ces deux lettres au mois de février, page 279 ci-dessus, et nous en avons noté les copies à leur véritable date, 12 août, page 293. (Voyez aussi la note 2, page 860 de notre VIe volume.)

[2] Apportée par le courrier Le Mercier, le 23e ensuivant.

[3] Peu de temps après la perte de la bataille de Sedan, le maréchal de Brézé eut le commandement de l'armée que commandait le maréchal de Châtillon. Ce fut alors qu'eut lieu la contestation honorable pour Gassion, vers le temps du siége de Bapaume, au commencement de septembre.

[4] Sur le même feuillet deux autres minutes; l'une au marquis Ville : «Si on demandoit à Madame toute

À M. LE PRINCE THOMAS.

27 octobre 1641.

Monsieur, le roy a trouvé bon que le gentilhomme que vous avez envoyé en France s'acquitast du compliment que vous luy avez donné ordre de faire à Mme la comtesse[1]. J'ay esté bien ayse de vous servir en cette occasion, et lorsque vous me donnerez le moyen de le faire en d'autres, vous cognoistrez que je suis...

Minute de la main de Chavigni. — Arch. des Aff. étr. Turin, t. XXXIV, fol. 588.

À M. D'AVAUX.

27 octobre 1641.

Satisfaction de ce que le mécontentement de l'armée suédoise est apaisé... Cette armée a besoin d'un bon chef[2]. « Outre qu'en cette considération, je désire grandement que le général Horn soit deslivré, il n'y a rien que je ne voulusse faire pour le respect de M. le chancelier Oxenstiern, que j'honore particulièrement. »

Minute de la main de Cherré. — Arch. des Aff. étr. Allemagne t. XVI, pièce 163.

À M. LE COMTE D'HARCOURT.

2 novembre 1641.

Réponse à plusieurs de ses lettres. — La duchesse de Savoie veut se remettre en bonne intelligence avec lui. — Le comte de Cumiane offre Revel si le roi le veut. « Je ne sçay encore à quoy S. M. se résoudra. » — Quant à Demont, elle désire le conserver, le munir et y mettre un gouverneur. « Si l'entreprise sur le Crescenten[3] et l'autre dessein que vous me mandez avoir sur une autre place sans me la nommer, pouvoient réussir, la campagne finiroit très-heureusement. »

Minute de la main de Cherré[4]. — Arch. des Aff. étr. Turin, t. XXXIV, fol. 632.

À M. DE LA THUILLERIE.

De Ruel, 7 novembre 1641.

« Ce billet est pour prier M. de La Thuillerie de s'informer autant qu'il pourra, sans faire bruict, de ce qu'a cousté le cabinet Vanufte au seigneur Lopès, du nombre des tableaux qu'il y avoit, et si, avec lesdits tableaux, il y avoit autre chose qui ayt esté comprise dans le prix qu'il a payé dudit cabinet... »

Copie[5]. — Arch. des Aff. étr. Hollande, t. XXIII, pièce 155.

sa cavalerie, le roy se promettroit beaucoup davantage si sa personne la commandoit. » Il ne s'agit que d'un seul régiment, Richelieu le prie d'envoyer celui du colonel Monti. — Au colonel Monti : On le prie d'amener son régiment bien complet ; « outre le gré que le roy vous en sçaura, je vous tesmoigneray en mon particulier que je suis... »

[1] S'il s'agissait, comme il paraît, de la condoléance sur la mort du vainqueur de la Marfée, c'était un peu tardif. Le prince Thomas était gendre de la comtesse de Soissons et beau-frère du défunt.

[2] Banner était mort récemment, et l'on n'est guère content de Torstenson, lequel est d'ailleurs fort

maladif. C'est d'Avaux qui écrivait cela, le 4 octobre, dans la lettre à laquelle le cardinal répond, lettre où se trouvent de curieux détails. (Pièce 156.)

[3] Crescentino, petite ville sur le Pô, entre Turin et Ivrée.

[4] Voir, page 374, la lettre du 8 à la duchesse de Savoie.

[5] Il résulte de la réponse de M. de La Thuillerie, écrite en marge, que Lopès a fait fidèlement cette commission. — On a déjà vu que Richelieu traitait ses affaires particulières avec le même soin, les mêmes précautions et les mêmes procédés que les affaires d'État ; ce billet en offre un nouvel exemple.

AU MARESCHAL D'ESTRÉES.

Du,.. novembre 1641.

. . . « Il est vray que pour ne vous estre pas conduit à Rome selon ce qui vous a esté mandé par M. de Chavigni [de la part du roy], vostre passage et vostre séjour à Parme n'ont pas esté jugez de deçà estre conformes à la prudence de M. le mareschal d'Estrées... Vous allez dans les estats de M. le duc de Parme pour vous rendre spectateur de son malheur sans y pouvoir apporter remède. Ce qui desplait davantage au roy... c'est qu'on aura creu que vous n'estes allé auprès de luy que pour l'animer contre la maison du Pape, à laquelle il vous tient mal affectionné... Je voudrois pour beaucoup que vous n'eussiés [pas pris cette résolution] qui n'est ny bonne pour le roy ny avantageuse pour vostre réputation, particulièrement en l'opinion de ceux qui voudront considérer, avec le malheur qui vous accompagne, les disgrâces qui vous sont arrivées à Mantoue et en Allemagne. L'affection que je vous porte m'oblige à vous parler avec cette franchise... »

> Mise au net, de la main de Charpentier, devenue minute, Richelieu ayant fait quelques changements. — Arch. des Aff. étr. Parme, t. I[1].

MÉMOIRE AU SIEUR DE LA THUILLERIE.

15 décembre 1641.

Bien que S. M. ne deust pas s'exposer à de grandes despenses, au hasard de n'en pas recevoir plus d'effect que par le passé, toutefois S. M. s'est laissée aller, à la supplication de Mgr le cardinal, de faire encore cette année prochaine une despense extraordinaire en faveur de Mrs les Estats, à certaines conditions, mais l'ambassadeur ne doit pas les offrir, il dira « que Son Ém. estant très-raffroidie sur ce sujet, il en écrira à M. de Chavigny, » pourvu que les Estats donnent des garanties d'accomplir leurs engagements.

> Minute de la main de Chavigni; une mise au net est cotée 172. — Arch. des Afl. étr. Hollande, t. XXIII, pièce 177.

POUR M. LE SURINTENDANT,

A PARIS.

De Ruel, 9 janvier 1642.

Les 3 mil[t] de Vautier ont esté données à M. Rioland[2], outre ceux que vous luy avés fait donner, et sans cela il n'eust pas faict le voyage de Cologne. Les 10m[t] de l'assemblée[3] ont esté distribuées fidellement en deux articles par M. d'Auxerre dès le commencement de ladite assemblée, et sans cela peut-estre que deux tenans qui ont esté fermes durant toute l'assemblée, ne l'eussent pas esté; et, en ce cas, ceux qui agissoient contre le roy n'eussent peu estre contrebalancés...

> Orig. — Arch. de la famille de Bouthillier.

---

[1] La pièce qui suit est la copie d'un lettre justificative adressée à Richelieu.

[3] Il était médecin de la reine mère.

[2] L'assemblée du clergé tenue à Mantes en 1641, dont la clôture eut lieu à la fin d'août.

[À M. BOUTHILLIER[1].]

De Ruel, 27 janvier 1642.

Faire payer entièrement la pension de M. de Navailles[2], montant à 3,000ᴴ; « ayant un régiment en Italie, il est de ceux que le roy ne veut pas qui soient retranchez. »

Orig. — Arch. de la famille de Bouthillier.

[À M. BOUTHILLIER.]

De Fontainebleau, 3 février 1642.

...Le roi désire que les galères soient à la mer durant toute la campagne; je prie M. le surintendant de faire fournir comptant au trésorier les deux tiers, ou la moitié au moins des 1,200,000ᴴ dont on a faict fonds durant la présente année, et le reste en bonnes assignations; autrement, lorsqu'on en aura le plus besoin, les galères reviendront dans le port faute de subsistance. — Faire donner en louis la somme payée comptant, l'or ny la monnoye au marc n'ayant point de cours en Provence...

Orig. — Arch. de la famille de Bouthillier.

POUR M. LE SURINTENDANT,
À PARIS.

De Fontainebleau, 3 febvrier 1642.

Le roi trouve bon que M. le chancelier et vous disposiez des offices de maistre des requestes, pour le bien de son service. — J'ay escrit ce matin amplement à M. le chancelier, sur l'affaire de M. de La Naure. (Ici une phrase peu intelligible.) ...Je ne croy pas qu'il le faille contraindre à recevoir le bon homme M. de Charnisay... car le roy pourroit croire qu'on auroit faict tout ce brouas (sic) pour parvenir à cette fin, ce à quoy on n'a pas pensé. — S. M. trouve bon que M. de Fontaine Martel entre en la compagnie de M. Du Pont. — Je seray bien ayse que M. de Montaurin accompagne M. Du Pont en Bretagne...

Orig. — Arch. de la famille de Bouthillier.

POUR M. LE SURINTENDANT,
À PARIS.

De la Charité, 8 février 1642.

J'escris à M. le Prince pour le conjurer de terminer les différends que Mʳˢ de Sourdis ont ensemble... Joignez-vous à lui, pour rétablir l'intelligence qui est à désirer entre personnes qui sont si proches. Vous ne sçauriés faire aucune action qui soit si charitable...

Orig. — Arch. de la famille de Bouthillier.

POUR M. LE SURINTENDANT,
À PARIS.

Lyon, 20 febvrier 1642.

Le roi trouve bon qu'outre les cinq cents hommes de recrues donnés à M. de Gonor, M. le sur-

---

[1] Il n'y a point de suscription. Une note de réception est mise au dos par Bouthillier. Nous ne répétons point cette indication qui doit être commune à un certain nombre de ces billets adressés au surintendant, et communiqués par la famille.

[2] Il avait été page de Richelieu.

intendant lui en donne 3oo encore, pourveu que Mme d'Elbeuf[1], sa grand mère, trouve quelqu'un qui veuille respondre de la restitution de l'argent, au cas qu'il ne mène point ladite recreue en Italie.

Orig. — Arch. de la famille de Bouthillier.

MÉMOIRE AU SIEUR DE CAUMARTIN,

AMBASSADEUR DU ROY EN SUISSE.

Lyon, 20 février 1642

... Faut luy escrire qu'on s'estonne extrêmement qu'au mesme temps que les Suisses demandent que la cessation d'armes, qu'ils avoient premièrement acceptée pour jusques à la fin d'avril pour la Franche-Comté, soit augmentée de deux mois, au mesme temps ceux de la Franche-Comté ont assiégé Poligny. Représenter cette mauvaise foy des Francs-Comtois. La prolongation ne sera pas accordée si le siége de Poligny continue[2].

Arch. des Aff. étr. Suisse, t. XXIX.

POUR M. LE SURINTENDANT,

À PARIS.

De Lyon, 24 février 1642.

M. Du Gué est fort affligé de ce que vous l'avés osté du nombre des conseillers d'Estat... Il mérite d'estre distingué du nombre des autres par son affection au service du roy... c'est un personnage que j'ayme de longue main et qui est fort passionné pour tout ce qui me touche... Vous me ferés plaisir de luy faire ressentir les effets de ma recommandation.

Orig. — Arch. de la famille de Bouthillier.

À M. D'AVAUX.

27 février 1642.

Approbation du traité conclu avec M. Salvius. — Désir de la paix et difficultés qui s'y rencontrent. Il faut que les ennemis de cet estat nous rendent ce qu'ils nous ont ôté sous les prédécesseurs du roi...

Mise au net, de la main de Cherré. — Arch. des Aff. étr. Allemagne, t. XVI, pièce 197.

À M. BOUTHILLIER.

[...février 1642.]

Monsr le surintendant est prié de faire, sur le contenu ci-dessus[3], tout ce que pourra permettre

---

[1] Louis-Charles-Léonor Gouffier, comte de Gonnor, petit-fils de Claude-Éléonor de Lorraine, dame de Beaumesnil, duchesse d'Elbeuf. Le comte de Gonnor épousa Élisabeth de Gassion.

[2] Par une autre dépêche du 22 janvier, l'ambassadeur est chargé d'annoncer aux Cantons que le roy a commandé que des fonds soient envoyés en Suisse pour les pensions des Cantons. Cette pièce est classée après celle du 20 février.

[3] Ce billet, sans date, est écrit de la main de Cherré, en forme d'apostille, au bas d'une supplique

adressée au cardinal, «touchant le retranchement d'un quartier de gaiges, à la taxe de mil livres faictes sur la charge de procureur du roy, au bureau d'Orléans, du s^r de la Girauldière, son mari.» Ce sont les termes de la requête. Il n'y a pas de date, non plus qu'à l'apostille; mais cette note, écrite au dos par Bouthillier, nous la donne à peu près : «R. feb. 1642. Mlle de La Giraudière, première norrice de Mgr le Dauphin.» Première signifie-t-il première par son titre? On sait qu'en peu de temps l'enfant changea plusieurs fois de nourrice.

une justice favorable, en considération de Mlle de La Giraudière, qui a longtemps esté nourice de Mgr le Dauphin.

Orig. — Arch. de la famille de Bouthillier.

[À M. DE CHAVIGNI.]

[...février 1642.]

« Je prie M. de Chavigny de recommander les intérests du pauvre Chalusset que j'affectionne à M. le surintendant[1]. »

Orig. — Arch. de la famille de Bouthillier.

À M. DE LA THUILLERIE.

Avignon, 4 mars[2] 1642.

Ayant veu le mémoire de la pourcelaine que vous m'avés achettée, je la trouve très-bien choisie. L'emballer si bien quelle ne se casse pas et la remettre entre les mains de Debournais, mon valet de chambre. — M. de Chavigny vous escrit sur le traitté que vous avés à faire[3]. — Les Estats n'ont jamais eu si beau jeu ; Lamboy estant deffait, contraindre les ennemis à la paix...

Copie. — Arch. des Aff. étr. Hollande, t. XXII, fol. 396.

[À M. BOUTHILLIER.]

De Lunel, ce 8 mars 1642.

« Le roy ayant accordé, il y a desjà longtemps, une pension au sieur de La Grange, cônseiller au présidial de Nismes, en considération des services qu'il a rendus à S. M. dans la province, du temps qu'elle estoit troublée par messieurs de la religion p. r., je fais ce billet pour prier M. le surintendant de luy faire payer sadite pension. »

Orig. — Arch. de la famille de Bouthillier.

POUR M. LE SURINTENDANT,
À PARIS.

De Montpellier, ce 9 mars 1642.

Le roi a donné le gouvernement de Chauny à M. de Sully ; je suis d'avis que M. le surintendant attende notre retour à Paris, pour régler l'affaire de la récompense que le roi a résolu d'en donner. Richelieu veut éviter « d'augmenter la division qui est desjà entre M. de Montbazon et M. de Guéméné, » celui-ci prétendant avoir intérêt audit gouvernement.

Orig. — Arch. de la famille de Bouthillier.

---

[1] Cette recommandation, sans suscription, ni date, est écrite sur une bande de papier, d'une main que je ne connais pas ; elle est signée du cardinal, et Bouthillier a mis au dos cette annotation : «Mgr le card. feb[er] 1642.»

[2] En tète : receu le 24, apportée par M. Davidole ; il arriva le 24 à la Haye.

[3] Cette dépêche, signée du roi et datée de Lunel le 5 mars, est ici en copie, fol. 392 verso. Une mise au net, de la main d'un secrétaire de Chavigni, est dans le tome XXIII, pièce 211. — Instruction sur le traité à faire moyennant l'envoi de 3,000 hommes dont S. M. a besoin ; elle les décharge de l'obligation d'attaquer Anvers, Hulst ou Gueldre, etc. Ce fut l'objet d'un article secret (pièce 237). Dans le préambule de cette pièce, il est dit deux mots du passage et de la conduite de Lamboy et des prisonniers faits avec lui ; c'est le sujet spécial des pièces 248 et 249.

48.

MÉMOIRE AU SIEUR DE GRÉCY,

CONSEILLER ET MAISTRE D'HOSTEL ORDINAIRE DU ROY,

S'EN ALLANT DE LA PART DE S. M. EN HOLLANDE TROUVER LA REYNE DE LA GRANDE-BRETAGNE.

12 avril 1642.

Conduit par M. de La Thuillerie, ambassadeur à la Haye, il remettra la lettre du roi à la reine d'Angleterre.

...Le roi a très-grand desplaisir de l'estat de ses affaires, lequel doit estre très-mauvais, puisqu'elle s'est résolue de quitter le roy son mary et ses enfants... Louis XIII souhaite de tout son cœur que Dieu remette en Angleterre les choses au point qu'elles doivent estre... M. de Grécy informera la reine de la Grande-Bretagne des bons succès des armes du roy de France.

Après la reine, l'envoyé verra la princesse, fille de la reyne d'Angleterre, et l'assurera de l'affection du roy son oncle...

Il verra ensuite M. le prince et madame la princesse d'Orange, ainsi que leur fils, et il leur présentera les compliments du roi.

Copie. — Arch. des Aff. étr. Angleterre, t. XLIX, pièce 73.

À M. DE LA THUILLERIE.

29 avril 1642.

Les États faisaient difficulté de laisser traverser la Hollande aux prisonniers de guerre allemands faits par le mareschal de Guébriant, alléguant qu'ils n'en pouvaient répondre s'ils réclamaient leur liberté, en vertu des lois du pays. Le roi fait dire « que l'affaire luy touche tellement au cœur qu'il ne pourroit s'empescher d'imputer le reffus qui s'en feroit à rupture. »

Minute de la main de Cherré. — Arch. des Aff. étr. Hollande, t. XXIII, pièce 244.

À M. BOUTHILLIER.

De Narbonne, 6 mars 1642.

« Je remets de voir ce qu'il sera bon de faire, quand je seray de retour à Paris, touchant l'entretenement des fils de M. Du Pont, sur le revenu des bénéfices de leur père. ...Quant à l'emprunt que M. Du Pont propose de faire, je n'ay rien à dire, sinon qu'estant maistre de son bien, il en peut faire ce que bon luy semblera... [1] »

Orig. — Arch. de la famille de Bouthillier.

POUR M. LE SURINTENDANT,

À PARIS.

De Narbonne, 10 mai 1642.

Richelieu le remercie de nouveau d'avoir envoyé savoir des nouvelles de sa santé par Vouillac...

...L'estat auquel je suis maintenant n'est ni meilleur, ni plus mauvais « qu'il estoit lorsque Sauvé [2]

[1] Richelieu répond le plus laconiquement et le plus froidement possible à une lettre où le surintendant lui faisait un long détail des embarras de ce neveu, dont Bouthillier justifie tant qu'il peut la conduite. « Il ne joue plus, je le vois fort réglé; je ne sçay si S. Ém. sçait qu'il s'est jetté en une pro-

fonde dévotion. » (Lettre du 29 mars, mêmes arch.) On voit que le plaidoyer de ce bon Bouthillier avait peu touché le cardinal.

[2] C'est celui qui avait amené le sr Juif, célèbre chirurgien. (Voy. t. VI, p. 908, date du 1er mai.)

partit d'icy. J'espère tousjours, avec l'ayde de Dieu, de guérir de mon mal, mais il sera long...
Asseurés-vous de mon affection pour tousjours. »

Orig. — Arch. de la famille de Bouthillier.

À M. LE PRINCE.

Narbonne, 20 mai 1642.

« Le soin qu'il vous plaist prendre de ma santé m'oblige plus que je ne sçaurois le représenter...
Grâces à Dieu, mon mal a tellement diminué qu'il n'y a plus lieu de douter de mon entière guérison
dans quelque temps. »

Orig. — Arch. de Condé. Communication de Mgr le duc d'Aumale.

LE ROI À MADAME LA LANDGRAVE.

A Monfrin, 22 juin 1642.

M. d'Avaux, revenant en France, a ordre de passer à Cassel pour lui renouveler l'asseurance de
l'affection de la France... « J'espère que vous persisterés jusqu'à une bonne paix, à laquelle vous
aurés contribué par vostre généreuse conduite [1]. »

Orig. — Arch. des Aff. étr. Hesse, t. I, fol. 361.

À M. LE PRINCE.

De Tarascon, 27 juin 1642.

« Cette lettre n'est pas pour respondre à celle qu'il vous a pleu m'escrire par M. de Figean, non
plus qu'aux discours obligeans qu'il m'a tenuz de vostre part, parce que ne le pouvant faire assez
dignement, je me contenteray de vous asseurer que j'en ay tout le ressentiment qu'il m'est possible.
...Ma santé va de bien en mieux... M. de La Roncière vous dira les nouvelles de ces quartiers. »

Orig. — Arch. de Condé. Communication de Mgr le duc d'Aumale.

À M. LE PRINCE.

De Tarascon, 14 juillet 1642.

Le cardinal lui témoigne de nouveau « le ressentiment que j'ay des preuves d'affection, de tendresse et de bon naturel que j'ay receus de vous et de M. le duc d'Anguien, sur le sujet de ma
maladie, et sur ce qui concerne ma personne et mes intérests... M. de Figean vous dira l'estat de
ma santé... »

Orig. — Arch. de Condé. Communication de Mgr le duc d'Aumale.

LE ROI À M. DE LA THUILLERIE.

Fontainebleau, 13 août 1642.

« On a vescu jusques à cette heure avec M. le prince d'Orange si franchement qu'on luy a dit
tousjours tous les advis que l'on a eus du dessein qu'avoient les ennemis d'embarquer M^{rs} les Estats
à des traittés particuliers sans la France... Les Espagnols se vantent encore en ce moment que
D. F. de Melos entretient une négociation secrette avec ledit prince... mais je cognois l'habileté

[1] Le mois suivant, la landgrave adressait au roi et à Richelieu de très-chaudes félicitations pour le triomphe du cardinal sur ses ennemis, et en même temps, elle intercédait en faveur du duc de Bouillon, son parent. (Fol. 364-366.)

et la franchise du prince d'Orange, lequel sait bien que l'intérest des Estats est d'être inséparables de la France... Quant au roy, il est fermement résolu de leur rester constamment attaché...

> Mise au net, de la main d'un secrétaire de Chavigni. — Copie, t. XXII, fol. 500, faite sur l'original signé du roi, contre-signée Bouthillier.— Arch. des Aff. étr. Hollande, t. XXIII, pièce 285.

POUR M. LE SURINTENDANT,
À PARIS.

De Tarascon, 14 août 1642.

«Je prie M. le surintendant de contribuer ce qui deppendra de son authorité à ce que les colonels et capitaines suisses qui sont au service du roy soient payés des assignations qui leur ont esté données, pour leur solde, sur les nommés Diodati et Claverie, partisans, lesquels ne tiennent compte d'acquitter lesdites assignations, quelques poursuites qu'on aye faictes contre eux. Il importe au service du roy de bien traicter lesdits Suisses.»

> Orig. — Arch. de la famille de Bouthillier.

MÉMOIRE
QUE LE ROY A COMMANDÉ ESTRE ENVOYÉ À M. LE DUC DE PARME.

[Dernière dizaine d'août 1642[1].]

Le roi estime que le plus digne chef que la ligue puisse se donner est M. le duc de Parme; et lui ne peut avoir une plus belle occasion de se signaler. S. M. contribuera de tout son pouvoir «à tout ce qui regarda le bien et avantage de sa maison.»

> Mise au net, de la main d'un commis des Aff. étr. Parme, t. I, 20ᵉ feuillet à partir de la fin du volume non coté.

À M. LE PRINCE D'ORANGE.

15 octobre 1642.

M. le comte d'Estrades vous dira ce qui s'est passé de deçà en l'affaire de M. le duc de Bouillon, en laquelle l'intervention de V. A. n'a pas peu facilité le moyen de l'assister[2]... Je vous remercie de la faveur que vous m'avés faite en ces occasions...

> Sauf les Aff. étr. et Fontanieu, les sources sont les mêmes que pour la pièce précédemment adressée au même prince; il faut ajouter Aubéry, V, p. 372, et Recueil de 1695, p. 295.

À M. DE NOYERS.

[1642?]

Richelieu le prie «d'appuyer la demande que fait le sᵣ de Pluvinel[3] de l'aggrément du roy pour le traité qu'il a fait du gouvernement du Crest...»

> Orig. — Cabinet de Mᵍʳ le duc d'Aumale.

---

[1] M. de Lionne écrivit à Mazarin le 5 septembre : Mon courrier m'a apporté de Viviers l'ordre du 24 du mois passé, «de chercher le moyen de rendre S. A. chef de la ligue qui se traite à Venise, en portant les princes confédérez à la conqueste de l'estat de Milan.» (Ms. précité.)

[2] Phrase de pur compliment. On sait fort bien que sans la cession de Sedan l'intervention du prince

n'eût servi de rien pour le duc de Bouillon. Au reste, la phrase ne se trouve point dans les ambassades, etc. Il en faut dire autant du remerciement adressé au prince qui, on l'a vu, s'était peu hâté, dans l'affaire de Cinq-Mars, de répondre à l'appel du cardinal.

[3] Il était écuyer de la petite écurie. Son père, Antoine de Pluvinel, célèbre à la cour des rois

ABRÉGÉ

DES PLAINTES QU'IL A PLEU AU ROY FAIRE SOUVENT DE M. LE GRAND, SOIT À M. LE CARDINAL,

SOIT À M^{RS} DE CHAVIGNY ET DE NOYERS, POUR LES LUY DIRE [1].

[... 1642.]

Ce titre indique seulement une portion de ce mémoire, lequel présente en outre les plaintes et les souvenirs personnels du cardinal. Cette pièce se joint naturellement à celles que nous avons données ci-dessus, p. 155, 163, 168, 173; comme celles-ci, parmi beaucoup de choses oiseuses et de commérages peu dignes de l'histoire, elle offre des traits qui méritent d'être conservés. Dans leur ensemble, ces souvenirs nous donnent une empreinte vivante du caractère et de la vie des personnes qui y figurent.

Mise au net, de l'écriture de Charpentier, avec de nombreuses corrections et plusieurs passages de la propre main de Richelieu. — Arch. de l'Empire, section du secrétariat, portefeuille 93.

AU ROI.

[1642 ?]

Nous nous bornons à indiquer cette lettre, imprimée en tête du *testament politique*, laquelle doit être tenue pour authentique, si, comme Foncemagne l'a prouvé contre Voltaire, le testament est authentique lui-même. Nous plaçons à la fin du recueil cette espèce d'épître *dédicatoire*, à laquelle il est impossible d'assigner une date précise. Cependant le texte même nous donne une indication à recueillir. Le cardinal dit au roi que les maladies et le faix des affaires l'ont contraint d'abandonner l'histoire de son règne, dont il avait amassé la matière et composé une partie. On sait que c'est l'ouvrage imprimé de nos jours avec le titre de *Mémoires* dont le cardinal parle ainsi, et que, dans le manuscrit des Affaires étrangères, l'œuvre est interrompue à la fin de 1638; c'est donc après cette date que la lettre de Richelieu a été écrite. — Nous remarquons la signature : *Armand cardinal duc de Richelieu;* il ne signait pas habituellement ainsi; le nom d'Armand, qui faisait partie de sa signature quand il était évêque de Luçon, en disparut dès qu'il fut cardinal; il signa presque toujours depuis : *Le cardinal de Richelieu;* néanmoins la signature du *testament politique* se rencontre quelquefois, mais non aux missives ordinaires.

Henri III, Henri IV et Louis XIII, dont il avait été sous-gouverneur, n'était pas seulement un écuyer fameux, il se distingua dans plusieurs missions diplomatiques; il était né au Crest, cette petite place du Dauphiné dont son fils demanda le gouvernement. — La date manque, mais dans ce volume, qui provient originairement du cabinet du secrétaire d'État

de Noyers, presque toutes les pièces sont de 1642.

[1] Nous devons à l'obligeance de M. Joseph de La Borde l'indication de cette pièce, que nous ne connaissons pas; nous ne faisons que la noter ici, forcé que nous sommes de la mettre parmi celles que le manque d'espace ne nous permet plus d'insérer in *extenso*.

TABLE ALPHABÉTIQUE.

A

B

?

54.

F

F.... (Le sieur DE), II, 582.

FABERT (Le maréchal Abraham), IV, 46o, 711; V, 962, 1063; VI, 600, 712, 783, 825, 908; VII, 115, 128, 196, 264, 312; VIII, 370.

FABRONI (Luca), attaché à la reine mère, IV, 531; VI, 132, 773, 778, 780; VII, 37, 38, 43, 119; VIII, 362.

—— (Mme), VI, 774; VII, 45.

FABRY (Jean), trésorier de l'extraordinaire des guerres, VII, 714.

FALSBOURG. Voy. PHALSBOURG.

FANCAN (Le sieur DE), III, 611; VII, 941; VIII, 34, 57.

FARET (Nicolas), secrétaire du comte d'Harcourt, membre de l'Académie française, V, 1002, 1040.

FARGIS. Voy. DU FARGIS.

FARIN (Le sieur), prieur du Val, historien de Rouen, IV, 510.

FARINE (Jean), III, 42.

FAUDOAS. Voy. ROCHECHOUART.

FAUQUEMBERGUE (Pas-de-Calais), VI, 72.

FAUSTER (Le P.), de l'Oratoire, VIII, 50.

FAVIER (Le sieur), intendant de la justice au Perche I, 320; III, 173.

FAYDIT (L'abbé), I, 594.

FEIRA (Le comte DE), châtelain d'Anvers, V, 31.

FÉLIBIEN (André), I, xx, 675, 748; II, 746; V, 911.

FÉLIX (Dom), gentilhomme attaché à la duchesse de Savoie, VI, 333, 348, 479, 506, 533, 553, 598; VII, 876; VIII, 153.

FENKE (Le sieur DE), IV, 257.

FENOILLET (Pierre), III, 166.

FERANT (Le sieur), capitaine de vaisseau, VII, 289.

FÉRAULT (Le sieur), homme de guerre, V, 189.

FERDINAND (L'archiduc),I, 200-205,250, 507, 508.

—— II, grand-duc de Toscane, I, 761, 766, 768; II, 163, 448. Voy. TOSCANE.

—— II, empereur d'Allemagne. Voy. ALLEMAGNE.

—— (Le sieur), peintre, V, 914.

FERIA (Le duc DE), IV, 490; VII, 665; VIII, 232, 234, 261.

FERNANDEZ (Le P.), confesseur de la reine, VI, 192.

FERRAGALLI (Le sieur), VII, 810.

FERRARE (Italie), VIII, 255.

FERRETO (Pietro), III, 800, 832.

FERRIER (Le sieur), IV, 476, 477, 785, 794; V, 26, 484, 918, 919, 949, 1040.

—— (Le jeune), IV, 704, 735.

—— ou DU FERRIER, protestant converti, II, 257.

—— (Mme), VI, 39.

FERRIÈRE ou FERRIÈRES (Loiret), VII, 151.

FEUQUIÈRES (Manassès de Pas, marquis DE), IV, 212, 424, 426, 471, 472, 580, 585, 586, 589, 597, 604, 605. 619, 704, 775, 778, 788, 790, 793; V, 23, 25, 28, 542, 927, 992; VI, 22, 169, 373, 380, 399, 457, 502, 521; VII, 226, 233, 242, 689, 704, 705, 707, 995, 1004, 1008, 1009, 1015, 1041; VIII, 94, 229, 237, 247, 248, 259, 265, 225, 277, 278, 281, 284, 293, 353, 355.

FEYDEAU (Le sieur), financier, I, 128; II, 210; VIII, 33.

FIDÈLE (Le), nom donné par Richelieu au marquis de Mortemart, VI, 922.

G

H

56.

788, 795, 862, 1014, 1017, 1023,
1044, 1063, 1066; V, 66, 221, 225,
226, 300, 301, 309, 312, 339, 367,
368, 403, 405, 410, 430, 441, 446,
462, 494, 495, 533, 657, 771, 782,
820, 844, 888, 1014, 1017, 1022,
1023, 1030, 1044, 1063, 1066; VI,
114, 138, 141, 144, 160, 187, 188,
205, 222, 231, 246, 272, 275, 278,
283, 288, 293, 307, 672, 673, 721,
772, 800; VII, 205, 222, 231, 246,
334, 349, 352, 353, 376, 377, 538,
544, 655, 675, 726, 765, 773-775,
859, 904, 918, 921, 923, 925, 942,
952, 953, 955, 958, 961, 964, 976,
979, 980, 981, 983-987 et presque
partout jusqu'à la fin du tome VII et
dans la première partie du tome VIII,
jusqu'à la page 380.

Honfleur (Calvados), II, 272, 275, 348;
V, 944.

Honghie (Roi et royaume de), III, 690;
IV, 597, 615; V, 61, 62, 81, 286; VI,
64, 257; VII, 778, 779, 789, 1026,
1028; VIII, 82, 132, 200, 312, 314,
318, 321, 324, 327, 345, 354, 371.

Honnecourt (Bataille d'), département
du Nord, VI, 925, 926, 927; VII,
306.

Horn (Le maréchal), IV, 490, 597, 615;
VI, 24, 427, 914, 915; VII, 242,
303, 689, 705, 999; VIII. 94, 95,
105, 247, 257, 275, 355.

Hottin. Voy. Haustein.

Houdan. Voy. Houdent.

—— Voy. Villiers.

Houdancour ou Houdancourt. Voy. La
Mothe.

Houdent (Somme), VII, 226.

Houdinière (Le sieur), V, 230, 342,
379, 518; VI, 197, 198, 203; VII,
203, 248.

Houisier (L'abbé), curé de Saint-Médé-
ric, II, 360.

Houle (Le fort de), Pas-de-Calais, V,
1028.

Houssay (Le sieur), peut-être le même
que Du Houssay, III, 360.

Houssaye (Amelot de la). Voy. Amelot.

—— (L'abbé), VII, 553; VIII, 192, 193.

—— (Le marquis de), VIII, 47.

Hovin (Le maréchal). Lisez et voy. Horn
(Le maréchal).

Hubault (M. G.), docteur ès lettres, VII,
956.

Hubert (Le sieur), agent diplomatique,
VIII, 262, 274.

Hudicourt (Le sieur d'), VII, 116.

Huet, autrement Canteloup. Voy. ce nom.

Hugo (Le P.), historien du duc de Lorraine, VI, 766; VIII, 168.

Hugonce (Le sieur Giovanni), VI, 624.

Hugues (Guillaume d'), archevêque d'Embrun, III, 649, 705; IV, 792.

—— (Le sieur), VI, 862.

Huillard-Bréholles (M.), membre de
l'Institut, VIII, 108.

Hulst (Hollande), VIII, 306, 312, 379.

Hume (David), II, 125; V, 886.

Humières (Le sieur de), V, 493, 510.

Huns, ou Hunst, ou Hunt (Le colonel),
IV, 735, 781; VIII, 264.

Hurault (Philippe), comte de Cheverny,
évèque de Chartres, I, 616, 636, 640.

—— (Louise), abbesse de l'abbaye de
l'Eau, V, 892.

—— de l'Hospital, seigneur de Valgrand,
archevêque d'Aix, I, 102.

Huygens (Constantin), sieur de Zuyli-
chem, V, 367, 533.

Hyacinthe (Le P.), agent diplomatique,
II, 85, 87; VII, 584.

Hyères (Îles d'), Méditerranée, VIII, 106.

Hyers. Voy. Hiers-Brouage.

I

J

57.

M

[1] Il faut replacer après *Aloigny* le mot *Alpheston* qui a été mis par erreur quatre lignes trop haut.

MIGENNE (Le sieur DE), VII, 281, 298, 299.

MIGNON (Le sieur), attaché à Châteauneuf, IV, 428.

MIGUEL (Don), évêque de Lamego, neveu du roi de Portugal, VI, 794; VIII, 370.

MILAN, MILANAIS (Italie), II, 217; III, 569; IV, 669; V, 108, 110, 112, 115, 142, 143; VI, 877; VII, 568, 569, 865, 1016, 1045; VIII, 208, 209, 213, 217, 243, 298, 362, 382.

MILANDER ou MILANDRE. Voy. MELANDER.

MILHAUD ou MILLAU (Aveyron), III, 350.

MILIEU (Le P. DU). Voy. DUMILIEU.

MILLIADE (La), poëme contre le cardinal de Richelieu, II, 438.

MILLET (Le sieur), IV, 185, 193.

MILLIÈRE (Le sieur DE), gentilhomme de la maison du roi, V, 211, 212; VII, 970.

MILLOTET (Le sieur DE), gentilhomme des gardes de la reine mère, VIII, 236.

MILLY, plusieurs lieux de ce nom en France, I, 446.

—— (Le sieur DE), prévôt de Troyes, I, 376.

MIOLANS (Savoie), VI, 595.

MIOSSANT ou MIOSSANS (Le sieur DE), V, 971; VII, 301.

MIRABEL (Le marquis DE), ambassadeur d'Espagne en France, I, 753; II, 219, 619, 686, 754; III, 123, 223, 236, 343; IV, 90, 92, 115, 203; V, 683, 837; VII, 614, 615, 658, 659, 663, 776, 946, 952, 969, 996; VIII, 208, 215, 230, 240.

MIRANDOLE (Le prince DE LA), V, 115, 875.

MIRAULMONT ou MIRAUMONT (Le chevalier DE), capitaine de marine, II, 642; III, 647; IV, 302, 676, 739, 770; V, 343, 658; VII. 1022.

MIRÉ (Beaumont, chevalier DE), IV, 614, 689, 749, 757, 795 999; VIII, 122, 200, 248, 273.

MIREBALOIS (Le), baronnie qui devint une dépendance du fief de Richelieu, I, 130.

MIREBEAU, capitale du Mirebalois (Vienne), VIII, 6.

MIREPOIX (Le baron DE), III, 354.

MIROMENY (Le sieur DE), V, 532; VII, 77, 125.

MIRON ou MYRON (Le sieur), ambassadeur en Suisse, I, 235; VII, 745, 946; VIII, 212.

—— (Charles), évêque d'Angers, II, 159 ; III, 129.

MITHRIDATE, le héros de Racine, VIII, 30.

MOBIL (Le sieur), ministre écossais, V, 896.

MOCKEL ou MOCKHEL (Le sieur), agent de Suède en France; VI, 429; VIII, 96.

MODÈNE (Le duc DE), III, 529, 668; V. 105; VIII, 232.

—— (Le sieur DE), parent du duc de Luynes, III, 475; V, 975; VII, 429; VIII, 301, 302.

MODENOIS (Le), VI, 222; VII, 1039; VIII, 259.

MODESTE DÉCLARATION DE LA SINCÉRITÉ ET VÉRITÉ DES ÉGLISES RÉFORMÉES DE FRANCE, CONTRE LES INVECTIVES DE L'ÉVÊQUE DE LUÇON, etc. VII, 424.

MOGADOR (Maroc), III, 354.

MOIROUX (Le sieur DE), secrétaire du comte d'Harcourt, VII, 872.

MOKEL (Le sieur), agent de Suède en France. Voy. MOCKEL.

MOISSON (Le sieur DE), capitaine, V, 506, 509.

MOLÉ·(Mathieu), procureur général, I, 714; II, 206, 235, 239, 257, 518, 552, 632, 701, 717, 747, 770; III,

60.

O

Q

R

62.

S

63.

T

64.

U

V

W

65.

Z

FIN DE LA TABLE ALPHABÉTIQUE.

www.ingramcontent.com/pod-product-compliance
Lightning Source LLC
Chambersburg PA
CBHW061028030726

47504CB00002B/287